中国式现代化发展研究院 INSTITUTE OF CHINESE PATH TO MODERNIZATION | 系列研究报告

数字经济与中国（2023）

DIGITAL ECONOMY AND CHINA

南开大学数字经济交叉科学中心编写组 编著

中国财经出版传媒集团
中国财政经济出版社

图书在版编目（CIP）数据

数字经济与中国. 2023 / 南开大学数字经济交叉科学中心编写组编著. --北京：中国财政经济出版社，2023. 7

ISBN 978-7-5223-2253-7

Ⅰ. ①数… Ⅱ. ①南… Ⅲ. ①信息经济-研究-中国 Ⅳ. ①F492

中国国家版本馆 CIP 数据核字（2023）第 096459 号

责任编辑：苏小珺　　　　责任校对：胡永立
封面设计：六　元　　　　责任印制：党　辉

数字经济与中国（2023）
SHUZI JINGJI YU ZHONGGUO（2023）

中国财政经济出版社 出版

URL：http：//www. cfeph. cn
E-mail：cfeph@ cfeph. cn

社址：北京市海淀区阜成路甲 28 号　邮政编码：100142
营销中心电话：010-88191522
天猫网店：中国财政经济出版社旗舰店
网址：https：//zgczjjcbs. tmall. com
北京时捷印刷有限公司印刷　各地新华书店经销
成品尺寸：185mm×260mm　16 开　33. 5 印张　700 000 字
2023 年 7 月第 1 版　2023 年 7 月北京第 1 次印刷
定价：120. 00 元
ISBN 978-7-5223-2253-7
（图书出现印装问题，本社负责调换，电话：010-88190548）
本社质量投诉电话：010-88190744
打击盗版举报热线：010-88191661　QQ：2242791300

编写组成员及分工

组　长　佟家栋

副组长　盛　斌　张玉利　刘秉镰　袁晓洁

团队成员及分工（按照章节顺序）

佟家栋（第 1 章）　袁晓洁（第 2 章）　施炳展（第 3 章）

张玉利（第 4 章）　李　凯（第 5 章）　谢娟娟（第 6 章）

白雪洁（第 7、8 章）　杜传忠（第 9 章）　刘维林（第 10 章）

戴金平（第 11 章）　陈　兵（第 12 章）　盛　斌（第 13 章）

刘晨阳（第 14 章）

序

1946 年，美国宾夕法尼亚大学制造出世界上第一台通用电子数字计算机“埃尼阿克”（ENIAC），计算机的出现极大地提升了人类的计算速度。随后的两年中，晶体管和程序存储机的发明与量产，使电子数字计算机大规模普及成为可能。但此时，计算机的使用范围仍然十分有限。直至 1951 年世界上首台商用数字计算机的出现，标志着电子数字计算机开始在经济活动中真正发挥作用。在此之后，集成电路的发展进一步促进电子计算机的推广，而光纤通信技术的出现则引发了另外一场具有重要意义的变革，即信息通信技术的革新。1977 年，集成电路技术实现了大规模到超大规模的跨越。微处理器的应用推动了电子技术的巨大进步。与此同时，光纤通信也首次实现商用，为互联网与移动通信的普及奠定基础。随着基础设施的广泛建设和电子技术的不断更新，1994 年，互联网首次开展商业用途，意味着以互联网为载体的信息通信技术推动着全球经济进入全新的时代。电子数字计算机、集成电路、光纤通信、互联网等信息通信技术的飞速发展和基础设施的建设，极大促进了数字技术在全球经济活动中的推广和应用。同时，大数据、人工智能、云计算、区块链等一系列新兴数字技术的出现，为数字经济的发展提供坚实的支撑和保障。

因此，探究信息经济、知识经济和数字经济之间的联系是把握数字经济发展脉络的重要路径。相较于传统经济学理论，研究中通常会做出的乔治·斯蒂格勒（George J. Stigler）在 1961 年通过引入信息不完全的假设条件，使经济数理分析更加符合现实情况。同时，这项工作也使信息经济学在经济研究中首次确立了自身的地位。信息不仅成为信息经济的关键要素，也在经济活动中发挥着重要的贡献和价值。信息区别于物质，是一种对不完全、不对称和有序性的描述，可以减少不确定性，并且具有特有的效用和价值，进而对经济活动产生重要的影响。在微观层面，信息经济主要关注信息要素对资源配置优化的作用及其机制；在宏观层面，信息经济探究信息产业对经济增长的贡献。信息通信技术与信息经济的快速发展，很大程度上压缩了信息的传递成本，促使信息要素在信息经济发展中发挥作用。然而，单纯依靠信息要素来解决经济活动的不确定性是比较困难的，将信息有效地转化为知识有助于解决这一问题。1962年，“知识产业”（Knowledge Industry）这一概念由弗里兹·马克卢普（Fritz Machlup）首次提出，他认为知识产业是信息技术和社会发展的理论基础。知识经济始终与信息经济相伴发展，经合组织（OECD）在1966年正式提出“知识经济”的概念，并将其描述为以知识和信息的生产、分配和使用为基础的新型经济。在知识经济时代中，知识要素具有非竞争性和部分非排他性，与信息要素共同构成经济发展的关键要素。由此可见，信息经济、知识经济与数字经济是相互依托、共同发展的。

伴随数字经济的新生产要素的加入，使社会经济生产、流通、交换、分配、消费发生了巨大的变化。一方面体现在劳动生产率上，表现为社会生产力的巨大发展；另一方面，产业结构也发生了巨大的变化。这些变化使学者们希望理论和政策的研究能够跟上社会经济现实发展的步伐，一方面，密切跟踪和研究社会经济发展变化的现实；另一方面，将现实上升到理论与政策，指导社会经济，特别是数字经济发展的本质特征、发展动力、发展结构和发展效益，从而为政府制定政策、参与国际数字经济秩序与治理建立有力的支撑。

早在21世纪初，南开大学不同学科领域的学者就开始关注到信息经济、知识经济，对它们展开了多学科、多层面、多领域的研究，试图找到数字经济发展规律。2019年，在南开大学建校100周年时，学校提出，基于数字经济的形成和发展涉及各个相关学科，如数学、统计学、计算科学、人工智能等理工科学的应用，也涉及经济学、管理科学、法学、行政管理等人文社会科学，数字经济学科的发展必须在交叉学科的基础上建立和完善起来。进而提出要建立数字经济交叉科学研究中心。经过近三年的筹备，也因为疫情的干扰，2022年6月，终于建立起南开大学数字经济交叉科学研究中心。作为综合性大学，专家队伍来自于经济学，包括理论经济学和应用经济学，以及管理科学、数学与统计学、计算机科学与技术、人工智能与软件科学、法学等学科。他们发挥各自的优势，相互补充，逐步融合，形成了具有数字经济理论与应用研究、技术研究、信息技术理论与应用研究的交叉学科队伍。他们的主要成果主要分布在五个方面，即数字经济理论研究、数字企业发展研究、数字产业与发展研究、数字经济法与治理研究、数字贸易与国际治理研究。这些研究领域既是数字经济发展过程中自然形成的理论与政策框架，也是现实数字经济发展所展示的基本逻辑。按照这个中心的基本功能，要全面研究和把握数字经济发展的基本理论、微观结构、产业结构的转型升级，数字经济秩序的建立与完善，国际数字经济与贸易秩序的建设与完善；发出中国声音，参与国际数字经济秩序的制定，进而为中国数字经济政策的制定和治理提供系统的咨询建议；形成中国数字经济研究的重要基地。

中国共产党第二十次全国代表大会上，习近平总书记明确提出了中国式现代化从生产力标准看就是，数字化、数字中国、数字强国建设的过程。我们理解，中国式现代化，是现代经济发展阶段意义上的现代化。因此，经济数字化，即数字技术产业化和传统产业数字化是中国式现代化的应有之意。南开大学为参与全面贯彻党的二十大的发展战略，为党和国家制定战略和政策提供科学依据和政策咨询，2022 年 12 月成立了南开大学中国式现代化研究院。数字经济研究成为中国式现代化研究的重要方面。我们也相信，中国式现代化是建立在数字强国基础上的现代化。没有数字技术、数字要素的总体规模的扩大，没有互联网、大数据和算力、算法的发展与强大，就没有数字经济的发展，中国式现代化就难以在科技和经济发展方式上产生巨大进展。

今天出版的这本《数字经济与中国（2023）》是南开大学数字经济研究的一个比较全面的成果展示，更是对数字经济研究的良好开端。希望该书的出版发行，能够为推动中国乃至世界对数字经济的研究，提供一个全面而又特色的研究成果。

陈雨露

2023 年 6 月

目　　录

第一篇　数字经济基础理论

第二篇　数字企业与企业数字化

第三篇　数字产业与产业数字化

第一篇　数字经济基础理论

第一章
数字经济的内涵与历史演进

据官方统计，2022 年，中国数字经济规模达到 50.2 万亿元，占国内生产总值比重为 41.5%[①]，并呈现逐年提升的态势。随着大数据、人工智能、云计算、区块链等数字技术的快速发展，数字经济在生产层面和消费层面产生重要影响，以数据作为关键生产要素，通过数字产业化和产业数字化创造经济发展的新增长点。数字经济是一种新兴经济形态，也逐渐成为全球经济发展的主要支柱。本章以数字经济为主题，对数字经济发展历程、概念内涵、测度和研究现状进行较为系统的梳理和总结，对未来可能进行的研究提供思路和方向，并为数字经济赋予一种经济学定义，从而更加深刻地理解数字经济的内涵。

第一节　数字经济是现代工业经济发展的新阶段

伴随社会生产力的发展，数字经济逐渐成为全球经济发展的新生产要素和经济增长的新源泉。自 20 世纪 40 年代开始，数字经济的发展过程主要分为三个阶段，分别是数字经济的萌芽时期、诞生时期和发展时期。

一、数字经济的萌芽酝酿新的经济增长模式

20 世纪 40 年代至 90 年代初，数字经济尚处于萌芽时期。从那时起，人类社会开始寻找除传统生产要素之外可以推动经济发展的新要素，并尝试探索其在生产、交换、流通、消费中可能产生的贡献或潜力。

首先，在数字经济的萌芽时期，诸多农业时代和工业时代从未出现的新兴技术不断涌现，这为数字经济的诞生与发展奠定基础。1946 年，世界上第一台通用电子数字计算机“埃尼阿克”（ENIAC）在美国宾夕法尼亚大学诞生，在当时极大提升了人类的计算速度。

① 中国信息通信研究院：《中国数字经济发展研究报告（2023 年）》，2023 年 4 月，第 10 页。

随后的两年，晶体管和程序存储机的发明，为计算机的普及和推广提供准备。1951 年，世界上首台商用数字计算机的出现，标志着电子数字计算机开始在经济活动中真正发挥作用。与此同时，集成电路和光纤通信技术的出现和革新，推动了信息通信技术的快速发展。1977 年，集成电路技术由大规模向超大规模迈进，光纤通信也首次实现商用，加速了移动通信网络和互联网的到来。1994 年，互联网首次商用，这意味着以互联网为代表的信息通信技术促使全球经济进入新的时代。数字计算机、集成电路、光纤通信、互联网等信息通信技术的飞速发展，极大促进了数字技术在之后经济活动中的推广与应用，并催生了如大数据、人工智能、云计算、区块链等一系列新的数字技术，这为数字经济的发展提供了坚实的支撑和保障。

其次，在数字经济的萌芽时期，信息和知识在经济发展中的作用日益凸显，信息经济、知识经济和数字经济具有类似的基础，同时三者之间又存在相互依托的关系。在这一时期，学者们大胆提出了“信息经济时代”“后工业社会”和“知识经济时代”的概念。因此，探究信息经济、知识经济和数字经济之间的联系是把握数字经济发展脉络的关键。传统经济学的研究中通常会假定完全信息，而 Stigler① 通过引入信息不完全假设，使经济问题分析更加贴近现实。同时，Stigler 的工作也第一次确立了信息经济学在经济研究中的地位。信息经济将信息作为经济活动的关键要素，探究信息在经济活动中的贡献和价值②。信息区别于物质，是一种对不完全、不对称和有序性的描述，可以用来减少不确定性③，且具有效用和价值，对经济活动产生重要的影响。微观上，信息经济研究信息要素如何优化资源配置；宏观上，信息经济关注信息产业对经济增长的贡献。信息通信技术的快速发展，降低了信息的传递成本，有助于信息要素在经济发展中发挥更大的作用。然而，单纯依靠信息要素来解决经济行为中的不确定性是困难的，还需要将信息有效地转化为知识。Machlup④ 首次提出“知识产业”，认为知识产业是信息技术和社会发展的理论基础。知识经济始终与信息经济相伴发展，直到 1996 年，经合组织（OECD）才正式提出“知识经济”的概念，将其描述为以知识和信息的生产、分配、使用为基础的新型经济⑤。在知识经济时代中，知识要素具有非竞争性和部分非排他性，与信息要素一同成为经济发展的核心。由此可见，一方面，信息经济和知识经济推动了数字经济的诞生与发展。数字技术的革新改变了信息和知识的存在和传播形式，越来越多的信息和知识通过数字化转变为数字要素，融合到经济活动的各个方面。另一方面，数字技术也进一步丰富了信息经济和知识

---

① George Joseph Stigler, “The Economics of Information,” *Journal of Political Economy* 69, No. 3 (1961): 213—225.

② 陈燕、屈莉莉：《信息经济学》，东北财经大学出版社，2017，第 3 页。

③ Claude Elwood Shannon, “A Mathematical Theory of Communication,” *Bell System Technical Journal* 27, No. 3 (1948): 379—423.

④ Fritz Machlup, *The Production and Distribution of Knowledge in the United States* (Princeton: Princeton University, 1962).

⑤ OECD, *The Knowledge - Based Economy* (Paris: OECD, 1996), p. 7.

经济。以信息通信技术为基础的数字技术的出现，降低了信息和知识的传递成本，提升了信息和知识传播的有效性，这意味着数字经济逐渐成为信息经济和知识经济快速发展的主要推力。因此，数字经济虽处于萌芽阶段，但其参与和推动现代经济发展逐渐引起经济学家们的关注。

二、数字经济带来经济效率的提升和经济质量的发展

20 世纪 90 年代，是数字经济诞生并展示出强大魅力的时期。最初，学者们对数字经济的关注，更多地聚焦于新技术为人类社会生产和生活带来的变革。关于数字经济中新技术采用重要性的一个形象比喻来自 Nicholas Negroponte①，他在《数字化生存》一书中认为，数字时代与之前所有时代之间的根本区别在于，信息由“原子”形态向“比特”的转变。他指出，虽然当时的人们生活在信息时代，但大部分信息是以“原子”的形式传播，比如纸质印刷的书籍或报纸，本质上还是具有制造业的属性。而数字化使这些信息能转化为传输成本更低、时间更短的“比特”形式，呈现在世界各地。作为数字化的关键，比特是信息的最小单位，它没有质量，能以光速传输，同时它也是数字化计算中的基本粒子，随着二进制语汇的扩展和计算机的普及，无论是杂志、书籍等静态信息，还是音乐、视频等动态信息，这些原来只属于实体世界的内容和信息都逐渐被转换为“比特”的形式，进而实现数字化。并且，以“比特”为代表的数字技术具有独特优势，它既可以将现实中庞大、复杂的信息进行数据压缩，又可以在接收端将信息近乎无损地还原。因此，数字技术极大地促进信息和知识的有效传播。

“数字经济”（Digital Economy）这一名词最早出现在 20 世纪 90 年代。1996 年，Don Tapscott② 在《数字经济：网络智能时代的承诺与危机》一书中首次描述“数字经济”的含义，并详细阐述了其可能为全球发展带来的改变和挑战。Tapscott 指出，数字经济讨论了新经济的一些主题，包括去中介化和再生中介等。换言之，数字经济一方面起到消除传统“中间人”的作用，另一方面，互联网作为新的载体又为生产者和消费者创造了新的消费途径。他发现网络是新商业模式的基础设施，强调了网络的重要性。与以往关注互联网的研究不同，Tapscott 认为数字经济解释了新经济、新企业和新技术的内涵，以及它们之间如何相互联系，这种联系不仅是指技术层面的网络，还是通过技术建立和发展出的人与人之间的网络。因此，数字经济是一种网络智能时代的经济。这意味着，数据生产要素及其展示生产性的平台，在为数字经济赋予现实意义的同时，展现了数字经济在经济学意义上的抽象价值和使用价值。

因此，数字经济从诞生初期就具有巨大的经济增长潜力。随着全球接入互联网人数不

---

① Nicholas Negroponte, *Being Digital*（Great Britain: Hodder and Stoughton, 1995）, pp. 11—17.

② Don Tapscott, *The Digital Economy: Promise and Peril in the Age of Networked Intelligence*（New York: McGraw - Hill, 1996）, pp. 12—60.

断上升，互联网使用量和在线交易量呈现出指数增长趋势①。数字经济最初表现为信息通信和数字技术的迭代更新。技术使用成本不断降低，使信息复制的边际成本几乎为零，“比特”开始真正发挥优势，这使数字经济逐渐成为全球经济发展的新动能。美国商务部在1998年、1999年和2000年连续出版了三部与数字经济有关的报告，即《浮现中的数字经济》（Ⅰ、Ⅱ和Ⅲ）。三份报告聚焦于互联网对经济增长的影响，更多地关注信息技术产业和电子商务，同时对数字经济时代下的消费者保护、劳动力市场和电子政府等方面的案例进行初步探讨。数字经济的发展才刚刚拉开序幕，就展现出新“生产要素”和巨大潜能。

三、数字经济的发展对人类生产和生活产生深远影响

21世纪初，特别是最近的20年，摩尔定律被反复印证，集成电路复杂度、计算机运算性能、存储介质质量、网络宽带速率、固定互联网和移动互联网的普及率都在不断提升，数字技术对人类经济活动产生深远影响。电子商务的发展是数字经济时代下生产、生活方式最早发生的变革之一。依托互联网的电子商务改变了传统生产和交易过程中的信息成本，既降低了消费者的选择成本，又削减了生产者在制造和宣传环节的成本，这极大地丰富了商品种类，使有限的资源配置更加合理和高效。

在数字经济时代，新技术带来的变革没有止步于此。随着5G、云计算、大数据、人工智能、区块链等新技术的发展，传统的生产方式、消费方式和商业模式都发生了深刻的转变。首先，在数字经济时代，数据作为一种新的生产要素，在生产活动中逐渐占据关键地位。一方面，数据要素对生产率提升和经济增长具有重要贡献；另一方面，数据要素的应用推动了全球经济普惠化和共享化发展。其次，数字化产业进一步发展。新兴数字技术为原有的信息通信产业注入新动能，数字化产业规模不断扩大，同时也延伸至更多的领域。最后，产业数字化。传统制造业加速探索如何实现供应链全流程数字化，教育、医疗、零售等传统服务业也积极融合数字技术。与此同时，数字技术下的新兴产业蓬勃发展，如云游戏、云旅游、云展览、无人零售等。数字技术对经济活动的改变早已不仅局限于传统信息由实体转向数字，如数字媒体、数字影音、数字图书馆等，而是遍布人类生活的方方面面，社交和搜索模式随着移动通信终端的普及发生巨变，数字信息和互联网的应用场景从线上延伸至线下，在线外卖、共享汽车等新业态的产生，宣布了共享经济的到来，在未来，远程医疗、在线教育、共享制造、协同办公等也将广泛普及。此外，数字经济的发展对金融、就业、国际贸易、全球价值链和全球治理也产生了一系列深远的影响。根据中国信息通信研究院构建的指标，测算出47个国家在2021年数字经济增加值规模达

① 美国商务部报告：《浮现中的数字经济》，姜奇平译，中国人民大学出版社，1998，第2—3页。

到 38.1 万亿美元，同比名义增长 15.6%，占国内生产总值比重约为 45%①。数字经济逐渐成为全球经济发展的主要推力。在全球数字经济发展浪潮中，许多国家依托自身优势形成各具特色的数字经济发展道路，中国也不例外。2021 年，中国数字经济规模由 2005 年的 2.6 万亿元扩张到 45.5 万亿元，居世界第二位。近年来，数字经济占国内生产总值比重逐年提升，由 2005 年的 14.2% 升至 2021 年的 39.8%②。

在数字经济时代，信息通信相关基础设施建设的不断完善，网络传输速率和计算机运算能力的持续提升，大数据、人工智能、云计算、物联网、区块链等数字技术的迭代革新，信息和知识的数字化形成了数字经济中关键的数据要素，这些都成为数字信息产业发展和其他行业数字化转型的坚实基础，这些要素和平台的不断发展和完善，推动了数字经济进入新的发展时期。这也意味着，我们迎来了推动全球经济发展的新生产要素及其新平台、新产业、新生活。

第二节 数字经济的内涵探讨

根据前文对数字经济发展阶段和基础的分析，可知数字经济的快速发展离不开信息和知识的数字化、互联网普及与商用、数字技术与传统产业融合发展，以及新兴产业的出现和扩张。然而，随着数字技术和数字经济不断发展，各国研究机构与学者对数字经济概念的界定也不断修订和完善，以概括人类社会经济发展的新现象、新模式。因此，恰当而准确地界定数字经济的概念和内涵，对进一步测度和研究数字经济十分关键。

Tapscott 在提出"数字经济"名词的同时，并未直接给出定义，他强调了互联网在数字经济中的重要性。美国商务部③则更加关注互联网，指出电子商务和有形商品数字化也是数字经济的重要组成部分。

直至 2016 年 9 月，G20 杭州峰会签署《二十国集团数字经济发展与合作倡议》，首次在全球范围内对数字经济的概念进行描述：数字经济是指以使用数字化的知识和信息作为关键生产要素、以现代信息网络作为重要载体、以信息通信技术的有效使用作为效率提升和经济结构优化的重要推动力的一系列经济活动④。

此后，各国组织、机构和学者又依据自身数字经济发展优势，分别对数字经济的性质给予不同的补充和关注，以此对数字经济的发展规模和影响进行测算。其中，中国信息通信研究院在 2021 年发布的《中国数字经济发展白皮书》中，指出数字经济发展包括四个

① 中国信息通信研究院：《全球数字经济白皮书（2022 年）》，2022，第 9 页。

② 中国信息通信研究院：《中国数字经济发展报告（2022 年）》，2022，第 5 页。

③ 美国商务部：《浮现中的数字经济》，姜奇平译，中国人民大学出版社，1998，第 2—3 页。

④ 中国网信网：《二十国集团数字经济发展与合作倡议》，http://www.cac.gov.cn/2016-09/29/c_1119648520.htm，访问日期：2022 年 2 月 10 日。

部分，即数字产业化、产业数字化、数字化治理和数据价值化①，试图确定数字经济的外延，详细信息如表 1 – 1 所示。

表 1 – 1　　中国信息通信研究院对数字经济概念的划分

来源	划分层面	主要内容
中国信息通信研究院（2021）	数字产业化	信息通信产业，包括电子信息制造业、电信业、软件和信息技术服务业、互联网行业等
	产业数字化	传统产业应用数字技术所带来的产出增加和效率提升部分，包括但不限于工业互联网、"两化"融合、智能制造、车联网、平台经济等融合型新产业、新模式、新业态
	数字化治理	包括但不限于多元治理，以"数字技术 + 治理"为典型特征的技管结合，以及数字化公共服务等
	数据价值化	包括但不限于数据采集、数据标准、数据确权、数据标注、数据定价、数据交易、数据流转、数据保护等

资料来源：笔者根据《中国数字经济发展白皮书》（2021）整理。

许多学者对数字经济的描述，大多基于对数字经济发展历程和基础的分析，以及权威机构提出的概念界定。陈晓红等对数字经济提出一种较为宽泛的界定：数字经济是以数字化信息（包括数据要素）为关键资源，以互联网平台为主要信息载体，以数字技术创新驱动为牵引，以一系列新模式和新业态为表现形式的经济活动②。其中，数据要素及其发挥经济作用的载体和对整个经济活动的贡献成为该定义的主要因素。

通过对数字经济发展、基础和内涵进行梳理，我们尝试总结数字经济的基本特征。第一，数据化。数据成为数字经济发展的基础和关键要素，同时数据与其他生产要素的结合为经济增长提供新的动能。第二，网络化。互联网是全球数字经济发展的重要载体，使数字化后的信息和知识得以更广泛地传播。第三，数字化和智能化。以大数据、云计算、区块链、物联网为代表的新型数字技术逐渐成为数字产业化和产业数字转型的主要推力，以人工智能为代表的智能算法极大地突破了人类和传统计算机的运算极限，这体现出数字经济发展的巨大潜力。第四，共享化和普惠化。数字经济中的数字技术能够突破传统意义上的时空界限，提高有限资源的配置效率，弥补数字鸿沟，提升经济增长的数量与质量，进一步提高人民的生活水平。

第三节　数字经济的测度与超常贡献估计

数字经济为人类社会的发展带来"超常贡献"。衡量数字经济发展规模，构建数字经

① 中国信息通信研究院：《中国数字经济发展白皮书》，2021，第 1 页。
② 陈晓红等：《数字经济理论体系与研究展望》，《管理世界》2022 年第 2 期，第 208—224 页。

济发展指数，对于理解全球数字经济的发展现状和趋势十分关键。数字经济逐渐改变着全球经济活动中生产、消费、流通、分配的形式，同时也在各环节注入了许多新的元素和内容。这也意味着，在具体展开关于数字经济的研究之前，将会面临一系列急需解决的问题。第一，如何衡量数据要素在生产活动中的直接贡献，及其与其他传统生产要素结合带来的增长；第二，如何衡量和比较各地区数字化产业的发展状况，以及如何评估其对推动世界经济发展和各国国内生产总值增长所起的作用；第三，怎样衡量传统行业数字化转型过程中产生的增量；第四，数字技术的应用和推广，不仅带来诸如数字音乐、在线旅游等数字商品和服务，也产生了平台经济、共享经济等形式的新业态，那么如何衡量数字商品、数字服务、共享和普惠带来的新价值及其超常贡献。与此同时，原有的宏观统计数据和指标逐渐无法解释数字经济为全球经济带来的增长，部分学者开始讨论“索罗悖论”是否已经从 ICT 领域蔓延至数字经济领域。对这些问题的解释，以及进一步衡量数字经济对宏观经济增长的贡献和影响，都需要合理和规范地测度数字经济。否则，我们很难定义一个经济发展新时代的到来。

一、现有数字经济测度

近年来，全球主要的国际组织、国家机构和学者们都开始注意到衡量数字经济发展规模和测度数字经济发展指数的重要性。目前，衡量和测算数字经济的工作机构和个体有很多，一方面来自专业组织机构，如欧盟统计局（Eurostat）发布的数字经济与社会指数（Digital Economy and Society Index，DESI）、美国商务部经济分析局（BEA）发布的数字经济估计、世界经济论坛（WEF）发布的网络就绪指数（Networked Readiness Index，NRI）、国际电信联盟（ITU）公布的 ICT 发展指数（ICT Development Index，IDI）、中国信息通信研究院构建的数字经济指数（Digital Economy Index，DEI）等；另一方面，国内外学者分别从指数编制法①、增加值测算法②和构建卫星账户法③等角度对数字经济发展进行测算，也有学者通过构建数字经济代理指标④，从而进行与数字经济相关的经验研究。总结起来，国内外现有主要机构和组织发布的数字经济测度指标及特征如表 1-2 所示。

---

① 王喆、陈胤默、张明：《测度全球数字经济发展：基于 TIMG 指数的特征事实》，《金融评论》2021 年第 6 期，第 40—56 页。

② 许宪春、张美慧：《中国数字经济规模测算研究——基于国际比较的视角》，《中国工业经济》2020 年第 5 期，第 23—41 页。

③ 杨仲山、张美慧：《数字经济卫星账户：国际经验及中国编制方案的设计》，《统计研究》2019 年第 5 期，第 16—30 页。

④ 赵涛、张智、梁上坤：《数字经济、创业活跃度与高质量发展——来自中国城市的经验证据》，《管理世界》2020 年第 10 期，第 65—76 页。

表 1－2　　国内外数字经济测度方法与指标

测度方法	测度名称或内容	发布来源	发布时间	涵盖地区
指数编制法	数字经济与社会指数（DESI）	欧盟统计局（Eurostat）	2014—2021 年	欧盟各国
	ICT 与数字经济统计指标体系	经合组织（OECD）	2014 年、2016 年、2019 年、2020 年、2021 年	OECD 成员国
	数字经济指数（DEI）	中国信息通信研究院	2017 年	中国
	中国数字经济发展指数（DEDI）	赛迪顾问	2017—2021 年	中国
	网络就绪指数（NRI）	世界经济论坛（WEF）	2002—2021 年	130 个经济体
	ICT 发展指数（IDI）	国际电信联盟（ITU）	1995—2017 年	国际电信联盟成员国
增加值测算法	数字产业化、产业数字化	中国信息通信研究院	2017—2021 年	中国
	基础设施、电子商务和收费数字服务	美国商务部经济分析局（BEA）	2016—2021 年	美国
构建卫星账户法	数字经济卫星账户框架	经合组织	2015 年、2017 年、2020 年	OECD 成员国

资料来源：笔者整理所得。

二、现有数字经济测度的构建探讨

随着数字技术融入全球经济的各个方面，以及对数字经济概念界定的逐渐明晰，机构、组织和学者不断更新、完善数字经济发展规模的衡量方法，甚至有时会重构数字经济指标。本节主要关注国际上四个主要组织机构，及其提出的数字经济测度和指数，如表 1－3 所示。

表 1－3　　国际主要数字经济测度指标和体系的构建内容

测度名称	来源	构建内容
ICT 与数字经济统计指标体系	经合组织	ICT 接入、ICT 使用、ICT 技能
数字经济卫星账户框架	经合组织	数字连接、数字使用、数字创新、数字工作、数字社会、数字信任和数字市场开放
数字经济与社会指数	欧盟	宽带接入、人力资本、互联网应用、数字技术应用、公共服务数字化程度
数字经济估计值	美国商务部经济分析局	基础设施、电子商务、收费数字服务
数字经济指数	中国信息通信研究院	先行指数、一致指数、滞后指数
数字经济总体规模测算值	中国信息通信研究院	数字产业化、产业数字化

资料来源：笔者整理所得。

第一，具有代表性的国际组织机构是经合组织。它是较早关注数字经济发展趋势的机构之一，该机构分别从指数编制法和构建卫星账户法两个方面对数字经济进行测度和评估。一方面，设计 ICT 与数字经济统计指标体系，使其在样本国家中具有一定的可比性。但受限于可获得数据，该指标体系未能得出较为全面、系统的数字经济总体指标，并且无法在世界范围内进行数字经济发展规模的对比和分析。另一方面，经合组织在 2017 年提出构建数字经济概念和数字经济卫星账户的思路和框架，编制 DESA 供给使用表，并于 2020 年进行完善和更新，更新后的设计框架包括数字连接、数字使用、数字创新、数字工作、数字社会、数字信任和数字市场开放七个维度。经合组织衡量数字经济的方法影响了后续大部分数字经济指标的构建，欧盟统计局和美国商务部经济分析局都借鉴了这一框架。因此，这种测度方法是目前较为权威且广泛使用的数字经济量化表达方式。

第二，欧盟统计局编制的 DESI 是使用指数编制法测度数字经济的代表之一。该指数没有直接测算数字经济发展规模或数字经济增加值，而是在样本地区范围内进行横向对比，以评分的形式来体现各地区数字经济发展情况。欧盟委员会自 2014 年以来一直观察和记录其成员国在数字经济上的研究进展与发展情况，同时发布年度数字经济与社会指数报告。考虑新技术发展和政策变化，欧盟在 2021 年 3 月将 DESI 的结构设计调整为人力资本、宽带接入、数字技术的整合和数字公共服务四个维度，得到 2021 年 DESI 的新指标数值，并重新计算了欧盟各国前几年的 DESI 得分和排名。更新后的 DESI 与原指标的区别不仅体现在一级指标构建维度和方式上，还对二级和三级指标进行调整，并且添加 5G 覆盖、移动宽带普及、提供信息通信技术培训服务的企业变化和信息通信技术促进环境可持续性等新的子维度指标，这体现出欧盟逐渐重视移动数字经济和可持续性等方面在数字经济发展中的重要作用。然而，这些变化也说明现阶段使用绝对值的形式来全面衡量和表达数字经济发展水平，仍具有挑战性。

第三，美国商务部经济分析局发布的数字经济估计。这一估计目前体现为数值形式，可以对美国数字经济发展水平进行跨时对比分析。美国商务部经济分析局于 2018 年 3 月首次发布了数字经济估计，随后在 2019 年 4 月和 2020 年 8 月分别进行了两次更新。这一估计最初被学者归纳为增加值测算法，但随着其衡量方式的更新，逐渐成为美国数字经济卫星账户构建的基础之一，同时也是美国国民账户框架内关于数字经济主题的第一组可用估计数。2021 年 6 月，美国商务部经济分析局通过扩展数据来源，如美国人口普查局数据等，纳入可用于估计电子商务和云服务的基础数据，同时利用供给使用框架，确定出收费数字商品和服务的更多类别，将数字经济核算结构分为基础设施、电子商务和收费数字服务三个部分，并以此对 2005—2019 年美国数字经济的总产值、增加值、就业和薪酬等方面进行全新的估计和修订①。新、旧估计方法的关键区别在于，基于供给使用表更新和添加属于数字经济的新的商品和服务类别，并且首次以购买者价格而非生产者价格进行计

① BEA, "Updated Digital Economy Estimates - June 2021," 2021, https: //www. bea. gov/system/files/2021 - 06/DE%20June%202021%20update%20for%20web%20v3. pdf.

算，包括批发零售贸易利润、运输成本、消费税和销售税等。这意味着新的估算值，不仅在统计内容范围上更加完善，同时也考虑到商品和服务在传输和销售过程中增加的成本，衡量方法更加合理。这种绝对值计量提升了数字经济对社会经济发展各个环节所创造价值的辨识度，使数字经济产值可以融入国内生产总值的范畴。

第四，中国信息通信研究院也采取两种测算方法对中国数字经济发展情况进行估计。第一种是指数编制法。2017 年，中国信通院提出数字经济指数（DEI）的概念，并以此分析中国近年来数字经济发展态势和轨迹，能够更好地预测未来发展趋势，为相关的政策制定提供参考。信通院提出的数字经济指数本质上是一种指数形式，并不直接体现数字经济规模或增加值实际数值。区别于其他的数字经济指数，信通院提出的数字经济指数包含先行指数、一致指数和滞后指数，能够更好地反映出当前的波动和未来的趋势，同时基于这三类子维度指数构建景气指数，用来衡量中国数字经济相较于基期的景气状态。第二种是增加值测算法。信通院自 2017 年开始，根据对数字经济的界定，通过测算数字产业化和产业数字化来衡量中国数字经济发展规模，并公布具体的数字经济测算数值。在接下来的 4 年中，每年都发布新的数字经济白皮书并更新增加值测算方法。在 2021 年发布的《中国数字经济发展白皮书》中，信通院将数字经济的定义划分为数字产业化、产业数字化、数字化治理和数据价值化，鉴于数据的可得性和测算方法的局限性，直到 2021 年的测算仍然只包括数字产业化和产业数字化两个部分。值得肯定的是，信通院提出的测度方法，使中国这一“数字经济发展的大国”具备了较为明确的数字经济概念，并将数字价值逐渐归入国内生产总值的概念之中。

三、数字经济测度的挑战和建议

上述测度或指标在测算方法、时间跨度、空间范围、数据来源和衡量结果上存在较大的差异。首先，在测算方法上，已有文献（许宪春和张美慧①）通过总结国内外相关机构、组织和学者的研究内容将数字经济测度方法分为四种类型，即国民经济核算法、指数编制法、增加值测算法和构建卫星账户法。其次，在时间跨度上，较早对数字经济进行核算的时间出现在 1995 年（ITU），之后的 20 多年里，其他国际组织机构也陆续发布数字经济发展报告和指数，并且大部分始终保持更新。再次，在空间范围上，目前的衡量和核算指数还未形成统一。一方面，是针对特定地区的核算估计，如中国信息通信研究院、美国商务部经济分析局等；另一方面，是对部分区域内的国家或地区进行衡量，如欧盟发布的 DESI、联合国国际电信联盟发布的 IDI 等。最后，在衡量结果上，由于测算方法的不同，各机构和组织公布的数字经济发展规模估计结果不能直接用于比对分析。2019 年，美国数

① 许宪春、张美慧：《中国数字经济规模测算研究——基于国际比较的视角》，《中国工业经济》2020 年第 5 期，第 23—41 页。

字经济发展规模达到214.332亿美元，占整体经济的份额为9.6%；同年，中国数字经济规模为35.8万亿元①，并且在2020年达到39.2万亿元。然而，单纯的数值比较需要建立在统一的衡量标准之上，因此无法利用这两组数据对中国与美国的数字经济发展规模进行比较。

综上所述，现有的数字经济测算方法和指标并未形成统一、规范的标准，在指标设计上也存在诸多难点。因此，未来在设计数字经济测算方法和构建数字经济指数时，需要注意以下几个方面。第一，对数字经济的概念进行更加明晰的界定。一方面，无论是数字经济指数编制时子指标的确定、增加值测算过程中对属于数字经济范畴增加值部分的划分，还是构建数字经济卫星账户时设计的框架，都要以数字经济的明确定义为基础；另一方面，随着数字技术融入经济活动的各个环节，数字经济涵盖的内容和领域也会延伸，不断完善数字经济的概念和内涵，对评估数字经济发展规模和趋势十分关键。第二，捕捉数据在数字经济中的价值。数字经济时代，数据无论是作为新生产要素，还是与其他要素有效结合，都会为经济增长提供巨大潜能。但现有数字经济测算和指标，对数据价值的捕捉还有待改进。在欧盟的DESI中，与数据价值有关的内容只出现在二级指标中，即数字公共服务维度下的“开放数据”。在BEA数字经济增加值测算中，数据价值也出现在付费数字服务维度下二级指标“互联网与数据服务”之中。中国信通院在构建数字经济框架时，将数据价值化列为四个关键维度之一，但由于数据可得性，在具体测算时没有涉及此项。第三，在构建数字经济指标或卫星账户时，需要使测算方法尽可能适配更多的地区和国家，同时注重时间的连续性，从而使测算值在时空范围内具有可比性。第四，要注意测算使用数据的有效性和可得性，在获取数据时规范统计口径和部门分类，在计算指标或数值时设计科学的合成、加权方式。第五，补充和完善对数字经济智能化部分的衡量。现有测算方式和指标更多关注数字经济发展涉及的基础设施与数字技术、数字化产业、产业数字化、数字治理等，但从产业数字化中识别出属于数字经济的增加部分仍然面临挑战。同时，以人工智能、云计算和区块链为代表的新型数字技术逐渐成为数字经济发展的巨大推力。然而，在数字经济测算过程中，这些部分所占比重仍然较低，对数字经济智能化部分的补充有助于推进未来数字经济测度和分析的工作。

然而，要全面考察数字经济发展程度，特别是反映数字经济对现代经济的全部意义和“超常贡献”，还有相当局限。所谓超常贡献，就是指在国民经济运行过程中，由数据要素与传统生产要素结合引发的生产价值、流通价值、交换价值及消费价值创造，带来的显性和隐性的价值倍增贡献。例如，我们仍未有效衡量“共享经济”中由数据要素使用创造的成本节约、全球价值链中由互联网发展带来的“附加价值”、平台经济中除直接收费和广告价值外所创造的平台自身价值等。因此，衡量数字经济的价值，需要明晰数据要素价

① 中国信息通信研究院：《中国数字经济发展白皮书》，2021，第5页。

值，探索数字平台和数字化转型，还要建立国际规范或统一的标准，构建数字经济国际治理体系，营造适合数字经济时代的市场环境，这也是促进数字经济健康发展的关键。

第四节　数字经济发展的思考与判断

本节对国内外与数字经济相关的热点研究领域和问题的分析，主要体现在数据要素、数字化转型、数字平台和数字治理四个方面。

一、数据要素

数据是数字经济中的重要资源，数据及其开放和共享也逐渐成为社会经济活动的基础。数据的应用场景十分丰富，微观上，生产者通过客户的数据信息优化自身的生产过程和产品属性，消费者也可以基于商家的数据信息做出更好的选择；宏观上，政策制定者通过数据分析，提高国家发展质量和人民福祉。与技术要素纳入国民经济类似，数据逐步改变传统生产要素的组合方式与社会生产的成本、规模、质量，同时在传统产业内部带来变化，促使新兴数字产业的产生，引起生产、流通、交换和消费的变革。从这个意义上，我们可以说数字要素已经成为人类社会经济发展中的新生产要素。因此，亟须研究数字要素的“超常贡献”。

首先，要明晰数据作为生产要素的重要性。一方面，数据要素直接对生产活动产生影响，数据在要素化的过程中作为特殊的“资本”能够促进经济增长；另一方面，数据要素在与其他生产要素结合的过程中也会创造更大的价值。徐翔和赵墨非将“数据资本”引入内生增长模型，发现数据资本可以通过促进生产要素之间的配置效率来提升社会生产效率，并分析其对经济增长的直接影响和溢出效应①。

其次，研究数据的价值十分关键。数据在作为生产要素的同时，也具有自身的价值。然而，在现有市场活动中捕捉数据价值比较困难，量化数据本身及其开放和共享带来的价值仍然具有挑战性。另外，数据的使用方式也是影响数据价值的关键因素。Jetzek 等②认为，开放数据会通过信息共享机制和市场机制产生可持续的价值，信息共享有利于提升信息透明度和决策质量，同时开放的数据在市场上也可以成为商品和服务的重要组成部分，为社会创造价值。类似的观点，对数据的访问和共享都是增加数据自身价值的重要途径③。

① 徐翔、赵墨非：《数据资本与经济增长路径》，《经济研究》2020 年第 10 期，第 38—54 页。

② Thorhildur Jetzek, et al., “The Sustainable Value of Open Government Data,” *Journal of the Association for Information Systems* 20, No. 6 (2019): 702—734.

③ OECD, “*OECD Digital Economy Outlook 2020*,” 2020, https://www.oecd.org/sti/ieconomy/oecd-digital-economy-outlook-2020-bb167041-en.htm.

因此，估计数据要素的价值是理解数字经济“超常贡献”的关键。

最后，值得关注的还有数据权属和数据确权问题。数据的开放和共享在给经济增长带来正向影响的同时，也面临诸如数据隐私、知识产权保护和数据控制权等方面的挑战，而数据权属和确权规则是影响数字经济发展的重要因素。在国家层面，由于数据具有外部性，需要规范国家间的数据使用权益，保障数据流动的公平性和自由性，避免数据歧视和垄断问题。在个人层面，需要关注个人数据价值与隐私行为之间的潜在关系，探究文化习俗、数字素养等方面的差异对这种潜在关系的影响。因此，兼顾数据开放共享和数据隐私保护是推动数据要素市场健康持续发展的重要保障。在数字经济时代，我们要逐步建立和完善数字经济市场秩序，维护数字经济自由、稳定运行。

二、数字化转型

数字经济时代下，无论是在生产过程中引入的数据生产要素，还是与传统生产模式嵌套融合的先进数字技术，都使要素与资源优化配置，突破传统的生产可能性边界，促进新时期经济增长。数字化深刻改变了全球经济的生产、流通、交换和消费模式。微观上，企业对数据要素和数字技术的应用使生产体系由传统转向数字化[①]；中观上，产业数字化赋予全球产业结构升级的新动能；宏观上，数字化转型给金融、贸易、就业带来重大影响，与此同时，数字金融、数字贸易、数字劳动力成为数字经济的重要组成部分。因此，数字化转型也逐渐成为数字经济中的重要议题。

企业数字化转型是数字经济发展的微观基础和关键环节，推动了企业良性发展、产业结构优化和宏观经济增长。一方面，数字经济的发展为企业数字化转型创造条件，如数字基础设施、数字技术、企业家的数字管理能力、数字人力资源、数字供应链管理等。另一方面，数字化转型在微观层面也给企业带来诸多影响。数字化转型可以提高企业的信息传递效率[②]和创新能力，进而提升企业的生产率水平和专业化分工水平，对企业的绩效和组织结构产生影响。企业数字化转型成为提升企业竞争力的重要路径。

数字化转型带来的影响不仅发生在微观企业层面，还体现在行业层面和宏观层面。数据生产要素和数字技术一方面优化了企业创新、研发、生产、管理和销售等环节，驱动着行业进行数字化转型和产业结构升级；另一方面，重构全球价值链和分工格局，改变了全球金融、贸易和劳动力市场的内在逻辑和表现形式。

在数字金融方面，传统金融业进行数字化转型，使其具备成本更低、速度更快、覆盖

① 吴非等：《企业数字化转型与资本市场表现——来自股票流动性的经验证据》，《管理世界》2021 年第 7 期，第 130—144 页。

② 陈冬梅、王俐珍、陈安霓：《数字化与战略管理理论——回顾、挑战与展望》，《管理世界》2020 年第 5 期，第 220—236 页。

更广的数字化特点[①]，减少由信息不对称带来的摩擦，实现金融资源的优化配置[②]，推动了金融创新和劳动力流动[③]，数字金融也促进了包容性发展[④]和绿色创新发展，进而实现数字经济的绿色、可持续增长。其中，数字货币和移动支付也将成为数字金融的重要议题，前者将构成数字经济中金融发展的重要基础，后者会促进数字金融包容性发展。

在数字贸易方面，随着互联网和数字技术的发展以及数据要素的产生，数字贸易正在成为全球商业的重要驱动力。数字经济时代下，传统的货物贸易和服务贸易也开始步入数字化转型阶段。最初对数字贸易的界定比较狭义，仅包括数字产品和数字服务[⑤]。但由于互联网的使用对双边贸易流量产生影响，并且数字技术通过影响贸易成本激励制造业和服务业的出口，数字化的信息和知识可以在全球范围内进行贸易。因此，数字贸易的内涵扩展为由数字技术实现的贸易，包括传统的货物贸易和服务贸易、数字产品与数字服务、数字化的知识与信息等[⑥]，这也推动了全球贸易的数字化转型。

在数字劳动力方面，数字化转型的过程中，劳动力的市场规模、就业形式和供需结构都发生了重要变化。引起这种变化的路径主要有两方面：一方面，数字技术的发展和应用在提升生产率的同时，可能会缩小部分传统行业的劳动力需求规模[⑦]；另一方面，新技术的普及与数字化产业的发展，也会衍生出与数字技术相关的新就业机会，提供更加灵活、自由的工作形式，扩大劳动力的需求规模。同时，数字化转型通过改变数字劳动力在技能[⑧]、年龄、性别等方面的需求，进而影响数字劳动力的供需结构。

然而，数字化转型的过程中也面临诸多挑战。第一，研究数字化转型需要对数字化产业和产业数字化的发展规模进行衡量。由于数字技术不断革新，数字化产业也随之发展，同时数据要素和数字技术在与传统产业融合时也会产生新的增量，准确捕捉这些增长具有挑战性。第二，在数字化转型的过程中，不可忽略数字鸿沟这一问题。数字化转型对就业机会和收入分配均会产生影响，数字基础设施建设、数字化发展程度、数字教育水平之间的差异[⑨]都会造成贫富差距的扩大和不平等的加深，这种情况发生在不同的国家和地区之

---

① 谢平、邹传伟：《互联网金融模式研究》，《金融研究》2012 年第 12 期，第 11—22 页。

② 黄益平、黄卓：《中国的数字金融发展：现在与未来》，《经济学（季刊）》2018 年第 4 期，第 1489—1502 页。

③ 马述忠、胡增玺：《数字金融是否影响劳动力流动？——基于中国流动人口的微观视角》，《经济学（季刊）》2022 年第 1 期，第 303—322 页。

④ 张勋等：《数字经济、普惠金融与包容性增长》，《经济研究》2019 年第 8 期，第 71—86 页。

⑤ Rolf H. Weber, "Digital Trade in WTO - law Taking Stock and Looking Ahead," *Asian Journal of WTO & International Health Law and Policy* 5, No. 1 (2010): 1—24.

⑥ 马述忠、房超、梁银锋：《数字贸易及其时代价值与研究展望》，《国际贸易问题》2018 年第 10 期，第 16—30 页。

⑦ 邱玥、杜辉：《人工智能对就业的影响因素及作用机制研究》，《中国劳动关系学院学报》2019 年第 3 期，第 5—14 页。

⑧ 宁光杰、林子亮：《信息技术应用、企业组织变革与劳动力技能需求变化》，《经济研究》2014 年第 8 期，第 79—92 页。

⑨ 胡鞍钢、周绍杰：《新的全球贫富差距：日益扩大的“数字鸿沟”》，《中国社会科学》2002 年第 3 期，第 34—48 页。

间，也会因年龄、性别、技能等方面的不同而产生差异，引发“数字鸿沟”。第三，企业层面的数字化转型在企业间、行业间、地区间存在异质性，如何实现数字经济中企业的平衡发展也是急需解决的问题。第四，数字化转型的推进，也带来了数字金融风险防范、数字金融隐私保护、数字贸易税收兼容、数字贸易保护壁垒、数字劳动力鸿沟等一系列问题。因此，在数字化转型的过程中，既要享受数字发展红利，也要谨慎对待可能产生的风险。通过提升全民数字素养，使人民积极参与数字经济各个环节，确保机会的平等性，共享数字经济发展成果，走向共同富裕，这是我们应当追求的目标。

三、数字平台

随着互联网和数字技术的普及与应用，数字平台作为数字经济发展中的新兴组织形式，遍布生产、流通、媒体社交、搜索引擎和金融服务等领域①，对全球价值链和劳动力市场的重构产生深远影响②，逐渐成为全球经济增长和发展的主要推力。

许多学者对数字平台的概念进行界定。由于数字平台同时涵盖了个人用户、平台机构和先进数字技术，并且与传统的商业模式和平台存在本质区别，目前还未形成数字平台的统一定义③。但是，对现有研究进行梳理，我们可以总结出数字平台的特点和优势：一是数字平台依托数字技术，极大降低了平台使用者的搜索和交易成本，有利于商品和平台参与者之间的精准匹配和快速对接④；二是数字平台具有网络效应，借助固定和移动互联网促进商品的普及，同时也降低了信息传递成本，使其很大程度上摆脱了时空限制；三是数字平台具有规模效应，数字技术和互联网赋予数字平台容纳更多参与者的可能，使其具有前所未有的发展规模；四是数字平台的模块化属性，这既可以使平台设计者在不影响核心功能的前提下修改和调整其他任意模块，又可以将核心模块移植到不同领域，有利于数字平台的搭建和推广。因此，具有众多优势的数字平台在数字经济中，能够更好地配置和整合资源，促进全球经济持续发展。

然而，数字平台的发展也面临着诸多挑战。第一，由于数字平台具有网络效应和规模效应，如果市场势力过大可能会形成“赢家通吃”的现象，进而导致平台经济发展中的垄断问题；第二，数字平台不仅具有商业和企业属性，也是平台参与者的载体和桥梁，同时具有社会属性，因此，确定平台具有何种权力和责任十分关键；第三，数字平台发展还面临数字安全问题，算法的不断革新和平台开放共享性质极大促进了数字经济的发展，但与

---

① 周文、韩文龙：《平台经济发展再审视：垄断与数字税新挑战》，《中国社会科学》2021 年第 3 期，第 103—118 页。

② 谢富胜、吴越、王生升：《平台经济全球化的政治经济学分析》，《中国社会科学》2019 年第 12 期，第 62—81 页。

③ Amarolinda Klein, et al., “Understanding Controversies in Digital Platform Innovation Processes: The Google Glass Case”, *Technological Forecasting and Social Change* 152, 119883 (2017), https://www.doi.org/10.1016/j.techfore.2019.119883.

④ 李海舰、李燕：《对经济新形态的认识：微观经济的视角》，《中国工业经济》2020 年第 12 期，第 159—177 页。

此同时，平台参与者的隐私保护和数据安全问题，也需要更加规范的保障。数字平台的发展离不开平台治理，平衡好创新激励和数据隐私之间的关系尤为重要，在加强数字平台反垄断和资本治理的同时，也要鼓励平台模式的创新和平台经济的发展。

另外，与数字平台相关的研究领域还有共享经济和零工经济。与数字平台类似，现有研究中并未对共享经济和零工经济形成统一的定义。共享经济和零工经济都与数字平台息息相关，谢富胜等对它们的来源和概念进行辨析，他们认为共享经济关注参与共享的不同主体之间的关系，而零工经济更多聚焦于劳务雇佣方式的新变化。根据已有研究可知，在共享经济中，参与者主要依托互联网，通过数字平台共享具有不同来源的闲置资源，获取共享资源的使用权而非所有权，进而达到经济利益目的；在零工经济中，劳动者借助数字平台的中介性质，通过互联网更加独立地承包计件工作①。共享经济与零工经济作为数字经济中新兴经济形式，两者的发展对数字经济的价值创造、劳动力结构调整、创业与创新、平台经济增长等方面都产生巨大的影响。

四、数字治理

随着全球数字经济的快速发展，数据要素与数字技术不断拓展到不同的应用领域，亟须完善和健全与之对应的规则体系和治理框架，提升数字监管和数字治理能力在数字经济时代十分关键。2021 年，国务院印发了《“十四五”数字经济发展规划》，针对完善数字经济治理体系提出了三个方面的规划，分别是“强化协同治理和监管机制”“增强政府数字化治理能力”和“完善多元共治新格局”②，这为我们研究和推进数字治理提供了方向。与此同时，世界上其他主要经济体也都开始关注“数字治理”这一主题，主要围绕数据、数字政府、全球数字治理三个角度进行研究。数字治理作为一个较新的研究领域，虽然尚处于起步阶段，各个国家或地区目前关注的内容可能存在分歧，但都明晰了数字经济全球治理中数据和数字技术的重要作用，强调了数字创新与数字安全之间的协调发展，以及政府在其中扮演的关键角色。

首先，数字治理应当关注数据的共享与安全。在数字经济中，数据不仅仅是重要的生产要素，其自身也具有价值，数据的流动和共享使信息和知识的传播和交换更加高效、快速。无论是在传统行业，还是新兴的数字商业平台或数字政务服务平台，数据的开放共享都给人们带来极大的便利，跨境数据流动也促进了国际数字贸易的增长。然而，数据自由流动也带来了诸多风险和隐患，如何保护个人隐私和数据安全是各个平台和国家需要解决的问题。针对这一问题，各个国家或组织分别出台不同的政策和措施，但仍然存在分歧，

① 莫怡青、李力行：《零工经济对创业的影响——以外卖平台的兴起为例》，《管理世界》2022 年第 2 期，第 31—45 页。

② 国务院：《国务院关于印发“十四五”数字经济发展规划的通知》，2021，http：//www. gov. cn/zhengce/content/2022 -01/12/content_5667817. htm，访问日期：2022 年 2 月 20 日。

其中欧盟发布《通用数据保护条例》（GDPR）旨在加强对数据的保护，而美国则更加关注数据流动的自由性。造成各国数字监管立场和方式出现分歧的原因有很多，但主要源于各国数字化发展程度和竞争地位之间的差异。

其次，提升政府数字化治理能力是数字治理的重要环节。以电子政务为代表的数字化政府可以提升综合政策效率和公共服务能力，促进可持续和包容性的经济增长、社会发展和环境保护①。各国政府都在依托大数据、人工智能和区块链等先进数字技术，积极搭建数字化、智能化的政府服务系统，提供更加便捷、快速、安全、高效的在线政务服务，优化数字营商环境，增强系统性风险和安全隐患的防范水平，进而提升国内数字化治理能力。

再次，全球数字治理应当向协调统一的方向迈进。参与数字治理的主体呈现多元化的特点，包括政府、公众、企业和平台等，与此同时，数字治理不仅是行业内或行业间的联通，更应该是国家间和地区间的协同。各国和各地区应当秉承开放和包容的态度，依据自身数字化发展水平，健全国际数字法治保障体系，协同建立全球数字经济治理规则。

最后，在数字治理中，始终存在三种权衡。一是数字经济发展中效率与公平之间的权衡。如果仅仅关注全球数字经济发展效率，而未能协调和削减各地区数字发展水平和监管力度之间存在的差异，可能会导致数字鸿沟的产生，从而加剧全球经济发展不平等。二是数字经济中开放与安全之间的权衡。数字治理需要在推进数据开放共享的同时，加强对数据安全和隐私信息的保护。三是数字经济中创新与竞争之间的权衡。一方面，数字化降低了信息和知识的学习成本，这极大促进了数字创新，增加了竞争效应和技术学习者的福利，但如果缺失与之对应的知识产权保护措施，原始创新者则会逐渐失去创新的动力。另一方面，对专利和原创技术的过度保护，也会形成学习壁垒，可能导致垄断的发生，成为社会经济发展的阻力。因此，政府应当发挥主导作用，平衡创新与竞争之间的关系。

第五节　数字经济研究展望

随着数据要素和数字技术在更多领域中的普及和应用，数字经济逐渐成为全球经济增长与发展的主力。因此，对数字经济展开的研究也必将不断地丰富和深入，可以重点关注以下七个方面。

第一，对数字经济概念和内涵进行更全面和准确的界定。由于数字技术不断革新，与数据要素和新技术融合的领域不断延拓，目前国际上无论是机构或组织，还是研究学者，针对数字经济均未形成统一的定义。然而，对数字经济发展规模的合理测度和对数字经济

---

① Conceicao Castro and Cristina Lopes, "Digital Government and Sustainable Development," *Journal of the Knowledge Economy* (2021), https://www.doi.org/10.1007/s13132-021-00749-2.

涉及领域的界定划分，是开展数字经济相关研究的前提和基础。因此，未来在对数字经济概念的界定过程中，需要注意数据和网络的重要性，并且聚焦于数字化、智能化、共享化和普惠化等特征。其中，需要特别关注数据要素在“四化”中的价值表达及其计量，如果对数据要素没有经济学意义上的本质性认知，那么数字经济就无从谈起。

第二，对数字经济形成更加系统和准确的测度。现有研究中对数字经济的测度也仍未统一，原因有两方面：一方面是各国对数字经济并未形成明确的定义，另一方面是数字技术的持续更新和新技术的诞生使数字经济增加值测算工作变得复杂。未来在数字经济测度工作中需要注意：（1）对数据要素价值的衡量和捕捉。当前的数字经济指数和测算中对数据价值的体现较少。（2）测算方法和指标在时间和空间上的连续性。形成相对统一的衡量标准，使其适配更多的国家和地区，并在更长的时间跨度上具有可比性。（3）数据的可得性和有效性。规范数据统计项目和口径，统一指数加权和整合的计算方法。（4）数字经济中智能化部分的衡量。目前，衡量数字经济的指数和测度涉及和涵盖智能化的内容较为欠缺。因此，紧跟数字经济测度的前沿，不断深化研究，探索符合实际的测度方法，把握数字经济发展脉络，测度数字经济发展程度尤为重要。

第三，对数字经济的研究也要从社会需求角度展开，探究数字经济对经济增长和经济发展质量提升的影响，并且衡量这种贡献的大小。一方面，无论是平台上数据的开放共享，还是大数据、人工智能、区块链等数字技术在传统产业和新兴产业中的应用，数字经济发展体现在经济生活的各个方面；另一方面，关于数字经济对经济增长贡献的定量研究较少，相关的理论模型和经验研究也比较匮乏，甚至有的学者发现数字经济在解释经济增长时的局限性①。对数字经济进行更明晰的定义和更规范的测度，可能是解决这一矛盾的方法。同时，分别从生产层面、消费层面和市场等角度，探究数字经济影响经济增长和发展的路径与机制，也有助于理解这一问题。数字经济发展的贡献度说到底是对人类物质和文化生活在数量与质量上提升的贡献，没有这种贡献，就很难构成一个新的经济时代。

第四，对数字经济的研究要关注数据作为生产要素的重要性。一方面，需要进一步研究数据要素对生产活动和生产率的贡献，以及数据要素与其他传统生产要素结合后产生的新的影响。另一方面，需要关注数据自身的价值，以及数据开放共享后创造新的价值增量。与此同时，如何权衡数据的自由性和安全性尤为重要，数据确权将成为未来数字经济研究中的关键问题。

第五，在数字经济研究中要关注数字化转型。数字化产业和产业数字化是数字经济中数字化转型的两个重要表现形式，一方面，需要进一步衡量数字化产业对经济发展的影响；另一方面，在研究产业数字化时，也要探究企业和产业数字化转型过程中创造的价值。此外，数字化转型对金融、贸易和劳动力也产生一系列的影响。在数字金融方面，需

① Chihiro Watanabe, et al., “Measuring GDP in the Digital Economy: Increasing Dependence on Uncaptured GDP,” *Technological Forecasting and Social Change* 137 (2019): 226—240.

要定量分析数字化转型对金融创新增长、包容性发展的具体影响及其机制，同时数字货币和移动支付在未来研究中的地位会日益凸显。在数字贸易方面，既要更加深入地分析数字贸易的内涵及其对数字经济发展的贡献，又要关注数字贸易治理，其中包括数字贸易保护壁垒、数字贸易税收等研究问题。在数字劳动力方面，定量分析数字化转型对劳动力产生的影响，既包括数字技术对劳动力带来的创造和补充效应，也要注意数字技术的替代效应和数字劳动力鸿沟问题，同时还要关注远程工作对收入分配和经济发展的影响。

第六，对数字经济中数字平台新业态的研究。需要积极开展对数字平台、共享经济和零工经济的经验分析，除了关注平台反垄断、平台数据安全保护、平台的社会功能等方面，还要探索数字平台间竞争、数字平台监管、数字平台创新、数字平台相关法案建设等问题，同时也要关注共享经济中的价值创造和福利影响等研究领域。

第七，在数字经济研究中不可忽视数字治理。在数字政府建设方面，要进一步优化数字化政务服务平台，探索政府在数字市场中扮演的角色，搭建良好的数字营商环境，促进数字经济的稳定发展。在全球数字治理方面，各国需要依据自身数字化发展水平，努力营造协调统一的规则体系和治理框架。在探索数字治理的道路上，要平衡好效率与公平、开放与安全、创新与竞争之间的关系。

因此，数字经济已经逐渐超出传统经济学的研究范畴，涉及领域包括但不限于经济学、管理学、金融学、数学、计算机学、法学等，未来对数字经济的研究将从文理交叉、文工交叉、经法交叉等思路展开。针对数字经济的学术研究，本质上是对社会经济现实发展规律的认识和总结，并给予经济学解释。中国数字经济的迅速发展对中国经济增长的超常贡献正在逐步显现，在探究数字经济价值增长的同时，我们也希望中国通过数字经济发展为支持中国经济可持续、高质量发展创造更大的价值，使人民共享数字经济发展带来的经济福利。

第六节　数字经济的经济学定义与内涵

回顾前文内容，我们对数字经济的发展历程、概念内涵、测度方法和研究现状进行了全面、系统的梳理和总结，说明了目前数字经济研究中面临的问题，为未来具有重要研究价值的领域提供可能的思路和方法。在本节中，我们为数字经济赋予了一种经济学定义，从而有助于我们更加深刻地认识和理解数字经济的内涵。

一、数字经济的经济学定义

数字经济是继农业经济、工业经济之后的新的生产方式。2016 年，G20 杭州峰会发布的《二十国集团数字经济发展与合作倡议》首次对数字经济的概念进行描述。中国信息通信研究院在每年发布的数字经济报告中，不断更新和完善对数字经济的定义，其在2022年发布的《全球数字经济白皮书》中将数字经济表述为：数字经济是以数字化的知识和信息作为关键生产要素，以数字技术为核心驱动力量，以现代信息网络为重要载体，通过数字技术与实体经济深度融合，不断提高经济社会的数字化、网络化、智能化水平，加速重构经济发展与治理模式的新型经济形态。①

当我们从经济学的角度把握数字经济的本质特征时，会为其赋予一种更具经济学意义的定义。我们认为，数字经济是一种新的生产方式：人们借助数字技术和信息通信技术对数据进行收集、筛选、标注、整理、加工、分析、存储，得到数字化的信息、知识和智能，形成数字要素，而数字要素作为新的生产要素与土地、劳动、资本和技术等原有生产要素相结合，以现代信息网络为载体，产生可交易的数字产品和数字服务，进而形成新的生产、交换、流通、分配和消费的经济运行全过程，使数字经济逐步成为继农业经济、工业经济之后新时代下的新生产方式。其中，数字要素主要包含三个维度：（1）数字化的信息，即通过对数据进行收集、标注、分析和储存而得到的有效信息；（2）数字化的知识，即人类依靠自身脑力劳动对有效数据和信息进行分析和总结所形成的知识；（3）数字化的智能，即以人工智能为代表的数字技术结合有效数据、信息与知识所形成的智能。

二、数字经济是一种新的生产方式

回顾我们为数字经济赋予的经济学定义，数字经济是一种新的生产方式，其中形成了新的生产、交换、流通、分配和消费的经济运行全过程。

首先，对于生产环节，数字经济有助于实现生产过程的现代化。从科技发展的角度看，现代科学技术不只是简单地替代人的体力劳动，也不只是依靠基础性的机械劳动来解决人在长时间或疲劳工作中可能造成产品质量不稳定的问题，而是通过人工智能、深度学习等数字技术和现代信息通信技术，在数字化的信息、知识和智能的有机结合下，充分发挥数字要素的作用，延伸、部分替代，甚至完全替代人在生产环节的工作，如产品设计与加工、质量检测、市场信息获取等，使其产出的产品更加适应购买中间产品的生产商，以及购买最终产品的消费者的需求。从生产角度看，补充和替代人的脑力劳动成为现代化的重要标志。由此将产生三个方面的重大变化：一是产生了新的产业或部门，即现代信息产业、现代通信业、现代信息服务业等；二是产生了新的产业结构变化，这种变化是由新产业带来的，使信息产业逐渐成为现代经济发展的重要支柱；三是传统产业的转型和升级，现代信息通信技术和以人工智能、深度学习为代表的数字技术逐渐渗透到传统产业中，信息传感技术的不断升级，工业机器人的广泛应用，进一步提升了传统机械制造、精密仪器制造等领域的自动化程度，极大替代了人类的体力劳动，如自动驾驶、自动装卸等，在促

① 中国信息通信研究院：《全球数字经济白皮书（2022年）》，2022年12月，第1页。

使传统产业数字化转型的同时提升了生产效率。与此同时，数字技术和数字要素在生产环节中还可以降低能源消耗，实现社会生产的高质量发展。例如，物联网的应用可以通过提升管理水平来降低能源消耗，通过提高传统产业的生产率来提高对自然资源的使用效率，从而实现产品质量水平的提升。这种优势也为绿色发展和可持续发展提供新的路径，提高资源使用效率，减少废物、废气排放，为实现“双碳”目标提供新思路。因此，依托数字经济是实现生产环节和生产过程现代化的、具有战略意义的重要途径。

其次，对于交换环节，数字经济时代中交换过程更加便捷，信息来源更加广泛。在数字经济时代，“货比三家”更加普遍。一方面，消费者可以借助多方信息平台获得目标产品的质量信息，也可以充分了解服务的质量和效率；另一方面，生产者既可以更加全面地分析合作对象的信誉和能力，选定适合自身的合作方，也能够更加细致地了解消费者的具体需求，实现个性化定制生产和服务。在数字治理逐渐完备的前提下，信息的不对称性将大幅缩减，更加接近完全。这意味着，全社会资源优化配置的可行性将进一步得到提升。当然，数字经济时代中交换过程的有效改进离不开数字安全的保障，离不开数字治理的完善。如今，信贷机构可以在极短的时间内完成放贷决策，这离不开数字识别、追踪、验证技术，如大数据技术档案、人脸识别、图像识别、信息可靠性验证等，也需要良好、可靠的数字法制环境。

再次，对于流通环节，数字经济时代可以实现更加有效的产品或服务的流通过程。在有形商品的流通方面，数字技术和数字要素可以大幅提升流通效率。例如，在产品调度中，人们可以在线获取订单和物流的信息，物流中心根据这些信息有效地调度运输车辆，通过智能港口或仓库使货物的装卸、集散、存储等环节更加智能化和自动化。在无形商品的流通方面，数字技术和数字要素可以打破原有的流通逻辑和模式，使服务或其他无形产品可以逐渐摆脱地理空间的限制，在服务提供者和接受者之间高效快速地流通。与此同时，数字经济中流通环节的改变也会影响人在这一环节的位置和作用。例如，依托大数据技术的流通，指挥中心在高效掌控和调度所有载运车辆任务的同时，也可以帮助人们制定完整、全面、详细的流通计划，包括加油、休息、卸货、再次就近安排新任务等。因此，在数字经济现代化的背景下，数字技术和数字要素在社会经济的流通过程中，部分替代了人的体力劳动，并且在信息获取、任务分配、过程监控与管理等方面开始替代人的脑力劳动。这使货物的精确运输和准时送达成为可能，也是数字经济时代的特色之一。因此，在数字经济条件下，现代生产和流通环节的社会化、精细分工、协同衔接成为可能。

从次，对于分配环节，数字经济时代中收入的分配过程趋于公平。通过运用数字技术，劳动者的付出可以被精确计量。同时，“零工经济”也被赋予新的活力，使劳动者的能力和潜力得到充分发挥。储蓄资金可以根据个人意愿被充分使用，配置到真正需要的地方，并获得相应的投资回报。信息不对称的减弱或消除，人类劳动回报的精准度量，都有助于我们进一步减少社会贫富差别。这些新技术使生产力进一步数字化，使数字产业生产效率不断提高，也逐渐可以让全体社会成员的收入伴随社会经济的发展不断提高。在此基础上，共同富裕在数字经济高度发达的未来具有实现的可能。

最后，对于消费环节，数字经济可以改变消费的规模、对象和模式。在数字经济时代，消费规模的改变既体现在消费数量因生产效率的提高而增长，还体现在消费品种类因新技术和新要素的加入而不断扩展。消费对象也发生了诸多变化，例如，消费产品质量和档次因技术进步而提升，越来越多的服务可以逐渐具备有形产品的特性出现在市场中。消费的模式变化则不仅体现在线上经济和线下经济的有机结合，还体现在个性化消费方面，生产者提供的产品和服务与消费者需求之间的匹配度会不断提高。在数字经济条件下，生产者根据数字平台获取信息，能够及时、准确地了解消费者对各种产品或服务的需求，包括产品服务的类别、质量、个性化等方面要求，从而不断修正自身产品或服务对消费者的适应程度。与此同时，消费环节发生改变的动力来自生产者和消费者：一方面，生产者期望在市场上提升自身的竞争力，从而更加顺利地租售自身的产品和服务；另一方面，消费者希望获取种类更多、质量更高、满足个性化需求的产品。此时，市场更加完全，生产者之间、消费者之间的竞争也更加充分。因此，成熟产品的市场竞争将使其价格更接近生产成本。那么，通过不断创新来提供新产品和新服务，成为企业获取利润的主要的，甚至唯一的途径。

我们看到，数字经济中的新技术和新生产要素都促使新的生产方式的发生，生产、交换、流通、分配和消费的经济运行全过程发生深刻变革。同时，我国数字经济规模逐年提升，根据中国信息通信研究院的测算，2022 年中国数字经济规模达到 50.2 万亿元，占国内生产总值比重为 41.5%[①]，这意味着数字经济已成为我国国内生产总值的重要组成部分，是中国经济增长的关键贡献力量。

（本章执笔人：佟家栋 张千）

本章附录：

附录是南开大学前校长侯自新教授（李群代数著名专家）就数字经济发展所撰写的文章《从移动通信到数字经济——话谈 5G 及相关》。我们认为，文章内容对于我们进一步理解数字经济发展历程，即从信息通信技术到数字经济的形成与发展，具有非常重要的启发意义和指导作用。

从移动通信到数字经济——话谈 5G 及相关

南开大学前校长　侯自新教授

近两年，5G 成为人们谈论得越来越多的话题，特别是美国政府和主要领导人围绕着 5G 倾全国之力在全球范围打压华为这样一家中国的民营高科技企业，更引起方方面面的关注。那么，5G 究竟是什么，为什么 5G 会引起如此激烈的竞争？下面就这些问题谈谈我

① 中国信息通信研究院：《中国数字经济发展研究报告（2023 年）》，2023 年 4 月，第 10 页。

的一些学习心得和体会。

5G 是第五代移动通信技术的简称（或缩写）。为了把 5G 解释清楚，我们不得不从通信（Communication）说起。通信的本义是指信息的交流。人与人之间的信息交流是人们合作的前提和基础，有了信息交流，才有合作，人类社会才得以出现。早期的古人类大概是通过手势、动作、表情，甚至是眼神、声音来交流信息，后来产生了语言，从此社会逐渐形成。随着社会的发展进步，一些重要的信息需要保存，于是出现了记录信息的符号，并逐渐演化成为文字。这些符号、文字通过多种方式（刻在烧制的泥板上、铸在青铜器上、刻在动物的甲骨或竹片上，等等）保存下来。随着社会的发展，人的活动范围逐步扩大，于是出现了远距离交流信息的需求，这样就出现了书信。古代人还发明了各种各样的远距离传递信息的方法，例如，建立烽火台，传递外族入侵的信息等。真正意义上的远距离信息传递出现在 19 世纪后期。它的科学基础是电磁学：法拉第发现了电磁感应现象；麦克斯韦建立了麦克斯韦方程，指出光就是电磁波；赫兹设计了一套实验装置产生了电磁波，从而证实了电磁波的存在。根据电磁学的原理，贝尔发明了有线电话，莫尔斯发明了有线电报，而三位发明家（特斯拉、马可尼和波波夫）几乎在同一时间段（19 世纪末期）各自独立地发明了无线电报装置。近代远距离无线通信揭开了序幕！

现代无线通信简要回顾

最初的无线电报装置比较简单，都是采用莫尔斯电码（用点和横杠组合来表示 26 个英文字母和 0 至 9 阿拉伯数字，中文用四角数码表示），编码简单，容易传输。后来为了信息传输的安全，开始采用加密技术。随着无线电技术的发展，陆续出现了无线电广播和电视等。后来又把有线电话与无线电技术结合，发展出无线长途电话技术。

那么，现代无线电通信是如何进行的呢？

首先，无线电波必须频率足够大才能进行有效传输。现在使用的无线电波段大致由数百千赫兹（KHz）到数百兆赫兹（MHz）。无线电波段按其波长分成八段，如表 1－4 所示。其中，分米波、厘米波、毫米波和丝米波①又统称为微波。

表 1－4　　无线电波段按其波长分段

波段	频率	波长	频段
长波（LF）	30—300（KHz）	10—1000（米）	低频
中波（MF）	300—3000（KHz）	10—100（米）	中频
短波（HF）	3—30（MHz）	100—10（米）	高频
超短波（VHF）	30—300（MHz）	10—1（米）	甚高频
分米波（UHF）	300—3000（MHz）	10—1（分米）	特高频
厘米波（SHF）	3—30（GHz）	10—1（厘米）	超高频

① 丝米波的高端实际上已达到远红外线波段，再高的波段依次是红外线、可见光、紫外线、X 射线和伽马射线。

续表

波段	频率	波长	频段
毫米波（EHF）	30—300（GHz）	10—1（毫米）	极高频
丝米波（THF）	300—3000（GHz）	10—1（丝米）	超极高频

通常，说话的语音频率只有几百赫兹，为把语音变成可传输的无线电信号，需要进行调制。什么是调制？低频信号是我们要传输的，类似于货物，我们再产生一个高频信号，类似于车辆。让高频信号随着低频信号变化，类似于把货物装载在车上，这个过程叫作调制。调制的方式有两种：一是让高频信号的频率在一定范围内随低频信号的变化而变化，但振幅保持不变，这个过程叫作调频（FM）；二是让高频信号的振幅随低频信号的变化在一定范围内变化，而频率保持不变，这个过程叫作调幅（AM）。

调制好的无线电信号如何发射出去？LC 回路（由一个电容和一个电感构成）中产生振荡的电磁场，通过天线发射出去。电路中的电容越小，发射的无线电波的频率越高。于是，人们可以通过调节电容器板的面积改变电容来选择频率，然后通过电感把调制好的无线电信号加载到天线上，由天线发射出去。

无线电波是如何在地空传播的呢？无线电波与光一样是直线传播的，而地球是球形的，稍远一些的地方就不可能直接传递。由于无线电波的波长（频率）范围很宽，所以不同波段的传递方式也不同。长波容易绕过障碍物（衍射），所以长波主要靠地波传递，所谓地波就是电波沿着地面运动，通过衍射而弯曲到达接收装置。长波主要用于远程无线电通信。中波无法利用地波传递，要靠电离层反射，传播距离可以很远，用于电报、广播等。而波长更短的短波、微波只能靠建设高塔，在高塔顶端安装中继器，一站一站地直线传输。有了人造卫星之后，也可在卫星上安装中继器，利用卫星传递信号。

接收装置（收音机、收报机、电视等）的接收天线也是 LC 回路，当其频率与发来信号的频率相同时产生电磁振荡，这时感应电流最大，其他信号由于频率不同不会发生共振，电流很小（调整接收装置的频率，也就是电容的大小，叫作调谐）。接收到的高频信号按照与调制相反的方式，把高频信号滤掉，留下低频信号经过放大再传出。过程如下：

信号→调制→发射→协调电路→检波（解调）→输出

广播、电视一般是连续变化的信号，称为模拟信号。数字电视、手机使用的是数字信号，只有 0、1 两种状态，与计算机是一样的，称为数字信号。

19 世纪末无线电通信诞生之后，经过半个世纪的发展，电报、广播已经普及，电话在大中城市也已广泛使用。电视在发达国家开始进入家庭，甚至出现了彩色电视。通信事业的进一步发展需要通信理论的支持。

1948 年，美国通信专家、数学家香农（1916—2001 年）发表了《通信中的数学理论》，奠定了现代信息论的基础。在此文中，作者给出了有关信源、信道编码的三个存在性定理，告诉人们信道和信源（无失真和有失真）编码的极限状态。而现代通信中，各种编码理论的研究实质上就是寻求更好的编码方法努力接近这种极限状态。因此，可以说香农的理论为现代通信理论的研究指明了方向，成为现代通信理论的基础。在这里，我们要特别介绍香农第二定理（有噪信道编码定理）中的一个重要等式：

$$C = B \cdot log\ (1 + S/N) \qquad (式 1-1)$$

其中，log 是以 2 为底的对数，C 是信道容量，B 是信道带宽，S/N 是信噪比（S 表示信号的平均功率，N 表示噪声平均功率）。这个等式对我们理解后面的内容有重要意义。香农的贡献不仅于此，更重要的是他第一次明确指出信息的本质，给出信息的度量方式和度量单位（比特），提出信息熵的概念，并用概率论的语言给出计算一个系统的信息熵的公式。它被后人认为不仅是信息理论中最重要的公式，也是物理世界最重要的公式之一，甚至可以与爱因斯坦在广义相对论中提出的有关能量与质量和光速关系的简明公式相提并论。

20 世纪 50 年代以来，随着信息科学的发展，通信理论和通信技术迅速进步。特别是移动通信，在 20 世纪后期进入了一个飞速发展的时期。

移动通信的历史演进

移动通信（指语音通信）始于 20 世纪 20—40 年代，首先出现的是专用网，例如美国底特律市警察专用的车载无线电话系统（它最初的工作频率是 2MHz，后来提高到 30—40MHz），代表厂商是摩托罗拉。20 世纪 40 年代中期至 50 年代初期，开始出现公用网，由专用网向公用网过渡。1946 年，贝尔实验室在圣路易斯市建立了世界上第一个公用的汽车电话网，称为“城市系统”。之后，西德、法国和英国也先后开发了公用移动电话系统。这些系统都是人工接续，网的容量小。1970 年前后，美国推出了 IMIS 系统，实现了无线频道自动选择和自动接续，它还采取了大区制，容量较前有所扩大，达到中等容量。虽然如此，由于受频谱资源的限制，它的覆盖范围较小，容量也不可能进一步扩大，使用范围有限。

在这里，我们要简单解释一下频谱资源。前面我们已经提到无线电波的频率范围，每一个无线电通信系统都要占用一定的频率范围（我们称之为“带宽”）。香农定理告诉我们：信道容量与信道带宽成正比，要扩大容量就要增加带宽，这样就要占用更多的频谱资源。而整个可以用于无线通信的频谱资源是有限的，所以频谱资源是稀有资源。每个国家都有专门机构管理频谱资源，如我国的无线电委员会。频谱资源的合理分配及有效利用也是通信技术特别是移动通信技术面临的重大挑战，而正是在高效利用频谱资源方面的突破，才出现了第一代移动通信技术。

1G 时代：20 世纪 70 年代，贝尔实验室提出了蜂窝网概念，并于 1978 年研制成功蜂窝状移动通信网（AMPS），极大地提高了系统容量。蜂窝网也就是所谓小区制。具体来说，把整个服务区域分割为若干个相邻的、大小相同的正六边形小区块，且覆盖整个区域，就像蜂窝一样。在每个正六边形区块的中心设置一个基站，这个基站发射的信号可以覆盖整个区块。每个基站通过光纤与主交换机相连接，不同的主交换机也通过光纤连接起来成为一个整体网络。相邻的区块使用的信号频段不同，但不相邻的区块可重复使用相同的频段，这样就实现了频段再用，从而在一定程度上解决了公用通信系统要求容量大与频率资源有限的矛盾。20世纪80年代，蜂窝网技术逐渐走向成熟，成为移动通信大范围推广使用的实用系统，被称为“第一代移动通信技术”，也就是“大哥大”时代。我国也在20世纪80年代末引进了蜂窝网技术，首先在广东省实现了商用（1987年11月18日在广州市举行的第六届全运会开幕式上正式启用）。在1G时代，摩托罗拉占据统治地位，其他发达国家也各有自家的地盘。从技术的角度来说，除了蜂窝网之外，微电子技术的发展使通信设备极大地小型化了，而随着大规模集成电路和超大规模集成电路技术的日臻成熟，计算机技术的迅猛发展也为大型通信网络的管理和控制提供了必要的手段。这些都为移动通信进入1G时代提供了保障。但是1G时代还没有统一的技术标准，开发商各干各的，不同的网无法相互连接，无法形成一个整体。而且，仍然采用模拟信号，频谱利用率低，移动设备大而复杂，费用高，业务种类单一，且容易被窃听。

2G时代：在蜂窝移动通信网研制成功后不久，一些发达国家就开始着手研究数字蜂窝移动通信系统。欧洲与美国、日本都在推进，但采取了不同的技术路线。欧洲采用时分（TDMA），而美国、日本研究码分（CDMA），无论是时分还是码分，一旦研究成功都可以大大提高频谱使用效率，从而大大提高系统的容量。欧洲的研究先取得突破，1983年推出泛欧数字移动通信网（GSM），并于1991年投入商用。它们先在欧洲布网，到了20世纪90年代中期，又推向全球布网。而码分由于进入商用较晚，市场份额偏小。于是，欧洲开发商爱立信、诺基亚一时风靡全球。2G时代的另一个特征是开始形成国际标准，标准化为移动通信全球化奠定了基础。由于2G手机信号传输的是数字，所以它也有数据传输功能，因此它不仅有语音传输功能，还可以发送短信等。从1G到2G，从模拟信号传输到数字信号传输，这是通信领域的数字化革命，意义非同小可！

我国引入2G技术是在1994年，那时中国移动采用诺基亚技术进入GSM，很快打开中国市场，后来又进入非洲等地。而中国联通在晚些时候引入CDMA，但市场份额较小。

总的来说，2G时代欧洲、美国两雄相争，欧洲占了上风。GSM成为市场主流，现在一些落后地区仍在使用GSM。而在这个时期，我国只是跟跑者，华为、中兴等尚在起步时期。

3G时代：2G与之前最大的不同是信号先要进行编码变成数字，然后再做调制，所以2G进入了数据传输时代，而互联网传送的也是数据，这样把移动通信与互联网连接起来就成为一种趋势。20世纪90年代，互联网进入了快速发展时期，到20世纪90年代中后期，2G手机已经可以上网了，不过那时手机上网的速度（也就是数据传输速度）很慢（每秒9.6—14.4kbit），还不能传送图片。另外，随着移动电话的进一步普及，还必须进一步提高频谱的利用率，以满足市场的需求。在2G时代，国际标准有两个：TDMA和

CDMA。从技术角度来说，后者比前者更为先进，在相同带宽条件下，容纳的频道至少多1倍，也就是说，它的频谱利用率至少高1倍。但是，由于采用前者的GSM先进入市场，占据了市场主体，后者不得不屈尊，市场就是如此。不过，在由2G向3G发展的过程中，CDMA的技术优势使各国的开发商不约而同地以它为基础去进行开发。在20世纪90年代中后期，欧洲、美国和中国等都大力推进3G技术的研发，争取在3G国际标准的制定中占据主动，并争取更多的专利。在这场竞争中，最初还是欧洲走在了前面，他们推出了3G标准WCDMA，之后不久，美国和中国也推出各自的标准：美国的CD－MA2000和中国的TD－SCDMA。到了2000年，国际电信联盟（ITU）经过协商认定，这三者都是国际标准，形成了欧洲、美国、中国三足鼎立的局面。3G与2G相比，除了要能容纳更多的客户外，数据的传输速度必须要有极大的提高。除了技术的改进外，根据香农定理，也需要增加频段的带宽，这就需要开辟新的电磁波频谱（频率更高、频带更宽）。2G的频谱已在微波的分米段，带宽为10MHz。3G频谱则选在分米波段的中高端，带宽为15MHz。方方面面技术的进步促使传输速度不断提高，很快就达到2Mbps，甚至更高，这使传输图像和视频成为可能。于是，手机开始向多媒体方向发展。虽然，3G在2000年就已经有了国际标准，但是真正进入商用（包括基站的建设、设备的开发、手机的研发等）还需要若干年时间的准备，我国3G牌照是在2009年1月才发放的。3G时代的另一的重大进展是智能手机的出现，特别是美国苹果公司的崛起——乔布斯的苹果手机iPhone诞生。2008年6月，iPhone 3G正式推出，这种科技与艺术相结合的颠覆性技术开创了移动互联网时代！智能手机与3G网络的结合，手机作为移动多媒体，其应用范围迅速扩大，不仅改变了人们的通信方式，也开始改变人们的生活！

在3G时代，中国已经成为重要的参与者，在制定国际标准方面有了话语权。其实，能争取到这个话语权也是经过了艰苦的努力。我国开展3G研究起步较晚，提出TD－SCD-MA标准也晚于欧美，而且不够成熟。但是，我们利用了欧美之间的矛盾，联手美国挫败了欧洲独霸标准的企图，争取到ITU的认可。在3G时代，华为、中兴等企业迅速成长，移动通信产业开始成为我国重要的新兴高科技支柱产业之一。

3G时代后期，出现了一种叫作Wi MAX的技术。这是一项宽带无线接入技术，能提供面向互联网的高速连接，数据传输距离最远可达50千米。它推动了宽带业务的移动化。它与已有的3G网络融合，有力地推动了移动互联网向宽带方向的发展，这也预示着4G时代即将到来。

4G时代：移动通信技术的代际交替，本质上来说数据传输量、数据传输速度和质量以及时延等的升级换代。3G技术虽然促生了移动互联网，但是与由光纤连接的互联网相比，移动互联网的数据传输量、传输速度等有着巨大的差距，所以在3G初期，移动通信行业与计算机互联网行业依然是分离的。直到后期，随着智能手机的出现和发展，这种局面才开始发生转变。随着互联网技术的普及，以及人们希望使用移动设备得到互联网的服务，4G 应运而生。4G 的重点是增加数据容量和提高用户的体验质量。它选取了更高频率的频段，增加了带宽（3G 为 15MHz，4G 提高到 20MHz），采用了更为先进的传输技术（如推行用 IP 数据包传输流量、取消了电路交换技术等）。在 3G 后期，形成了一种叫作 LTE 的过渡性技术，也有人称之为“3.9G”，它改进并增强了 3G 的空中接入技术，采用 OFDM 和 MIMO 作为其无线网络演进的统一标准。LTE 是一个国际合作的产品，它的专利来自世界上众多的企业，高通占 24%、华为占 10%、LG 占 9%、诺基亚占 9%、三星占 7%，等等，还有 18% 是交叉专利。LTE 从而成为形成 4G 标准的重要基础。国际电信联盟（ITU）对 4G 的正式说法是 IMT - Advanced 技术。2009 年初，ITU 在全球范围征求候选技术。同年 10 月，共收到六种候选技术。2012 年 1 月，正式审议通过将 LTE - Advanced 和 Wireless MAN - Advanced（802.16m）技术规范确定为 4G 国际标准。LTE - Advanced 作为 LTE 升级版有两种制式：TDD 和 FDD，欧洲的 WCDMA 能进化到 FDD 制式，而我国的 TD - SCDMA 则可进化到 TDD 制式（也叫作 TD - LTE - Advanced）。从而，欧洲和我国提出的标准都得到了认可。而 Mireless MAN - Advanced 是 WiMax 的升级版，可提供 1Gbps 的速率。2013 年 12 月，工业和信息化部向中国移动、中国电信和中国联通颁发了 4G 牌照，标志着我国正式进入 4G 时代。

应该说，移动通信网络的发展与手机功能的扩充是同步进行的，而智能手机的出现和发展有力地推动了网络的进步。那么，什么是智能手机呢？它与之前的手机有何不同呢？智能手机是由掌上电脑（Pocked PC）演变而来的。最早的掌上电脑不具有通话功能，随着用户对个人信息处理方面需求的提升，需要同时携带手机和掌上电脑两种设备，这显然很不方便。厂商便把掌上电脑的系统移植到手机上，这就出现了“智能手机”这个概念。传统手机使用的是自行开发的封闭式系统，功能有限，不具有扩展性；智能手机则装载了类似 PC 的操作系统，扩展性强，可以安装或卸载各种各样的应用软件，所以智能手机也就是可以随意安装或卸载应用软件的手机，或者说具有电脑功能的手机。

世界上第一款智能手机是 IBM Simon，它诞生于 1993 年，是第一款使用触摸屏的手机。它采用 Zaurus 系统，只有一款第三方应用软件。而真正让智能手机进入百姓生活的则是苹果公司的 iPhone。从 2008 年 iPhone 进入市场至今，短短十几年，智能手机飞速发展，功能日臻强大，范围不断扩展。概括地说，智能手机有三个基本功能：第一，它是电话，有语音通话功能。由于它是数字化的，从而这种功能就扩展为数据传输功能，传输文字、图像、视频等。第二，它是移动互联网的一个终端，这个功能很重要，因此它具有 PC 的功能，可以安装或卸载各种各样的应用软件，从而开发出各种各样的功能。由于它无法把 PC 的操作系统直接移过来，所以在智能手机发展初期，各厂商以自行开发为主，经过多年的竞争，现在占据主流的操作系统只剩下两家：一是苹果公司的 iOS，二是谷歌公司的安卓（Android）。安卓于 2009 年上市，两年后市场份额跃居世界第一。到 2012 年 11 月，安卓的市场份额占据全球市场的 76%，占据中国市场的 90% 以上。由于它采用开源方式，所以被众多厂商采用。而 iOS 是苹果公司的产品，采用闭源方式，所以只能本公司使用，但是由于苹果手机占全球手机市场的份额很大，所以它依然是主流产品。智能手机的第三个基本功能是照相、摄像。有了这个功能，它不仅能下载照片、视频，而且能够上传自己拍摄的照片和视频资料。近些年，摄像头技术发展飞速，再加上内存量急速扩张，大大压缩了一般数码相机的市场。要知道，数码相机技术在 19 世纪 90 年代才逐渐走向成熟，2000 年之后数码相机才逐渐普及，进入百姓家中。具有拍照功能的手机出现在 2000 年（日本夏普），2002 年进入市场（诺基亚），2010 年 iPhone4 成为真正具有拍摄功能的第一款智能手机。现在，智能手机的摄像头已远远不是普通的光学镜头，它是当代微电子、光子学技术的产物，功能堪比高级专业光学镜头。当然，上述功能的实现还要靠手机的其他硬件，最重要的是微处理器，也就是核心芯片 CPU。高端手机的竞争首先是 CPU 水平的竞争。

4G 到 5G 的过渡：目前，智能手机的主流是 4G 手机，它与 4G 时代的网络相匹配。现在正在进入 5G 时代，首先要建设 5G 网络。那么，5G 网络与之前有什么不同？当然，从 2G、3G 到 4G，网络速率一直在不断提升（2G 为 384Kbps，3G 为 14.4Mbps，而 4G 则为 150M—450Mbps），发展到 5G，网络速率肯定要进一步提升。由于采用更高频率的频段（主要在 3.5GHz—30GHz，近期也把一些低频率的频段让出来供 5G 使用），它的频谱带宽进一步加大，再加上采用 Massive MIMO 和微基站（Small Cells）等先进技术，使 5G 的容量可达到 4G 的 1000 倍，峰值速率可达 10Gbps—20Gbps。不仅如此，5G 的时延也更低，只有 1 毫秒（4G 是 30—40 毫秒）。大容量、超高的网速和极低的时延，这一切为 5G 网络的应用提供了极为广阔的空间，它不再只是解决人与人之间的通信、信息交流，而扩展为万物相连，打造全移动、全连接的数字化社会。用一个形象化的说法，2G、3G 和 4G 改变了人们的生活，而 5G 将改变社会。从 4G 网络发展到 5G 网络，这不但是一次量变，而且是一次质的飞跃，从移动互联网走向万物相连，从个人、家庭延伸到社会各个领域，以技术创新引发社会革命。换句话说，5G 网络的作用已远远超出手机的范围，将给整个人类社会带来变革性的影响！

发展 5G 技术要从两个方面入手：一方面是 5G 基站和网络的建设、运营、维护、升级等；另一方面是 5G 使用者所需的设备，如 5G 手机、5G 平板电脑、自动驾驶设备（包括相应的硬件、软件）等。先说基站建设，从 2G 到 4G 基站，网络建设有明显的继承性。从 2G 到 3G，中间有所谓 2.5G 的技术；从 3G 到 4G，更有号称 3.9G 的 LTE。但是，从 4G 到 5G，则需要更多的根本性创新。例如，从 MIMO 发展到 Massive MIMO 就带有质变性质，这种创新需要多学科综合交叉融合才能实现。从技术角度讲，5G 技术已经成熟，从实验室到运营商，再到大规模商业部署，只是时间问题。但是，5G 基站、网络建设成本巨大。5G 网络是由大中型基站与微基站相配合组成，要使用大量的微基站。所以，5G 网络的基站数量要比 4G 多得多（至少是三位数），其建设费用巨大，而且建设周期也更长。

再者，由于基站多，耗能也增加，估计是4G的3—4倍。这势必提高网络的运行成本，利润率也随之下降，加大了运营风险。从消费角度来看，仅靠使用手机是远远支撑不了的，5G网络必须在物联网、产业互联网建设，以及相关产业取得实质性进展时，才会有快速发展的机会。

从使用5G网络的终端设备来看，5G手机肯定会先发展起来。2019年以来，一批设备商已陆续推出5G手机，目前大多采用sub6频段。5G手机还必须与4G、3G网络适配，以便它能在无5G网络的地区正常使用。预计5G手机市场竞争会非常激烈。至于其他终端设施，则必须与相关产业紧密配合，推出适合各垂直行业需求的终端。这个任务刚刚开始，有着无限广阔的前景，也面临着巨大的挑战。

5G技术面临的另一大挑战是信息安全隐患，特别是对航空、高铁、电网等重要基础设施，如果网络对于外部攻击没有足够的防御能力，一旦发生安全事故，代价将是巨大的。因此，在网络建设的同时要有相应的网络安全措施，还要技术与管理并重。

虽然，5G仍面临着诸多方面的挑战，但是它作为数字经济的载体，发展前景绝对是不可限量的。因此，国际上围绕着5G的竞争越来越激烈，甚至有人说，谁赢得了5G，谁就赢得了未来！

5G之争

我国移动通信起步较晚，始于20世纪80年代后期。经过30多年的发展，从最初的追随者（2G时代，1994年引入GSM）到参与者（参与3G标准的制定，2009年发放自己的3G牌照），再到并跑者（2013年发放4G牌照），我们与国际同步启动5G研究，全程参与5G标准的制定，在5G专利方面，华为等企业已领先，进入第一梯队。这30多年来，中国在移动通信领域飞速进步得益于中国改革开放取得历史性的成功！近两三年来，中美关于5G之争已日趋白热化。从美国“假手”加拿大扣留孟晚舟起，美国对华为的打压、制裁一波又一波，令人目不暇接。为什么美国会如此行事？如何去看待5G的重要性？

为把问题说清楚，我们不妨从20世纪以来科学技术的发展回顾入手。20世纪是迄今为止人类历史上科技发展最快的100年，前50年科学（特别是基础科学）取得了一系列重大突破，颠覆了人们对世界的认知，而后50多年则在此基础上发展出一系列颠覆性技术，并实现产业化，彻底改变了人类的生活。具体来说，20世纪初，爱因斯坦提出相对论，特别是广义相对论；20世纪二三十年代，量子力学的建立和发展彻底颠覆了牛顿力学时代的时空观和对物质形态的认知；20世纪30年代，哥德尔证明了不完全性定理，不但深刻地影响了数学哲学，推动了数理逻辑的发展，而且其影响力远远超出数学本身，对计算机科学的诞生乃至人工智能的出现和发展都起到了重要的推动作用；图灵提出图灵机概念，为计算机科学的发展奠定了基础；20世纪50年代初，克拉克等发现DNA的螺旋结构则完全改变了生物学和生命科学的面貌。正是在上述一系列重大科学发现的基础上，从20世纪40年代起出现了一系列重大技术的突破。因核能技术的发展而出现了原子弹、氢弹和核电站技术。现在核武器已成为国家之间，特别是大国之间角力的强有力手段。作为图灵机的实现，世界上第一台电子计算机于19世纪40年代后期问世，经过半个多世纪发生了天翻地覆的变化，远远超出人们的想象。光纤的发明颠覆了信息传播的方式，引发了一场信息革命。20世纪七八十年代出现了互联网，到20世纪90年代，互联网迅速普及，特别是个人电脑的出现和普及，掀起了数字化的浪潮。随着移动通信的发展，到了世纪之交时，移动互联网开始兴起，移动通信与互联网的结合迅速改变了人们的生活。数字化的浪潮不仅引领了科技革命，而且深刻地影响到经济的发展，促进了生产力的提高。进入21世纪以来，数字经济兴起并沿着数字产业化和产业数字化两个方向迅速相向发展，数字经济在国内生产总值中占比逐步提高。现在，发达国家数字经济占比已达60%以上，我国也达到35%以上。人类社会经历了农业经济、工业经济，进入了数字经济时代。

什么是数字经济？数字经济是继农业经济、工业经济之后的更高级的经济形态和发展阶段。数字经济是以数字化的知识和信息（表现为数据）为关键生产要素，以数字技术创新为核心驱动力，以现代信息网络为重要载体，通过数字技术与实体经济深度融合，不断提高传统产业数字化、网络化、智能化水平，加速重构经济发展与政府治理模式的新型经济形态。

数字经济包括两大部分：一是数字产业化部分，或称数字经济的基础部分（基础数字经济），它大体相当于过去所说的信息产业，具体业态包括电子信息制造业、计算机制造业、信息通信业和软件服务业等；二是产业数字化部分，也称为数字经济的融合部分（融合型数字经济），传统产业通过应用数字技术带来生产数量和生产效率的提升，其新增的产业、产值构成了数字经济的重要组成部分。所以，数字经济既是一种新的经济形态，又与传统经济形态深度融合，从根本上改变了传统经济的业态发展模式。现在，基础数字经济部分在国内生产总值中的占比是6%—7%，这个比例近几年变化不大。但是，融合型数字经济则迅速扩展，数字技术在各行各业的应用越来越广、越来越深。新冠疫情更加速了这个进程。现在看，服务业的数字化进程最快，工业次之，农业较慢。

基础数字经济虽然占比不大，但它是数字经济的核心和原动力，其水平和实力决定了融合型数字经济发展的速度、广度和深度。基础数字经济大致可以分为硬件和软件两大部分，这两部分的发展也是交互融合的趋势。硬件产品中，芯片（集成电路卡）是核心。芯片制造主要有芯片设计和流片两大程序，前者偏软，却是体现芯片水平的关键，而后者特别是对于高端芯片，则被少数厂家（如台湾地区的台积电等）完全控制。软件也有基础软件和应用软件之分。基础软件使核心硬件（芯片）具备基本功能（如操作系统），具备了基本功能的硬件设备通过安装各种应用软件（APP）就可以具有各种各样的新功能，而不需要时还可以卸载。相比而言，显然基础软件更为重要。一方面，它决定了载用它的硬件设备的实际应用水平；另一方面，由于它对市场的垄断性（如安卓对智能手机操作系统的垄断地位），也决定了载用它的硬件设备的生态系统以及后续发展。由于数字经济是以网络作为载体，所以在基础建设中，现代信息网络建设占据了一个特殊、重要的位置。未来一个阶段，5G 网络的建设将成为基础性数字经济发展的一个极为重要的领域，也不可避免地成为大国竞争的焦点！

数字经济有特有的发展规律，受到三大规律的支配：

第一个是梅特卡夫法则：网络的价值等于它的节点数的平方。也就是说，网络上设备数量的增值是按指数关系增大。

第二个是摩尔定律：芯片的处理能力每 18 个月翻一番，而其价格则减半。

第三个是达维多定律：率先进入市场的新的第一代产品会自动占领超过 50% 的市场份额。这也可看成数字经济的马太效应。

前两个是网络带来的，第三个也与网络有关，它们都体现了数字经济时代数字化产品更新换代的频繁、迅速。此外，数字经济还有一些新的特征，如颠覆性技术频繁出现。苹果手机的出现颠覆了人们对手机的传统认知，它不是原有手机的改进升级，而是全新的创造；数码相机的诞生冲垮了使用感光胶片相机的市场，而装备了高性能拍摄装置的智能手机又把进入市场不过 20 年左右的普通数码相机扫出了市场；轻便、高效的小型无人机彻底改变了人们对无人机的认知，迅速进入人们的日常生活和工作等。随着数字化产品不断地进入各行各业，社会将进入数字经济时代。

从以上对数字经济的简略介绍可以看出，对于数字经济而言，网络占据着一个特殊的地位，它是数字经济赖以运行的基础。没有强大、快速、安全的网络，数字经济就无法运转。只有网络不断地升级换代，数字经济才能不断扩展成长。

现在我们回过头来谈 5G。5G 的基础或者说核心是它的网络。5G 网络是移动互联网发展的新阶段。4G 及以前的移动互联网主要是用于人与人之间的移动、实时远程交流，这种交流主要是在消费领域。5G 网络由于带宽进一步加大，网速有明显提升（10 倍以上），时延大大缩短（可在 1 毫秒以下），可接入的终端设备数量也大大增加，因此可以实现人与人、人与物、物与物之间的连接，也就是万物相连。这样一来，移动互联网真正进入了生产领域，出现了产业互联网。这样的互联网与之前相比，不仅是量的扩充，更是质的飞跃。所以，5G 网络是移动互联网进化史上的一个转折点。

另外，数字经济是伴随着网络的出现和发展而诞生的，反过来，数字经济的发展也推进网络的进步和升级。4G 时代数字经济已经有了巨大的发展，数字经济在国内生产总值中的占比迅速提高，一度占比增速达到 10% 以上，但近年来已明显下降，只有 2%—3%，原因主要是网络发展跟不上需求。因此，发展 5G 网络势在必行。由于 5G 网络已经成为未来经济的核心——数字经济发展的关键，所以大国之间争夺 5G 技术主导权的竞争必然是激烈而残酷的。5G 技术标准的制定目前已进入定型阶段。2020 年 7 月上旬举行的国际电信联盟会议上正式确定了由 3GPP 提出的 5G 标准为国际通用的唯一标准，而先前由美国自发组织的 5G 联盟提出的标准并未得到国际电信联盟的认可。中国通信标准化协会

（CCSA）是3GPP的主要成员，以华为为代表的一批中国电信企业都参与了5G标准的制定，拥有大量的专利。从这个角度来说，我们略占上风。由于5G技术目前还处于发展初期，虽然从技术角度它已经被认为是成熟的，但是它的工程化以及后续技术深化还面临诸多的挑战，尤其是毫米波段的技术实施更是如此。因此，这场争夺战也刚刚开始，会在相当长的一段时期内反复进行。仅就5G网络而言，最近一年多以来，由于美国政府的打压，华为、中兴等中国企业在国际市场上拿到的5G网络建设项目大为减少（尤其是在欧洲），甚至有可能被分裂成两个市场。当然，由于数字经济在全球范围发展不平衡，在美国、西欧和东亚地区发展较快，而在中东欧、俄罗斯、伊斯兰国家、非洲和拉丁美洲发展较慢，这些地区无论是硬件（如基站、手机等）还是软件都还没有发展起来，主要靠进口，所以普遍发展起来会经历较长的时期。因此，在5G网络建设方面，突破美国的围堵、打压很可能是一场持久战。

到目前为止，5G技术最成熟的应用和最大的市场依然是手机。由于历史的原因，5G手机技术依然是欧美占优。这主要表现在以下两个方面，一是芯片制造，二是操作系统。芯片制造分为两个步骤：芯片设计和流片。一般是由生产厂家做设计，然后交给专门从事流片的厂家流片。流片的关键设备是光刻机。目前，最高精度的光刻机在荷兰生产，但技术是多国专利合成的，其中美国占一定比例。现在，美国禁止高端光刻机向我国出售，也禁止拥有此类光刻机的厂家为我国企业流片。我国芯片设计能力与西方差距不大，华为等企业已具有3纳米芯片的一流设计能力，但受美国打压无法流片，被“卡脖子”。而手机的操作系统则几乎由美国的安卓和iOS两家占有了全部市场。华为等企业虽然已经研发出与其相当水平的鸿蒙操作系统，但很难建立起自己的生态系统，难以打开市场！华为不得不放弃部分手机市场，转战开发5G应用的其他领域。由于美国的打压，华为手机的出货量大为减少，2019年全年的出货量居全球第二，2021年第一季度已跌出前五。不过，美国的打压和封锁反而激发了我们突破“卡脖子”技术的决心，从长远看，“卡脖子”技术一旦突破，最终的结果可能是美欧将失去中国这个世界上最大的市场。

从总体上看，中美5G之争会是一场较长时期的斗争，有时会十分激烈，甚至会出现你死我活的局面，我们必须全力以赴，做好充分准备去迎接这场斗争。

数字经济方兴未艾

目前，5G的应用刚刚开始，截至2021年2月底，我国已建成5G基站79万多个，初步建立起世界上目前最大规模的5G移动互联网，上网5G手机2.6亿台。5G是数字经济发展的关键技术之一，5G的广泛应用还必须与其他几项发展数字经济的关键技术相结合才能实现。现在看来，至少有以下四项：

（1）大数据。手机从2G时代开始就能传输数据，而数据必须能储存才有意义，因此2G手机就有存储（数据）功能。随着手机的更新换代，存储功能也越来越强。移动互联网的迅猛发展，数据量呈指数形态增长，数据中心应运而生，现在已经出现了一批超大数据中心（云）。大数据技术成为支撑数字化的关键技术之一。

（2）云计算。大数据中绝大部分数据是非结构化的数据，处理这样的数据就要靠云计算，可以说这两者是孪生的。云计算是与信息技术、软件、互联网相关的一种服务，这种计算资源共享池叫作“云”，云计算把“云”中的计算资源集合起来，通过软件实现自动化管理来提供计算能力，让计算能力成为商品在互联网上流通。云计算的核心概念就是以互联网为中心，在网站上提供快速且安全的计算服务和数据存储。智能手机的存储硬盘的储存量毕竟是有限的，更多的数据可以放在云中。

（3）物联网。物联网就是利用射频自动识别（RFID）技术，通过计算机互联网实现物品（商品）的自动识别和信息的互联与共享的新型网络。它使互联网从人之间互联扩大到人与物、物与物之间互联，实现万物相连。5G 技术的真正用武之地是物联网，物联网发展起来了，5G 才能实现它的价值!

（4）人工智能。人工智能在最近十几年飞速发展，尤其在图像识别、语音识别、自然语言处理等领域都取得了突破性进展。图像识别技术是自动驾驶的基础，而 5G 网络为实现自动驾驶提供了现实可能性。人工智能与 5G 的交融有着巨大的空间。

综合来讲，数字技术的发展依靠三大基础能力：计算、存储和通信。高性能计算机、数量巨大的服务器、无处不在的网络形成了强大的计算力，计算力是数字经济时代的核心竞争力。计算力显示一个国家数字经济的发达程度，联合国权威机构 IDC 发布的《2020 年全球计算力指数评估报告》指出：调查显示，计算力指数平均提高 1 个百分点，数字经济和国内生产总值分别提高 3.3% 和 1.8%。《报告》根据计算力指数评分将世界排名前十的国家分成三个档次，如表 1－5 所示。

表 1－5　世界排名前十国家计算力指数评分档次

分类档次	代表国家
“领头羊”国家（评分 60 以上）	美国、中国
“跟跑者”国家（评分 40—60）	日本、德国、英国、法国、澳大利亚
“起跑者”国家（评分 40 以下）	巴西、南非、俄罗斯

我国数字经济发展势头良好，有了一个良好的开端。5G 技术的领先给我们展现了数字经济发展的巨大机遇，随着 5G 应用场景的日益丰富，我国的数字经济一定会走到世界的前列，前途可期!

第二章
计算机技术助力数字经济发展

数字经济是继农业、工业经济之后的新经济形态，其发展速度快、辐射范围广、影响程度深，正推动生产生活深刻变革，对全球经济社会发展的稳定、加速、创新作用越发明显。计算机技术作为数字经济发展的重要推动力，二者呈现相互依赖、相互促进的关系。网络基建、区块链路、算力平台、芯片制造等基础建设和关键硬件打造了数字经济发展的稳固“底座”。人工智能、大数据技术的发展则助力数字经济走上“快车道”，成为数字经济的核心引擎。元宇宙、Web3.0 等新技术的涌现赋予了数字经济未来更多可能。计算机技术与数字经济相生相成，共同推进人类文明发展新进程。

第一节　计算机技术与数字经济相生相成

计算机技术与数字经济呈现相互依赖、相互促进的关系。计算机技术为数字经济发展提供推力和支撑，数字经济为计算机技术革新带来机遇和挑战。根据中国信息通信研究院发布的《全球数字经济白皮书（2022 年)》统计，计算机技术发展起步早、应用强的国家，数字经济的规模庞大、实力领先。与此同时，数字经济持续涌现新模式、新业态，吸引巨额投资加速技术创新，推动计算机技术与实体经济深度融合。计算机技术与数字经济相生相成，共同推进人类文明发展新进程。

一、计算机技术为数字经济发展提供强劲推动力

计算机技术是数字经济发展不可或缺的支撑。近年来，随着物联网、区块链、云计算、大数据、人工智能等新技术的井喷式发展，数字经济应运而生。技术进步正促进经济发展模式重构，同时加快推进数字产业化。“物联网”让万物不再遥远，连接产业全流程以提升生产效率；“区块链”让多方坦诚相见，建立互信体系实现生产要素共享；“云计算”让算力唾手可得，根据产业发展需要提供个性化计算服务；“大数据”让创造生生不

息，渗透各行各业，为决策分析提供依据；“人工智能”让智慧无处不在，扩展人类能力边界，改善经济生活质量……在计算机技术强劲的推动力下，数字经济向着健康、有序的方向发展。

另外，数据是数字经济的重要驱动。《“十四五”数字经济发展规划》指出，数据资源是数字经济的关键要素，数据要素是数字经济深化发展的核心引擎。数据，作为继土地、劳动力、资本、技术之后的第五大生产要素，在布局规划、服务定制、风险规避等方面发挥重要作用。数据和计算机技术结合，为数字经济带来了生产方式、商业模式、管理模式和思维模式上的变革。在两者的驱动下，数字产业加速升级，数字经济飞速发展。

二、数字经济为计算机技术带来空前的机遇和挑战

数字经济的发展催生出新赛道，为计算机技术发展带来空前的机遇。各行各业数字化转型为技术提供广阔空间。生物科学、能源生态、交通、医疗、教育等不同领域与计算机技术结合，创造出新业态、新模式，衍生出新方向、新聚焦，极大扩展了技术覆盖范围。以消费者需求为中心的导向，促进了技术深层次发展。立足消费者需求多样化、个性化、潜在化特点，计算机技术穿透产业链条，专注需求、个性定制，提升服务质量，优化用户体验。随着数字经济新赛道的拓展，计算机技术将迎来一次又一次新的飞跃。

不断加速的产业数字化转型对计算机技术进步提出了更高要求。产业需求要求关键技术必须不断向上创新。微电子、集成电路、量子信息、关键软件、大数据、人工智能等战略性、前瞻性技术领域受到重点关注，各国不断加强技术研发投入和政策制度建设。产业转型要求各项技术必须协同、持续发展。随着传统产业转型的不断推进，技术与经济深度融合。二者再也不是“单打独斗”的时代。多技术融合创新应用覆盖数字经济方方面面，其发展同样符合“木桶效应”。产业升级要求数字技术必须打造健康生态。构建数字经济生态，其中至关重要的一环是打造数字技术生态。不仅要提升单项技术的基础创新能力，推动多项技术的交叉共建，更要搭建开源技术平台，储备潜在科技人才，多措并举建设计算机技术发展健康生态。更高要求意味着更大挑战，计算机技术发展只有迎难而上、破旧立新，才能突破瓶颈、迎接新生。

第二节 基础建设打造数字经济稳固底座

数字经济①是一个捕捉数字技术对生产和消费模式的影响的术语。如今，随着新型数字化公司的出现和新技术的产生，该术语已经涵盖了一系列技术和应用，如人工智能、物

① “Digital Economy Report 2019,” UNCTAD，https：//unctad. org/system/files/official－document/der2019_en. pdf.

联网、虚拟现实、云计算、区块链、机器人技术等。2021 年 9 月召开的国务院常务会议提出，“十四五”时期科学布局和推进建设以信息网络为基础、技术创新为驱动的新型基础设施，[①] 强调新型基础建设主要面向数字经济领域，推动建设信息基础设施和融合基础设施，指出要促进核心网和移动通信网络的协调发展，推进信息化、数字化、智能化，推动网络基建、算力平台、区块链技术、芯片制造、核心软件等领域的均衡发展，以确保未来可持续发展的数字化道路。

一、网络基建夯实数字生态地基

加快企业数字化转型，5G 技术赋能数字经济新趋势，为质量变革、效率变革注入新能量。5G 大带宽、高速率和低时延的传输特性，融合产业应用已经在工业、交通、医疗等多个行业领域遍地开花，发挥其赋能效应。据 2022 年工业和信息化部统计，5G 应用已覆盖国民经济 40 个大类，并在 200 余家智慧矿山、1000 余家智慧工厂、180 余个智慧电网、89 个港口、超过 600 个三甲医院项目中得到广泛应用。J. P. Mrogan 的研究报告指出，目前 5G 的采用率持续激增，预计到 2030 年，5G 在北美的市场规模将超过 1800 亿美元。[②]

5G 助力打造智慧工厂，加速融入工业全链条，推动实体经济朝着高效率、高精确的数字化经济方向提档升级。智慧工厂，5G 网为基础，云为核心，网随云动，云网融合。[③] 中国移动联合爱柯迪公司打造 5G 智慧工厂，使网络部署和运维成本降低 70%，人均产值提升 12%，产品不良率降低 15%。中国联通助力打造大湾区首个 5G 无人智慧港口，实现了对无人轨道吊、无人岸桥的远程连接和控制。中国电信通过 5G 网络切片，协助国网青岛打造更加安全、可靠、绿色、高效的电网。5G 技术给以往传统的经济架构带来了一次数字化变革，5G 智慧工厂的全方位发展推动我国传统工厂制造方式走向了新的维度，为整个“中国制造 2025”战略[④]的落地落实提供了强有力的支持。

“5G + 工业互联网”市场需求正在快速增长，推动产品体系不断丰富。据工业和信息化部的数据显示，工业互联网已延伸至 45 个国民经济大类，全国“5G + 工业互联网”在建项目达到 2400 个，产业规模突破万亿元大关，建成具有一定区域和行业影响力的工业互联网平台超过 150 家，工业设备连接数量超过 7900 万台套。当前，工业互联网协同 5G 技术创新发展，已成为推动产业数字化转型的关键支撑。工业互联网产业联盟调查数据显

---

① 《重点面向数字经济领域，稳步发展融合基础设施——新基建进入科学布局新阶段》，http：//www. gov. cn/zhengce/2021 – 10/31/content_5647972. htm。

② J. P. Morgan，“The Future of 5G Adoption，” https：//www. jpmorgan. com/insights/research/future – of – 5g – adoption.

③ 曲宗峰、李滟、杨楠、亓新、王曦、刘颖：《高标准引领 5G 智慧工厂发展研究》，中国标准化论坛会议论文，顺德，2021。

④ 《国务院关于印发〈中国制造 2025〉的通知》，http：//www. gov. cn/zhengce/content/2015 – 05/19/content_9784. htm。

示，工业互联网在中小企业应用普及率近年来持续走高，近两年提升近 5 个百分点，83%的企业表示应用工业互联网后生产经营效率明显提升。①

工业互联网促进经济快速平稳增长。据中国工业互联网研究院 2022 年测算，2021 年我国工业互联网产业增加值规模达到 4.10 万亿元，名义增速达到 14.53%，工业互联网产业增加值规模占国内生产总值的比重逐年增长，2021 年该比重达到 3.58%，预计 2022 年将达到 4.45 万亿元，占国内生产总值比重将上升至 3.64%。② 如今，工业互联网已成为国内生产总值稳定增长的重要贡献力量。工业互联网基于当前数字时代新技术创新融合应用，持续稳步提升了数字产业供应链全面链接，大大强化了产业链应变能力，通过打通消费生产、制造供应、产品服务等各环节数据流，有效提升了各链条协同发展管理潜能，稳链效果显著，是我国数字经济企稳回升的重要支撑和可靠后盾。贵州省社会科学院大数据政策法律创新研究中心副主任张可认为，当前我国产业界推进 5G 与实体经济融合创新的积极性不断提升，应用逐步从生产辅助环节向核心环节渗透，“5G + 工业互联网”改造覆盖的行业领域日趋广泛，叠加倍增效应和巨大应用潜力不断释放。③

5G 时代，随着信息技术不断发展，我国移动物联网连接数首次超出移动电话用户数，在全球主要经济体中率先实现“物超人”，标志着我国移动物联网迈入新的发展阶段，数字经济发展新格局产业重心加速迈向“物联时代”。例如，互联汽车、智慧城市、工业 4.0，将提供更快的速度、更低的延迟，以及更高的可靠性，可以从根本上改变行业，推动数字化进程。随着网络的成熟和渗透率的提高，国内生产总值和就业增长的主要驱动力将从直接的基础设施建设转变为跨行业的各技术产业融合的间接影响。2021 年，工业和信息化部等 8 个部门联合印发的《物联网新型基础设施建设三年行动计划（2021—2023 年）》（以下简称《行动计划》）提出，至 2023 年底，要在国内主要城市初步建成物联网新型基础设施，社会现代化治理、产业数字化转型和民生消费升级的基础更加稳固。④《行动计划》强调，打造多层次、多维度融通创新、产业融合的重点方向，一是重视行业知识或是应用需求与数字技术的融合创新，二是注重基础设施建设，使各大平台实现有效的互联互通。物联网正在加速虚拟世界和物理世界的融合，从牵引传统产业数字化转型升级、全力推进数字化产业协同发展两个方面助力打造新时代数字经济新优势，而工业 4.0 也在一定程度上加速了物联网驱动的产业转型发展。

随着 5G 技术迈入了规模化应用关键期，融合产业进入良性发展循环，新一代移动通

① 上海市经济和信息化委员会：《融入 45 个国民经济大类 工业互联网迎来规模发展关键期》，https://app.sheitc.sh.gov.cn/gydt/693383.htm。

② 中国工业互联网研究院：《中国工业互联网产业经济发展白皮书（2022 年）》，http://221.179.172.81/images/20221107/41591667799500715.pdf。

③ 欧甸丘、向定杰、施钱贵：《激发更优“数字生产力”——5G 赋能数字经济新趋势观察》，《中亚信息》2022 年第 6 期。

④ 《重点面向数字经济领域，稳步发展融合基础设施——新基建进入科学布局新阶段》，http://www.gov.cn/zhengce/2021-10/31/content_5647972.htm。

信5G-A和6G技术在稳步布局。华为无线网络产品线副总裁、6G首席科学家王俊表示，6G不仅是万物连接的平台，更是一个通算一体、通感一体的平台，这个平台能为企业和行业提供更好的智能和应用，产生社会价值。① 6G技术是新型基础设施的关键技术，对于数字经济"双循环"发展有着至关重要的意义，不断探索6G技术发展路线，解决全球供应链等痛点问题，有助于在全球范围内构建以我国为主导的网络基础设施，开启无线网络全域智能的时代。

二、区块链技术触摸数字经济脉搏

国务院印发的《"十四五"数字经济发展规划》提出，数字经济长足稳健发展，要从数字经济运行的秩序基础建设着手。② 实现高效、稳定且可迭代地搭建起数字世界的底层秩序基础，区块链技术将成为构建数字世界急需的"新基建"。区块链本质上是一种记录保存技术，它是一个由虚拟"块"组成的分布式分类账本，其中包含在虚拟"链"中链接在一起的交易和交易者的数据。PwC报告指出，未来10年，区块链可以使全球国内生产总值增加1.76万亿美元，它在中国（4400亿美元）和美国（4070亿美元）的潜在净收益可能最高。由此数据不难看出区块链技术给数字经济带来的强大影响，同时，作为数字经济时代的底层新型技术之一，在建设健全数字经济管理体系、强力推动数字产业化中发挥着不可替代的作用。③

《国民经济和社会发展第十四个五年规划和2035年远景目标纲要》将区块链列为数字经济七大重点产业之一。目前，我国区块链产业规模不断扩大，核心技术不断创新。截至2021年底，我国提供区块链专业技术支持、产品、解决方案等服务，且有投入或产出的区块链企业超1600家，其中2021年新增区块链企业超200家。据IDC预测，2021—2026年我国区块链市场规模年复合增长率达73%，2026年的市场规模将达163.68亿美元。④ 可见，在数字经济蓬勃发展的当下，区块链技术在推动数字经济全方位发展方面潜能巨大，不断拓宽应用领域，推动经济加速实现数字化转型。

当前，金融领域是区块链应用场景最为丰富的领域。区块链技术将数字和有形资产标记化，有效地处理资金转移，可以解决该行业日益增加的欺诈、安全问题。据IBM的报告显示，到2018年，全球91%的银行已开始投资区块链解决方案。截至2021年，全球金融部门已经开始看到区块链整合的有效性。以色列银行Bank Hapoalim与微软合作开发区块

---

① 《5G持续演进 6G稳步布局》，《日用电器》2022年第8期。

② 《国务院关于印发"十四五"数字经济发展规划的通知》，http：//www.gov.cn/zhengce/content/2022－01/12/content_5667817.htm。

③ Myriam Ertz，émilie Boily，"The rise of the digital economy：Thoughts on blockchain technology and cryptocurrencies for the collaborative economy，" https：//www.sciencedirect.com/science/article/pii/S2096248719300426.

④ 《区块链产业增长强劲 成为数字经济发展新引擎》，http：//www.xinhuanet.com/tech/20220624/ef94413abefb4893b72447e2bfe453e9/c.html。

链系统，以促进银行交易的顺利管理。巴克莱银行也提出了多项区块链计划，包括金融交易跟踪等。在我国，金融领域区块链全年落地应用数量达 82 项。2021 年以来，银行与金融部门进一步开发拓宽数字人民币、数字藏品等新兴市场，数字化市场潜力不断扩大。

农业、工业等传统产业应用市场规模也增速明显，不断探寻区块链应用新可能。数据显示，2021 年工业区块链增加值规模为 3.41 万亿元，带动第二产业增加值规模达 1.78 万亿元。[①] 中国船舶集团完成全部信息"上链"，使船舶行业的船舶管系柔性制造产能提高了 42.1%，管件平均生产周期降低了 38.4%，典型产品成本减少了 25.1%。奇瑞商用车与蚂蚁链携手推出了"车链通"技术，将车辆、设备数据加密后流转在区块链上[②]。中国电信在"区块链 + 农业生产"领域积极布局，在全国各地助建数字化养殖牧场，打造了智慧畜牧新方式。[③]

三、算力平台支撑数字技术发展

计算能力连接着我们现实世界的真实和虚拟维度。算力，是数字时代下一种可以使用和流通的无形资产，是商品化的技术服务，也是数字经济的升级。2020 年是算力基础设施的诞生年。进入数字经济时代后，经受人工智能、5G、大数据、量子计算等技术浪潮的洗礼，在大多看得见的智能应用背后是看不见的算力在进行支撑，我们逐渐意识到算力已成为最重要的生产力之一，是数字技术持续发展的重要动力。浪潮信息联合 IDC 发布的《全球计算力指数评估报告》显示，计算力与国内生产总值的走势呈现出显著的正相关性，15 个重点国家的计算力指数平均每提高 1 个百分点，该国的数字经济和国内生产总值将分别增长 3.5‰、1.8‰，预计该趋势在 2021—2025 年将继续保持。[④] 由此可见，计算力对于国家的宏观经济发展具有不可忽略的影响，算力指数有望成为衡量数字时代经济发展活力的关键指标。

基于最新数字技术，采用领先的 AI 计算架构，提供算力服务、数据服务以及算法服务的智能计算中心，在大力推进数字化经济发展中起着重要作用，有望成为带动数字化产业快速发展的新型动力引擎。工业和信息化部发布的数据显示，2022 年，全国在用数据中心机架总规模超过 650 万标准机架；近 5 年，算力总规模年均增速超过 25%。[⑤] 国家信息中心联合浪潮信息发布的《智能计算中心创新发展指南》显示，全国目前有超过 30 个城

① 工业互联网产业联盟、可信区块链推进计划：《工业区块链应用白皮书（征求意见稿）》，http://www.caict.ac.cn/kxyj/qwfb/bps/201902/P020190227535212622350.pdf。

② 《蚂蚁链携手奇瑞 打造新能源商用车数字化标杆》，https://www.wuhu.gov.cn/xwzx/zwyw/30499071.html。

③ 中国信息通信研究院、中国电信股份有限公司研究院：《区块链赋能农业发展研究报告（2022 年）》，http://www.caict.ac.cn/kxyj/qwfb/ztbg/202212/P020221226349863980725.pdf。

④ 浪潮信息、清华全球产业院：《2021—2022 年全球计算力指数评估报告》，http://www.ecconsortium.org/Uploads/file/20220401/1648797161587247.pdf。

⑤ 谷业凯：《近 5 年，我国算力总规模年均增速超过 25%——智能算力，数字经济新引擎（科技视点）》，《人民日报》2023 年 2 月 6 日第 19 版。

市正在筹划智算中心。①

算力资源已成为数字经济发展的重要底座。位于浙江宁波高新区的人工智能超算中心项目上线后，可提供 100P 的半精度人工智能算力。投入运营的南京智能计算中心，计算能力达每秒 80 兆次。天津智能计算中心项目，覆盖 850 余家企业及科研院所，达成意向合作算力空间 120P。IDC 发布的数据显示，2022 年，我国智能算力规模达到 268 百兆次/秒（EFLOPS），超过通用算力规模；预计未来 5 年，我国智能算力规模的年复合增长率将达 52.3%。② 智能算力的规模在不断扩大，同时，智能计算中心也在动态适应产业需求变化，努力提供产业友好型的新型计算力供给模式，为各类数字技术创新提供新支撑。

为全面推进算力基础设施化，从国家战略、能源政策、技术发展等方面全方位出发，考虑到东西部算力资源分布不均的情况，在“新基建”的大背景下，我国启动了一项关键的国家工程“东数西算”③，把东部密集的算力需求有序引导到西部，使数据要素跨域流动。该工程自 2020 年提出构想，2022 年正式启动，在京津冀、长三角等八地启动建设国家算力枢纽节点，并规划了 10 个国家数据中心集群。其中，国家算力枢纽节点将作为算力网络中的骨干连接点，大力开展数据中心与云计算、大数据、网络间的协同建设和互联互通，推动算力资源均衡分配，以解决我国东西部算力供需失衡问题。在世界 5G 大会 Tech-Talk 2022 前瞻论坛上，国家信息中心信息化和产业发展部主任单志广表示，“全国国家数据中心集群建设中，2022 年新开工项目 25 个，投资超过 1900 亿元。其中，西部地区投资比去年同期增长 6 倍，呈现出由东向西转移的良好态势”。④ 如今，数字中国的春潮涌动，推进“东数西算”工程正当其时，我们应立足基本国情，面向未来，充分发挥我国基本制度优势，为数字经济高质量发展注入新动能。

四、核心领域创造数字时代辉煌

1999 年，科技部部长徐冠华曾一针见血地指出“中国信息产业缺芯少魂”问题，其中“芯”指芯片，“魂”就是数据库、操作系统等核心基础软件，这是困扰了我国科技 20 多年的阿喀琉斯之踵。2023 年，是全面贯彻落实党的二十大精神的开局之年，也将是数字经济蓬勃发展的一年，我们应积极响应国家“十四五”规划，聚焦信息产业痛点问题，大力推动基础软硬件、高端芯片、操作系统等核心领域的创新研究，加快数字化发展，打造数字经济新优势。

---

① 国家信息中心、浪潮信息：《智能计算中心创新发展指南》，http://scdrc.sic.gov.cn/archiver/SmarterCity/UpFile/Files/Default/20230111181640567177.pdf。

② 《IDC：未来五年中国智能算力规模的年复合增长率将达 52.3%》，https://www.cace.org.cn/NEWS/COUNT?a=3800。

③ 前瞻产业研究院：《大国算力——2022 年东数西算机遇展望》，https://pdf.dfcfw.com/pdf/H3_AP202209271578704670_1.pdf?1664289024000.pdf。

④ 《2022 世界 5G 大会·回播丨Tech Talk 2022—前瞻论坛》，https://www.my399.com/p/126707.html。

2022年，美国政府提出进一步限制对中俄出口尖端计算机芯片，两家硅谷芯片制造商Nvidia和AMD表示为超级计算机和人工智能提供动力的高端GPU销售受到严格限制。这一禁令将极大影响我国的云计算、人工智能等关键计算机技术的发展进程。芯片一旦断供，我国各大数据中心不仅会被迫降低配置，成本也会极大上升。在此背景下，补“芯”行动迫在眉睫，我国的国产GPU以及其他尖端芯片的研发在加速进行。数据表明，2021—2022年，全球增长最快的20家芯片企业中，国内企业多达19家。以芯片制造关键设备CMP为例，中电科电子装备集团8英寸CMP已打破美日多年垄断，在中国市场占有率突破70%。这也是我国依靠自主创新，突破他国限制封锁的实例。迈入数字经济时代，计算机技术的发展创新更为重要，不能受芯片短缺的问题桎梏。如今，各行各业开始注重国产芯片的自主研发，相信实现芯片自由指日可待。

而相比长期备受关注的“缺芯”，“少魂”其实更为严峻。基础软件，是数字产业的重要基础和有力支撑，是数字经济发展关键技术的核心生产力之一，中国软件行业的发展一样值得重视。数据表明，10年间，我国软件产业收入从约2.5万亿元增长到约9.5万亿元，在全球软件产业占比超过24%，产业增速傲视全球。[①] 但值得注意的是，我国软件产业大树根系孱弱，多年来的发展基本建设在他人地基之上，百度创始人李彦宏在百度Create AI大会上强调，“必须要把软件的根扎下去，才能让创新持续发生，才能让顶层的商业更加繁荣”。[②] 如今，基础软件市场基本被外国企业垄断。操作系统作为软件应用和硬件终端的连接纽带，也是计算机系统的核心与基石，如今市场由微软Windows、谷歌安卓和苹果iOS垄断。数据库是计算机行业的基础核心软件，几乎所有关键应用都需要数据库系统来提供底层支撑，而市场份额也由Oracle、IBM、微软占据了90%以上。我们可以预想，基础软件一旦被“卡脖子”，整个数字产业链都将受到极大影响，基本信息安全更是难以保障。

软件领域自主化创新、数字技术高质量发展势在必行。这关系到在如今的数字经济时代，我国能否掌握未来关键技术的自主权和话语权，我们急需寻找斩断软件枷锁的利剑。虽然困难重重，但近年来有越来越多的国产自主软件走入公众视野，且取得了一定成果。2020—2022年，政府领域软件的国产化工作，基本覆盖了省市级以上600万办公人群。银河麒麟操作系统还成功应用于嫦娥探月、北斗导航、天问一号等国家关键项目中。与此同时，国内龙头科技企业在重点领域也不断进行创新突破，着力“补魂”。2019年以来，华为先后研发出鸿蒙与欧拉操作系统，鸿蒙面向智能终端、物联网终端与工业终端，欧拉主要面向服务器、边缘计算、云基础设施，为全方位、多维度构建数据安全体系进行了有益的尝试。2016年，百度打造出中国第一个自主研发的产业级人工智能操作系统——飞桨，打破了美国在这一领域的垄断地位。2022年，百度研发出全球首个开源开放的智能网联路

① 《缺芯少魂20年，百度如何成为破冰者?》，https://www.techshidai.com/article-513088.html。

② 2022百度Create大会，https://create.baidu.com。

侧单元操作系统“智路 OS”，实现全无人驾驶、无人零售等多项突破。

核心技术是国之重器，习近平总书记强调，“要下定决心、保持恒心、找准重心，加速推动信息领域核心技术突破”。我们要坚定自主创新的理想与信念，提升核心领域竞争力，完善数字产业供应链体系，打造新型数字产业新优势，攻坚克难、久久为功，我们的科技强国之路必将愈加宽广。

第三节　人工智能赋能数字经济飞速发展

人工智能被认为是数字经济发展的重要引擎，是产业数字化转型的关键枢纽。近年来，全球人工智能软件市场迅速增长，预计在 2025 年将达到 1260 亿美元的规模。① 计算机视觉、自然语言处理、深度学习等关键技术不断推进产业智能升级，渗透各行各业发展全链条，创造数字经济“智慧 +”新生态。PwC 研究表明，到 2030 年，人工智能带来的数字经济收益将为中国和北美分别提升 26% 和 14.5% 的国内生产总值，总量为 10.7 万亿美元，相当于全球经济影响的 70%。

业界普遍认为，人工智能主要分为三个发展阶段：计算智能、感知智能、认知智能。计算智能，强调计算的方法，通过神经网络、模糊逻辑、进化计算等技术，从经济生活中抽象模型，进而问题求解，充分发挥算力资源。感知智能，重点关注信息获取的能力，依托计算机视觉、语音处理、传感器等多项技术模拟并扩展人类视觉、听觉、触觉，全面捕获数据要素。认知智能，要求机器具有主动思考和理解的能力，以数据为基础，在类脑、知识图谱等技术支撑下，实现金融风控、产业布局、品牌运营等场景决策分析的深层优化。目前，被大众广泛接受的人工智能技术处在感知智能到认知智能之间。在人工智能技术的赋能下，数字经济伴随技术的不断革新飞速发展。

一、计算智能充分发挥算力资源

计算智能，以数据为基础，以计算为手段，实现对智能行为的建模。模型和算法是计算智能研究的主要内容。大模型是目前人工智能领域的热门话题。全球科技龙头围绕大模型展开激烈竞争，以 OpenAI GPT、Google PaLM/PaLI、Microsoft Turing ULR 等为代表的业内知名模型持续领跑，腾讯、华为、百度等企业相继推出混元、盘古、文心加速入局。以近期最为火爆的 ChatGPT 为例，在大参数语言模型为首的大量人工智能技术支撑下，ChatGPT 为经济市场带来不可估计的价值空间，显著提升算力的同时，加深了算力需求，推动

---

① “Revenues from the artificial intelligence (AI) software market worldwide from 2018 to 2025 (in billion U. S. dollars),” https://www.statista.com/statistics/607716/worldwide-artificial-intelligence-market-revenues.

计算智能发展。专家认为，人工智能大模型将成为未来数字经济的智能大脑。IDC 在 2023 年 2 月发布的《2022 中国大模型发展白皮书》中写道，大模型未来将会助推数字经济，为智能化升级带来新范式。对大型企业与厂商而言，大模型激发了人工智能新赛道，日渐形成新基础设施的布局规模，带来更多基于人工智能技术的新应用场景。对中小企业以及个人用户而言，大模型呈现出的强大计算能力将挖掘更多创造潜力，注入数字经济市场活力，加速数字产业化转型。

算法是计算智能发展的推动力。中国科学院院士鄂维南表示，算法是推动技术创新、社会发展的主要动力，未来几十年，我们进入算法时代。大模型的背后离不开新型智能算法、学习算法的支持。算法的适应性决定了泛化能力和应用规模，算法的效能决定了计算效率和计算质量。智能算法能够降低经济生活问题求解的代价。LLMs 是一类学习算法，利用大规模文本数据进行少监督或无监督的自然语言处理工作。在过去几年时间里，LLMs 神经网络不断扩大计算智能在医疗保健、游戏、金融等领域的影响。Tabnine① 基于 LLMs 创建了人工智能助理，其强大的计算能力能够帮助全球 100 多万开发人员，用 20 种软件语言和 15 种编辑器更快捷地进行开发工作，自动化构建高达 30% 的代码。Nvidia Nemo Megatron 框架在 LLMs 的基础上，加速同 Microsoft Azure AI 基础设施的耦合进程，在 1400 个 GPU 上达到 95% 的扩展效率，进一步降低了所需要的基础算力资源，降低部署和训练成本。

算力是计算智能的核心。脱离了计算能力谈大规模模型和高质量算法是不切实际的。充分发挥算力资源，模型和算法才有用武之地。无论是人工智能、大数据，还是量子计算、区块链，任何智能技术都离不开算力的支撑。自 2012 年以来，人工智能技术需要的计算能力大约每三个月翻一番。算力技术发展和算力设施部署都需要先行于智能技术，才能应对接踵而至的丰富应用。超级计算机（超算）是提供强大算力的重要来源之一。TOP500② 资料显示，目前位于全球前三名的超算分别为 Frontier、Supercomputer Fugaku 和 LUMI。Frontier③ 基于 ORNL 在 GPU 加速计算方面的丰富经验，一跃成为全球第一台百兆次系统，现交付美国能源部投入使用，在核反应堆寿命建模、疾病遗传学揭示等重要工作中起到计算核心作用。加快算力基础设施构建，能够促进算力深层次渗透经济生活各领域。中国工程院院士、湘江实验室主任陈晓红认为，推进数字产业化和产业数字化，“算力”为重中之重，其发展是信息的“基础设施”建设和核心生产力。美国有着强大的科技实力和雄厚的资金投入，建有 ALCF、OLCF 等计算基础设施，为各领域提供先进的计算分析服务。2022 年 3 月，中国提出实施“东数西算”工程，将东部密集计算算力需求引导至西部，打通全国算力大网。

---

① 参见：https：//www. tabnine. com。

② 参见：https：//www. top500. org。

③ 参见：https：//www. olcf. ornl. gov/frontier。

在不断追求大模型、大计算的同时，在资源匮乏的生产场景，充分发挥计算能力是同等重要的主题。根据 IDC 的分析，到 2026 年，参数量高于 1 万亿的大规模基础模型将成为只有最大供应商提供的标准行业实用程序。[①] 对于中小企业而言，面对经济下行压力，在缺乏各项可用资源的现实背景下，大模型的加速布局反而导致更深层的困境。如果不能激发处在长尾末端中小企业的内在驱动，计算规模将不能持续扩大，计算能力将不能进一步提升。中小企业既是数字经济发展战略的主战场，又是薄弱点，机遇与挑战并存。根据世界银行统计，中小企业约占全球企业的 90%，提供了 50% 以上的就业机会。加速计算智能技术在中小企业落地，推进中小企业数字化转型，对技术与经济的双路发展大有裨益。提供高性能计算服务是一种可行的解决方案，这是目前被广泛使用的主要方法之一。一方面，龙头企业在自身计算资源中倾斜部分算力用于计算扶持，“先算带动后算”；另一方面，在政策和资金的双轮驱动下，加速推进各项公共计算平台建设，以提供更加经济实惠的计算服务。

在各项资源中，生态资源是最重要的资源之一。早在 2019 年 7 月，The Shift Project 报告就指出，数字技术能源消费量正以每年 9% 的速度快速增长，预计到 2025 年将产生 8% 的温室气体排放。[②] 计算智能技术的发展必须受到生态资源的限制，实现算法、算力健康、平衡、绿色发展，进而构建“绿色经济”。从技术流优化计算过程是相对便捷的方式。全球各企业不断进行算法优化创新，力求在保持竞争力的同时，降低设施能耗，提升绿色技术占比。2021 年 4 月，谷歌云推出 Green Region Picker 工具，基于碳足迹、时空成本等输入进行区域建模和计算，为人工智能设施部署选址提供了方便快捷的选择手段。2020 年 9 月，中国提出“双碳”目标，以绿色低碳理念促进各行业可持续发展。2022 年 11 月，蚂蚁集团基于“AI 智能容量”技术，在海量数据支撑下实时计算流量，达到秒级容量感知，有效减少 947 吨二氧化碳当量，相当于 7.9 万棵树的年碳吸存量。[③] 学界跟随业界的脚步，协同推进绿色技术探索。Green Algorithms 是由剑桥大学和 HDRUK 发起的绿色算法项目，重点围绕碳足迹追踪计算技术进行重组，以促进环境上更加可持续的计算科学。从核心部件、关键设施推行绿色设计是从源头实现绿色计算的方法。NVIDIA GPU 电源架构师设计了 Dynamic Boost 2.0，实现电源到 CPU、GPU 或 GPU 内存的自动引导，提高系统性能，同时利用 Max-Q 优化平衡能源效率。Green Systems Automotives 在自身成熟的乙醇、E85 燃料技术基础上，通过人工智能技术的引入，实现实时燃料状态计算，将绿色燃料平台应用部署在公路、航海等交通领域场景，降低碳排放量。

---

① “By 2026，30% of Artificial Intelligence Models in Asia/Pacific Will Incorporate Multiple Modalities of Data to Improve Learning Effectiveness，IDC Predicts，” https：//www. idc. com/getdoc. jsp？ containerId = prAP50388723.

② “Climate crisis：The unsustainable use of online video，” https：//theshiftproject. org/wp – content/uploads/2019/07/2019 – 02. pdf.

③ 徐卫星：《“双 11” 购物正酣时，“绿色计算” 技术在默默为你的消费行为减碳》，https：//m. thepaper. cn/baijiahao_20707972。

计算智能技术借助模型、算法、算力三大资源，对经济生活关键问题建模，计算模拟人类行为，解决实际问题。在合理利用模型、算法优势，充分发挥算力资源的基础上，感知智能才能高效模拟各种感知能力，全面捕获数据要素。

二、感知智能全面捕获数据要素

感知智能，是机器通过各类硬件设备对人类视觉、听觉、触觉等感知能力的智能模拟，实现与自然界的交互并获取丰富的信息。在这之中，以传感器为代表的硬件设备是感知智能的底层基础。传感器是人类五官的延伸，涵盖了几乎全部的生产生活领域。例如，超声波传感器 HC-SR04，红外传感器 HC-SR501，雨滴传感器 YL-83，气体传感器 MQ 系列等。只要是能想到的数据或信息，哪怕人类无法直接感知，都可以有相应的传感器协助捕获和采集。智能传感器则是在传感器的基础上加入了信息处理功能。Honeywell 工业测量与控制部产品经理 Tom Griffiths 认为，一个好的智能传感器具有通信与板载诊断等功能，为操作员提供相关信息，提高工作效率，降低维护成本。① 通信功能是指智能传感器可以同其他传感器或系统部件进行信息传递。MTS Temposonics 产品经理 David Edeal 认为，除了自身负责捕获的主要数据之外，智能传感器必须能传输其他信息，在适当的时空条件下获得或输送有关系统状态的全部知识，方便后续进行“智能”的控制和诊断。② 这意味着，在此基础上，智能传感器能够对自身运行的各个方面进行自我监控。DMP 是智能传感器区别于基本传感器的核心部件之一，用以数据归一化、滤除噪声、信号调理等板载诊断处理，将原始捕获数据转化为多种形式的规范输出格式，方便后续处理。不过，智能传感器的“智能”体现仅停留在数据要素的初步整理上，若要进一步发挥感知能力，全面捕获数据要素用于生产生活，还需要人工智能技术的介入。

从智能传感器到人工智能，是数据要素从捕获向应用转移的过程，人类感知能力得到进一步加强。更具体地，计算机视觉技术扩展了人类视觉边界。在成像系统采集到的图片或视频数据基础上，计算机视觉技术通过运用图像识别、图像分割、目标检测等，实现对人类视觉感知的模拟，被广泛运用在工业控制、医疗诊断、军事勘测等重要领域和关键产业之中。Viso. ai 评价出全球 27 家引领计算机视觉领域的人工智能公司，前三名分别为 SenseTime、Mega - vision 和 Viso. ai③。三者不局限在视觉技术的应用级开发，而将更多目光放在了智慧建设、视觉平台、套件提供等生态构建上。计算机视觉领域是人工智能行业的绝对核心，在数字经济中占有相当话语权。2022 年 10 月，环球通讯社报道称，全球计

---

① “What is a smart sensor?” https：//www. controleng. com/articles/what - is - a - smart - sensor.

② “What is a Smart Sensor? Smart Sensor Introduction Brochure,” https：//www. fourfaith. com/industry - news/smart - sensor. html.

③ Elisha Odemakinde, “The 27 most popular Computer Vision Companies and Startups in 2023,” https：//viso. ai/computer - vision/most - popular - computer - vision - companies - and - startups.

算机视觉市场规模预计将从 2021 年的 117 亿美元增长至 2030 年的 213 亿美元。① 面部识别，是计算机视觉重要应用之一。该过程通过面部检测、捕获、匹配等技术步骤，实现身份识别和验证的功能，在安防、边检、监控等重点强调安全防护的场景应用广泛。Thales 是全球顶级面部识别供应商之一。LFIS 解决方案能够在不到 5 秒的时间内取得 99.44% 的人脸获取率，并保证 98% 的准确率。这一数据远超业内平均 68% 获取率和 66% 准确率的水平。据 MarketsandMarkets 预测，全球面部识别市场规模预计将从 2020 年的 38 亿美元增长到 2025 年的 85 亿美元，为技术供应商带来丰厚利润。

工业领域依托计算机视觉技术实现自动化控制。基于计算机视觉技术，智慧工厂等现代自动化领域构建起精密的视觉系统，为工业控制流程源源不断提供数据支撑。Basler 专注于为工业领域提供简单而经济的视觉技术方案。2022 年 10 月，Basler Ace 2、Pylon vTools、SWIR 相机等新产品问世，在 5GigE 功能的加持下，Ace 2 具有优秀的性价比和极强的集成能力；用户通过 Pylon vTools 提供的模块化接口，能够灵活便捷地进行图像处理工序；新型 SWIR 相机的视觉感知能力超越可见光谱，为工业应用提供了高效的红外检测解决方案。仅 2021 年，Basler 产品销售额就高达 2.15 亿欧元。

智慧城市依赖于计算机视觉赋予的强大视觉感知能力。从计算机视觉出发，逐渐演变成为“天眼”“城市之眼”，视觉技术赋予智慧城市建设“看见”的能力，监测人流与空间、检测暴力与破坏，强化了城市管理功能，降低了城市建设成本与难度。

语音处理技术，丰富了人类听觉世界。语音识别技术是实现语音处理的前提。得益于大数据语料的积累、深度学习的开发，语音识别技术飞速发展。近年来，以医疗领域为起点，语音识别技术被广泛运用于智能客服、车载导航、语音助手、会议纪要等实际生产生活场景。Nuance 是全球最大的语音技术软件开发商之一，旗下 Dragon Medical One 是提升临床医生效率和生产力的首选解决方案，捕获临床文件过程比 99% 准确率的人工打字快 5 倍。以 Apple Siri 为代表的智能语音助手，在人类生产生活中扮演着重要角色，通过语音交互提供方便快捷的各项服务。立足语音识别技术，人工智能赋能数字经济飞速发展，在各行业、各领域持续发力。在“讯飞超脑 2030 计划”中，科大讯飞推出唇形和语音技术融合的多模态语音交互系统，让语音识别在高噪声环境下得到应用，挑战商场、医院、地铁等复杂应用场景。截至 2022 年 11 月，讯飞开放平台已经提供了 334 项人工智能产品及方案，链接超 230 万合作伙伴共建智能经济生态。据 Deloitte 分析，在互联场景下，语音技术对电子商务增长的影响尤其显著，预计到 2030 年，语音商务将占据电子商务收入的 30%。学界也在不断加强同业界联系，加速语音技术落地进程。2022 年 10 月，UIUC 启动“语音无障碍项目”，旨在创造对具有各种语音模式和残疾的人群更加适用的语音识别技

① “Global Computer Vision Market Size to grow USD 21.3 Billion by 2030 | CAGR of 6.9%,” https://www.globenewswire.com/en/news-release/2022/10/11/2531597/0/en/Global-Computer-Vision-Market-Size-to-grow-USD-21-3-Billion-by-2030-CAGR-of-6-9.html.

术，得到亚马逊、苹果、谷歌、倍拓和微软五大科技领军公司的支持。

相较视觉技术和听觉技术的发展，以触觉技术为代表的其他感知技术研究相对滞后。受制于复杂的感知机制，触觉数字化和复现难度大，通常与生物、材料、物理等学科产生技术交叉。不过，触觉技术仍有相当可观的未来应用市场。AMR 统计了全球电容式触觉传感器市场数据，预计到 2031 年增长至 106.8 亿美元的规模。[①] 随着工业、汽车等行业的发展，物联网和人工智能解决方案进一步推进，触觉传感器市场规模将进一步扩大。“类人触觉感知”是目前学界前沿热点研究之一。中国之江实验室的触觉感知团队以微纳光纤为人工神经，打造出了高性能触觉传感器，在人体健康监测，特别是微弱生理信号的检测任务上具有重要应用前景。GelSight 是触觉智能技术的先驱，作为全球第一家实用商用触觉传感器提供商，GelSight Mini 感知能力远超人类触觉，为地质勘测、工业制造、机器人研究等行业提供了巨大的价值。通过转化触觉为其他感觉，触觉感知技术开辟了另类空间。2019 年 6 月，MIT CSAIL 将触觉同计算机视觉技术联系起来，既可以通过视觉技术预测感觉，又可以利用感觉技术生成视觉信息。尽管仍处在实验室阶段，相信在未来能够为触觉感知技术带来新的应用可能。

人类借助感知智能技术极大地增强了自身感知能力，全面捕获社会与自然数据要素，投入经济生活，创造数字价值。只有在感知智能对数据要素全面捕获和充分处理的基础上，认知智能才能理解数据之间的关系与逻辑，进行决策分析的深层优化。

三、认知智能深层优化决策分析

认知智能，是感知智能之后的“理解”。在认知智能的帮助下，人工智能技术将通过海量信息洞察数据本质，不断优化自身推理分析能力，辅助人类进行决策。如果说感知智能是实现数据要素从自然形态到机器可理解形态的转变，那么认知智能就是从捕获的数据要素中理解出自然形态下具有的规律、信息和知识。

数据认知是理解语义的过程。对语言，要理解前后联系；对图片，要理解其背后的含义；对数据，要理解其内在规律。理解语义能够帮助人类更好地利用数据潜在价值，从而作出更加准确、更加“智能”的分析与决策。

语义认知是理解情感的过程。认知到数据语义之后，思维、情感的理解对人工智能技术提出了新的要求。Emotional AI Lab 认为，目前人工智能在情感感知、学习和互动方面处于弱势，已有方法的有效性一直饱受争议，仍然需要更广泛的社会、文化、法律和道德审查。不过，不少企业已经将情感分析技术应用到生产实践。在面部识别技术的基础上，RecFaces 加入情感认知过程，应用产品能够有效分析学校、商场等场所人员的情绪，防止

---

① “Capacitive Tactile Sensor Market by Type (Projected Capacitive Tactile Sensor, Surface Capacitive Tactile Sensor), by Application (Consumer Eletronics, Automotive, Industrial, Others): Global Opportunity Analysis and Industry Forecast, 2021 - 2031,” https://www.alliedmarketresearch.com/capacitive - tactile - sensor - market - A17133.

暴力情况出现，提升环境安全。Hume AI 专注于通过认知智能技术服务人类情感健康，基于情感认知算法感知用户心理状态并优化情感体验，为医疗领域提供可用的数据指标和价值参考。

聊天机器人是情感分析技术应用最广泛的领域。情感分析技术赋予机器人认知能力，显著提升了互动性。根据 Juniper Research Consultancy 分析，预计到 2023 年底，医疗保健领域聊天机器人互动总量将达到 28 亿次，技术将解放医务人员时间，节约全球医疗保健系统约 37 亿美元的开销。① Microsoft AI being 是聊天机器人之一，在中国取得了技术和商业上的一定成功，平均每月每用户同 AI being 进行超过 60 次的对话，其业务支撑中国及日本 100 余个第三方品牌的交互主体，交互总量占全球人工智能交互总量的 60%。

在理解的基础上，认知智能整理出知识。从数据到知识的过程，是机器基于认知智能技术对人类生产生活活动经验的理解、总结和整理。知识本身也是一种高度凝练的数据要素。得益于自然语言处理、图技术的进步，知识图谱同金融、公安、政务等领域的融合进程逐步加快。IResearch 测算，预计到 2026 年，中国知识图谱核心市场规模将突破 290 亿元。② 建立知识联系，提出智能决策。知识丰富的内涵以及外在的大量联系为智能机器提供了充足的输入信息，通过认知技术协助人类作出优化的决策与分析。“Aegis 擎盾” 深耕于智能司法产业，基于事件知识图谱、知识链等结构，结合认知智能算法，对合同内容进行理解审查，挖掘合同中未体现的合同情形，提供全方位、高精度的建议。

认知智能的本质是对人脑的模拟和扩展。大脑是人类神经系统的最高级部分，主导人类一切活动过程。HIBALL 启动 BigBrain 计划，通过加强对最新的人工智能和高性能计算技术的利用和共同开发，实现了人类大脑的数字化建模，在人类大脑图谱、神经信息学、机器学习等领域作出巨大贡献。这将帮助人们更直观地深化对人脑的认识，也能够帮助机器学会认知，更趋近类脑的“数字大脑”。“数字大脑”则将赋予数字经济新活力，首先颠覆经济生活中的决策任务。Gartner 分析认为，决策智能将成为未来十年最相关的技术趋势之一。③ Axiom-One 是 Third Axiom Solutions 旗下先进的物流平台，其无代码机器学习和分析技术能够充分利用产业链间警报、信号、数据等实时信息进行组织分析，为行业工作者提供异常检测、业务规则引擎和预测模型等丰富的服务，提出独特的自动化业务方案和预测。目前，Axiom-One 已在 American Group 和 Express Logistics 中投入生产。

随着人工智能技术的演进，机器智能化程度越来越高，认知能力越来越强，能够深入各行业、各领域协助甚至代替人类优化决策分析。不过，认知智能并非人工智能技术的最

---

① “Healthcare Chatbot Interactions to Reach 2. 8 Billion by 2023, as Conversational AI becomes the Futur,” https: //www. juniperresearch. com/press/healthcare – chatbot – interactions – reach – 2 – 8bn – 2023.

② 《2022 年中国知识图谱行业研究报告》。

③ “Gartner® Research Predicts Decision Intelligence to be Among Most Relevant Technology Trends in the Next Decade,” https: //www. globenewswire. com/news – release/2023/01/30/2597645/0/en/Gartner – Research – Predicts – Decision – Intelligence – to – be – Among – Most – Relevant – Technology – Trends – in – the – Next – Decade. html.

终发展形态。面对人类社会发展和经济社会变化，不断产生的新问题、新需求会持续刺激人工智能技术变革创新，进而突破智能极限，创造无限价值。

第四节 数据要素构筑数字经济核心引擎

人类社会发展的历史经验表明，每一次经济形态的重大变革，往往催生并依赖新的生产要素。正如劳动力和土地是农业经济时代主要的生产要素，资本和技术是工业经济时代重要的生产要素，迈入数字经济新时代，数据正逐渐成为驱动经济社会发展的新生产要素。2020 年《中共中央 国务院关于构建更加完善的要素市场化配置体制机制的意见》正式将数据列为五大生产要素之一。这说明了数据作为生产要素对于提高生产效率的乘数作用，这也是最具时代特征的生产要素的重要变化。

习近平总书记在主持中共中央政治局就实施国家大数据战略进行的第二次集体学习时强调，“要构建以数据为关键要素的数字经济。建设现代化经济体系离不开大数据发展和应用”，点明了新时代数字经济发展与大数据密不可分的关系。新冠疫情防控期间，“健康宝”等大数据产品的广泛应用，更是对全社会进行了一次生动的数据科普，彰显了大数据作为基础性战略资源的重要意义。大数据目前已经不同程度地渗透到各个领域、各个行业中。麦肯锡研究表明，在医疗、零售和制造业领域，大数据每年可以提高劳动生产率 0.5—1 个百分点。[①] 大数据为人类提供了一种全新的改造社会的思维方式，以及全新的探知客观规律的手段，这也是其引发经济社会变革的最根本原因。

一、用好大数据，数据质量是基础

如今数字经济飞速发展，其发展基础就是信息技术和海量的数据。数据成为一种引领经济社会高速发展的国家基础型战略资源，而良好的数据治理就是我们最大程度发挥数据要素价值的重要基础。大数据在过去几年中激增，特别是在 IT 和制造领域，用来推动创新和效率增益。根据联合国经合组织 2020 年的报告，2018 年超过四分之一的欧盟 IT 行业公司和 20% 的运输和物流公司使用了大数据。[②]

随着数字技术的发展，海量数据爆发式增长，面临的挑战也接踵而来。联合国秘书长安东尼奥·古特雷斯指出：“如何管理和利用激增的数据造福全球是我们面临的一大挑战。数据已成为创造私人价值和社会价值的重要战略资产，如何处理这些数据将极大地影响我们实现可持续发展目标的能力。走上一条数字和数据治理的新道路，现在比以往任何时候

① Henke N, Bughin J, Chui M, et al.,“The Age of Analytics: Competing in a Data - Driven World”.

② Amy Borrett,“In the digital economy, big data remains king,” https://techmonitor.ai/technology/emerging - technology/digital - economy - big - data - king - covid.

都更加重要。”其中，数据质量管理是数据治理的重要组成部分。大部分企业数据治理的所有工作都是围绕着提升数据质量目标而展开。所以，要加强数据的高质量管理，以发挥大数据的特性优势，为数据治理提供坚实保障，将数字产业做大做强做优。

（一）数据采集技术把关数据源头

近年来，随着大数据技术的发展，智能手机和社交媒体的使用增加，云计算、物联网及工业 4.0 的广泛应用，产生了比以往更多的数据量、数据种类，使大数据更难管理和分析。美国海军立法事务研究员 Geoff Weber 指出了信息爆炸时代的隐患——DRIP 困境，数据泛滥但信息匮乏。究其根本，一是缺乏有效的数据分析技术，二是数据质量不高。虽然拥有大量丰富的数据，但缺乏生产有价值信息的流程，进而妨碍了信息的融合和理解分析。

在大数据革命前，大部分公司的以数据为中心的环境，如数据仓库等，仅处理企业内部创建的数据。但随着科学技术发展，人们渐渐意识到企业的数据应该与外部数据融合才能更好地发挥大数据的优势，这就引出了数据采集技术。数据采集是将组织外部来源创建的数据带入组织以供生产使用的过程。大数据的数据采集技术区别于传统的数据采集技术，其数据种类多，数据量极大，数据来源丰富。许多大型互联网公司都有自己专用的海量数据采集工具，常用于事件日志的采集，如 Hadoop 的 Chukwa、Cloudera 的 Flume、Facebook 的 Scribe 等。这种专用工具常选用分布式架构，能满足每秒钟百余兆的系统日志数据采集和传送需求。

数据采集在生命科学研究、土木工程和工业维护等领域都发挥着至关重要的作用。新的 I-35W 圣安东尼瀑布大桥设计有一个完整的、先进的监控系统，持续评估桥梁的完整性，以确保密西西比河大桥倒塌这种灾难性故障不会重演。该监控系统是使用 DATAQ Instruments 的分布式以太网数据采集实现的产品，它们提供了数据采集能力的优化组合，能够捕获跨越 370 米长的桥梁的测量值。采集到的用于检索记录的数据可以确保被测系统按预期执行，并确定需要对问题区域进行监测调整。实时数据采集系统可以实时生成、反馈、分析被测品的数据，具有很高的可靠性。收集的数据可用于提高效率、确保可靠性或确保机器安全运行。

在当今的制造业领域，数据的采集工作依然是一大难点。以汽车、家电、飞机制造行业为代表的离散制造业的数据采集自动化程度较低，仍以手工上报为主，并结合条形码采集等半自动信息技术进行信息采集。这种数据采集方式很容易受人为因素影响。部分企业引进相关技术手段，但缺乏合适的数据采集系统，难以保证生产过程中采集工作的准确性与实时性。在以电力、石油化工、钢铁行业为代表的流程制造业的自动化程度较高，但流程制造业的生产过程具有不间断的特性，使停机停产成本极高，常需要将大量的历史数据代入预测模型来对长时间工作的设备进行隐患排查，数据的准确性显得尤为重要。所以，专业、统一的数据采集系统的应用必不可少，从数据的源头上实时监测、层层把关，确保采集数据的精确性、完整性、时效性。数据采集系统是最大化发挥大数据价值的第一步，而采集的数据质量更是决定了后续数据治理的上限，是一些未来数字技术应用的地基，严格把控数据质量，才能避免 GIGO 的悲剧。

（二）数据清洗技术提升数据质量

Manyika 等指出，大数据分析可以通过创造数据透明度、改进人类决策和促进创新商业模式来帮助支持全球制造和供应链创新。[①] 大数据能发挥的价值大小依赖于数据质量的高低。例如，在零售业领域中，美国每年仅因标价错误就损失 25 亿美元；在工业领域，数据错误每年造成的经济损失约占国内生产总值的 6%；在医疗领域中，美国医疗委员会统计表明，由于数据错误引起的医疗事故每年就导致 98000 名患者丧生。因为数据质量而产生的经济损失、生命财产损失数不胜数。可以说，提高数据质量，做好数据质量管理，就是巩固了大数据的建设成果，高质量的数据是一切数字化活动的基础，更是数字经济平稳发展的保障。

数据清洗，是提升数据质量不可或缺的环节。在实际操作中，数据清洗通常会占据分析过程 50%—80% 的时间。若不进行数据清洗，则会极大地影响数据分析结果，进而影响到业务决策的准确性，产生不必要的成本。数据质量管理中的“数据清洗”过程被定义为，一个评价数据正确性并改善其质量的过程。数据清洗是从数据质量的起点出发，将数据清洗的过程与数据的生命周期集成在一起。这个思路可以从源头上保证数据的准确性、完整性、可靠性，有助于提升整个信息业务过程中的数据质量，解决了信息和数据的集成问题，减少了数据缺陷引发的错误。

数据清洗在各行各业都有着广泛的应用。谷歌旗下的 Metaweb 开发的 OpenRefine 是著名的开源数据工具，用于处理“脏数据”，允许在不同格式间转换数据并确保数据结构清晰[②]。在美国，数据从国家层面分裂到联邦层面，甚至更远。这会使整理、监管和处理每个公民的信息成为一项复杂的挑战。据统计，美国平均约有 31% 的政府数据是非结构化数据。WinPure 公司开发的同名数据清洗工具，专门为政府机构创建干净、可访问和跨平台的数据清洗服务。数据质量是数据治理环节中的一把重要标尺，只有持之以恒地坚持数据质量的改进，注重数据清洗，才能推动数据治理体系的完善，为战略数据规划提供坚实的保障。

二、用好大数据，因地制宜是关键

大数据的主要特点是海量、高速、多变。由于受到人工智能、移动设备、社交媒体、

---

① 麦肯锡全球研究所：《大数据：创新、竞争和生产力的下一个前沿》，伦敦，2011。

② Will Hillier, “The 7 Best Data Cleaning Tools All Data Analysts Should Know About,” https：//careerfoundry. com/en/blog/data - analytics/best - data - cleaning - tools/#the - top - 7 - data - cleaning - tools.

物联网等的驱动，大部分数据是实时生成的，而且规模非常庞大，使数据来源比传统数据来源更加复杂。据 IDC 预测，2025 年全球数据量将高达 175ZB。其中，中国数据量增速最为迅猛，预计 2025 年将增至 48.6ZB，占全球数据圈的 27.8%，平均每年的增长速度比全球快 3%，中国将成为全球最大的数据圈。[①] 过去几年中，大数据已经成为大多数现代行业的游戏规则改变者，越来越渗透入我们的生活中。因此，我们更加需要学会从庞大的数据中寻找其真正的价值，从根本上用好大数据、用对大数据，充分发挥其经济潜能。根据 Research and Market 报告，到 2026 年，全球大数据市场规模预计将达到 2684 亿美元。[②]

应用大数据垂直行业中，以银行证券[③]、通信娱乐、医疗保健及政府公共服务最为典型。美国证券交易委员会（SEC）利用大数据来监控金融市场活动，使用网络分析和自然语言处理器来捕捉金融市场中的非法交易活动。该行业特定的大数据提供商包括 1010data、Panopticon Software 和 Quartet FS 等。在通信媒体领域中，常同时分析客户数据和行为数据，进而创建详细的客户档案。以音乐点播软件 Spotify 为例，它使用 Hadoop 大数据分析，从全球数百万用户那里收集数据，然后使用分析后的数据向个人用户提供个性化的音乐推荐[④]。在医疗保健领域中，以美国的 Beth Israel 医院为例，它使用从数百万患者的手机应用程序中收集的数据，来保障医生可以使用循证医学，从科学角度出发，结合医生专业技能和经验，做出科学合理的诊断和决策，进而避免对所有去医院的患者进行不必要的昂贵医学测试。[⑤] 佛罗里达大学使用免费的公共卫生数据和谷歌地图来创建可视化数据，以便更快地识别和有效分析医疗保健信息，用于跟踪各种慢性病的传播。在公共服务领域中，美国食品和药物管理局（FDA）正在使用大数据来检测和研究与食品相关的疾病和疾病的模式，以便更快、更有效地响应，提出有针对性的治理措施。IBM 与牛津大学的联合调查表明，有 63% 的受访者表示，信息（包括大数据）和分析的使用为其组织创造了竞争优势。[⑥] 现在，随着大数据的出现和广泛采用，全球各地的企业都在寻找新的方式开展竞争并且获胜，它们不断地转型，以充分利用大量的信息改进整个企业内的决策和

---

① 零壹财经·零壹智库：《数据安全问题升级：关键领域的影响、对策与机会》，http：//n1.sinaimg.cn/finance/9b213f90/20210826/ShuJuAnQuanBaoGao20210823.pdf。

② "Global Big Data Market Research – Segmentation by Type（Hardware，Software，Services），Deployment Mode（On – Premises and Cloud），Organization Size（Large Enterprise，SMEs），Business Function（Operations，Finance，and Marketing and Sales），Industry Vertical（BFSI，Manufacturing，Healthcare and Life Sciences，Telecommunications，Energy and Natural Resources（Oil And Gas），Business，Transportation，Logistics and Distribution，Research and Education，Bioinformatics，Media and Entertainment，Consumer and Retail），and Region – Forecast to 2027，" https：//www.marketdataforecast.com/market – reports/big – data – market.

③ Jennifer Costley and Peter Lankford，"Big Data Cases in Banking and Securities，" https：//stacresearch.com/sites/default/files/d5root/BigDataCasesSTAC_may2014.pdf.

④ Simplilearn，"What is Big Data Analytics and Why It is Important?" https：//www.simplilearn.com/what – is – big – data – analytics – article.

⑤ 《什么是循证医学（EBM）?》，https：//bestpractice.bmj.com/info/cn/ebm – toolkit/learn – ebm/what – is – ebm.

⑥ IBM 商业价值研究院：《分析：大数据在现实世界中的应用》，https：//www.ibm.com/downloads/cas/ED0JV08Q。

绩效。但无论如何，全球的企业在当前全球整合经济环境中都将继续在更大范围内使用大数据获得业务价值和竞争优势。

大数据技术遍布我们生活的方方面面。数字时代来临后，我们更应把握机遇，在科技创新、产业转型等方面加大投入力度，顺应数字经济浪潮，构建以大数据驱动的数字经济平台。如今，物联网、5G、人工智能、云计算、区块链等一系列新兴技术、模式、应用不断涌现和发展，标志着数字化的浪潮逐渐涌入了生产领域，给实体经济带来了新一轮数字化冲击和洗礼。因此，数据和信息如今不只是在网络中传递、共享，更在流动的过程中创造了不可估量的经济价值，而承载了这种数字经济价值交易的平台被人们称为“数字经济平台”。

数字经济平台的关键在于创造价值的生产者和消费价值的消费者的交互与融合，其基础商业模式建立在大数据驱动之上，依托于数字生态中的自动化协同特性，最终促进数字经济的发展。目前，建设发展数字经济已成为多个国家的核心战略，而构建以大数据驱动的数字经济平台，可以提供平等、稳定、安全的交易环境，有助于数字经济飞速发展和业务创新。如今，我国平台经济已有了不小的发展规模。从市场规模看，国家统计局电子商务交易平台调查显示，2021 年，全国电子商务平台交易额 42.3 万亿元，同比增长 19.6%；另据商务部数据，我国跨境电商进出口规模 5 年增长近 10 倍。① 数字经济平台发展要重视底层关键技术的创新，其中，平台企业是最重要的创新主体，要在模式创新和应用创新的“长板”基础上，积极汲取发达国家成功平台的优秀经验，回归创新为重的初心，夯实多元共治、协同发展的基础路径，抓住时代的浪潮，在更广阔的数字市场中强化自身竞争力。

三、用好大数据，安全共享是保障

数据作为新型生产要素，是我们数字化、网络化、智能化的基础，对其他生产要素具有扩大、叠加、促进作用。数据要素现在已经深刻融入社会生活、生产、分配等各方面，深刻地改变着社会生产方式、人民生活方式和经济治理模式。国务院《促进大数据发展行动纲要》（以下简称《纲要》）明确了数字时代下大数据平稳发展的行动指南，强调了数据共享、安全流动的重要性。《纲要》指出，政府应在大数据的形成、开发和利用过程中，消除信息孤岛，推进公共数据开放共享，建立完善大数据相关法律法规体系，保障数据自由、安全流动。

（一）拒绝信息孤岛，数据开放共享

大数据，或称巨量资料，其特点之一就是 Volume（大量），其积累是一个从量变到质

① 《激发平台经济创新活力 打造数字经济强劲引擎》，《中国电子报》，http：//www.xinhuanet.com/techpro/20220615/2897a48e6bc642bcac1ce976738623c6/c.html。

变的过程。如果我们各自为政，信息与业务流程和应用相互脱节，各行业、各企业乃至各部门产生的数据间没有任何交互，就会形成信息孤岛，严重制约经济效能的提升，影响市场的发展。全国政协委员、上海移动总经理陈力指出了数据开放共享的重要性与必要性，提出高质量推动公共数据资源的开发利用，需要加大力度破除制约公共数据价值释放的痛点和堵点，充分调动政府、企业、社会等各方面的积极性和能动性。① 数字经济发展中，每时每刻产生的数据资源就像取之不竭的金矿，而孤岛现象正成为数据要素价值释放的掣肘，所以强化数据融通共享，释放数字经济发展潜力，我们势在必行。

在数字经济的浪潮下，我国数据开放共享在不断向前迈进。2022 年，国务院印发《要素市场化配置综合改革试点总体方案》，提出要建立健全高效的公共数据共享协调机制，支持打造公共数据基础支撑平台，推进公共数据归集整合、有序流通和共享。② 各地政府有序上线了公共数据开放平台。复旦大学中国开放数林指数网站显示，截至 2021 年 10 月，我国已有 193 个省级和城市的地方政府上线了数据开放平台，其中省级平台有 20 个，城市平台有 173 个。我国目前数据开放共享的主要方式是公共数据开放、政府与企业间数据共享。近年来，我国相关政策举措、法律法规和管理机制日益完善，通过公共数据有序合规开放、政企数据共享不断推进、规范标准体系等方式，全方位、立体化地推动数据开放体系的完善。

数据开放共享问题是各国推进数字经济发展过程中无法回避的核心。探索欧美等发达国家的成功经验，有助于我国数据开放的研究。欧盟、美洲、大洋洲的国家和地区政府组织使用开源数据管理系统 CKAN 以支持各种官方和社区数据门户。CKAN 中包含超过 1500 万的数据集。确立统一的数据基础设施，使数据可以以更高效、更快捷的方式被读取共享，扫清了数据共享过程中遇到的标准障碍。

习近平总书记要求“推进数据资源整合和开放共享”。③ 数据开放共享是加快培育拓展数据要素市场的重点任务和核心环节，也是数字经济发展的重要基础。从总体来看，我国如今数据开放共享工作正在逐步开展、逐层推进。但目前仍存在一些问题挑战，例如，已开放数据的实用性不高，未开放的数据开放意愿不强，数据价值难以有效估量，数据开放体制机制亟待进一步完善，等等。我们要汲取发达国家经验，进一步建设健全数据产权制度体系、完善完备数据价值评估体系，使大数据价值真正得以释放。

---

① 王乐：《两会专访丨全国政协委员、上海移动总经理陈力：强化公共数据统筹管理 推进公共数据开放共享》，《人民邮电报》，https：//www. cnii. com. cn/ztzl/2023qglhrmtzt/202303/t20230307_452444. html。

② 《国务院办公厅关于印发要素市场化配置综合改革试点总体方案的通知》，http：//www. gov. cn/zhengce/content/2022 -01/06/content_5666681. htm。

③ 《习近平主持中共中央政治局第二次集体学习并讲话》，http：//www. gov. cn/xinwen/2017 -12/09/content_5245520. htm。

（二）拒绝信息泄露，数据安全保护

如今，随着计算机技术的飞速发展，数字技术已经融入了我们生活中的各个场景，大数据技术的采用，不仅让各种应用更智能、更人性化，还在不经意间改变着我们的生活方式。数字经济的高速发展、广大辐射、深远影响都离不开大数据的背后助力，同时，也为我们的经济社会持续健康发展提供了强劲动力。

然而，在大数据技术蓬勃发展的同时，背后存在的安全隐患也应引起我们的重视。2022 年，IBM 发布的《数据泄露成本报告》中统计到，2022 年全球数据泄露的平均总成本增加了 11 万美元，达到 435 万美元，创历史最高值。该数字较 2021 年增长了 2.6%，在过去两年中攀升了 12.7%。其中，医疗保健连续 12 年成为数据泄露成本最高的行业，平均总成本达 1010 万美元。[①] 这一连串的数字，将大数据时代背后的数据安全问题直观地摆在了我们眼前。我们越来越意识到，在这个数字时代，如果我们无法建立坚实的安全防线、牢固的安全基础，数字经济就只是“沙滩建楼”，充满隐患。

数据安全已成为全球性问题，国内外对于数据安全的监管治理在不断趋严。2022 年，中央网信办公布《网络安全审查办法》，要求掌握超过 100 万用户个人信息的网络平台运营者赴国外上市，必须向网络安全审查办公室申报网络安全审查。[②] 欧盟发布《欧洲数据保护监管局战略计划（2020—2024）》，旨在从前瞻性、行动性和协调性三方面继续加强数据安全保护，保证个人隐私的基本权利。[③] 美国发布《联邦数据战略与 2020 年行动计划》，确立了保护数据完整性、确保流通数据真实性、数据存储安全性等基本原则[④]；2022 年，又发布《美国联邦政府零信任战略》，旨在推动美国政府对网络安全采取“零信任”方法。当数据的量变和质变达到一定水平，数据价值不断增长，数据安全将在护航数字产业发展生态、引领数字经济产业平稳发展中发挥不可替代的作用。中国工程院院士、ISC 名誉主席邬贺铨表示，数字经济成为全球新一轮科技革命和产业变革的重要引擎，将开启人类数字文明新时代，数字安全的基础性作用日益突出，数字安全新一轮的转型升级已迫在眉睫。[⑤]

在大国博弈加剧的今天，数据已经成为国与国之间竞争必不可少的一大关键要素。作为国家重要的战略生产要素，各国间的数据竞争也应引起重视。尤其是美国目前正采取对中国的数据打压战略，试图采取措施将我国排除在全球数据安全治理体系之外，在数据安

① 《2022 年数据泄露成本报告》，https：//www.ibm.com/downloads/cas/A48NDEYW。

② 《网络安全审查办法》，http：//www.cac.gov.cn/2022－01/04/c_1642894602182845.htm。

③ 赛博研究院：《欧洲数据保护监管局战略计划（2020—2024）——塑造更安全的数字未来》，http：//www.sicsi.org.cn/home/index/look/id/464/type。

④ 张丽鑫、吴思竹、唐明坤、邬金鸣、钱庆：《〈联邦数据战略与 2020 年行动计划〉及其治理逻辑的分析与启示》，《中华医学图书情报杂志》2021 年第 2 期。

⑤ 刘坤：《数字时代，安全担忧何时休》，https：//m.gmw.cn/baijia/2022－08/11/35946129.html。

全领域形成对我国的“包围圈”。2020年，美国、印度、澳大利亚等多国就以数据安全调查结果违规为由，联合对TikTok进行围剿，限制其使用发展。[①] Synergy Research Group的调查数据显示，截至2022年，超大规模提供商运营的大型数据中心数量增加到800多个，美国占数据中心容量的53%，中国仅占15%。这样压倒性的数据优势在当今数字信息时代应该引起我们的重视，我们需要全力捍卫我国的数据主权，保障数字产业安全平稳发展，向着“数据中心国”不断靠拢。

第五节　未来技术实现数字经济更多可能

随着科学的发展，计算机技术不断进步，新兴科技与未来技术将会为数字经济健康发展创造新生机，前沿领域和热门概念将会为数字经济融合升级赋予新活力。

全球数字经济规模仍在扩大，战略意义越发凸显。WEF估计，未来10年内，全球经济社会中70%的新价值将由数字经济创造。各国都在加快推进数字经济发展进程。美国数字经济规模蝉联世界第一，2021年其数字经济附加价值在美国国内生产总值中占比10.3%。[②] 2020年，中国数字经济核心产业对国内生产总值贡献为7.8%，预计2025年将增长至10%。[③]

计算机技术与数字经济融合发展还存在很大上升空间。据欧盟2022年DESI测算，数字经济对前沿数字技术的吸收率不到30%，与2030年75%的目标相去甚远。[④] 同年，ITU统计显示，全球依然有27亿人未连入互联网。[⑤] 物联网、大数据、人工智能等现有技术需要保持增长态势，加速和数字经济的融合落地，形成数字技术支持的经济生态。此外，元宇宙、Web3.0等科技热点将持续激发计算机技术变革推力，未来实现数字经济更多可能。

一、元宇宙：定义新一类数字化生活

元宇宙是近年来社会热点之一，至今热度不减。就本身而言，元宇宙并不是新技术，而是集成了包括云计算、人工智能、物联网、区块链、虚拟现实等一大批现有技术的概念具化。元宇宙有着广阔的发展空间。Gartner估计，到2026年，全球约有25%的人将每天

---

① 零壹财经·零壹智库：《数据安全问题升级：关键领域的影响、对策与机会》，http：//n1. sinaimg. cn/finance/9b213f90/20210826/ShuJuAnQuanBaoGao20210823. pdf。

② “How Big is the Digital Economy，” https：//www. bea. gov/system/files/digital－economy－infographic－2021. png.

③ BRICS Digital Economy Report 2022.

④ “Digital Economy and Society Index 2022：Overall progress but digital skills，SMEs and 5G networks lag behind，” https：//ec. europa. eu/commission/presscorner/detail/en/ip_22_4560.

⑤ “Internet surge slows，leaving 2. 7 billion people offline in 2022，” https：//www. miragenews. com/internet－surge－slows－leaving－2－7－billion－people－856459.

至少花费1小时在元宇宙上。[①]

元宇宙被认为是数字经济发展新趋势，引发了全球范围内众多领域专家和学者的一致关注。中国工程院院士戴琼海认为，数字经济最重要的契机是形成元宇宙空间，其中可能产生新的经济增长点和竞争制高点。Meta金融科技政策主管Edward Bowles预测，到2031年，元宇宙将会为全球国内生产总值贡献超过3万亿美元。[②] 集各项技术于一体的元宇宙具有打破平台边界的能力，实现数字经济下孤立产业链的有效聚合，形成新的经济生态系统。

事实上，元宇宙已经与数字经济产生交互。Statista分析显示，数字经济中15%的部分已向元宇宙转型。[③] 其中，社交、娱乐和文化领域率先发展。作为先驱者，Meta已经形成较为成熟的元宇宙体系布局，旗下脸书（Facebook）、照片墙（Instagram）等IP资源在社交领域独树一帜。以Roblox为代表的一众集社交和娱乐为一体的游戏平台，支持玩家发挥想象力进行持续不断的创造输出，打造成为目前市面上最接近元宇宙雏形的“世界”之一。工业制造领域跟进速度则相对缓慢。

元宇宙底层平台和工具的发展是走在最前列的。Unity引擎和Epic Games开发的Unreal是典型代表，二者最广泛应用于游戏产业，为元宇宙创作者提供即时光迹追踪、虚拟位移、实时渲染等技术支持，具有强大的实时2D、3D内容变现能力。Decentraland，基于以太坊区块链技术的分散式3D虚拟现实平台，提供3D场景创建、NFT交易等主要功能。该平台于2020年2月向公众开放，截至2022年10月，市场估值已达到12亿美元。[④] 与之类似的平台还有The Sandbox和Cryptovoxels，其构建的内部经济系统为现实世界展示了元宇宙的一种可能。NVIDIA在自己成熟的RTX平台基础上，打造了易于扩展的开放式平台Omniverse，[⑤] 用以元宇宙布局。平台提供的AI ToyBox、DRIVE Sim、Isaac Sim等多样服务能够实现大规模的、物理级别的数据仿真，已在车辆制造、机器人设计等行业共计700多家公司落地采用。

虚拟现实是元宇宙技术主干。VR、AR、MR、XR头显，脑机接口等智能可穿戴设备是打通元宇宙与现实世界沉浸式交互的接口。当前，Meta、Microsoft的头显设备占据全球近一半的XR市场。据IDC预测，到2026年，全球AR、VR头显设备将达到3510万台的总量。[⑥] 虚拟办公、虚拟社交、虚拟游戏、虚拟工厂等广泛的虚拟化应用是元宇宙在数字

---

① “The economy of the Metaverse,” https://quantoz.com/publications/the-economy-of-the-metaverse.

② “Economic Opportunities in the Metaverse: A Policy Approach,” https://about.fb.com/news/2022/12/economic-opportunities-in-the-metaverse.

③ “This chart shows how big the metaverse market could become,” https://www.weforum.org/agenda/2023/02/chart-metaverse-market-growth-digital-economy.

④ “$1.2 billion Metaverse project, Decentraland only has ‘38 active users’, report claims,” https://www.indy100.com/science-tech/decentraland-metaverse-38-users-billon.

⑤ 参见：https://www.nvidia.cn/omniverse。

⑥ “Global Shipments of AR/VR Headsets Decline in 2022 While Rebounding in 2023,” https://www.idc.com/promo/arvr.

经济中的具体体现。多模态融合交互技术确保了全场景交互体验，形成虚拟化的感官。通过动作捕捉技术，人类可以实现机器人远程实时作业，降低工作风险与实施难度。同时，虚拟现实产业在数字经济中占据一定地位。虚实融合的特点让元宇宙从教育培训、文化娱乐行业出发，逐步渗透进工业生产、医疗健康等多行业，赋能创造全新虚拟现实产业生态。2022 年 11 月发布的《虚拟现实与行业应用融合发展行动计划（2022—2026 年）》，明确了我国 2026 年实现虚拟现实产业总体规模 3500 亿元的目标。

区块链是元宇宙内部核心。区块链具有去中心化、智能合约、不可篡改、不可复制的唯一性四大基本特征。元宇宙在此基础上形成一套完整并独立的内部经济系统，进而实现同现实世界的交互。基于区块链技术塑造的元宇宙内部经济系统对数字经济有十足的影响力。其中，NFT 是最具代表性的概念之一，在经济市场创造性开辟数字藏品赛道，并于短时间吸引大量融资。OpenSea 是全球最大的去中心化 NFT 数字商品交易市场，涵盖艺术、游戏、IP 等广泛的市场类别。平台至今有超过 100 万用户，仅 2021 年一年就产生了 3.65 亿美元的收入。① NFTGo 统计显示，截至 2022 年底，“鲸鱼”持有价值 125 万 ETH 的 NFT 资产，占据市场份额的 12.11%。Decentraland 的 MANA，The Sandbox 的 SAND，AXIE INFINITY 的 AXS 等均位于全球 NFT 市场前列，迸发出惊人的市场活力和发展前景。

面对持续升温的元宇宙发展，全球整体呈现积极态度，各国相继出台对应政策，力争分得“第一杯羹”。美国作为率先推出元宇宙概念的先行者，在主动拥抱元宇宙的同时，重点关注数据安全和隐私保护等问题。欧盟在这类问题上更为严苛，接连颁布 DSA、DMA 等多项法案用于监管数字空间，相较其他国家而言较为保守。日本、韩国两国响应迅速，致力成为元宇宙发达国家。2021 年 11 月，首尔市政府首次提出了《元宇宙首尔基本计划》，分三个阶段制定了未来五年建设元宇宙平台的详细计划。2022 年 4 月，日本成立“元宇宙推进协议会”，面向元宇宙应用推进研究和规则完善，在未来经济生活中普及元宇宙的应用。中国加快元宇宙布局建设，促进元宇宙新型数字经济形态。2023 年 2 月，中国元宇宙三十人论坛发布《2023 中国元宇宙与数字经济发展战略的十二条共识》，详细阐释了元宇宙和数字经济对中国发展的重要性。

这样一个由数字技术构建的、与现实世界平行的虚拟世界，定义了新一类数字化生活，在发展起步阶段就产生了惊人的市场规模和关注热度。随着技术接续发展，和数字经济融合进程不断加快，元宇宙注定在未来实现更多可能，创造丰富价值。

二、Web3.0：掀起新一代互联网变革

目前，新一代互联网框架 Web3.0 正在形成。纵观互联网发展历程，以静态页面为主的 Web1.0 认为绝大多数用户是消费者而不是生产者。Web2.0 则基于“网络就是平台”

---

① Jason Wise，“Opensea Statistics 2023：Users，Revemue & Market Size，”https：//earthweb.com/opensea－statistics.

的理念，以用户生产内容为中心，提供丰富多样的服务。Web2.0 被普遍认为是在 2004 年开始并持续至今的。虽然 Web3.0 的概念早在 2014 年就由以太坊联合创始人 Gavin Wood 提出，但是，Web3.0 仍处在发展初期，业界尚未形成统一认识和明确答案。

Bloomberg 将 Web3.0 描述为一个想法，它们总是围绕着去中心化，经常合并区块链技术，“以代币的形式将金融资产构建到网络全流程内部之中”。世界主要国家均对 Web3.0 的发展高度关注，积极探索其发展可能。北美占据全球 Web3.0 市场的 34%，① 产业范围涵盖数字交易、海关贸易、运输管理、网络安全保护等多行业、多领域。欧盟于 2022 年发布《欧洲数字计划》，制定了关于 EBSI 服务创新、区块链标准和数字身份三大 Web3.0 技术支撑的推进计划，将持续推动 Web3.0 技术发展。新加坡被誉为“全球 Web3.0 创业工厂”，MAS 基于及时汇款、原子结算、可编程货币、通证化资产和可信持续性发展数据五大突破点，助力 Web3.0 在金融科技上的创新实验。日本得益于充足的 ACG 资源，在游戏、动漫、动画等文化领域有开辟全球 Web3.0 新业务的独特优势。中国正在探索符合国情的 Web3.0 发展路线，重视其在产业发展方面的积极作用，逐渐形成“技术 + 服务 + 实体产业”融合化发展路径。

去中心化，是 Web3.0 技术的核心想法。区别于缺乏交互的 Web1.0 和集中式的 Web2.0，去中心化让 Web3.0 以用户为主体，弱化平台概念，形成分散化网络生态。集中化，是传统经济的共同特征。随着时间的推移，其安全匮乏、不够透明、包容度差等问题越发凸显。分散化结构，为解决这些问题提供了方案。首先，分散化的数字经济能够提供更高的安全性。基于分布式网络和共识机制，分散节点更难受到攻击和入侵，同时降低了交易过程中的欺诈和其他金融犯罪风险。其次，分散意味着过程透明。交易链条位于分散的公共分类账中，个人和企业更容易追踪交易过程，进一步降低恶意行为的发现代价。最后，去中心化数字经济更加包容。集中式时期资源由龙头或少数中心持有，分散化为被传统金融体系排除在外的人提供了参与数字经济生活的机会，获取资源更方便。

基于去中心化思想的创新发展正在数字经济领域不断涌现。KickStarter 是一个去中心化的众筹平台，允许个人或企业方便快捷地发起项目筹款。自平台启动以来，共有 536447 个项目获得认捐，目前仍以每天 3112 个以上项目的速度增长，全球成功率高达 39.11%，这对众筹平台而言是非常可观的数字。② 以 Uniswap 和 MakerDAO 为代表的一众 DeFi 平台是去中心化思想在金融领域的重要体现，利用区块链技术创新性提供新的金融工具和服务。截至目前，MakerDAO 有 64.59 亿 Dai 总量，Uniswap 则总计完成 1.36 亿次交易，估值超过 1.3 万亿美元。此外，Stablecoin 在去中心化货币上做了大胆尝试，通过底层分散式

---

① Radovan Sekulic, “Key Web3 Statistics Pointing Towards the Technology's Bright Future,” https://www.banklesstimes.com/web3-statistics.

② Matthew Woodward, “Kickstarter Stats & Facts 2023: Everything You Need to Know,” https://www.searchlogistics.com/grow/statistics/kickstarter-stats-facts.

账本维持货币稳定价值，为数字经济提供更多的稳定性，允许更易预测的金融交易。CoinMarketCap 数据显示，排名前三的 Stablecoin 分别是 USDT、USDC 和 BUSD，均与美元做了资产挂钩。

除金融领域外，Web3.0 正在向文娱、工程等领域加速渗透。Web3.0 游戏通过数字资产将游戏内容得到确权，建立游戏领域内部经济系统，同时，在分布式架构的基础上，游戏的创作、治理等权利不再集中在游戏公司，让游戏产业变得更加公平、开放，更具活力。W3C、IETF 等业界最具影响力的标准组织将目光放到了 Web3.0 配套标准的制定上，试图抓住 Web3.0 的新浪潮，保持创新。IETF 还处在探索阶段，目前将关注点放在了自动网络管理、新型网络传输协议、隐私和安全等若干方面。2022 年 7 月，W3C 提出的 DID v1.0 成为官方 Web 标准，对 DID 去中心化发行、控制权、元数据可解析等重点概念做了全面的解释，逐步与真实应用场景结合。各互联网龙头企业同样把握 Web3.0 发展先机，持续推进整体建设布局。2022 年 5 月，谷歌云成立 Web3.0 团队，瞄准 Web3.0 产品和工程组织全链条，为开发者提供 Web3.0 服务和加密相关技术支持。Amazon AWS 是目前全球使用最广泛的云服务平台之一，拥有近 70 多家合作方提供被验证的区块链解决方案，为 Web3.0 应用提供强大的底层保障。在 Amazon QLDB、Managed Blockchain 等技术支持下，区块链开发、分类账工作负载变得更为便捷和高效，全球 25% 的 ETH 负载是部署在 AWS 上的。①

Web3.0 技术与产业的持续发展必然掀起新一代互联网变革，一个新的数字时代即将来临。Web3.0 通过设计新技术协议构建起互联网新生态，每一位网络公民都能真正掌握自己的数字生活，参与到数字世界的建设之中。相信在未来，Web3.0 不断演进将进一步推进技术与经济双体系协同创新，实现数字经济更多发展可能。

---

① 参见：https://aws.amazon.com/cn/blockchain。

第三章
数字技术与开放发展

资源配置是经济学基本问题，技术通过扩大资源配置范围、提升资源配置效率影响经济发展。一方面，技术增加了资源种类，扩大了资源配置范围，使生产可能性边界不断外移，扩大经济规模，优化经济结构，实现经济发展。历史上，蒸汽机、电力、计算机、互联网等通用技术的出现，极大突破了旧资源约束边界，使人类逐渐减弱对土地等自然资源的依赖，并分化出纺织、机械、信息与通信技术等新产业门类，数据上表现为经济总量扩大、产业结构升级。另一方面，技术可以降低资源流动成本、增强既有资源流动性，促使资源在不同主体间实现边际价值均等化，提升资源配置效率，促使经济总量不断逼近既有生产可能性边界，提升生产效率，增加人均收入，促进经济发展。历史上，交通运输技术进步极大扩大了劳动力、商品、资本的空间配置范围，信息通信技术的发展则促进了经济主体间数据、信息、知识等资源的充分流动，最终实现既有资源的优化配置。简言之，技术通过提供新资源种类，提升旧资源效率优化资源配置系统，实现经济发展。

开放条件下，技术是决定全球资源流动、资源配置的重要因素，也是影响各国经济开放发展的重要维度。开放条件下，各国各行业存在技术差异性，这构成了各国比较优势的重要来源；各国根据基于技术的比较优势，专业化本国具有比较优势的产品或生产阶段，并通过国际贸易、国际投资、全球价值链等方式参与全球资源配置，实现资源的全球流动与优化配置，提升全球整体经济发展水平。微观层面，不同企业具有不同的技术水平，开放条件下资源在全球不同技术水平的企业间流动，从而减少资源错配。进一步，技术本身可以通过国际贸易、国际投资、人员跨境流动、专利跨国申请等渠道实现全球流动，由此形成技术溢出，这为广大发展中国家实现技术吸收、技术模仿等后发优势提供了外部条件，也构成了发展中国家开放发展的重要内容。由此，开放条件下技术与发展的关系成为一个重要的研究领域。

技术与经济发展、开放发展的理论逻辑在不同时空有具体的表现形式。聚焦当下数字经济时代，数字技术被看作新一代通用型技术，技术促进经济发展、开放发展的理论逻辑又具有了新的表现形式。一方面，数字技术发展使数据成为重要生产要素，出现了以数据为核心资源的新型资源配置方式，包括微观层面的跨国数字企业、中观层面的全球数据价值链和宏观层面的全球数据网络，数据资源大大扩展了资源配置范围，实现了经济增量发展，推动全球开放发展。另一方面，数字技术广泛应用，数据资源与传统资源实现优势互补，提升传统经济主体资源配置效率，微观层面的企业数字化、中观层面的价值链数字化和传统网络的数字化，数据资源提升了传统资源的配置效率，通过存量调整促进经济发展，并推动全球开放发展。由此，数字技术通过数字企业、数据价值链、数据网络等增量创新方式影响开放发展，同时，数字技术也可以通过企业数字化、价值链数字化、网络数字化等存量增效方式影响开放发展。

基于上述数字技术与经济发展、开放发展的理论逻辑，本章主要探讨如下内容。第一节聚焦数字技术对资源配置影响机制的一般性讨论，构建数字技术影响开放发展的总体性框架，提出数字技术影响开放发展的三个层面。基于一般性数字技术影响开放发展的理论机制，第二节至第四节分别从微观、中观与宏观三个层面具体展开分析。第五节主要提供经验性证据，聚焦数字技术与对外贸易的几个具体问题，包括数字技术与贸易规模、贸易结构、贸易质量与贸易利益等。值得注意的是，囿于数据可得性，笔者并没有提供对理论逻辑链条的完整经验证据，这也是后续研究可以深入的未知领域。

第一节 数字技术影响开放发展的理论概述

回归经济学资源配置主题，开放发展本质上是资源全球流动引致资源优化配置，实现途径包括国际贸易、国际投资、国际人员流动、国际信息溢出等，即商品、资本、人员与信息的国际流动。考虑到问题聚焦与笔者专业局限，本节对开放发展的探讨聚焦在国际贸易方面，具体问题是数字技术如何影响国际贸易。特别提醒一点，考虑到本章逻辑一致性，笔者将交替使用开放发展与国际贸易两个概念。

一、技术影响开放发展的理论逻辑

早期的研究主要聚焦在国家与行业层面的技术特征对开放发展的影响。最初的李嘉图模型指出，国家层面的技术差异导致专业化分工与国际贸易，但是该模型对于国家层面相对生产技术差异的设定十分武断。Krugman 的“技术差距”模型弥补了这一不足，认为越发达的国家就越会生产并出口技术上更加复杂的产品。[①] 上述研究仅仅从行业优势刻画了一个国家相对于贸易伙伴的技术优势，但是它们都忽略了国家层面“要素偏好”所带来的

① Krugman, P. R., “A ‘Technology Gap’ Model of International Trade,” in *Structural Adjustment in Developed Open Economies* (London: Palgrave Macmillan UK, 1985), pp. 35—49.

“生产技术优势”。Markusen 和 Svensson 指出，平均而言，每个国家都会出口具有生产率优势的产品。① Eaton 和 Kortum 扩展了前人的研究，他们建立了不对称多地区异质性模型（简称 EK 模型），同时允许地区间不同的物价水平、多个贸易伙伴和双边贸易的存在，并将地理特质纳入讨论范围，使贸易模型和宏观数据的高度匹配成为可能。②

近年来，随着大量微观数据公开与理论模型推进，企业微观层面技术特征对开放发展的影响得到了广泛关注。实证层面大量研究发现，微观企业在开放发展方面存在绩效差异性，参与贸易的企业在诸多方面都表现得更好。Bernard 和 Jensen③④ 发现，在同一行业内部，出口企业规模更大、生产率更高、资本密集度更高、技术密集度更高、支付更高工资。进口企业与出口企业呈现出许多一样的特征。特别地，同时进行进出口贸易的企业在各个方面的表现最好⑤⑥⑦。理论层面，为了解释这些企业层面开放发展的差异性，企业异质性贸易理论应运而生。该模型加入了企业的进入、退出与出口选择行为。由于生产固定成本与出口固定成本的存在，导致低生产率企业退出，出口企业又是生产企业中生产率最高的那部分，从而将总体生产与贸易分解成两部分：扩展边际与集约边际。基于垄断竞争假设，Melitz 模型被用来解释企业行为，可以充分利用微观企业数据重新测算政策的福利效应和分配效应。⑧

动态层面看，技术通过开放实现全球流动，从而促进全球经济发展，特别是后发国家的技术赶超和经济赶超，这也是开放发展的重要内涵。相关文献强调了开放发展的技术溢出效应。Krugman 在“南北模型”框架下，指出技术将缓慢地从北方溢出到南方，即北方生产并出口新发明的产品，南方专业化生产已经存在过一段时间的产品，但上述理论并未阐述技术溢出的传导途径。⑨ Keller 指出，开放发展是技术国际溢出的重要途径。⑩ Buera 和 Oberıeld 的研究表明，思想的全球流动依赖一国贸易开放，这又会进一步对一国的全要

---

① Markusen, J. R. and Svensson, L. E. O., “Trade in Goods and Factors with International Differences in Technology,” *International Economic Review* 26, No. 1 (1985): 175—192.

② Eaton, J. and Kortum, S., “Technology, Geography and Trade,” *Econometrica* 70, No. 5 (2002): 1741—1779.

③ Bernard, A. B. and Jensen, J. B., “Exporters, Jobs, and Wages in US Manufacturing: 1976—1987” (brookings papers on economic activity, Microeconomics, 1995), pp. 67—119.

④ Bernard, A. B. and Jensen, J. B., “Exceptional Exporter Performance: Cause, Effect, or Both?” *Journal of International Economics* 47, No. 1 (1999): 1—25.

⑤ Bernard, A. B., Jensen, J. B., Redding, S. J. and Schott, P. K., “Firms in International Trade,” *Journal of Economic Perspectives* 21, No. 3 (2007): 105—130.

⑥ Bernard, A. B., Jensen, J. B., Redding, S. J. and Schott, P. K., “The Margins of US Trade,” *American Economic Review* 99, No. 2 (2009a): 487—493.

⑦ Bernard, A. B., Jensen, J. B. and Schott, P. K., “Importers, Exporters, and Multinationals: A Portrait of Firms in the U. S. that Trade Goods,” in *New Evidence from Micro Data* (Chicago: University of Chicago Press, 2009b).

⑧ Melitz, M. J., “The Impact of Trade on Intra – Industry Reallocations and Aggregate Industry Productivity,” *Econometrica* 71, No. 6 (2003): 1695—1725.

⑨ Krugman, P. R., “A Model of Innovation, Technology Transfer, and the World Distribution of Income,” *Journal of Political Economy* 87, No. 2 (1979): 253—266.

⑩ Keller, W., “International Technology Diffusion,” *Journal of Economic Literature* 42, No. 3 (2004): 752—782.

素生产率产生显著推动作用。[①]

可见，技术对开放发展的影响是一个具有学术传统的重要问题，而且在不同时代会有不同内涵。上述文献从多个视角分析了技术与开放发展之间的关系，主要关注了内生、外生的技术进步对开放发展的推动作用，开放发展的技术溢出效应等。数字技术的兴起不可避免地会对贸易动力、贸易结构和贸易利益产生冲击。然而，现有技术与贸易的研究中，技术大多定位在生产率层面，属于企业生产环节，而数字技术属于信息通信技术，其作用是通过数据、信息、知识的流动影响生产率，与传统技术直接作用于生产要素有本质不同，这为技术与开放发展的解读提供了新思路和新挑战，接下来我们详细阐述数字技术影响开放发展的三个层次。

二、数字技术影响开放发展的三个层次

从理工科角度看，数字技术利用数字信号、数字信息取代模拟信号、模拟信息，使信息搜集、储存、传递在规模、速度、范围等方面产生质的飞跃。物联网技术实现“物物”互联，移动终端实现“人人”互联，云平台、大数据实现任何主体、任何时空互联，最终突破互联网“最后一公里”，形成一个反映完整物理世界实体关系的虚拟世界信息关系。

从经济学角度看，数字技术引入的重要意义在于形成了以数据、信息、知识[②]为核心的“无形资源”配置系统，并影响了传统资源配置系统。为了形象展示数字技术对经济发展的影响，绘制图 3－1。一方面，出现了以数据、信息、知识为核心资源的新主体、新分工形态和新网络，即数字企业、数据价值链（Data Value Chain）和数据网络（Data Network）。在图 3－1 中，A 表示数字企业（平台企业），其核心资产是内部流通的数据、信息、知识，记录了平台上所有经济主体的行为偏好、产品特征等；B 表示数据价值链，展示从数据（结构或非结构）到信息、知识的增值过程，如平台企业根据主体相关偏好数据对其信息推送；C 表示数据网络，展示所有经济主体万物互联，充分实现数据、信息、知识的外溢性和外部性，激发新市场，使市场空间广度、分工深度达到更高层次，如智能家居、智能城市等。A、B、C 共同构成数字技术对经济影响的增量系统，体现创新动能。这类似于历史上的电力革命，随着电力技术发展，电成为重要资源，电的生产、储存、传输成为相对独立的产业系统。当然，在数字技术之前也存在数据、信息、知识等因素，但并没有形成相对独立的无形资源配置系统。

① Buera, F. and Oberfield, E., “The Global Diffusion of Ideas,” *Econometrica* 88, No. 1 (2016): 83—114.

② 经济学文献中，数据（Data）、信息（Information）、知识（Knowledge）是不同的概念。简单讲，数据是记录客观世界的资料，是获得信息的“原材料”，数据加工增值后即为信息，知识是对信息的进一步提炼。举个对比例子，经济学研究需要原始数据，对数据处理分析后获得有用信息，对信息进行抽象概括获得知识，这是原始数据“增值”的过程。

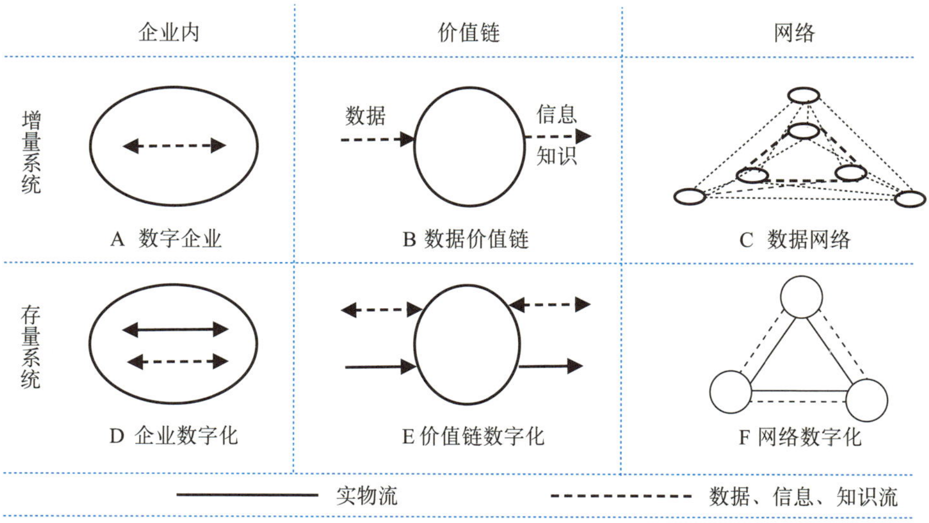

图 3－1　数字技术对经济发展的影响

另一方面，数据、信息、知识的引入通过降低交易成本、降低系统不确定性、提升匹配效率、知识溢出等途径影响传统资源配置效率，即企业数字化、价值链数字化和网络数字化。在图 3－1 中，D 表示企业数字化，企业生产在传统实物流基础上又加入了数据、信息、知识流，不同生产环节实现瞬间精准连接，如智能制造；E 表示价值链数字化，即上下游主体在传统实物流基础上又加入了双向数据、信息、知识流，实现不同主体间供需行为平台化、同步化、可视化、定制化，价值链系统效率提升；F 表示网络数字化，即传统生产网络、移民网络、贸易网络等在实物流基础上又加入或扩展了数据、信息、知识流，使网络的信息、知识溢出范围更广、程度更深，网络系统效率提升。F 和 C 的区别是，C 中信息流等可以在一定程度上脱离实物流而独立存在，且连接范围远超过 F。D、E、F 共同构成数字技术对经济影响的存量系统，企业内生产环节、上下游主体间、网络主体间匹配精度、匹配速度提升，体现效率动能。当然，电报、电话、互联网等也存在类似功能，但在范围可达性、速度同步性等方面远不及数字技术，数字技术不仅引发量的变化、更会激发质的飞跃。

引入开放条件，图 3－1 可以视作在全球市场上数字技术对经济系统影响的内在机制，刻画了从数字技术到开放发展的可能路径。具体而言，数字技术对开放发展的影响可以按照图 3－1 的三个纵向层面展开。一是微观层面按“开放主体”展开，新开放主体为“数字企业”，旧开放主体升级即“企业数字化”，即图 3－1 中的 A、D，是数字企业与企业数字化的有机统一，企业进行数字化生产、平台化交易，提升生产效率，实现开放发展的微观动能。二是中观层面下按“开放形态”展开，新开放形态为“数据价值链”，旧开放形态升级即“价值链数字化”，即图 3－1 中的 B、E，是数据价值链与价值链数字化的有机统一，实现国际范围内上游主体与下游主体间的精准匹配，在产品生产分割框架内实现贸易增长、价值链升级，推动开放发展。三是宏观层面下按“开放网络”展开，新开放网络为“数据网络”，旧贸易网络升级即“网络数字化”，即图3－1中的C、F，是数据网络与网络数字化的有机统一，通过数字技术，实现万物互联，最终形成了与实体开放网络密切关联又相对独立的数据网络，通过知识溢出等渠道提升资源配置效率，促进开放发展。简言之，数字技术通过增量创新、存量提效两条路径在三个层面推动开放主体、开放形态、开放网络三个层面促进开放发展。

第二节 数字技术、数字企业与企业数字化

数字技术发展催生了新业态模式，一部分企业通过数字技术应用对以往经营模式进行改良，实现企业数字化；另一部分企业依托数字技术，构建数字平台，成为专业化经营数据、信息、知识的企业，即数字企业。从微观企业层面出发，数字技术影响开放发展可以通过两条途径，增量层面即数字企业，存量层面即企业数字化。接下来，我们结合相关文献论述数字技术如何通过两条路径影响开放发展。

一、数字企业与开放发展的理论逻辑

互联网普及和信息化技术变革的作用下，企业外生环境正发生着巨大的转变，如何依托数字技术构建数字平台，发挥数字企业在数字经济下的引领作用，是构建数字企业战略管理系统、发挥数字平台战略功能的关键所在[①][②]。因此，部分学者对数字企业的服务模式进行研究，该部分文献多以案例分析模式展开，以分析企业经营模式的典型特征。Kwak等分析了阿里巴巴数字企业商业经营模式成功的原因，认为追求合法性是阿里巴巴成为电商龙头企业的重要原因，其中，市场合法性、关系合法性和社会合法性是企业树立合法性渠道的三大因素。市场合法性是指企业行为得到监管部门的审批，能够从事市场经营等活动；关系合法性是指企业通过自有平台或外部技术，使交易双方构建信任关系，促进交易开展；社会合法性是指企业的技术和经营模式能够给社会宏观大环境带来益处，利于社会经济的发展。[③] Zhang和Ravishankar以阿里巴巴提供的云计算服务作为案例研究，探讨了阿里巴巴云计算服务的成功要素，指出提供云计算服务的数字企业的应有发展路径，认为云平台开发、云平台部署、服务技术信息化、服务技术模仿和服务技术追赶是通过云平台

---

① Adner, R., Puranam, P. and Zhu, F., “What is Different about Digital Strategy? From Quantitative to Qualitative Change,” *Strategy Science* 4, No. 4 (2019): 253—261.

② Agrawal, A., McHale, J. and Oettl, A., “Finding Needles in Haystacks: Artificial Intelligence and Recombinant Growth,” NBER Working Paper No. 24541, 2018.

③ Kwak, J., Zhang, Y. and Yu, J., “Legitimacy Building and E－commerce Platform Development in China: The experience of Alibaba,” *Technological Forecasting and Social Change* 139 (2019): 115—124.

服务的数字企业成功的核心五要素，其中，技术模仿和技术追赶能为数字企业提供竞争优势，是阿里巴巴成为云计算服务大平台的关键所在。[①] Reed 针对谷歌提供的光纤到家商业模式展开案例分析，分析了谷歌这类数字企业在提供数字服务时的成功因素，研究认为，谷歌对光纤项目的早期部署和技术创新，是谷歌在光纤服务市场上具有较低成本的重要因素，也是数字企业在提供数字服务的核心竞争优势，这带来了谷歌光纤到家商业模式的惊人成绩。[②] 此外，一些学者还关注了数字企业平台模型的构建问题。陈冬梅等指出，按照数字企业平台商业模式的差异，可以将平台商业模式分为以下三类：C2C 平台商业模式、B2C 平台商业模式、C2B 平台商业模式。[③] 在 C2C 平台商业模式下，数字企业作为平台提供者，扮演着市场服务的角色，通过数字网络服务平台，为供需双方提供交流信息的渠道，降低双方之间的搜寻匹配成本，这类企业具有独立的数字服务平台，能够作为供需双方的交易中介，现实中的例子有淘宝、微博等；在 B2C 平台商业模式下，数字企业作为服务和产品的供应方，为潜在客户提供相应服务，企业构建数字化交易平台的目的是搜寻更大范围的适配客户，提高经营生产效率，加强战略管理能力，增加产品销售途径和产品销售种类，这类企业类似于现实中的百度、谷歌等；在 C2B 平台商业模式下，需求方将作为数字平台的构建方，主动搜寻符合其需求的产品供应方，而企业此时的作用是提供适配产品，推动双边交易的发展，该模式下的数字平台构建类似于现实中的网上校园招聘等。上述文献较多集中于管理学领域，强调企业现存管理体系的变革，寻求数字企业的发展战略模式，以及数字平台的构建方案，以此提升企业潜在的价值创造能力，为数字企业内部管理和外部发展提供全面的保证。

数字企业通过构建数字平台，实现供需双方交易平台化，降低供需双方搜寻成本，拓宽供需双方选择范围，提升供需双方的匹配程度；开放条件下，数字企业的平台功能为商品流动提供了便利性，通过双边数据流动提升国际贸易规模。数字企业的平台功能对数据、信息、知识密集型产品促进作用更大，对差异化产品、契约密集度高的产品促进作用更大，从而改善贸易结构。通过数字平台实现国际贸易双方精准匹配，企业和消费者可以寻找最适合的买卖对象，提升了交易双方的贸易利益。因此，从增量层面看，数字企业的平台功能将从交易环节赋能传统贸易，影响贸易动力、贸易结构和贸易利益。当然，数字平台的数据跨境流动涉及数据跨境政策问题，这也对政策支撑体系提出了挑战。数字企业的平台交易功能事实上展现了图 3－1 中 A 部分的理论逻辑。

如何通过严格的数理逻辑展示数字企业的平台交易功能呢？事实上，信息成本是贸易

---

① Zhang，G. and Ravishankar，M. N.，“Exploring Vendor Capabilities in the Cloud Environment：A Case Study of Alibaba Cloud Computing，” *Information and Management* 56，No. 3（2019）：343—355.

② Reed，D. P.，“Examining the Prospects for Gigabit Broadband：Lessons Learned from Google Fiber，” *Telecommunications Policy* 45，No. 5（2020）.

③ 陈冬梅、王俐珍、陈安霓：《数字化与战略管理理论——回顾、挑战与展望》，《管理世界》2020 年第 5 期。

成本的重要组成部分①，数字企业平台功能的一个重要方面是降低供需双方搜寻成本，提升匹配效率和精度，促使交易发生，特别是平台的产品排序功能可能显著影响交易发生，这是数字企业平台功能的核心机制之一，也见于鞠雪楠等②、Brynjolfsson 等③的论述。对于数字企业的这一功能，Dinerstein 等构建了平台经济模型，参考 Dinerstein 等对数字企业交易平台搜索匹配与商品交易概率的设定，可以得到需求方在购买商品时成交概率函数：④

$$D_j(p_j) = \sum_{J:j\in J\subseteq\Omega}\left[\frac{\exp(\alpha_0 + \alpha_1 p_j + \alpha_2 TRS_j + \alpha_3 p_j TRS_j)}{1 + \sum_{k\in J}\alpha_0 + \alpha_1 p_k + \alpha_2 TRS_k + \alpha_3 p_k TRS_k}\right]\Pr(J \mid \Omega) \qquad \text{（式 3 - 1）}$$

式 3 - 1 是交易概率的一个简单表达版本，只是考察了企业产品价格及其平台排序。具体而言，角标 j 表示企业在数字平台交易的商品种类；D_j 表示消费者最终选择商品 j 的概率，即企业与消费者之间的成交概率；J 表示消费者意向选择集合（Consideration Sets），可以简单理解为平台中某种排序内的产品集合；Ω 为平台上所有同类产品集合，包括消费者意向选择集合内的种类，即排序范围内的产品，也包括未在消费者选择集合内的种类，可理解为未能进入排序范围的其他种类，比如排名 100 以外的产品；TRS_j 是 Top - Rated Seller 的简称，表示企业商品 j 是否出现在数字平台商品搜寻结果的前列名单中，且 $\alpha_2 > 0$；p_j 表示交易商品 j 的价格；k 表示其他企业提供的同类商品。根据式 3 - 1 可知，数字平台的商品搜寻结果能够影响需求方的交易概率，当数字平台改变商品排序策略后，能够显著影响消费者与企业的匹配概率，进一步影响交易发生概率和交易规模。

显然，开放条件下，数字平台的排序策略、企业产品是否在数字平台排序清单中、企业产品在清单中的位置均会影响企业贸易，包括企业贸易概率、贸易规模，因此，数字企业平台功能也是贸易动力机制之一，这是数字技术对国际贸易影响的一个新渠道。进一步，如果企业是多产品企业，那么其核心产品显然更容易出现在排序清单中，这意味着数字平台会通过产品排序提升多产品企业资源配置效率。更进一步，如果平台排序顺序与企业生产率高度一致，那么排序靠前的企业即生产率高的企业将会获得更大贸易概率和贸易规模，这意味着高效率企业生产规模扩张，生产资源实现企业间优化配置，这本质上与 Melitz 的行业内资源配置机制是一致的。⑤

---

① Allen, T., "Information Frictions in Trade," *Econometrica* 82, No. 6 (2014): 201—208.

② 鞠雪楠、赵宣凯、孙宝文：《跨境电商平台克服了哪些贸易成本？——来自“敦煌网”数据的经验证据》，《经济研究》2020 年第 2 期。

③ Brynjolfsson, E., Hui, X. and L., Meng, "Does Machine Translation Affect International Trade? Evidence form a Large Digital Platform," *Management Science* 65, No. 12 (2019): 5449—5460.

④ Dinerstein, M., Einav, L., Levin, J. and N., Sundaresan, "Consumer Price Search and Platform Design in International Commerce," *American Economic Review* 108, No. 7 (2018): 1820—1859.

⑤ Melitz, M. J., "The Impact of Trade on Intra - Industry Reallocations and Aggregate Industry Productivity," *Econometrica* 71, No. 6 (2003): 1695—1725.

二、企业数字化的经济效应

数字技术的发展和应用是企业实现数字化进程的基础，大量研究讨论了企业数字化的微观影响及其宏观效应，特别是针对大数据、人工智能等具体类型的数字技术进行了详细的讨论。

大量文献将数字技术发展作用聚焦于企业层面，研究企业数字化的经济效应，包括静态和动态效应等。随着人工智能、区块链、云计算和大数据分析等基础的数字技术发展，数据成为影响企业决策的一个重要因素，企业可以通过大数据分析技术，对消费者行为进行分析，并依此制定最优战略部署计划，提高企业经营绩效①②③。陈剑等发现，数字化技术的发展提高了企业的管理效率，增强了企业的价值创造过程，具体来讲，企业可以通过以下四方面来提高管理效率：企业能够利用大数据分析来预测消费者的需求变化；企业可以通过数字仿真、虚拟现实等数字技术，来进行产品生产前的设计和模拟，降低产品的要素设计成本，提高产品设计的效率；企业可以利用云计算等数字手段，制定智能的产品定价和库存管理策略，提高企业销售环节的效率；企业可以利用人工智能系统，达到供应链管理智能化，降低人工劳动力的投入，提升数字化企业的管理效率。④

进一步，从微观动态效应看，大数据分析技术的数据反馈循环特征⑤⑥，使数字化技术应用对企业创新、企业成长、企业规模分布、市场结构等产生深远影响，例如，Brynjolfsson 和 McElheran⑦ 发现，大数据分析技术对企业决策和企业技术进步有着重要影响，2005—2010 年，美国利用大数据分析来制定决策的企业数量翻了三番，而数据驱动型的决策方式，使美国尖端的技术在不同企业间得到有效扩散。Begenau 等研究了金融市场大数据技术的利用对企业增长的影响，由于大企业比小企业具有更大的生产规模，能够产生更多的数据信息，金融市场的投资者能够利用大数据来更好地分析大企业的动态变化，降低了大企业与投资者之间的信息不对称，减少了大企业在资本市场上的融资成本，因此大数据分析技术的应用更利于大企业的成长。⑧ Farboodi 等发现了类似的结论，大数据时代使

① Seamans, R. and Raj, M., "AI, Labor, Productivity and the Need for Firm - Level Data," NBER Working Paper, No. 24239, 2018.

② Wamba, S. F., Gunasekaran, A., Akter, S., Ren, S. J., Dubey, R. and Childe, S. J., "Big Data Analytics and Firm Performance: Effects of Dynamic Capabilities," *Journal of Business Research* 70 (2017): 356—365.

③ Germann, F., Lilien, G. L., Fiedler, L. and Kraus, M., "Do Retailers Benefit from Deploying Customer Analytics?" *Journal of Retailing* 90, No. 4 (2014): 587—593.

④ 陈剑、黄朔、刘运辉：《从赋能到使能——数字化环境下的企业运营管理》，《管理世界》2020 年第 2 期。

⑤ Lambrecht, A. and Tucker, C. E., "Can Big Data protect a firm from competition?" SSRN 2705530, 2015.

⑥ Lerner, A V., "The Role of 'Big Data' in Online Platform Competition," SSRN 2482780, 2014.

⑦ Brynjolfsson, E. and McElheran, K., "The Rapid Adoption of Data - Driven Decision - Making," *American Economic Review* 106, No. 5 (2016): 133—139.

⑧ Begenau, J., Farboodi, M. and Veldkamp, L., "Big Data in Finance and the Growth of Large Firms," *Journal of Monetary Economics* 97 (2018): 71—87.

投资者能够应用数据对企业价值进行评估，但是大数据中涵盖大规模企业的信息更为丰富，大规模企业提高了大数据的信息增长幅度，这将导致小规模企业对外的信息供应量越发不足，严重影响了小规模企业的融资比例，进而抑制小企业的未来发展。① Bajari 等根据亚马逊零售数据预测系统的分析结果，研究了大数据分析技术对企业经营绩效的影响，发现由于数据预测偏误的存在，大数据并不存在经济规模报酬递增的情况，如何改善数据预测精度，将成为制约企业长远发展的重要一环。② Farboodi 等将大数据积累作为无形资产，构建了包含大数据特征的宏观经济增长模型，研究大数据对企业规模增长的影响。由于企业能够根据大数据分析来设定最优的生产路径，因此大数据分析能够影响企业的动态变化；由于大企业能够产生并利用更大规模的数据，因此大数据分析能够提高企业规模分布的偏度。同时，小企业虽然在数据累积上不占优势，但小企业利用大数据分析技术后，能够迅速成长，因此大数据分析能够促进企业的动态更替，提高行业内资源配置的优化程度。③

技术是宏观经济长期可持续增长的关键，数字化对宏观经济发展也产生积极影响，特别是大数据技术与人工智能技术。Jones 和 Tonetti 探究了数据所有权对经济增长的作用，构建了包含数据的一般均衡模型，这是数字技术应用于经济增长模型的早期探究。他们认为，数据是重要的生产要素，也是经济发展的产物，由于数据在使用上具有非排他性，因此数据可以被各个企业使用，用于技术创新，这体现了数据带来的边际报酬递增特性，但由于存在企业竞争的效应，获得独家数据的企业害怕竞争对手从数据中了解自身的核心技术，因此企业出于保守，将独享数据，排他性的数据使用将导致经济增长偏离最优的路径，造成社会福利的无效损失，这意味着对数据进行所有权界定，将有助于改善这种无谓的福利损失，其中一个有效做法是让消费者决定数据消息的拍卖，该经济增长结果将趋向于最优增长路径。④ 但 Varian 认为，数据是新要素，是经济增长的新动力，数据的可得性比数据的所有权对经济增长更为重要，应利用数据非竞争性带来的经济增长。⑤ Agrawal 等将人工智能内嵌于生产函数之中，利用经典的经济增长模型，探究人工智能技术的突破对经济增长和企业创新的具体作用，例证了数字技术对经济增长的具体影响。⑥ 在此基础上，Lu 对模型进行进一步拓展，设定了人工智能技术的自我增长累积方程，并对比了包含人

---

① Farboodi, M., Matray, A., and Veldkamp, L., "Where Has All the Big Data Gone?" SSRN, 2018.

② Bajari, P., Chernozhukov, V., Hortacsu, A. and Suzuki, J., "The Impact of Big Data on Firm Performance: An Empirical Investigation," NBER Working Paper, No. 24334, 2018.

③ Farboodi, M., Mihet, R., Philippon, T. and Veldkamp, L., "Big Data and Firm Dynamics," *AEA Papers, and Proceedings* 109 (2019): 38—42.

④ Jones, C. I. and Tonetti, C., "Nonrivalry and the Economics of Data," NBER Working Paper, No. 26260, 2019.

⑤ Varian, H., "Artificial Intelligence, Economics, and Industrial Organization," NBER Working Paper, No. 24839, 2018.

⑥ Agrawal, A., McHale, J. and Oettl, A. "Finding Needles in Haystacks: Artificial Intelligence and Recombinant Growth," NBER Working Paper, No. 24541, 2018.

工智能与不包含人工智能的经济增长结果，发现含有人工智能的经济环境能够达到较高的增长转移路径之中，该经济增长结果中社会福利和就业率水平均更高。[①] 与此不同，Aghion 等强调了人工智能对资源重配置的作用，发现人工智能能够较好地弥补经济增长过程产生的大量成本支出，当企业利用人工智能技术后，能够有效降低传统人力要素投入带来的成本支出，因此，采用人工智能技术能够有效促进经济的增长，减小成本门槛导致的经济增长瓶颈。[②] Acemoglu 和 Restrepo 构建任务模型，用手工劳动和人工智能机器对行业内的不同工作任务进行处理，由此探究纳入人工智能因素后，整个经济均衡时的增长情况。一方面，企业可以投入机器来处理工作重复度高、创造性低的任务；另一方面，企业需要雇用工人对工作重复低、创造性高的任务进行处理。当资本要素成本长期低于劳动要素成本时，人工智能的生产模式将挤出劳动力投入模式，进而降低了企业劳动要素的投入，减少了市场中的就业水平，使工资水平发生下滑，导致不同行业工资水平出现差距。进一步，在长期均衡状态下，人工智能的生产模式将取代所有的劳动力投入模式。[③]

三、企业数字化与开放发展的理论逻辑

企业数字化如何影响开放发展？企业生产率是微观贸易绩效的关键变量，现有企业异质性贸易理论开始关注生产率异质性来源，包括生产网络等视角。考虑到数字技术影响，笔者着重从企业生产环节采用数字技术角度阐释生产率异质性根源，从而讨论企业数字化对开放的影响。企业生产环节采用数字技术，如人工智能、物联网、大数据等，可以实现企业生产流程的数字化，促进各生产环节的无缝连接，提升各生产环节之间的匹配效率，降低企业内部生产错误概率，最终优化企业内资源配置，提升企业生产效率。企业生产效率提升后，按照异质性企业贸易理论，其贸易产品质量、产品成本加成率、贸易产品和贸易空间多元化水平等都会提升优化，而且通过临界生产率提升，增加整体贸易利益。因此，企业数字化通过企业内资源配置优化促进对外贸易高质量发展。这事实上展现了图 3－1 中 D 的经济学逻辑。

如何通过严格的数理逻辑展示企业数字化对开放发展的影响呢？企业数字化即企业使用数字技术进行生产。现有文献一般认为，数字技术使用可以提升企业生产效率。其基本逻辑是，企业内部生产系统存在诸多不确定性，包括每一个生产环节操作失误可能性、生产各环节之间连接失误可能性、生产环境如温度湿度不确定性等，在一系列不确定性条件

① Lu，C. H. “The Impact of Artificial Intelligence on Economic Growth and Welfare，” National Taipei University Working Paper，2019.

② Aghion，P.，Jones，B. F. and Jones，C. I. “Artificial Intelligence and Economic Growth，” NBER Working Paper，No. 23928，2017.

③ Acemoglu，D. and Restrepo，P. “The Race between Man and Machine：Implications of Technology for Growth，Factor Shares，and Employment，” *American Economic Review* 108，No. 6（2018）：1488—1542.

下，企业内资源配置效率会降低，企业生产效率降低。数字技术的使用可以大幅度降低上述不确定性，核心渠道是数字技术促使数据、信息、知识在企业系统内同步瞬时共享，实现操作数字化控制、流程数字化连接、监控数字化运行，从而提升企业生产效率。例如，通过人工智能技术降低人工操作失误可能性，通过物联网、云平台等技术实现生产环节的精准连接，通过物联网、大数据技术实现对生产环境的实时控制追踪，从而降低企业内生产系统不确定性，提升企业生产效率。类似的逻辑在经济增长领域、劳动经济学领域得到了广泛讨论，核心结论认为，数字技术、数据储存分析能力对企业提升效率至关重要，如 Jones 和 Tonetti①、Farboodi 等②、Agrawal 等③、Aghion 等④。更重要的是，由于"数据反馈循环"（Data Feedback Loop）特征，企业数字技术使用将带来规模经济和动态收益。

为了考察企业数字化对生产率的影响，笔者在生产率不确定性框架内引入数字技术，为数字技术通过生产效率渠道影响开放发展开辟道路。通过数据、信息企业内传递，将企业现实生产率提升至最优生产率。我们根据 Farboodi 等核心公式阐述基本思路。⑤ 不确定性条件下，企业最优生产率由式 3－2 决定：

$$a_{it}^{*} = \theta_{it} + \varepsilon_{it} \qquad (式3-2)$$

其中，角标 i 表示企业，t 表示时间；对于每个企业而言，每期都有一个最优的生产技术水平 a^{*}，它由永久性增长成分 θ 和暂时性增长成分 ε 组成。在不确定性条件下，企业 i 无法直接观察最优生产技术的 θ 部分和 ε 部分，其中 ε 部分源于宏观环境的冲击变化；θ 部分源于企业内生因素和产出能力的变化，并且 θ 部分服从 AR（1）的时间序列过程。通过"数据反馈循环"特征，企业可以通过往期生产行为获得生产数据或信息，在贝叶斯动态框架下，改变对 θ 增长变化的认知，因此，θ 变化与企业获取数据 S 之间存在以下关系：

$$S_{it} = \theta_{it} + \xi_{it} \qquad (式3-3)$$

其中，ξ 表示企业获取数据信息时面临的信息随机冲击。从式 3－3 可知，企业获取信息规模 S 与永久性增长成分 θ 之间存在紧密联系，企业获取数据、信息越多，越能够了解 θ 的具体数值，企业越容易达到其最优生产效率。具体而言，数字技术应用使企业能够了解每期生产技术水平永久性增长成分 θ 的具体变化数值，因此企业可以选择更为接近最优

---

① Jones, C. I. and Tonetti, C., "Nonrivalry and the Economics of Data," NBER Working Paper, No. 26260, 2019.

② Farboodi, M., Matray, A., and Veldkamp, L., "Where Has All the Big Data Gone?" SSRN, 2018.

③ Agrawal, A, McHale, J. and Oettl, A, "Finding Needles in Haystacks: Artificial Intelligence and Recombinant Growth," NBER Working Paper, No. 24541, 2018.

④ Aghion, P., Bergeaud, A., Lequien, M. and Melitz, M. J., "The Heterogeneous Impact of Market Size on Innovation: Evidence from French－Level Exports," NBER Working Paper, No. 24600, 2018.

⑤ Farboodi, M., Mihet, R., Philippon, T. and Veldkamp, L., "Big Data and Firm Dynamics," *AEA Papers and Proceedings* 109 (2019): 38—42.

生产技术水平 a^* 的生产技术 a，最终降低企业的生产效率损失，提高企业当期的生产技术水平。因此，根据该模型可知，数字技术应用将有助于企业生产率提升至最优水平。在此基础上，通过生产率提升促进对外贸易发展，这将回到 Melitz 框架。[①]

第三节　数字技术、数据价值链与价值链数字化

数字技术在价值链的应用主要呈现两种形式，其一是催生一种新的产品分工形式，即数据价值链；其二是传统价值链升级，即价值链数字化。本节展开数据价值链、价值链数字化与开放发展关系的研究。

一、价值链与开放发展的文献脉络

近年来，学术界就企业间生产组织方式给出了丰富的定义，如商品链（Commodity Chains）[②]、供应链（Supply Chains）[③] 和价值网络（Value Networks）[④] 等。伴随通信技术发展和贸易成本的下降，以价值增值为主要形式的产品内垂直分工模式开始成为企业生产组织的主流[⑤⑥]，即价值链（Value Chain）。学术界围绕价值链展开了系统的研究。

大量研究精确定量分析了全球价值链，包括垂直专业化分工、出口国内附加值、全球价值链位置等，在此基础上分析了全球价值链的广泛影响。在这一问题上，Hummels 等作出了开创性的贡献，他们定义一国出口产品中进口中间品含量为垂直专业化指数，以此衡量一国嵌入全球价值链的程度。[⑦] 此后，在 Hummels 等的定义基础上，学者们不断完善和丰富全球价值链嵌入水平的测度。例如，Koopman 等区分了一般贸易和加工贸易，从而更精确地度量了加工贸易盛行国家垂直专业化水平；[⑧] Koopman 等进一步将一国总出口分解

---

① Melitz, M. J., "The Impact of Trade on Intra – Industry Reallocations and Aggregate Industry Productivity," *Econometrica* 71, No. 6 (2003): 1695—1725.

② Gereffi, G. and Korzeniewicz, M., "Commodity Chains and Global Capitalism," ABC – CLIO, 1994.

③ Priem, R. L. and Swink, M., "A Demand – side Perspective on Supply Chain Management," *Journal of Supply Chain Management* 48, No. 2 (2012): 7—13.

④ Stabell, C. B. and Fjeldstad, Y. D., "Configuring Value for Competitive Advantage: On Chains, Shops, and Networks," *Strategic Management Journal* 19, No. 5 (1998): 413—437.

⑤ Al – Mudimigh, A., Zairi, M. and Ahmed, A. M. M., "Extending the Concept of Supply Chain: The Effective Management of Value Chains," *International Journal of Production Economics* 87, No. 3 (2004): 309—320.

⑥ Giroud, A. and Mirza, H., "Refining of FDI Motivations by Integrating Global Value Chains' Considerations," *Multinational Business Review* 23, No. 1 (2015): 67—76.

⑦ Hummels, D., Ishii, J. and Yi, K. M., "The Nature and Growth of Vertical Specialization in World Trade," *Journal of International Economics* 54, No. 1 (2001): 75—96.

⑧ Koopman, R., Wang, Z. and Wei, S. J., "Estimating Domestic Content in Exports When Processing Trade Is Pervasive," *Journal of Development Economics* 99, No. 1 (2012): 178—189.

为国内增加值、国外增加值、重复计算的中间品贸易等四个部分；[①] 部分文献开始关注全球价值链嵌入位置的度量，采用中间品成为最终产品所经历的生产阶段数作为上游度指数，反映行业在价值链中的位置[②③④]。在指标测度基础上，现有文献开始关注全球价值链的广泛影响，包括但不限于创新效应、生产率效应、贸易效应、收入分配效应等。

由于金融危机、中美贸易战等外部不确定性冲击影响，大量研究开始关注国内价值链。国内价值链是全球价值链在国内市场的对应，是指产品在国内市场上完成研发设计、原材料供应、零部件生产、成品组装、市场销售等环节，形成完整的产品内分工体系[⑤⑥]。2008 年金融危机后，对外贸易的长期疲软使国内价值链的研究热度开始攀升。全球价值链的研究范式为国内价值链提供了示范样本，因此，与全球价值链一致的是，国内价值链的研究也可以归纳为指标测算、贸易效应和影响因素三个主要部分。首先是国内价值链指标测度的文献，这类文献对国内价值链的测算依然是在全球价值链的测度框架之内。例如，苏庆义在全球价值链纳入国内价值链因素，其研究显示，在 1997—2007 年，国内制造部门的国内价值链总体呈现“先降后升，整体回落”的态势。[⑦] 其次是国内价值链贸易利益的文献。对比全球价值链，国内价值链的研究起步较晚，分析国内价值链贸易利益的文献相对有限。在为数不多的研究中，吕越和包雅楠利用《中国工业企业数据库》数据，聚焦国内价值链长度与企业创新行为和创新强度，发现国内价值链的延长能够促进企业开展更多的创新活动；[⑧] 邵朝对和苏丹妮探讨国内价值链与地区间技术差距的关系，发现国内价值链缩小了地区间的技术差距；[⑨] 段玉婉和纪珽利用 1995—2012 年中国地区收入数据，发现国内价值链可以对地区间收入差距缩小做出解释；[⑩] 苏丹妮等考察国内价值链对经济增长的溢出效应，也找到了支持的依据。[⑪] 此外，袁凯华等聚焦出口价值，认为国内价值链的延伸遏制了“出口俘获”现象，助力出口价值实现攀升。[⑫]

---

① Koopman, R., Wang, Z. and Wei, S. J., “Tracing Value - Added and Double Counting in Gross Exports,” *American Economic Review* 104, No. 2 (2014): 459 - 494.

② Fally, T., “On the Fragmentation of Production in the US,” University of Colorado - Boulder Working Paper, 2011.

③ Fally, T., “Production Staging: Measurement and Facts.” University of Colorado - Boulder Working Paper, 2012.

④ Antràs, P. and Chor, D., “Organizing the Global Value Chain,” *Econometrica* 81, No. 6 (2012): 2127—2204.

⑤ 黎峰：《增加值视角下的中国国家价值链分工——基于改进的区域投入产出模型》，《中国工业经济》2016 年第 3 期。

⑥ 苏丹妮、盛斌、邵朝对：《国内价值链、市场化程度与经济增长的溢出效应》，《世界经济》2019 年第 10 期。

⑦ 苏庆义：《中国省级出口的增加值分解及其应用》，《经济研究》2016 年第 1 期。

⑧ 吕越、包雅楠：《国内价值链长度与制造业企业创新——兼论中国制造的“低端锁定”破局》，《中南财经政法大学学报》2019 年第 3 期。

⑨ 邵朝对、苏丹妮：《国内价值链与技术差距——来自中国省际的经验证据》，《中国工业经济》2019 年第 6 期。

⑩ 段玉婉、纪珽：《中国地区间收入差异变化的影响因素探究——基于国内价值链视角的分析》，《管理科学学报》2018 年第 12 期。

⑪ 苏丹妮、盛斌、邵朝对：《国内价值链、市场化程度与经济增长的溢出效应》，《世界经济》2019 年第 10 期。

⑫ 袁凯华、彭水军、陈泓文：《国内价值链推动中国制造业出口价值攀升的事实与解释》，《经济学家》2019 年第 9 期。

随着“双循环”战略的提出，国内价值链与全球价值链互动机制、协同关系成为关注的重点问题。刘志彪和张少军较早地关注了全球价值链与国内价值链的问题，他们的研究认为，构建国内价值链是修正全球价值链体系下国内地区差距的必要选择。[①] 这实际上指出了发展国内价值链是对参与全球价值链的有益补充。柴斌锋和杨高举指出，全球价值链地位提升作用来自国内价值链的高级化；[②] 黎峰拓展了区域间的投入产出模型，构建了双重价值链嵌入下的综合理论分析框架，其研究表明国内价值链分工和资源整合有效推动了中国制造部门全球价值链升级；[③] 邵朝对和苏丹妮的研究表明，全球价值链和国内价值链的空间互动可以强化全球价值链生产率外溢效应；[④] 盛斌等将全球价值链与国内价值链的互动效应分析应用到经济增长领域。[⑤]

以上文献全面分析了价值链的测度、影响因素和贸易效应，内容涵盖国内价值链和全球价值链两个分支。然而，目前价值链的研究还停留在有形商品阶段，忽视了当下数字技术发展对现有价值链的冲击和重塑。随着技术的发展，以大数据、物联网、人工智能等为主要特征的数字技术开始渗透到社会经济的各个领域。数字技术的应用使价值链呈现数字化的特征，同时也出现了数据产品的全新生产分工模式，即数据价值链。

二、数据价值链与开放发展的理论逻辑

如前所述，价值链的研究更多聚焦有形商品。随着全球价值链的发展，无形资产在全球价值链中的作用日益凸显。[⑥] 特别地，随着大数据在经济社会中的广泛应用，数据科学（Data Science）成为数据可视化学科，其应用是管理现代企业的重要方式。[⑦] 与此同时，值得注意的是，随着日常活动的数字化和互联网普及，信息处理方式也在发生变化，从多方渠道获取大量数据并从中获取有效信息已成为现代社会重要特征。然而，当下数据具有大量（Volume）、快速（Velocity）、多样（Variety）、准确（Veracity）、可变（Variability）、可视（Visualization）、高价值（Value）等特性，不仅需要新技术和基础设施来处理这些数据，还需要一种有效方式来管理这些记录，并从中创造价值。[⑧] 只有形成有效管理

---

① 刘志彪、张少军：《中国地区差距及其纠偏：全球价值链和国内价值链的视角》，《学术月刊》2009 年第 5 期。

② 柴斌锋、杨高举：《高技术产业全球价值链与国内价值链的互动——基于非竞争型投入占用产出模型的分析》，《科学学研究》2011 年第 4 期。

③ 黎峰：《双重价值链嵌入下的中国省级区域角色——一个综合理论分析框架》，《中国工业经济》2020 年第 1 期。

④ 邵朝对、苏丹妮：《全球价值链生产率效应的空间溢出》，《中国工业经济》2017 年第 4 期。

⑤ 盛斌、苏丹妮、邵朝对：《全球价值链、国内价值链与经济增长：替代还是互补》，《世界经济》2020 年第 4 期。

⑥ Pietrobelli，C. and Rabellotti，R.，“Global Value Chains Meet Innovation Systems：Are there Learning Opportunities for Developing Countries?” *World Development* 39，No. 7（2011）：1261—1269.

⑦ Hey，T.，Tansley，S. and Tolle，K.，“The Fourth Paradigm：Data - Intensive Scientific Discovery，” *Proceedings of the IEEE* 99，No. 8（2011）：1334—1337.

⑧ Faroukhi，A. Z.，El Alaoui，I. and Gahi，Y.，“Big Data Monetization throughout Big Data Value Chain：A Comprehensive Review，” *Journal of Big Data* 7，No. 1（2020）：1—22.

和生产方式，数据才能够释放出其在市场预测、商业判断等方面的价值。这催生了全新的数据产品组织方式，即数据价值链（Data Value Chain），或者说，大数据时代的大数据价值链（Big Data Value Chain，BDVC）。[①] 数据价值链的环节有多种分类方法，如 Miller 和 Mork 将数据价值链分为数据发现（Data Discovery）、数据整合（Data Integration）与数据探索（Data Exploitation）三个阶段；[②] Schmidt 和 Mohring 将其分为数据获取（Acquisition）、数据转换（Transformation）、数据存储（Storage）、数据加工（Processing）、数据分析（Analysis）和数据可视化（Visualization）；[③] Curry 将其划分为数据获取（Data Acquisition）、数据分析（Data Analysis）、数据管理（Data Curation）、数据存储（Data Storage）和数据使用（Data Usage）。[④] 此外，Hu 等将数据价值链分解为数据生成（Data Generation）、数据获取（Data Acquisition）、数据存储（Data Storage）和数据分析（Data Analytics）过程等。[⑤] 以上分类方式虽然有一定的差异，但核心都包括了数据获取、数据分析和数据使用（可视化）等环节。

数据货币化（Data Monetization）是数据价值链的关键环节。数据货币化在数据增值环节起到核心作用[⑥]。数据货币化的关键管控方是拥有先进分析和计算能力、可以利用云计算能力的数据管理平台，如阿里云（Alibaba Cloud）和亚马逊云服务（Amazon Web Services）。[⑦] Najjar 和 Kettinger 提供了数据货币化的三条路径：一是提高基于数学和商业知识的分析能力，二是建设软件、硬件、网络化的基础设施，三是加强与供应商的数据共享，从而避免因认知差异导致的额外成本。[⑧] Faroukhi 等也作出了类似的分析，认为数据货币化核心可以归纳为四点：其一，从消费者行为中获取原始数据；其二，数据提供方出售一级或二级数据；其三，数据集合者为消费者提供聚合服务；其四，技术平台凭借基础设施建设、分析能力、云技术等加工并共享数据。[⑨] 可见，数据货币化可以理解为数据价

① Faroukhi, A. Z., El Alaoui, I. and Gahi, Y., "Big Data Monetization Throughout Big Data Value Chain: A Comprehensive Review," *Journal of Big Data* 7, No. 1 (2020): 1—22.

② Miller, H. G. and Mork, P., "From Data to Decisions: A Value Chain for Big Data," *IT Professional* 15, No. 1 (2013): 57—59.

③ Schmidt, R. and Mohring, M., "Strategic Alignment of Cloud – Based Architectures for Big Data," in 2013 17th IEEE International Enterprise Distributed Object Computing Conference Workshops (IEEE, Vancouver, BC, Canada, 2013), pp. 136—143.

④ Curry, E., "The Big Data Value Chain: Definitions, Concepts, and Theoretical Approaches," in *New Horizons for a Data – Driven Economy: A Roadmap for Usage and Exploitation of Big Data in Europe* (Springer, 2016).

⑤ Hu, H., Wen, Y. G., Chua, T. S. and Li, X. L., "Toward Scalable Systems for Big Data Analytics: A Technology Tutorial," *IEEE Access* 2 (2014): 652—687.

⑥ Davenport, T. H. and Bean, R., "Big Companies are Embracing Analytics, but Most Still don't Have a Data – Driven Culture," *Harvard Business Review* (2018): 2—4.

⑦ Bughin, J., "Reaping the Benefits of Big Data in Telecom," *Journal of Big Data* 3, No. 1 (2016): 14.

⑧ Najjar, M. S. and Kettinger, W. J., "Data Monetization: Lessons from a Retailer's Journey," *MIS Quarterly Executive* 12, No. 4 (2013): 189—198.

⑨ Faroukhi, A. Z., El Alaoui, I. and Gahi, Y., "Big Data Monetization Throughout Big Data Value Chain: A Comprehensive Review," *Journal of Big Data* 7, No. 1 (2020): 1—22.

值链增值过程的货币表达。

数据价值链具有广泛的应用领域。数据价值链的应用也可以理解为大数据产品的应用，概括来讲可以分为两点，其一是通过实时检测生成大量数据来通知或驱动所需要的更改，其二是通过搜集、分析消费者的搜索信息、注册信息、交易记录或其他信息开展“长尾营销”、定向推送等，以达到增加销量和提升客户满意度的效果，[①] 如谷歌的定向广告推送（US Chamber of Commerce Foundation）。[②] 具体而言，数据价值链可以应用至医疗卫生、公共部门、金融保险、能源运输、媒体和娱乐产业、通信产业、零售业和制造业等国民经济的各个领域，重塑社会经济业态。大数据对各部门的具体应用和影响可参见 Cavanillas 等的论述。[③]

数据价值链主要涉及数据获取、数据处理和数据应用等环节，数据价值链的理论建模更多涉及信息经济学领域。在信息经济学领域，Kamenica 通过贝叶斯劝说理论（Bayesian Persuasion）分析了信息持有者的信息提供问题；[④] Bergemann 和 Bonatti 基于价格歧视理论分析了信息处理中介对信息产品的供给问题。这些研究分别对应了数据价值链的数据获取和数据应用问题。[⑤] Kamenica 的研究侧重数据的获取，他们在贝叶斯劝说理论框架内寻找私人或社会的最优信息披露。[⑥] Bergemann 和 Bonatti 的研究侧重数据的交易，他们构建了在价格歧视理论下，由消费者、企业和数据中间商（Data Intermediary）参与的信息市场模型。数据中间商作为数据传输的中介，从消费者手中购买数据，并经过加工最终售卖给企业。由于数据中间商可以提供买卖双方都需要的信息，他们在决定信息产品交易和福利分配上扮演重要的角色。

三、价值链数字化与开放发展的理论逻辑

价值链数字化是数字技术在传统价值链的应用，第一类研究关注互联网对全球价值链的影响，主要是定量分析。Lanz 等发现，不论是前向关联还是后向关联，互联网都促进了企业对全球价值链的参与度。互联网对搜寻匹配效率的提高不仅体现在降低交易成本上，也能够派生出新的需求。[⑦] 韩剑等认为，互联网使定制化需求更加便利，使终端消费者的

---

① Piccoli, Gabriele and Federico Pigni, “TRIPBAM: Leveraging digital data streams to unleash savings,” *Communications of the Association for Information Systems* 39, No. 1 (2016): 25.

② US Chamber of Commerce Foundation, “The Future of Data - Driven Innovation,” 2014.

③ Cavanillas J. M., Curry, E. and Wahlster, W., *New Horizons for a Data - Driven Economy: A Roadmap for Usage and Exploitation of Big Data in Europe* (Springer, 2016), pp. 29—37.

④ Kamenica, E., “Bayesian Persuasion and Information Design,” *Annual Review of Economics* 11 (2019): 249—272.

⑤ Bergemann, E. and A., Bonatti, “Markets for Information: An Introduction,” *Annual Review of Economics* 11 (2019): 85—107.

⑥ Kamenica, E., “Bayesian Persuasion and Information Design,” *Annual Review of Economics* 11 (2019): 249—272.

⑦ Lanz, R., Lundquist, K., Mansio, G., Maurer, A. and Teh, R., “E - Commerce and Developing Country - SME Participation in Global Value Chains,” WTO Staff Working Paper ERSD - 2018 - 13, 2018.

个性化需求在价值链中得到体现，价值链的增值逻辑也逐渐由标准化生产转向定制化生产。[①] 这实质上表明了互联网的价值链增值效应。沈国兵和袁征宇的研究从企业层面发现了互联网对出口国内增加值提升的证据。[②]

第二类研究文献从大数据、物联网等数字技术的应用层面定性分析价值链数字化，主要是定性分析。Cattaneo 等认为，当前传统的全球价值链分工格局存在固化的趋势。[③] 但是，数字经济时代的到来对 Cattaneo 等的上述观点形成挑战。[④] 在数字经济时代，大数据、物联网等技术变革可能会重塑全球价值链的分工格局。[⑤] 李馥伊认为，数字经济将重塑制造业全球价值链，其途径有二：一是用数字化技术补充非生产性增值活动，使微笑曲线两端获得更大的增值收益，加剧微笑曲线的曲度；二是数字技术成为新型生产要素融入加工制造环节，提高生产环节的效率和收益，减缓微笑曲线的曲度。[⑥] 沈玉良和金晓梅从数字产品角度探讨了价值链数字化的影响，[⑦] 他们认为，数字产品可以从两方面重塑传统价值链：第一，数字产品可能直接替代传统的有形货物，演变出全新的数字产品价值链；第二，数字产品参与或替代传统价值链的部分环节，嵌入传统价值链。数字产品参与全球价值链的以上两种方式都将重新分配原有的国际贸易利益。荆红波和袁平红认为，虽然在数字经济时代全球价值链的驱动因素发生了一定变化，但传统生产驱动型和消费驱动型的价值链依然存在，因此，在价值链数字化转型期，在培育数字经济的同时，也需要充分利用产能优势和内需优势，实现新旧动力对价值链升级的协同驱动。[⑧] 上述文献从定性角度关注了价值链数字化的现实和发展趋势，为深入研究大数据时代全球价值链的转型升级提供了有益参考。

价值链形成的基础是生产成本的跨国异质性，寻求更低的生产成本是领军企业（Leader Firms）将产品各个环节分配在世界不同地区生产的动机。Grossman 和 Rossi - Hansberg（简称 GRH）构建了外包模型，指出超过临界成本的所有生产环节都将在国外布

---

① 韩剑、冯帆、姜晓运：《互联网发展与全球价值链嵌入——基于 GVC 指数的跨国经验研究》，《南开经济研究》2018 年第 4 期。

② 沈国兵、袁征宇：《互联网对中国企业出口国内增加值提升的影响》，《财贸经济》2020 年第 7 期。

③ Cattaneo，O.，Gereffi，G. and Staritz，C.（Eds.），“Global Value Chains in a Postcrisis World：A Development Perspective，” Washington，D. C.：The World Bank，2010.

④ Cattaneo，O.，Gereffi，G. and Staritz，C.（Eds.），“Global Value Chains in a Postcrisis World：A Development Perspective，” Washington，D. C.：The World Bank，2010.

⑤ 李馥伊：《中国制造业及其在数字经济时代的治理与升级——基于全球价值链分析框架》，博士学位论文，对外经济贸易大学，2018。

⑥ 李馥伊：《中国制造业及其在数字经济时代的治理与升级——基于全球价值链分析框架》，博士学位论文，对外经济贸易大学，2018。

⑦ 沈玉良、金晓梅：《数字产品，全球价值链与国际贸易规则》，《上海师范大学学报（哲学社会科学版）》2017 年第 1 期。

⑧ 荆红波、袁平红：《全球价值链变化新趋势及中国对策》，《管理世界》2019 年第 11 期。

局。[1] Harms 等认为，GRH 模型忽视了产品生产工序、运输成本、不确定性和延期交付等因素对外包模式的影响，他们在 GRH 模型基础上考虑技术对产品工序的决定作用，并考虑零部件等中间产品的运输费用，发现对比 GRH 模型，企业的外包动机将显著削弱。[2] 这类文献实际表明，贸易成本是影响企业参与全球分工的重要因素。Costinot 等从容错风险考虑，构建了全球供应链的基本理论，研究表明，在产品生产的所有工序错误率较低的国家往往处于产品生产的后续环节，而那些错误率较高的国家则更多处于生产的前序环节。[3] 产品制造的错误率反映的是产品生产能力问题，Alfaro 等进一步考虑企业的合约执行问题，[4] 认为在合约不完全（Contractual Incompleteness）条件下，合约纠纷会对全球价值链的塑造产生重要影响。事实上，无论是 Harms 等的不确定性、Costinot 等的容错风险，还是 Alfaro 等的合约执行，都可以指向产品在全球价值分工过程中的信息不对称问题。数字技术应用后一个重要的特点是企业间的信息交互将会更为频繁和透明，因此，可以缓解信息不对称带来的问题，增加企业在国际价值链分工过程中的匹配效率。因此，本部分的研究将在上述研究的基础上引入价值链的数字化特征，从而构建在数字技术应用条件下的全球价值链分工模式的理论模型。

从理论模型角度看，价值链数字化的理论模型构建仍然在 Melitz[5] 异质性企业贸易模型的框架内，形成数字技术的应用、价值链的升级、企业生产效率提高、开放发展的逻辑链条，这一逻辑可以通过 Costinot 等价值链嵌入模型进行抽象分析。Costinot 等建立了多国单要素模型，假设产品生产包含序列工序，在产品生产前期的任何一个生产环节的失败都将无法实现产品的生产，因此，模型的均衡结果是错误率高的企业安排在前序的生产环节，而错误率较低的企业安排在后续生产环节。[6] Costinot 等的模型假设所有的产品交易都是可观测的，也就是说，各国的产品生产能力是已知的。然而，由于信息的不对称，在分工过程中，错误率较高的国家（企业）存在隐瞒真实水平的动机，因而在实际组织过程中，错误率高的国家可能会在后续生产环节生产，错误率低的国家可能会在前序生产环节

---

① Grossman, G. M. and Rossi – Hansberg, G. E. , “Trading Tasks: A Simple Model of Offshoring,” *American Economic Review* 98, No. 5 (2008): 1978—1997.

② Harms, P. , Lorz, O. and Urban, D. , “Offshoring Along the Production Chain,” CESIFO Working Papers, No. 2564, 2009.

③ Costinot, A. , Vogel, J. and Wang, S. , “An Elementary Theory of Global Supply Chains,” *Review of Economic Studies* 80, No. 1 (2013): 109—144.

④ Alfaro, L. , Chor, D. , Antràs, P. and Conconi, P. , “Internalizing Global Value Chains: A Firm – Level Analysis,” *Journal of Political Economy* 127, No. 2 (2019): 508—559.

⑤ Melitz, M. J. , “The Impact of Trade on Intra – Industry Reallocations and Aggregate Industry Productivity,” *Econometrica* 71, No. 6 (2003): 1695—1725.

⑥ Costinot, A. , Vogel, J. and Wang, S. , “An Elementary Theory of Global Supply Chains,” *Review of Economic Studies* 80, No. 1 (2013): 109—144.

生产。[1] 因此，本部分将放松产品生产能力是已知的假设，通过将产品能力的透明度与数字技术的运用相关联，从而将数字技术嵌入价值链分工模型。在上述模型分析基础上，中间品进口与生产率模型可以进一步分析价值链嵌入与企业生产率的联系，从而搭建出从数字技术应用到价值链升级，再由价值链升级到企业内生技术进步，最后实现开放发展的完整框架。

第四节　数字技术、数据网络与网络数字化

以大数据、物联网、云计算、区块链等为代表的数字技术先后涌现，数字技术从宏观网络层面对开放发展产生了重要影响。首先，数字技术发展将日益夯实数据作为一种独立生产要素的地位，数据通过这些技术手段可以在全球范围内以网络形式在不同类型的经济主体之间相互流动，形成有别于信息网络、社会网络、生产网络等传统网络的崭新网络形态——数据网络，人们借助数据网络可以深度挖掘数据的内在价值，并服务于开放发展。其次，数字技术所传递的数据类型、数据规模、数据质量等明显超越传统的信息通信技术，这些技术对信息网络、社会网络、生产网络的渗透会使这些传统的网络形态数字化，并影响这些网络对开放发展的调节作用。下面，我们在探讨传统网络与开放发展的基础上，分别从数据网络和网络数字化这两个维度展望数字技术对开放发展的影响。

一、传统网络与开放发展的理论逻辑

开放发展涉及不同国家或地区之间商品、劳务、资本、信息的流动交换活动。开放发展涉及诸多主体，不同主体之间存在着各种有形或无形的关联，这些关联纵横交错，最终形成网络，并对开放发展产生深刻影响。文献表明，这些网络具体而言包括信息网络、社会网络、文化网络、生产网络等。下面，我们对这些网络如何影响开放发展进行逐一分析。

信息网络主要表现为通信技术，通信技术对开放发展具有重要影响。Freund 和 Weinhold 在一个包含固定的进入成本的古诺模型中，分析了互联网对于国际贸易的作用，并通过经验分析验证了其理论预测，研究表明，互联网通过降低信息成本，显著地促进了国际贸易发展，其回归结果显示，1998 年样本国家的网站主机（Web Hosts）数量每增加 10%，1999 年样本国家出口量将增长 0.2%。[2] Lendle 等以引力模型为基础，以 61 个国家

---

① Costinot, A., Vogel, J. and Wang, S., "An Elementary Theory of Global Supply Chains," *Review of Economic Studies* 80, No. 1 (2013): 109—144.

② Freund, C. L. and Weinhold, D., "The Effect of the Internet on International Trade," *Journal of International Economics* 62, No. 1 (2004): 171—189.

和地区 2004—2009 年的贸易数据为样本，比较了通过易贝（eBay）进行的国际贸易和线下国际贸易的差别。他们指出，易贝通过降低国际贸易的信息成本，大大减少了地理距离对国际贸易的限制。① 鞠雪楠等以中国最大的中小企业跨境电商平台"敦煌网"2013—2016 年的国际、省级和行业级别的跨境出口数据为基础进行的研究得出了与上述研究类似的结论。② 以上所有研究均有一个重要缺陷，即内生性问题解决得不够好。近年来，一些文献已经关注到了这一问题，开始采用通信技术的外生冲击来刻画信息网络的影响。③ 例如，Steinwender 发现，1866 年 7 月 28 日跨大西洋电报的开通使英美之间信息成本大大降低，他利用这一外生事件发生前后英美报纸上的棉花价格、棉花贸易量等数据估计了信息通信技术与贸易价格和贸易利益之间的因果关系，发现信息通信技术带来的信息成本的降低有利于"一价定律"的成立，跨大西洋电报开通带来的福利增加相当于美国每年棉花出口额的 8%。④ Malgouyres 等借助法国全国各地在宽带互联网铺设时间上的外生性差异，研究了信息通信技术与进口之间的因果关系。他们发现，一个地区宽带互联网的开通可以使该地区企业的进口量增加约 25%，并且进口量的增加主要归功于进口种类增加，互联网开通带来的进口增加还进一步降低了消费者价格指数，提升居民福利水平。⑤ Hjort 和 Poulsen⑥ 采用与 Malgouyres 等类似的方法，利用非洲大陆不同国家和地区接入海底电缆时间上的外生差异，考察了信息通信技术对企业出口的影响。他们发现，海底电缆的接入有效增加了接入地企业的出口和就业机会。

社会网络的形式主要包括移民网络和文化网络。由于世界各国普遍有较为完善的移民统计，所以移民网络对于开放发展的影响也较早得到关注，如 Gould⑦ 以美国为例的研究、Head 和 Ries⑧ 以加拿大为例的研究、Rauch 和 Trindade⑨ 对华人移民网络的研究等。早期

① Lendle, A., Olarreage, M. and S., Simon, "There Goes Gravity: eBay and the Death of Distance," *The Economic Journal* 126, No. 59 (2016): 406—441.

② 鞠雪楠、赵宣凯、孙宝文：《跨境电商平台克服了哪些贸易成本？——来自"敦煌网"数据的经验证据》，《经济研究》2020 年第 2 期。

③ Chaney, T., "Networks in International Trade," in *The Oxford Handbook of the Economics of Networks* (Oxford: Oxford University Press, 2016).

④ Steinwender, C., "Real Effects of Information Frictions: When the States and the Kingdom Became United," *American Economic Review* 108, No. 3 (2018): 657—696.

⑤ Malgouyres, C., Mayer, T. and Mazet - Sonilhac, C., "Technology - Induced Trade Shocks? Evidence from Broadband Expansion in France," Working papers 741, Banque de France, 2019.

⑥ Hjort, J. and Poulsen, J., "The Arrival of Fast Internet and Employment in Africa," *American Economic Review* 109, No. 3 (2019): 1032—1079.

⑦ Gould, D. M., "Immigrant Links to the Home Country: Empirical Implications for US Bilateral Trade Flows," *Review of Economics and Statistics* 76, No. 2 (1994): 302—316.

⑧ Head, K. and Ries, J., "Immigration and Trade Creation: Econometric Evidence from Canada," *Canadian Journal of Economics* 31, No. 1 (1998): 47—62.

⑨ Rauch, J. E. and Trindade, V., "Ethnic Chinese Networks in International Trade," *Review of Economics and Statistics* 84, No. 1 (2002): 116—130.

研究的一个重要缺陷在于很少考虑内生性问题①，近年来，一些文献已经关注到了这一缺陷，Cohen 等利用第二次世界大战期间日本偷袭珍珠港，美国强制要求日本移民、美国籍的日本人及日本战犯等集中居住在美国的某些特定区域的战俘营这一突发事件（这一突发性事件导致这些区域日裔人口比例永久性增加），研究了特定区域移民数量外生增加对该区域企业进出口的影响。研究发现，控制了内生性问题后，特定区域一国移民的增加确实促进了该区域企业与该国的进出口，一个重要的原因在于移民人口的增加节约了贸易双方的信息成本和合约成本。② 国内已经有文献从微观企业层面研究华人移民网络对企业出口的影响，并指出了其中的影响机制：中国在贸易对象国的华人移民一方面可以向贸易对象国传递中国信息③，另一方面可以向中国传递贸易对象国信息④，所以，中国在贸易对象国的移民越多，中国与该国之间的信息传递越顺畅，贸易成本就越低，从而中国企业向该国出口的概率也越大。

与移民网络相比，由共同或相近的语言、宗教、历史等构成的文化网络较难测度，所以关于文化网络对开放发展的影响的研究起步稍晚，对这一领域研究较早的学者为 Rauch，他用 63 个样本国家的数据对引力方程的估计结果表明，共同的语言和曾经的殖民地关系可以降低买卖双方进行匹配所需的成本，特别是对于差异化的产品而言。⑤ 随着相关数据可得性提高，这一领域的文献正日益增长。Melitz 运用引力模型专门研究了共同语言对于贸易的作用，并区分了共同语言对于贸易的作用渠道：一是直接运用共同语言进行交流，二是通过翻译间接地运用共同语言进行交流。Melitz 发现，共同语言通过这两种渠道都可以降低贸易成本，促进双边贸易（虽然前者的作用更大）。此外，Melitz 还比较了不同语言对贸易促进作用的大小以及国内识字率和语言多样性对贸易的影响。结果表明，英语作为世界上使用最广泛的语言，对贸易的促进作用与欧洲的其他语言相比相差不大，但是欧洲语言作为一个整体，相比于世界上的其他语言，更能促进贸易；国内的识字率和语言的多样性程度越高，越有利于贸易的繁荣。⑥ Melitz 和 Toubal 建立了一个更为完整的度量共同语言的指标体系，包括共同官方语言、共同母语、共同口语、非共同语言之间的语言邻近性。他们以 195 个样本国家的数据对引力模型进行了估计，发现以上述指标体系度量的共同语言对于贸易的影响，是传统的仅以共同官方语言度量的两倍。他们还指出，以往的研究没有能够将种族因素和共同语言对于贸易的影响分离出来，因为同一种族的人

① Chaney, T., "Networks in International Trade," in *The Oxford Handbook of the Economics of Networks* (Oxford: Oxford University Press, 2016).

② Cohen, L., Gurun, U. G. and Malloy, C. J., "Resident Networks and Firm Trade," NBER Working Paper, No. 18312, 2012.

③ 蒙英华、蔡宏波、黄建忠：《移民网络对中国企业出口绩效的影响研究》，《管理世界》2015 年第 10 期。

④ 杨汝岱、李艳：《移民网络与企业出口边界动态演变》，《经济研究》2016 年第 3 期。

⑤ Rauch, J. E., "Networks versus Markets in International Trade," *Journal of International Economics* 48, No. 1 (1999): 7—35.

⑥ Melitz, J., "Language and Foreign Trade," *European Economic Review* 52, No. 4 (2008): 667—699.

一般使用同一种语言。而实际上，共同母语可以用来反映共同语言中的种族因素，所以，控制共同母语的影响后，如果共同口语对于贸易有显著影响，那么共同语言就可以单独对贸易发生作用。而后续的实证结果证实了他们的论断：共同语言在控制种族等因素的影响后，仍然可以促进交流，带动双边贸易增长。①

生产网络，又被称作企业网络，其形式有两种，一种是直接的生产网络，另一种是间接的生产网络。

直接的生产网络，是指作为贸易双方的企业相互之间可以借助这样的网络进行直接沟通。跨国公司内部网络就是一种直接的生产网络。跨国公司在全球不同的国家和地区建有众多的子公司。母公司和子公司之间或子公司相互之间彼此可以做到充分信任，借助这一内部网络进行贸易所需承担的信息成本和合约成本很低，这种现象也被称为跨国公司内部化优势。② 企业间的投入产出网络也是一种直接的生产网络。在过去的投入产出往来中，参与中间品贸易的双方已经搜集过对方的信息，并了解了对方的信用好坏，从而结成了所谓的商业伙伴，与自己的商业伙伴进行贸易的成本要低于和自己没有伙伴关系的对象进行贸易。③ 随着企业间投入产出关系数据的日益丰富，这种企业间的投入产出网络成为近年来国际贸易领域学者研究的重点和热点。对企业投入产出网络的研究最早来自宏观经济学，这类文献指出，微观或局部的经济和非经济冲击所产生的风险会通过企业的投入产出网络进行传染和扩散，最终造成宏观和总体的经济波动④⑤⑥。这类文献的思想近年来被引入国际贸易领域之中，并被用于考察企业间的投入产出网络如何作用于国际贸易，如 Lim⑦、Tintelnot 等⑧、Bernard 等⑨、Eaton 等⑩、Huneeus⑪ 等。

间接的生产网络，是指作为贸易双方的企业相互之间本身难以直接建立联系，而是通

---

① Melitz, J. and Toubal, F., "Native Language, Spoken Language, Translation and Trade," *Journal of International Economics* 93, No. 2 (2014): 351—363.

② Dunning, J. H., "Toward an Eclectic Theory of International Production: Some Empirical Tests," *Journal of International Business Studies* 11, No. 1 (1980): 9—31.

③ McMillan, J. and Woodruff, C., "Interfirm Relationships and Informal Credit in Vietnam," *Quarterly Journal of Economics* 114, No. 2 (1999): 1285—1320.

④ Gabaix, X., "The Granular Origins of Aggregate Fluctuations," *Econometrica* 79, No. 3 (2011): 733—772.

⑤ Acemoglu, D., Carvalho, V. M., Ozdaglar, A. and Tahbaz - Salehi, A., "The Network Origins of Aggregate Fluctuations," *Econometrica* 80, No. 5 (2012): 1977—2016.

⑥ Carvalho, V. M., Nirei, M., Saito, Y. and Tahbaz - Salehi, A., "Supply Chain Disruptions: Evidence from the Great East Japan Earthquake," *Columbia Business School Research Paper*, No. 17 (2016).

⑦ Lim, K., "Production Networks and the Business Cycle," Working Paper, 2019.

⑧ Tintelnot, F., Kikkawa A. K., Mogstad, M. and Dhyne, E., "Trade and Domestic Production Networks," NBER Working Paper, No. 25120, 2018.

⑨ Bernard, A. B., Dhyne, E., Magerman, G., Manova, K. and Moxnes, A., "The Origins of Firm Heterogeneity: A Production Network Approach," NBER Working Paper, No. 25441, 2019.

⑩ Eaton, J., Kortum, S. and Kramarz, F., "Firm - to - Firm Trade: Imports, Exports, and the Labor Market," Working Paper, 2019.

⑪ Huneeus, F. "Production Network Dynamics and the Propagation of Shocks." Working Paper, 2018.

过第三方促成交易。间接的生产网络主要包括以下两类：第一类是国内的其他出口商，即出口企业可以通过国内其他出口商间接地获取贸易对象国的信息，这种现象在出口企业集聚区域尤其明显。Krautheim 在异质性企业贸易模型中引入出口企业数量这一因素，考察了一国出口企业数量对出口固定成本的溢出效应。他发现，出口企业通过加入本国其他出口企业的网络，可以获得贸易对象国的相关信息，从而降低出口的固定成本。由于能出口到较远距离的目的地的出口商较少，从本国企业的网络中获取的信息也较少，出口的固定成本会随着距离而上升。[①] Kamal 和 Sundaram 运用孟加拉国出口商和美国进口商 2003—2009 年的贸易数据，以及对应的地理位置数据进行的研究发现，一个孟加拉国的企业毗邻对美国有出口经验的企业数量每增加 1%，该企业与这些企业的美国客户建立出口关系的概率增加 0. 15%。背后的机制在于，这些有出口经验的企业可以降低新出口企业搜寻美国客户的成本，同时也可以作为中间人向买卖双方传递彼此信息，减少买卖双方信息不对称。[②] 第二类是中间商。中间商可以减少贸易双方在供需和产品质量上的信息不对称，促进买卖双方的供需匹配[③]，也有利于减少逆向选择。[④] Ahn 等在异质性企业理论模型中加入中间商，考察了中间商在国际贸易中的作用，并以中国企业层面的贸易数据对模型的预测结果进行检验。他们发现，2005 年中国有 22% 的出口依赖于中间商，在选择出口方式时，最有效率的企业会选择直接出口，而效率中等的企业会选择通过中间商进行出口。此外，出口国距离中国越远，贸易成本就越高，相应地，中间商的角色就更重要；出口国说汉语的人口越多，贸易成本越低，中间商的作用也就越小。[⑤] 中间商的上述作用正日益受到国外学者们的重视[⑥⑦]，而国内专门研究中间商上述作用的文献还很少，这可以作为国内研究的一个重要增长点。

基于已有文献，并结合数字技术发展的时代背景，对网络如何影响国际贸易还需要进一步深入拓展。拓展的方向主要有两个：第一个是研究以数字技术为依托所形成的崭新的网络形态——数据网络如何作用于国际贸易；第二个是研究网络数字化，即数字技术如何改造和赋能原有网络形态，并对国际贸易产生影响。

---

① Krautheim, S., "Heterogeneous Firms, Exporter Networks and the Effect of Distance on International Trade," *Journal of International Economics* 87, No. 1 (2012): 27—35.

② Kamal, F. and Sundaram, A., "Buyer – Seller Relationships in International Trade: Do Your Neighbors Matter?" *Journal of International Economics* 102, No. 9 (2016): 128—140.

③ Rubinstein, A. and Wolinsky, A., "Middlemen," *Quarterly Journal of Economics* 102, No. 3 (1987): 581—593.

④ Feenstra, R. C. and Hanson, G. H., "Intermediaries in Entrepot Trade: Hong Kong Re – Exports of Chinese Goods," *Journal of Economics and Management Strategy* 13, No. 1 (2004): 3—35.

⑤ Ahn, J., Khandelwal, A. K. and Wei, S. J., "The Role of Intermediaries in Facilitating Trade," *Journal of International Economics* 84, No. 1 (2011): 73—85.

⑥ Antràs, P. and Costinot, A., "Intermediated Trade," *Quarterly Journal of Economics* 126, No. 3 (2011): 1319—1374.

⑦ Bernard, A. B., Grazzi, M. and Tomasi, C., "Intermediaries in International Trade: Direct versus Indirect Modes of Export," NBER Working Paper, No. 17711, 2011.

二、数据网络与开放发展的理论逻辑

数据网络描述的是数据通过新一代信息通信技术在全球范围内以网络形式在经济主体之间相互流动的现象。在大数据、物联网、云计算、区块链等数字技术的帮助下，数据网络具备以下特征：

第一，数据生成速度快，数据类型多元化，数据规模庞大，数据单位处理成本低。随着大数据技术和物联网技术的发展，全球定位系统、传感器等工具在人类经济社会中被广泛应用，绝大多数人和物品的状态都可以被实时记录并上传到数据网络中。从数据生成速度看，几乎可以做到与人或物品完全同步；从数据类型看，除了简单的结构化统计数字，还包括各种音频、视频、日志等非结构化复杂数据；从数据规模看，由于被链接到数据网络中的人和物是海量的，并且数据生成是实时的，数据类型是复杂多样的，所以数据网络中的数据规模极其庞大。数据生成速度、数据类型、数据规模所具备的上述特征客观上增加了数据处理难度，但在云计算技术的帮助下，处在数据网络各个节点的经济主体可以以较低单位成本将原始数据加工整理成自身所需要的形式[①②]。

第二，数据源头可追溯，数据存储去中心化，数据内容不可篡改，数据管理智能化。借助区块链技术，人们可以对数据网络中的数据进行有效溯源。数据网络中的数据在生成以后会被分布式地存储在由多方共同维护的多个节点上，除少数私有数据以外，其他所有数据对各方完全开放，任何一方都不能垄断这些数据。各方对数据的处理必须基于严格的规则与共识，只要数据是符合规则和各方共识的，一旦被记录以后，任何一方都不能随意操控和篡改这些数据。更进一步地，基于这些可信的不可篡改的数据，可以智能化地强制执行一些预先定义好的规则和条款。[③]

从理论上看，数据网络对开放发展的影响主要体现在三个方面。其一，降低开放发展的信息成本。现有文献表明，信息成本会对国际贸易产生全方位的重要影响。从宏观层面看，较高的信息成本会对贸易规模、贸易价格和贸易利益产生负面影响[④⑤⑥]；从微观层面看，较高的信息成本对贸易方式、贸易边际、贸易动态、贸易质量、企业参与国际生产分

---

① 徐宗本、冯芷艳、郭迅华、曾大军、陈国青：《大数据驱动的管理与决策前沿课题》，《管理世界》2014 年第 11 期。

② 张亚斌、马莉莉：《大数据时代的异质性需求、网络化供给与新型工业化》，《经济学家》2015 年第 8 期。

③ 邵奇峰、金澈清、张召、钱卫宁、周傲英：《区块链技术：架构及进展》，《计算机学报》2018 年第 5 期。

④ Combes, P. P., Duranton, G. and Gobillon, L., "Spatial Wage Disparities: Sorting Matters!" *Journal of Urban Economics* 63, No. 2 (2008): 723—742.

⑤ Garmendia, A., Llano, C., Minondo, A. and Requena, F., "Networks and the Disappearance of the Intranational Home Bias," *Economics Letters* 116, No. 2 (2012): 178—182.

⑥ Steinwender, C., "Real Effects of Information Frictions: When the States and the Kingdom Became United," *American Economic Review* 108, No. 3 (2018): 657—696.

工的程度等均有不利影响①②③④。借助数据网络这种新型网络形态，参与对外贸易的各方可以以较低成本加工和利用对外贸易过程中生成的实时的、多样化的、大规模的数据，这会有效缓解对外贸易中的信息摩擦，从宏观和微观两个层面促进开放发展。其二，数据网络还可以降低开放发展的合约成本。已有文献显示，不完全契约是困扰国际贸易发展的重要因素，不完全契约条件下较高的合约成本会对国际贸易中的企业进入、二元边际、产品质量、贸易规模、贸易利益等产生显著的不良影响⑤⑥⑦⑧⑨。数据网络可以显著降低国际贸易的合约成本。具体而言，数据网络中数据的可追溯性使参与国际贸易的各方可以回溯最终品生产原料、生产环节；数据存储的去中心化可以减少某些中间方对国际贸易关键信息的垄断；数据内容不可篡改使相关贸易主体能够充分相信数据真实性和可靠性；数据管理智能化使国际贸易合约的强制执行成为可能。⑩ 不难看出，数据网络的这些特征对于缓解不完全契约现象具有重要作用，有助于开放发展。其三，数据网络可以提升网络内经济主体效率。在数据网络内，每个经济主体（既包括贸易主体，也包括非贸易主体；既包括人，也包括物）都构成了数据发布和吸纳的节点，当任意一个节点产生数据时，其他获得数据使用权限的节点就会吸纳这些数据，并尝试借助数据中所包含的知识（Knowledge）和想法（Ideas）提升自身的效率水平。具体到企业而言，如果数据网络中知识和想法的溢出效应确实存在，并且能够带来企业生产率的变化，那么根据异质性企业理论，企业的对外经济行为就会发生改变。⑪ 在宏观上，进一步表现为开放发展的动力、结构、利益、政策的改变。这事实上展示了图 3 - 1 中 C 的经济学逻辑。

借鉴 Cai 等的理论框架，上述数据价值链到开放发展的理论逻辑可以通过一个简单的

---

① Bernard, A. B., Grazzi, M. and Tomasi, C., "Intermediaries in International Trade: Direct versus Indirect Modes of Export," NBER Working Paper, No. 17711, 2011.

② 陈勇兵、陈宇媚、周世民：《贸易成本、企业出口动态与出口增长的二元边际——基于中国出口企业微观数据：2000—2005》，《经济学（季刊）》2012 年第 4 期。

③ Eaton, J., Eslava, M., Krizan, C. J., Kugler, M. and Tybout, J., "A Search and Learning Model of Export Dynamics," Unpublished manuscript, 2014.

④ 叶迪、朱林可：《地区声誉质量与企业出口表现》，《经济研究》2017 年第 6 期。

⑤ Antràs, P., "Firms, Contracts, and Trade Structure," *Quarterly Journal of Economics* 118, No. 4 (2003): 1375—1418.

⑥ Costinot, A., "On the Origins of Comparative Advantage," *Journal of International Economics* 77, No. 2 (2009): 255—264.

⑦ 李坤望、王永进：《契约执行效率与地区出口绩效差异——基于行业特征的经验分析》，《经济学（季刊）》2010 年第 3 期。

⑧ Startz, M., "The Value of Face - to - Face: Search and Contracting Problems in Nigerian Trade," SSRN Working Paper, 2018.

⑨ 祝树金、段凡、邵小快、钟腾龙：《出口目的地非正式制度、普遍道德水平与出口产品质量》，《世界经济》2019 年第 8 期。

⑩ Ganne, E., "Can Blockchain Revolutionize International Trade?" Geneva: World Trade Organization, 2018.

⑪ Melitz, M. J., "The Impact of Trade on Intra - Industry Reallocations and Aggregate Industry Productivity," *Econometrica* 71, No. 6 (2003): 1695—1725.

数理公式进行描述。假设有 M 个国家，国家之间规模不同，每个国家都有 J 个部门，各部门具有规模报酬递增和垄断竞争特征。①世界上只有劳动力和数据这两种生产要素，其中，劳动力可以在一国不同部门间自由流动，但不能在国家间自由流动，而数据可以同时在不同国家间和不同部门间自由流动。最终均衡结果方面，国家 m 部门 j 的企业从事生产活动所需要的知识和想法，既可以基于本国本部门，也可以基于数据网络中其他国家或其他部门的数据所产生的知识和想法溢出。因此，国家 m 部门 j 在时期 t 所拥有的知识存量可以用式 3－4 表示：

$$T_{mj}^{t} = \sum_{i=1}^{M} \sum_{k=1}^{J} \varepsilon_{im}^{kj} \int_{-\infty}^{t} e^{-\varepsilon_{im}^{kj}(t-s)} \lambda_i^k T_{is}^k (S_{is}^k)^{\beta_r} dS \qquad (式 3-4)$$

式 3－4 中的下标 i、k、s 分别表示任意国家、任意部门、任意时期。式 3－4 的直观含义是，国家 m 部门 j 在时期 t 拥有的知识存量 T_{mj}^{t} 与以下五个因素正相关：数据网络中知识和想法的溢出速度 ε_{im}^{kj}；数据网络中知识和想法的溢出时长 $t-s$；各国各部门的创新效率 λ_i^k；各国各部门的知识和想法的存量 T_{is}^k；各国各部门的研发投入强度 S_{is}^k。当然，数据网络形成依赖于信息成本、合约成本降低。

在给定知识存量 T_{mj}^{t} 之后，企业会从所有的知识存量之中进行挑选，选出质量最高的知识和想法，并开展生产活动。因此，企业的生产率是由国家 m 部门 j 在时期 t 所拥有的质量最高的知识和想法决定的。结合式 3－4 可知，数据网络中其他国家或其他部门的知识和想法的质量越高，溢出效果越好，越有助于国家 m 部门 j 的企业生产率的提高。经济主体生产效率提升后，其开放发展规模、质量和福利都会相应增长。

三、网络数字化与开放发展的理论逻辑

网络数字化是指数字技术对信息网络、社会网络、生产网络等传统网络形式的数字化改造。目前，还鲜有文献研究数字技术对传统网络形态的数字化改造如何影响开放发展。与此最直接相关的文献研究了旧有的信息通信技术如何调节传统网络对开放发展的作用。

在社会网络方面，蒙英华等利用中国工业企业数据库、海关数据库和联合国移民数据库进行实证研究发现，电话、计算机和互联网使用会放大移民网络对企业出口概率的促进作用。在生产网络方面，部分文献研究了互联网和电子商务如何影响国际贸易中间商地位。②茹玉骢和李燕③在 Ahn 等④建立的贸易中间商模型中引入了电子商务因素，研究发

① Cai, J., Li, N. and Santacreu, A. M., "Knowledge Diffusion, Trade and Innovation across Countries and Sectors," FRB St. Louis Working Paper, No. 2017, 2019.

② 蒙英华、蔡宏波、黄建忠：《移民网络对中国企业出口绩效的影响研究》，《管理世界》2015 年第 10 期。

③ 茹玉骢、李燕：《电子商务与中国企业出口行为：基于世界银行微观数据的分析》，《国际贸易问题》2014 年第 12 期。

④ Ahn, J., Khandelwal, A. K. and Wei, S. J., "The Role of Intermediaries in Facilitating Trade." *Journal of International Economics* 84, No. 1 (2011): 73—85.

现，电子商务对于企业是否绕过中间商直接出口影响不确定。在此基础上，他们使用世界银行2012年关于中国的制造业企业调查数据进行了实证检验，发现电子商务的使用反而降低了企业直接出口的比重，贸易中间商作用被强化。刘海洋等①在Melitz②模型基础上引入互联网因素，结合中国2001—2006年工业企业数据库和海关数据库，研究了与茹玉骢和李燕类似的问题，但他们的理论分析及后续的实证结果与茹玉骢和李燕的研究结果有很大区别。具体而言，他们发现互联网使用促使企业出口模式从间接出口向直接出口转变，这说明贸易中间商的地位由于互联网的普及出现了显著下降。

结合新一代信息通信技术，如大数据、物联网、云计算、区块链，从理论上看，网络数字化对开放发展的影响表现在如下两个方面：增加传统网络的节点，扩大传统网络的规模。节点是网络中最基本的元素，节点的数量直接反映了网络的规模。网络数字化降低了经济主体发送数据、搜集数据、储存数据、加工数据的门槛，激励了更多的经济主体加入原有的信息网络、社会网络和生产网络。网络是有外部性的③④⑤⑥⑦，网络规模的扩大将放大这些网络对国际贸易的原有调节效果，增加传统网络的"边"，提升传统网络的连通性。"边"是网络中任意两个节点的连接关系，"边"的数量反映了网络中不同节点之间的连通性。网络数字化可以有效降低国际贸易网络节点之间建立新的联系和强化已有联系的成本，这说明在节点数量给定的情况下，网络数字化会使原有信息网络、社会网络和生产网络连通性更好。网络连通性的提升也会放大这些网络对国际贸易的原有调节效果。

无论是增加传统网络节点，还是增加传统网络的"边"，数字技术最终都可以增加传统网络中的信息交换，从而对传统网络主题行为产生影响。借鉴Chaney的研究，我们将从两方面刻画网络数字化对信息交换过程的影响：一方面，网络数字化促进了企业与其现有贸易对象之间进行直接的信息交换；另一方面，网络数字化促进了企业以现有贸易对象为中介，与潜在贸易对象之间进行间接的信息交换。借助网络数字化过程，企业可以拥有关于贸易对象（包括现有贸易对象和潜在贸易对象）的更多类型、更大规模、更高质量的信息，并将其运用到生产过程之中，提高自身的生产率。⑧

---

① 刘海洋、高璐、林令涛：《互联网、企业出口模式变革及其影响》，《经济学（季刊）》2020年第1期。

② Melitz, M. J., "The Impact of Trade on Intra-Industry Reallocations and Aggregate Industry Productivity," *Econometrica* 71, No. 6 (2003): 1695—1725.

③ Katz, M. L. and Shapiro, C., "Network Externalities, Competition, and Compatibility," *American Economic Review* 75, No. 3 (1985): 424—440.

④ Shapiro, C. and Varian, H. R., *Information Rules: A Strategic Guide to the Network Economy* (Massachusetts: Harvard Business Press, 1998).

⑤ Lee, S. Y. T. and Guo, X. J., "Information and Communications Technology (ICT) and Spillover: A Panel Analysis," Econometric Society 2004 Far Eastern Meetings, No. 722, 2004.

⑥ 郭家堂、骆品亮：《互联网对中国全要素生产率有促进作用吗?》，《管理世界》2016年第10期。

⑦ 施炳展、李建桐：《互联网是否促进了分工：来自中国制造业企业的证据》，《管理世界》2020年第4期。

⑧ Chaney, T., "The Network Structure of International Trade," *American Economic Review* 104, No. 11 (2014): 3600—3634.

第五节　数字技术影响开放发展的经验证据

一、各国数字技术及其应用差异性

（一）世界整体数字技术发展情况

表 3-1 呈现了典型年份（2000 年、2005 年、2015 年、2020 年）以及 2000—2020 年以固定电话订阅量、移动电话订阅量、固定宽带订阅量、互联网普及率四个指标衡量的数字技术发展情况及趋势。分类别来看，每百人固定电话订阅量自 2010 年开始持续下降，2000—2020 年均值为 20.109 部，增长率为 -0.337%；每百人移动电话订阅量 5 年来一直持续增加，均值为 75.481 部，增长率为 7.490%；每百人固定宽带订阅量 5 年来增长趋势也十分明显，均值为 10.196 个，增长率为 11.933%；互联网普及率这 5 年也呈现增加态势，均值为 34.131%，增长率为 6.551%。综合而言，一方面，全球固定电话订阅量逐年下降，而移动电话订阅量、固定宽带订阅量和互联网普及率增长趋势明显，这是由于传统固定电话逐渐被融合移动电话、固定宽带和互联网于一体的新系统取代，意味着数字技术不断更新换代以及逐步向数字化、网络化方向发展；另一方面，从全球固定宽带订阅量、互联网普及率情况可以看出，尽管二者规模在不断扩大，但总体规模依旧较小。在全球互通、万物互联的数字经济发展大趋势下，数字基础设施建设的完善是数字技术发展的关键基础，也是未来需要继续努力之处。

表 3-1　　2000—2020 年世界整体数字技术发展情况

数字技术指标 \ 年份	2000	2005	2010	2015	2020	均值	增长率（%）
固定电话订阅量（部/每百人）	21.422	21.912	21.083	18.531	16.462	20.109	-0.337
移动电话订阅量（部/每百人）	15.912	45.514	88.768	105.827	107.675	75.481	7.490
固定宽带订阅量（个/每百人）	0.962	4.815	10.053	13.130	16.490	10.196	11.933
互联网普及率	8.732	20.799	34.320	48.034	64.647	34.131	6.551

数据来源：国际电信联盟（ITU）。

（二）各国数字技术发展情况

表 3-2 为 2000—2020 年数字技术指标均值排名前十的国家与中国的情况。综合来看，互联网普及率排名前十的国家均为发达国家，年均普及率都在 70% 以上，也就是说，平均有 70% 以上的居民能接触并使用该项数字技术，而且各个国家均有正的增长率，这表明数字技术在发达国家中已经较为成熟，并仍在持续发展。由于互联网发展较晚以及早期

信息化投入不够，我国年均普及率仅为31.849%，与排名第十的瑞士相差2倍左右，与排名第一的冰岛相差接近3倍，体现了我国与主要国家之间的数字技术差距。但随着我国互联网基础设施建设不断加速，数字适老化及信息无障碍服务的持续完善，我国普及率增长率高达18.392%，远超排名前十的发达国家，为以云计算、大数据、物联网、移动互联网、人工智能等为代表的新兴数字技术的快速发展提供了坚实的底层基础。

表3-2　2000—2020年主要国家数字技术发展情况：以互联网普及率为例　单位:%

国家＼年份	2000	2005	2010	2015	2020	均值	增长率
冰岛	44.471	87.000	93.390	98.200	99.000	88.688	4.001
挪威	52.000	81.990	93.390	96.810	97.000	87.315	3.117
瑞典	45.688	84.830	90.000	90.610	94.539	84.831	3.094
丹麦	39.172	82.740	88.720	96.331	96.549	84.456	3.636
荷兰	43.984	81.000	90.720	91.724	91.333	86.265	3.653
韩国	44.700	73.500	83.700	89.896	96.505	80.107	3.848
芬兰	37.248	74.480	86.890	86.422	92.170	79.108	4.530
卢森堡	22.887	70.000	90.620	96.377	98.822	78.868	7.314
加拿大	51.300	71.660	80.300	90.000	92.300	78.763	2.937
瑞士	47.100	70.100	83.900	87.479	94.200	78.731	3.466
中国	1.776	8.523	34.300	50.300	70.053	31.849	18.392

数字技术应用广泛，但也存在跨国差异性。以金融业为例，近年来，大数据、云计算、人工智能、区块链等数字技术逐步渗入金融行业，推动了金融行业数字化发展，在加速信息流动的基础上，缓解了传统金融市场中存在的信息不对称等问题，显著提高了金融系统运行效率。表3-3为2013—2019年主要国家和世界整体的融资信息化深度指数①。融资信息化深度指数是世界银行用来反映一国从公共或私人征信机构获取信用信息的难易程度，以及所获信息的范围和质量的指标。该指数的范围从0到8，数值越高，表明可以从公共或私人征信机构获得的信用信息越多，金融机构放贷效率越高，社会融资成本越低。从表中结果可以看出，融资信息化深度指数的世界整体水平呈现持续稳定增长的趋势，从2013年的3.98提升到了2020年的5.2，年均增长率为4.8%；在高融资信息化深度组中，成员全为发达国家；在中、低融资信息化深度组中，成员多为发展中国家，不过相对于发达国家，发展中国家融资信息化深度年均增长率更高。就中国而言，通过依托数字经济，尤其是金融科技的飞速发展，中国的融资信息化深度指数在2017年就追赶上发达国家，达到融资信息化深度最高水平，且增长速度快于世界整体情况。

① 以平均值为分组指标，分别从融资信息化深度指数高、中、低三组中选取了5个国家，以及中国。

表 3－3　　2013—2019 年主要国家数字技术应用：以融资信息化深度指数为例

分组	国家＼年份	2013	2015	2017	2019	平均值	增长率（%）
高	美国	8	8	8	8	8	0
	韩国	8	8	8	8	8	0
	加拿大	8	8	8	8	8	0
	德国	8	8	8	8	8	0
	英国	8	8	8	8	8	0
中	柬埔寨	5	5	6	6	5. 571	3. 039
	匈牙利	5	5	6	6	5. 429	3. 039
	巴基斯坦	3	3	7	7	5. 286	14. 122
	比利时	5	5	5	5	5	0
	瑞典	5	5	5	5	5	0
低	塞浦路斯	3	6	5	5	4. 75	8. 514
	汤加	3	3	4	4	3. 429	4. 795
	喀麦隆	1	1	6	6	3. 143	29. 863
	加蓬	2	2	2	2	2	0
	刚果	2	2	1	2	1. 714	0
	中国	6	6	8	8	7. 143	4. 795
	世界整体水平	3. 984	4. 426	4. 821	5. 199	4. 608	4. 436

数据来源：世界银行 WDI 数据库。

数字政府也是数字技术应用的重要场景。表 3－4 反映了 2003—2020 年数字政府指数均值排名前十的国家以及中国和世界整体的情况。数据统计显示，世界整体数字政府发展指数一直在持续稳定增长，从 2003 年的 0. 405 提升到了 2020 年的 0. 648。具体到国家层面而言，数字政府指数均值前十的国家大多为发达国家。对于中国而言，虽然政府数字化发展起点较晚，但数字政府的建设速度远超世界平均水平，到了 2020 年，政府数字化程度已经接近荷兰。

表 3－4　　2003—2020 年主要国家数字技术应用：以数字政府发展指数为例

国家＼年份	2003	2005	2010	2015	2020	均值	增长率（%）
美国	0. 927	0. 906	0. 851	0. 842	0. 929	0. 885	0. 013
韩国	0. 744	0. 873	0. 879	0. 891	0. 956	0. 881	1. 475
丹麦	0. 820	0. 906	0. 787	0. 851	0. 976	0. 878	1. 024
法国	0. 814	0. 878	0. 815	0. 919	0. 936	0. 870	0. 822
英国	0. 840	0. 898	0. 747	0. 870	0. 937	0. 865	0. 643

续表

国家＼年份	2003	2005	2010	2015	2020	均值	增长率（%）
瑞典	0.831	0.868	0.786	0.914	0.943	0.865	0.744
澳大利亚	0.746	0.802	0.810	0.866	0.923	0.849	1.252
荷兰	0.806	0.843	0.845	0.828	0.842	0.833	0.257
加拿大	0.746	0.850	0.748	0.883	0.915	0.831	1.201
新加坡	0.761	0.823	0.697	0.882	0.945	0.826	1.274
中国	0.463	0.508	0.492	0.607	0.795	0.549	3.180
世界整体	0.405	0.428	0.435	0.495	0.648	0.481	2.765

数据来源：联合国经济和社会事务部发布的电子政务发展指数。

二、数字技术与开放经济规模

表3-5是由大到小排序的2000—2020年各国出口占世界总出口比重前十名的国家。通过对不同国家出口规模进行横向比较，可以看到，中国和美国合计占据了世界五分之一的出口总量，中国、美国、德国三国出口总量更是达到了世界总量的三分之一，而且中国的增长势头十分强劲，增长率和占比远远超过其他国家。

表3-5　　2000—2020年各国出口占世界总出口比重　　单位:%

国家＼年份	2000	2005	2010	2015	2020	均值	增长率
中国	5.162	8.787	11.971	14.898	15.815	11.038	5.155
美国	12.366	8.586	8.084	8.829	8.026	8.908	-1.993
德国	8.277	9.263	8.297	8.011	7.917	8.508	-0.698
日本	7.522	5.782	5.124	3.914	3.722	4.987	-2.877
法国	4.664	4.240	3.469	3.148	2.817	3.715	-2.614
意大利	3.759	3.549	2.983	2.845	2.870	3.246	-1.611
英国	4.457	3.638	2.714	2.705	2.216	3.094	-3.444
韩国	2.838	2.855	3.277	3.397	3.172	3.084	1.036
荷兰	3.003	3.191	2.978	2.746	3.052	3.021	-0.024
加拿大	4.195	3.394	2.586	2.519	2.214	2.888	-3.028

注：贸易规模指标根据CEPII公布的贸易数据测算而来，后表同。

为了探究数字技术对出口规模的影响，表3-6描述了2000—2020年不同数字技术与出口规模之间的相关性，这里的出口规模具体可以表现为出口贸易量，表中的各项相关系数均为正值，表明这四种数字技术对于贸易规模均有正向的促进作用，其中的作用机制在于数字技术的应用能够有效降低交易成本和生产成本，从两方面促进贸易量的提升。从四项数字技术对比看，固定宽带对于贸易规模的扩大起到的作用最为显著，且作用强度递增。

表 3 - 6　　2000—2020 年贸易规模与数字技术相关系数

数字技术指标 \ 年份	2000	2005	2010	2015	2020	均值	增长率（%）
固定电话订阅量（每百人）	0.358	0.358	0.282	0.261	0.246	0.258	-1.876
移动电话订阅量（每百人）	0.309	0.255	0.102	0.085	0.093	0.138	-6.003
固定宽带订阅量（每百人）	0.193	0.367	0.285	0.291	0.354	0.319	2.513
互联网普及率	0.350	0.391	0.309	0.243	0.220	0.278	-2.322

三、数字技术与新型开放经济

数字经济与实体经济深度融合已成趋势，其中，跨境电子商务作为“互联网 + 贸易”的新业态，对于削减贸易成本、提升贸易规模具有重要意义，故被学者称为贸易增长的“新引擎”。以易贝平台上的产品为标准衡量全球各国或地区跨境电商贸易，计算得到各国跨境电商贸易比重。表 3 - 7 为 2000—2020 年排名前十的主要国家跨境电商贸易比重情况。

表 3 - 7　　2000—2020 年主要国家跨境电商贸易比重　　单位:%

国家 \ 年份	2000	2005	2010	2015	2020	均值	增长率
中国	9.078	17.625	25.359	28.745	28.421	21.942	5.706
美国	13.912	8.894	7.655	7.550	6.280	8.622	-3.977
德国	6.279	7.844	7.179	6.447	6.527	7.129	0.194
日本	9.045	6.384	5.287	3.646	3.445	5.304	-4.827
韩国	3.664	3.976	4.046	4.120	4.270	3.918	0.766
墨西哥	3.767	3.148	3.141	3.559	3.605	3.385	-0.220
法国	4.178	3.602	2.997	2.617	2.382	3.209	-2.809
意大利	3.281	3.235	2.728	2.458	2.288	2.925	-1.802
英国	4.848	3.692	2.346	2.102	1.570	2.863	-5.637
新加坡	3.558	2.867	2.735	2.398	2.345	2.740	-2.085

如表 3 - 7 所示，在世界所有经济体中，中国跨境电商贸易量占据最大比重，且保持持续显著增长；美国在 2000 年拥有世界最高电商贸易比重，但在后续时间呈现持续下降态势，目前仍位列第二。跨境电商贸易的运行和发展离不开数字技术作为基础支撑，表 3 - 8 为 2000—2020 年各项数字技术指标与电商比重相关系数。

表 3－8　　2000—2020 年数字技术与电商比重相关系数

数字技术指标＼年份	2000	2005	2010	2015	2020	均值	增长率（%）
固定电话订阅量（每百人）	0.240	0.249	0.160	0.132	0.130	0.179	－3.061
移动电话订阅量（每百人）	0.257	0.160	0.026	0.030	0.070	0.042	－6.515
固定宽带订阅量（每百人）	0.190	0.264	0.166	0.171	0.239	0.172	1.153
互联网普及率	0.241	0.257	0.171	0.122	0.116	0.135	－3.661

显然，固定电话、移动电话、固定宽带、互联网普及率四个技术指标与电商比重均呈现正向相关关系，即信息和通信技术水平的提高有利于促进电商贸易。其中，固定宽带指标与电商比重相关系数呈现正向增长，这一点与表 3－6 结论类似，再次展示了固定宽带这类数字技术的重要价值。

四、数字技术与开放质量

从贸易技术复杂度、出口产品质量和贸易稳定三个角度分析数字技术与开放质量。

表 3－9 为 2000—2020 年出口技术复杂度指数排名前十的国家和中国的情况。排名前十的国家主要为发达国家，且出口技术复杂度指数均值远超世界平均水平；在增长率方面，主要发达国家出口技术复杂度指数增长率也高于世界整体水平。

表 3－9　　2000—2020 年主要国家出口产品技术复杂度

国家＼年份	2000	2005	2010	2015	2020	均值	增长率（%）
爱尔兰	45.841	46.991	46.330	45.255	47.886	46.460	0.218
瑞士	39.472	41.366	38.716	36.773	38.265	38.918	－0.155
日本	39.069	39.291	38.507	39.045	38.623	38.907	－0.057
丹麦	36.421	36.474	36.775	38.646	39.543	37.572	0.411
芬兰	39.423	38.989	36.578	36.534	35.482	37.401	－0.527
瑞典	37.916	37.359	36.699	36.888	36.169	37.006	－0.236
德国	36.935	36.912	36.479	36.863	36.424	36.723	－0.070
圣马力诺	37.556	34.562	37.533	34.852	37.427	36.386	－0.017
奥地利	34.713	34.146	34.519	35.640	35.663	34.936	0.135
冰岛	39.190	38.103	30.941	30.354	33.529	34.423	－0.780
中国	24.316	28.357	30.557	30.925	31.832	29.197	1.347
世界整体水平	31.038	30.505	29.601	30.167	30.614	30.385	－0.275

表 3－10 为 2000—2020 年数字技术与出口技术复杂度相关系数。表中，各项数字技术的相关系数都为正值，显示数字技术的运用与出口技术复杂度呈现高度相关关系，可见数字技术发展对促进出口产品技术含量提升具有重要推动作用。通过对比各项数字技术的

相关系数大小，可以看出，固定宽带的作用不断上升，这主要是因为数字技术影响产品生产的一个重要途径是数据成为新的生产要素，而固定宽带的数据传输速度、传输量级、防干扰能力均高于其他数字技术。这一结论与前述研究结论是高度一致的。

表 3-10　　2000—2020 年数字技术与出口技术复杂度相关系数

数字技术指标 \ 年份	2000	2005	2010	2015	2020	均值	增长率（%）
固定电话订阅量（每百人）	0.859	0.787	0.737	0.711	0.668	0.752	-5.040
移动电话订阅量（每百人）	0.800	0.725	0.587	0.455	0.361	0.585	-15.930
固定宽带订阅量（每百人）	0.363	0.700	0.783	0.775	0.789	0.682	15.528
互联网普及率	0.783	0.805	0.817	0.782	0.713	0.780	-1.879

为了探究数字技术对出口产品质量的影响，笔者构建产品出口价格指数，以出口价格指数近似替代产品质量①。表 3-11 为 2000—2020 年出口价格指数均值排名前十的国家和中国的情况，从表中结果可以看出，出口价格指数较高的国家多为发达国家。中国在出口产量方面落后于主要发达经济体，一个可能的原因是中国在数字技术运用于生产方面仍旧不足，例如，表 3-2 显示中国互联网普及率与发达国家之间存在较大差距。

表 3-11　　2000—2020 年主要国家出口价格指数

国家 \ 年份	2000	2005	2010	2015	2020	均值	增长率（%）
爱尔兰	0.353	0.352	0.433	0.416	0.491	0.415	0.138
瑞士	0.401	0.384	0.426	0.417	0.457	0.413	0.056
以色列	0.145	0.135	0.280	0.393	0.357	0.264	0.212
日本	0.191	0.094	0.198	0.192	0.259	0.176	0.068
菲律宾	0.152	0.163	0.130	0.054	0.340	0.153	0.187
新加坡	0.067	0.082	0.167	0.166	0.313	0.153	0.246
智利	0.085	0.452	0.105	0.032	0.076	0.153	-0.008
美国	0.146	0.099	0.146	0.176	0.196	0.152	0.051
加拿大	0.364	0.041	0.069	0.150	0.133	0.150	-0.231
古巴	0.028	0.128	0.177	0.130	0.155	0.139	0.127
世界平均水平	0.041	0.029	0.059	0.057	0.073	0.070	0.029
中国	-0.045	-0.066	-0.060	0.016	-0.135	-0.055	-0.090

① 为了便于比较不同产品的质量，此处使用的是标准化后的出口价格。$price_{it} = \sum_{a}(r \times rp)$，其中，$price_{it}$ 为 i 国 t 年出口价格指数；r 为 i 国 t 年 a 类商品出口价值占该国当年出口总价值的份额；rp 为标准化出口价格，标准化的公式为 $rp = (p - pworld)/(p + pworld)$，其中，$p$ 为产品单位价值，$pworld$ 为全球出口市场的平均单位价值，因此也会出现出口价格指数为负的情况。

表 3 - 12 为 2000—2020 年各项数字技术与出口价格指数间的相关系数。首先，从表中可以看出，各项数字技术与出口价格指数呈正相关关系；其次，将表中各项数字技术进行横向比较，可以发现随着固定宽带订阅量的提高和互联网普及率的上升，其与出口价格指数的相关系数也逐渐上升，这与上文固定宽带提升出口技术复杂度的结论相一致，即固定宽带能有效地利用数据作为生产要素，从而提高出口产品质量。此外，固定电话与移动电话的作用呈下降趋势，可能是因为不同数字技术之间存在替代作用，特别是依赖固定宽带的新数字技术可以有效替代固定和移动电话等传统数字技术在出口质量提升中的重要作用，也从侧面反映了数字技术进步增加了企业获取信息的能力，使企业可以准确获取出口市场消费者需求信息，如可以更好地满足消费者的个性化需求，从而提高出口质量。

表 3 - 12　　2000—2020 年数字技术与出口价格指数相关系数

数字技术指标＼年份	2000	2005	2010	2015	2020	均值	增长率（%）
固定电话订阅量（每百人）	0. 162	0. 383	0. 297	0. 247	0. 153	0. 248	-0. 299
移动电话订阅量（每百人）	0. 930	0. 259	0. 116	0. 122	0. 259	0. 337	-6. 400
固定宽带订阅量（每百人）	0. 143	0. 296	0. 302	0. 172	0. 233	0. 229	2. 447
互联网普及率	0. 144	0. 295	0. 234	0. 162	0. 212	0. 209	1. 936

高质量开放发展也包含稳定性因素。为此，我们计算了世界各国（地区）的贸易稳定性指标，该指标的含义是贸易关系平均持续时间，表 3 - 13 列出了贸易稳定性位居前 40 位的国家（地区）。结果显示，主要发达经济体贸易稳定性居于世界前列，而中国的贸易稳定性位居世界第二，仅次于德国，并超越了美国、法国、英国、意大利等欧美国家，展现出持续平稳的贸易动态。在过去 10 年间，中国和欧美多数国家一直重视数字技术的发展，大大提升出口企业生产力，降低贸易成本，同时能进一步提升出口产品质量，增强产品海外竞争力，推动对外贸易的持续稳定发展。

表 3 - 13　　主要国家贸易稳定性指数

国家/地区	贸易稳定性指数	国家/地区	贸易稳定性指数
德国	11. 925	荷兰	9. 481
中国	11. 841	比利时	9. 449
美国	11. 420	日本	9. 216
意大利	11. 270	奥地利	9. 025
法国	10. 779	印度	8. 849
英国	10. 368	瑞典	8. 770
西班牙	9. 927	瑞士	8. 741

续表

国家/地区	贸易稳定性指数	国家/地区	贸易稳定性指数
土耳其	8.643	巴西	7.233
韩国	8.464	马来西亚	7.200
捷克	8.432	斯洛文尼亚	7.150
丹麦	8.309	葡萄牙	7.045
波兰	8.287	澳大利亚	6.919
泰国	8.143	印度尼西亚	6.882
中国香港	7.931	俄罗斯	6.801
新加坡	7.666	斯洛伐克	6.792
匈牙利	7.594	罗马尼亚	6.537
芬兰	7.505	阿联酋	6.497
南非	7.472	挪威	6.451
墨西哥	7.388	越南	6.338
加拿大	7.319	希腊	6.331

图3－2绘制了样本期内各国数字技术的发展与贸易稳定性之间相关关系散点图。数字技术发展指标包含固定电话订阅量（每百人）、移动电话订阅量（每百人）、固定宽带订阅量（每百人）和互联网普及率。由图3－2可知，无论何种数字技术指标，其与贸易稳定性指数之间都呈现显著的正相关。

五、数字技术与开放发展利益

从贸易种类角度分析数字技术与开放发展利益的关系，一般认为贸易种类是增进消费者福利、提升国内企业效率的重要因素，是开放利益的重要来源。我们用贸易关系数目近似刻画贸易种类。

表3－14为2000—2020年平均每年出口贸易关系数目世界排名前十的国家。从时间来看，2000—2015年，无论是前十名国家，还是世界平均水平，出口贸易关系均呈增长趋势，而2020年大部分国家出口贸易关系数目都有所下降，这可能是由于新冠疫情对世界各国产品生产与贸易造成的负向影响。从国家间横向比较来看，排名前十的国家出口贸易关系数目远远高于世界平均水平，为世界平均水平的6—10倍，但国家之间也存在较大差距，其中中国平均数目从2000年前十名国家的中等水平，提升到2020年的世界首位，且为第十名比利时的1.9倍。

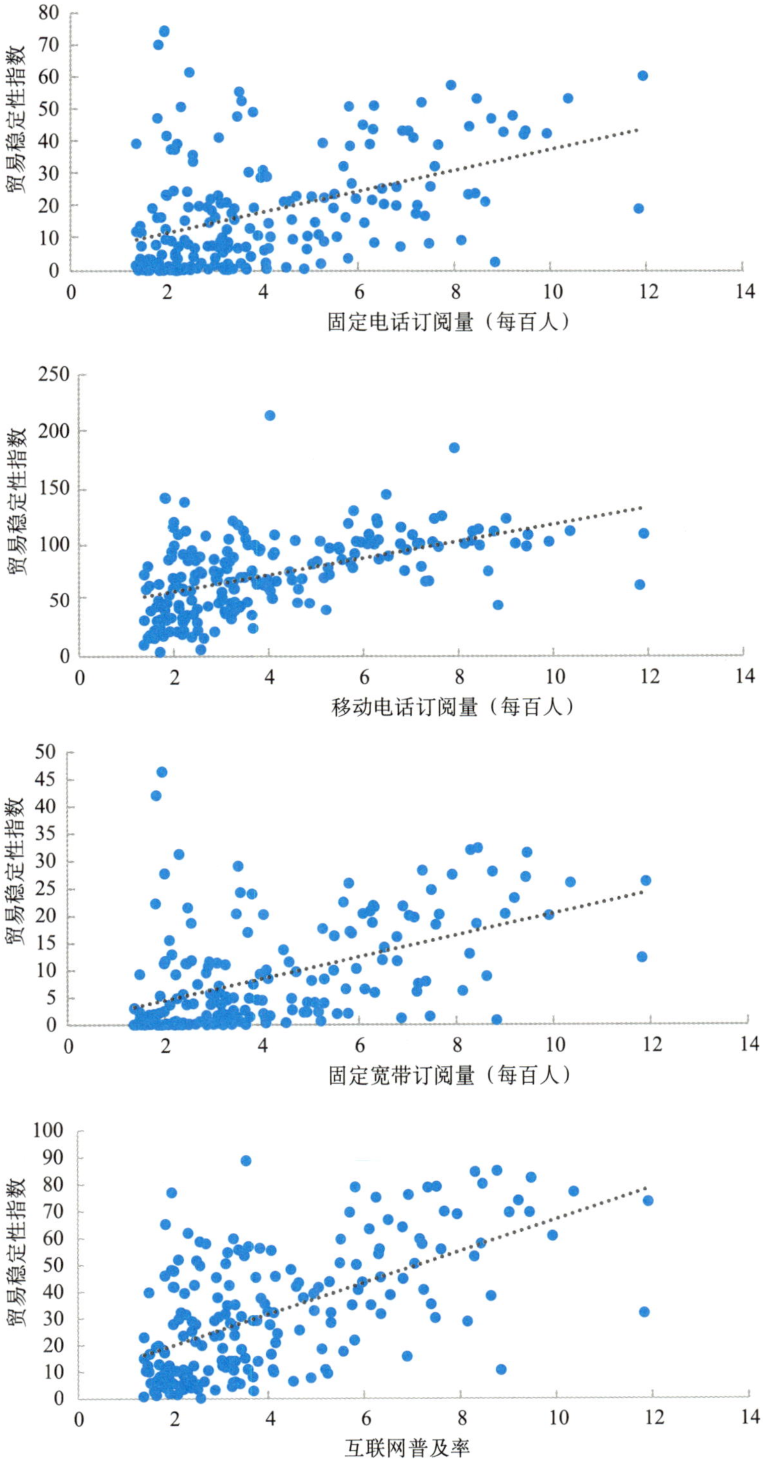

图 3 – 2　数字技术与各国贸易稳定性

表 3 - 14　　2000—2020 年主要国家出口贸易关系数目　　单位：次

国家＼年份	2000	2005	2010	2015	2020	均值	增长率（%）
中国	267731	388259	463362	479323	486978	433346	2.991
美国	373525	393715	413516	412444	367579	400378	-0.080
德国	363536	382264	393627	406345	375092	390602	0.156
意大利	312772	329375	333051	346312	323059	333693	0.162
法国	313711	316280	321566	344576	324471	328651	0.169
英国	312330	313070	324526	330306	304397	319870	-0.129
荷兰	227937	247188	253671	373818	301727	271296	1.402
西班牙	204457	241783	259965	297037	286670	263099	1.690
印度	158699	225188	259558	284051	289108	249866	2.999
比利时	203318	228547	247975	255828	254986	242702	1.132
世界整体水平	32503	38676	42180	46820	44659	41782	1.589

表 3 - 15 为 2000—2020 年不同方式衡量的数字技术与出口贸易关系数目的相关性。四类数字技术的相关系数均为正，表明以信息和网络为依托的数字技术的发展能够推动出口贸易关系数目的增加。其中，固定宽带订阅量的系数均值最大，为 0.448，表明与其他三类数字技术相比，固定宽带在促进各个国家出口贸易关系确立方面的作用最大，这与前面的结论一致，不再赘述。

表 3 - 15　　2000—2020 年数字技术与出口贸易关系数目相关系数

数字技术指标＼年份	2000	2005	2010	2015	2020	均值	增长率（%）
固定电话订阅量（每百人）	0.506	0.444	0.402	0.436	0.448	0.417	-0.609
移动电话订阅量（每百人）	0.560	0.408	0.229	0.220	0.173	0.220	-5.873
固定宽带订阅量（每百人）	0.245	0.473	0.448	0.495	0.588	0.448	4.377
互联网普及率	0.440	0.509	0.483	0.427	0.415	0.408	-0.292

第二篇　数字企业与企业数字化

第四章
国有企业数字化

数字化对数据量、计算能力、资源投入、基础设施的依赖，使大型企业在数字经济时代表现出明显的领先优势和比较优势。根据美国破产局网站 2002 年、2009 年、2020 年这三年的数据：2001 年的“9・11”事件、2008 年金融危机和 2019 年末暴发的新冠疫情对企业产生了巨大冲击。规模大的企业面对冲击的韧性要明显强于小企业，存在“大而不倒”（Too Big to Fail）现象。不管是民营企业，还是国有企业，乃至央企，大型企业都在积极开展数字化建设，已经产生了巨大的变化，值得关注。在我国，尽管民营企业在经济与社会发展中所起的作用越来越突出，但规模大的企业，特别是员工数量和资产规模大的企业主要还是国有企业和央企。本章分析大型企业数字化、智能化建设的有利条件，剖析国有企业数字化建设的进展，结合典型案例，提炼和总结大型企业数字化带来的管理实践创新，以及对管理理论已经和可能带来的挑战。①

第一节　大型企业数字化、智能化建设的有利条件

数字经济已经在基本特征和发展要求等方面展现出了明显规律。这为大型企业在新时代下斩获新的发展机遇提供了方向与动力。②

第一，数据作为新生产要素，是数字经济区别于工业经济、信息经济的主要特征。数据本身具有可编辑、可复制、可复用和可共享等特性，将数据纳入生产要素体系，突破了传统生产要素的稀缺性和排他性限制。同时，随着社会经济活动的数字化进程加快，商业模式拓新、产品服务创新和生产成本控制都可以从数据资本挖掘和运营等方面找到新的抓

① 本章内容是国家自然科学基金重大项目“创新驱动创业的重大理论与实践问题研究”（72091310）课题三“大型企业创新驱动的创业研究”（72091311）的阶段研究成果。第一节选自张玉利、冯潇、田莉发表的学术论文；第二节由牛芳、宋正刚、谢艺飞撰写；第三节的案例分别由刘涛、陈寒松、朱晓红撰写；第四节由张玉利、李慧慧撰写。

② 张玉利、冯潇、田莉：《大型企业数字创新驱动的创业：实践创新与理论挑战》，《科研管理》2022 年第 5 期。

手，数据对提高整体生产效率的乘数作用凸显。

第二，数字经济需要与实体经济深度融合，应用场景驱动是其直接表现之一。近年来，以人工智能、区块链、云计算和大数据等为代表的新一代数字技术向实体经济加速渗透，这不仅在国家战略层面成为把握新一轮科技革命和产业变革新机遇、推动制造业高质量发展的战略选择，也为产业发展带来了新机遇。一方面，数字经济将社会生活与智能应用、数字基础设施相融合，极大地拓展了数字技术的可触达边界和应用场景；另一方面，大量涵盖了经济、社会、文化、城市治理等领域的应用场景成为数字创新的体验场和试验场，驱使各类创新资源的整合交融，各种创新成果的应用迭代，推动数字经济不断向前发展。

第三，数字经济发展还有赖于相应的基础设施与平台建设。数字技术的广泛普及和深度渗透，使以数字化、智能化、绿色化、服务化为主要特征的新型基础设施的重要性日益凸显。大规模的基于国家战略层面的新型基础设施建设投入必将极大地促进产业和企业的数字化发展。其中，产业的共性和关键性技术需要大型央企和国有企业的投入与推进。在此基础之上，更多企业经营主体将参与到基础设施与平台建设之中，并不断地结合自身生产经营需求，开发出能够使外部生产者和消费者进行价值创造交互的交易、知识共享与资源集散系统。

以上三点既是对数字经济主要特征和基本发展要求的总结，也包含了数字经济新时代赋予大型企业深化转型和进一步做大做强的机遇与挑战。对此，大型企业展现出了独特的应对优势。

首先，大型企业凭借其在产业中的长期耕耘与沉淀，生成、存储并梳理了大量的独特数据。得益于大型存储设备、运算单元与算法等软硬件的飞速发展和渗透普及，大型企业基于自身所服务的大规模用户、广泛的经营范围、相对较长的生产经营链条，以及由此链接起的众多利益相关者，记录了大量结构化、半结构化与非结构化数据，为自己更好地迎接新时代的转型挑战做好了原始储备。

其次，大型企业拥有足够真实、丰富和复杂的业务场景，这为其承接数字经济与实体经济深度融合的新需求创造了得天独厚的条件。数字经济时代，场景就是机会与资源。数字经济如此强调应用场景的根本原因在于，数字化应用场景的可塑性很强，且不同的场景分别关联着巨大的投资需求、丰富的产业链和广阔的消费市场。数字化技术的介入，不仅将一些传统应用场景的时间、空间维度进行了延伸与拓展，还源源不断地创造出了更多新兴场景，构建起了人与人、人与物、物与物之间的广泛连接。此外，基于企业多元业务的应用场景还为技术创新和发展提供了绝佳的训练场。例如，阿里巴巴集团相较于其他互联网科技公司的一个最大竞争壁垒可能就在于其拥有像“双 11”这样的独特业务场景。在这一业务场景下，企业既需要在 11 月 11 日零点平稳应对访问洪峰，又需要确保业务精准运行。这种基于独特业务场景的强大技术创新动力和竞争环境，自然而然地将大型企业的场景优势与其他中小企业区别开来。当前，实践中已经出现了大型企业通过基于自身业务场景中所识别到的机会吸引新创企业一起参与机会开发的新型价值共创模式。这些现象也为未来继续开展有关大型企业技术创新与创业的研究提供了素材与方向。

最后，大型企业还拥有雄厚的资金基础和参与基础设施建设的强烈意愿。目前，大型企业正在工业互联网平台和生态建设中发挥着引领和主导作用。国家工业信息安全发展研究中心的调查数据显示，有62%的中国工业互联网平台案例来自大型企业。面对数字经济时代的新机遇和新挑战，大型企业同时具备建设平台和使用平台的条件与压力，因此，越来越多的大型龙头企业开始转型变革。例如，美的集团从2011年开始启动智能制造的变革战略，通过信息系统的集成提升数据质量，拉通运营流程，提升了业务管理能力和生产运营效率；2016年成立美云智数科技有限公司，通过大数据、云计算、物联网等技术，为企业提供面向智能制造的服务。在变革过程中，美的在软件、硬件、智能设备及业务流程改造等方面共投入80多亿元，至2018年，初步实现了从大规模制造到智能制造的跨越式战略变革，而这些无疑是拥有雄厚资源基础的大型企业才可能投入和完成的任务。

第二节　国有上市公司数字化现状——基于年报中的数字化词频分析

国有上市公司作为国民经济的重要支柱，了解其数字化实践情况，对于推动数字经济健康发展、建设数字中国具有深远意义。为此，课题组选取了1073家国有上市公司作为样本，利用词频统计和人工编码的方式获取上市公司数字化相关的数据，并基于年报中的数字化词频分析，详细分析了国有上市公司的数字化现状。

课题组先从现有中文文献和数字化转型报告中识别与“数字化”相关的词汇，在此基础上经过小组讨论，明确了数字化关键词提取的范围和标准。然后，抽取部分国有上市公司的年报内容进行检索，进一步补充数字化关键词信息，共获得1001个数字化关键词。接下来，根据1001个关键词在年报中出现的词频信息，删除在少于5个样本公司中出现的关键词，最终确定357个有效数字化关键词，其中，总频次排名前十的高频词如图4－1所示（数字标签为关键词的总频次）。为更详细地了解国有上市公司的数字化开展情况，课题组又将数字化关键词进一步细分为应用相关的关键词①、数据和基础设施相关的关键词和技术相关的关键词三类。

一、国有上市公司数字化实践情况整体分析

国有上市公司对数字化的整体关注度非常高，但是在数字化转型过程中更加偏重数

① 应用相关是指数字化、智能化、信息化等在公司中的应用。

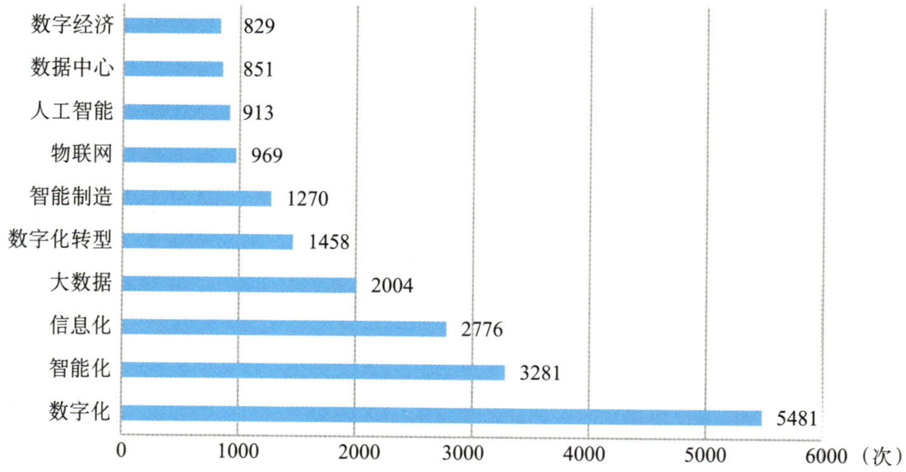

图 4－1　数字化相关高频词汇

字化的实际应用，对数据、基础设施和数字技术的关注较少。在 1073 家样本公司中，94.97% 的公司提到了数字化相关的关键词，具体而言，92.64% 的公司提到了“数字化应用”，79.50% 的公司提到了“数据”和“基础设施”，51.26% 的公司提到了“数字化相关技术”，如图 4－2 所示。

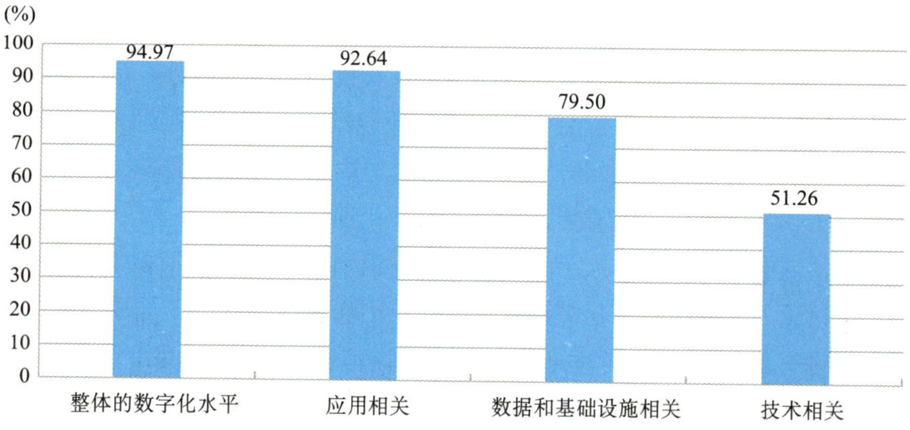

图 4－2　提及数字化关键词的公司比例

为了进一步明确同一份年报内容中不同部分的词频分布，课题组将公司年报中“管理层讨论与分析”部分的内容进一步细分，分别对业务现状部分、核心竞争力部分、未来计划部分、行业分析部分的内容进行词频统计与分析。

首先，在业务现状部分，国有上市公司强调数字化在公司业务活动中的实际应用，85.55% 的国有上市公司在讨论业务现状时会提及数字化，平均每个公司提到数字化关键词 15.71 次。国有上市公司在业务活动中更关注的是数字化的应用，数据和基础设施次之，而对于数字化技术的关注度较低。据统计，在业务现状部分，79.50% 的公司提及数字化（智能化、信息化等）应用关键词，64.49% 的公司提及数据和基础设施相关关键词，

32.90%的公司提及数字化技术相关关键词。其次，与讨论公司的业务现状相比较，国有上市公司在核心竞争力部分较少提及数字化，仍有较多的公司在应用数字化过程中，没有依托数字化形成核心竞争力。统计发现，有50.51%的公司在讨论核心竞争力时提及了数字化关键词，43.62%的公司提到了数字化（智能化、信息化等）相关关键词，30.20%的公司提及数据和基础设施相关关键词，17.24%的公司提及数字化技术相关关键词。再次，国有上市公司在未来经营中比较重视数字化，但是对数据和基础设施，以及数字技术基础研究的重视程度明显不够，在未来经营计划部分，77.92%的公司提及数字化相关关键词，74.77%的公司提及数字化应用相关关键词，47.12%的公司提及数据和基础设施相关关键词，28.48%的公司提及数字技术相关关键词。最后，在行业分析部分，42.03%的公司提及数字化关键词，37.47%的公司提及数字化应用相关关键词，17.80%的公司提及数据和基础设施相关关键词，13.51%的公司提及数字化技术相关关键词。

二、数字化情况的行业、地区、规模比较分析

（一）行业比较分析

参考2001年版证监会《上市公司行业分类指引》和2012年版证监会《上市公司行业分类指引》，我们将国有上市公司划分为金融、公用事业、房地产、综合、工业、商业六大行业，通过行业间对比分析发现：

第一，六大行业对数字化的关注程度都处于较高水平，相较而言，金融、公用事业和商业行业对于数字化重视程度更高，98.18%的金融类公司、97.54%的公用事业类公司、97.40%的商业类公司在年报中都提到了数字化。就词频均值（59.14）来看，公用事业数字化平均水平甚至在金融（45.11）、商业（31.78）之上，位列六大行业之首。在工业类公司、综合类公司和房地产类公司中，提及数字化关键词的公司比例略低，分别为94.84%、91.30%和87.37%，如图4-3所示。

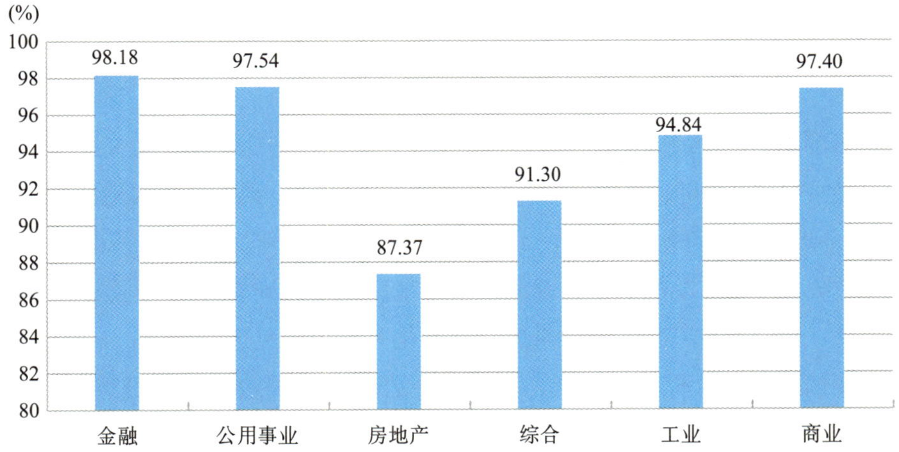

图4-3　不同行业提及数字化关键词的公司比例

借助数字化关键词词频标准差的对比分析可以发现，同一行业中各公司之间对数字化的重视程度存在较大差异。公用事业类公司虽然在整体上对数字化给予了高度关注，并且平均水平最高，但是公司间的差距也是最大的，数字化转型水平整体上领先，却有着极不平衡的发展，数字化关键词词频标准差达到了94.03；综合类公司间的差异最小，标准差为8.30。

第二，在工业类国有上市公司中，不仅信息技术业相关公司对数字化的重视程度高，采掘业、制造业等传统产业中的公司对数字化也非常重视。在4个细分行业中，信息技术类公司对数字化的关注程度最高，98.44%的信息技术公司在年报中提及数字化，其后依次为制造类公司、电力、煤气等的生产和供应类公司以及采掘类公司，分别有95.06%、92.31%、91.30%。图4－4为不同工业提及数字化关键词的公司比例。

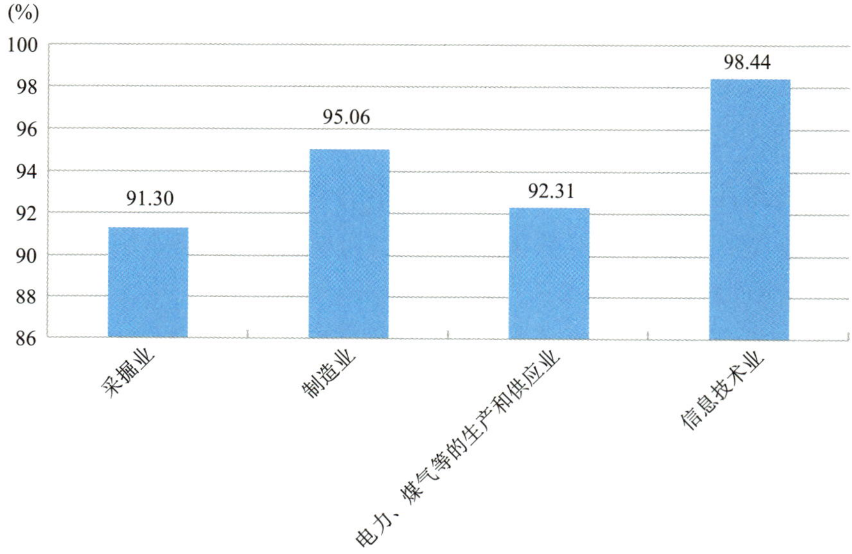

图4－4　不同工业提及数字化关键词的公司比例

（二）地区间比较分析

通过对东部地区、东北地区、中部地区和西部地区的公司的数字化关注度比较分析发现：每一个经济区都有90%以上的公司提及数字化关键词，其中，东部地区最高，达到了95.68%；中部地区与东部地区基本一致，95.43%的公司提及数字化关键词；在西北地区，有93.17%的公司提及数字化关键词；东北地区的公司对数字化的关注度相对其他经济区而言最低，但也有92.75%的公司提及数字化关键词（见图4－5）。

通过词频信息对比分析可以发现，平均每个公司会提到数字化关键词30次，不同地区之间差异不大。具体而言，东部地区的数字化关注度最高，平均每个公司会提及数字化关键词37.58次；东北地区次之，平均每个公司会提及数字化关键词31次；中部地区和

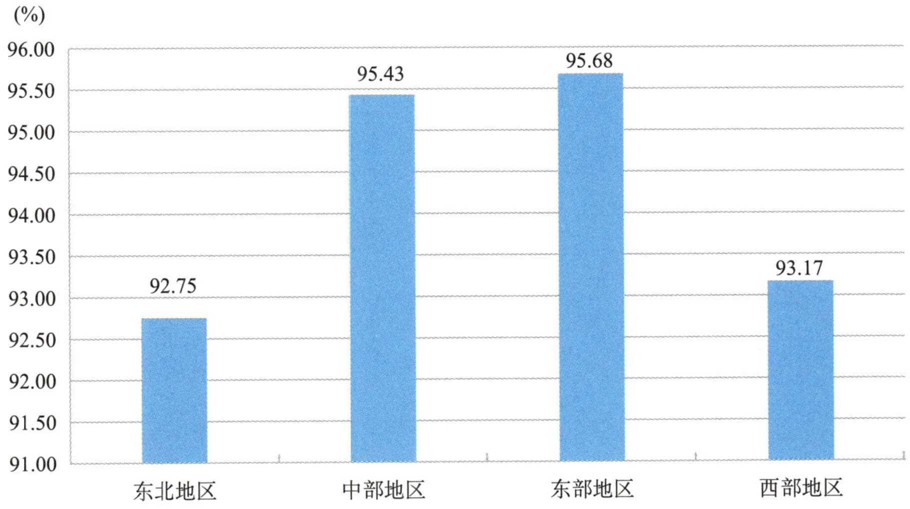

图 4－5　不同地区提及数字化关键词的公司比例

西部地区相对较低且基本一致，西部地区平均每个公司会提及数字化关键词 26. 49 次，中部地区平均每个公司会提及数字化关键词 25. 25 次。

通过标准差的对比可以发现，四个地区的公司在数字化转型过程中，数字化程度差异较为明显，在数字化平均关注水平相对较高的地区，公司间数字化程度的差异也相对较大。东部地区的公司之间差异最大，数字化关键词词频标准差为 68. 02；东北地区标准差为 55. 62；西部地区标准差为 51. 28；中部地区标准差为 39. 73。

（三）不同规模公司的比较分析

依据公司 2021 年的收入进行降序排序后，将公司划分为四个规模：收入排名在前 25% 的公司、收入排名在 25%—50% 的公司、收入排名在 50%—75% 的公司、收入排名在后 25% 的公司。

从整体上看，不同规模的公司对数字化的关注度都处于较高水平。在四种规模的公司中，分别有 97. 01%、97. 76%、94. 03%、91. 08% 的公司提及数字化关键词。在四种规模中，并不是规模越大的公司，其数字化的平均关注水平越高。收入排名在 25%—50% 的公司，其年报中提及数字化关键词的比例最高，如图 4－6 所示。

在关键词词频方面，四种规模公司（按照规模从大到小）中，平均每个公司提及数字化关键词的次数分别为 33. 78 次、33. 95 次、36. 26 次、27. 13 次，其中最高的是收入排名在 50%—75% 的公司。在四种规模公司中，排名在 50%—75% 的公司中，其数字化的差异最大，数字化关键词词频标准差达到了 72. 63；收入排名在前 25% 的公司、收入排名在 25%—50% 的公司和收入排名在后 25% 的公司的整体差异水平相近，各自的标准差分别为 57. 26、55. 43、53. 43。

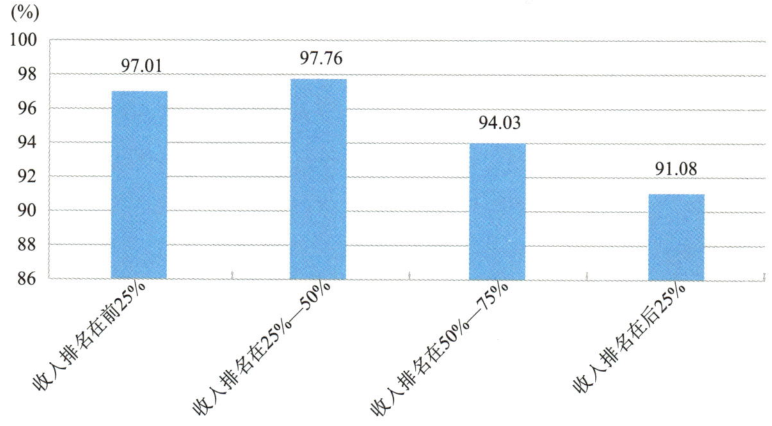

图 4-6　不同规模的公司提及数字化关键词的比例

三、国有上市公司数字化应用分析

为了进一步探讨数字化在国有上市公司的具体应用情况，课题组针对国有上市公司 2021 年报中“管理层讨论与分析”部分，利用数字化关键词提取与数字化相关的段落（句子），然后人工编码，识别数字化在国有上市公司经营管理中的具体应用领域，并以此为基础来分析国有上市公司的数字化情况。

（一）数字化基础设施

数字化基础设施（数据）是公司应用数字化的基础，尽管有部分国有上市公司开始重视数字化基础设施（数据），但是从整体看，国有上市公司对于数字化基础设施（数据）的重视程度仍然有待提高，对数据安全和数据资产的重视程度偏低。对国有上市公司的统计分析发现，29.64% 的国有上市公司在其年报中提到了 IT 系统，仅 9.88% 的国有上市公司提到数据（信息）中心，3.26% 的国有上市公司提到数据安全，2.42% 国有上市公司将数据作为一种资产进行管理，如图 4-7 所示。

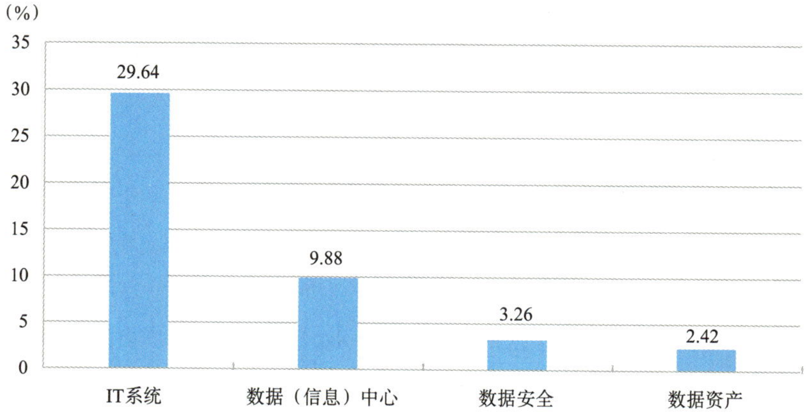

图 4-7　国有上市公司提及数字化基础设施（数据）比例

（二）数字化具体应用

在数字化的具体应用方面，国有上市公司数字化程度较高，71.39%的国有上市公司都利用数字化来提升公司经营管理水平，平均每家公司在2.03个经营管理活动中采纳了数字化应用。

在所有的具体应用领域中，应用最多的领域是销售、营销和市场，生产制造和运营，产品（服务），产品（服务）创新，供应链管理等，分别有41.75%、36.91%、35.51%、13.33%、11.46%的国有上市公司在年报中提到了相应领域的数字化应用。在具体的领域中，提及应用数字化的公司所占比例如图4－8所示。

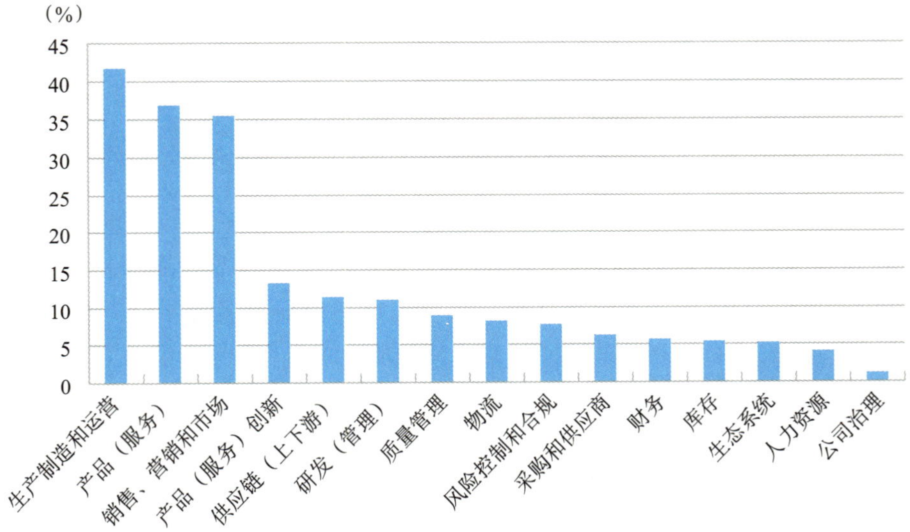

图4－8 国有上市公司数字化具体应用领域提及数字化的比例

（三）战略层数字化

数字化不仅是一种提升公司绩效的工具，随着数字化技术的发展，国有上市公司开始从战略层面来利用数字化。在国有上市公司样本中，有41.94%的公司提到利用数字化技术来推动公司战略转型或者将数字化作为公司的核心竞争力。

（四）未来数字化应用

在未来对数字化的应用方面，有15.28%的国有上市公司在未来经营计划中提及IT系统，4.75%的国有上市公司提及数据中心（信息中心），2.33%的国有上市公司提及数据资产，1.12%的国有上市公司提及数据安全，如图4－9所示。

在数字化的具体应用方面，国有上市公司将继续推动数字技术在公司经营活动中的应用。数据显示，有56.19%的国有上市公司在未来经营计划中提到将进一步在各个具体领

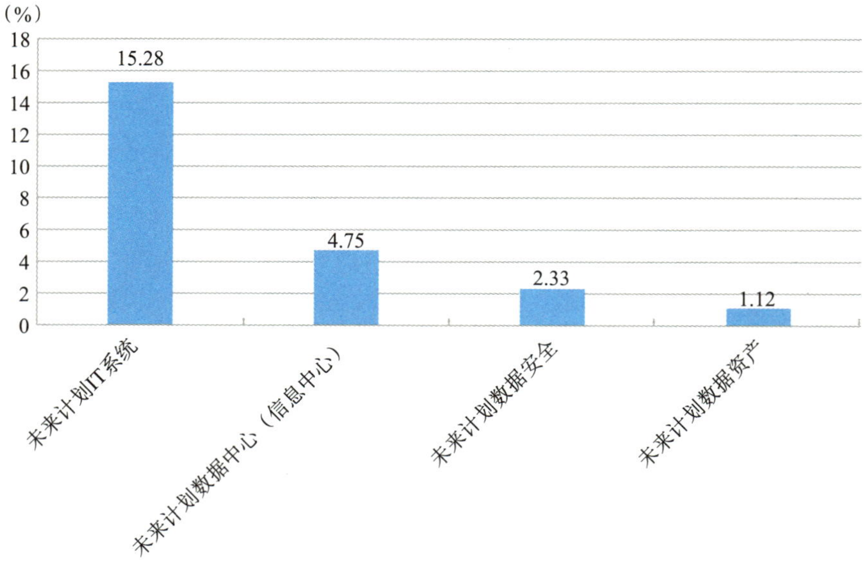

图4－9　国有上市公司未来经营计划中数字基础设施

域应用数字化。在所有的具体应用领域中，最多被提及的应用领域分别是销售营销和市场、生产制造和运营、产品（服务）、风险控制和合规，以及产品（服务）创新。

在战略层面，部分国有上市公司计划未来从战略层面来利用数字化，有43.43%的国有上市公司在未来经营计划中提到，将从战略层面来开展数字化，如图4－10所示。

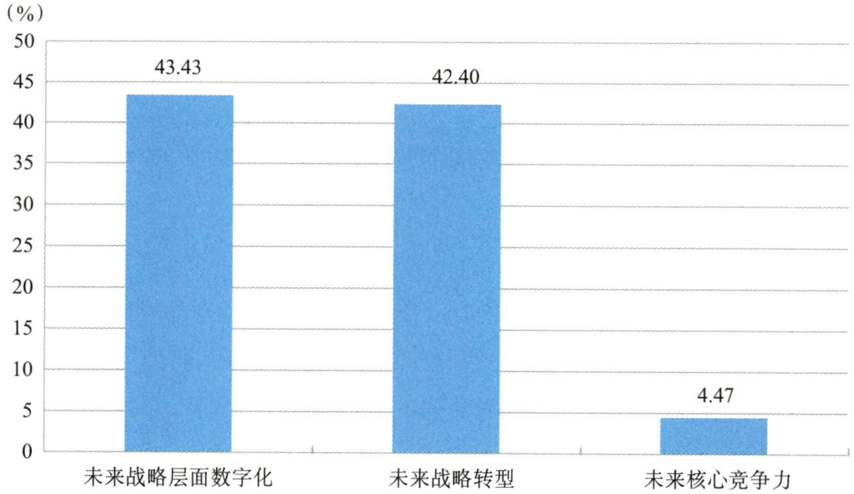

图4－10　未来国有上市公司战略层数字化应用

（五）数字化比较分析

在数字化基础设施方面，不同行业的国有上市公司年报中都强调IT系统，然后是数据中心、数据安全和数据资产。金融行业对于IT系统、数据中心、数据安全和数据资产的重视度都高于其他行业，如图 4－11 所示。

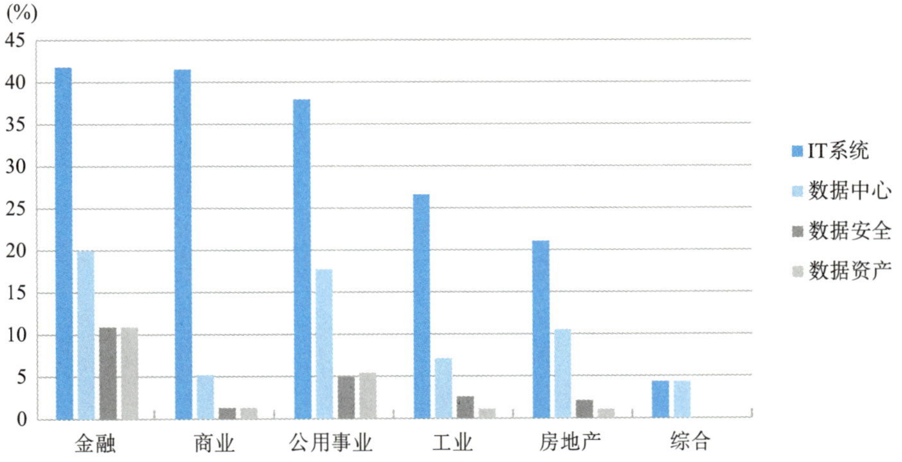

图 4－11 不同行业数字化基础设施情况

商业公司和公用事业公司的数字化应用比较领先，分别有 90.91% 和 77.34% 的国有上市公司在年报中提到了数字化在具体领域的应用，接下来依次是综合类公司、工业公司、金融公司和房地产公司，如图 4－12 所示。

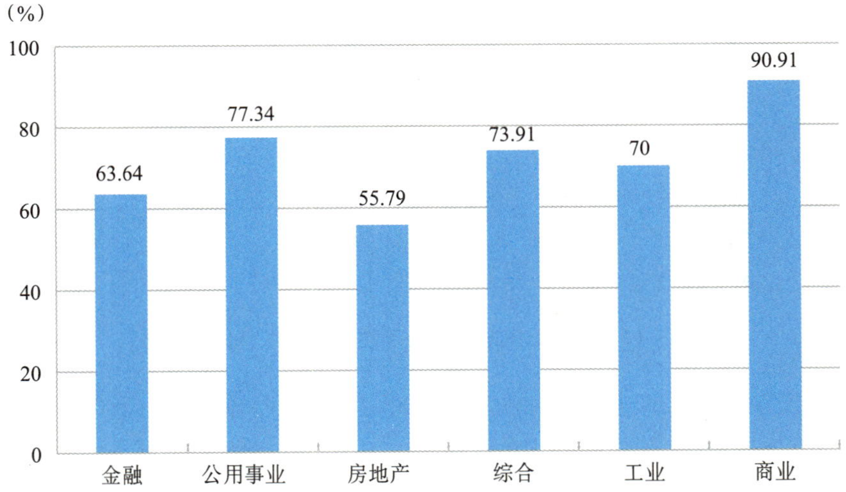

图 4－12 不同行业数字化具体应用领域情况

金融公司和公用事业公司更强调数字化的战略地位，分别有 61.82% 和 56.16% 的公司从战略高度来重视数字化，强调数字化转型或者将数字化作为公司的核心竞争力，如图 4－13 所示。

在未来的经营计划中，商业公司和公用事业公司更强调数字化，行业内有 84.42% 和 79.31% 的公司提及在未来具体领域利用数字化，在其他行业中，工业公司、房地产公司、金融公司和综合类公司计划在具体领域利用数字化的比例分别是 67.90%、68.42%、58.18%、56.52%，如图 4－14 所示。

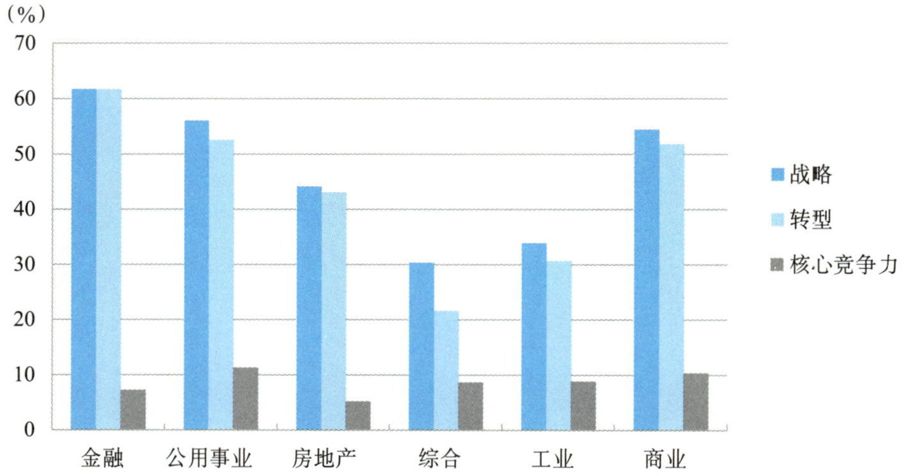

图 4－13　不同行业的战略层数字化占比

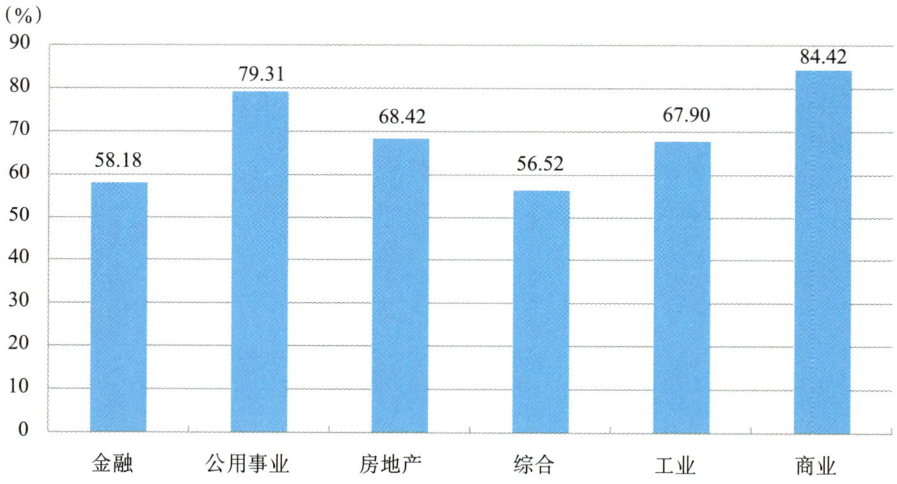

图 4－14　不同行业未来进一步利用数字化的公司占比

在地区比较方面，东部地区的国有上市公司在数字化基础设施、数字化具体应用、战略层数字化等方面都居于领先水平，但在未来经营中，从战略高度进行数字化方面，东北地区有 55.07% 的公司将推动公司数字化转型或者将数字化作为其未来核心竞争力，在各地区中居于领先水平。

四、国有上市公司的数字化转型特点与未来挑战分析

（一）数字化转型过程中将数字化区别于信息化

数字化转型并不简单地等同于信息化。国有上市公司对数字化与信息化之间关系的理解发生了深刻变化，对于数字化表现形式及其影响广度和深度的认识有了明显进步，在推动数字化转型的过程中并不局限于信息化。一方面，国有上市公司重视信息化在数字化转

型中的重要地位，在年报中频繁提及信息化（共出现2776次，位列频次排名第3位）；另一方面，国有上市公司在数字化转型的过程中并不拘泥于信息化，尽管与“信息化”有关的关键词：信息化、信息系统、信息化建设、信息化系统位列频次排名的前50，但是排名第一的“数字化”与它们之间的差距分别为1.97倍、9.07倍、17.62倍、48.94倍，如图4－15所示（图中数字表示关键词频次）。

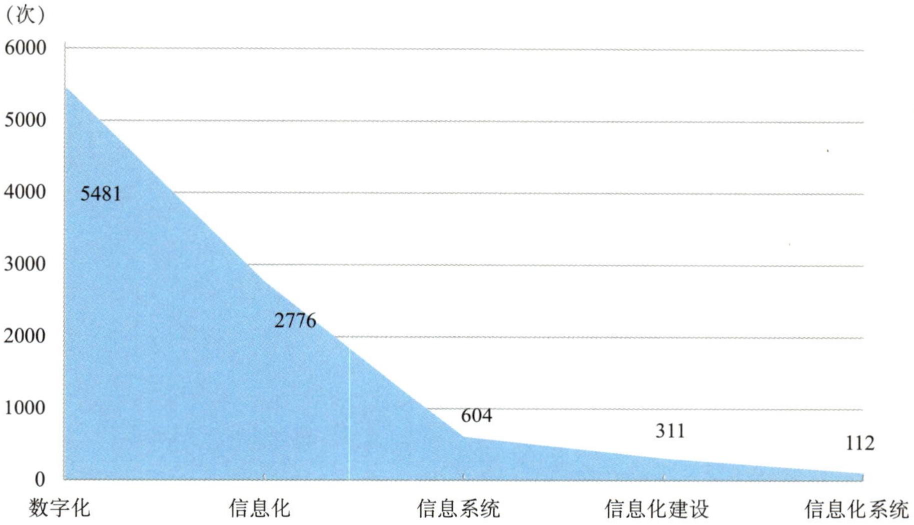

图4－15　数字化和信息化有关词汇的频次分布

（二）数字化整体重视度较高，公司间差异大，存在知易行难问题

当前，绝大多数国有上市公司已经关注到数字化，但是公司间的差异很大。统计结果显示，94.97%的国有上市公司都在年报中提及了数字化，然而，不同公司之间对数字化的关注程度差异较大，结合数字化关键词词频均值（32.77）和中位数（15）来看，中位数与词频均值相差1倍以上，这表明在1073家样本公司中有半数以上的公司对数字化的关注与平均水平之间相差1倍。

多数国有上市公司的数字化存在知易行难的问题，推行数字化需要投入大量资源，改变业务流程和管理方式，实施难度大。在实施过程中往往出现口头支持，缺乏实际的投入和行动，在部门或者业务中推行数字化时，经常遇到各种阻力。数字化是“一把手”工程，“一把手”和高管团队的支持和参与，很大程度影响了数字化实施成功。

（三）偏重应用，在数据、基础设施、数字技术等方面相对薄弱

国有上市公司在现有业务中对数字化的关注度非常高，偏重数字化相关技术在公司业务中的实际应用，而在数据的采集和处理、基础设施的完善、新数字技术的研发等方面相对滞后，据统计，92.92%的公司关注到了数字化的实际应用，75.38%的公司关注到了数据和基础设施，38.45%的公司关注具体的数字技术。

造成这种情况并不全是数据平台的搭建、基础设施的完善和数字技术的研发存在周期较长、难度较大等客观原因，在一定程度上也由于国有上市公司在主观上并没有重视数据、基础设施和新的数字技术。在构建公司的核心竞争力方面，国有上市公司并没有大力发展数据和基础设施，以及数字化相关技术的倾向；在谈及公司的未来计划时，尽管较多的公司计划开展数字化转型，但是仍然倾向于在应用层面开展数字化，对数据、基础设施、数字化相关技术层面的关注度相对较低；在行业分析时，国有上市公司对这些层面的侧重情况也比较相似，如图 4 – 16 所示。

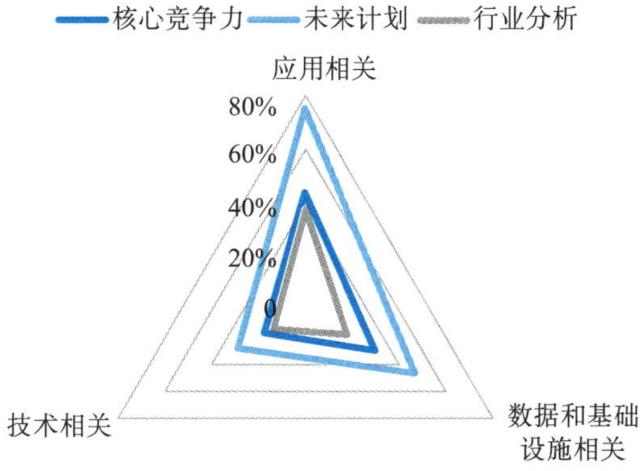

图 4 – 16　核心竞争力、未来计划、行业分析方面的侧重情况

（四）智能化、信息化、智慧化驱动国有上市公司的数字化

当前，国有上市公司偏重数字化在公司业务中的具体应用，而在应用层面，国有上市公司对于数字化的应用体现了信息化、智能驱动和智慧驱动。通过分析数字化关键词词频可以发现，国有上市公司对于数字化在公司中的应用集中于实现业务的“信息化”和“智能化”。图 4 – 17 为排名前 50 的数字化关键词的词云图，从图中可以看出，信息化、智能化、智能制造等关键词词频较高。

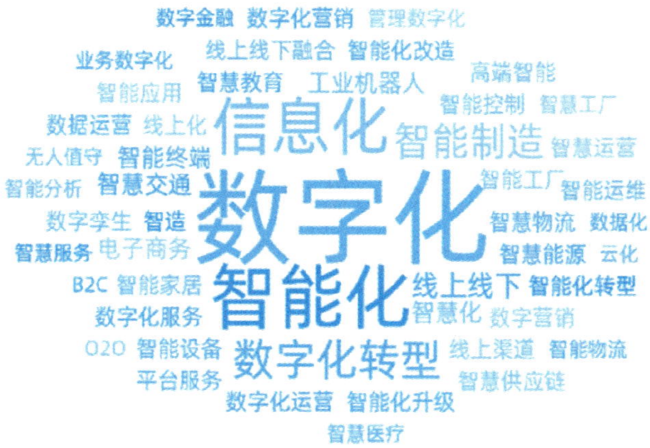

图 4 – 17　国有上市公司数字化应用相关关键词的词云图

（五）在以数字化构建核心竞争力方面较为薄弱

对于国有上市公司而言，数字化能够有效提升其核心竞争力。但是，从整体上而言，当前国有上市公司对于以数字化构建核心竞争力仍然缺乏足够重视，并没有从战略高度来重视和利用数字化。从年报的统计看，仅有 50.51% 的公司在讨论核心竞争力时提及了数字化关键词，未来仍然有较大的发展空间。

（六）数字化转型过程中缺乏对数据要素的重视

国有上市公司对数据要素的重视度有待进一步加强。从统计上来看，仅有 2.42% 的公司将数据视为一种资产给予关注。随着数字经济时代的到来，数据已经成为继土地、资本、劳动力、技术之后的第五大生产要素，数据要素能够参与企业经营管理的全过程，与技术要素、资本要素和劳动要素相结合，为企业生产效率的提升和价值创新提供重要助力。对于国有上市公司而言，首先要重视数据要素的价值，认识到数据能够为企业未来发展带来重要价值，并将其作为一种重要资产来加以管理；其次要提升数据管理能力，释放数据价值，国有上市公司本身的数据管理能力有待加强，数据分散、标准不统一、数据质量不高这些因素都限制了数据要素价值的实现。

（七）数据安全治理体系有待完善

国有上市公司在数字化转型过程中对数据安全的关注程度不足，需要进一步完善公司的数据安全治理体系。从统计上看，仅有 3.26% 的公司提及数据安全。在数字经济时代，公司的数据安全涉及公司自身的发展和国家安全，对于国有上市公司而言更是如此。安全是发展的前提，国有上市公司涵盖了千行百业，是我国国民经济的支柱，在长期发展中积累了大量数据，数据安全问题尤为重要。国有上市公司首先需要加强数据安全教育，培养员工的数据安全意识；其次需要重视利用数据安全技术，如网络安全、终端安全、加密技术等，并关注新安全技术的发展；最后需要构建数据安全管理体系，对基础设施、数据安全、数据合规、数据滥用等方面进行评估，持续改进安全管理能力，对数据的重要性、敏感性进行分类，针对不同类别数据有针对性地制定相应的安全策略和管理办法，培养安全管理人才。

安全与发展是并重的。数据是重要资产，是推动公司数字化转型的核心要素，在重视数据安全的同时不能忽略对数据价值的挖掘。在构建数据安全治理体系时，在保证数据安全的基础上，统筹数据的开放和利用，在保证不越过数据安全" 红线" 的前提下，充分开发数据要素的价值。

（八）数字化人才尚存较大缺口

数字化人才是数字经济发展的重要支撑，是公司数字化转型的核心要素，国有上市公司在推动数字化转型过程中存在人才短板，对数字化人才不够重视，仅 4.66% 的公司在年报中提及数字化人才。公司数字化转型的基础在于数字技术的开发与应用，人才是技术的载体，随着数字经济加快发展，越来越多的公司开展数字化转型，数字人才需求日益增长，同时也对数字人才的质量提出了新的要求。在推动企业数字化过程中，国有上市公司不仅需要有计算机科学、人工智能、电子工程等学科背景的技术型数字化人才，还迫切需要懂业务和管理，能够推动业务和数字化技术有机结合的复合型人才。

国有上市公司是推动我国数字经济发展的实体，需要高度重视对数字化人才的培养和引进。同时，国有上市公司也需要在全公司开展与数字化相关的宣传和培训，提升员工的数字化理念、知识和技能，同时，针对公司管理层开展培训，帮助管理层认识到数字化转型的必要性和重要性，提升其对数字化的理解和认识。

（九）数字化应用集中于内部治理而忽视了外部联结

国有上市公司的数字化应用主要集中在公司的内部经营和管理，缺乏对于供应链（上下游）、生态系统等外部联结方面的建设。公司数字化转型是价值体系的优化，转型的过程不只是公司自身业务模式和管理模式的优化和调整，也包括推动供应链（上下游）、生态系统等外部联结和协同。从统计上看，在数字化具体应用领域中仅有 7.18% 的公司提及供应链（上下游），提及生态系统的公司则更少，仅有 2.8%。

数字化转型的一个重要价值是引发公司对外价值创造方式的转变，国有上市公司具有资源和能力的优势，可以利用数字技术连接上下游公司进行更好的协同，收集信息，增加客户黏性，甚至构建生态系统，整合多方资源，协同创新。

第三节　大型企业数字化转型典型案例

一、中国一汽数智化转型实践[①]

近年来，中国第一汽车集团有限公司（以下简称“一汽”）的数智化[②]在汽车研发、试制、试验、生产、营销、销售、供应商管理、金融等全产业链都实现了全面或部分的应用，“红旗”品牌脱颖而出，如今已经成为年销量超过 30 万辆的豪华民族汽车品牌。

① 本案例由吉林大学国有企业研究中心博士研究生刘涛撰写。

② 数智化包含了数字化（偏重信息化）、智能化两个层面的内容，一般而言，是先数字化后智能化，智能化有助于进一步推动数字化。

（一）一汽数字化转型的推动因素

1. 发展战略：国家发展战略与企业发展战略相融合

一汽将企业远期愿景目标设定为，到 2035 年，中国一汽的效益、创新、能力、规模大幅度提升，价值创造和人均收入再迈上新的台阶，关键核心技术实现重大突破，进入世界一流汽车企业行列。

2. 时代需求：科技发展需要与企业发展需求相融合

数字化技术对大机构、大企业的边际贡献要超过中小企业。一汽作为集汽车及零部件研发、生产制造以及汽车产品营销、售后、控股投资于一体的超大规模央企，组织结构复杂性决定了企业数智化转型的迫切需求。数智化转型通过利用数字化技术来优化或者创建新的业务模式，为企业价值创造提供新的途径；数智化技术的应用，通过自动化、智能化设备替代人力劳动，降低人力成本，改善劳动环境和劳动强度，加强标准化作业，提升生产效率和生产质量；数字化平台，作业即记录，记录即数据，数据即价值，大数据技术的普及和应用，能够形成持续的工艺改善和良性的生产循环，降低生产安全风险，提升车间效率。

（二）一汽数智化转型遵循的总体原则和一般标准

1. 数字化转型要推行"一把手"工程

企业数智化转型，不是局部的数字化升级，而是企业产品开发、生产、供应链、渠道、营销、客户等全业务流数字化和智能化。企业数智化是对企业从意识、组织、方法、流程、文化等方面全方位的改造和升级，事关企业的前途命运，只有"一把手"，才既能看见远处的目标，又能把控着航行的方向。因此，成功的数字化转型，必须是企业的"一把手"工程。

2. 数智化转型的四项反对和四项坚持

数智化转型一是反对完美主义。企业是营利性组织，企业的经营活动应以商业成功为导向，需要实现成本和质量的均衡。二是反对盲目变革。数智化转型是企业组织、流程、结构的系统化变革，需要统筹规划设计和实行。三是反对没有全局效益提升的局部优化。局部优化需要以整体的效益提升为最终目标。四是反对没有全局观的干部主导变革。数智化转型是企业自上而下的整体性变革，既要统筹部门的利益，又要兼顾企业整体的利益。

推动数智化转型一是坚持领导干部带头做业务架构师；二是坚持业务弄透、痛点找准、结果导向；三是坚持凡事要积累标准、方法和工具；四是坚持业务主导、IT 使能。

3. 数智化转型的五个转变

一是转意识，企业管理层必须从上到下意识到数智化转型的重要意义；二是转组织，数智化是对企业组织的重点颠覆；三是转方法，即实现业务对象数字化、业务流程数字化和业务规则数字化，将具象的业务、流程、对象抽象成为数字，运用数字化手段实现业务简化、业务高效化；四是转文化；五是转模式。企业组织变革和价值创造多元化、共享化带动企业经营模式的转变。

4. 数智化转型坚持自主研发、兼容并蓄

中国一汽在数智化转型方面，坚持以自我开发为主，充分利用和借鉴优秀科技企业的现有成果。在数字化转型初期，充分利用阿里、腾讯等开发软件进行本土化改造，并在过程中充分学习和吸收数字化软件的开发经验，不断学习和本地化，逐渐从依赖外部企业向自主开发转化。

（三）一汽数智化转型实践

1. 一汽 EASY：数字化操作平台

一汽 EASY 是一汽数智化转型在外部成功数字化工具的基础上自我实现的典型案例。一汽 EASY 是在阿里钉钉的基础上结合一汽特征开发的一款企业管理平台软件。阿里钉钉是针对企业业务管理开发的一款通用办公软件，是众多企业甚至是大型企业选择的办公软件。一汽与阿里合作，在钉钉的基础上开发具有一汽特色和更加符合一汽办公环境和特征的软件，即一汽 EASY。除了手机版软件外，一汽自主完成一汽 EASY 电脑版的开发，使办公使用范围更加多样和便利。当前，一汽 EASY 已成为一汽工作平台及各项应用系统的入口和出口。信息化开发团队秉承着“让我们的工作更简单、让我们的沟通更顺畅、让我们的生活更幸福”的开发理念，不断地丰富一汽 EASY 的功能，让一汽 EASY 助力提升企业员工的共同效率，赋能员工成长和企业发展，让员工感受到企业的关怀，让员工充满幸福感和成就感。下班的员工看到一汽 EASY 发给个人的祝福和鼓励的话，就能体会到企业给予员工的关注和爱，极大提升工作效率和质量。

2. 设计师云平台

设计师云平台是一汽信息数字化部门在建的一个设计平台。该平台是一汽完全自主开发的数智化设计工作台。在一汽传统的产品开发过程中，项目计划、项目设计、项目反馈以及各设计部门的信息和数据交互，或通过线下交流，或通过局域网共享。项目点检和项目流程安排多采用 Office 软件，无论是修改还是更新等信息，对于各专业设计师都会有延迟和信息传递不到位等情况，同时由于各部门对于项目管理的方式、习惯的不同，信息接口也容易不统一，很多时间和精力都浪费在信息交流和沟通环节。基于云原生的设计师平台很好地解决了信息共享和项目管理的一致性问题。云共享和云平台既降低了存储空间，增加了相同成本下的计算机算力，也提升了各项目组成员访问项目数据的便利性。设计师平台基于数据重构业务模式，统一研发领域业务规划，大大提升用户体验，也提升了研发效率。此外，设计师云工作台的应用更好地践行了数字孪生理念，将整个研发过程完整记录，实现研发过程的可追溯性，降低研发复盘的难度，提升了研发流程的标准化，更好地实现数据赋能和技术赋能，降低了开发人员流动对产品开发的影响。

3. 打造超级智慧工厂

数字制造和智能制造是数智化转型在生产领域的重要实践。红旗工厂是进行比较早、改造后变化比较大的工厂之一。红旗工厂改造秉承着可视化、自动化、数字孪生等理念，不断增加智能机器人来代替人力操作，增加可视化面板，增加信息共享，增加存储和记录能力，提升产品的可追溯性。一汽红旗工厂新总装车间等生产板块实现了国内首个汽车领域“5G + 切片 + MEC（边缘云）”技术的有效落地，从分散式生产、离散式应用分布向整合统一的数字化生产管理过渡，实现5G同数字化生产的深度融合。新工厂逐渐克服各种问题，例如，厂区内存在的各产线独立部署 Wi - Fi，相互间易干扰，可靠性低，时延大；数据安全要求高，原有 Wi - Fi 网络存在安全盲点；人工质检效率低，车辆外观检测、缺陷检测等未完全实现自动化、智能化；人工检测成本高，易出现失误、漏检等风险；设备维护成本高，缺乏有效手段判断设备性能及对机器故障进行预判，需要大量人力和物力保障和维护等。经过数字化改造，形成以一汽数据中心为 MEC 区域节点、辐射全一汽集团生产板块的网络布局，利用5G大宽带、低时延、广连接的特点，与 MEC 结合后更加契合一汽生产数字化中对部署高效、安全的工业园区专网的需求，通过切片将运营商公用网络与企业专有网络进行有效融合部署，提升网络使用效率，有效解决无线信号干扰、切换、体验差的问题。

二、国网公司数字化产业互联网的共享共赢平台建设①

近年来，国家电网有限公司（以下简称“国网公司”）顺应能源革命和数字革命相融并进的发展趋势要求，确立了建设具有中国特色、国际领先的能源互联网企业战略目标，发挥大型企业的资源优势，积极推进电网智能化升级和企业数字化转型，相继搭建了多个产业互联网平台，与客户、供应商、同行、政府等多方利益主体共享共赢，促进了企业、产业、经济和社会发展。

（一）国网公司产业互联网平台选择与案例描述

为实现公司战略，在数字化转型过程中，国网公司围绕主业开展了多项新业务、新事业，创建了多个互联网平台。本小节从国网公司的众多互联网平台中选择4个平台案例作为研究对象，其中3个案例来自国资委发布的100个2020年国有企业数字化转型典型案例②，即“电e金服”、能源工业云网、新能源云，另一个案例为智慧车联网，是以充电

---

① 本案例由山东财经大学陈寒松教授依据国网公司网站、公众号，以及其他网络渠道、研究报告、正式发表的期刊论文等资料，在与部分国网公司员工交流的基础上，整合而成。

② 在2020年国资委评选的百大数字化转型案例中，国网公司有8个案例入选，为单一企业数量最多。

业务为基础建成的连接消费者、电动汽车企业、充换电运营企业、充换电设备制造企业等产业的互联网平台。

1. 智慧车联网

智慧车联网建设相对较早，是国网公司基于自身业务的延伸，是从输变电服务延伸到电动汽车相关业务的战略举措。负责运营该业务的国网公司电动汽车服务有限公司于2015年底成立，是国网公司的全资子公司。

2. “电e金服”

“电e金服”是国网公司数字科技控股有限公司于2020年5月15日发布上线的数字化产业链服务平台。国网公司与金融机构合作，共同帮助上下游、中小微企业获得一站式普惠金融服务，实现大中小型企业融通，深度融合数字经济和实体经济，提升产业链、供应链现代化水平。

3. 能源工业云网

国网公司电商科技有限公司于2020年11月16日正式发布能源工业云。该平台是工业互联网在能源电力领域的具体实践和重要载体，是具有全域链接、开源开放、智能可信、价值驱动和广域应用特点的产业互联网平台。

4. 新能源云

新能源云平台是国网新能源云技术有限公司于2021年4月20日开发并上线运行的新能源数字经济平台。该平台为上下游企业及用户，包括政府机构、新能源企业、发电企业、电网企业、配售电公司、用户等，提供咨询服务、政策服务、交易结算等综合服务。

（二）产业互联网平台共享共赢机制的实现

国网公司在电力能源产业链中居于核心企业地位，拥有庞大的客户群体和丰富的数据资源。公司下辖1200余家各级企业单位，连接着10万多家上游供应商和亿万下游用电客户；公司年资金流量超过6万亿元，汇聚了海量的业务流、资金流和信息流。这些资源无疑为国网公司建设智慧产业互联网平台提供了坚实的资源基础。

1. 智慧车联网

发挥电力资源优势，开拓新业务，搭建智慧车联网，形成充电服务生态系统。

（1）共建平台

国网公司为充电客户提供自助服务设备设施及场地条件，开发“e充电”小程序，为电动汽车用户提供充电站展示和点评、订单系统、品牌车主社区、官方资讯及车主服务等功能。依托这一平台，广泛聚合充电桩资源，支持各类社会资本投资充换电设施建设运营，并逐步构建新能源汽车服务生态圈。

（2）共享资源

智慧车联网平台能够提供高速公路充电、公共充电、专用充电、社区充电、港口岸电、新能源汽车下乡、城市换电、电动重卡及商用车等多个充电应用场景服务。用户可享有充电业务和能源业务服务，充电业务服务是为电动汽车用户提供智能推荐、找桩导航、即插即充、无感支付等服务，为充电运营商提供智能选址、建设管理、监控运维、营销运营、清分结算、客户服务等服务；能源业务包括有序充电、电网辅助服务和绿电交易。同时，还可以享受生态业务服务。

（3）各方受益

国网公司通过智慧车联网平台，为客户充电，为合作伙伴赋能，共同创造价值。到2021年底，车联网平台接入充电桩突破150万根，89%以上社会公共桩实现与平台互联互通。通过智能充电，电动汽车用户利用负荷低谷充电，降低充电成本，辅助参与电网调峰调频，在助力电网安全运行的同时提升充电设备利用率。同时，利用V2G技术，用户在电网用电高峰时向电网反向送电，使电动汽车成为移动的储能电站，并获得参与电网削峰填谷的增值收益。此外，推动地方政府发布444项区县公共充电设施布局规划。

2. “电e金服”平台

利用客户信用资源，建设数字化产业链金融服务平台，桥接客户与金融机构，通过“电e金服”为中小企业提供融资业务服务。

（1）共建平台

国网公司与金融机构合作，创建了“电e金服”互联网产业平台。利用大数据、人工智能、区块链等新兴科技，汇聚自身资源优势，深入挖掘与10万多家上游供应商和亿万下游用电客户的业务流、信息流、资金流数据价值，携手社会金融机构，共同打造数字化金融服务平台，有效整合、转化数据价值，减少金融供需信息不对称，将自身资源禀赋和要素优势拓展辐射到全产业链。

（2）共享资源

一是通过大数据、云计算技术等进行数学建模，开展客户精准画像，实现需求分析、交易分析、偏好分析、信用评价，助力金融机构客户筛选和精准营销。二是结合金融业务需求，推出基于大数据分析的金融科技产品，为金融机构开展贷前核查、贷后预警、信用评级、信贷反欺诈、授信辅助等业务提供参考。三是所有数据获取及使用均经过授权，明确数据权属；采用加密、脱敏等手段，保护用户隐私；实行分级分类保护，保护数据安全。

（3）各方受益

“电e金服”平台累计帮助产业链上下游实体企业获得普惠金融服务3000多亿元，实现“三方共赢”。首先，助力上下游企业增信，获得更加优质、普惠、便捷的金融服务。“电e金服”通过供应链金融、保证保险、电费金融等有效帮助上下游企业特别是中小微企业更好地获得金融服务。其次，助力金融机构落实国家普惠金融政策。“电 e 金服”已与 228 家各级金融机构建立了广泛合作，有效构建了共建、共享、共赢的产融协同生态圈。最后，助力核心企业加强供应商管理，提高产品质量。“电 e 金服”的电 e 贷、电 e 票等电费金融服务方式已逐渐成为用电企业融资交纳电费的常规方式之一。

3. 能源工业云平台

聚焦能源工业企业客户资源，建设能源工业云网，降低客户的交易成本。

（1）共建平台

能源工业云网的数据采集针对工业全要素汇聚和工业资源配置的需求，面向能源行业智能制造、智能物流、智能交易等领域的数字化、网络化、智能化，基于海量数据采集、汇聚、分析等服务，以支撑制造资源泛在连接、弹性供给、高效配置和协同创新。

（2）共享资源

一是供应链全业务在线协同。对接新一代电子商务平台，开展供应链全流程业务的在线协同，形成供应链平台效应，提升产业集成和协同水平。二是供应链领域设备共享接入。完成与电工装备物联平台数据贯通，实现采集装置数据共享，打通供需双方数据壁垒，实现供应链供需协同、数据共生共享。三是电力物流体系协同建设。对接电力物流服务平台，提供运力共享、储力共享、服务共享、数据共享服务，解决电力设备、精密设备、超限运输等痛点，促进电力物流数字化建设。四是物资管理全过程智能服务。借助移动互联技术，构建统一的物资业务移动应用，促进物资管理作业方式移动化、互联网化、无纸化延伸。五是依托供应链运营中心，全面提升运营分析决策、资源优化配置等能力，促进供应链管理提档升级。

（3）各方受益

能源工业云网已实现覆盖全国 26 个省份试点应用。通过打造产业生态，带动全产业链协同发展。以大中企业服务化转型打造工业知识的复用能力；以价值导向引导中小企业，培育规模化的应用市场；以构筑开发生态加速大中小企业融通发展，促进新模式、新业态的发展，通过协同设计、协同制造、垂直电商等一系列新模式，降低新产品开发制造成本、缩短产品上市周期，在带动众创众包的发展同时，进一步提升平台活力，提升产业升级能力。

4. 新能源云平台

发挥电网接入优势，聚合新能源利益相关者，建设新能源云平台，服务于新能源数字经济。

（1）共建平台

国网公司新能源云技术有限公司自 2018 年 10 月启动建设，与多方合作，初步建成全球最大的新能源运行监测服务平台——新能源云，构建了全环节、全贯通、全覆盖、全生态、全场景的新能源服务体系。

（2）共享资源

通过构建共享服务新生态，切实服务新能源高质量发展。通过构建新能源服务新模式，加快培育新能源，发展新动能。通过模块化设计，创新构建“互联网＋新能源”共享服务的新生态，对内服务新能源规划、建设、并网、运行、交易、结算等全过程管理，打造开放、共享的新能源服务体系，实现了“数据一个源、电网一张图、业务一条线”；对外提供政策咨询、新技术、并网报装、运维监测、金融保险、结算交易等一站式全流程服务。通过资源分布、消纳计算等子平台，分析新能源资源开发潜力，计算各区域新能源消纳能力，满足新能源接入、送出和消纳需求，为政府制定新能源开发计划和产业规划提供决策参考。依托电源用户、厂商用户、新技术等子平台的信息交互，为新能源发电项目的申报、设备采购、施工建设等提供便捷服务，实现“源网荷储”综合用能智慧服务。依托负荷用户、大数据分析等子平台实现信息共享，实现投资开放、市场开放、价值共享。

（3）各方受益

新能源云的建设，实现国家电网公司经营区全覆盖，接入新能源场站157万余座、装机容量3.6亿千瓦，服务企业超8000家，带动产业链上下游近10万家大中小企业融通发展，直接或间接带动就业超120万人，并助力《可再生能源法》落地实施，支撑政府制定能源电力规划、编制政策文件等，支持新能源的大规模应用，推动能源生产与消费革命。

国网公司四个产业互联网平台，充分利用自身的资源积淀，与供应链各主体、社会机构、客户共同建设数字化互联网平台，实现了各利益相关主题共享平台带来的资源互补优势、信息的互通有无，以及相关合作，做到互惠互利，实现可持续发展。

三、浪潮云洲工业互联网平台赋能中小企业数字化转型的实现机制①

在济南章丘的三涧溪村工业园内的明风机械公司制造车间内，可以看到如下一幕：自动机器人在机器间穿梭不停，锻造、机械加工、喷漆检测各个流程都能看到这些机器人的身影，车间的监控大屏幕上可以看见设备运行数据实时运作。这一幕生产智能化的景象源自公司启动的数字化转型战略。明风机械加入浪潮云洲工业互联网平台，应用了该工业互联网平台的数字化方案，在生产制造方面进行联网生产和实时监控管理，改变了以往生产设备孤立和设备数据难以指导生产的现状。

山东明风机械制造有限公司的生产数字化改造是浪潮集团利用工业互联网平台建设支撑中小企业数字化转型的生动缩影。浪潮云洲工业互联网平台基于在线智能制造及ICT融合能力，构建以产业互联为核心，以标识解析为抓手，以云计算、大数据、区块链、5G等新兴技术为支撑的工业大数据服务体系。该平台通过标准化引领，推进产业数字化、产业能力汇集和产业服务能力开放，实现中小企业高质量发展和融合创新，从而提升供应链

① 本案例由齐鲁工业大学经济与管理学部朱晓红博士在浪潮集团调研基础上撰写。

效率，促进产业协同和优化产业结构。目前，浪潮云洲已成为 18 个省和 73 个地市的工业互联网运营商，培育了 68 个“双创”基地，云市场汇聚 1000 余家生态伙伴，整个平台服务 128 万家企业，连接 253 万个产品和 240 万个设备，上线 8500 多个工业 APP，为 22 个细分行业提供数字化服务。

与以往中小企业数字化转型路径相比，工业互联网平台驱动的数字化转型从根本上改善企业绩效，提升企业竞争力。但从具体影响过程来看，由于赋能机制的不同，工业互联网平台推动的企业数字化转型应当被视作一次在生产方式、商业模式、产业形态等方面的重大战略变革，对于这一特定背景下数字化转型新变化的探究可对未来理论创新提供方向性的指引。下文将基于浪潮云州工业互联网平台对于中小企业数字化转型的赋能实践进行分析，探索浪潮云州工业互联网平台赋能中小企业数字化转型的机制。

（一）实现智能化制造，助力中小企业制造模式升级

1. 精准化库存管理

中小企业在实际生产过程中，往往会产生原料采购过度、生产量过大、库存效率低、运输时点不精确、生产流程烦琐、人员配备不到位等一系列缺陷。其中，库存效率低会导致大量流动资产积压，进而导致企业运营效率提升能力不足。对此，工业互联网平台为其提供了相应的解决方案。例如，针对得高家居代理商存在的自建库房成本高的难题，浪潮 PS Cloud 通过集中的库存管理系统，使代理商可以根据客户订单需求，在平台上实时采购，实现“零库存”；对于畅销产品，也可通过平台进行“整订零发”，即一次性大批量订货，后续根据客户实际需求，分批要货，随用随领。这样，代理商有一个小型仓就可满足日常客户销售需求，降低近 30% 的运营成本，也提高了客户合作意愿，使其降低了库房成本。

2. 资源数据化

在传统产品生产模式下，企业内部生产信息难以在部门间有效流动，这会隔断生产者的信息交流，导致产品生产成本高昂，从而降低了产品生产者的竞争力。对此，工业互联网平台可以实现信息的自动化处理，从而沟通企业各部门的信息孤岛，帮助管理部门实现高效、协调、可持续、准确的精细化管理。例如，针对山东天合堂存在企业经营管理达到瓶颈的难题，浪潮 inSuite 通过为其搭建涵盖财务、供应链、营销、成本核算、安全追溯等内容的数字化管理平台，使企业销售、提成政策、营销策略平稳落地，实现了跨地域、跨平台的食品安全快速追踪，使其成功突破经营瓶颈，实现快速“超车”。

3. 设备联网化

企业设备需要进行联网处理，使其能够识别生产信息网络传输的需求数据，从而响应需求数据所传达的操作指令。浪潮云洲通过对生产流程设备的联网改造升级，实现需求数据驱动生产设备运转。管理者能通过三维仿真实时掌握车间所有设备的总体情况、设备的故障情况、单台设备的实时运行情况，以及各类指标，实现固定资产管理数字化，并对关

键指标进行趋势分析，辅助管理人员及时作出决策。例如，针对明风机械存在生产运营过程落后的难题，浪潮云洲工业互联网平台通过连接企业生产制造过程中的加工设备和系统，汇集生产车间各设备及设备运行数据，并将运行过程中产生的数据与信息实时传送至一体机，形成智慧车间监控一张图，实现设备信息、运行状态、生产数据等关键数据与信息可视化，从而能够对企业生产运营进行联网管理和实时监控。

（二）实施数据化运营模式，促进中小企业运营模式升级

1. 财务管理智能化

中小企业传统的财务管理模式往往因为账务核对不一致、财务人员经验不足、部门信息共享度低等问题导致资金使用效率低下和生产成本控制不精。对此，浪潮云洲工业互联网平台通过构建一个以财务为核心、支持多级管控的一体化财务云，结合互联网、大数据、移动应用等创新技术，进一步细化管理颗粒度，推动企业内外互联互通，更好地实现企业资源有效配置。例如，针对恒瑞医药存在资金利用率低的难题，浪潮云洲工业互联网平台通过云 ERP 系统建立快速反应的管理体系，规范业务流程，实现了业务流、信息流、资金流的集成，推动了信息高度共享，恒瑞医药应用 ERP 后仅销售部分就将应收账款总额降低了 40%，同时资金周转速度提高了 30%，生产计划准确性提高 30%，综合效益增加 2000 万元，提高了资金利用率，同时，也为管理层决策提供了有效支撑，实现了信息的价值化。

2. 研发模式开放化

浪潮云洲提出的互联网设计新理念，进一步深化了协同研发设计的场景应用。基于网络化协同、平台化设计等新模式，浪潮云洲推出“协同创新”“研发上云”和“研发商品化”三种新业态，形成生态链，实现跨行业、跨领域、跨组织的多人线上协同研发生态，并能为用户提供贯穿产品研发需求发布、生产制造、验收交付、销售全业务流程的服务。浪潮云洲工业互联网平台协同研发平台从根本上打破了传统研发设计团队组织边界，重塑线上设计研发的新功能，提升制造业产业内部效率和对外服务能力，在工业产品设计研发的初期，深度介入行业流程和环节当中，进而让产品研发的关键核心技术实现重大突破。例如，针对山东临工在新产品开发方面创新度不足的难题，浪潮云洲工业互联网平台通过部署确定性网络一体机，打通临工超算、青岛超算、浪潮超算等节点的算力资源，支撑产品研发，使其算力利用效率提升超 15 倍、成本降低逾 87%，为提升其新产品开发绩效提供了极大便利。

（三）构建数字化商业模式，利用数字红利推动商业模式升级

1. 产品服务重塑

新产品和新服务的开发与应用是适应数字化时代下市场需求的重要战略选择，是中小

企业实现业务层面数字化转型的重要来源。新产品和服务的开发绩效受组织吸收内外部资源的能力影响。浪潮云洲搭建“平台+生态”体系，加快新型模式培育，赋能中小企业吸收知识、技术、人才等产品开发和服务构建所必需的资源。例如，针对惠发食品存在难以适应市场需求快速变化的难题，浪潮云洲工业互联网平台通过打造集农业种植养殖、食材加工、冷链配送、消费服务于一体的柔性供应链服务体系，面对团餐、品牌餐饮和社区便利店的标准化健康食材需求，提供批量化食材供应服务，提升流通效率；面向儿童、孕妇、中老年细分人群，提供定制化餐饮食材供应，提升产品附加值。

2. 业务流程重塑

中小企业传统的流程系统难以覆盖设计、执行、监督、优化的全过程，往往存在信息系统分散重叠、信息重复和缺失并存、流程片段分割等问题，导致业务流程状态获取、进程监控和业绩分析等异常困难。对此，浪潮云洲以工业互联网平台为基础，以 ERP 业务流程数据为核心，通过将智能产线的数字化系统和以往系统进行融合，彻底重塑中小企业的业务流程。例如，针对青岛德盛机械有限公司多年来内部业务数据难以实现有效共享、整体信息化水平不高、客户满意度较低等问题，浪潮基于面向中小企业的 ERP 产品浪潮 PS Cloud，为德盛机械规划了一套涵盖了原料采购、成本核算、供求分析、生产响应等各个方面的流程体系，实现了日常业务流程信息的自动收集和业务流程智能化。

3. 营销模式重塑

中小企业在销售产品服务的过程中，往往忽视自身营销策略，认为产品质量和样式的好坏就能决定销量。然而，这种思路忽视了品牌在营销管理中的重要作用。浪潮云洲工业互联网平台基于“云、数、用”工业互联网一体化发展模式，打造的云洲工业互联网 QID 形成了基于标识体系的“质量码”。“质量码”的出现有助于改善中小企业营销思路。例如，针对章丘铁锅经营发展停滞不前的难题，浪潮 QID 通过链接供应链并全过程赋码，实现了章丘铁锅一物一码，唯一标识，打造了质量保障体系，完成业务线下至线上迁移，并且对通过大数据手段锁定的客户群体实现精准营销和网络推广，打造有故事、有技艺、有温度的章丘铁锅网红产品，形成章丘铁锅品牌，让章丘铁锅插上了大数据的翅膀，使铁锅实现价值跃升，在供不应求的同时，实现了数字化转型。

在数字技术飞速发展的数字经济时代，数字化转型已成为中小企业增强生存能力、打造竞争优势、改善经营绩效的重要战略决策。工业互联网平台的兴起为企业数字化转型提供了完整的解决方案。那么，如何更好地利用工业互联网平台的赋能作用，驱动中小企业数字化转型，已成为这类企业改善利润空间、培育竞争优势和提高生存能力的重要来源。浪潮云州的工业互联网平台利用精准化库存管理、资源数据化和设备联网化实现智能化制造；通过借助财务管理智能化和研发模式开放化实现数据化运营模式；通过产品服务重塑、业务流程重塑和营销模式重塑推动构建数字化商业模式，从而为更好地赋能中小企业数字化转型发挥作用。

第四节　大型企业数字化带来的管理变革

一、已经和可能带来的管理创新和挑战

数字化对数据量、计算能力、资源投入、基础设施的依赖，使大型企业在数字经济时代表现出明显的领先优势和比较优势。不管是私营企业还是国有企业乃至央企，大型企业都在积极开展数字化建设，已经产生了巨大的变化，并带来管理创新。

第一，定制化。兼顾低成本、高质量、个性化，并不断优化，是企业运营中的关键问题，经常也是难题。近年来，定制化受到高度重视，也取得了巨大进步，不仅单一产品或服务能够定制，整体定制（如智慧家庭乃至智慧城市等）也在不断涌现。

2022 年 3 月 31 日，张瑞敏先生在海尔集团重大专题会议上的讲话《运用唯物辩证法的三大规律于不确定性中创造确定性》中这样描述定制化："小作坊生产是个性化定制的，比如一个服装作坊、制鞋作坊或者铁匠铺，都是个性化定制的生产方式；大规模制造方式构成了对定制方式的否定，这时候没有个性化定制得舒适，但是更便宜、方便；物联网时代驱动了个性化定制的发展，物联网时代的定制是大规模定制，虽然与小作坊生产的定制相似，但是有本质的不同。"

张瑞敏先生讲得形象，也易懂。有些小作坊生产的定制的确是个性化的，而且是 1（手工艺者）对 1（客户）的定制，先不考虑质量和成本，至少效率低；大规模制造方式依托的是标准化，标准化对多数用户是福利，因为便宜，能买得起，对企业来说，大规模制造能够扩大客户数量，但也容易陷入价格竞争；数字经济时代驱动的个性化是 1（企业）对众多用户的个性化定制，此种大规模首先是服务客户数量的大规模，更加以顾客为中心，进一步带来了企业生产的规模化。已有研究指出，企业数字化能力的提升帮助个性化需求准确获取、有效传递、高效满足，进而促进企业前端个性化需求挖掘与后端个性化需求实现，推动实现大规模定制。①

定制化不是单纯增加客户的挑选余地，而是企业与客户的深度互动，多表现为场景驱动的创新、企业与客户的价值共创。定制化的精准与高效能够解决长期困扰大企业的经营难题，有助于克服"大企业病"。随着数据量的积累和数字技术及应用水平的提升，定制化会越来越精准，当然竞争也日趋激烈，甚至有可能改变商业生态。大型国有银行在中小企业融资方面存在劣势的情况也在变化，基于精准画像、数字计算等技术的小额融资服务

---

① 易加斌、张梓仪、杨小平等：《互联网企业组织惯性、数字化能力与商业模式创新：企业类型的调节效应》，《南开管理评论》2022 年第 5 期。

对于大型国有银行而言同样可以做得很好。一旦变成与技术高度相关的工作，对绩效考核、风险控制等工作中人为因素的依赖就会减少。

第二，组织变革与重塑。伴随着信息社会向数字经济时代跃迁的深化，组织结构扁平化这一大的趋势还在继续，但内部结构已经发生了很大的变化，表现在：流水线上的生产工人数量大量减少，可被数字技术替代的职能人员（如财务和人力资源岗位的员工）数量减少，而研发人员数量大量增加、与客户交互的员工数量增加。随着企业数字化的发展，企业内部的员工技能也可能发生本质变化，因为数字技术的使用需要越来越多的数字化员工，现有员工的数字化技能可能得以提高，未能提高数字化技能的员工将面临淘汰，企业也会大力引进和招聘数字化人才。也就是说，企业中数字化人才的占比将大大提高，这也是员工结构变化的一大体现。员工结构的变化不仅促进了公司内外部创业活动的活跃，也在很大程度上改变了组织内部关系。企业和员工特别是核心员工的关系逐渐从雇佣关系、从属关系、层级关系转变为合同和任务链接，甚至是合伙关系，进而影响组织管理的核心要素——责权关系和指挥系统。

除了企业内部结构与关系变化，数字化还导致企业内部决策权下放。在传统的科层制企业中，高层管理者掌握绝对的决策权，而直面市场和客户的一线员工决策权较低，无法机动、灵活地满足客户需求。员工在实践中产生的创新创业想法和方案需要经历层层上报与审批，容易造成信息和数据失真，长时间的等待也有可能错失宝贵机会，打击员工的工作积极性与创新性。为在激烈的市场竞争中生存和发展，企业需要及时响应市场需求，减少信息与数据的传输障碍，做到“让听得见炮声的人来决策”。数字化则成为实现这一目标的有效方式，数字技术的应用使企业上下级员工间的沟通更为高效，减少等待时间。企业在数字化转型战略的驱动下简化了决策流程，促使权力下放。刘政等指出，企业数字化对组织授权产生影响，即减弱高管权力、增强基层权力，促使组织向下赋权。① 数字化企业的组织设计与权力分配通常以产品或服务为中心，使企业能够快速地触及痛点并进行业务布局。②

第三，创新的变化。创新是企业竞争力的重要来源，大型企业更擅长改进性创新。在突破性创新、颠覆性创新对经济社会发展贡献越来越大的现实背景下，这成为大型企业需要克服和解决的重要问题。2021 年初，国资委明确将科技创新重大项目突破列入央企业绩考核范围，将央企的科研投入视同利润进行考核；对重大项目、创新项目、创新团队给予工资总额单列；推动央企落实国有科技型企业股权和分红激励暂行办法，加大对科研人员的中长期激励力度；进一步加大力度，把大部分国有资本经营预算投入科技创新方面。2022 年初，经中央编委批准，国务院国资委成立科技创新局、社会责任局，更好地组织指导中央企业深入实施创新驱动发展战略、积极履行社会责任，坚定不移做强、做优、做大

---

① 刘政、姚雨秀、张国胜等：《企业数字化、专用知识与组织授权》，《中国工业经济》2020 年第 9 期。

② 魏江等：《数字战略》，浙江大学出版社，2022。

国有资本和国有企业，加快打造世界一流企业。

Marion 和 Fixson 的研究指出，现有设计和协作工具的数字化，以及全新数字工具的引入所带来的创新变化远比前几代工具更具有颠覆性，它不仅影响产出的质量和速度，还影响创新工作本身，改变组织的工作内容、协作模式、组织设置、治理结构、企业边界等。借助数字化建设，大型企业能够做到与普通用户的互动，原来适合于个体和中小企业的微创新在大企业的平台上也同样受到关注。① 大型企业在开展有组织的创新的同时，更加重视和鼓励基于小团队的自由探索，场景驱动的创新越来越活跃。大型企业不仅在利用和开发原来适合于个体和初创企业擅长的机会，还在不断创造新的创业机会，进而促进新型大中小企业的融合发展，这些变化也必将有助于在大型企业内部实现有组织的创新。

数字化与创新的交叉领域，即数字创新，已开始作为一种特殊的创新类型受到学术界的关注。当前，数字创新的相关研究主要聚焦于从理论上探讨其概念内涵、不同类型、核心议题与发展方向。数字创新是一个基本而强有力的概念，数字创新包括过程创新、产品创新和商业模式创新三种类型，以及发现、开发、扩散和影响四个阶段。Kohli 和 Melville 提出数字创新的三种重要内涵：一是数字创新包括应用信息技术而形成的产品、服务与流程；二是数字创新会采用和开发新的构件并将其在整个组织中推广；三是需整合现有的组织及其结构、文化、流程等而产生信息技术的创新成果。② 基于此，他们提出数字创新的理论框架，其中，外部竞争环境和内部组织环境是数字创新的重要情境，企业通过启动、开发、实施、利用等步骤开展，最终在产品、服务与流程等方面产生数字创新绩效。刘洋等基于已有研究，将数字创新定义为“在创新过程采用信息、计算、沟通和连接技术的组合，从而带来新的产品、生产过程改进、组织模式变革以及商业模式的创建和改变等”，并根据创新产出类型，将数字创新分为四个类型，即数字产品创新、数字过程创新、数字组织创新和数字商业模式创新。

第四，大小企业关系。数字技术在拉近企业与客户之间的距离，也在拉近企业与上下游企业之间的距离。近年来，企业与供应商之间的距离逐渐缩短，领军企业庞大的供应需求吸引了供应商集聚，呈现出集群化发展态势。无论是汽车还是家电，制造行业中企业工厂附近布局着众多供应商仓库，以高效的响应速度在较短时间内满足企业的供应需求。不仅如此，在国家产业协同发展和企业战略规划的驱动下，集群化正转向生态化发展，尤其在新冠疫情冲击下，企业构建本地生态体系尤为重要，能够有效保障物流供应。大型企业与供应商之间的供需关系是生态构建的基础，而生态构建的目标是实现价值共创。在数字技术和数字设备的支撑下，企业通过数字化工厂，联动上游供应商，构建智能制造生态体

① Marion, T. J. and Fixson, S. K., “The transformation of the innovation process: How digital tools are changing work, collaboration, and organizations in new product development,” *Journal of Product Innovation Management* 38, No. 1 (2021): 192—215.

② Kohli, R. and Melville, N. P., “Digital innovation: A review and synthesis,” *Information Systems Journal* 29, No. 1 (2019): 200—223.

系，有效应对外部环境中的不确定性。大型企业在筛选纳入自身生态体系的供应商时也存在一定标准，供应商的供货能力、产品品质、响应速度、库存情况都是重要的考核指标，影响着企业经营的成功与否。例如，美的“灯塔工厂”在生产前 12 小时通知供应商送货，4 小时送到生产线开始组装，这对企业与供应商之间的生态协同化要求极高。生态体系中的供应商之间是既竞争又合作的关系，存在知识交流、互动和共创。企业与供应商的关系发展由交易、合作到战略联盟，与供应商建立长期、互利的战略伙伴关系，终极目标是在高效的生态体系中共创价值，使双方形成成本和利润优势，并获得市场竞争力，实现企业与供应商的双赢。

当然，大企业平台化、生态化发展为广大的中小企业提供发展机遇的同时，也带来很大的挑战。大企业在创业创新的同时迫使中小企业谋求改变，如推动中小企业数字化，迫使中小企业向专精特新的方向发展。大中小企业融通发展也已经受到政府重视。在工业和信息化部、财政部等 11 个部门联合发布的《关于开展“携手行动”促进大中小企业融通创新（2022—2025 年）的通知》中，提出到 2025 年要打造一批大中小企业融通的典型模式，激发涌现一批协同配套能力突出的专精特新中小企业，推动形成协同、高效、融合、顺畅的融通发展生态。

第五，与政府合作解决社会问题。企业和政府能否有效合作解决社会问题和危机是企业、政府、学术界多方需要共同思考的问题。数据成为新的、重要的生产要素，企业表面上掌握客户的信息，但目前只局限于开展商业活动。消费互联网的快速发展以及工业互联网与消费互联网的进一步融合，企业特别是大型企业在其中发挥的作用一定不会局限于商业。新冠疫情暴发以来，有报道说潜逃多年的罪犯落网，也出现了大量因为不使用智能手机而寸步难行的实例，这些都和数字化直接相关。背后不仅仅是数据安全、数据治理等问题，一个非常重要的课题是企业与政府的合作问题，由此可能带来新的政商关系。对此，大企业，特别是国企、央企等大型企业，一定要担负起责任。

二、数字经济时代的企业管理新模式

2020 年 9 月 11 日，习近平总书记在科学家座谈会上提出，“坚持面向世界科技前沿、面向经济主战场、面向国家重大需求、面向人民生命健康”。[①] “四个面向”明确了我国科学家在“十四五”时期以及更长一个时期内推动创新驱动发展战略的工作方向和历史责任。工商管理学科具有同时强调科学性和应用性的学科属性，科研工作更多地面向经济主战场和国家重大需求，特别是面向经济主战场，成为工商管理学科近年来发生的显著变化。

---

① 《习近平：在科学家座谈会上的讲话（2020 年 9 月 11 日）》，http：//www. gov. cn/gongbao/content/2020/content_5547627. htm？ivk_sa = 1024320u。

面向企业和国家需求的重大管理问题，不仅要听取学者意见，更需深入企业管理实践，聆听企业家的独到见解，企业家作为管理实践的探索者，对实际管理问题最为清楚。由于国家自然基金委专项任务“工商管理学科发展战略及十四五发展规划研究”需要，2020 年初，张玉利和杨俊教授通过各商学院院长和与企业家联系紧密的资深学者，面向大型企业的董事长、总经理等高管核心成员在线开展问卷调查，主要调查一个核心问题：“您认为最需要管理学者研究的重大且具有普遍性的管理问题是什么？问题不超过两项，并请简述理由。”调查历时 1 个月（2020 年 2 月 1—29 日），最终收集问卷 105 份，在剔除未作答、重复填写、单纯描述现象的问卷后，共获取有效问卷 86 份。总体上，工业社会的管理理论与数字经济时代企业实践的移位，成为企业家希望学术界重视研究的大问题，所提炼出的问题关键词有：（1）数字化相关，包括数字化时代、数字技术、数字化转型、人工智能、互联网、网络时代；（2）组织变革相关，包括组织变革、组织建设、组织转型、组织平台化、组织生态化；（3）企业管理和发展，包括组织协同、协同办公、可持续发展、不确定性等。

大型企业一直是时代管理模式的塑造者。在工业社会，规模经济、组织层级系统、高度的分工、专业化、标准化和低成本等构成了企业管理模式的核心框架。尽管第二次世界大战结束后经济得到快速恢复，竞争强度和环境影响程度加大，开放系统、战略管理等受到重视，但总体上企业生产、用户使用、产业界限等经营格局并未改变。20 世纪 80 年代，人类进入信息社会，速度、创新等成为竞争优势的核心来源，组织扁平化和流程再造、速度和范围经济、创新、承担风险、拉近和顾客的距离等成为信息社会企业管理模式的重要因素，创业因为更多地具有这些特点而迅速成为热潮。进入数字经济时代，联结、数字生产要素、智能、场景、用户体验、迭代、定制、价值等成为热词，大企业因为数字资源、技术、资金等多方面的优势而成为数字经济时代的主体，成为产业链的“链长”、平台企业的组织者、生态系统的核心和关键节点。图 4－18 为数字经济时代，作为核心企业的大型企业在互联网和数字化技术作用下形成的互联与共生的生态系统，进而在创业及其机制的条件下产生一些新的发展模式，如平台化发展、跨界发展、快速扩展等。由此可见，数字化有助于大型企业形成广泛的联结，进而产生更丰富的生产要素组合，在创业活动的促进下展现新的发展面貌。

数字经济的演化和创新还在继续进行，企业管理新模式还不能最终确定，与信息社会的企业管理模式相比，可能也没有颠覆性的根本变化，如组织扁平化还是基本的格局，但一些变化已经产生：（1）联结是数字经济时代的核心特征，消费互联网、工业互联网不仅快速发展，而且有望整合到一起；企业与上下游之间不是简单的竞合，而是相互融合；用户员工化、供应商直接进装配线、跨界等都是体现。企业生产用户使用的格局被打破，分工变成了重组。（2）个性化、定制、情感和体验价值成为竞争优势的来源。（3）扁平化仍然是组织结构主要趋势，但直线和职能部门、企业内主要业务板块员工数量结构发生了

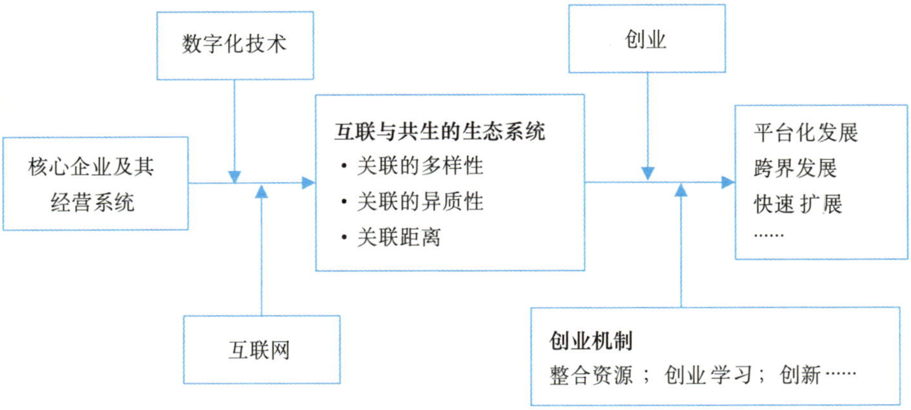

图 4－18　数字化和创业影响下的大型企业发展变化

巨大的变化，如因为智能化使大量员工离开生产线，多数转向客户维护工作，工作自由度和对市场的了解明显增多，长时间的累积会带来组织的变革，甚至重塑。（4）人机交互会成为主要的工作场景，决策机制在不断地发生变化；竞争变得更加宽泛，而不局限于用途的替代。克里斯藤森教授提出一个很好的问题：“管理好的公司为什么也会被替代?”他的破坏性创新和一系列理论影响广泛。现实中，不知道可能被谁替代，破产倒闭的企业可能设备精良、环境优美，而非脏乱差。

联结有助于要素的重新组合、场景能够驱动更多的机会等，极大地改变了创业情境和条件，在位企业特别是大企业积极投身于创新创业，而且不局限于组织内部的创业活动，是数字经济时代企业层面发生的最重要的现象之一，成为驱动和观测企业管理新模式的重要力量和角度。创业是应对巨变、增强竞争力的重要手段，数字经济时代大型企业的创业实践也势必有助于落实和推进创新驱动发展的国家战略。

第五章 中国数字企业的发展

21 世纪以来，随着互联网的发展，数字经济兴起。数字经济的出现不仅创造了极大的物质财富，推进了企业的价值增长，还使传统的商业模式、交易角色和价值链条都发生了巨大的转变，众多数字企业出现，其中包括数字信息、服务、平台、技术、产品企业，它们有着不同于传统企业的特征。本章将根据数字企业发展现状、面临的挑战及具体案例提出对策及建议。

第一节 行业发展背景

进入 21 世纪以后，互联网科技的发展可谓日新月异，信息通信技术也逐渐发展成熟。互联网的普及和发展，使人们可以通过网络进行线上购物、在线支付等电子商务活动，推动了以数据为主要生产要素的经济发展。智能手机、移动设备的普及和信息通信技术的发展，使人们可以随时随地进行信息交流、获取和分享，推动了数字娱乐、社交网络等领域的发展。同时，互联网科技和信息通信技术的发展提供了大量的数据资源和信息流通渠道。通过大数据分析和人工智能技术的应用，挖掘出了更多的商业机会和市场需求。由此，在两者发展的基础上衍生出了一种新型的经济运行系统——数字经济。数字经济的出现不仅创造了极大的物质财富，推进了企业的价值增长，还使传统的商业模式、交易角色和价值链条都发生了巨大的转变。

随着数字经济的兴起，一些新的商业模式也随之产生。这些商业模式在数字经济大环境下，运用前沿的数字技术和数字化手段，将传统企业的业务、流程和管理方式进行升级和改造，以更高效、更灵活和更创新的方式运营和管理企业。目前，主要包括电子商务、网络广告、在线支付交易、应用程序商店、参与式网络平台以及近几年才兴起的云计算和 3D 打印等[①]。这些商业模式的运作与传统商业模式相似，但是由于这些商业模式结合了信

① 陈鑫燚：《BEPS 行动下的我国数字企业应对策略研究——以阿里巴巴为例》，硕士学位论文，安徽大学，2017。

息技术，实现了数据驱动的决策和运营，提高了企业的决策能力和效率，帮助企业实现数字化管理，提高了企业的管理效率和效能，创造了新的商业机会和增长点，可以有效提高客户体验和满意度，使其业务可在更大的规模和更远的距离上展开，体现出了高效性和先进性，并且在同等条件下，极大地节约了企业成本。当企业更新迭代，选择了这种商业模式，并且以数字技术为核心竞争力，就成为数字企业。

数字企业与数字经济相互依存、相互促进，数字经济是数字化转型的基础和前提，而数字企业是数字经济的基础设施建设，数字经济的核心就是“数字企业”。数字化转型是实现数字经济的重要手段和途径，数字经济的发展也为数字化转型提供了更多的机会和空间。当今，企业积极运用数字生产要素进行数字化转型，以适应数字经济时代的要求和市场竞争，提高企业的竞争力和市场地位，成为时代要求。

2020 年，新冠疫情在全球范围的出现，使传统企业线下经营方式遭到打击，实体经济受到冲击。虽然对我国经济增长和社会整治带来短期冲击，但因为数字化技术需求在疫情期间快速上升，云计算、视频会议、电子商务、在线支付、在线协作、配送等数字化工具和平台得到推广和应用，也倒逼企业数字化加速转型，涌现一批天生数字化产业。

《中国数字经济发展报告（2022 年）》中提出，数字经济作为国民经济的“稳定器”和“加速器”作用更加凸显。2021 年，我国数字经济发展取得新突破，数字经济规模达到 45.5 万亿元，同比名义增长 16.2%，高于同期国内生产总值名义增速 3.4 个百分点，占国内生产总值比重达到 39.8%，数字经济在国民经济中的地位更加稳固、支撑作用更加明显。而且，数字产业化基础实力持续巩固。2021 年，我国数字产业化规模达到 8.4 万亿元，同比名义增长 11.9%，占国内生产总值比重为 7.3%，与 2020 年基本持平，产业数字化发展进入加速轨道。2021 年，我国产业数字化规模达到 37.2 万亿元，同比名义增长 17.2%，占国内生产总值比重为 32.5%。各行各业已充分认识到发展数字经济的重要性，工业互联网成为制造业数字化转型的核心方法论，服务业数字化转型持续活跃，农业数字化转型初见成效。数字企业利用大数据实现资源快速优化配置，再生的技能越发熟练，市场不断扩大，前景持续向好。

在此发展趋势下，数字化转型也成为传统企业创新变革的关键突破点，从“可选项”变为“必选项”，是企业未来生存发展的核心，我国企业能否充分发挥数字技术优势，打造符合自身禀赋特征的数字化转型战略，已成为当前我国数字经济发展战略下的重要课题。

企业也应当思考，传统企业和数字企业的区别究竟体现在哪些方面，怎样重组传统企业的经营方式、管理模式、组织结构和价值网络，才能成为新兴的数字企业。而新兴的企业怎样从一开始改变并确定企业特征，才能成为天生数字化企业。同时，为了更好地进行数据治理，企业也应对当前数字化企业进行分类，探寻不同数字企业类别的经营规律、组织管理模式，以达到更好的资源整合及利用。

因此，针对数字企业进行的定义、理论分析和研究显得尤为重要。分析对数字企业的准确定义有利于企业找准自己的定位，发现自己区别于传统企业的竞争优势，正确的定位能让企业把握重点，完善企业结构和基础设施建设，在数字经济浪潮下不盲目跟风、掉入陷阱，又能发挥自身优势，找准方向。而数字企业理论研究也不可或缺，数字企业尚处于初级阶段向中级阶段迈进的过程中，实践经验不足，行业可借鉴案例少且不全面，需要重视理论的作用，通过理论认识进而解释数字企业中存在的现象和问题，从而用理论指导实践。同时，不忘做好行业调研，通过研究数字企业发展动态、规模结构、综合经济信息等，分析数字企业行业需求、供给、经营特性、获取能力、产业链和价值链等多方面的内容，整合行业、市场、企业、用户等多层面数据和信息资源，为客户提供深度的行业市场研究报告，以专业的研究方法帮助企业深入了解行业，发现投资价值和投资机会，规避经营风险，提高管理和运营能力，助力国内数字企业长期健康发展①。

第二节　数字企业的定义与理论支撑

一、定义

数字企业存在的基础是计算机网络信息技术，主要是利用网络信息平台、数据库技术、电子商务技术提供服务，并以此获得收入。它可以按照企业的运行机制和规律融合到一个能全面反映企业现状综合信息管理系统平台之中，最终为企业的经营活动、管理和决策提供强有力的支持和系统服务②。

通过对知网有关数字企业文献的查阅，本节汇总了如表5－1所示的具有代表性的定义数字企业的主流观点。

表5－1　　数字企业其他相关定义

作者	定义
徐美娜、夏温平	数字企业一般没有重资产，而是一个拥有智能技术以及汇集了各种思想的经济组织
周宏仁	数字企业有其独特的作用，它们可以从不同方面以不同的方式去推动其他行业企业进行数字化转型
UNCATD	在一个企业的组织架构中，当数字技术是其重要组成部分甚至是核心组织时，这家企业就是数字企业
史志鹏	数字企业不仅要有很强的竞争能力，而且能力中必须包含数字化技术

① 李定川：《全球流量计行业特点及市场竞争分析》，《智慧工厂》2016年第1期。
② 毛艳华：《智慧企业评价指标体系构建研究》，《未来与发展》2013年第7期。

续表

作者	定义
柳学信等	企业数字能力是以数字技术为核心，从构建软硬件技术协同基础，到整合集成组织内外部资源，再到赋能企业长期价值的综合能力
张谋明	从事数字经济产业的主体，以数据作为关键生产要素，以网络作为载体，生产数字产品和提供数字服务

对照比较各主流观点，总结得出：广义的数字企业是包含了以数字技术和数据作为关键生产要素，以网络为载体，能为企业自己构建信息技术支持，整合内外部资源，赋能企业长期价值，并有能力推动其他企业进行数字化转型的新型企业。

但是，当前定义主要是从数字化转型视角，而非针对天生数字化企业。国内数字经济企业有两类，一类是以阿里、腾讯、网易等为代表的天生数字化企业；另一类是鞍钢、华为等正在或者已经转型为“数字化转型企业”的传统企业。两类数字经济企业存在显著区别。天生数字化意味着企业在成立之初就按照数字化的商业模式运营，相比之下，数字化转型一般是由传统企业借助数字化技术，根据数字化的思维模式优化资源配置效率，构建新型竞争优势的过程。

由此，我们得出数字企业是商业模式数字化，以数字技术和数据作为关键生产要素，以网络作为主要载体，通过实现资源的合理配置与有效利用，提供数字产品与服务的新型企业。

二、理论支持

随着数字时代的来临，一些基于数字经济、互联网科技的理论得到实证检验，同时，这些理论也有效预测了数字企业将迎来迅速发展的未来趋势。

（一）网络效应

信息产品存在着互联的内在需要，因为人们生产和使用它们的目的就是更好地收集和交流信息。这种需求的满足程度与网络的规模密切相关。如果网络中只有少数用户，他们不仅要承担高昂的运营成本，而且只能与数量有限的人交流信息和使用经验。随着用户数量的增加，这种不利于规模经济的情况将不断得到改善，所有用户都可能从网络规模的扩大中获得更大的价值。此时，网络的价值呈几何级数增长。这种情况，即某种产品对一名用户的价值取决于使用该产品的其他用户的数量，在经济学中称为网络外部性，或称为网络效应。

从数字企业的特征出发，可以看出网络效应是如何助力数字企业发展的。

数字企业通常是基于互联网的，可以很容易地构建在线社区或市场，并且可以通过数字技术来实现高效的数据分析和营销。因此，数字企业的规模很大，并且有着强大的网络效应。数字企业通常采用数据驱动的业务模式，能够迅速响应市场需求和用户反馈，从而提高用户体验和产品质量。网络效应可以提供大量的用户数据和反馈，帮助数字企业优化其产品和服务，提高用户体验和满意度。同时，数字企业通常具有强大的社交属性，能够通过社交媒体、在线社区或其他数字渠道来扩大影响力。网络效应可以帮助数字企业在社交媒体上迅速传播信息，吸引更多的用户加入，从而扩大市场份额。其灵活的运营模式，能够快速响应市场变化和用户需求。网络效应也可以帮助数字企业实现更快的增长，从而更好地适应市场环境。

总之，网络效应是数字企业发展中的关键因素之一。通过充分利用网络效应，数字企业可以实现快速扩张和持续增长，并且能够更好地适应快速变化的市场环境。

（二）边际成本低

增加一单位的产量随即而产生的成本增加量即称为边际成本。由定义得知，边际成本等于总成本的变化量除以对应的产量上的变化量。边际成本低意味着增加一单位的产量产生的成本较低，一般发生在企业发展的初期和中期。

在数字企业中，边际效应低的体现如下：

（1）生产成本较低：数字产品的生产成本往往较低，尤其在初期阶段，因为它们不需要太多的原材料和人力资源。因此，当数字企业增加一单位的生产时，生产成本不会显著增加，边际成本低。

（2）用户获得成本较低：数字产品的用户获得成本也往往较低，因为数字产品可以通过互联网等数字渠道传播。因此，当数字企业增加一单位的用户时，用户获得成本也不会显著增加，边际成本低。

（3）广告成本较低：数字企业通常可以通过互联网等数字渠道进行广告投放，广告成本也往往较低。因此，当数字企业增加一单位的广告投放时，广告成本也不会显著增加，边际成本低。

（4）可扩展性强：数字企业的产品和服务通常具有较强的可扩展性，能够在不增加太多成本的情况下快速扩张。因此，当数字企业增加一单位的生产或服务时，不会对成本造成很大的影响，边际成本低。

因此，数字企业通常具有边际效应低的特点，这也是数字企业能够快速扩张和实现持续增长的一个重要因素。

（三）双边市场

双边市场是指通过数字技术平台和平台上的企业之间建立链接和联系，满足供求双方的需求，实现共同成长和价值创造的市场模式。这种模式下，数字企业可以通过平台连接各行各业的卖家和买家，以更低的成本提供更优质的服务和产品。数字企业与双边市场之间的关系是相辅相成的，数字企业是双边市场的支撑，双边市场又为数字企业提供了更广阔的发展空间。在这种新型商业模式下，数字企业可以利用双边市场的互动性优势实现自身价值最大化，同时为各行各业的卖家和买家提供更高效、便捷、安全的产品和服务，带动整个产业的数字化升级。具体来说，数字企业可以通过双边市场实现以下几方面的目标：

（1）提高用户数量和活跃度：数字企业通过在双边市场上提供高质量的服务和产品，吸引更多的用户加入自己的生态系统，提高用户数量和活跃度。

（2）扩大销售渠道和增加收入：数字企业可以通过在双边市场上拓展销售渠道和推广产品，实现更多的销售和收入。

（3）构建品牌形象和增强用户信任：在双边市场上，数字企业可以通过提供优质的服务和产品，建立良好的品牌形象，赢得用户的信任和口碑。

（4）提高数据分析能力和优化业务流程：数字企业可以通过在双边市场上收集和分析大量的用户数据，优化产品和业务流程，提高自身竞争力和效率。例如，在线拍卖网站、网上零售平台、共享经济平台等，这些平台需要同时吸引卖家和买家，并通过这些参与者的交易来获得收益。而且，其依赖的双边市场可以增强网络效应，因为在市场的两端（卖方和买方）之间，当参与者的数量增加时，对其他参与者的吸引力会增强，从而使整个市场更具有吸引力。同时，双边市场提高了数字企业的可持续性，因为双边市场提供了更多的收益来源，可以减少数字企业对某个市场或参与者的依赖性。

（四）梅特卡夫定律

梅特卡夫定律是描述网络价值的经典理论，它认为网络的价值与连接在该网络中的节点数呈平方关系。数字企业转型是指企业利用数字技术来提升生产力、创新能力和企业价值，通过数字化转型来适应数字时代的市场竞争。在数字经济时代，数字企业已经成为经济发展的新动能。梅特卡夫定律与数字企业的关系在于，数字企业的高效率运营正是基于梅特卡夫定律的应用。数字企业的输入和输出都是以信息和数据为主，数字技术的应用可以实现生产过程的自动化、智能化，提高企业效率，促进企业快速发展。同时，数字企业还可以对运营过程进行精细化管理，进一步提高效率。因此，在数字企业提升效率、实现快速发展、保持竞争优势等方面，梅特卡夫定律的应用非常重要。两者之间的关系体现在以下三个方面：

（1）梅特卡夫定律可以解释数字企业转型所带来的网络效应。随着企业数字化转型的推进，企业内部的数据和信息得以更好地共享和整合，不同的部门和人员之间的协同作用得以增强，从而提高了企业的创新和竞争力。

（2）数字企业转型也可以进一步推动梅特卡夫定律的实现。当企业实现数字化转型后，其拥有的数字资产和技术架构会更加先进和完善，从而吸引更多的用户和合作伙伴加入其中，进一步提升网络价值。

（3）数字企业转型也在一定程度上挑战了梅特卡夫定律的适用性。随着越来越多的数字企业涌现和数字化转型的加速推进，各种数字化平台和生态系统也越来越多，网络连接的节点数呈指数增长，而不是平方增长，因此，梅特卡夫定律的适用性也需要进一步探讨和验证。

梅特卡夫定律指出，任何系统或者过程的效率都与其输入和输出的数量成正比。具体来说，无论是生产制造、管理、金融，还是数字企业等不同领域的企业运营模式，都可以应用梅特卡夫定律来进行效率分析和提升。

数字企业是指以信息技术、互联网等数字化手段为基础进行经营管理的企业。在数字经济时代，数字企业已经成为经济发展的新动能。梅特卡夫定律与数字企业的关系在于，数字企业的高效率运营正是基于梅特卡夫定律的应用。数字企业的输入和输出都是以信息和数据为主，数字技术的应用可以实现生产过程的自动化、智能化，提高企业效率，促进企业快速发展。同时，数字企业还可以对运营过程进行精细化管理，进一步提高效率。因此，数字企业在提升效率、实现快速发展、保持竞争优势等方面，对梅特卡夫定律的应用非常重要。

（五）摩尔定律

摩尔定律认为，集成电路中的晶体管数量每隔 18 至 24 个月就会增加 1 倍，同时，电路的体积和成本也会相应下降一半。摩尔定律在数字企业发展中有以下四个表现：

（1）促进了数字产品的快速更新：摩尔定律规定了芯片的性能每 18 至 24 个月会翻倍，这意味着数字企业可以通过不断更新硬件设备，提高数字产品的性能和功能，满足消费者不断提高的需求。

（2）降低了数字产品的成本：随着芯片的性能提高，芯片的制造成本也在不断下降。这意味着数字企业可以使用更先进、性能更高的芯片，同时，降低数字产品的制造成本，提高产品的市场竞争力。

（3）推动了数字化转型：数字化转型需要大量的数字化技术支持，如物联网、云计算、大数据分析等。随着摩尔定律的发展，数字企业可以更加便捷地获得更高性能的硬件，推动数字化转型的快速发展。

（4）催生了数字经济的繁荣：数字经济的繁荣需要先进的数字技术支持，摩尔定律推动了数字技术的不断升级和创新，促进了数字经济的繁荣。

综上所述，摩尔定律在数字企业发展中表现为促进数字产品的快速更新、降低数字产品的成本、推动数字化转型和催生数字经济的繁荣。这些表现使数字企业可以更好地满足市场需求，提高市场竞争力，实现持续发展。

第三节　数字企业的分类

数字企业作为一种新兴行业，暂未被我国现存的国民经济行业分类标准进行细致划分。可供参考的《国民经济行业分类标准》（GB/T 4754—2017）规定了全社会经济活动的分类与代码，是按照一定的原则和分类方法对社会经济活动进行划分，反映社会经济活动标准的基础分类。根据上述分类标准，数字企业可归属于 I－64、I－65 两大类，现将其划分为以下五类。

一、数字信息企业（I－64－642）

数字信息企业是以数字技术为基础，提供在线信息、电子邮箱、网络游戏等信息的企业。这些企业通过对信息在生产、加工、存储、传递过程中的数字化来满足用户学习、娱乐、工作多种场景下的信息需求。典型数字信息企业及其服务如表 5－2 所示。

表 5－2　典型数字信息企业及其服务

典型数字信息企业	服务
新浪微博	基于用户关系实现信息即时分享的媒体社交平台。通过免费开放的 API 实现文字、图片、视频的搜索、分享、同步等功能，能简便、快捷地实现信息的传播交互
网易邮箱	中国第一大电子邮件服务商，产品涉及免费邮箱、邮箱大师、企业邮箱三大板块，能够满足用户收发电子邮件、储存文件等多种需求
腾讯游戏	全球知名游戏开发和服务运营机构，产品覆盖面广，利用庞大的社交核心用户群和流量优势，成为国内最大的网络游戏社区

（一）运营模式

1. 内容营销

数字信息企业提供的信息质量尤为关键。数字信息企业可以借助自身信息服务的优势来生产高质量的内容，吸引潜在客户，提高转化率，同时能增强现有客户的黏性，促进用户对于企业的认同和信任，进而将用户沉淀在私域流量池。另外，数字信息企业通过不断优化网站结构和内容，提高其在搜索引擎结果页面上的排名，进而增加网站流量和品牌的曝光度。

例如，微博作为开放式平台，利用自身在传播中信息的自由流通与实时更新的特点，吸引大批官媒入驻，借助微博平台发布官方通告进行传播。这种快捷获取官方信息和社会新闻的方式也吸引大批用户进入，实现高质量的内容营销。

2. 口碑营销

数字信息企业通过客户口碑来推广自己的品牌。通过平台收集客户的反馈和推荐，利用社交媒体、在线评论等方式传播企业的信息和产品特点。但是，在口碑营销中，由于企业无法控制客户的反馈和推荐，可能会出现不实或不准确的信息，影响品牌形象。因此，口碑营销需要企业建立有效的口碑机制，积极回应客户的反馈，不断提供高质量的产品和服务，才能够帮助企业建立信任度和忠诚度，提高企业的品牌知名度。

（二）盈利模式

1. 为客户提供平台广告而获利的广告商模式

随着互联网的发展，以及海量且持续增加的用户群，广告投放商家越来越倾向于利用数字信息企业区分潜在用户来进行广告的精准投放，一方面可以宣传自家产品，另一方面能帮助其他商家宣传。通常，广告投放有两种形式：

（1）直接以所投放社交媒体信息的存在形态作为广告形态的互联网广告。例如，投放在微博上的广告就是以微博的形式被用户接收，投放在微信平台上的广告就是以朋友圈动态的形式被用户接收。

（2）结合用户浏览内容信息以社交媒体开屏图片、动态横幅图标、网页图标的内容形式出现，通过精准的算法（记录用户的搜索或者浏览痕迹）、丰富的内容形式进行精准投放。[①]

因此，数字信息企业就是广告商与用户间的权衡者，保证如何在广告持续盈利的同时维持用户的满意度是社交媒体平台关注的重点。

2. 增值服务模式

增值服务包括订阅收费、付费会员、游戏收入等。

企业提供一些高质量的内容和服务，并向客户收取订阅费用，直接受众是社交媒体平台的普通用户。尽管单笔增值服务的利润不高，但如果吸引到大量用户群体购买订阅，将成为重要的收益来源。

订阅收费——适用于那些高质量的产品和服务部分。企业通过提供高质量的内容和服务，并要求用户支付订阅费用才能获得访问权限，能够建立长期客户关系，为企业提供稳定的、可预测的收入来源。

付费会员——最基本、普遍的增值服务，有稳定的盈利能力。客户充值会员会享受到更加个性化、多样化的服务。例如，知乎对于普通信息内容采取免费模式，但对于一些高质量的回答和深度分析，用户需要支付订阅费用才能阅读使用。

游戏收入——道具服务收费。很多国内游戏都采取游戏免费、道具收费的形式，使用

① 李丹妮、陈珊：《基于微博用户信息接受特征的广告投放策略研究》，《现代经济信息》2020 年第 13 期。

户与产品距离更近，更有利于实现利润，为企业创收。

二、数字服务企业（I－64－6431、I－64－6432）

数字服务企业是为生产、生活、公共等提供服务的企业。通过数字技术，依托一定平台来满足日常生产生活产生的需求，提供优质、便捷的城市服务。这类企业业务种类多样，涉及范围较广。典型数字服务企业及服务如表5－3所示。

表5－3　典型数字服务企业及服务

典型数字服务企业	服务
货拉拉	借助互联网、大数据、人工智能搭建货运平台，通过共享模式即时智能调度多种车型，实现同城及跨城货运、企业版物流服务、搬家、零担、汽车租售及车后市场服务的互联网物流商城
美团	高效对接商家和消费者的综合性生活服务平台，其业务包括吃喝住行全方位服务，提升生活服务智能化水平
滴滴出行	涵盖出租车、专车、滴滴快车、顺风车、代驾、大巴等多项业务在内的一站式多元化出行平台。通过与出租车行业、汽车产业、监管部门协作，利用人工智能技术实现移动出行，推动智慧交通创新

（一）运营模式

1. 个性化设计

为用户提供个性化服务体验，通过定位消费者位置，利用算法精准定位用户习惯、爱好，进而提供最符合消费者需求的详细加盟者和商家信息，同时，提供反馈平台，帮助消费者与商家沟通。

2. 线上、线下一体化运营

线上模式即平台与商家达成长期合作关系，确定某种商品的价格，平台展示商户信息，当消费者需求得到匹配时，消费者向平台支付费用，商家提供产品，来完成交易。

通过线上、线下一体化运营，搭建自有本地化服务平台，借助平台将信息传递给消费者，进而实现在线支付、线下服务。

3. 优惠活动实施

数字服务企业经常会推出各种优惠活动，以吸引新用户，提高用户留存率，增加市场份额，提高企业竞争力和市场地位。例如，滴滴出行的打车红包、美团的团购优惠、货拉拉的新用户免费送等。数字服务企业实施优惠活动时，需要根据市场需求和竞争环境不断调整和优化优惠活动策略，以提高优惠活动效果和商业价值。

（二）盈利模式

1. 平台盈利模式

公司通过自有平台已经拥有的客户资源，从而招揽商家进入该平台，促使客户同商家进行快捷的交流，向商家创造较高的交易金额和现金流量，由此从中分成或者收费，主要利润来源有增值服务费、中介费、佣金。①

（1）佣金。一般指平台类产品对其他公司的出售给予协助，从而获取的回报。例如，美团活跃用户规模保持快速增长，能借助平台优势为商家提供一整套的管理优化和供应链配送服务，为下游消费者提供配送服务，也能为商家提供更多的曝光度和订单，以此来赚取较高的佣金，如通过向商家收取订单金额的一定比例作为外卖佣金而获得收入，通过向旅游供应商收取订单金额的一定比例作为旅游佣金而获得收入。

（2）商家合作管理费。商家入驻和使用平台需要缴纳入驻费和交易服务费，用于管理和维护商家在平台上的合作关系。通常会按照固定的时间模式收取管理费用，不同的产品收费、押金标准分别有明确的规定，通常分为技术服务费和营销服务费。

技术服务费是商家使用平台提供的技术服务所需支付的费用，包括平台使用费、技术服务费。

营销服务费是商家在平台上享受各种营销服务所需支付的费用，包括广告投放、促销活动等，以此来帮助商家提升在平台的曝光度和销售额。

2. 增值业务服务模式——会员模式

为了增加用户黏性，数字服务企业通常会实施会员制度，让会员享受更多特权来提高消费者的满意度，如美团、滴滴出行的会员制度（见表5－4）。

表5－4　美团、滴滴出行的会员制度

美团会员制度	提供餐饮、酒店、休闲娱乐多领域专属福利，享受免费配送、专属优惠、积分兑换、专属客服等福利
滴滴出行会员制度	提供出行、生活服务多领域专属福利，享受免费接送机、积分兑换等福利
价格一般在99—199元，费用会根据不同的城市和套餐有所区别	

3. 资金沉淀盈利模式

数字服务企业通过与支付宝、微信支付等合作后，可以利用第三方平台进行支付，用户通过第三方平台支付费用。由于第三方支付平台有庞大的用户群体，这种合作方式会帮助企业拓展用户规模，增加用户留存和复购率，带来巨大的流量，增加数字服务企业的收

① 张涵：《美团网的盈利模式及其财务评价研究》，硕士学位论文，东北石油大学，2020。

入。同时，也能够提供一些金融服务、信用评估，拓展盈利渠道。

三、数字平台企业（I－64－6434）

数字平台企业是通过互联网和云平台等方式提供数字产品和服务的企业。数字平台企业基于数字化技术，通过数字驱动、平台支撑、网络协同进行生产和服务，或者为其他企业的生产和服务提供服务，以便消费者、企业和其他机构可以更便捷地进行交易和互动，实现供需对接。典型数字平台企业及服务如表5－5所示。

表5－5　典型数字平台企业及服务

典型数字平台企业	服务
淘宝	亚太地区较大的网购零售平台和包括团购、分销、拍卖等多种电子商务模式在内的综合性零售商圈。通过提供网络销售平台等基础性服务，对接供应与需求
京东	以供应链为基础的自营式电商平台，业务涉及零售、科技、物流等领域。推动“链网融合”，实现了货网、仓网、云网的“三通网”，是一家拥有数字技术和能力的新型实体企业

（一）运营模式

1. 营销

（1）个性化、精准化营销

利用用户浏览、搜索数据对用户画像进行标签，在用户容易接触到的常用渠道投放用户感兴趣的、相关性强的服务内容，通过用户管理系统的运作，实现最大化的服务个性化，满足用户个性化的需求。

（2）常见销售渠道

①代销

建立官方旗舰店，专品专营。商家通过支付佣金，掌握产品的平台定价权。针对订单成本较低、竞争力不强的产品。

②转销

通常是制造商将产品销售给平台，平台作为代理商销售产品，由制造商负责售后服务，产品价格受制造商和平台共同影响。针对订单成本较高或者同类产品竞争力很强的产品。

③双渠道运营

既有代销模式，又有转销模式。例如，京东采用双渠道销售方式，不但销售自营产品，而且为第三方卖家和消费者提供交易平台，满足用户多方面的需求。

2. 物流①

（1）自建物流配送体系

① 郭凯明：《我国电商物流一体化典型模式及发展趋势探索》，《全国流通经济》2021年第33期。

通过投资仓储仓库、运输工具等基础设施，自建物流中心，实现对物流全流程控制，一般是资金实力较强、业务较多的公司，由于第三方物流不能满足自身需求，进而自建物流配送体系。

（2）第三方物流

将物流业务外包给第三方物流公司，把非中心业务转交给经营该业务的专业化公司。一般来说，企业想将业务重心放在核心业务中，减少其他环节资源利用，进而将物流外包给专业公司来完成。

（3）物流一体化

企业与物流公司合作形成的物流一体化运作，双方通过数据分享、资源共享实现优势互补、互利共赢。

例如，京东主要有自有物流和第三方物流两种物流方式。京东自有物流主要是京东物流，它是京东集团的子公司，负责京东的配送和仓储业务，能够实现快速、高效的物流服务，提高客户满意度。同时，京东也与其他物流企业合作，如顺丰、申通等，通过合作物流企业的物流网络和资源，扩大物流覆盖面，提高物流效率。

（二）盈利模式①

主要采用平台业务模式和广告收费模式。平台业务模式是通过提供技术服务和交易平台，进而向卖家收取年费和佣金，不同销售类别的卖家需交纳不同的入驻费用；用户在平台完成交易时，平台会从商家处收取一定费用作为服务费。广告收入是数字平台企业的重要利润来源，第一，通过销售广告位，帮助卖家在平台首页或搜索界面首先展示、推广自身产品；第二，设置一定数量的明星店铺，这些明星店铺会被展示在搜索结果的关键位置，再按照被搜索量进行收费。

四、数字技术企业（I－64－645）

数字技术企业是提供人工智能、云存储、云计算、大数据分析等技术的企业。这类企业的核心要素是数字技术，通过有效利用信息通信技术和系统，帮助客户实现数智化的需求。典型数字技术企业及服务如表5－6所示。

表5－6　典型数字技术企业及服务

典型数字技术企业	服务
用友	通过构建、运行用友BIP商业创新平台，在财务、人力、采购、营销、研发、资产、协同等领域为客户提供数字化、智能化、生态化、全球化的企业云服务产品和解决方案，推进企业数智化转型和商业创新

① 肖红：《浅析阿里巴巴集团的阶段盈利模式》，《东方企业文化》2015年第3期。

续表

典型数字技术企业	服务
IBM	全球最大的信息技术和业务解决方案公司，为客户提供基础架构、软件、咨询服务，帮助企业改进工作流程、集成系统，洞察运营情况，推进企业智能化、数字化运转

（一）运营模式

1. 供应链支持

供应链主要包括采购、制造、物流、客户支持四个部分。采购部门负责在全球范围内采购生产和非生产物资，包括各种零部件和制造设备；制造部门负责生产设备；物流部门负责按照订单要求，向客户交付产品和服务；客户支持部门负责向客户提供产品和技术支持。

2. 营销

“全媒体、多渠道、重客户”的营销方式。

全媒体——基于不同类型用户不同的媒体接触习惯，合理分配向各媒体投放的资源，实现合理利用。

多渠道——通过数据驱动，在渠道分销上打通经销渠道，实现分销过程的全透明；在客户直销上打通关键客户，实现销售全流程的自动化；在多渠道营销上打通线上、线下，实现多渠道融合；会员制营销帮助客户持续经营，让客户参与经营，为客户提供不同渠道的营销解决方案。

重客户——对客户的行为、营销、产业链、销售、客户数据打通进行大数据分析，依靠自身强大的互联网构建能力，实现专业化客户运营（企业客户）。注重最终消费者感受（个人），围绕云计算、大数据帮助企业客户提升最终消费者的消费体验。

（二）盈利模式

1. 提供信息技术服务

这类企业通常在多个领域提供专业信息技术服务来实现盈利，包括信息系统的集成服务、运行维护服务、信息处理和存储服务、信息技术咨询服务、信息技术培训服务等业务。

2. 销售增值①

企业通过技术研发使软件产品推陈出新，应用于各种场景，同时不断对其进行更新换代，通过出色的性能和优秀的体验感吸引消费者逐渐成为企业品牌的忠实客户。包括以软件使用授权为主的盈利模式和以软件产品与智能硬件产品销售为主的盈利模式。

---

① 吴頔：《新经济背景下软件和信息技术服务企业盈利模式研究——以科大讯飞为例》，硕士学位论文，云南财经大学，2022。

五、数字产品企业（I－65－657）

数字产品企业是提供音乐、视频、电子书、在线课程等产品的企业，这类企业注重数字产品的内容，通过多媒体技术，将图像、文字、音频、视频数字化来提供产品和服务，是内容产业融合信息技术的结果。典型数字产品企业及服务如表5－7所示。

表5－7 典型数字产品企业及服务

典型数字产品企业	服务
网易云音乐	主打社交分享、歌单推荐，专注发现和分享音乐，致力于为用户打造全新的音乐生活服务
优酷网	为互联网用户提供原创音、视频的发布与分享服务的播客类网站，以“快速播放、快速发布、快速搜索”的产品特性满足用户多元化互动要求
晋江文学城	中国大陆范围内具有较高影响力的女性向原创文学网站之一，主要提供由网友独立创作的以爱情、都市类为主的原创网络小说
中国大学慕课	承接教育部国家精品开放课程任务，向大众提供中国知名高校的慕课课程在线教育平台。通过完成整个学习过程，使每个有意愿提升自己的人免费获得优质的高等教育

（一）产品生产及营销方式

以内容为核心要素的运营模式，通过内容传达，建立内容生产者与消费者之间的联系，让消费者对产品品牌形成一定认知，进而形成对产品的认可，最后促成产品消费。

内容运营模式通常注重内容运营的场景化、个性化、规范化。场景化是根据用户使用产品场景列出用户需求，将用户和内容更好地联系起来；个性化是通过数据分析和大数据建模分析用户画像维度，借助智能推荐算法实现精准推送；规范化是要重视产品内容审核，提高内容质量。①

例如，网易云音乐注重人文情怀，通过“云村”与“村民”的方式形成紧密联系，不同类型的村民设置各司其职的“村干”负责管理。同时，根据用户的听歌历史、收藏等数据让每位用户享受到完全私人定制的首页界面，提供优质的内容服务。

（二）盈利模式

1. 内容盈利模式

在流量红利逐步失去主导地位的当下，这些平台更加依靠原创内容和独家网络版权。它更加聚焦于内容本身，借助于相关技术，对内容进行专业化展示，最大化地体现内容的

① 闵令欣：《场景时代智能音频媒体运营模式探析——以网易云音乐为例》，《传媒论坛》2022年第24期。

价值，从而实现盈利。网络内容版权盈利模式借助于独家版权和内容的付费运用，从而得到收益。

2. 增值业务服务模式

（1）会员制度

（2）知识付费：不同类型的平台其知识付费形式也不一样。流量型平台主要是将知识付费的形式集中于某一个点，例如，简书以图文为主；工具型平台则有较为全面的知识付费方式，包括图文、音频、视频、直播、问答等比较主流的知识付费形式。但是也存在一定风险，大量用户早已对免费内容产生依赖，若付费内容没有足够的价值或者吸引力，会迅速引发用户的反感，因此需要创造优质内容。①

第四节　数字企业的特征

一、区别于传统企业的特征

数字化企业与传统企业的显著差异在于它们的数字化架构和技术支持，包括思维方式、生产方式、运营方式、管理方式、决策方式等多个方面。

（一）思维方式

数字化企业在数据应用上拥有更高的效率，采用“数据＋算法”的策略可以有效地应对各种不确定性，并且能够实现“数据—知识—智慧”的转型，从而提升企业的竞争力。以实现人、机器、物的有机结合，并运用动态思维方法进行精细化控制。

（二）生产方式

数字化企业能利用互联网技术实现企业内部资源共享和协同运营，进而提高企业的效率和竞争力，并且能够实现信息的快速传递和共享。它们抛弃传统的大规模、批量化的生产模式，积极跟踪市场变化，根据可能出现的需求变化，灵活调整生产策略，以满足客户的需求。

（三）运营方式

以客户为中心是企业数字化转型的核心目标，它要求企业建立多层次的组织架构，以

① 周姬文希：《数字贸易对全球价值链的影响和重构——基于知名互联网企业数字产品的案例分析》，《现代商业》2020 年第 28 期。

满足客户需求，提升敏捷性和用户体验，并在数据、IT 和考核机制等方面实施“以客户为中心”的理念，以提升企业的竞争力。数字企业在生产和经营中扮演着重要角色，更加注重客户黏性。相较于工业化时代的企业只是将产品和服务卖给客户，数字企业更多地要考虑客户黏性，将产品和服务与客户“黏”在一起，利用品牌影响力和客户忠诚度为企业创造更多价值。除此之外，数字企业还面临更多挑战，客户需求的多元化和个性化趋势越来越明显，如何能在众多的竞争者中守住老客户、吸引新客户，是现在数字企业所要思考的重要问题。所以，如何找寻目标客户、划分客户群体、扩大品牌影响力和巩固客户忠诚度，是现在数字经济时代企业需要重点关注的难题①。

（四）管理方式

通过建设一整套数字经济基础设施，数字化企业可以实施国家标准、规范性、扁平化和在线化的有效协作模式，并构建“以人为核心”的体系，从而大大提升跨机构、跨行业和跨信息系统的协同办公水平。

（五）决策方式

互联网数字化公司已经大大改变了传统的决策方式，它们不再依赖于成功经验，而是依靠搭建电子商务大数据分析网络平台来构筑中小企业智能大脑。数据和分析方法已经成为企业运营管理的核心功能，它们可以帮助公司更好地描述现状、诊断问题、预测未来，并提供有效的指导措施。

二、数字企业的其他明显特征

（一）数字经济规模效益增强，供给能力大大提升

一方面，数字企业具有电子化、信息化和数据化特征，所以有些新的经济活动不会引起边际成本的增加，如软件的复制等；另一方面，数字企业规模效益较传统企业有很大提升，例如，一个网站或社交软件的价值与其用户数量存在联系，用户数量越多，该网站或者社交软件的价值就越大。诸如此类的技术发展，催生了无限供给时代，为百姓的生活提供了便利。从宏观层面看，数字经济的发展打破了传统经济中生产关系与经济增长间的内在规律；从微观层面看，对数字企业而言，其营运模式、盈利模式和产品定价模式等企业生产运营的方方面面也与传统企业存在很大差别。

（二）数字经济具有高附加性，与其投入的尖端科技成正比

数字企业较传统企业，其产品附加价值更高。从传统经济学理论来看，数字企业的附

---

① 程文章：《独角兽企业价值评估研究——以小米集团为例》，硕士学位论文，兰州财经大学，2019。

加性更高，且数字企业产品的附加价值与其投入技术的先进程度和研发水平呈正相关，即附加价值会随着产品技术的先进程度而变化。

（三）数字经济具有高渗透性，模糊了产业划分的界限

20世纪90年代后期，由于互联网和通信技术的发展，人们的生活变得更为便利。三次产业受到这些技术的影响，经营与发展模式发生了巨大转变，特别是第二产业和第三产业。各个产业的生产要素通过数字经济联系得更为紧密，不是简单地表现为数据沉淀，而是将人和人、人和各个生产要素相互连接，为人们的生活提供了便利，也为企业发展提供了新的方向和模式，企业只有创新运营模式，才能跟得上数字经济发展的浪潮①。

第五节　数字企业发展现状与挑战

一、发展现状

（一）整体状况

根据CSMAR数据库，2021年数字信息企业、数字服务企业、数字平台企业和数字技术企业所在的互联网和相关服务行业共有中国上市企业72家，数字产品企业所在的软件和信息技术服务业共有中国上市企业291家，行业规模近年来不断扩大，具体如图5－1所示。

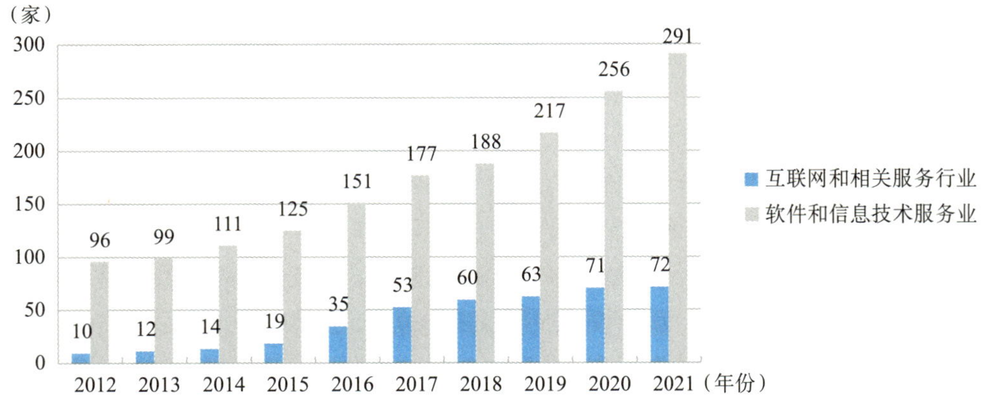

图5－1　2012—2021年行业内企业数量

① 程文章：《独角兽企业价值评估研究——以小米集团为例》，硕士学位论文，兰州财经大学，2019。

数字企业吸金能力强，交易规模大体呈增长趋势。表 5－8 为 2012—2018 年信息传输、软件和信息技术服务业年度增长值。

表 5－8　2012—2018 年信息传输、软件和信息技术服务业年度增长值

统计年度	信息传输、软件和信息技术服务业（亿元）
2012	11799. 5
2013	13549. 4
2014	15939. 6
2015	17516. 8
2016	20124. 1
2017	23808. 9
2018	28733. 5

盈利能力方面，从剔除 ST 类的中国上市公司来看，近年来由于数字企业处于快速发展态势，加入行业的企业数量增长迅速，竞争较为激烈。2012—2021 年，互联网和相关服务行业毛利率呈现下降趋势，并在 25% 左右波动；软件和信息技术服务业的毛利率则稳定在 35% 左右。图 5－2 为 2012—2021 年数字企业所在行业毛利率。

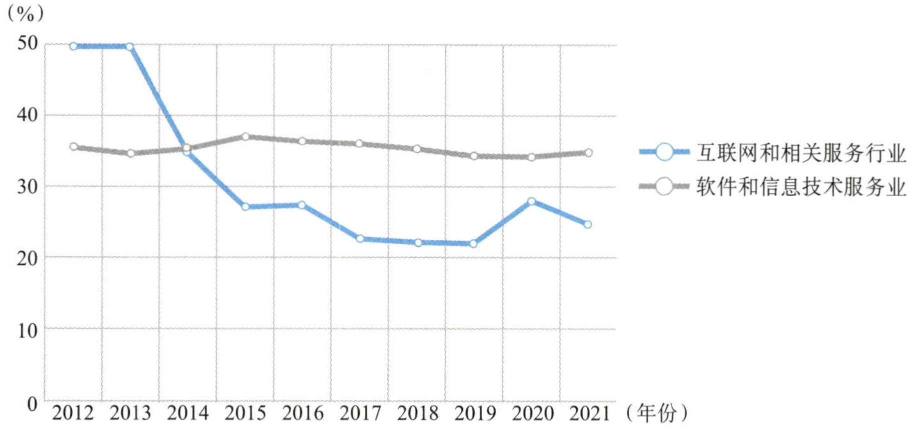

图 5－2　2012—2021 年数字企业所在行业毛利率

从行业的总资产净利润率（ROA）来看，互联网和相关服务行业、软件和信息技术服务业的盈利能力都有明显下降，2017—2019 年甚至为负值。2020 年以来，由于新冠疫情的原因，对数字企业技术的需求增加，总资产净利润率有所回升。图 5－3 为 2012—2021 年数字企业所在行业总资产净利润率。

发展能力方面，从行业净利润增长率来看，互联网和相关服务业自 2017 年来波动较大，而软件信息技术服务业稳定在 0 附近。图 5－4 为 2012—2021 年数字企业所在行业净利润增长率。

从行业的可持续增长率来看，2012—2021 年，数字企业所在行业可持续增长率皆为负

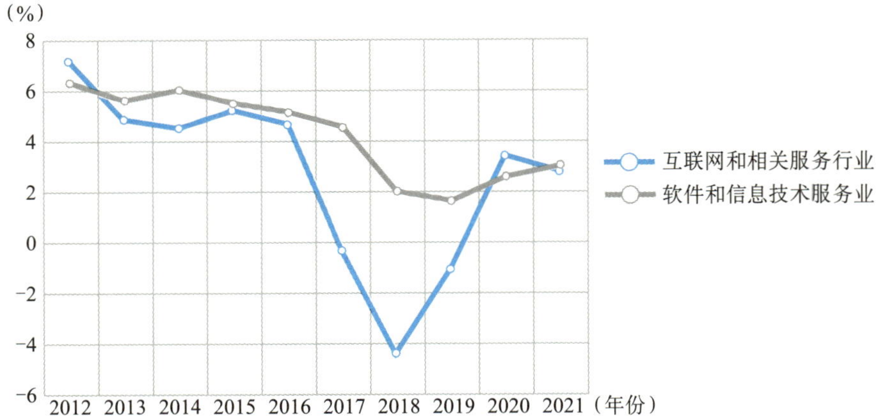

图 5－3　2012—2021 年数字企业所在行业总资产净利润率

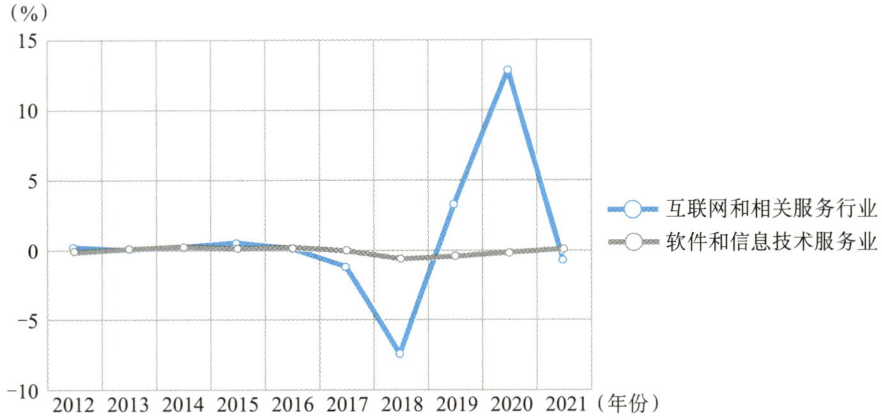

图 5－4　2012—2021 年数字企业所在行业净利润增长率

数（见图 5－5），并且不断降低，这提示我国数字企业需要调整产品结构，找到新的销售增长途径与利润增长点，以提高可持续增长率。

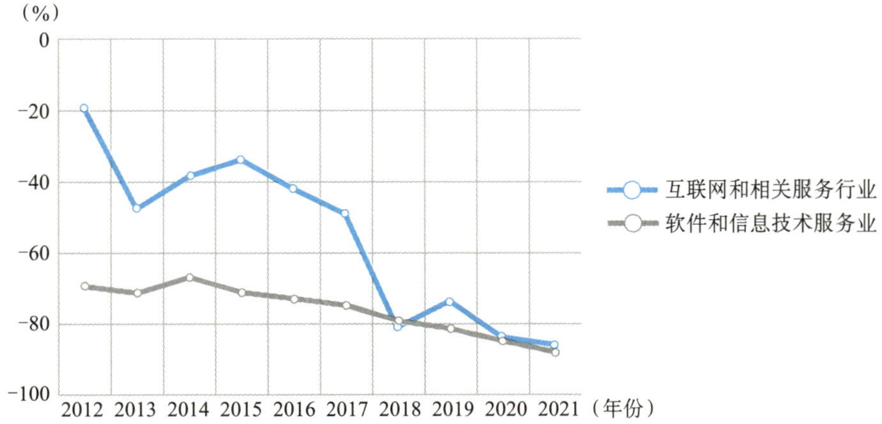

图 5－5　2012—2021 年数字企业所在行业可持续增长率

（二）数字信息企业

在网络游戏企业方面，表 5－9 为 2007—2018 年网络游戏交易规模统计。

表 5－9　2007—2018 年网络游戏交易规模统计

统计年度	交易规模（亿元）
2007	127
2008	207
2009	258
2010	323
2011	357
2012	458.3
2014	1144.3
2015	1345.8
2018	2871

在电子邮箱企业方面，根据 Coremail 与奇安信行业安全研究中心的联合监测①，结合各企业邮箱服务提供商的数据，2021 年国内注册的企业邮箱独立域名已增长至 535 万个左右，规模较为庞大。同时，2017—2021 年国内企业邮箱活跃用户规模持续稳定增长，从 1.2 亿增至 1.8 亿，如图 5－6 所示。从国内企业电子邮件收发数量来看，2020—2021 年存在较为明显的突增，从 6641.5 亿封增至 7637.7 亿封，其余年份也保持增长的状态，如图 5－7 所示。

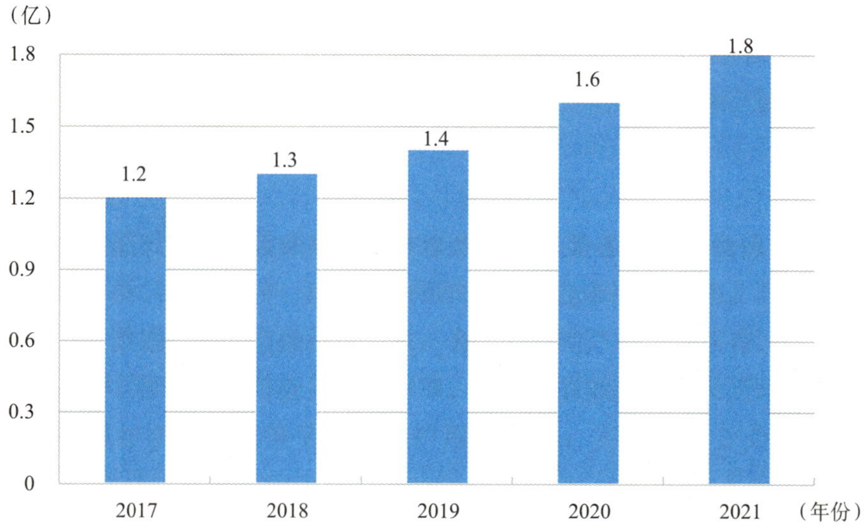

图 5－6　2017—2021 年国内企业邮箱活跃用户数量

① 佚名：《2019 年企业用户邮件安全形势严峻 带毒邮件同比翻倍》，智电网，https://baijiahao.baidu.com/s?id=1656233147523455567&wfr=spider&for=pc，访问日期：2023 年 4 月 1 日。

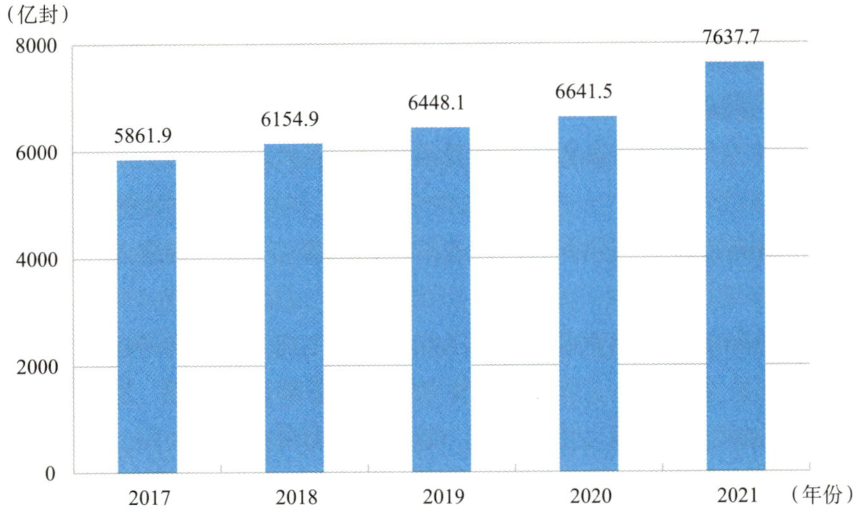

图5－7　2017—2021年国内企业电子邮件数量变化

在社交媒体平台企业方面，根据共研网整理的数据，我国社交媒体平台市场规模在2015—2021年呈加速增长趋势，从421.7亿元增长至1926.5亿元，如图5－8所示。

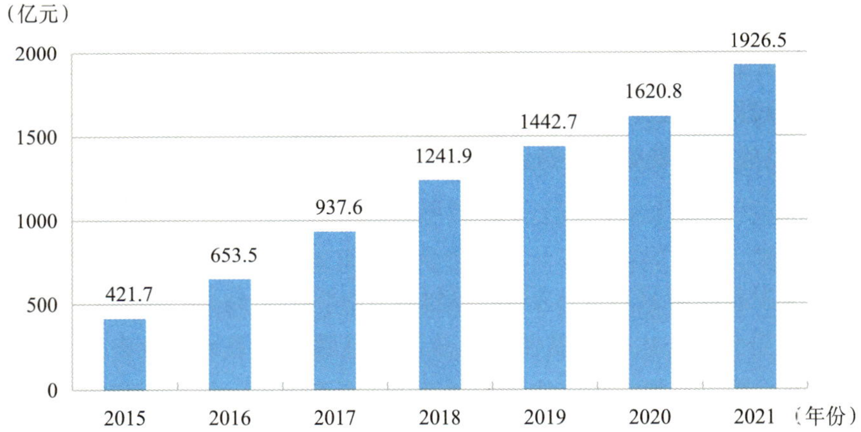

图5－8　2015—2021年中国社交媒体平台市场规模及分布

（三）数字服务企业

创业邦研究中心根据近500家数字化服务商回复的问卷数据[①]，从创新实践、业务成长、融资情况和管理团队等维度，挖掘近一年来在数字化领域表现优秀的企业，评选出了2021年50家数字化服务创新成长企业和30家数字化服务创新潜力企业。从中可以看出：

1. 数字服务企业备受资本青睐，吸金能力强

近几年，在新冠疫情的影响下，某些数字服务企业，如美团、饿了么等，广受用户喜

① 佚名：《2021数字化服务创新企业丨平均融资4.1亿，企业总估值近1800亿》，创业邦传媒，https：//baijiahao. baidu. com/s? id＝1720041094596655829&wfr＝spider&for＝pc，访问日期：2023年4月1日。

爱，使用度急速上升。调研数据显示，50 家数字化服务创新成长企业最新轮次融资总金额 205 亿元，平均单笔融资金额 4.1 亿元；30 家数字化服务创新潜力企业最新轮次融资总金额 37.5 亿元，平均单笔融资金额 1.2 亿元，显示出数字经济领域企业极强的吸金能力。2012—2018 年租赁和商务服务业交易规模统计如表 5 -10 所示。

表 5 -10　　2012—2018 年租赁和商务服务业交易规模统计

统计年度	租赁和商务服务业（亿元）
2012	11215.5
2013	13306.6
2014	15276.2
2015	18089.7
2016	21528.6
2017	25273.3
2018	29468.5

2. 数字服务企业估值高

调研数据显示，50 家数字化服务创新成长企业估值高于 20 亿元，总估值近 1800 亿元，平均估值约 36 亿元，66% 的创新成长企业估值分布在 20 亿—40 亿元。30 家创新潜力企业总估值达到 320 亿元，平均估值 10.91 亿元。

3. 数字服务企业聚集效应明显

得益于北、上、深、杭地区在基建、人口、经济、政策方面的优势，2021 年数字化服务企业更多分布在这些地区，彰显出蓬勃的发展活力（见图 5 -9）。

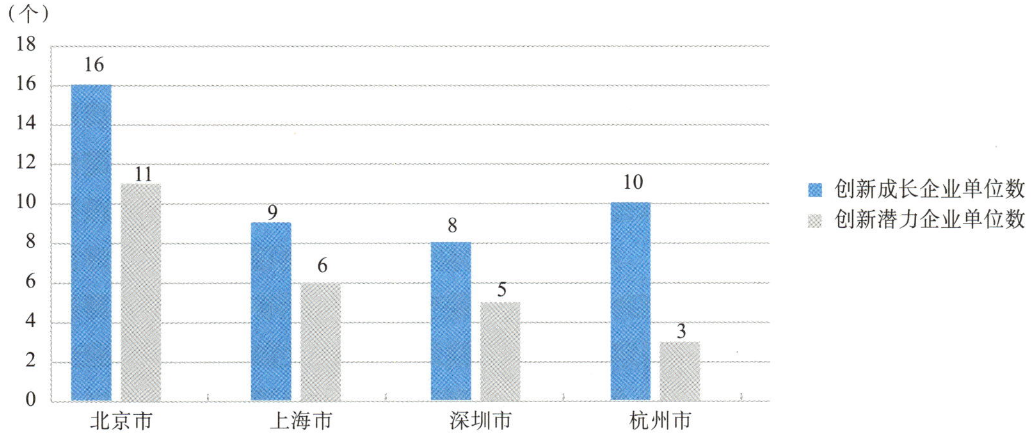

图 5 -9　2021 年数字服务创新成长和创新潜力企业数量主要城市分布

4. 数字服务企业促进就业

数字服务企业在促进就业方面有着突出贡献，是新增就业岗位的主要吸纳器。支持数字服务企业发展就意味着创造社会就业岗位，使数字服务企业在解决民生问题、推进经济增长方面发挥更大的作用。

（四）数字平台企业

1. 数字平台企业助力共同富裕，提供大量就业机会

自 2021 年以来，腾讯、阿里巴巴、美团、58 同城、字节跳动、拼多多、京东等先后宣布启动共同富裕专项计划和行动。根据中国信通院测算，仅 2020 年微信生态蕴含的就业机会就高达 3684 万个，此外，微信依托小程序、公众号、视频号、微信支付等数字化工具，逐步形成覆盖 12.25 亿微信用户、5000 万家商户、6 万余家服务商的平台网络，在新冠疫情中发挥了促消费、稳就业的重要作用。另据测算，阿里巴巴全生态就业体系在 2019 年为 6901 万人带来过获取收入的机会①。截至 2020 年 8 月，累计有 931.3 万骑手通过美团平台实现就业增收，其中有 54.5 万名国家建档立卡贫困劳动力，绝大多数已实现脱贫。数字平台企业有望为共同富裕目标的实现作出更大贡献。

2. 数字平台企业融资便利

数字平台企业是 21 世纪投资热点之一，许多数字平台企业筹集到大量资金。1999 年，无论是中国还是海外，互联网经济都在高速发展，大量资本急速涌入，几乎与“互联网”三个字沾边的企业都能迅速拉到风投。根据清科研究中心发布的《中国股权投资市场二十年回顾》，21 世纪的投资热点包含了诸如电子商务、社交、直播、云服务等大量数字平台企业聚集的行业。另外，大量中国互联网企业（尤其是数字平台企业）赴美上市。它们中的许多企业在上市时尚未实现盈利，却能通过上市筹集的资金得以开展大量补贴活动，以实现企业规模增长。

3. 数字平台企业的发展受到政府的高度重视

2021 年 2 月 7 日，国务院反垄断委员会印发了《国务院反垄断委员会关于平台经济领域的反垄断指南》（国反垄发〔2021〕1 号），引导平台经济领域经营者依法合规经营，促进平台经济规范有序创新、健康发展②。如今，数字平台企业已然开始主导商业的发展，并影响着社会生活的方方面面。

（五）数字技术企业

1. 数量继续迅猛增长

企查查的数据显示，截至 2022 年 12 月 18 日，全国在运营的企业名称、品牌、产品、商标中带“数字科技”的公司有 4.67 万家（包括新设及更名），相比 2021 年同期增长了

---

① 曹竹青：《社科院报告：互联网平台企业加快探索共富实践》，齐鲁壹点，https：//baijiahao. baidu. com/s? id = 1735477839631261252&wfr = spider&for = pc，访问日期：2023 年 4 月 1 日。

② 王先林：《平台经济领域反垄断法治的发展与完善》，《中国市场监管研究》2021 年第 8 期。

46%。从成立日期看，2022 年新设数字科技企业数量达到 1.46 万家，为历史最高①。从 2015 年开始，每年新增数字科技企业在 1000 家以上，92% 的新增公司出现在 2015—2022 年。

2. 在资本市场的生命力强大

市场对技术的需求大，而数字技术企业对新技术的提供有助于提升企业的竞争力及内在价值，为企业带来数字技术的支持，促进企业数字化、智能化转型，助推企业的经营发展。

3. 时刻面临创新和竞争的压力，市场对其快速应变能力要求高

在数字技术时代，网络普及应用，新技术也发展迅速。对于数字技术企业，面临的外部环境将日趋复杂和多变，此时企业应寻求新的发展模式，通过协作和知识、信息的共享，以更充足的准备，面对未来的机遇与挑战，共同进步、共同发展、共同面对国际和国内市场。

（六）数字产品企业

随着社会的发展，人们的精神需求逐步增长，对各类数字产品的研发都有推动作用，但数字产品企业在发展的同时也面临着巨大的压力，行业良好的发展态势给数字产品行业带来更激烈的竞争，如何在众多数字产品中脱颖而出是一个难题。

二、发展挑战

（一）政治风险

随着用户的增多，言论和议题的多样性将不可避免地带来监管工作量和难度的加大。如何将用户话题的讨论控制在政府允许的范围内，又不损害用户的积极性，这是一个需要从监控技术和用户关系维护两方面同时加以重视的问题。同时，许多数字企业依赖于平台或 APP，这两者均易被用作进行社会动员的工具。一旦通过微博这种可以进行群体对话并快速传播信息的工具进行社会动员或其他非法集会活动，造成的负面影响难以估计。而且，网络技术的广泛应用也导致大量流言、谣言的传播，制造焦虑；言论自由的泛滥会侵犯他人的隐私权、名誉权，甚至引发人身攻击，加重社会管理的负担，也增大了内容监管的难度。

（二）信息安全

处在信息时代和大数据时代，如何保护用户信息的安全和数据安全受到巨大的挑战。从政府监管的角度来看，数据作为新的生产要素，在提高生产效率的同时，容易产生数据产权不清晰、数据安全难以保障、敏感信息泄露等问题，而针对这些问题目前还没有完备

---

① 佚名：《上云用数赋智：中国数字科技服务商图谱报告 2021》，零壹财经，https：//baijiahao. baidu. com/s? id = 1722608706953573537&wfr = spider&for = pc，访问日期：2023 年 4 月 2 日。

的政策与法律进行规制[①]。数据治理体系不完善给企业数字化技术的应用带来了较大的风险与挑战，使数据要素难以在企业生产和运营环节充分发挥其作用。从社会安定和谐来看，我国隐私数据泄露带来了非常多的社会问题，甚至引发严重社会危机事件。国内外信息犯罪团伙涉及养老、养生、医疗、房地产、金融、股市、债市、慈善等的巨量诈骗案件，都是从信息泄露开始，给众多受害人带来严重侵害，造成财产损失、家庭破裂、身心受损等后果，甚至引发社会动荡，大大破坏了社会的安定团结。参考国外案例，2018 年脸书用户信息泄露的事件就在欧美引起轩然大波，其创始人扎克伯格在 6 份英国报纸和 3 份美国报纸上，采用道歉信形式为 5000 万脸书用户信息被数据公司“剑桥分析”（Cambridge Analytica）泄露和利用一事道歉。信中，扎克伯格直接对用户表示了道歉，称：“这是对信任的违背，我很抱歉我们没有在当时做得更多。”报纸页面用较大字体写着，“我们有责任保护你们的信息。如果做不到，我们就不配提供服务[②]”。

（三）商业模式

数字企业提供的部分服务过于商业化，商业模式也有待改进。随着网络的发展，各类数字企业都有着因商业应用过多、形式生硬而对用户体验造成负面影响的普遍性问题，为了增加短期利益，反而阻碍了用户群体的扩大，侧栏广告、突然跳出的广告可能都会导致用户兴趣的降低。例如，群发式广告的产生，群发式广告对大部分不感兴趣的用户来说是没有意义的，这样的广告在一定意义上可以称为垃圾广告，垃圾广告会给用户带来反感，广告效果大打折扣，甚至损害企业形象，导致用户为企业贴上垃圾广告泛滥的标签。

（四）信息获取

数字企业依赖于各方信息，因为复杂的信息环境影响企业战略制定和信息反馈，这对企业的反应能力、辨别能力和信息可获得能力都提出更高的要求。而虚假、失真的信息干扰、降低企业对经济环境分析和判断的能力。信息的扭曲与失真不仅不利于企业分析经营环境，更有甚者可能导致企业制定错误的战略，最后，信息获取过于迟滞导致企业错失发展机遇[③]。

（五）制度空隙

由于信息不完全与不对称、交易成本过高等，平台经济市场可能会出现制度空隙，平台企业对制度空隙的利用行为导致劳动者权益受损、权力集中于平台和更加明显不平等现

---

① 史宇鹏、王阳、张文韬：《我国企业数字化转型：现状、问题与展望》，《经济学家》2021 年第 12 期。

② GDCA 数安时代：《隐私数据泄露已成为互联网时代全球重大的社会问题》，https：//www. 51 cto. com/article/707897. html，访问日期：2023 年 4 月 2 日。

③ 张华：《数字经济下企业发展的机遇与挑战》，《商业经济研究》2018 年第 24 期。

象的产生，而政府的监管步伐落后于平台经济的发展速度容易导致规制不足。例如，平台善于利用现有监管标准的漏洞规避政府监管，从而实现监管套利。以蚂蚁金服为例，其产品和服务实际对标着银行的产品和服务，却顶着“金融科技公司”的外壳躲避了政府对银行业制定的严格监管[①]。平台企业在发展的同时也引发垄断和不正当竞争等方面的问题。2010 年，北京奇虎科技有限公司起诉腾讯科技（深圳）有限公司滥用市场支配地位和互不兼容的“二选一”纠纷案被认为是我国互联网平台反垄断第一案。此后，数字平台企业垄断现象依然不时出现，对市场环境造成不利影响。

（六）数字税收

在贸易保护主义环境下，美国作为跨境数字产品输出国在其签订的双边或者区域贸易协定中极力主张数字产品零关税的做法，这样做可以在最大程度维护美国跨国数字企业的经济效益，促进美国数字经济快速发展。出于类似的目的，目前仍处于数字产品输入国的印度对跨境数字产品征收关税，以增加国内税收收入，增加国内数字企业的价格竞争优势，更好地保护国内数字企业的发展。中国数字经济发展较快，但是相对应的规制措施尚不完备。现阶段，我国没有一部针对数字产品税收问题的立法，在国际谈判中也处于相对弱势的地位，当前与美国的贸易争端也使数字经济发展具有更大的不确定性[②]。同时，由于具有交易客体的无形化、交易渠道的虚拟化特征，数字化产品创新了交易客体形态与交易范式，同时也增加了交易形态的隐蔽性，给现有税收规则带来破坏性的影响。从税收实体法的角度来看，交易客体的无形化变革了原有经济行为，模糊了交易行为性质，导致课税对象认定困难；从税收征管法的角度来看，一方面是企业所得税的税收管辖权划分存在难以界定的问题，另一方面是增值税在跨境交易中的征管存在有效性不高的问题[③]。

（七）数字盗版

在数字化的娱乐时代，盗版已然从传统的物理方式复制转向了利用数字技术方式复制的新型违法行为。相对于传统的盗版方式而言，数字盗版具有隐蔽性更强、复制效率更高、传播速度更快和社会危害性更大的特点[④]。便利的数字化娱乐模式催生了以 P2P 网络为算法基础、文件共享平台为虚拟空间的数字版权盗版模式。由于有数字系统和多媒体技术等作为违法行为的技术基础，在虚拟空间中所进行的复制行为较传统的物理复制更加难以捕捉和认定，因而，对立法、司法和执法的法律配套机制的要求更高，我国目前与数字盗版相关的法律仍需完善。

---

① 沈伯平、张奕涵：《平台企业：制度空隙、规制与监管》，《上海经济研究》2022 年第 4 期。
② 魏庆坡、赵藏平：《跨境数字产品的税收法律问题研究》，《北京政法职业学院学报》2021 年第 3 期。
③ 任超、闫晨：《数字化产品的税收挑战与应对》，《财会月刊》2021 年第 23 期。
④ 戴瑜：《娱乐产业反数字盗版的法律保障路径演化及对我国的启示》，《电子知识产权》2021 年第 7 期。

第六节　数字企业发展前瞻

一、外部大环境

（一）宏观环境

放眼全球，新一轮科技革命和产业变革深入发展，互联网、大数据、人工智能等数字技术日益成为世界创新舞台的焦点，各传统产业加速向数字化发展，各新兴数字化企业也接连诞生，数字经济正成为重组全球资源、重塑经济结构、改变竞争格局的关键因素。同时，目前全球经济进入低增长，事先布局数字化的企业所享受到的高回报红利无法持续。

党的十九届四中全会上，正式将数据确认为劳动、资本、土地、知识、技术和管理之后的第七种生产要素，表明数据已逐渐成为支撑当前经济发展的核心要素。2021 年《政府工作报告》中同样指出，要加快数字化发展，打造数字经济新优势，协同推进数字产业化和产业数字化转型，为我国经济转型、全面推进高质量发展指明了道路。此外，受新冠疫情影响，2020 年全球经济社会均遭受严重冲击，但《2021 中国数字经济发展白皮书》显示，2020 年中国数字经济规模为 39.2 万亿元，占国内生产总值比重达 38.6%，数字经济实现了逆势中的加速腾飞，有效支撑了疫情防控和经济社会发展。可见，无论是实践导向层面，还是政策驱动层面，数字化转型均已成为企业实现高质量发展的必由之路。

立足国内，随着我国人口老龄化趋势进一步加强，人口红利正进一步丧失，传统产业、行业、企业所面临的技术领域的要求进一步提高，因此国家正在加快构建新发展格局，对推动数字技术创新、深化数字化转型、建设“数字中国”提出更高要求。近 3 年，国家各部委陆续出台鼓励数字经济发展的相关政策和指导建议，鼓励企业通过数字化技术助力产业升级和转型。2020 年，“数字经济”被写入《政府工作报告》，明确指出要继续出台支持政策，打造数字经济新优势；同年 3 月，工业和信息化部办公厅印发《中小企业数字化赋能专项行动方案》等。除此以外，我国经济发展外部环境也在深刻变化，个别欧美国家为维护自身科技垄断和霸权地位，遏制、打压我国数字技术和数字产业的创新发展。

（二）技术领域

云技术使快速、大规模的存储和处理成为可能。企业逐步向云端布局转型，以实现降本增效；物联网使所有事物皆可联网；机器人技术既可通过实体机器人增强人类实际活动，也可通过软件机器人实现基于规则的流程自动化；机器智能与大数据架构使机器学习和数据分析技术不断取得进步，有助于企业脱离回顾性数据分析，转而进行推论和预测；

协同创新使企业通过众包和开源等新的协作方式更有效地获取外部知识，从而更高效、更智能地进行创新；一切皆服务（XaaS）将现有业务产品、流程和旧系统转化为一系列服务，供企业内外部使用；设计思维与敏捷交付把员工和客户体验放在首位，运用设计思维减少不必要的环节，更快应对各种变化并加快产品迭代；区块链作为去掉合约中间环节的共享账本技术，可提供值得信赖的保障和透明度。这一系列技术逐渐成熟，开始迈向落地应用阶段，新兴数字技术与行业实际需求结合更加紧密，与传统行业商业模式和业务流程开始产生实质性融合，创新应用的经济价值将更加凸显。

（三）政策支持

（1）2023 年，国务院印发了《数字中国建设整体布局规划》，要求各地区各部门结合实际认真贯彻落实。秉承党的二十大精神，“数字中国”顶层设计进一步明确，铺就了大数据相关产业的发展坦途。

（2）2022 年 3 月，《政府工作报告》（以下简称《报告》）提出，“数字经济”连续第 6 年出现在《报告》中，今年首次以“单独成段”的方式对数字经济进行了表述。《报告》提出，要促进数字经济发展；加强数字中国建设整体布局；建设数字信息基础设施，逐步构建全国一体化大数据中心体系，推进 5G 规模化应用，促进产业数字化转型，发展智慧城市、数字乡村；加快发展工业互联网，培育壮大集成电路、人工智能等数字产业，提升关键软硬件技术创新和供给能力；完善数字经济治理，培育数据要素市场，释放数据要素潜力，提高应用能力，更好赋能经济发展，丰富人民生活。

（3）2022 年 1 月，《“十四五”数字经济发展规划》部署了七方面重点任务。一是优化升级数字基础设施；二是充分发挥数据要素作用；三是大力推进产业数字化转型；四是加快推动数字产业化；五是持续提升公共服务数字化水平；六是健全完善数字经济治理体系；七是着力强化数字经济安全体系。

（4）2021 年 11 月，《“十四五”大数据产业发展规划》提出，“十四五”时期，大数据产业发展要以推动高质量发展为主题，以供给侧结构性改革为主线，以释放数据要素价值为导向，围绕夯实产业发展基础，着力推动数据资产高质量、技术创新高水平、基础设施高效能，围绕构建稳定、高效产业链，着力提升产业供给能力和行业赋能效应，统筹发展和安全，培育自主可控和开放合作的产业生态，打造数字经济发展优势。到 2025 年，我国大数据产业测算规模突破 3 亿元，创新力强、附加值高、自主可控的现代化大数据产业体系基本形成。

（5）2021 年 11 月，《关于进一步深化法治央企建设的意见》提出，着力提升数字化管理能力，运用区块链、大数据、云计算、人工智能等新一代信息技术，推动法务管理从信息化向数字化升级，探索智能化应用场景，有效提高管理效能。

（6）2021 年 7 月，《中共中央　国务院关于新时代推动中部地区高质量发展的意见》

提出，依托产业集群（基地）建设一批工业设计中心和工业互联网平台，推动大数据、物联网、人工智能等新一代信息技术在制造业领域的应用创新，大力发展研发设计、金融服务、检验检测等现代服务业，积极发展服务型制造业，打造数字经济新优势。加强新型基础设施建设，发展新一代信息网络，拓展第五代移动通信应用。积极发展电商网购、在线服务等新业态，推动生活服务业线上、线下融合，支持电商、快递进农村。

（四）企业需求

（1）提高生产效率和质量：帮助企业优化生产流程和资源利用，提高生产效率和产品质量。

（2）拓展市场和增加收益：企业拓展市场，提供更多的产品和服务，增加收益。

（3）优化客户关系管理：企业可以更好地管理客户关系，提高客户满意度和忠诚度。

（4）实现个性化定制：帮助企业实现个性化定制，根据客户需求提供定制化产品和服务。

（5）提高供应链效率：帮助企业优化供应链，实现更快速、更安全、更便捷的供应链管理。

（6）数据驱动决策：帮助企业实现数据驱动决策，提高决策质量和准确性。

（7）降低成本和风险：帮助企业降低成本和风险，提高企业盈利能力和市场竞争力。

（8）提升品牌形象：提升品牌形象，增强品牌影响力和知名度。

（9）国家政策倾向需求。

（五）新技术发展

1. 由 Web2.0 迈向 Web3.0 时代

元宇宙（Web3.0）是由现实世界映射或超越现实世界、可与现实世界交互的虚拟世界，具备新型社会体系的数字生活空间，用户可以在虚拟环境中互动、社交、探索，甚至交易。元宇宙将会对许多数字企业现有业务产生颠覆性影响，也会催生一批新兴数字企业的诞生。

2. 5G 技术、物联网的发展

云计算、物联网技术通过利用无线数据通信技术构造一种全球物品信息实时共享的实物互联网，实现“物”与“物”的互联。随着物联网技术的发展，如今已经迈向了万物互联的时代，即万物都有感知功能，将人和信息融入互联网中。5G 技术是新一代无线移动通信网络，具备低成本、低能耗、安全可靠的优点，能突破时空限制，实现人与万物互联。这些技术能够帮助数字企业给客户带来极佳的交互体验，对数字企业作用巨大。

3. 区块链技术的发展

区块链本质是一个去中心化的数据库，能够解决中心化机构存在的高成本、低效率、数据存储不安全的问题。它不但可以应用于数字加密货币领域，而且能在经济、金融领域产生广泛的应用场景，对数字企业今后的交易方式、运营模式可能产生巨大影响。

第七节 建议与展望

首先，要加强对用户的管理，促使其互相监督，合理使用言论自由的权利。其次，对社会的法治管理也应跟上时代的步伐。在微博上，用法律手段保障言论自由，同时明确自由的界限，防止言论失范。我国宪法虽然明文规定我国公民具有言论自由，但却没有对言论自由的范围作出规定，公众对言论自由范围的理解极易产生偏差。目前，我国还没有专门的新闻法，现实环境中新闻权利模糊，言论自由在很大程度上得不到保障。对言论规制的方式千差万别，但系统、明确的法律必然是其中最合理、最基本的手段。最后，提高社会管理者的媒介素养，加强公共权力部门的话语力。政府既要有敢于接受舆论监督的气度，亮出保护言论自由的姿态，避免过多干预言论自由，又要密切关注公共事件的舆论导向，防止偏激、粗暴的言论把受众引向极端，让真相跑在谣言前面，防止“沉默的螺旋”致政府以被动局面。

加强内部管控。将用户信息的保护纳入公司的内控体系范围内，提高互联网应用的安全系数，确保网络信息安全，也需加强用户的身份管理，落实用户实名登记；法律方面，企业需加强信息使用关键岗位的管理，提高员工信息保密意识，可根据行业特点在员工入职时签订保密协议，在信息管理方面设置牵制机制，政府也需要进一步完善法律，加强对个人隐私权和数据安全的保护。

权衡用户体验和企业需求，减轻商业应用过多、形式生硬给用户体验造成的负面影响。在注重筛选企业用户选择的同时，在对用户数据的使用和商业应用的设计上也需要以用户为中心，倾向于让用户掌握选择权和主动权。此外，在内容设计上也要注意同用户需求的契合度，让用户从被动的接受者成为主动参与信息和内容的分享者和传播者。引导平台企业正确发挥制度性功能，以制度规范潜在侵害用户体验的做法，适当激励良性行为，遏制平台企业滥用权利谋取私利的不良行为。

提高数字企业技术应用的能力，鼓励数字技能划分、开发和引进。夯实数字企业自动化、信息化基础，推进系统平台的智能化升级，减少数据孤岛的出现，深度挖掘数据价值。在企业文化方面，建立数字化转型配套的机制体制与管理文化，加大信息获取、整合与利用等多方面专业人才的培养力度。此外，政府还可以通过财政投入，加强政策支持引导，健全数字化人才培养体系，精准支持科技导向，甄选出在信息技术方面高效率、高潜能的企业，推动数字企业自主更新信息技术，保障和促进数字产业技术创新，为企业营造良好的环境。

督促互联网平台承担社会责任，同时加强监管与规制，推进数字平台企业持续健康和高质量发展。作为数字经济的主导者，数字平台企业要将其肩负的社会责任与企业经营方向、发展目标和战略决策进行结合，利用先进的技术手段促进市场功能的有效运转；树立带头意识，积极引导行业自律，避免出现不正当竞争、垄断等违法行为。政府需要持续改善执法与监管方式，实现事前、事中、事后的全链条监管，形成全方位、多层次和立体化的规制与监管体系，同时又应张弛有度，避免扼杀平台经济发展的活力。

提高纳税意识，完善我国现有数字产品征税体系，与国际接轨。数字产品交易方必须了解各国数字产品相关税法知识，确定纳税义务发生时间、纳税申报地点等，减少纳税风险的产生。为完善适应数字产品特性的征税体系，首先，需要打造良好的数字经济发展环境，在市场准入、市场监管、最惠国待遇等标准上与国际接轨的同时，采取符合我国数字经济发展的政策，减少贸易壁垒，推动数字贸易进程发展。其次，坚持简单、快捷的数字产品税收原则。数字产品的便利特性不应被复杂的税收法规束缚，需要持续进行相应的调整。最后，要设计统一的税收体系与优惠政策，让税收政策在一定程度上能够鼓励和促进数字企业发展，同时需要兼顾税收中立性原则。

完善数字版权现有法律制度，注重系统性与科学性。在数字版权的保护方面，我国目前还处于起步阶段，有关数字版权保护的规定大多位阶不高，有待进一步结合实际进行构设与完善。纵向来看，提高数字版权保护相关法律机制立法位阶势在必行，需要与各层次法制上下呼应；横向来看，数字版权保障需要与其他领域的法律制度相配合，避免冲突性，保证配套性和系统性。在立法过程中，还需要考虑到数字技术和数字时代娱乐产业的未来发展，防患于未然，提高立法的科学性。在借鉴国外的先进经验、与国际接轨的同时，也需要立足我国国情，对数字版权法律制度保障的薄弱环节进行完善。

第八节　数字企业案例

一、数字信息企业（以腾讯为例）

（一）公司简介

腾讯成立于1998年11月，是中国本土第1家提供在线即时交流平台的服务商。2007年，腾讯开始全面布局互联网业务，10年之后，推出微信，并通过微信支付使其在当年成为全球最大的游戏开发商和运营商，旗下的阅文集团和腾讯音乐娱乐集团也于2017年、2018年在港交所和纽交所上市。2019年，腾讯云营收破170亿元，成为腾讯旗下的一项新的业务拓展点。目前，腾讯集团是中国最大的互联网综合服务提供商之一，也是中国服务用户最多的互联网企业之一。

（二）盈利模式

目前，腾讯的盈利主要靠互联网增值服务、网络广告与 IP 产品等面向 C 端的业务和面向 B 端的企业办公运营服务。

互联网增值服务包括会员服务、社区服务、游戏娱乐服务等。对于腾讯来说，旗下的 QQ 音乐和腾讯视频等通过提供会员服务和社区服务获得收入，而游戏娱乐服务收入，主要是通过用户直接购买游戏里虚拟道具、专项服务以及出售游戏 IP 等获得收入。目前，由于国家监管，腾讯的未成年用户骤减，游戏收入大受影响。

腾讯的网络广告部分收入主要是通过在即时通信的客户端、拥有海量资源的音视频客户端和网页端提供网络广告获得盈利。除此以外，QQ 卡通品牌也是腾讯的一项特殊收入来源。1999 年，腾讯与做生产礼品和玩具的广东东立行合作，推出了 QQ 品牌周边专卖店，这使腾讯 QQ 不仅拓展了自己的品牌影响力，还获得了 10% 以上的代理费分成。

腾讯的企业办公运营服务收入主要是通过旗下的腾讯会议和腾讯云面向 B 端用户，对 C 端用户来说还是免费的，通过为 B 端用户提供大流量、高画质、低延迟的视频办公服务，以及海量、安全、高效的云储存和云计算服务来获得收入。

（三）现状

1. 基本问题

（1）市场饱和：腾讯旗下的产品太多，市场饱和已经成为一种趋势，这对公司的长期发展可能会造成障碍。

（2）监管压力：腾讯作为中国最大的互联网公司之一，面临着严格的监管压力，政府对于互联网产业的管理力度也在加强。

（3）数据隐私：随着数字化时代的到来，数据隐私成为重要的议题，腾讯作为互联网公司，需要加强数据隐私的保护，尊重用户权益。

2. 基于数字化企业背景的应对策略建议

（1）进一步优化产品线：腾讯需要进一步优化旗下的产品线，淘汰过时的产品，以满足消费者在不同领域的需求。

（2）加强企业社会责任：腾讯需要加强企业社会责任，遵守相关法律法规，为用户提供更加安全、稳定的产品和服务。

（3）投入研发：腾讯需要投入更多的研发，开发新的技术和服务，提升公司的竞争力。

（4）加强数据隐私保护：腾讯需要加强数据隐私保护，重视用户数据安全，加强治理，保护用户隐私权。

（5）与监管机构合作：腾讯需要与监管机构合作，遵守相关法律法规，积极参与公共事务，提高公司形象和信誉度。

二、数字服务企业（以美团为例）

（一）公司简介

美团从校内网（即人人网）起家，到后来的饭否网，再到后来转作美团网。2010 年，美团公司通过团购业务起家，十多年间不断开拓服务场景，丰富服务品类，自 2013 年 11 月上线的美团外卖，在两年半的时间内成为中国最大的外卖平台。随后推出的美团出行、大众点评等 APP，也分别成为各自领域市场的领跑者。如今，美团已在到店餐饮场景、到家餐饮场景、到店其他服务场景和酒店预约、共享出行等细分市场中占得市场主导及相对竞争优势，这也使美团成为目前中国最大的 O2O 线上交易平台。

（二）盈利模式

作为中国最大的 O2O 线上交易平台，目前美团主要通过在餐饮外卖和到店、酒店和旅游服务、新业务三个领域获得盈利。

在餐饮外卖部分，美团公司的收入来源主要是佣金、在线营销服务收费以及其他服务和销售收费。虽然在新冠疫情期间，国家监管部门第一时间约谈美团，要求其下调困难商户的佣金费率，与此同时，行业整体的佣金费率也在下调，但从短期来看，佣金仍然是美团的主要收入来源。

得益于美团平台的大流量和低成本，美团的酒店业务在低星级酒店领域具有强大的竞争优势，同时，美团的在线营销服务助力酒店商户实现数字化运营，也进一步增强了用户的黏性。美团在高星级酒店领域的布局也卓有成效，旗下推出的“酒店 + X”项目，使其在 2021 年高星级酒店业占比超过 16.5%，预测在未来，美团到店的广告收入将成为其第二大主要收入来源。

由于美团的新业务太多，我们只讨论美团优选、美团买菜、网约车和共享充电宝等主要业务。尽管社区团购、共享充电宝业务等在发展初期会吸引大量的资金，但许多都是亏损离场。美团的新业务尽管也基本都处于亏损状态，但营收都在逐年增加，业务模式也日渐成熟，因此对美团来说，这些业务未来的营收能力还是值得期待的。

（三）现状

1. 基本问题

（1）依赖餐饮业务：美团公司 80% 的收入来自外卖业务，因此对于其他业务的发展可能存在风险。在新冠疫情期间，餐饮业务的发展已经出现停滞，这对公司的影响较大。

（2）差异化产品缺乏创新性：美团的竞争对手阿里巴巴和京东等企业的差异化产品较多，而美团的产品以其经验和需求为基础进行了模仿。

（3）恶意评价：美团公司的平台上经常会出现不公正的评价和投诉，这对公司的经营和品牌形象造成了消极的影响。

（4）员工福利问题：美团公司的员工福利待遇不够公正。

2. 基于数字化企业背景的应对策略建议

（1）美团公司应加强评价和投诉的管理和监管，建立一个可靠的用户评价和投诉接口，加强针对恶意评价和投诉的监管。

（2）美团公司应扩张其业务领域，避免对餐饮业务过度依赖。它可以投资和收购其他领域的公司，如金融服务、家政服务等，扩大业务范围。

（3）美团公司应该进行技术研发和创新，开发出更多具有差异化和创新性的产品，以吸引更多的用户进入平台。

（4）美团公司应加强员工福利待遇管理，提高员工的薪酬和保险，建立一个员工流程和合理的工作时间管理系统。

三、数字平台企业（以京东为例）

（一）公司简介

京东是中国最大的自营式电商企业之一，提供全品类商品，包括数码、家电、日用品等。其诞生于 2004 年，起初是一个在线销售光盘的小公司，如今已成为全球性电商巨头之一，员工总数超过 20 万人。京东的业务范围不仅限于电商零售，还包括物流、金融、科技、文化、医疗等多个领域。京东的愿景是成为“互联网 + 智能供应链”的领导者，打造全球领先的智能物流网络，助推中国经济转型升级。

（二）盈利模式

京东作为以自营为主、以平台为辅的线上交易平台，目前其营收主要来自虚拟店铺出租费和自营店铺收入、广告收入和关键词竞价收费，以及资金沉淀收入等。

虚拟店铺出租费，顾名思义，即通过在京东平台出租虚拟店铺让商家支付租金以获得收入。自营店铺收入是京东利用其自建的京东物流，通过提供高品质的物流服务，提高单位商品毛利率，以获得高额收入。

京东拥有高达上亿的日访问量，是一个极具竞争力的广告平台，所以提供广告服务。而且，京东允许商家付费购买关键词，以提高在搜索结果中的排行，提高店铺的流量。

资金沉淀收入是指京东通过收到顾客付款和支付商家的时间差产生的资金沉淀进行再投资获得盈利。

（三）现状

1. 基本问题

（1）快速变化的市场环境：随着技术的不断发展和消费者消费行为的不断改变，京东集团需要不断适应不断变化的市场环境。

（2）竞争的激烈程度：京东集团所处的市场竞争激烈，需要不断提升自身的竞争优势来保持市场领先地位。

（3）商品品质和服务品质的不断提升：消费者对商品品质和服务品质的要求不断提高，京东集团需要不断提升自身的商品品质和服务品质来满足消费者的需求。

（4）由于京东自营店铺的存在，许多小规模的商家无法与自营店铺进行信用竞争而退出京东平台，由此导致京东商家和用户规模无法与淘宝、天猫相提并论。同时，我国的现状仍然是中低收入群体占多数，而京东高毛利润率尽管能实现短期高额营收，但长期而言不利于用户规模的拓展和长久的发展。

2. 基于数字化企业背景的应对策略建议

（1）不断提升自身的数字化能力：京东集团需要加强自身数字化能力，通过数字化技术提升客户洞察、营销推广、供应链管理和服务创新等方面的能力。

（2）加强与物流和供应链合作：通过提供更加高效、快速的物流服务和更优质的供应链管理来提升客户体验。

（3）加强客户关系管理：通过数字化技术加强与客户的关系管理，建立客户反馈平台，收集、分析和处理客户的反馈信息，及时做出改进和优化，提高客户满意度。

（4）加强数据安全和隐私保护：京东集团应加强数据安全和隐私保护，确保消费者的个人信息得到妥善保护，增强消费者的信任感。

（5）加强品牌建设：京东集团应加强品牌建设，通过数字化的营销推广来提高品牌知名度和品牌形象。同时，加强与消费者的互动和沟通，建立品牌忠诚度，提高市场竞争力。

四、数字技术企业［以国际商业机器公司（IBM）为例］

（一）公司简介

国际商业机器公司（International Business Machines，IBM）是一家总部位于美国纽约的跨国科技公司，成立于1911年，以计算机硬件、软件、云计算、人工智能、区块链、物联网、安全等技术为主要业务。IBM在全球拥有超过30万名员工，2019年营收达到770多亿美元。IBM是世界上最早进入电脑产业的公司之一，早期主要生产大型机和迷你机，后来逐渐向个人电脑和软件行业扩展，曾经是个人电脑市场的领导者。现在，IBM正跨足人工智能、云计算和物联网等前沿领域，为客户提供数字化转型解决方案，同时也是世界上最大的专利持有组织之一，拥有的专利数量超过10万项。IBM的商业哲学主张长远思考、创新、勇担风险及承担社会责任，是世界公认的最具影响力、最具创新力和最成功的公司之一。

（二）盈利模式

目前，IBM主要通过为企业和政府提供完整的计算机系统和网络服务来盈利。收入分别来源于客户定制收入、硬件和软件收入，以及后期维护收入。

客户定制收入主要是 IBM 根据不同的客户所提出的不同要求和不同处境，量身制作出完整的配套解决方案来为客户提供完整的系统服务，以实现盈利。

对于 IBM，政府和企业的计算机系统和网络服务所需要的硬件和软件都是其自身可以完整提供的，因此这是 IBM 的第二个核心收入。

最后是后期的维护费用。对于用户来说，安全和稳定是十分重要的，因此设备的维护也是他们高度重视的，由于 IBM 提供原始的系统和网络服务，因此维护基本上也是由 IBM 公司提供的。

（三）现状

1. 基本问题

（1）竞争压力：随着数字化技术应用的普及和发展，数字技术领域的竞争变得越来越激烈。

（2）转型挑战：随着市场需求的变化和数字技术的快速发展，企业需要不断转型来适应市场的变化，这对于传统的企业来说是很大的挑战。

（3）人才挑战：数字技术行业需要高素质的人才，而这种人才的供给非常有限，企业很难招聘到理想的人才。

（4）产品生命周期短：在数字化背景下，产品生命周期越来越短，企业需要不断推出新产品，保持市场竞争力。

2. 基于数字化企业背景的应对策略建议

（1）竞争策略：与其他企业竞争，IBM 需要不断完善自身的数字化技术和服务，提升自身的竞争力。

（2）转型策略：IBM 需要顺应市场的变化，不断转型，适应数字技术领域的发展趋势，加速数字化领域的发展。

（3）人才策略：IBM 需要通过多种途径招聘优秀的数字技术人才，在企业内部进行培养，提高员工的数字化技能。

（4）产品策略：IBM 需要加强产品创新力，将产品的生命周期不断延长，同时推出更多符合市场需求的新产品。

五、数字产品企业（以网易云音乐为例）

（一）公司简介

网易云音乐创立于 2013 年，总部在中国上海，是中国领先的音乐娱乐平台，提供多元化的音乐内容服务。截至 2022 年末，网易云音乐拥有超过 5 亿注册用户，覆盖全球 150 多个国家和地区。平台上有超过 5000 万首歌曲，涵盖了各种语种和风格的音乐，其多元化的播放列表和个性化推荐功能，让用户能轻松找到自己喜爱的音乐。网易云音乐还致力于推动音乐人的创作和发展，通过引进国内外优质音乐作品、打造音乐人培养计划、赛事和音乐节、提供专业的音乐制作工具等方式，支持和帮助音乐人实现个人音乐梦想。同时，网易云音乐也积极拓展业务范畴，不仅有线上数字音乐服务，还涉及线下音乐场馆和音乐演出等领域，实现线上、线下音乐生态的有机结合。未来，网易云音乐将继续致力于推动音乐产业的发展，通过技术和创新实现可持续发展。

（二）盈利模式

目前，网易云音乐主要通过广告投放、会员收费、云音乐商城、票务系统和内容付费实现盈利。

1. 广告投放：网易云音乐通过提供 APP 内的广告、新专辑、演唱会的推广广告获得营业收入。

2. 会员收费：付费会员通过付费拥有多种特权，如去广告会员专区、无损下载、付费歌曲下载、个性皮肤、专业音效等。

3. 云音乐商城：网易云音乐商城主要是销售音乐相关产品、数码影音、IP 周边等，结合积分体系，通过“音乐 + 电商”模式获得盈利。

4. 票务系统：网易云音乐 APP 通过提供购票入口与演唱会举办方进行定额分成以及获得广告推广收入。

5. 内容付费：用户通过单独为某首网易云音乐独有的高品质付费专辑、直播、视频或电台付费，以获得服务。

（三）现状

1. 基本问题

（1）版权问题：音乐平台需要与各大音乐公司、音乐人签订授权协议，以便在平台上进行音乐发布和播放。但是，这些版权协议的费用往往是一个很大的负担。

（2）竞争压力：各音乐平台之间的竞争越来越激烈，在国内市场中，网易云音乐的竞争对手包括 QQ 音乐、酷狗音乐等。

（3）用户体验：当前音乐行业的发展趋势强调用户体验，网易云音乐需要在这方面保持领先优势。

2. 基于数字化企业背景的应对策略建议

（1）增加投入版权的费用，并与更多的音乐公司、音乐人进行合作，以获得更多的独家授权内容。

（2）结合大数据技术，进行个性化推荐，提升用户体验。

（3）开发更多的音乐产品及其衍生品，并与电商平台合作，创造更多的收入来源。

（4）以用户为中心，设置更多的互动活动和社区，提高用户留存率。

（5）在音乐内容、音乐资讯等方面提供更多的独特性，以在市场竞争中取得优势。

第六章
中国中小企业数字化发展

中小企业作为中国经济“金字塔”的塔基，数量多、范围广，是产业转型和跃升的微观基础，在稳增长、促改革、调结构、惠民生、防风险方面发挥着至关重要的作用。因此，在新一轮科技革命和产业变革浪潮下，中小企业数字化转型成为我国经济发展的重大战略问题。自2017年以来，“数字经济”多次被写入《政府工作报告》。特别是在2022年发布的“十四五”规划中，更是以独立成篇的方式对数字经济作出表述，其重要性不言而喻。“十四五”规划以“建设数字中国”为目标，“上云用数赋智”为行动路径，为中小企业的数字化发展指明了方向。特别是近年来产业数字化的生态优势、新基建领域的快速发展也为中小企业数字化转型提供了巨大机遇，与此同时，中小企业如何快速拥抱数字化已不再是“选择题”，而是成为巨大挑战下的“必答题”。

第一节　数字时代中小企业面临的发展形势

一、内外部经济环境的不确定与保稳定

当前我国正处于百年未有之大变局的深度调整期和百年未遇之大疫情持续影响期，全球经济经历了严重衰退，增速放缓，未来不确定性增强。在“两个一百年”大局相互叠加、交互作用背景下，企业数字化面临着新时期经济社会错综复杂的背景。

（一）“两个一百年”大局的交互叠加

1. 百年未有之大变局

当前全球政治经济秩序加速变革，大国关系发生转折性变化。与此同时，新一轮科技革命和产业变革改变了传统的生产方式、社会结构和生活方式，世界面临百年未有之大变局。一是政治重心转移。随着经济实力的变化，国际体系与世界力量对比的“东升西降”

和“新升老降”的趋势明显，一大批新兴经济体和发展中国家群体性崛起，世界经济中心向亚太转移。二是经济实力演变。近代以来，西方国家特别是美国一直处于经济强势地位，主宰全球经济发展。当前，亚洲经济体加权实际国内生产总值增速在 2021 年达到 6.3%，经济总量占世界比重提高至 47.4%，是全球经济增长的最重要引擎。中国的国内生产总值更是突破 110 万亿元，占世界比重达到 18.5%，经济总量与美国的差距明显缩小①。2013—2021 年，我国对世界经济增长的平均贡献率达到 38.6%，而美国对全球经济增长贡献率仅为 18% 左右（见表 6－1）。三是治理体系调整。全球治理体系在百年的进程中，以一个或几个强国为主导的局面已被打破。单边主义治理体系、强国治理体系已被多极化对话、国家与非政府组织共同参与治理格局替代。四是新一轮科技革命和产业革命推动了生产方式的变革。以新一代信息技术为代表的生产力变革，推动生产关系、社会结构和生活方式发生根本性变化。人工智能等信息技术的发展，在塑造世界政治经济格局、改变国家力量对比方面的决定性作用愈加凸显。

表 6－1　世界主要国家经济增长率和对世界经济增长的贡献率　单位：%

国家	经济增长率			对世界经济增长的贡献率		
	2013 年	2021 年	2013—2021 年平均增速	2013 年	2021 年	2013—2021 年年均贡献率
中国	7.8	8.1	6.6	35.7	24.9	38.6
美国	1.8	5.7	2.0	16.1	23.0	18.6
日本	2.0	1.6	0.4	4.4	1.5	0.9
德国	0.4	2.9	1.0	0.7	2.1	1.8
英国	1.9	7.4	1.4	2.7	4.5	2.1
印度	6.4	8.9	5.4	5.6	4.7	5.8
法国	0.6	7.0	0.9	0.7	3.5	1.1
意大利	－1.8	6.6	0.0	－1.8	2.4	0.0
加拿大	2.3	4.6	1.5	1.8	1.5	1.2
韩　国	3.2	4.0	2.6	2.2	1.4	2.0

数据来源：世界银行 WDI 数据库。

在世界格局发生新变化、新技术革命加速推进的背景下，中小企业发展面临新的机遇与挑战。第一，逆全球化敦促中小企业适应新的发展格局。国际环境的不确定性对全球经济大循环产生了重大影响，全球化逆流凸显，中国很难在长期依托全球市场的情况下充分发挥成本优势。事实上，对于新形势下的中国中小企业来说，即使没有全球化逆流所带来的全球市场的萎缩，进一步提升企业能力和市场竞争力也是当前和未来的必然选择。第

① 国家统计局：《国民经济量增质升、“十四五”实现良好开局》，2022，http：//www.stats.gov.cn。

二，全球经济下行和我国经济增速放缓促使中小企业调整发展方向。由于全球经济不景气，中国企业未来将面临新的挑战。与此同时，随着中国经济进入高质量发展阶段，依赖规模和数量的传统增长模式面临巨大的挑战，而更加注重质量的稳健型、内涵型、创新型的增长将成为常态。这不仅为处于市场第一线的中小企业提供了有效的方向，也为中小企业的成长创造了良好的市场机遇。第三，新技术革命加速发展，孕育新的发展途径。每一轮技术革命都是产业大发展、大变革的重要推手，产业的迭代和升级过程中，技术本身表现出更加复杂、系统和跨界的特征，也为中小企业通过应用和协同创新开发新技术提供了新的机遇，开辟了新的途径。

2. 百年未遇之大疫情

21 世纪，在新冠疫情叠加国际地缘政治冲突和大国博弈加剧带来的供给冲击影响下，中国经济发展的外部环境越发复杂和严峻。一是以区域化促进全球化发展的特征将更加明显。此次新冠疫情之下，全球遭遇供给冲击，全球化深入推进的难度加大，各国政府和跨国公司将产业链安全性和供应链稳定性因素提升至产业布局的优先级，全球布局的产业链将逐步转向区域性、分散化布局。二是劳动人口数量和比例双双下降。新冠疫情对人类健康和经济社会发展的冲击不仅会提高全球人口死亡率，还降低了人口生育率。联合国发布的《2022 年世界人口展望》显示，在2020 年至2021 年新冠疫情期间，人口总生育率下降显著，其中，2020 年降至 1% 以下，创 1950 年以来新低①。特别是 2022 年，中国人口自然增长率为 -0. 6‰，是时隔 61 年中国人口自然增长率再度转负②。三是经济陷入低增长、高通胀困境。新冠疫情结束“全球大流行”，但“经济后遗症”依然存在，突出表现为对劳动力市场的长期冲击和疫情防控期间超宽松财政与货币政策的退出问题，这些外生性的不稳定因素依旧在较长的周期中推升全球通胀和抑制全球产出。四是促进部分新兴技术和服务场景的推广。例如，远程服务、在线教育、大数据追踪等技术将在新冠疫情后得到长期保留和推广，也将推动全球生物医药等领域的加速发展。

中国经济增长很大程度上依赖于中小企业，中小企业也是现代经济结构的基础，而新冠疫情对中小企业的影响大于对大企业的影响。具体来说，自新冠疫情暴发以来，中小企业主要受到四个方面的影响。第一，疫情影响企业的生产经营活动。根据中国中小企业协会 2020 年 2 月 15 日发布的《关于新冠肺炎疫情对中小企业影响及对策建议的调研报告》（以下简称《调研报告》），截至 2020 年 2 月 14 日，86. 46% 的企业受到了重大影响，其中 38. 9% 的中小企业经营暂时处于停顿状态；29. 43% 的企业生产经营亏损；18. 13% 的企业报告称其运营几乎无法维持。第二，疫情影响企业的运营资本。对于融资困难的中小企业来说，疫情的暴发可能是压垮它们的最后一根稻草。《调研报告》显示，67. 69% 的企业营

① United Nations, “World Population Prospects 2022: Summary of Results”, https: //population. un. org/wpp/Publications/.

② 国家统计局:《中华人民共和国 2022 年国民经济和社会发展统计公报》, 2023, http: //www. stats. gov. cn。

业收入减少；21.61%的企业无法按时偿还贷款和其他债务，经营资金压力加大。第三，疫情影响企业市场的开拓。疫情导致的市场需求萎缩是造成中小企业面临困境的主要因素。《调研报告》显示，市场订单减少的企业占30.5%。此外，世界卫生组织认定新冠疫情为突发公共卫生事件，导致半数以上的企业断货，海外订单同比下降70%。第四，疫情严重影响企业的稳定就业。稳就业就是稳企业，中小企业的就业形势在经历了经营困难和资金需求压力后变得更加严峻。《调研报告》显示，49.67%的企业因资金困难计划裁员。疫情极大地影响了中小企业的稳定经营，导致了更加严峻的就业形势。因此，如何应对危机，在危机中实现转型，成为中小企业面临的重大课题。智能制造、在线消费、医疗健康等新兴产业展现出巨大的市场潜力，中小企业从危机中抢抓机遇，顺势而为、借势而上。

（二）数字经济启动发展新引擎

当前，中国面临上述“两个一百年”大局之交的重大时代背景，经济复苏成为经济发展的主题。数字经济凭借强大的发展韧性和创新能力，正成为刺激经济增长、缓解经济下行压力、推动经济复苏的关键出发点。“数字经济”从2017年首次出现在《政府工作报告》中，到2023年提出“大力发展数字经济”，伴随着新一轮科技革命和产业变革突飞猛进，以及政府部门的系统规划和推进，数字经济在我国快速发展，动能加速释放。中国的数字经济活动在过去7年中呈指数级增长，成为主要经济力量之一。具体而言，2015—2021年，我国数字经济发展取得新突破，数字经济规模从22.6万亿元增长到45.5万亿元，多年稳居世界第二，数字经济占国内生产总值比重由30.3%提升至39.8%[①]（见图6－1）。由此可见，数字经济在国民经济中的支柱作用日益明显。当前，我国数字经济发展总体呈现以下新特征：一是数字技术成为创新的新动力[②]；二是数字化引发生产制造技术和产业组织方式变革；三是数字化引发社会组织方式和服务方式变革；四是数字化重塑国际贸易新格局[③]。

数字经济时代广泛的数字化转型正在重塑产业生态系统，中小企业有了实现规模经济的新机会。第一，数字技术为中小企业的开放创新提供了条件。相较于传统经济，开放创新是数字经济的显著特征。数字经济不仅影响企业自身，还会影响竞争对手乃至整个供应链，为中小企业带来了更多的学习和参与价值链的分工的机会。第二，数字化工具提高了中小企业应对危机的灵活性。数字化工具有助于中小企业更好地应对突发事件，更快地响应客户需求和市场环境的变化，从而能应对暂时疲软的市场需求和经济压力。第三，平台经济利于中小企业降本增效。平台经济是数字经济的另一个显著特征，从传统的价值链驱

① 中国信息通信研究院：《中国数字经济发展报告》，2022，http：//caict. ac. cn。
② 人民网：《夯基建、扶平台、强监管：数字经济领跑动能优势凸显》，2023，http：//people. com. cn。
③ 王辉耀：《数字经济正重塑全球贸易格局 服务贸易也成中国经济新增长点》，2021，http：//counsellor. gov. cn。

动模式转变为平台驱动模式，帮助中小企业提高服务质量和生产效率，是平台经济的意义所在。第四，数字经济发展促进大小企业融通。数字技术的应用、升级，促使中小企业不断提升专业化协作能力，为产业链上下游的企业创造发展的机会，实现产业链整体效益的最大化。

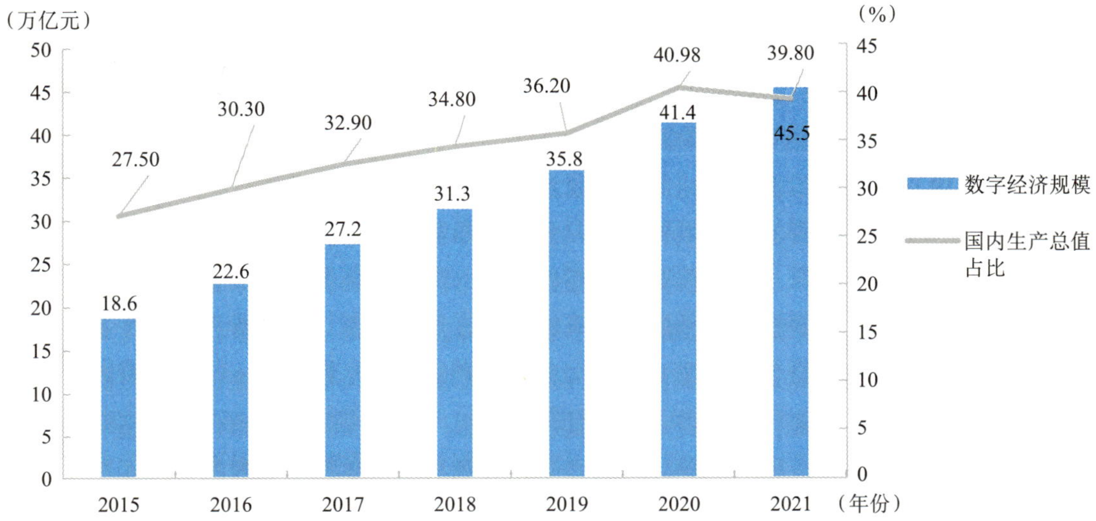

图 6－1　中国数字经济规模与国内生产总值占比

数据来源：《中国数字经济发展研究报告（2022 年）》。

二、国家政策助推中小企业数字化转型

近年来，中央和地方政府纷纷出台中长期数字化发展战略（见图 6－2），加快发展数字经济，构建数字驱动型经济体系，有力促进了现代化经济体系和经济社会的高质量发展。2020 年 4 月，国家发展和改革委员会印发了《关于推进“上云用数赋智”行动　培育新经济发展实施方案》，鼓励在有条件的行业领域和企业范围内，探索大数据、人工智能、云计算等新一代数字技术的应用和集成创新。2021 年 3 月，中共中央发布《中华人民共和国国民经济和社会发展第十四个五年规划和 2035 年远景目标纲要》，明确提出要充分发挥海量数据和丰富应用场景优势，促进数字技术与实体经济深度融合，赋能传统产业转型升级，催生新产业新业态新模式，壮大经济发展新引擎。2022 年 1 月，国务院印发《“十四五”数字经济发展规划》，指出“十四五”时期，我国数字经济转向深化应用、规范发展、普惠共享的新阶段。

各部委和地方政府也高度重视中小企业的发展，从顶层设计、资金支持和落地生效等维度出台了一系列指导性政策（见图 6－3）。2020 年 3 月，工业和信息化部印发《中小企业数字化赋能专项行动方案》，鼓励以新一代信息技术与应用为支撑，集聚一批面向中小企业的数字化服务商，培育推广符合中小企业需求的数字化平台。2021 年 1 月，财政部等

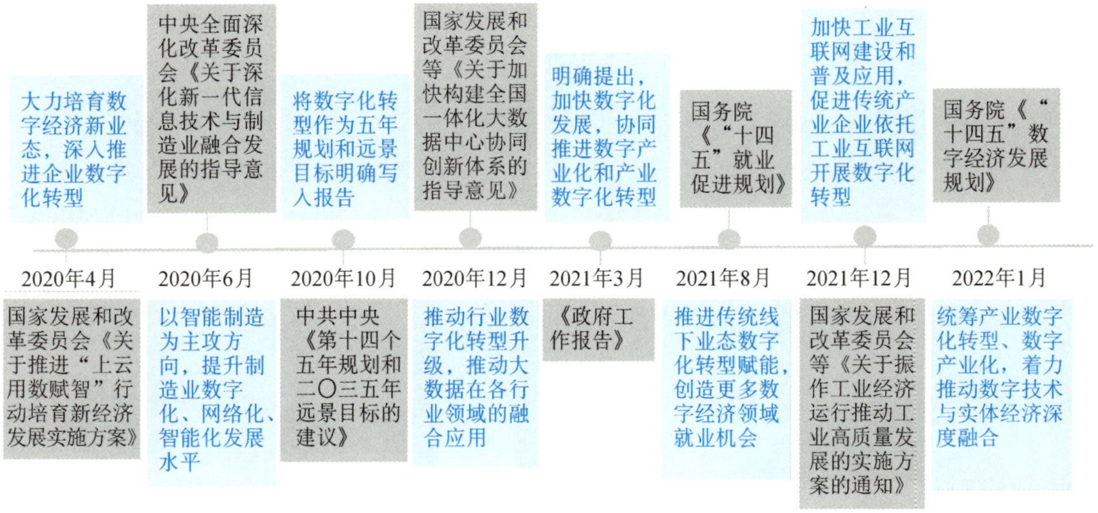

图 6－2　数字经济发展相关政策梳理

资料来源：笔者根据国家颁布政策进行收集与整理。

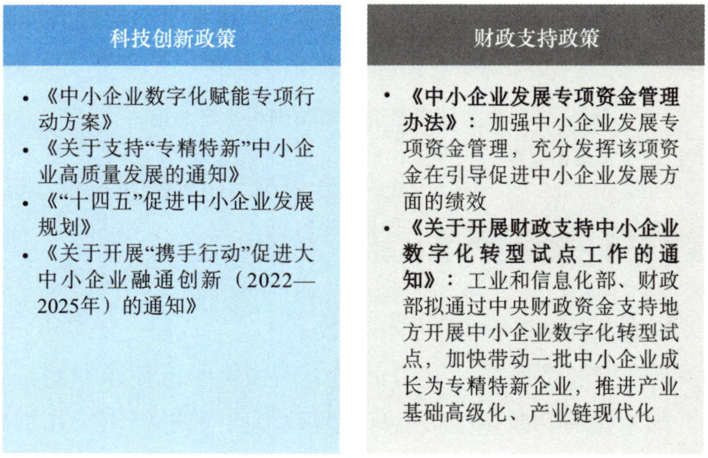

图 6－3　国家中小企业数字化发展主要政策

资料来源：笔者收集与整理。

部门联合印发《关于支持“专精特新”中小企业高质量发展的通知》，分三批重点支持1000余家国家级专精特新“小巨人”企业高质量发展，促进这些企业发挥示范作用。同年6月及次年8月，财政部等部委发布了《中小企业发展专项资金管理办法》与《关于开展财政支持中小企业数字化转型试点工作的通知》，要求发挥专项资金绩效并分阶段遴选试点支持一批数字化公共服务平台，加强试点的引领带动和辐射效应。同年12月，工业和信息化部等19个部门印发《“十四五”促进中小企业发展规划》，对“十四五”期间促进中小企业发展工作作出全面部署。2022年5月，国务院发布《加力帮扶中小微企业纾困解难若干措施》，进一步采取有力措施，帮扶中小微企业纾困解难；工业和信息化部会同国家发展改革委等 11 个部门发布《关于开展“携手行动”促进大中小企业融通创新（2022—2025 年）的通知》，激发中小企业创新潜力，加快推进数字经济发展和数字化转型的政策不断深化和落地。

（一）推动产业共性基础技术，夯实基础设施建设

未自主掌握产业共性技术已成为制约我国制造业核心竞争力提升的一大瓶颈。产业共性基础技术包括工业母机、高端芯片、基础软硬件、基础元器件、基础材料等，以及服务标准、检测、计量、测量等技术①，具有通用性、关联性、系统性、开放性等特点，对整个产业的技术水平、发展质量和生产效率具有带动作用，能够产生较大的经济和社会效益，是产业发展的“基础设施”。因此，必须重视以“共性技术”的突破带动全行业整体提升。《中国制造 2025》已提出“突破一批重点领域关键共性技术，促进制造业数字化网络化智能化，走创新驱动的发展道路”，强调要攻克“对产业竞争力整体提升有全局性影响的、带动性强的”关键共性技术②。工业和信息化部随后印发了《产业关键共性技术发展指南（2015 年）》，确定了优先发展的产业关键共性技术 205 项。后续政策几乎无一例外地强调共性技术在制造业转型升级中的基础性角色。国家发展和改革委员会、中央网信办强调共性技术是数字化转型的基石，加大对共性开发平台、开源社区、共性解决方案、基础软硬件支持力度，鼓励相关代码、标准、平台开源发展③。

（二）营造大中小企业融通发展，数智赋能中小企业

中小企业是我国国民经济和社会发展的重要力量，促进中小企业发展是关系科技进步、民生改善和社会稳定的重大战略任务。数字化开放性、普惠性的特点在某种意义上实现了大中小企业“平权”，是中小企业乘势突破的重要契机。相关的转型政策主要强调三个方向：一是企业要带动中小企业，联动发展、转型；二是为中小企业转型创造各种软环境；三是着力培育“专精特新”中小企业或“小巨人”企业。《中国制造 2025》提出，通过互联网与制造业的融合，“建立优势互补、合作共赢的开放型产业生态体系”，要求完善中小微企业政策，促进大企业与中小企业之间多种合作方式，实现联动发展提升；《“十三五”先进制造技术领域科技创新专项规化》提出加快培育产业链生态，让龙头企业示范带动中小企业集群；工业和信息化部等六部门联合印发的《关于加快培育发展制造业优质企业的指导意见》也鼓励领航企业与中小企业建立稳定合作关系，打造大中小企业融通发展生态、建设先进制造业集群等。

① 国家发展和改革委员会：《“十四五”规划〈纲要〉｜名词解释：产业共性基础技术》，2021，http：//www. ndrc. gov. cn。

② 国务院：《中国制造 2025》，2015，http：//www. cas. cn。

③ 国家发展和改革委员会、中央网信办：《关于推进“上云用数赋智”行动 培育新经济发展实施方案》，2020，http：//www. gov. cn。

同时，相关政策还要求资源适当向中小企业倾斜，促进各类服务要素向中小企业的需求集聚和对接，打造转型所需的公共服务平台。例如，《关于推进“上云用数赋智”行动培育新经济发展实施方案》中鼓励各类平台、社区、第三方机构向广大中小微企业提供数字化转型所需的开发工具及公共性服务；《关于深化“互联网 + 先进制造业”发展工业互联网的指导意见》中要求加快中小企业的工业互联网应用普及，鼓励中小企业充分运用数字化、网络化手段提升运营水平。“专精特新”中小企业的概念在 2012 年被第一次提出，2021 年 7 月进入政治局会议议程。财政部与工业和信息化部于 2021 年 1 月印发了《关于支持“专精特新”中小企业高质量发展的通知》，指明“支持公共服务示范平台为国家级专精特新‘小巨人’企业提供技术创新、上市辅导、创新成果转化与应用、数字化智能化改造、知识产权应用、上云用云及工业设计等服务”。其他政策相继出台、彼此频繁印证，例如，工业和信息化部、财政部、商务部等六部门联合印发《关于加快培育发展制造业优质企业的指导意见》，要求“分类制定完善遴选标准，选树‘小巨人’企业、单项冠军企业、领航企业标杆”；《中小企业数字化赋能专项行动方案》要求将中小企业数字化改造升级纳入“专精特新”中小企业培育体系等。

（三）突出数字化转型应对危机的价值

2020 年初，新冠疫情的暴发给制造业等实体经济带来巨大冲击，导致大范围停工停产和复工延迟，全国制造业直到第二年第一季度末才总体恢复到疫情前水平。之后，各地不定期地散发疫情也为相关地区的生产活动带来不利影响。2020 年 2 月的“统筹推进新冠肺炎疫情防控和经济社会发展工作部署会议”首次指出，虽然传统行业受冲击较大，但智能制造等新兴产业展现出极大韧性，并要求以此为契机推动传统产业向数字化、智能化方向升级。2020 年 3 月出台的《中小企业数字化赋能专项行动方案》及时地也是第一次要求以数字化、网络化、智能化“助力中小企业疫情防控、复工复产和可持续发展”。2020 年 4 月提出的《关于推进“上云用数赋智”行动培育经济发展实施方案》同样明确提出“充分发挥技术创新和赋能作用，抗击疫情影响，做好‘六稳’工作”的指导意见。

新冠疫情之前，政策对数字化转型的定位仅限于提升企业效能与行业水平，不涉及应对外部环境动荡。2017 年，国家发展和改革委员会认为数字化转型的意义在于推动数字化与实体经济深度融合、突破制造业重点领域关键技术产业化，以及增强制造业核心竞争力等，未涉及应对外部危机。但疫情导致的人员活动限制和供应链受阻对传统制造业影响尤甚，国家迫切意识到数字化转型在传统制造业提升韧性、应对疫情维度上的意义，并立即在政策中作出反应，随后被逐渐提升到抵御风险（指社会经济环境方面的风险，非企业自身经营中的风险）上。2020 年 9 月，国务院国有资产监督管理委员会提出“两化融合”

有增强国有企业抗风险能力的作用①；2021 年，工业和信息化部等六部门联合印发《关于加快培育发展制造业优质企业的指导意见》，提出引导企业数字化、智能化发展的要求，并表示这样做是防范化解风险隐患的迫切需要。经过多年的积累和迭代，我国围绕制造业数字化转型的政策已从无到有、逐渐充实，从行业与技术两个方向进行高层次战略谋划与体系支撑，为企业的相关动作提供了越发充实的政策支撑与指引。

三、数字技术应用赋能中小企业的腾飞

中小企业作为中国经济的主要支柱，能否赶上数字化浪潮，对中国经济增长的可持续性至关重要。突如其来的新冠疫情给中小企业带来了前所未有的挑战，但也为中小企业提供了数字化转型的绝佳机遇。通过远程办公、视频会议等数字化工具的升级，在疫情防控期间为中小企业复工复产发挥了重要作用。与此同时，在线商务、在线诊疗、在线展览等“网络经济”的新机遇也应运而生。利用人工智能、大数据、云计算、区块链、5G 等新技术，目的是建立一种全新的、以数字技术为核心的、富有活力和创新性的新商业模式，帮助客户达到开源节流、降本增效、控制风险、提升口碑、走向国际化的效果，从而根本上提升企业的竞争力。近 5 年来，我国信息技术产业蓬勃发展，产业规模迅速扩大，产业结构不断优化，新一代信息技术不断突破，对经济社会发展和人民生活质量提高的引擎作用不断强化，信息技术产业已发展成为推动国民经济高质量发展的先导性、战略性和基础性产业。

（一）信息通信网络建设规模全球领先

“十三五”以来，我国建成了全球规模最大的信息通信网络。2015 年底，我国光纤宽带用户占比 56%，截至 2021 年 6 月，光纤接入用户规模达 4.80 亿户，占固定互联网宽带接入用户总数的 94.1%，较 2020 年 12 月提升 0.2 个百分点②。千兆光网覆盖家庭超过了 1.2 亿户，4G 基站规模占到了全球总量的一半以上，开通 5G 基站 79.2 万个，5G 手机终端连接数达 2.6 亿。截至 2022 年 7 月，我国已许可的 5G 中低频段频谱资源共计 770 兆赫兹，许可的中低频段频率资源总量位居世界前列，累计建成开通 5G 基站达 196.8 万个③。行政村通光纤和 4G 的比例均超过了 99%，城乡“数字鸿沟”明显缩小。目前，我国固定宽带和移动网络端到端用户体验速度分别达到 51.2Mbps 和 33.8Mbps，较五年前增长了约 7 倍。根据国际测速机构数据，我国固定宽带速率在全球 176 个国家和地区中排名第 18

① 国务院国有资产监督管理委员会：《关于加快推进国有企业数字化转型工作的通知》，2020，http：//sasac.gov.cn。

② 中国互联网络信息中心（CNNIC）：《2021 年第 48 次中国互联网络发展状况统计报告》，http：//www.199it.com/archives/1302411.html。

③ 中国政府网：《我国累计建成开通 5G 基站 196.8 万个》，2022，http：//www.gov.cn/xinwen/2022-09/09/content_5709216.htm。

位，移动网络速率在全球139个国家和地区中排名第4位①。

（二）新型基础设施用户规模迅速扩大

新型基础设施是以信息基础设施、融合基础设施、创新基础设施建设为支撑，促进新一代信息技术向实体经济的全面渗透和融合应用。新基建的发展一方面可以促进新科技本身的创新发展，另一方面可以深化新科技与实体产业的融合发展，且随着新技术越来越成熟，应用场景越来越完善，可以真正实现数字化、网络化、智能化的交织演进。随着5G、千兆光网等新型基础设施建设加快推进，网络连接终端用户规模不断扩大。一是移动电话用户规模小幅增长，5G用户数快速扩大。2021年，全国电话用户净增4755万户，总数达到18.24亿户。其中，移动电话用户总数16.43亿户，全年净增4875万户，普及率为116.3部/百人，比2020年末提高3.4部/百人。二是百兆及以上宽带接入用户占比持续攀升，千兆用户加快发展。截至2021年底，三家基础电信企业的固定互联网宽带接入用户总数达5.36亿户，全年净增5224万户。三是蜂窝物联网用户和IPTV规模持续扩大。截至2021年底，三家基础电信企业发展蜂窝物联网用户13.99亿户，全年净增2.64亿户，其中应用于智慧公共事业、智能制造、智慧交通的终端用户占比分别达22.4%、18.1%和15.6%。

（三）网络基础设施持续演进升级

一是2021年固定资产投资与2020年基本持平，5G投资占比近半。2021年，三家基础电信企业和中国铁塔股份有限公司共完成电信固定资产投资4058亿元。其中，移动通信的固定资产投资额为1943亿元，占全部投资的47.9%；5G投资额达1849亿元，占全部投资的45.6%，占比较2020年提高8.9个百分点。二是网络基础设施优化升级。2021年，新建光缆线路长度319万千米，全国光缆线路总长度达5488万千米。其中，长途光缆线路、本地网中继光缆线路和接入网光缆线路长度分别达112.6万千米、1874万千米和3502万千米，接入网光缆线路长度比2020年净增297万千米，进一步保障和支撑用户服务质量。截至2021年底，互联网宽带接入端口数达到10.18亿个，比2020年末净增7180万个。其中，光纤接入（FTTH/O）端口达到9.6亿个，比2020年末净增8017万个，占比由2020年末的93%提升至94.3%。三是5G网络建设加快，网络覆盖持续推进。2021年，全国移动通信基站总数达996万个，全年净增65万个。其中，4G基站达590万个，5G基站为142.5万个，全年新建5G基站超65万个②。

---

① 工业和信息化部：《2021年通信业统计公报》，2022，http://miit.gov.cn。

② 工业和信息化部：《2021年通信业统计公报》，2022，http://miit.gov.cn。

（四）数字产业创新能力加快提升

一是关键核心技术取得突破。数字技术研发投入逐年上升，量子计算原型机、类脑计算芯片、碳基集成电路等基础前沿领域取得原创性突破，人工智能、区块链、物联网等新兴领域形成一批自主底层软硬件平台和开源社区，关键产品技术创新能力大幅提升，初步形成规模化应用效应。二是产业创新活力不断提升。产业创新能力取得突破性进展，2021年我国数字经济核心产业发明专利授权量达27.6万件，占同期全社会发明专利授权量的39.6%。关键数字技术中，人工智能、物联网、量子信息领域发明专利授权量居世界首位。三是数字产业快速成长。数字经济核心产业规模加快增长，全国软件业务收入从2012年的2.5万亿元增长到2021年的9.6万亿元，年均增速达16.1%①。截至2021年，我国工业互联网核心产业规模超过1万亿元，大数据产业规模达1.3万亿元，并成为全球增速最快的云计算市场之一，2012年以来年均增速超过30%②。

第二节 数字化背景下中小企业的发展现状

中小企业在数字经济推动下面临着巨大的机遇与挑战，特别是产业数字化推动下的企业数字化转型，与大型企业以及数字企业相比会面临更多的难点和痛点，也成为政府政策制定者和学界关注和研究的重点。因此，本节首先总结和梳理当前国内外学者对相关问题的研究，分析中国中小企业数字化发展现状，从而明确研究中小企业数字化发展的重点和亮点；其次，以制造类企业、服务类企业和“专精特新”企业为重点，分析企业数字化发展程度、与大中企业对比的优势和劣势，从而进一步明确数字化发展的具体困境和应对路径。

一、中小企业数字化相关问题研究

当前，国内外针对中小企业数字化发展的研究主要集中在四个方面，包括中小企业数字化发展与转型的影响因素、中小企业数字化发展的经济效应、中小企业数字化转型路径研究和中小企业数字化转型的文献计量学方法研究。

（一）中小企业数字化发展与转型的影响因素

在数字经济快速发展的背景下，中小企业的数字化发展和转型受到多种因素的共同影

---

① 中国政府网：《2021年软件和信息技术服务业统计公报》，2021，http：//www.gov.cn。

② 中国工信产业网：《中国互联网发展报告2022》，2022，http：//cnii.com.cn。

响。归纳起来，主要从企业内部影响和外部影响的角度进行分析。

从企业的内部影响因素看，主要针对企业的管理者和员工能力，以及企业数字技术和信息生态系统等影响因素。在新冠疫情大流行的背景下，Wiliandri 从能力和生态系统的角度分析了印度尼西亚的中小微企业的数字化，并在企业使用的信息技术、企业员工及管理者能力、企业自身制定的数字化战略等概念界定上探讨对企业的数字化发展产生的影响[①]。Chatterjee 等[②]研究了中小企业内部企业家的年龄、性别、教育等管理者因素在企业数字化决策中的调节作用，在现有文献的基础上开发了理论模型，并使用 SEM 方法对印度 431 名创业企业家样本进行了验证，结果显示，中小企业家的年龄和性别等对企业采用数字平台、进行创业活动等都具有正向的调节作用，且年轻的中小企业家以及男性中小企业家采用数字平台及参与创业活动的态度更加积极，而管理者的教育（学历）并不影响其使用数字平台的意愿。Christofi 等[③]探讨了中小企业家的创业毅力对数字化转型和商业模式创新的影响，文章利用来自阿拉伯联合酋长国的 229 名中小企业战略领导者的调查数据进行实证检验，发现中小企业高层管理人员的创业毅力对企业数字技术的采用和商业模式创新有积极的影响，且数字技术的采用对商业模式创新有正向的直接影响，中小企业的战略领导者对市场感知能力有正向的调节作用。此外，Ates 和 Acur[④] 的研究发现，作为企业管理能力的重要组成部分，对已有技术的动态处理能力是中小企业抵御数字经济时代环境波动影响的重要因素，对高技术行业中小企业的数字化转型尤为重要。

从企业的外部影响因素看，企业面临的数字化技术可用性、外部市场竞争状况和企业的客户行为等多个方面都会对企业的数字化转型产生影响。Klein 等[⑤]通过文献检索分析方法发现启动数字化转型是中小企业应对新冠疫情冲击的措施之一，知识管理战略为中小企业数字化转型提供了基础，知识技术有助于促进企业的数字化转型。Liu 等[⑥]为更好地分析工业大数据在促进数字化转型中的作用，提出了一个基于工业大数据的理论框架，并选取了一家拥有 4000 多家工业企业客户的软件平台和服务提供商作为研究案例，分析了由工业大数据驱动的数字支付和实现方式。其研究发现，工业大数据通过开发数据驱动的定制项目、提供设备—数据驱动的生命周期服务、建立基于数据信任的启示等方式促进企业

① Wiliandri R.，"A conceptual approach to identify factors affecting the digital transformation of micro，small and medium - sized enterprises（MSMEs）during Covid - 19 pandemic in Indonesia，" *Ekonomi Bisnis* 25，No. 2（2020）：66—85.

② Chatterjee S.，et al.，"SME entrepreneurship and digitalization - the potentialities and moderating role of demographic factors，" *Technological Forecasting and Social Change* 179（2022）.

③ Christofi M.，et al.，"Digital Transformation of SMEs：The role of entrepreneurial persistence and market sensing dynamic capability，" *IEEE Transactions on Engineering Management*（2023）：1—18.

④ Ates A.，Acur N.，"Making obsolescence obsolete：Execution of digital transformation in a high - tech manufacturing SME，" *Journal of Business Research* 152（2022）：336—348.

⑤ Klein V. B.，Todesco J. L.，"COVID - 19 crisis and SMEs responses：The role of digital transformation，" *Knowledge and Process Management* 28，No. 2（2021）：117—133.

⑥ Liu Y，Wang W，Zang Z J，"The dual drivetrain model of digital transformation：role of industrial big - data - based affordance，" *Management Decision* 60，No. 2（2022）：344—367.

的数字化转型行动。You[①] 的研究认为，虽然新冠疫情的冲击引发企业的现金流中断、物流困境和需求下降等问题，但也突出了数字技术的重要作用，数字技术的应用不仅稳定了企业的发展路径，还促进了价值链模式的发展。

（二）中小企业数字化发展的经济效应

国外学者通过统计分析、案例研究等，发现数字化发展与转型对中小企业的发展和 IT 生态系统的影响越来越大，并为中小企业降本增效、绿色转型、提升数字技术和国际竞争力、参与全球经济提供了大量新机遇。

首先，数字化转型可以促使中小企业改善应用性能、降低交易成本，促进新产品开发与提升创新能力，从而有助于提高中小企业的生产率和国际竞争力。Kahle 等[②]以巴西最大的电子和自动化工业集群中的 120 家公司所组成的生态系统作为研究对象，采用案例研究发现数字化为企业提供了更低的运营成本，有助于其在信息公平的基础上与大型企业展开竞争，减少中小企业的信息不对称，更有助于规模经济的实现。Jin 和 Hurd[③] 通过对 4 家新西兰中小企业的个案访谈进行案例研究发现，利用阿里巴巴平台进行数字化转型在一定程度上缓解了其进入中国市场的障碍，有助于中小企业更好、更快地获取信息，从而降低交易成本，帮助中小企业在内部工作人员和外部供应商之间建立沟通，缓解资源限制，还可以通过商业网络获得市场知识，提高国际竞争力。池毛毛等则从数字化赋能的角度出发，提出“数字化转型—研发双元能力—新产品开发绩效”的基础路径，对数字化转型影响企业研发利用能力和研发探索能力（双元能力）[④]，进一步影响中小制造业企业新产品开发绩效的过程构建了理论模型，并利用对 207 家湖北省中小医疗器械制造企业调研获得的一手资料和档案数据，采用 PLS 结构方程和模糊集定性比较分析（fsQCA）方法进行了实证检验，研究发现中小制造业企业的数字化转型对其新产品开发绩效的提升有明显的正向推动作用，并通过研发利用能力和研发探索能力正向影响企业的新产品开发绩效。Liu[⑤] 等运用互联网大数据的方法构建数字战略转型指标，利用中国新三板上市公司的微数据，研究发现数字化战略转型显著促进了高科技中小企业的创新绩效，并且数字基础设施的建

① You Zhuoying, “The double - edged sword: the impact of Covid - 19 on digital transformation of Chinese SMEs,” *Journal of Sociology and Ethnology* 4, No. 1 (2022): 56—59.

② Kahle J. H., Marcon E., Ghezzi A., Frank A., “Smart products value creation in SMEs innovation ecosystems,” *Technological Forecasting & Social Change* 156 (2020).

③ Jin H., Hurd F., “Exploring the impact of digital platforms on SME internationalization: New Zealand SMEs use of the Alibaba platform for Chinese market entry,” *Journal of Asia - Pacific Business* 19, No. 2 (2018): 72—95.

④ 池毛毛:《我国中小制造企业如何提升新产品开发绩效——基于数字化赋能的视角》,《南开管理评论》2020年第 3 期。

⑤ Liu S, Hou L T, Chen X Y, “Digital transformation and innovation performance of high - tech SMEs: Evidence from the Internet Big Data” (EBEE, Sanya, China, December 17, 2021).

设在高科技中小企业的数据管理和知识创新过程中发挥更积极的作用。王玉①调查了 182 家中小制造业企业，研究发现，数字经济能明显地提升中小制造业企业的竞争力和经营绩效，而产品毛利率提升和销售费用率下降是提升企业绩效的显著路径；进一步研究中构建了企业数字化转型的衡量指标②，通过实证研究发现，2016—2020 年的样本中，83.9% 的中小企业进行了数字化转型，且数字化转型显著促进了中小制造业企业的市场竞争力，这一竞争力提升作用在数字化转型的主动性层面存在异质性，而组织韧性在其中存在调节作用。

其次，数字化转型有助于中小企业克服资源限制、缓解融资约束。王敬勇等③基于 2008—2020 年创业板上市公司数据，研究发现我国中小企业开展数字化转型能有效降低融资约束，并且提高企业信息透明度、降低融资成本、加强创新能力，而且企业的股权质押、股票流动性及机构投资者持股比例、经济政策不确定性等因素都在其中发挥着调节作用。Teng 等④分析了 2007—2010 年中国沪深股市的 319 家中小型上市公司数据，发现数字化转型与企业经营业绩呈正相关，与企业创新绩效呈倒“U”形关系，与财务业绩的“U”形关系不显著，说明中小型上市公司的数字化转型有助于组织提高内部运营能力，也可以优化和改善组织的财务状况。

最后，数字化转型的绿色低碳效应。除上述研究角度外，学者开始关注并认为数字化转型有助于企业的绿色低碳发展。例如，Li 等⑤基于 2000—2013 年中国工业企业污染排放数据和数字产品进口数据，探讨了企业数字化转型的减污效应，研究发现，企业的数字化转型可以显著降低污染排放，但降低作用主要体现在外资企业、集体企业和大中型企业中。

（三）中小企业数字化转型路径研究

当前，国内外研究认为，中国的中小企业普遍存在数字化转型意识不足的问题，以及面临数字化转型能力和基础薄弱、缺乏数据管理思维及实操经验、转型资金投入不足、政府政策支持精准度不高和人才供应不足等困境⑥。而对于中小企业数字化转型路径的研究，多数学者指出应在考虑企业自身发展需求的基础上进行，政府应在数字化转型所需人才的

---

① 王玉：《数字经济对中小制造企业转型的影响研究》，《经济社会体制比较》2021 年第 3 期。

② 王玉、张占斌：《传统企业数字化、组织韧性与市场竞争力——基于 236 家企业调查数据》，《华东经济管理》2022 年第 7 期。

③ 王敬勇：《数字化转型与企业融资约束——基于中小企业上市公司的经验证据》，《科学决策》2022 年第 11 期。

④ Teng X, Wu Z, Yang F, “Impact of the digital transformation of small - and medium - sized listed companies on performance: based on a cost - benefit analysis framework,” *Journal of Mathematics* (2022): 1—14.

⑤ Li G, Jin Y, Gao X, “Digital transformation and pollution emission of enterprises: Evidence from China’s micro - enterprises,” *Energy Reports*, No. 9 (2023): 552—567.

⑥ 胥培俭、丁琦、张思文：《国际数字贸易规则助力中小企业数字化转型》，《信息通信技术与政策》2020 年第 3 期。

技能培训、资金及工具、数字化生态等方面加大支持力度①。

首先，针对不同性质、不同区位的中小企业数字化转型路径的问题研究。Li 等②通过对阿里巴巴平台上的 7 家中小型跨境电商企业（行业包括户外产品制造、人造宝石和厨卫产品生产）进行研究，从管理认知革新、管理社会资本开发、商务团队构建和组织能力构建四个方面提出了中小企业数字化转型的路径。钟雨龙等③将数字化转型视为中小企业摆脱新冠疫情影响和产业链变动危机的重大突破口，认为中小企业的数字化转型路径应明确各类人才的角色作用、产业链中企业协同发展及政府支持的重要性，提出要在资金融通、复工用人、资源对接方面为中小企业的数字化转型提供支持。Lei 等④对中国 318 家中小企业进行调查研究，发现东部地区的中小企业在数字化、数字投资、数字化意识和成熟度等方面比西部地区中小企业先进，第三产业表现出最显著的数字化转型趋向，第二产业在数字化转型过程中表现出更好的执行力，并由此对政府提出可行建议，如增加数字化在线培训、加快数字基础设施的建设、减税和提供补贴，以及因地制宜设计政策。李洪涛等⑤则从与中小企业相关的数字贸易规则出发对其数字化转型路径提出了建议。

其次，关于数字化中小企业的特性发展和转型路径。朱小艳⑥认为，我国“专精特新”企业在数字化转型过程中，具备转型意愿增强、基础设施改善、合作意识和政策支持增强等优势，但也面临着转型能力不足、技术环境欠佳、协同水平不高、政策支持精度亟待提高等困境。因此，研究认为，在推进“专精特新”企业数字化转型中，企业应努力推动提升认知能力并夯实人才队伍，政府则通过加强基础设施建设并优化转型环境、催生数字生态并提高产业和企业协同能力，提高制度支持精度、优化服务等策略促进其数字化转型。

（四）关于企业数字化发展的研究方法

当前，对中小企业数字化发展和转型的研究方法是基于研究文献采用 R 的计量学方法对中小企业的数字化转型情况进行的趋势分析，该方法为数据的相关性提供了来源，也指明了未来的研究方向。Ragazou K. 等⑦对 2014—2022 年发表的利用“数字化”关键词筛选

---

① 李勇坚：《中小企业数字化转型：理论逻辑、现实困境和国际经验》，《人民论坛·学术前沿》2022 年第 18 期。

② Li L，et al.，“Digital transformation by SME entrepreneurs：A capability perspective，” *Information Systems Journal* 28，No. 6（2018）：1129—1157.

③ 钟雨、陈璋：《防疫常态化背景下我国中小企业数字化转型的发展研究》，《商业经济研究》2021 年第 10 期。

④ Lei J，Indiran L.，U. H. Abdul Kohar，“The digital transformation of SMEs：The difference between East and West in China，” *International Journal of Academic Research in Business and Social Sciences* 12，No. 12（2022）：2509—2527.

⑤ 李洪涛、张菲、隆云滔：《国际数字贸易规则助力中小企业数字化转型——以 DEPA 数字贸易规则为例》，《数据与计算发展前沿》2022 年第 6 期。

⑥ 朱小艳：《“专精特新”企业数字化转型：现实意义、制约因素与推进策略》，《企业经济》2023 年第 1 期。

⑦ Ragazou K.，Passas I.，Sklavos G.，“Investigating the Strategic Role of Digital Transformation Path of SMEs in the Era of COVID-19：A Bibliometric Analysis Using，” *R. Sustainability* 14，No. 18（2022）：11295.

出的765篇文章进行文献计量学分析，对一系列指标，如来源和机构的共引分析、年度科学生产、国家合作图、世界树图和多重对应分析等进行研究，发现中小企业通过将传统商业模式转变为数字化模式来适应新冠疫情所造成的新形势。Philbin① 以64篇文章作为综述对象，对数字化转型的技术、基于三重基础（即经济、环境和社会）的可持续发展和中小企业的经营特征三个主要领域进行了分析，认为中小企业数字化转型的影响因素包括商业战略和管理、组织结构、组织文化、技能和资格以及领导因素。

总之，目前我国中小企业数字化发展与转型的重点与亮点在于通过企业内部改造（如战略管理层对于数字化转型的态度、性别及学历，企业员工的技能、信息技术及数字战略等）推动企业的数字化转型，并根据自身特点选择合理的数字化转型路径。在此基础上，明确企业相关人员在转型过程中的角色，强调产业链中企业协同发展的重要性等，同时借助外部政府的精准政策对中小企业数字化转型支持的重要作用，实现企业的数字化转型。

二、中小企业的数字化发展现状分析

中小企业是国民经济和社会发展的生力军，承担着扩大就业、改善民生和促进创业创新的重要任务。但随着不断变化的市场环境，中小企业面临着生产成本不断上升、创新发展能力不足等困难和挑战。当前，我国中小微企业发展很大程度上仍依赖政策引导和国家扶持，部分中小微企业仍未改变“等、靠、要”的思维，而企业单纯希望依靠政策支持促进发展，则会缺乏自身推动发展的内生因素。在此背景下，数字化转型成为实现从由外部因素转变为内部动能、降低对外部环境的依存度、扩展企业生存空间，进而驱动中小企业发展的关键，也是中小企业突破困境、实现高质量发展的必然选择。

（一）中小企业数字化转型的总体现状

首先，从我国中小企业数字化发展的程度看，大多数中小企业的数字化转型取得了积极进展，越来越多的企业具备转型意识并开始了数字化转型的投入与行动探索。但是，与大企业相比，中小企业在资金、人才、技术等方面处于相对劣势，整体数字化转型水平存在很大差异。到2021年，79%的中小企业仍处于转型的初步探索阶段，有待成熟，处于应用践行阶段的企业占比为12%，达到深度应用阶段的企业占比仅为9%（见图6-4）。从整体上看，中小企业在数字化转型中存在诸多不足，如缺乏数据意识和数据管理实践、数字化技能不足、数字化成本和收益不明确等影响着中小企业对数字化的需求；缺乏适合中小企业数字化的工具影响着数字化的供给。从外部环境看，缺乏具有针对性的中小企业数字化的支持政策也影响着数字化时代的中小企业发展。

---

① Philbin S., Viswanathan R., Telukdarie A., “Understanding how digital transformation can enable SMEs to achieve sustainable development: A systematic literature review,” *Small Business International Review* 6, No. 1 (2022): 1—25.

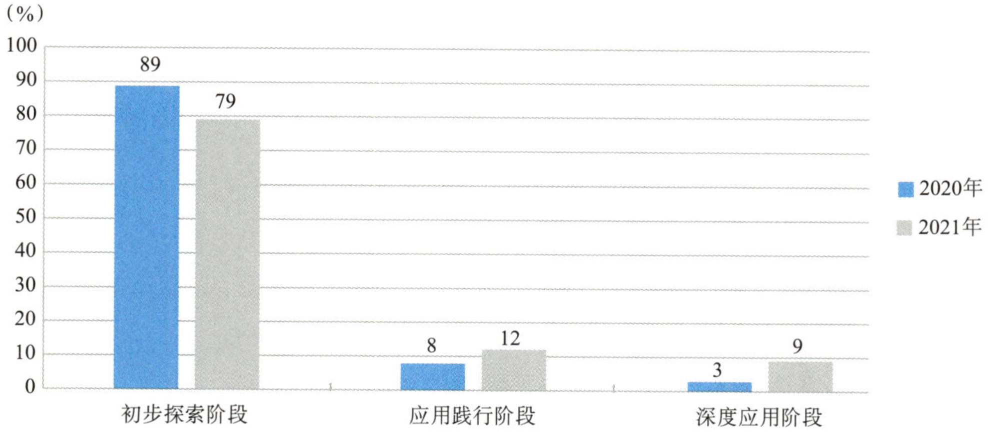

图 6-4 2020 年和 2021 年中国数字化转型企业整体水平

数据来源：中国电子技术标准化研究院：《中小企业数字化转型分析报告（2021）》。

其次，从行业分布看，虽然我国的中小微企业在第二产业中的占比较第三产业更大，但从数字化转型的行业类型分析，第三产业的数字化转型水平更高。根据工业和信息化部发布的 2018 年中国“制造业单项冠军”榜单，160 家入选“制造业单项冠军”的企业中，中小企业占到 75.6%。可见，中小企业一直是制造业企业的主力，同时也是数字化转型的主战场。从具体覆盖的行业来看，2021 年，计算机、通信和其他电子设备制造业、仪器仪表、汽车、家具、医药、电气机械等行业数字化转型平均水平位居前列，而纺织、化纤、木材加工、金属冶炼等行业数字化水平较低。对制造业企业来说，专业化生产、服务和协作配套能力是企业发展的核心。中小企业数字化转型虽然在生产、设计、物流、销售、服务等环节都有所覆盖（见图 6-5），但对于制造业企业来说，更专注于生产制造模式的转型，因而将数字化转型重点置于生产和销售环节。

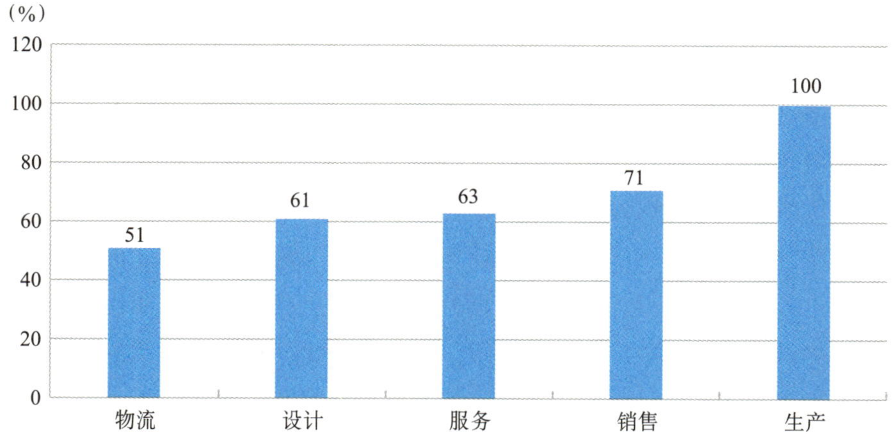

图 6-5 2021 年中小企业数字化业务覆盖情况

数据来源：中国电子技术标准化研究院：《中小企业数字化转型分析报告（2021）》。

最后，从地域分布来看（见图6－6），中小企业的数字化发展需要大量的人才、资金和技术，而东南沿海地区产业集中，具有扎实的制造业和发达的服务业，有数字化转型的优势，中小企业的数字化发展水平较高，因而成为中小企业数字化发展的重点领域。

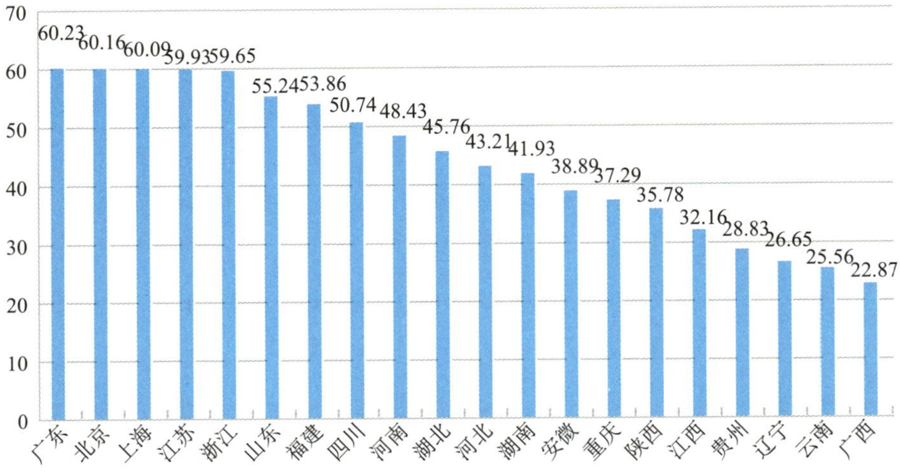

图6－6　2021年中小企业数字化综合指数省（区、市）排名TOP20

数据来源：中国电子技术标准化研究院：《中小企业数字化转型分析报告（2021）》。

（二）服务型企业的数字化发展现状

在数字经济发展的大背景下，中小企业数字化转型的需求猛增，加之经济发展、国家政策和技术进步的共同作用下，企业数字化服务的提供商迎来新的发展机遇与挑战。通过融合技术、聚合数据、赋能应用，多样化的数字服务平台企业为数字化转型提供不同类型的服务，例如，顾客触点平台提供全方位洞察顾客需求服务，资源服务化平台提供快速的数字化服务，数字自服务平台为企业提供基于数据的决策，创新实验平台帮助企业快速赋能新业务等，助力中小企业加快数字化转型。

首先，技术进步提高了数字服务平台企业的服务水平。随着数字经济带来的重大技术突破与创新，数字服务平台企业具备了三大特性：一是融合功能。数字服务平台既可以通过保持现有传统的技术框架以保护既有投资，也可以融合未来的创新技术以促进创新的可持续性；通过融合外生的数字服务，实现服务和技术的开放和共享。这样不仅可以为企业内部组织机构之间的业务转型提供服务，还可以为产业链或整个生态圈内的企业提供承载环境，促进全体伙伴企业的数字化转型升级。二是智能化。在数字技术的加持下，数字服务平台企业可以实现智能化，如自动治理、智能安全、智能运维等功能，并对外提供智能化能力，如智能分析、AI计算和数字服务等。三是可传承性，即通过解耦、配置等构建的系统可以应对未来的各种变化。数字服务平台企业这些特性的存在不仅可以推动中小企业的业务创新和高效运营，还可以通过数据资源池的建立释放数据价值，降低技术运营及管理的复杂程度，实现技术的普适性。

其次，促进业务云化是未来企业数字化转型的必然趋势。经过 10 多年的发展，全面云化的时代正在到来。作为企业数字化转型的重要支撑，云计算技术具有降低 IT 复杂性、缩短交付时间等优点，并在其基础上发展了工业互联网、人工智能等数字化创新应用。而企业业务云化能够实现多业务的定制开发，并保证业务之间相互隔离。云服务提供商的业务专业度不断提升，主要竞争优势为研发能力，行业内出现的重大技术突破与创新，使产品不断出现进一步优化的空间，提供商的研发能力和更新迭代能力对项目竞争起到的作用越来越大，成为服务商的重要竞争力。以 PaaS、SaaS、BaaS、DaaS 等业务为主的多类业务的形成可以助力财政、汽车、金融、广信、烟草、教育、餐饮等行业的数字化转型。

但是，随着企业服务产业竞争加剧，中小云服务提供商的生存环境不容乐观。中小云服务提供商在资金、人才保留、研发激励、品牌影响力等方面有天然劣势，故中小云服务提供商在数字经济浪潮的竞争中面临更多的困难，如资金不足导致研发能力存在短板，品牌影响力不足，营销网络覆盖范围小，客户基础弱、黏度小等。

最后，数字化转型人才紧缺仍是关键问题。一支基础扎实、实践经验丰富、专业合理的人才队伍是项目顺利开展的重要保证。数字化转型的中小企业需要专业化的数字化转型人才，数字化转型服务的提供商更加需要专业的数字化转型人才。一方面，人才技术水平和数量不能满足现有需求；另一方面，新型技术企业在人力资源管理方面普遍面临着人员流动问题，企业间的竞争也逐渐表现为高素质人才的竞争。因此，通过自己培养和人才引进等渠道，构建更加完善的人才资源管理制度解决人才短缺问题是数字服务平台企业面临的关键问题。

（三）专精特新企业的数字化发展现状

1. 部分企业具备一定数字化基础，转型意愿强，但转型能力不足

据统计，我国 92% 的专精特新企业采用研发设计（CIX）、生产制造（CIM）、经营管理（ERP）、运维服务（CRM）和供应管理（SRM）五大系统。根据国家专精特新“小巨人”企业认定标准，企业至少有一项核心业务采用信息系统支撑，而这类企业作为我国中小企业的优秀代表，其数字化实践经验将为后来者指明方向。

虽然相较于普通中小企业，部分专精特新企业对数字化转型的认知更深刻，数字化转型意愿更强烈，但转型能力欠佳，如数据处理效率偏低（预算、订单、库存、合同等方面数据的对照处理，多采用系统导出、Excel 处理等传统手段）、决策的智能化水平普遍偏低（CIX、CIM、ERP 等平台沉淀了大量数据，这些数据没有被充分利用，导致其价值大打折扣，智能决策不等于商业智能系统）。出现这种状况的原因是多方面的：一是认知能力不足。有的专精特新企业认为企业自身竞争力较强，经营业务专一，组织构架简单，数字化转型意义不大；有的企业对数字化转型的认知停留在浅显层面，甚至把数字化转型简单地

等同于电子化办公，缺乏对企业数字化转型的整体统筹和长远规划；与大型企业相比，多数专精特新企业数字化转型仅在生产制造层面，只重视生产线的自动化和机械化，但未意识到应建立联网和数据采集等数字化系统，“重自动化、轻数字化”认知普遍，数字应用存在“单点应用”现象。二是投资能力有限，有资金约束。尽管专精特新企业是从中小企业中评选出来的具有发展潜力的企业，具有一定的规模和较强的市场竞争力，但在当前市场环境下，企业普遍面临较大生存压力，在维持企业正常运营尚且艰难的情况下，企业对数字化转型的投资心有余而力不足。

2. 数字化基础设施持续改善，但技术环境欠佳

一是应用研究能力不足。我国的科研成果转化机制不健全，科研成果转化渠道不畅通。应用研究的短板导致我国企业诸多共性难题无法得到有效解决，多数高端工业软件仍由欧美发达国家主导，这是专精特新企业应用数字技术布局科技前沿能力不强的根源所在。

二是数据管理能力欠佳。专精特新企业是细分行业的隐形冠军，多数在技术独创性方面具有先发优势，但数据安全和数字泄漏问题也是阻碍专精特新企业数字化转型不容忽视的因素。

3. 企业数字化合作意识较强，但协同水平不高

越来越多的专精特新企业携手其生态伙伴加固数字生态圈，但在数字化转型道路上，整体协同水平仍然有待提高。一是企业自身层面缺乏协同。一些企业本身不具备数字化转型的资本，迫于行业协同压力而盲目实施与自身需求不匹配的数字化工程，最终因资源的不当配置而影响正常的生产经营。二是产业链内企业之间缺乏协同。尽管数字化转型差异普遍存在于不同企业之间，但专精特新企业通常是产业链上的关键节点，这些企业率先完成数字化转型后，如果缺乏与产业链上其他企业的磨合，就可能影响数字化工具的互联互通，导致交易成本攀升、业务效率下降。三是不同区域之间缺乏协同。数字化转型是一项系统工程，需要统筹规划和系统推进。近年来，国家层面不断加强对专精特新企业及其数字化转型的政策支持。由于专精特新企业地理分布不均衡，造成了政策支持资源配置在事实上的地区差异，加之不同地区经济发展水平不同，在数字化基础设施建设、数字人才队伍建设、企业数字化投资意识、数字化应用环境等方面都存在差异，这会造成数字生态体系建设区域不同步、不协调。

4. 依赖政府政策扶持，效果持续且显著

近年来，专精特新企业是各地开展中小企业数字化转型的重要抓手，因此，很多地方先后出台了支持专精特新企业数字化转型、智能化改造的政策。例如，天津市提出“组织工业互联网平台和数字化转型服务商为‘专精特新’中小企业提供数字化转型评价诊断服务和解决方案”；上海市提出“引导以‘专精特新’为代表的广大中小企业认清数字经济的发展趋势、掌握数字领域的技术手段”。在政策引导下，一批数字化基础良好的标杆企

业崭露头角。同时，中国信通院开展了多轮次的专精特新企业调研，发现了诸如缺少数字化转型推进组织、数字化管理水平较低等问题，政策效果依然突出。

5. 数字技术创新应用能力差，数字资源流通壁垒依然存在

相比于发达国家，我国专精特新企业数字技术起步较晚，虽然依靠专业化、精细化、特色化、新颖化在国内市场取得领先优势，但大多并未真正掌握相关领域的核心技术，在产业基础关键领域和价值链中高端环节技术创新实力不足，技术开发起步晚、基础弱、层次低，主要依靠外部引进，自主研发和原始创新能力较差。同时，数字资源流通壁垒仍然存在，“链主”企业、科研院所和高校等机构的技术研发资源未能得到有效整合，无法满足专精特新企业在科技成果转化、应用技术创新等方面的需求。

（四）制造业企业的数字化发展现状

当前，我国制造业中小企业的数字化转型之路并不平坦，面临着成本约束、缺乏数字化转型意愿、缺乏专业人才和数字基础建设等诸多阻碍。

第一，面临成本约束。资金投入不足是制造业中小企业推进数字化转型的阻碍之一。因为数字化转型的过程资金投入较大，包括购买新技术和新设备等支出，此外还面临着数字化专业人才的外聘或者是对于企业人员的培训等费用。制造业中小企业的资金实力不等，资金不足的中小企业数字化转型会面临成本约束，进而阻碍其数字化转型的发展。

第二，缺少数字化转型意愿。具体表现在，一是很多制造业中小企业习惯于固有的生产经营方式，依赖于传统的生产经营方式；二是很多中小企业在进行数字化转型尝试之后，存在效益不高或投入产出比较低的情况。在数字化浪潮下，这部分中小企业的转型意愿仍然不强，因此，制造业中小企业存在不愿意转型、转型决心不强、仅为了应对外部法律法规的要求或满足对接商业环境的需要等情况。

第三，数字人才的缺失。数字人才是制约制造业中小企业数字化转型的重要因素，制造业企业并非数字原生企业，数字人才存在先天性缺少的问题。而数字化转型需要通过分析研发、生产、销售等各阶段的流程数据来发现问题，并进一步提升企业经营绩效。但制造业中小企业的数字人才缺失会造成其数字化进程发展缓慢。

第四，企业数字化转型基础不牢。一方面，从设施上看，有些制造业中小企业可能正在进行信息化转型，或者其生产过程仅涉及简单的互联网使用、社交媒体或传感器等技术手段进行大数据搜集，数字化转型基础不牢，仍不能使用人工智能等技术加工和处理大数据。另一方面，制造业中小企业员工可能会对数字化转型产生抵触情绪，难有较高的积极性。数字化转型会涉及所有员工的利益再分配，制造业企业的员工大多在一线操作，若进行数字化转型，引入数字化技术和生产设备可能会取代他们的岗位，或者需要他们学习自己从未接触的新知识，或者被新人员替代，这些不安定因素会导致员工对数字化转型产生不满情绪。

第五，企业数据安全难以保障。随着制造业企业的数字化程度逐步提升，在研发和生产等流程中将产生大量数据，在企业的组织、生产和服务模式的互联互通程度不断提升时，将面临重大的数据安全隐患，如数据的盗取、篡改等。制造业中小企业的生产工艺和研发数据中往往包含重要的专利成果和机密配方，如果数据泄露将会面临很大的价值损失。

三、当前中小企业数字化发展困境

（一）与大型企业数字化转型的差距

我国中小企业与大型企业的数字化转型进程仍存在较大的差距。首先，根据中国电子技术标准化研究院的测算（见图6－7），2020年中国的中小企业中79%的企业处于数字化转型的初步探索阶段，但大型企业中超过半数的企业已步入应用践行阶段和深度应用阶段。

其次，大型企业一般资金、人才、技术资源丰富，在数字化转型方面具备先发优势，而中小企业不具备充足的资源优势，故整体的数字化转型进程较慢、数字化转型水平较低。但中小企业也有自己的优势，如业务集中、机制灵活不古板、决策高效，若中小企业能够克服自身的劣势，积极主动尝试数字化转型，可以尽早取得数字化转型利益。

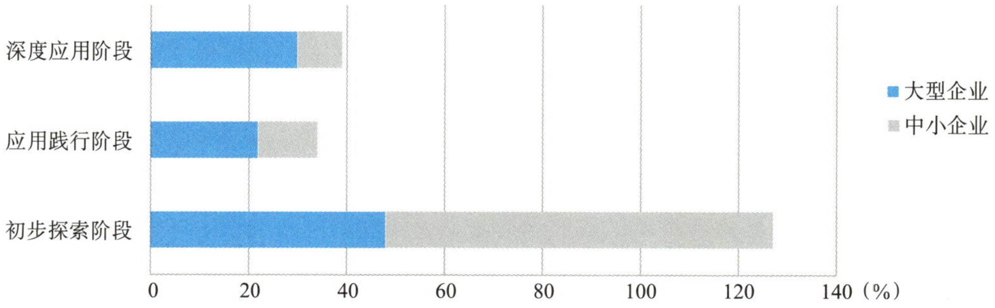

图6－7　2020年中国大中小企业数字化转型对比

数据来源：《中小企业数字化转型分析报告（2021）》。

（二）中小企业数字化转型中的主要问题

总体来看，中国的中小企业在数字化转型中面临的困境仍十分突出。因为中小企业大多对数字化的了解程度较浅、网络设施配备少、应用基础薄弱。数字化转型要求中小企业进行多轮调研，分析自身需求以及产品和技术的选择，但由于中小企业中人才缺乏，从前期选型到接入业务全流程都存在较高的技术门槛，加之规模所限，投入较少，无论是对产品的应用还是平台的搭建都较难上手，在产品与服务的选购中也难以抉择。因此，受限于资金、人才、技术、认知等因素，企业“不能转、不想转、不会转、不敢转”的问题仍不同程度地存在。当前，成本受限、转型能力不足、转型路径不清晰成为中小企业数字化转型的痛点。

1. 对数字化转型的认知不足

对中小企业而言，数字化转型是一个全新的概念和发展模式，很多中小企业没有充分认识到数字经济时代加快转型发展的必要性，对数字化转型的认知不足。首先，大部分中小企业管理者及投资人的文化素质水平较低，经济利润成为其最为关注的问题，对企业未来发展规划的认识不足，在推进企业数字化转型发展方面的积极性较低，因此很难有效适应数字经济发展的趋势。其次，数字化转型不是一蹴而就的，需要较长的周期，而中小企业的生命周期一般较短，加之我国中小企业数量众多、类型不一，在数字化转型发展过程中会面临很多差异化的问题，对其转型升级的能力提出了较高要求，也在很大程度上降低了中小企业参与数字化转型的积极性。另外，现阶段我国中小企业在数字化转型方面缺乏成功的经验借鉴，基本都是摸着石头过河，所以很多中小企业不愿意承担数字化转型的风险，进而在数字化转型方面迟迟未能推进。

2. 成本受限，数字化基础薄弱

由于数字化发展涉及软件和硬件支出、数字系统的运维以及数字专业人才培养等多方面成本投入，成本问题是造成上述企业“不敢转”的主要因素。一是全球经济疲软、下行压力增大、新冠疫情冲击和预期疲软等多重因素交织，加剧了中小企业盈利的不确定性和资金紧张程度，此时加大数字化的投入对于企业来说可能是心有余而力不足。二是我国中小企业自身资金本就有限，导致其对投资金额大、投资周期长的数字化转型计划望而却步。

众所周知，我国中小企业在生产规模、技术水平、产品类型等方面与大型企业都存在较大差距，因此盈利能力有限、自有资金较少、综合实力较低。很多中小企业也存在内部管理不规范、缺乏专业化人才、竞争力较低、抗风险能力弱等问题，在发展过程中极易出现资金链断裂的情况，存在较大的破产风险，因此中小企业的风险评估等级明显较低。虽然我国出台了一系列政策以解决中小企业的融资难题，但由于商业银行存在明显的“惜贷”现象以及民间资本发展不完善等，导致中小企业很难从外部获取融资，进而限制了数字化转型发展水平。

3. 转型能力不足，数字化业务应用较浅

数字化转型改造依托于资产数字化和数据资产化两个关键步骤，不仅需要预先投入，而且见效周期较长。很多中小企业不清楚是否能够通过转型真正解决业务痛点问题，实现降本增效，对转型犹豫不决。此外，中小企业数字化转型需求模糊而庞杂，缺少转型长期战略规划，大多定位不准、方向不清、路线不明，且缺少有效的价值评估体系，导致实施路径与现有业务模式、流程重组、管理模式、信息化建设不匹配，转型步伐停滞不前。

4. 技术创新能力较弱

信息技术对各行业企业的发展都产生了十分重要的推动作用，技术创新能力在很大程度上决定了企业的竞争实力和发展水平。在数字经济时代，我国中小企业转型发展还受到技术创新能力不足的限制。技术创新不仅需要人财物等大量资源的投入，而且其周期较长、成果转化难度较高、风险较大，这些都对中小企业的数字化转型发展产生了较大的阻力。中小企业在数字化转型发展初期阶段需要投入大量资金，但是以上几方面因素使很多中小企业在技术创新方面得不偿失，很多中小企业很难借助技术创新提升产品生产能力和整体品质，其盈利能力也得不到有效改进，导致很多中小企业在技术创新方面失去动力。另外，我国大部分中小企业都是以“代工厂”的名义存在，其整个生产经营过程的科技含量较低，很难形成系统性的科技创新模式，其科技创新能力长期得不到有效提升，因而在数字化转型发展方面面临较大难题。

5. 缺乏专业化人才支撑

数字经济时代的到来使人才成为支撑中小企业经营发展的关键性资源，而中小企业要想实现数字化转型发展更离不开专业化人才。现阶段我国中小企业还缺乏专业化人才支撑，进而加大了数字化转型发展难度。首先，数字化时代的到来使中小企业经营发展环境发生了较大变化，数字化转型发展更是颠覆了企业传统发展模式，而现有从业人员在学历水平、知识水平和专业技术能力等方面都存在一定短板，加上中小企业平时不注重对内部从业人员开展专业化培训教育，其专业能力和综合素质难以得到有效提升，因此很难适应数字经济时代的发展要求。其次，有些中小企业将主要精力和资金用于生产及销售等能够带来直接经济利益的相关活动中，没有投入相应的资金从外部引进专业化人才，现有人员队伍结构得不到有效优化，很难引入外部先进经营管理理念和技术工艺，进而拖慢了中小企业数字化转型发展进程。

总之，我国中小企业在整个国民经济发展过程中发挥了十分关键的作用，尤其是在税收贡献、促进就业等方面做出的贡献不断加大，国家对中小企业经营发展的重视度也不断提升。但进入数字经济时代，打破了中小企业传统的发展模式，无论与大中型企业相比存在的差距，还是自身在数字化发展的认知水平、技术能力、财力人力等方面的困难和问题，需要中小企业主动与大型企业融合发展，也需要国家和地方政府研究和落实有针对性的支持措施和调动资源的助力。

第三节　中小企业数字化发展典型案例分析

一、服务型企业数字化——艺点意创全案数智赋能

（一）案例背景

2014 年 9 月，李克强总理在夏季达沃斯论坛上首次提出“大众创业、万众创新”，之

后被写入2015年《政府工作报告》。此后，在党和政府不断颁布相关政策加强创业和创新指导下，我国中小企业的专利申请数呈现大幅增长，中小企业的创业潮带来了企业个性化设计需求的增长。2017年，党的十九大报告指出，要“推动互联网、大数据、人工智能和实体经济深度融合”“支持传统产业优化升级”；十九届四中全会进一步将数据确认为新的生产要素，数字经济成为推动各国经济增长的新引擎。企业的业务流程、产品理念、思维模式、组织结构等开始全面转型，越来越多的企业开启了数字化发展之路。

艺点意创科技有限公司（以下简称“艺点”）看准时机，针对传统制造企业的前端业务数字化转型基本完成后，企业的数字化转型逐渐转向后端，即数字化宣传、流量引入等。自行研发的创意生态服务平台，基本形成“数字展馆、数字多媒体、文创策划、活动推广、品牌整合、设计可视化”六大业务板块，满足中小企业创意需求。2017年，随着艺点成熟客户方案的不断落地，客户需求快速增长，艺点开始打造线下产业园区，重点满足企业的数智化宣传设计和落地需求，布局全创意数智赋能领域。

（二）案例简介

艺点集团成立于2013年，创立初期瞄准企业品牌痛点，以“互联网+创意营销”为根基，产业服务创新为己任，秉承“创新、合作、共赢”的理念，围绕“1+1+N”（即创意生态服务平台、文创产业与园区以及新行业领域孵化平台）进行战略发展新模式全盘布局，致力于为中国本土中小企业提供全面的品牌整合传播解决方案。

艺点模式的创业生态服务平台在线链接了职业创意人、创意供应商和企业、政府项目，为企业和政府提供全方位的品牌营销服务；线上的创意生态平台又为线下文创产业园区引入流量，打造实体基地，聚集供应链企业，为客户的品牌营销方案进行落地实施；新行业领域孵化平台业务板块中，忽米网作为全国级的工业互联网平台，为中小制造企业提供大数据智能化平台解决方案。受篇幅所限，本案例重点关注创意生态服务平台和线下产业园区，从线上、线下相结合赋能中小企业数字化转型的角度切入。

艺点创意生态服务平台业务与线下产业园区相辅相成，为中小企业的数字化转型提供品牌全案服务。其中，创业生态服务平台业务主要打造三个板块（见图6-8）：一是“创意购”，作为一站式自营创意服务产品平台，为区域创意行业提供服务交易；二是“全球设计网”，作为创意设计案例大数据查询平台，拥有海量流量聚集及搜索功能，为区域创意行业大数据基础赋能；三是“CRM全流程管理平台”——艺点商城为区域创意行业数字化执行管理。创业生态服务平台强大的平台影响力为文创产业园区引入流量，文创产业园区则凭借所聚集的全供应链企业为中小企业的数字化转型方案进行落地实施。目前，已经在天津、山西、重庆、杭州、武汉、上海、成都、贵州、青岛、济南、嘉兴、深圳等城市布局，拥有11个实体产业园区，管理面积超过10万平方米，拥有超过1万个工位，为客户提供最便捷的落地服务。

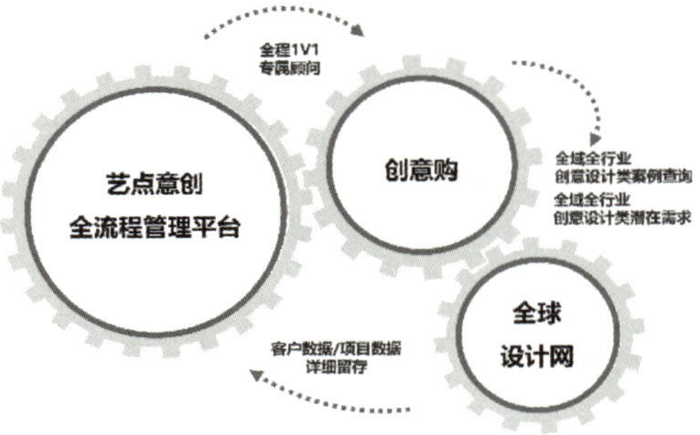

图 6－8　艺点创业生态服务平台业务

资料来源：笔者根据公开资料和实地调研内容整理。

（三）数字化应用场景及其核心竞争力

艺点的创意生态服务平台通过不断扩大平台影响力，增加平台价值，同时保持专业自有设计团队，形成了“流量＋设计”的盈利模式。当前，艺点平台年营收超 10 亿元，吸引 30 万余职业创意人，拥有 5 万余供应商服务团队，服务超 50 万家企业和品牌；全国分布 11 个数字经济产业园区，入驻企业约数万家。

1. 产业互联生态服务平台建设——线上连接创意供需端

线上创意服务平台致力于为客户提供包括品牌策划、设计、营销等全方位的一站式服务（见图 6－9），致力于实现从初步需求梳理到订单匹配、从项目立项到订单完结，全流程的客户或项目数据留存及订单流转管理平台。

创意生态服务一站式平台建设		
全球设计网	创意购	CRM全流程管理平台
设计案例大数据查询平台	服务交易平台	流程管理平台
• 为有潜在同类需求的用户收罗并分析全域全行业创意设计类案例，捕捉潜在客户、定位需求	• 链接市场海量需求和创意人充沛的服务能力 • 为中小企业提供真实可靠、值得信赖的全品类创意服务产品	• 从客户浏览网站到下单以及订单执行全流程追踪，订单进程透明化

图 6－9　创意生态服务一站式平台建设

资料来源：笔者根据公开资料和实地调研内容整理。

第一，平台的基本流程及其竞争力。线上创意服务平台下单流程为：

（1）浏览网站——客户浏览网站相关服务并有下单意愿；

（2）在线预约——通过留言、预约或电话方式与平台沟通，提出相关需求；

（3）确认需求——平台确认客户需求，CRM 端生成订单并与客户协商付款方式；

（4）派单跟进——客户线下或在线进行支付后，CRM 端对该订单进行分单，分配服务商执行；

（5）订单执行——服务商接单并执行该订单内容，设计完成后上传 CRM 端；

（6）结果沟通——客服与客户线下沟通服务商执行结果；

（7）订单操作——客户满意执行情况，接受源文件并支付其余款项，订单完成。

该平台拥有 50 万家企业创意服务的经验，通过流程深度管理、成本优化控制、用户思维导向、视野布局全国这四大平台价值优势，将服务和交易大数据持续沉淀，实现服务、技术和平台的三重驱动。同时，建立了创意服务全方位保障机制，为客户 5 秒匹配品牌专业人才，24 小时内获得原创新解决方案。

通过将企业客户端、CRM 执行端和平台管理端三端结合，实现了如下功能：

（1）独立搜索体系：通过关键字录入，可以一步触达平台深度功能；（2）一键咨询预约：一个电话，10 分钟客服必达，省去烦琐环节；（3）一键在线下单：根据既定交易金额，在线一键下单支付，一个步骤交易到位；（4）海量案例汇总：标签聚合展示，不同类型案例一次性轻松查阅；（5）多维管理功能：多维度案例上传标准，让客户更多、更好地欣赏最佳案例；（6）执行流程透明：完善订单分单体系，客户全方位查看执行流程及进度；（7）全程留痕可查：所有交易及活动，均落实留痕，全程问题可查，保障客户权益；（8）精准数据看板：平台数据多维实时查询检索，全方位数据分析，更加直观发掘客户需求；（9）留言快速处理：客户预约立即生效，实时信息查看与分配执行，提高效率，拒绝等候；（10）丰富下单活动：配合各节假日及活动，推出下单活动，让客户得到真正实惠。

该平台通过智能整合服务，使用大数据和 AI 技术对客户需求进行智能化和精准化的方案匹配，利用线上的优势降低客户成本，快速提升企业的市场竞争力。

第二，平台核心竞争力——实现客户的数智赋能。目前，平台业务主要包括数字展馆、数字多媒体、文创策划、活动推广、品牌整合、设计可视化六大板块（见图 6－10），其中数字展厅、数字多媒体和品牌整合为主要业务，利用 5G、大数据、三维动画等技术的结合，为客户设计交互性、体验性和感知性强的数字化展厅以及数字化品牌宣传资料，不仅使展馆及宣传与人更加协调，充分体现互动性和实时性，还能帮助管理者更好地决策和运营。

在大数据以及 AI 等技术的支持下，艺点的创意生态服务平台拥有海量设计资源案例，可为有服务需求的企业精准匹配职业创意人，全流程管理平台使方案进度透明化，以此高效满足企业个性化数字化转型需求。先进技术的应用离不开专业研发技术团队的支持。艺点拥有 28 人的专业年轻技术团队，为平台的迭代更新和技术创新提供了坚实的人才保障。在技术团队中，开发工程师等技术核心技术人员占团队近一半，在坚实技术团队的支持下，取得 40 余项研发专利，提高平台数智赋能的能力，提高企业竞争力。

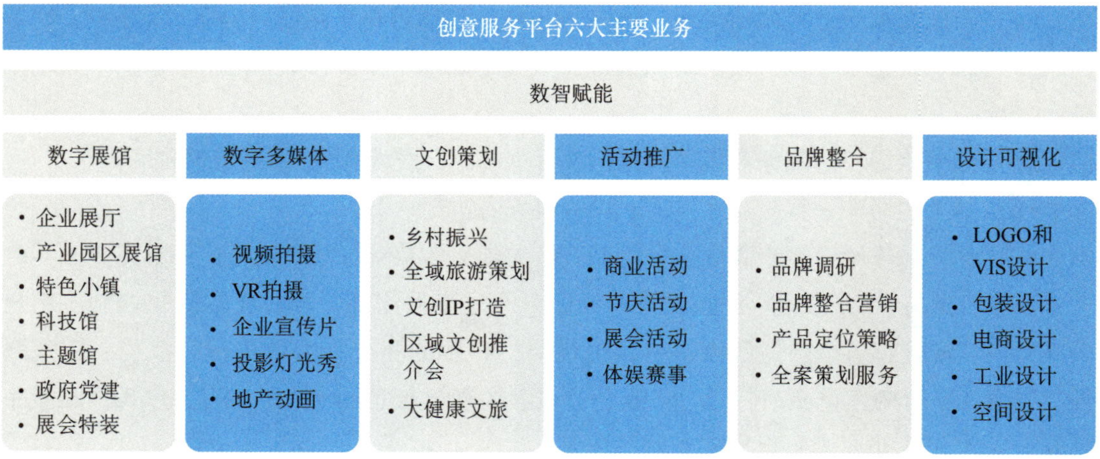

图 6－10　创意服务平台六大业务板块

资料来源：笔者根据公开资料和实地调研内容整理。

该平台已为国内不同行业知名品牌企业提供数字化服务（见图 6－11），包括三只松鼠、中粮、蒙牛、阿里巴巴、永辉等 20 多万家企业，也为众多政府大型项目，如 2022 北京冬奥会、2019 天津残奥会等提供数字方案，平台交易规模突破 10 亿元。

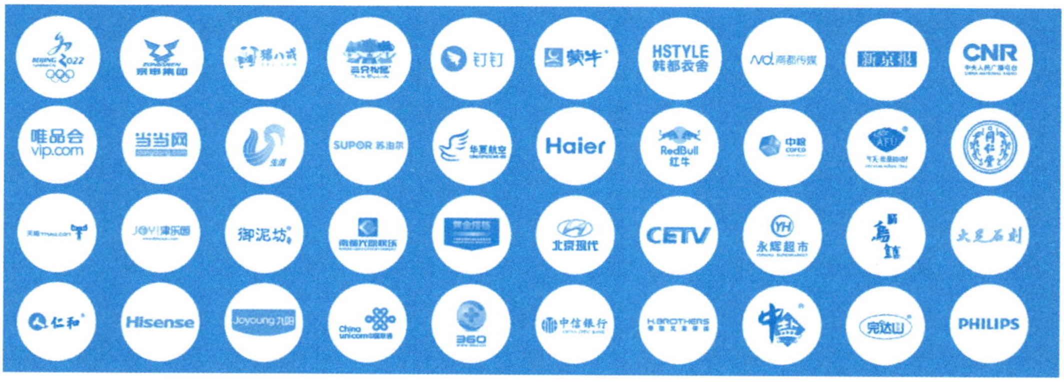

图 6－11　艺点创意生态服务平台主要合作伙伴

资料来源：实地调研受访企业提供。

2. 艺点全国文创产业园区——线下赋能产业综合体

艺点通过不断提升线上创意生态服务平台的影响力，在拥有成熟稳固的客户群体的同时，将业务链延伸至数字化方案的落地，打造线下产业园区，吸引当地供应链企业入驻。

第一，艺点文创产业园区打通了线下渠道，围绕区域实现上万家供应链企业聚合，对创意企业实现赋能，布局线下产城赋能产业综合体。产业园通过产业孵化，聚集产业链深度垂直服务商，依托线上创意生态服务平台，为企业输送优质服务订单，提供了内生动力，构建“产城融合、以产赋能、资源共享、生态链接”的创新服务模式。目前，艺点

UM STAR 文创产业园区以“差异化”不断擦亮城市产业“显示度”，真正实现“互联网 + 产城融合”同频共振的创新生态体系，全面赋能城市产业蝶变。

第二，线下核心竞争力——促进数字方案落地。广泛的平台影响力、遍布全国的线下产业园区和数字化转型政策利好等各方因素共同保障了艺点较好的方案落地能力。艺点不仅是一个中小企业的数字化转型的创意链接平台，为平台的 30 万余职业创意人和 5 万家创意供应商提供服务，且自有设计团队也会为企业提供数字化转型方案。此外，得益于遍布全国的 11 个实体产业园区，艺点产业园区的客户地域分布广泛，遍布华北、华东、西南、中南等各区域，聚集供应链企业超 1000 家，有充足能力将线上平台所形成的数字化转型方案进行落地实施。

（四）发展困境及应对策略

艺点作为国家专精特新“小巨人”企业，在国家政策扶持下实现了迅速发展，但不可避免也面临一些发展困境。

1. 发展困境

首先，受新冠疫情冲击，财务状况不佳。近年来，随着数字化转型浪潮的兴起，数字化转型服务行业竞争加剧，大型的服务提供商拥有充足的资金、庞大的团队、强大的品牌影响力和更高的议价能力，以艺点为代表的中小服务提供商在激烈竞争中处于一定劣势地位。同时，2020 年以来，在新冠疫情的冲击下，我国企业遭到重创，尤其是中小企业。艺点不仅自身受到影响，其面对的主要客户群体——中小企业也受到影响，不少企业在现金流紧张的情况下会放弃或中断对于前端数字化转型的计划，使艺点的营收受到一定影响。但为保持平台影响力和正常运营，艺点的线上平台与线下产业园区的固定支出无法削减，导致其财务情况并不乐观。

其次，人员流动大，影响团队效率。稳固的专业团队，尤其是技术和运营创意团队的稳定性是服务型企业的重要竞争力之一。但中小企业的福利补贴、管理机制与大型企业相比仍存在劣势，故很难形成稳定的专业团队。因此，难以留住人才也是中小企业的一个痛点。

2. 提升竞争策略

面对以上困境，艺点采取提升产品质量，深耕数字展厅和乡村振兴等细分领域。平台业务上聚焦数字展厅，同时开发新行业孵化业务，艺点与南方报业传媒集团共建“艺点光原”，致力于服务乡村振兴，以“智汇兴农、聚焦产销”为服务宗旨，通过“现代农业产业智库”和“南方菜篮子”两个服务抓手，为县域农产品打造“从最初一公里到最后一公里”的服务链条，输出“质量提升、品牌打造、全面宣传、销售支持、舆情监控”等精准服务。

首先，高效平台精准匹配服务商，有效实现降本增效。高效匹配平台和海量供应商资源为艺点重要的价值来源，基于大数据、AI 技术，平台为创意供需端进行精准快速的匹配，大大降低企业信息搜集成本和试错成本，提高运作效率。

其次，数智赋能满足中小企业的数字需求，提高我国中小企业的竞争力。提供数字展厅、数字多媒体和品牌融合等全品种数字服务，由设计到落地全方位实现对企业的数智赋能。利用 5G、人工智能和大数据等现代技术，选用高质量原创设计方案，有效捕捉并实现企业的数字需求。在私域流量重要性日益显现的今天，数智化的数字展厅和多媒体资料等服务能够有效提高中小互联网企业和已完成后端数字化转型的制造类企业的竞争力，为企业吸引更多流量并充分体现企业品牌形象。

二、专精特新制造业企业——智能制造运营数字化

（一）案例简介

从网络公开资源获得的国家级专精特新“小巨人”企业的相关资料中，我们注意到唐山国芯晶源电子有限公司（以下简称“国芯晶源”）在智能制造运营数字化方面走在企业的前列。国芯晶源始创于 1990 年，专业从事石英晶体谐振器、石英晶体振荡器产品的研发、生产与销售。国芯晶源以构建智能制造体系为出发点，积极推进企业生产数字化和数字化转型，通过建设智能制造运营系统等措施，努力实现数字化建设。

（二）“专精特新”实践数字化转型

1. 专业化——炼 5G 时代“工业之盐”

国芯晶源自 1990 年成立以来，一直专注于基础业务，精进内功，强化创新，致力于石英晶体关键零部件的研发工作，是国内为数不多的掌握石英压电晶体全系列生产创新的优秀企业之一。公司的主要经营产品属于《工业“四基”发展目录》中的“核心基础零部件”类别。这些产品品类齐全，稳定性高，性能处于世界领先和国内领先水平。除在国内主要通信厂商中配套应用外，还在 5G 网络通信、消费电子、车用电子、工业控制、仪器仪表、人工智能、物联网、医疗设备等领域得到广泛运用，是国产化替代“配套专家”①。

2. 精细化——打造“精品工程”

国芯晶源已通过 IATF16949、ISO9001、ISO14001 等国际体系认证，具有完善的管理体系和完备的管理机制②。公司实施了多项数字化项目，通过前期设备数字化改造、生产系统数字化信息化建设等多项措施，进行数字化转型升级，推动数字经济与实体经济全面融合。此外，国芯晶源通过打造“精品工程”优化整个流程的管理，以促进降本增效，从而确保了良好的经济效益。

① 参见：https：//www. jingyuan. com。

② 参见：https：//www. jingyuan. com。

3. 特色化——全品类支撑的国产高端晶振

为了填补国内空白，国芯晶源掌握了超高基频、超高稳定性、超小型芯片基频元件的核心加工技术，自主研发出 JY1612 型片式石英谐振器新产品①和 JY3225 型 –285MHz 高基频石英晶体振荡器②，弥补了高基频领域的不足，打破了国外的技术垄断，实现了高端频率元器件国产化替代。此外，国芯晶源在玉田产业基地建设 5G 通信用安全芯片封测产业化项目，主要生产 5G 通信用安全芯片，实现年销售收入 0.46 亿元，利税 1200 万元；投资建设了 5G 通信用 OCXO1409 恒温振荡器和小型化 VCXO 振荡器项目③。

4. 新颖化——创新驱动发展

国芯晶源依托国家国际技术合作基地、省级企业技术中心、研究中心等各级不同研发平台，立志攻破行业共性技术和关键核心技术，不断在研发上注入力量，强化人才链、布局产业链、发展先进性链条。公司建有国家企业技术中心、省级工业设计中心、省级产业技术研究院、省级工程实验室及实验中心等诸多研发、设计平台，多项产品荣获省级科学技术进步奖，拥有百余项专利和多项专有技术。

（三）数字化转型总体规划与举措

国芯晶源遵循创新发展战略，加快对当前产业体系的改进，并将“加快数字化发展”作为重要指导方针。在坚持智能制造的大方向上，不断完善顶层设计，加速制造业的数字化、网络化、智能化转型。国芯晶源总经理徐建民在接受采访时曾表示：“数字化转型规划明确企业需要推动新一代信息技术与关键装备、核心工业软件的集成创新和工程应用，建立数字化解决方案，建设数字化车间；坚持分类施策，深化智能制造应用推广，分产线、分步骤开展数字化制造普及、网络化制造示范和智能化制造探索；坚持推动构建智能制造运行管理信息集成管理系统，覆盖生产制造全过程，初步实现数字化运营。”④

近年来，国芯晶源围绕数字化转型总体规划，不断推进企业数字化、网络化、智能化转型和数字化建设实践，先后完成建设生产制造 CAM 系统、经营管理 ERP 系统、智能制造运营系统（TMOM 系统），实现了企业生产过程数字化、生产设备智能化、生产物料可追溯，直接服务产品质量保障⑤。

1. 建设生产制造用 CAM 系统

以数控编程为主的生产制造 CAM 系统，是用计算机直接为数控加工生产服务，旨在解决由于编程能力不足、编程水平不高导致数控机床利用率低、零件数控加工覆盖率低的

① 张立强等：《JY1612 型片式石英谐振器新产品》，中国知网科技成果库，2018 年 6 月。
② 张立强等：《JY3225 型 –285MHz 高基频石英晶体振荡器》，中国知网科技成果库，2020 年 11 月。
③ 玉田县委改革办：《唐山国芯晶源电子以科创领跑助力玉田县数字经济跨越式发展》。
④ 《构建智能制造体系》，《经济日报》2022 年 2 月 6 日。
⑤ 《“国家企业技术中心”缘何落户紫光国微》，http：//stock. 10jqka. com. cn/20230110/c644160480. shtml。

难题[1]。通过建立一个公用数据库，应用于整个设计和制造过程，包括 CAM 系统的主要原理、产品规格、方案设计、最终设计、绘图、制造和测试等。数据可以进行添加、更改、调用，并在整个过程的任何阶段通过计算机和终端网络分发。正因为如此，与单独的数据库相比，人为错误的空间更小，制作最终产品所需的时间也大大缩短。该系统在降低劳动成本和缩短生产周期方面发挥了重要作用，此外还提高了产品加工精度和质量。更重要的是，它可以通过转换生产设备直接读取信息，实现快速制造原型图纸和模型等[2]。随着信息技术的进步，企业管理的空间、时间范围在扩大，同时管理的细度或粒度又在缩小。CAM 系统实现与企业 ERP 系统层面的集成，达到可视化和实时化。

2. 建设经营管理 ERP 系统

国芯晶源以信息技术基础，搭建经营管理 ERP 系统，实现了从订单到生产的实时和动态管理。ERP 是一个庞大的数据库管理，其管理对象包括生产、销售、采购、仓库、人事、财务等各种资源及生产要素，通过 ERP 的使用，使企业的生产过程能及时、高质、准确地完成客户的订单和需求，更大程度地发挥这些资源的作用，并根据客户订单及生产状况及时作出调整资源的决策。ERP 的实现主要有以下好处：降低运营成本；实现部门间的数据共享；有效整合资源，发挥企业的资源优势；提供一套规范的管理流程；减少重复工作，提高整个业务流程的操作效率等。

3. 建设智能制造运营系统（TMOM）系统

TMOM 系统包括 APS（先进生产排程）、MES（制造执行系统）、QMS（质量管理）、WMS（仓储管理）和 EMS（设备管理）等功能模块，覆盖生产制造全过程。TMOM 系统布局，促进企业管理效率提升。一是通过 TMOM - APS 系统集成，整合从销售订单开始可有效整合“交管 + 生管 + 排程 + 调度 + 物控”的工作内容；二是数字化工序实现生产过程数据实时监控、智能预警、及时反馈、快速响应；三是设备管理智能化，提高设备综合效率；四是仓库管理更规范，收发货更便捷。

（四）应用价值与成效

通过智能制造体系，进一步扩大了企业业务链的服务边界，为国芯晶源提供了可持续的发展基础。2020 年，国芯晶源荣获“数字经济创新发展示范企业”称号；2022 年，获批“国家企业技术中心”“河北省产业技术研究院”。具体成效包括以下两个方面。

1. 降本增效成果突出

通过数字化、网络化和智能化转型，进一步减少了因程序调用错误、返工返修引起的产品不良率，由 17.5% 降低到 8.0% 以下；产品失效率由 150pmm 降低到 75ppm 以下；生产效率提高 16.7%；综合运营成本降低 14.0% 以上；产品平均研制周期由 65 天缩短到 52

① 《CAM、DNC、MES 集成构建数字化柔性加工能力》，http：//www. gongkong. com/article/201608/69069. html。
② 游涓洋、浦俊懿：《工业软件 CAD 行业深度报告：从海外工业软件巨头到中望软件》。

天，缩短研发周期25%。同时，智能制造运营管理平台的自动化和数字化生产技术使自动化生产线的效率提高了6倍①。

2. 管理效率有效提升

通过数字化管理，使企业制造环节中的物料、生产过程、质量、设备、人员等得以及时管理、追踪，方便管理层对生产过程中出现的问题做出准确的判断，并快速给出应对措施，让车间生产及过程不再是“黑匣子”，而是透明、高效、可控的，帮助国芯晶源提高产品质量、缩短交期、降低成本、提高企业竞争力。

第四节　中小企业数字化发展的建议与展望

一、中小企业数字化发展的建议

（一）服务型企业的数字化发展建议

第一，加强核心技术攻关。通过基础技术研究，努力培育自己高精尖的数字人才队伍，夯实核心技术基础研究能力。通过技术的融合应用，在人工智能、移动互联、云计算等数字技术基础上，发展多主体、多平台的研发合作，加快数字技术服务的推广应用。

第二，构建值得信赖的数字服务平台企业发展环境。如前文案例分析所述，数字服务平台企业的发展依赖云和智能，那么构建以数据为主线，面向全产业链和企业生态圈的开放、共享、可信赖的应用开发及承载环境将极大地促进数字服务平台中小企业的发展。通过对市场反应响的评估，平台上模块化的资源能够向市场前景更好的业务倾斜，优化资源的投入回报率。

第三，政府加强对平台系统服务运营效果的监督和监测。政府利用监督平台及时反馈以提升中小企业服务质量，进一步推动大中小企业融通发展、资源共享，实现数字服务型平台中小企业的长足进步、持续优化和转型升级。

（二）专精特新企业的数字化发展建议

第一，实施创新提升工程，激发专精特新企业的创新活力。发挥专精特新企业创新平台的体系作用，支持企业参与重点项目和产业链的技术攻关，深入挖掘企业的创新能力和引领作用，推动专精特新企业成为创新的发源地。例如，将高校科研转化和企业需求进行精准匹配，既可以为专精特新企业提供持续不断的新技术，也可以为整体的数字化转型提

---

① 《国芯晶源致力数字化转型——构建智能制造体系》，https：//baijiahao. baidu. com/s?id = 1734469821597829875&wfr = spider&for = pc。

供技术支撑。

第二，发挥专精特新企业的培训载体作用，完善梯度培育体系。通过聚焦中小企业的特点，聚集各种资源支持企业强化弱点、补齐短板，加快建设中小企业的创新创业基地及服务机构和平台，围绕技术创新、堵点纾困，实现中小企业的“点对点”精准服务。

第三，实施产业协同，促进大中小企业的融通发展。围绕专精特新中小企业分布集中的重点产业链，将“链主”企业与上下游的中小企业间的供需见面、路演推介、座谈沙龙等活动常态化，促进专精特新中小企业卡位入链。同时，开展各种活动使政企间和企业间的关系更加密切，促进资源对接、成果共享、利益共享、错位竞争、多方协调发展。

第四，大力推进工业互联网赋能。在工业互联网“双跨”平台的基础上，围绕优势领域自建数字化平台或对接先进的数字化平台，导入精准对路的设备“上云用数赋智”、工业互联网等对接方案，推动专精特新企业的壮大和发展。

（三）制造业中小企业的数字化发展建议

第一，通过第三方平台的工具和资源借力发展。制造业中小企业在数字化转型过程中面临的成本和资源的约束问题，可以通过大型企业的平台赋能顺利实现数字化转型，弥补自身能力和资源的不足。例如，阿里巴巴的操作系统对中小企业的全面赋能，以智能制造和工业互联网为工具的各种服务平台也可以对中小制造企业的转型进行数字化赋能等。这种做法不仅可以解决众多企业开发能力不足的问题，也可以解决数字化过程中成本约束问题，通过借力实现快速数字化发展。此外，数字普惠金融的发展、金融系统改革和政策的倾斜也可以为中小企业的数字化转型提供资金支持，缩短和简化中小企业的专项资金审批流程，更多地释放中小企业活力，确保资金和资源投入的使用效率。

第二，提高转型意愿，强化人才保障。加大对制造业企业的数字化宣传、培训和引导，提高企业开展数字化转型的内生动力和能力。国家应该给予中小制造业企业更多政策倾斜，积极引导和鼓励中小制造业企业的数字化转型。发挥政府在招才方面的引导作用，提高引才政策的力度及可持续性，可通过多方共建数字化人才基地充实数字化人才储备。此外，政府政策及服务类数字平台企业也应更加关注中小制造业企业转型后的后续数字化发展问题，提供政策及技术支持，以巩固其数字化转型成果。

第三，加强数字安全管理，维护公平、安全的竞争环境。一方面，通过完善数据安全管理的法律法规，细化数据安全的含义，明确数据安全管理的定位，健全数据安全管理制度，在此基础上完善数据安全风险评估和应急处理机制；另一方面，加强云服务机构管理，在鼓励云服务机构提供优质高效服务的同时，确保数据系统的安全性，在确保公共数据真实、完整和实时的前提下促进数据的开放共享，保护中小企业的合法权益。

总之，制造业企业的数字化发展路径，需要通过阶段性数字化或局部切入（阶段性或过渡性的办法），根据企业的实际一步步实现。例如，某一部门、某个车间从自身最大痛点出发进行数字化转型，透过企业提供服务的数字化平台，实现成本最低、效率最高的逐步数字化转型。采用逐步实现的原因，是需要考虑到中小企业对数字化发展速度的接受程度，避免速度过快可能导致的企业组织变革，影响到当前既得利益，适得其反。

二、中小企业数字化发展展望

（一）新兴技术成为撬动中小企业数字化转型的重要支点

数字化转型的根本目的在于提升企业竞争力。新兴技术、新 IT 架构革命、前沿技术等新技术应用成为撬动中小企业业务、管理和组织模式深度变革的重要支点。

一是新兴技术。随着云计算、5G、大数据、Al 技术等蓬勃发展，中小企业数字化连接条件不断改善。人与人的在线连接、设备之间的计算存储、上下游之间的供应链与交易连接纷纷打通，使数字化连接的层次、价值和协同性不断提高。

二是新 IT 架构革命。“端—边—云—网—智”一体化带来新 IT 架构革命，多要素协同发力形成强大计算力，在全量连接基础上带来智能化升级。迅捷、高效、智能的数字化连接快速提升业务经营效益和组织管理质量，推动企业实现从设计、研发生产、营销到用户的全生命周期数字化转型与产业链协同。

三是前沿技术。以元宇宙、AR、VR 为代表的前沿技术正在打开企业数字化转型的新空间，通过数字手段实现虚实结合，助力企业创新商业模式，开拓新的商业领域。例如，在工业领域，依托 AR、VR 技术，通过元宇宙的虚实联动，能够创造出一个虚拟工厂模型，在设计、制造、运营、服务等方面打造全价值链体系。

（二）政策利好仍是扶持中小企业数字化转型的助推器

如前文所述，国家构建了较为完整的上层数字化发展强有力的支持和引导。近年来，我国政府及相关部门出台一系列政策，从战略设计、基础设施、解决方案、人才支持、资金支持等方面构建中小企业数字化政策体系，并不断细化相关政策颗粒度，全面推进中小企业数字化转型加速、扩面、提质、增效。顶层设计方面，“上云用数赋智”行动被纳入“十四五”规划，明确用数据赋能全产业链协同转型的战略方向。同时，引导中小企业走“专精特新”之路，提出梯度培育机制，跟进配套基础设施建设。人才方面，促进数字经济领域就业创业，推动数字化人才培养。资金方面，通过安排 100 亿元以上奖补资金，完善信贷支持，提供专项纾困资金等减轻中小企业发展压力。

在国家政策基础上，各省份结合当地的主导产业、支柱产业或优势产业等特色形成“专精特新”发展重点。目前，从整体配套支持来看，北京市提供的系列政策最为丰富和弹性，已建立常态化申报机制，支持金额也处于较高水平。从扶持方式的多元化角度出发，长三角地区省市的扶持方式最为创新、多样，例如，上海对认证企业开设绿色通道；江苏和浙江两省重点关注隐形冠军企业，直接给予资金、研发、软硬件支持；安徽侧重关注企业成长规划，设计“五化”成长路径，将创新型中小企业扶持为国家级专项冠军。在产业领域方面，北京、福建、四川等地较为关注制造强国十大重点产业领域以及所衍生出的四基发展项目；上海主要关注“3+6”重点领域，并重视具备高附加价值的前沿先进制造业与医药产业；四川融合当地特色产业，提出工业、服务业、农业的发展主轴，也作为发展“专精特新”的重点方针；广东、福建、陕西等地都提出对于打通供应链关键节点，突破瓶颈技术主张。

第三篇　数字产业与产业数字化

第七章
世界主要国家数字经济发展

本章选取了美国、德国、日本和英国作为世界主要国家代表，分析其数字经济发展的阶段、规模，以及内部结构划分、未来前景展望等内容。需要注意的是，本章所使用的数据是各国自身的测算数据，因此在数字经济规模和结构划分等内容上，与中国信息通信研究院的测算口径并不相同。

第一节　美国数字经济发展现状与特征

美国数字经济快速发展，其在国民经济中的核心地位不断巩固，对全球经济的贡献持续增强，《全球数字经济发展白皮书》显示美国数字经济规模稳居全球第一，在数字企业全球竞争力、数字技术研发实力上遥遥领先。

一、美国数字经济的发展阶段和规模

（一）美国数字经济的发展阶段

数字经济在美国的发展起步于20世纪80年代，当时计算机技术和互联网技术还未普及，数字经济的发展相对较慢。然而，随着技术的进步，互联网的出现和广泛应用，数字经济进入了一个新的发展阶段（见图7－1）。美国数字经济的发展经历了多个阶段，其中一些关键的里程碑包括：

第一，互联网的出现（20世纪90年代）：随着计算机和互联网的出现，美国数字经济开始形成，克林顿政府发布了“国家信息基础设施行动计划”，大力推动互联网。此时，大多数企业的数字化程度还比较低，但一些早期互联网公司如亚马逊、易贝、雅虎等已开始迅速崛起。

第二，移动设备的兴起（2000年）：智能手机的出现让人们能够随时随地访问互联网，并为移动应用程序和移动支付等新兴市场提供了契机。科技股泡沫破灭后，谷歌和脸

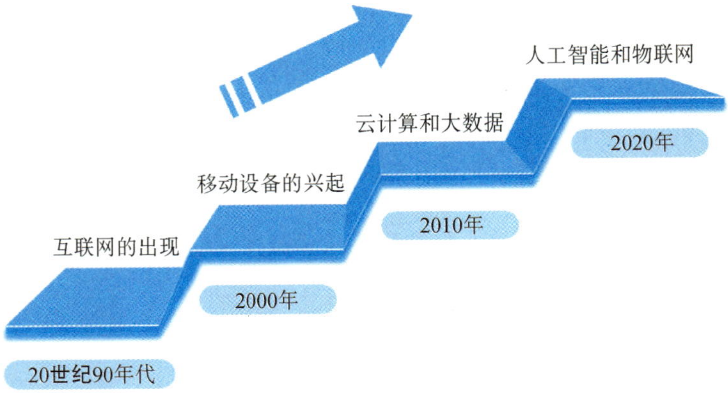

图 7－1　美国数字经济发展阶段

书等互联网巨头开始崛起。这些公司利用互联网技术，建立了广泛的商业模式，如搜索引擎、电子商务和社交媒体等，从而成为数字经济的领导者。此时，数字经济的规模开始呈现指数级增长。

第三，云计算和大数据（2010 年）：云计算和大数据技术的发展极大地促进了数字经济的发展。通过这些技术，企业能够更轻松地存储、管理和分析大量的数据，并利用这些数据做出更明智的商业决策。数字经济进入了一个更加成熟的阶段，数字经济的规模和影响力进一步扩大。

第四，人工智能和物联网（2020 年至今）：如今，人工智能和物联网技术已经广泛应用于各个领域，为数字经济的发展开辟了新的道路。2022 年末 ChatGPT 兴起，人工智能技术已经可以自动化处理大量的任务，而物联网则可以将大量的物品互相连接起来，从而提高生产效率和创造新的商业机会。当前阶段，互联网技术和数字技术在商业和经济活动中得到广泛应用。时至今日，数字经济在美国已经达到了一个非常大的规模，数字经济所渗透的行业也更加广泛，包括医疗保健、金融、教育、旅游、零售，等等。

（二）美国数字经济的总体发展规模

就规模而言，美国的数字经济规模居全球之首，根据中国信通院《全球数字经济白皮书（2022 年）》的测算，2021 年美国数字经济规模达 15.3 万亿美元（信通院的统计口径把产业数字化纳入测算，而其他机构的测算没有将产业数字化纳入其中），蝉联世界第一。据美国商务部经济分析局（BEA）最新估计，2021 年美国数字经济高达 24081 亿美元，占国内生产总值的 10.4%（美国对数字经济的测算口径相对较窄，但是无论采取何种测算方法，美国数字经济始终是全球第一，以下统一使用美国商务部分析局的数据口径），是继房地产和租赁业、政府、制造业之后的全美第四大行业。数字经济已经成为美国经济增长的主要引擎之一。

美国数字经济规模逐年扩大，占国内生产总值比重逐年攀升（见图 7－2）。自 2005

年以来，美国数字经济在其经济总量中的份额也在不断扩大，2017 年占比为 9.3%，数字经济增长率为 9.9%，而同期美国整体经济增长率仅为 2.3%。2018—2021 年，数字经济占国内生产总值比重逐年攀升，分别为 9.4%、9.6%、10.3% 和 10.4%。2021 年，美国数字经济实际增加值（经价格调整后的值）的增速高达 9.8%，远高于经济总量的增速 5.9%。2016—2021 年，年均增长 6.7%。

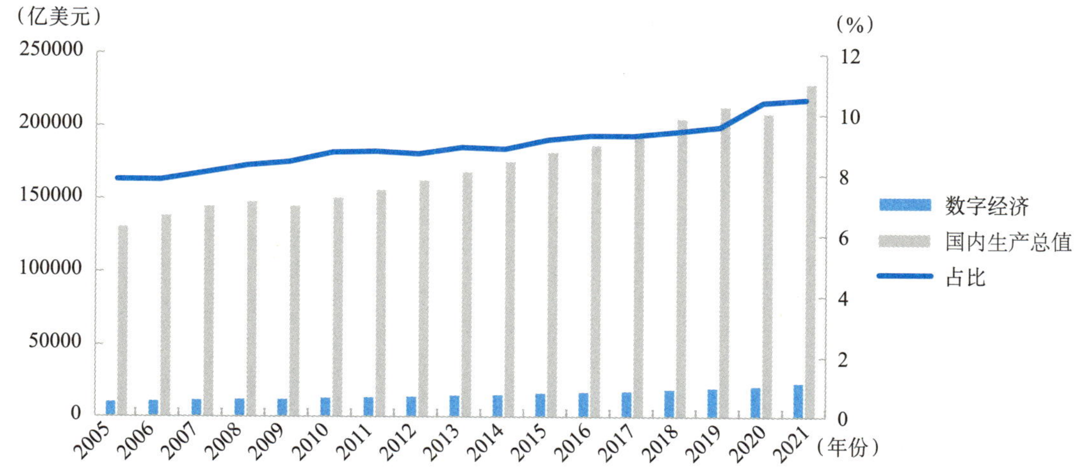

图 7－2　美国数字经济总量及其国内生产总值占比

美国数字经济行业提供大量就业岗位（见图 7－3）。2021 年，美国数字经济行业提供了 800.5 万个全职和兼职工作岗位，占美国经济总就业岗位的 5.0%，其中私人产业提供 794.82 万个就业岗位，占比 99.3%，政府部门提供 5.7 个就业岗位，占比 0.7%。2009 年因全球金融危机，数字经济行业提供就业岗位数量相比 2008 年略微下降，从 2009 年至 2021 年，数字经济行业历年提供就业岗位数量持续攀升，私人部门就业数占比持续上升，政府部门就业数占比持续下降。2016—2021 年，数字经济就业年均增长率为 2.0%；2020—2021 年增长率为 2.6%。按具体行业划分，2021 年美国数字经济行业提供就业岗位最多的是计算机系统设计及相关服务（219.9 万个）、信息行业（184.8 万个）和批发贸易（179.7 万个）。

美国数字经济薪酬远超行业平均水平。2005—2021 年，美国数字经济行业从业者平均年薪从 85601.1 美元上升到 154421.4 美元（见图 7－4），产生近 1.24 万亿美元的总薪酬，2021 年美国数字经济行业平均薪资约是整体经济平均薪资的 2 倍，2016—2021 年薪资年均增长率为 2.8%，2020—2021 年年均增长率为 10.2%。在数字经济中，电子商务、移动应用程序和在线广告等领域最为活跃，同时，一些科技巨头如谷歌、苹果、亚马逊和脸书等也成为全球最有价值的公司之一。

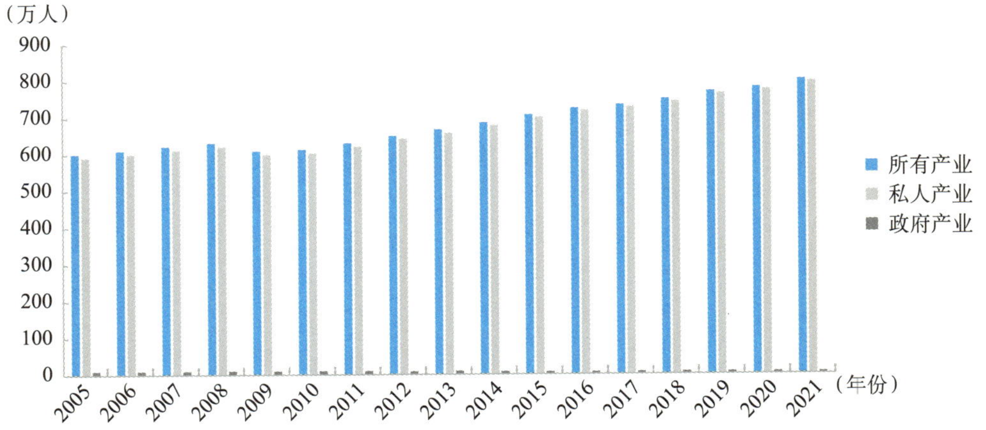

图 7－3　美国数字经济行业历年就业人数

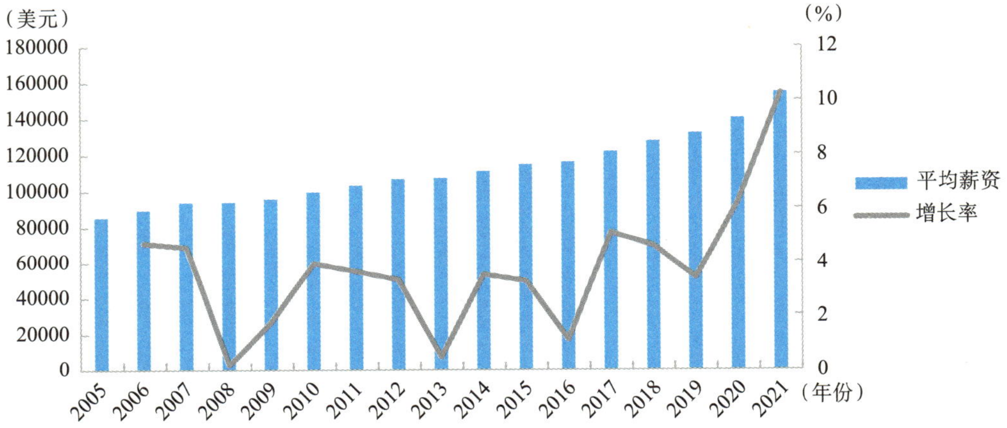

图 7－4　美国数字经济行业历年平均年薪及其增长率

（三）美国数字经济的细分行业发展规模

第一，基础设施规模。美国的数字经济基础设施规模庞大，包括了各种硬件和软件等数字技术设备和服务。美国基础设施在 2021 年产生了 1.17 万亿美元的总产值，实际总产值增长 11.1%，其中软件（12.1%）和硬件（9.5%）都实现了快速增长。这些数字经济基础设施支撑着美国经济的发展和创新。

第二，电子商务规模。电子商务是数字经济的重要组成部分之一，它是指通过互联网和数字技术来进行商业交易的一种商业模式。美国的电子商务市场已经非常成熟，根据 DEA 的数据，美国电子商务市场在 2021 年达到了 9420 亿美元的总产值，相比 2020 年增长 8.7%，其中批发业务和零售业务规模分别强劲增长 7.6% 和 11.1%。这表明数字经济已经对传统零售业产生了巨大的冲击，同时也促使消费者的购物习惯发生了变化。

第三，收费数字服务规模。美国的收费数字服务市场规模非常庞大，包括云服务、电讯服务、数字中介服务、互联网和数据服务等多个领域。相关的数字内容订阅是最受欢迎的服务之一，涵盖了电影、音乐、电视节目、杂志等多种内容类型。2021 年，美国收费数字服务产生了 1.59 万亿美元的总产值，相比 2020 年增长 9.8%，其中云服务、互联网和数据服务增长速度最快，分别为 21.8% 和 17.5%，表明了美国收费数字服务市场的巨大潜力和发展前景。

（四）美国数字经济的影响

第一，拉动经济增长。数字经济是美国经济增长的主要驱动力之一，它已经成为美国经济的重要组成部分。2021 年，美国数字经济增加值占国内生产总值的 10.4%；2020—2021 年，数字经济增速高达 9.8%。数字经济的快速发展带动了相关行业的发展和就业增长，同时也促进了经济结构的转型和升级。

第二，促进创新和创业。数字技术的不断发展和应用，为新的商业模式和产品的出现提供了机会，同时也促进了创业公司的成长和发展。美国的创业环境非常有利，有完善的风险投资体系和支持创业的政策，这为数字经济的创新和创业提供了重要的支持。数字经济是技术密集型行业，也是重要的就业渠道，根据 BEA 的数据，截至 2021 年，数字经济在美国创造了大约 800.5 万个就业岗位，其中绝大部分是在信息技术、互联网和电子商务领域。

第三，改善消费者体验。通过数字技术的应用，消费者可以更加方便地购物、支付和获得服务，这大大提高了消费者的满意度和忠诚度。数字经济还推动了个性化和定制化服务的出现，进一步提高了消费者的购物体验和满意度。此外，虚拟现实为消费者创造了全新的沉浸式体验，消费者可以与数字内容深度互动。

第四，扩大贸易影响。美国是全球数字经济的领导者之一，数字经济产业的发展和壮大也促进了美国数字经济的出口和贸易。截至 2020 年，美国数字贸易进出口总额 8450 亿美元，其中出口达到 5341.8 亿美元。

第五，激励社会变革。数字技术的应用改变了人们的生活方式和工作方式，同时也改变了社会的组织形式和运行模式。数字经济还推动了社会资源的更加高效利用和环境的更加可持续发展。此外，数字经济会带动电子商务、数字广告、金融科技和人工智能等各领域的变革。

二、美国数字经济内部结构划分

美国商务部将数字经济的内部结构划分为四个大类（基础设施、电子商务、收费数字服务和联邦非国防数字服务）和十个小类，对应着美国产业分类系统（NAICS）中的 292 个行业。

（一）基础设施

基础设施，或支持计算机网络和数字经济存在和使用的基本物理材料，主要是信息和通信技术（ICT）商品和服务。基础设施产品按硬件和软件分类。表 7－1 详细描述了数字经济的构成和涉及行业。2021 年，美国基础设施增加值为 9110 亿美元，占数字经济增加值的 38%。

表 7－1　基础设施

分类	描述	主要行业
硬件	代表构成计算机系统的制造物理元素，包括但不限于显示器、硬盘驱动器和半导体、通信产品和视听设备	半导体机械制造；印刷机械设备；其他通用机械制造、修理工作；计算机及周边设备制造业；通信设备制造；音像设备制造；半导体和其他电子元件制造；制造和复制磁性和光学介质；通信及能源电线电缆制造；所有其他杂项电气设备和组件制造
软件	代表个人电脑和商业服务器等设备使用的程序和其他操作信息，包括商业软件和公司内部开发供自己使用的软件	软件发行商；定制计算机编程服务

（二）电子商务

电子商务，即通过计算机网络远程销售商品和服务（见表 7－2）。电子商务产品分别呈现企业对消费者（B2C）电子商务（即零售贸易）和企业对企业（B2B）电子商务（即批发贸易）。2021 年，美国电子商务增加值为 5590 亿美元，占数字经济增加值的 23%。

表 7－2　电子商务

分类	描述	涉及行业
企业对消费者（零售贸易）	企业使用互联网或其他电子方式向消费者销售商品和服务，即零售电子商务	机动车及零部件经销商；家具和家居用品店；电子产品和电器商店；建筑材料和园林设备及用品经销商；食品和饮料店；健康和个人护理商店；加油站；服装及服装配饰店；体育用品、业余爱好、书籍和音乐商店杂货店；杂货店零售商；非商店零售商
企业对企业（批发贸易）	企业之间使用互联网或其他电子方式购买商品和服务	商业批发商耐用品和非耐用品；企业对企业电子市场

（三）收费数字服务

收费数字服务即与计算和通信相关的服务向消费者收取费用（见表 7－3）。有价数字服务产品包括云服务、电信服务、互联网和数据服务以及所有其他有价数字服务。2021 年，美国收费数字服务增加值为 5590 亿美元，占数字经济增加值的 39%。

表 7－3 收费数字服务

分类	描述	主要行业
云服务	云服务提供商提供一系列资源，如访问处理、存储以及网络和平台，供客户部署自己的应用程序	数据处理、托管和相关服务
电信服务	代表与电话、有线和卫星电视、电影和视频制作以及广播相关的服务，互联网除外	电影和视频制作；电视广播；有线电视和其他订阅节目；有线电信运营商；无线电信运营商（卫星除外）；卫星通信；其他电信
互联网和数据服务	代表与提供互联网访问以及在网络上托管、搜索、检索和流式传输内容及信息相关的服务	电影和视频制作；有线电信运营商；所有其他电信；数据处理、托管和相关服务；新闻集团；互联网出版和广播以及网络搜索门户
所有其他有价数字服务	包括计算机系统设计和相关服务、计算机培训以及电子和精密设备的维修和保养	计算机系统设计服务；计算机设施管理服务；其他电脑相关服务；计算机培训；消费类电子产品维修和保养；计算机和办公机器维修和保养；通信设备维修保养

（四）联邦非国防数字服务

联邦非国防数字服务代表四个联邦政府机构的年度预算，其服务与支持数字经济直接相关，即联邦通信委员会（FCC）、国家电信和信息管理局（NTIA）、教育部教育技术办公室和美国数字服务。2021 年，联邦非国防数字服务贡献了 2.58 亿美元的实际增加值，自 2016 年以来，这项贡献的实际增加值一直在下降。

总体来看，美国数字经济主要包括收费数字服务、基础设施和电子商务，2021 年三者占数字经济比重分别达到39%、38%和23%。从细分结构来看，软件（占比25%）、电信服务（占比 18%）和批发贸易（占比 15%）占数字经济比重最大（见图 7－5）。2021 年数字经济增长率9.8%，其中，基础设施增长率 11.1%，电子商务增长率 6.9%，收费数字服务增长率 10.3%。美国数字经济产生的增加值来自五大行业：信息（40.9%）、专业和商业服务（19.5%）、批发贸易（18.8%）、制造业（10.1%）和零售业（8.2%），集中度非常高，其中信息行业作为数字经济贡献最大的产业，在 2021 年（12.8%）及 2016—2021 年（8.6%）的平均实际增加值的增长率均超过了整体数字经济增长速度（见图 7－6）。

美国数字经济的实际增长与名义增长同样强劲，表明数字经济在 2021 年没有像美国整体经济一样受到通货膨胀的拖累。其主要的数字经济行业如基础设施、电子商务和收费数字服务的增长速度都很快。在基础设施方面，硬件和软件在 2021 年的实际增加值均呈现两位数的增长率。零售贸易电子商务继 2020 年因新冠疫情大流行而取得巨大收益之后，在 2021 年继续增长。因为云服务对数字经济的重要性持续增强，云服务在收费数字服务活动中实现了最快的增长。

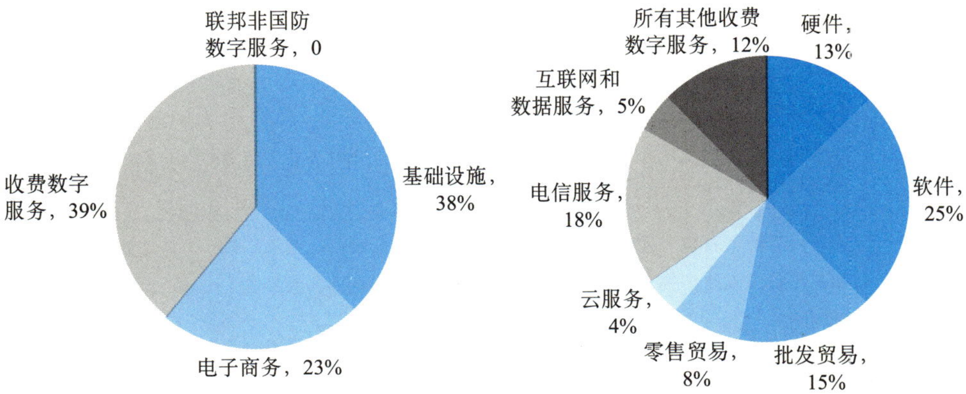

图 7－5　2021 年美国数字经济内部结构

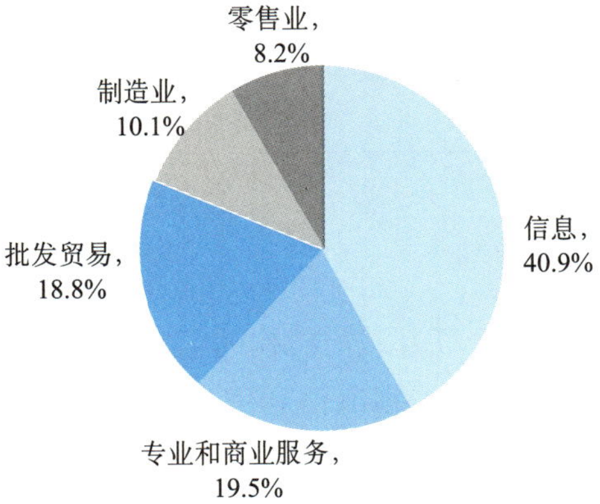

图 7－6　2021 年美国数字经济对各行业的贡献率

三、美国数字经济前景展望

在数字经济时代，技术创新和数字化基础设施建设是数字经济发展的重点方向。预计美国政府会继续加大对数字经济的投入和支持，以提高数字经济的速度、效率和质量，促进其经济的持续增长。同时，美国政府还将加强对数字经济的监管和保护，以保障数字经济的安全和可持续发展。

目前，美国数字经济规模位居全球第一，全球市值最高的 20 家数字经济企业如表 7－4 所示，其中美国独占 16 家。

表 7－4　　全球市值最高的 20 家数字经济企业

排名	企业	主营业务	国家
1	苹果	智能手机	美国
2	微软	操作系统、云服务	美国
3	谷歌	在线搜索、人工智能	美国

续表

排名	企业	主营业务	国家
4	亚马逊	电子商务和云服务	美国
5	脸书	网络社交	美国
6	特斯拉	智能电动汽车	美国
7	台积电	芯片制造	中国
8	英伟达	GPU	美国
9	腾讯	网络社交、电子游戏	中国
10	阿里巴巴	电子商务和云服务	中国
11	阿斯麦	光刻机	荷兰
12	Paypal	在线支付	美国
13	Adobe	办公软件	美国
14	Netflix	在线视频	美国
15	Salesforce	CRM 软件	美国
16	思科	通信设备	美国
17	甲骨文	信息技术、软件	美国
18	Verizon	综合电信服务	美国
19	英特尔	芯片设计和制造	美国
20	博通	芯片产品与设备	美国

（一）美国数字经济的应用领域

第一，电子商务和电子支付。电子商务可以帮助企业打破地域限制，拓展市场，提高销售额，新冠疫情期间电子商务得到了更广泛的应用。在美国，电子商务市场规模巨大，包括在线购物、在线支付、在线拍卖、电子书店、在线旅游、在线教育等众多领域。亚马逊、易贝、谷歌、沃尔玛和苹果等大型科技公司都在这个领域中占据着重要的地位。电子支付能够实现线上交易和支付，为消费者和商家提供了便利和效率，PayPal 等公司在这个领域拥有强大的地位和影响力，能够不断满足用户的需求和期望。

第二，数字娱乐。数字娱乐包括电子书、音乐、电子游戏、在线视频、游戏、数字艺术、新闻和社交媒体等。这些娱乐形式已经成为人们生活中不可或缺的部分，吸引了大量用户和消费者。当前数字内容的传播和消费方式发生了巨大变化，从传统的实体媒体向数字化转型，如 Netflix、HBO Max、Disney + 等流媒体服务的兴起，同时社交媒体巨头脸书、推特、TikTok、照片墙等也扮演了数字内容消费的重要角色。

第三，软件和信息技术服务。美国软件和信息技术服务业在全球都处于领先地位。这个行业包括软件开发、信息技术咨询、数据处理和信息安全等领域。微软、谷歌、国际商业机器公司（IBM）、甲骨文（Oracle）等企业都在这个领域中占据着重要的地位。

第四，云计算和大数据。云计算指通过网络进行计算和数据存储的技术，大数据指数据规模非常大的数据集。通过这些技术手段能够收集、处理和分析大量数据，提供有价值的信息和洞见。这个领域的企业包括亚马逊 AWS、谷歌云、微软 Azure 等，它们提供了高效、安全和可扩展的计算和存储解决方案，使企业和组织能够更好地处理海量数据。

第五，人工智能和机器学习。人工智能和机器学习技术作为数字经济发展的重要动力，涉及自然语言处理、图像识别、智能交互等领域，能够模拟人类智能，解决很多现实世界的问题。谷歌、微软、国际商业机器公司和亚马逊等公司都在研发这些技术，如谷歌的 AlphaGo、微软的 Cortana、亚马逊的 Alexa 和 OpenAI 的 ChatGPT 等，为智能城市、智能医疗、智能交通等领域提供支持。

第六，物联网和智能设备。物联网和智能设备是数字经济的重要组成部分，它们通过将传感器、控制器和网络等技术与实体物品相结合，实现了物品之间的互联和智能化。苹果、谷歌、亚马逊等科技巨头推出的智能家居设备，以及工业互联网设备的普及，都是这个领域的代表。

第七，区块链与数字货币。区块链技术是近年来兴起的一种去中心化的分布式账本技术，它通过密码学和共识算法等技术保证了数据的安全性和不可篡改性。这个技术在数字货币、金融交易、智能合约等领域都有广泛应用。比特币、以太坊等数字货币的出现，以及国际商业机器公司、微软等科技巨头在区块链技术方面的布局，都显示出该技术的重要性和发展潜力。

第八，虚拟现实和增强现实。虚拟现实和增强现实技术可以为用户创造出全新的沉浸式体验，使用户能够与数字内容进行更加深入的互动，加强游戏体验感。谷歌、微软、苹果等公司在这个领域都有涉足，并不断推出新的产品和技术，如谷歌的 Cardboard 和 Daydream、微软的 HoloLens、苹果的 ARKit 等。

第九，数字化教育。数字化教育可以帮助学生获得更好的学习体验，提高学习效率。疫情加速了数字教育的普及，数字化教育的投入和支持，可以提高终身学习能力和创新创业能力。

第十，人才和创新生态系统。人才和创新生态系统是数字经济的基础，它们能够提供优秀的人才和良好的创新环境，为数字经济的发展提供了强大的支持和保障。硅谷地区是美国数字经济的典型代表，这里聚集了大量的优秀人才和创新资源，能够不断推动数字经济的发展和创新。

（二）美国数字经济技术重点发展方向

第一，人工智能（AI）。人工智能可以帮助企业提高生产效率，优化管理流程，提升服务质量。在教育、医疗、交通、制造业等领域，人工智能的应用已经带来了显著的效益。美国一直是人工智能的领导者，其在机器学习、自然语言处理、计算机视觉等方面处于领先地位。目前，美国的许多企业都在积极探索如何应用人工智能来提高效率，创造新的商业机会。同时，美国政府也在加大对人工智能技术的投入和支持力度，推动人工智能的发展，自2016年奥巴马发布《为人工智能的未来做好准备》和《国家人工智能发展战略计划》以来，美国政府布局人工智能发展的节奏越来越快，在人工智能研发（《2016—2019年人工智能研发进展报告》《最终报告》）、人工智能关联（《关键和新兴技术国家战略》《人工智能/机器学习战略计划》）和法律法规方面（《人工智能政府法案》《人工智能能力与透明度法案》）不断布局。2020财年，美国非国防领域人工智能预算为11.18亿美元；2021财年，实际预算则达15.02亿美元。未来，人工智能将在医疗保健、金融、物流等领域得到更广泛的应用，为美国数字经济的发展带来新的机遇和挑战。

第二，区块链。区块链技术是一种去中心化、分布式的记账技术，具有安全、高效、透明等特点。区块链技术可以帮助企业实现去中心化、信任机制、数据共享等目标。在金融、物流、电子商务和知识产权保护等领域，区块链技术已经得到广泛应用。美国一直是区块链技术的重要推动者，其在区块链技术的研究和应用方面处于领先地位。未来，区块链技术将在美国数字经济的发展中扮演更加重要的角色，为数字资产的流通和交易提供更加安全、高效、透明的基础设施。同时，美国依托于各机构之间的相互协作，正在逐步建立清晰的区块链监管体系，发布了《区块链Token监管指南》，并且通过了《区块链创新法案》和《数字分类法法案》两项法案。

第三，物联网。物联网将物理世界与数字世界相互连接，帮助企业实现设备之间的联网，实现设备自动化控制、数据采集和分析等功能，为数字经济的发展提供了新的机遇。物联网是美国特朗普和拜登两届政府重视的驱动未来产业发展的关键技术之一，持续得到国家战略层面的大力支持，《美国就业计划》《无尽前沿法案》《促进物联网创新和发展法案》《联邦政府物联网设备网络安全指南》中均有体现。美国一直是物联网技术的领导者，其在智能家居、智能城市、智能交通等领域的应用处于领先地位。未来，随着物联网技术的不断发展，其在工业、农业、医疗等领域的应用也将不断拓展，为数字经济发展带来更加广阔的前景。

第四，5G技术。5G技术是下一代移动通信技术，具有高速、低时延、大容量等特点，将为数字经济的发展提供更加强有力的支撑。5G技术可以提高数据传输速度和容量，支持更多智能设备的连接。在自动驾驶、智能制造、智能家居等领域，5G技术已经开始发挥重要作用。美国政府2018年颁布的《国家网络战略》提出促进5G技术安全发展的要求，并将继续推动5G技术的部署和应用，以提高数字经济的速度和效率。

第五，云计算。云计算可以降低企业IT成本，提高灵活性和响应速度。美国政府已经颁布《美国政府云计算技术路线图》和《云战略草案》规划云计算发展，并将继续推动云计算技术的创新和云计算安全的监管和保护，以加强数字化基础设施的建设和支撑。

（三）美国数字经济战略部署

在数字经济时代，数字化技术和数字经济已经成为全球经济发展的重要动力和竞争优势。美国政府一直在积极推动数字经济的发展和竞争力提升，制定了一系列战略部署，涉及数字基础设施建设、数字化技术研究和开发、数字化转型、数字经济产业竞争力、数字经济国际化等多个方面，涵盖技术、国防、政务、产业等众多领域（见表7－5）。

表7－5　美国数字经济各领域相关战略部署

领域	克林顿—小布什—奥巴马时期	特朗普—拜登时期
技术领域	《21世纪信息技术计划》《国家宽带计划》《联邦云计算战略》《美国政府云计算技术路线图》	《联邦大数据研究和发展战略规划》《国家量子倡议法案》《美国人工智能计划》《云战略草案》……
国防领域	《国防部数字工程战略》《国防部数字现代化战略》	《国防部云战略》《国防部人工智能战略》《国防部数据战略》……
政务领域	《电子政务战略》《电子政务法案2002》《透明和开放政府备忘录》	《开放政府指令》《开放政府计划》《数字政府战略》……
产业领域	《全球电子商务纲要》《浮现中的数字经济》《数字经济2000》《数字经济2002》	《先进制造业国家战略计划》《数字经济议程》《美国全球数字经济大战略》《国家网络战略》……

这些战略部署不仅为美国数字经济的快速发展提供了坚实保障，也为全球数字经济的发展提供了重要借鉴和参考，主要概括为以下五个方面。

第一，推动数字基础设施建设。数字经济需要先进的数字基础设施，包括宽带网络、数据中心、云计算等。美国政府已经启动了一系列计划，以提升数字基础设施的建设，包括建设高速宽带网络、加强数据中心和云计算基础设施建设、推广IPv6等。致力于将高速互联网覆盖到全国范围内，提升数字基础设施的覆盖范围和速度。

第二，加强数字化技术研究和开发。未来数字经济的发展需要加强对人才的培养和创新能力的提升，建立更加完善的数字技术人才培养体系和创新生态系统。美国政府在数字化技术研究和开发方面投入巨资，包括人工智能、机器学习、物联网、区块链等领域。政府与企业合作，共同推动技术研究和开发，大力支持科技创新型企业的发展，从而加大科研投入，促进数字技术成果转化，推广数字技术应用，建设数字经济的创新生态系统。此外，数字经济的发展需要大量数字化人才，美国数字经济战略部署将培养数字经济人才，包括建立数字经济人才培养体系、推动数字经济人才培训和技能提升等。这些举措将为数字经济的长期发展提供人才支持和保障。

第三，促进数字化转型。美国政府积极推动企业、组织和政府部门实现数字化转型，提高数字化水平和竞争力。政府通过打造数字化服务平台、优化数字化政策和法规等手段，促进数字经济与传统实体经济的融合，推动数字经济在全国范围内的快速普及和应用。例如，美国政府提出的“数字美国战略”就着重于推动政府数字化转型，打造更加高效、透明、响应式的政府服务。

第四，加强数字经济产业的竞争力。通过一系列政策手段吸引和支持数字经济创新型企业的发展，包括税收政策、知识产权保护、创新基金等。同时，数字经济的全球化趋势也在加速，未来数字经济将越来越跨越国界和地域的限制，成为全球经济的重要组成部分。因此，未来数字经济的发展需要加强国际合作和交流，建立更加开放和互利的数字经济合作机制。美国政府也在积极推动数字经济的国际化发展，不断加强国际数字经济规则制定，推广数字经济贸易，促进数字经济人才和技术交流，通过推动数字经济的全球化，扩大美国数字经济的市场竞争力和影响力。

第五，保障数字经济的安全。随着数字经济的规模和数据量的不断增加，数据隐私和安全的问题日益突出。因此，数字经济的未来发展需要加强对数据隐私和安全的保护，建立更加完善的法律和政策框架。为了加强网络安全保障，提高网络安全意识，美国政府重点制定数字经济政策，推进数字治理体系建设，加强数字化法律法规建设，采取了一系列措施保障数字经济发展的安全和可持续性，包括制定数字安全标准和规范、加强网络安全防御能力、推广加密技术、保护个人隐私等，保护数字经济不受黑客攻击和网络犯罪的影响。

数字经济在美国经济中的发展已经成为推动经济增长和创新的重要力量。同时，数字经济的快速发展也带来了一些挑战和问题，需要加强对数据隐私和安全的保护，加强人才培养和创新能力的提升，建立更加开放和互利的数字经济合作机制，共同推动数字经济的可持续发展。

第二节　德国数字经济发展现状与特征

一、德国数字经济发展阶段和规模

德国是全球公认的工业强国，工业领域尤其是制造业拥有全球领先的优势和地位。德国始终坚持以工业为基础的经济发展模式，在金属工业、化学工业、机械设备、汽车、光学、医疗器械、绿色技术、国防、航空航天等关键领域始终处于全球领先地位。但是在21世纪以前，德国政府和企业都没有对数字经济给予足够的重视，起步相对落后。

进入21世纪，世界各主要经济体加速开启数字化进程。在此背景下，德国从政策层面开始发力，推动数字技术发展以及传统制造业的数字化、智能化转型。通过梳理德国官方发布的数字化战略文件（见表7-6），发现德国的数字经济发展可划分为“起步—工业4.0—加速数字化进程”三个阶段。

表 7－6　德国数字化发展相关的主要战略布局

时间	战略/政策	主要内容
2006 年	“高科技战略”计划	重点革新科研政策，涵盖健康、通信及交通、前沿科技三大领域
2010 年	德国联邦政府 ICT 战略：数字德国 2015	提出所有的经济部门都采用 ICT、扩大数字基础设施和网络、在未来的因特网和新媒介应用中保护用户的个人权利等目标
2013 年	“工业 4.0”战略	该战略作为经济领域的重点发展对象，旨在支持德国工业领域新一代革命性技术的研发与创新
2014 年	《数字纲要 2014—2017》	成立德国数字化议程指导委员会，提出数字化基础设施等七大举措，为数字化和智能化建设部署战略方向
2014 年	《数字化管理 2020》	制定了未来数字化管理的框架条件
2014 年	《高新科技战略》	确定未来六大研究与优先发展的创新领域，其中“数字化经济社会”领域是该战略的重中之重
2015 年	《数字化未来计划》	涵盖包括“工业 4.0”平台、未来产业联盟、数字议程、重新利用网络、数字化技术、进军数字化和经济领域的信息技术安全等 12 大支柱
2016 年	《数字化战略 2025》	强调利用“工业 4.0”推动德国的生产作业现场现代化，并带动传统产业的数字化转型，明确提出十大步骤
2018 年	《德国高科技战略 2025》	将数字化转型作为科技创新发展战略的核心
2019 年	《2030 年德国工业 4.0 愿景》	构建全球数字生态作为未来 10 年德国数字化转型的新愿景，从自主性、互通性、可持续性三个方面描述全球数字生态应有的要素
2019 年	《德国工业战略 2030》	指出当今最重要的突破性创新就是数字化，针对性扶持重点工业领域，到 2030 年将工业产值占国内生产总值的比例增至 25%
2020 年	“数字・现在”项目	为支持中小企业未来数字化提供资金
2022 年	新《数字化战略》	提出“全面数字化觉醒”的口号，设立“网络化、数字化主权社会”等三个重点行动领域

第一，起步阶段（2006—2010 年）。2006 年，德国联邦政府首次提出“高科技战略”计划，重点革新科研政策，涵盖健康、通信及交通、前沿科技三大领域，开启了工业数字化转型之路。2010 年，出台“德国联邦政府 ICT 战略：数字德国 2015”，提出所有的经济部门都采用 ICT、扩大数字基础设施和网络等目标。

在此阶段，德国政府开始意识到数字技术对于未来经济发展的重要性，较早从政策层面发力，陆续出台文件推动数字技术发展，开启数字化转型道路。

第二，“工业 4.0 阶段”（2010—2019 年）。2011 年，德国提出“工业 4.0”概念，并于 2013 年正式提出了“工业 4.0”战略，将该战略作为经济领域的重点发展对象，旨在支持德国工业领域新一代革命性技术的研发与创新，德国数字经济发展进入以“工业 4.0”战略为核心的“工业 4.0 阶段”。

“工业 4.0”战略的一项重点内容就是实现工业数字化转型，尤其是制造业的数字化转型。数字化是实施“工业 4.0”战略的基础条件，为了进一步践行“工业 4.0”战略，

2014 年 8 月，德国颁布了《数字纲要 2014—2017》，成立德国数字化议程指导委员会，为数字化和智能化建设部署了战略方向；2014 年 9 月，印发了《数字化管理 2020》，制定了未来数字化管理的框架条件；2014 年冬季，又出台了《高新科技战略》，确定未来六大研究与优先发展的创新领域，其中“数字化经济社会”领域是该战略的重中之重；2015 年 3 月，发布了《数字化未来计划》，涵盖包括“工业 4.0”平台、未来产业联盟、数字议程、重新利用网络、数字化技术、进军数字化和经济领域的信息技术安全等 12 大支柱；2016 年 3 月，发布《数字化战略 2025》，强调利用“工业 4.0”推动德国的生产作业现场现代化，并带动传统产业的数字化转型，提出了跨部门、跨行业的智能化联网战略，同时针对本国劣势，明确打造千兆光纤网络、拓宽“数据高速公路”等十大步骤；2018 年，联邦政府发布了《德国高科技战略 2025》，提出到 2025 年将研发投资成本扩大到国内生产总值的 3.5%，投资 10 亿欧元用于“中小企业数字化投资计划”，并将数字化转型作为科技创新发展战略的核心；2019 年，德国发布了“工业 4.0”战略前瞻性文件《2030 年德国工业 4.0 愿景》，明确将构建全球数字生态作为未来 10 年德国数字化转型的新愿景；2019 年，德国经济和能源部发布《德国工业战略 2030》，指出“当今最重要的突破性创新就是数字化”。

在此阶段，尽管德国围绕“工业 4.0”战略数字化发展出台了一系列政策文件，但在数字化相关领域缺乏突破性进展，数字化进程在实际应用方面发展缓慢。数字基础设施建设落后，存在如光纤网络覆盖率低、4G 网络发展缓慢等问题，且数字基础设施投资不足。整体而言，德国数字化全球竞争力与其全球经济地位不相符，阿里研究院和毕马威联合发布的《2018 全球数字经济发展指数》报告显示，德国数字经济发展指数仅排第 13 位，也没有互联网和人工智能等新兴产业方面的世界知名企业。

第三，加速数字化进程阶段（2020 年至今）。2020 年以来，德国加快对“数字化”议题的讨论，联邦政府相关资金投入加大，加速数字化进程。德国多次强调数字主权的重要性，明确要推广宽带网络和 5G 技术，建设“千兆社会”。2020 年，德国启动数字化计划项目“数字·现在”，专为支持中小企业未来数字化而设立，计划 2024 年投资总额增加到 2.5 亿欧元。2021 年，“数字·现在”项目预算从 5700 万欧元增加到 1.14 亿欧元，同年，德国投资 3.5 亿欧元启动信息技术安全研发框架计划，资助信息技术安全领域的研发工作。2022 年，德国通过新的《数字化战略》，提出“全面数字化觉醒”的口号，总结了三个重点行动领域。在此阶段存在的主要问题是，德国政府没有对数字化战略提出具体的财政预算，2022 年和 2023 年的财政预算中没有数字化预算相关内容，政府的数字预算分配可能将成为德国数字化发展的桎梏。

二、德国数字经济发展规模

总体而言，随着德国对数字经济建设投入的增加和相关政策的发力，德国的数字经济规模呈现不断上升的趋势。图 7 – 7 为德国 ICT 行业 2019—2023 年营收规模及变化情况。如图所示，德国数字经济中 ICT 行业的营收规模呈现出逐年增加趋势。2022 年德国数字经济中 ICT 行业营收 1961 亿欧元，预计 2023 年将再度增长 3.8%，营收突破 2000 亿欧元大关达到 2034 亿欧元。2022 年，ICT 行业从业人数 130.7 万人，根据预测，到 2023 年底将有 135 万人从业，同比增长 3.4%。根据德国信息、通信和新媒体协会（Bitkom）最新的年度行业报告，从细分行业看，预计 IT 行业未来将有更高的增长，而消费电子产品增速将放缓。

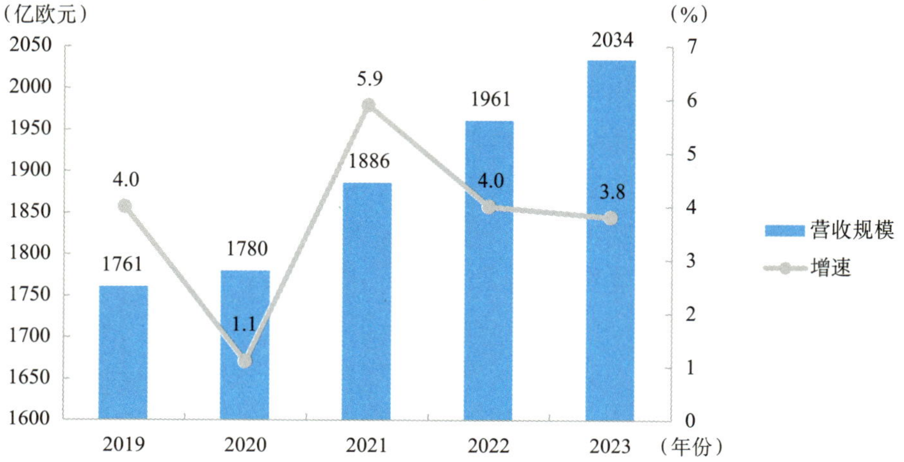

图 7 – 7　2019—2023 年德国 ICT 行业营收规模及变化情况

数据来源：德国信息、通信和新媒体协会（Bitkom）最新的年度行业报告。

尽管数字经济行业的规模不断扩大，但德国数字基础设施建设仍有不足。根据世界银行数据，自 2006 年德国联邦政府首次提出“高科技战略”计划后，德国的宽带建设和个人互联网渗透率整体呈不断上升趋势，但明显增长缓慢，如图 7 – 8 所示。2021 年，德国每百人宽带用户数仅为 44.22 人，距离实现宽带“千兆社会”的目标①还有一定距离；互联网个人用户数占总人口的比重仅为 91.43%，与 2006 年 72.16% 的比重相比，15 年时间增加不到 20%，说明德国的个人互联网普及率增长较慢。

数字基础设施建设的不足也说明德国数字化进程缓慢。根据欧盟委员会发布的成员国数字经济与社会指数（DESI）②，德国 DESI 得分尽管呈上升趋势，但增速较低，在欧盟成员国中 DESI 排名靠后，与德国国家整体经济实力不相符。如图 7 – 9 所示，2017 年，DESI 得分仅为 33.44，在欧盟位列第 17；2022 年，DESI 得分 52.88，在欧盟位列第 11，期间 DESI 年均增长率仅有 1.6%，排名从未进过前 10。这说明，尽管德国大力发展数字经

① 2025 年每两户有一家接通光纤，2030 年实现户户通光纤网络。

② 该指数总结了欧洲数字绩效的相关指标并跟踪欧盟成员国的演变，涵盖五个主要维度：连通性、人力资本、互联网的使用、数字技术的整合、数字公共服务。

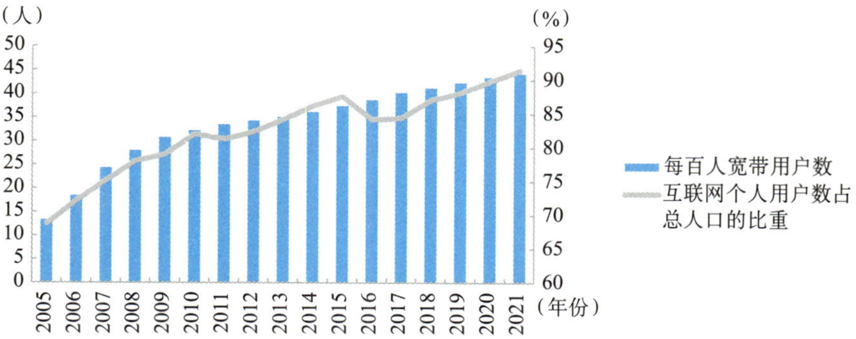

图 7－8　2005—2021 年德国宽带和个人互联网发展情况

数据来源：世界银行。

济的措施取得一定成效，但仍需将政策文件落到实处，尤其加大对数字基础设施建设的投入，推动数字技术的应用和普及。

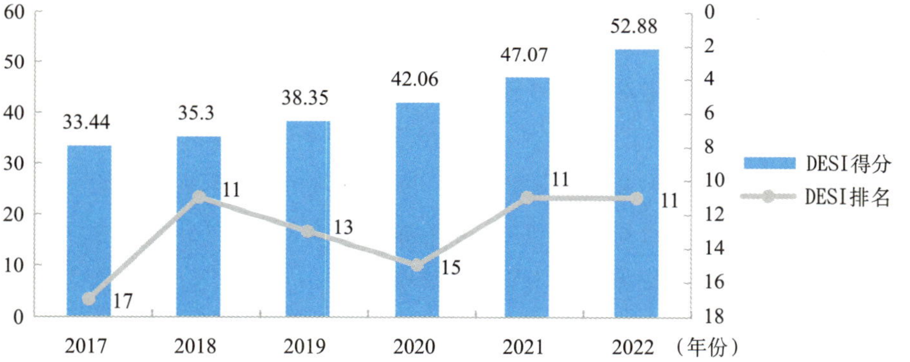

图 7－9　2017—2022 年德国数字经济与社会指数 DESI 得分和排名

数据来源：欧盟委员会。

展望未来，德国有全球领先的工业体系，随着数字化发展的持续推进，德国数字经济的规模预计将会继续增长。根据中国信通院的数据，德国数字经济规模占全球数字经济比重将不断上升。2021 年，德国数字经济规模为 2.88 万亿美元，位居全球第三，按照主要国家 2019 年、2020 年的平均增速测算，德国占全球数字经济的比重 2025 年将会上升至 8%，如图 7－10 所示。

三、数字经济内部结构划分

第一，按照研发创新发展方向的角度划分。2014 年，德国联邦政府发布《高新科技战略》，确定未来六大研究与优先发展的创新领域，其中数字化经济和社会是重中之重，被列为第一位，将德国的数字经济结构从研发创新的角度划分为“工业 4.0”等以产业数字化为主的八部分：工业 4.0、智能服务、智能数据、云计算、数字化网络、数字化科研、

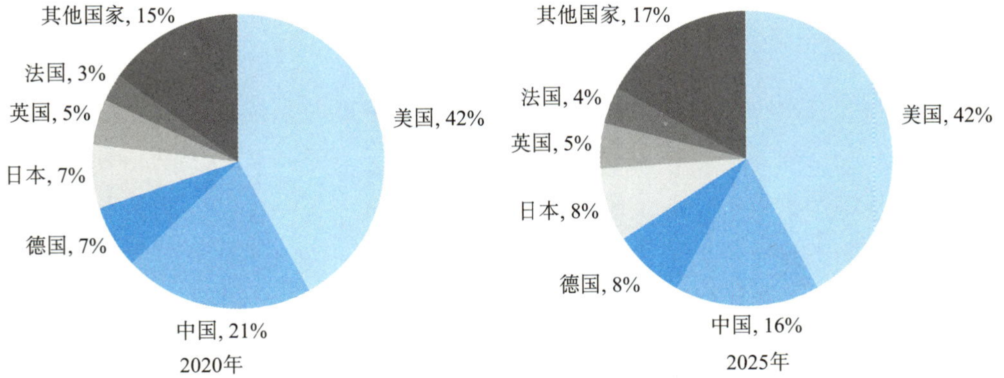

图 7-10　2020 年和 2025 年主要国家数字经济规模占全球数字经济比重

数据来源：中国信通院。

数字化教育、数字化生活环境。

"工业 4.0" 是德国数字化转型的重点战略方向，也是产业数字化的核心部分。制造业是德国数字化转型表现最好的领域。德国工业 4.0 平台的总体布局是政府统筹，标准架构先行，西门子、博世等工业综合体巨头与协会推动，中小企业广泛参与。总体上看，德国工业和 IT 业领先企业是"工业 4.0"计划的积极倡导者和实践者，为"工业 4.0"计划的落实提供了资源保障和试验场。"工业 4.0" 是一个国际公认的成功模式，经过 10 余年发展，现阶段许多这类技术已经成熟并可产业化应用，产业数字化的观念已经深深植入德国制造业，并在企业的生产经营实践当中不断发展。

智能服务、智能数据、云计算等数字技术发展是德国数字产业化的重点布局方向。在数字基础设施方面，德国成立数字事务委员会，专门解决数字基础设施相关问题，努力达成在 2025 年建成千兆光纤网络的目标。在 5G 应用方面，德国依托在传统工业领域的优势，积极开展面向工业、交通和医疗领域的 5G 实验，开放 5G 专网申请频率，宝马、博世等众多企业获得专网频谱许可。在区块链技术方面，德国发布区块链技术使用指南，对区块链技术的使用、益处和风险进行指导。

德国的产业数字化还体现为将数字化技术的发展，重点推广到教育、科研、就业、劳动力市场和医疗卫生健康等领域，使其像众多取得重大数字化技术成就的工业企业一样，重视数字技术的应用。即推动数字化网络、数字化科研、数字化教育、数字化生活环境。例如，联邦德国制定的"智能网络"战略，通过 ICT 改造了行业和基础部门，在教育、能源、卫生、交通和政府管理中产生了额外的、超出预期的高效率和潜力。

第二，从行业角度对数字经济内部结构的划分。根据联邦经济和能源部（BMWi）发布的《数字战略 2025》，数字经济的结构可分为四个部分：数字基础设施、数字经济核心领域、数字经济拓展领域和数字经济横向领域。下面将分别进行简要介绍。

数字基础设施是数字经济的基础，包括通信网络、计算基础设施、数据存储和处理设施等。数字基础设施的发展对数字经济的发展起着关键的支撑作用，需要政府、企业和社会各方的合作。

数字经济核心领域是指数字经济的重点领域，包括信息和通信技术（ICT）、数字化生产和数字内容。这些领域的发展直接决定了数字经济的发展水平和创新能力。在数字经济核心领域，需要加强研究和开发，推动技术创新和产业升级。

数字经济拓展领域是指数字经济在传统产业中的应用领域，包括数字化的服务、数字化的商业模式和数字化的市场。数字经济的拓展领域对于推动传统产业的数字化转型和升级具有重要的作用。

数字经济横向领域是指数字经济在其他领域中的应用，包括数字化的公共服务、数字化的交通和数字化的能源。这些领域的数字化转型对于提高公共服务的效率、降低能源和交通的消耗，以及推动可持续发展具有重要的意义。

四、未来发展方向

德国以“工业 4.0”为关键抓手，在数字经济发展方面制定了非常清晰的战略和路线。当前的主要做法有：

第一，以战略为引领加速推动制造业转型。2016 年发布《数字化战略 2025》，从国家层面明确德国制造业转型和构建数字社会的思路。2019 年发布《德国工业 2030 战略》，针对性扶持重点工业领域，到 2030 年将工业产值占国内生产总值的比例增至 25%。

第二，不断提升国内相关基础设施建设水平。2016—2030 年，累计投资 110 亿欧元支持宽带部署，数据设施方面发起成立了欧洲数据云计划“GIGA - X”。

第三，运用多种融资工具为企业提供多元化大规模资金支持。2020 年初，德国联邦财政部宣布每年为每家公司 200 万—1500 万欧元研发支出提供 25% 补贴。

第四，搭建公共服务平台，为数字化转型提供各类服务。2021 年底，平台发布了 161 个研究报告、80 个测试床、206 个应用案例和 67 个咨询服务机构，并且与美国、日本合作，推动技术研究。

未来，德国将继续践行“工业 4.0 战略”，依托新《数字化战略》（以下简称《战略》）的布局发展数字经济。2022 年 8 月 31 日，德国通过了联邦数字化和交通部提交的新《数字化战略》，这是德国国家层面出台的与数字化发展相关的最新战略，以“全面数字化觉醒”为口号，聚焦相关经济和技术政策，确定德国至 2030 年的数字化十年计划的三个重点行动领域为“网络化、数字化主权社会”“创新型的经济、工作环境、科学和研究”“学习型、数字化国家”。依照《战略》，德国计划在 2025 年前实现的近期目标包括：全国半数家庭和企业实现光纤连接，借助国家数字身份证实现政务服务数字化，医疗保险投保者建立电子病历和档案，构建涉数据使用的现代法律框架等。

德国将通过完成《战略》中设立的灯塔项目计划来进一步推进数字化发展。新《数字化战略》计划实施18个灯塔项目，均由相关部委具体负责，涉及数据和基础设施，管理和社会，经济和人工智能，经济和可持续发展，安全、国际和外交政策等，联邦政府想以此来推进德国数字化发展，改善人民生活。其中，重点发展的项目有：一是实现覆盖全国的千兆网络升级，二是建立安全和用户友好的数字身份认证和现代化检索，三是自动驾驶等应用对接国际标准。

德国将更加注重数字基础设施的投资建设。新《数字化战略》将全面建立互联、可持续的数据文化作为未来几年德国科研领域的关键任务，强调数字基础设施建设和人工智能的主导作用。具体包括："国家研究数据基础设施NFDI"数据库建设；欧洲数据云计划"GIGA－X"和数据空间的互联互通；加强科研领域数据资助计划；扩大超级计算中心的数字化基础设施，提高数据加工能力等。在大数据方面，德国正积极推动建立一个统一的欧洲出行数据空间，并将德国工程院发起的"出行数据空间"视为灯塔项目。在人工智能领域，德国政府决定每年资助柏林学习和数据基础研究所、慕尼黑机器学习中心等5个人工智能能力中心各5000万欧元，以确保德国在人工智能领域的技术主权。欧洲高性能计算联合体决定在德国于利希研究中心建造欧洲第一台百亿亿级超级计算机，德国政府将为这台超级计算机提供5亿欧元的资助。在6G方面，2021年德国联邦教育及研究部启动6G技术研究项目，同时德国成立了6G研发行业联盟，29家企业和研究机构将研究6G技术，德国计划在2025年之前为6G研究计划提供7亿欧元资金。

德国将加强数字化人才的培养。数字经济的发展需要大量数字化人才支撑，如人工智能专家、大数据分析师、网络安全专家等。德国政府将加强数字化人才培养，包括提高教育质量、加强产学研合作等，以满足数字经济快速发展的需求。当前，德国联邦政府在出台的数字经济相关文件中明确了在数字化人才培养方面的重要性，并提出了相应的措施和计划。同时，德国各大高校和职业教育机构也在积极开展相关的教育和培训项目，以满足数字经济发展的需求。此外，德国政府还与企业界和社会组织等合作，共同推动数字化人才培养的发展。

五、德国数字化发展的特色做法

第一，大力支持中小企业数字化转型。德国中小企业数字化转型为德国先进制造业发展和德国创新贡献了巨大力量，其经验做法对我国中小企业数字化转型具有重要借鉴意义。德国中小企业占德国企业总数的99.7%，公司净经济增加值占全国的一半，是德国经济增长的重要力量，且对就业贡献突出。研究显示，中小企业承担了德国就业人数的60%以上。为促进中小企业数字化转型，德国联邦政府采取了如下举措。

从顶层设计来看，2014年德国出台《新高科技战略》战略，开始重点关注中小企业的数字化转型，并从政策层面对此进行资金支持。2016年，德国联邦经济部发布了《数字化战略2025》，提出要帮助中小企业积极参与到数字化进程中。德国联邦政府在全国设立了 17 个中小企业 4.0 区域竞争中心，聚焦数字化生产和工作流程，为中小企业提供技术、测试等服务，此外还设立了 6 个专业中心重点面向中小企业开展数字化提供相关政策推广、宣传、咨询等服务。

从具体举措来看，针对本国中小企业数字化存在的问题，德国联邦政府提供了针对性解决完善政策。针对"过高投入"问题，通过"中小型企业数字化投资项目"进行资助，这一项目在 2018 年的资助总额达到 10 亿欧元，同时进一步扩充其他维度的中小企业支持资金，主要包括"中小型企业创新计划"（ZIM）和"工业社区研究项目"（IGF）；2020 年，德国启动数字化计划项目"数字·现在"，专为支持中小企业未来数字化而设立，计划 2024 年投资总额增加到 2.5 亿欧元，2021 年，"数字·现在"项目预算从 5700 万欧元增加到 1.14 亿欧元。针对"数据安全要求"问题，除了《联邦数据保护法》为德国中小企业提供法律层面的支持外，包括弗劳恩霍夫应用研究促进协会在内的 12 家研究机构，一直致力于开发"工业数据空间"解决方案，其主要特点是数据主权，不断完善安全系统以及研发有针对性的安全防御策略。

第二，重视数据要素在收集和使用过程中的隐私等安全问题。德国一直高度重视数字安全问题，其数字安全能力得分仅低于美国，居 G20 第二位。在数字安全设备方面，2020 年，德国安全互联网服务器达 810.96 万个，占 G20 安全互联网服务器总量的 10.7%。在数字安全制度建设方面，德国成立了多重网络安全职能部门，并务实推进网络安全战略。2011 年德国首次推出《网络安全战略》，2015 年通过了《德国网络安全法》，为关键基础设施的安全运行创造了必要条件，并确立了网络安全报告制度。2021 年，德国发布《联邦政府数据战略》，强化商业、科学、社会和行政管理领域中数据收集和使用，确保公平参与和防止数据垄断，增强德国数字能力，使德国成为欧洲数据共享和创新应用的领导者。

德国倾向从人格权角度保护个人数据，强调隐私数据、自我决定和人格尊严是人格权中最重要的三个保护对象。德国联邦宪法法院在"人口普查案"中首次提出"信息自决权"，认为公民有自我决定是否向政府公开个人信息的权利，可见德国对保护个人信息数据的重视。

在工业数据方面，德国数据空间建设成为数据要素共享流通的有益尝试。为应对日益增长的工业数据共享流通需求，德国自 2015 年起在"工业 4.0"下启动工业数据空间计划，通过提供一整套法规、标准和技术体系，为数据共享流通各方搭建一个虚拟空间网络，实现虚拟空间中数据的便捷连接、主权保护、标准化互操作和市场化交易。经过 6 年发展，工业数据空间已经由德国实践逐步演变为欧盟共识，2020 年 2 月，欧盟发布《欧洲数据战略》首次提出建设工业、农业、交通、能源、金融等九大数据空间的战略蓝图，同年 11 月出台《数据治理法案》，从立法层面对设备运行、企业交易等非个人数据的开放和互操作性等进行了界定，初步形成战略和立法相互交织的工业数据共享流通政策体系。

第三，加强对数字平台的监管，致力于平台经济反垄断。在数字经济的监管方面，德国政府在落地欧盟《通用数据保护条例》的同时，于2019年启动了《反对限制竞争法》的第十次修订工作并于2021年通过，该修正案是全球主要国家中首部针对数字化挑战而进行全面修订的反垄断法，因此又被称为“数字竞争法”。本次修订案的最大亮点就是针对平台经济垄断问题进行了大量回应和创新，以对大型平台快速崛起的影响力进行更有效的干预。其主要创新体现在引入“中介势力”概念、高度重视数据问题、强化对平台规则的监管、拓展相对市场势力范畴、改革并购审查制度、扩大事前监管权力六个方面①。

以德国为代表的欧盟国家一贯强制反垄断的重要原因是出于“数字主权”战略的考虑，新冠疫情的流行导致数字经济的地位进一步提升，也大大推动“数字主权”战略的实施。在这种战略影响下，德国此次的新修正案在保留对相关市场界定要求的同时，利用“对竞争至关重要的跨市场意义”，对数字平台等中介机构的监管在一定程度上突破了相关市场的限制，由此掌握了对谷歌、苹果、亚马逊、脸书等来自美国的全球性数字平台的监管主动权。

第三节　日本数字经济发展现状与特征

关于数字经济的构成，日本总务省和日本业界的划分标准并不完全一致。但大体都是围绕信息技术和信息产业展开的界定。日本总务省从2005年版《信息通信白皮书》开始，将日本的信息产业分为通信业、广播电视业、信息服务业、影视音乐文字信息制作业、信息通信设备器材制造业、信息通信相关服务业、信息通信设施建设业、研究开发业八个行业。其中，信息服务业包括软件业务、信息服务、信息提供服务和其他信息服务。

日本业界将信息技术业分为软件业、硬件业、互联网、通信业和信息服务业四个部分。其中，软件业主要业务内容是设计、开发软件产品，如操作系统、中间件、办公软件以及游戏等。硬件业指的是被软件驱动工作的物理实体，如手机、平板等终端产品，鼠标、键盘、显示器、打印机、游戏机等由电子回路及结构件构成的机器设备等。互联网业包括2B和2C两类，其中2B的业务主要是门户网站制作、Web广告、主机托管、云计算平台等服务；2C的业务常见的有SNS、搜索引擎、EC（电商）等。通信业一般为电话、移动通信、网络数据传输、卫星通信等电信传输业务，包含光纤网络、无线网络等基建服务，是IT行业中相对规模较大也相对稳定的业界。信息服务业主要提供企业或政府内部IT系统集成或定制系统的开发与运维，按业务内容主要可以分为系统集成和技术者派遣服务两类，近几年IT咨询类的公司也属于信息服务业。

① 李强治、刘志鹏：《平台经济反垄断的德国经验：“数字竞争法”的创新与借鉴》，《新经济导刊》2021年第2期。

一、日本数字经济发展阶段

（一）依据数字技术的变迁划分

数字化进程中使用的技术随着时代的发展有很大不同，因此依据数字技术的变迁，日本总务省发布的《2022 年信息通信现状报告》将 ICT 技术过去 50 年的发展以每 10 年为期划分为五个阶段，分别是模拟通信时代（1973—1985 年）、数字通信时代（1985—1995 年）、互联网和手机普及时代（1995—2005 年）、宽带和移动应用时代（2005—2015 年）和 ICT 支撑社会经济时代（2015 年至今）。自 2015 年至今，ICT 已经成为日本社会经济基础建设的支柱。在 ICT 高度发展过程中，有效利用 ICT 已经渗透到日本社会经济活动的各个领域。

（二）依据国家战略目标划分

日本总务省发布的《2021 年信息通信白皮书》根据过去国家战略的目标和政策措施，将日本自 2000 年后的数字化发展历程分为四个阶段①。

1. 第一阶段：促进 ICT 产业基础设施的发展（2000—2003 年）

这一阶段日本的国家战略是为了应对全球性的 IT 革命，重点发展 ICT 基础设施，目标是成为世界最先进的 IT 国家。

在 20 世纪 90 年代后半期，由于计算机和通信技术的迅速发展，社会和经济上的重大变革在全球范围内进行，但这一时期日本的信息和通信技术工作却落后了。为了解决这个问题，2000 年日本政府首先提出了“IT 基本法”，正式提出了“IT 立国”的国家战略。其后由隶属于日本首相官邸的 IT 战略本部提出了“e－Japan 战略”，希望能促进日本整体 ICT 的基础建设，由此吹响了日本全面推进 IT 革命的号角。“e－Japan 战略”的目标是于 2005 年在全日本建成 3000 万家庭宽带上网及 1000 万家庭超宽带（30Mbps—100Mbps）上网的环境。NTT、KDDI、Tokyo Metallic、eAccess、BB 等技术公司看准了宽带业务的发展前景，纷纷进入宽带接入市场，宽带 ISP 数量的激增自然带动了日本宽带用户规模的大幅度增长，因此“e－Japan 战略”的目标在 2003 年提前实现。

2. 第二阶段：加强 ICT 的应用及深化（2004—2012 年）

在第二阶段，由于第一阶段 ICT 基础设施的发展比原定计划提前，日本实施了许多推动 ICT 应用的措施。

2003 年 7 月 2 日，以日本首相小泉纯一郎为部长的日本信息技术战略总部通过了“e－Japan”战略Ⅱ，对日本信息化建设的重点和发展方向进行了重大调整。“e－Japan”战略Ⅱ中明确指出：2000 年 IT 国家基本战略中普及信息通信基础设施的目标已提前实现，

① 日本总务省抓住主要特点将日本数字化进程分为四个阶段，但白皮书中也指出，每个阶段有实施与该阶段特点不同的行动。例如，ICT 基础设施不仅在第一阶段建设，在随后的阶段中也得到了发展，因为良好的 ICT 基础设施是应对高速和大容量通信和无线通信的必要条件。

日本的信息化建设将转向“支持在医疗、食品、生活、中小企业金融、教育、就业和行政7个领域使用信息技术、创建新产业”的方针。这表明，日本以宽带网等基础设施建设为重点的信息化建设政策已经开始转向推进加强ICT产业的应用。

通过“e-Japan”战略，日本宽带基础设施快速发展，达到世界前沿水平，但提高人们在行政服务、医疗、教育和其他领域对信息技术应用的满意度方面仍存在问题。为改变这种情况，2004年5月，日本总务省向日本经济财政咨询会议正式提出了以发展ubiquitous社会为目标的u-Japan构想。总务省u-Japan构想旨在于2010年将日本建设成一个“任何时间、任何地点、任何人、任何物”都可以上网的环境。此构想于2004年6月4日被日本内阁通过，而且在总务省提出的年度ICT发展策略“平成17年度ICT政策大纲”中被正式列为重点发展的项目。

当时，日本急于改善金融危机导致的经济停滞，加之数字技术的进步，IT战略总部在2009年4月制定了“走向新数字时代的新战略——三年紧急计划”，并在同年7月制定了“i-Japan战略2015”作为新的中长期战略。这一战略真正从“以人为本”出发，着眼于应用数字化技术打造普遍为国民所接受的数字化社会。i-Japan战略分为电子政府和电子自治体、医疗保健、教育与人才三大核心领域，计划将超高速宽带建设提升到一个新的高度。

3. 第三阶段：促进数据的利用（2013—2017年）

为应对数据大流通时代的到来，这一阶段日本试图促进各种数据的利用，并采取措施创建一个能“利用公共和私营部门数据的社会”。

2013年，安倍内阁发布“创建最尖端IT国家宣言”，确立了2013—2020年以发展开放公共数据和大数据为核心的新IT国家战略，提出要将日本打造成为一个“世界最高水准的广泛运用信息技术的社会”。宣言的主要内容包括推动数据信息的保护与共享，引导地方公共团体完善信息公开与共享机制，为共享经济的发展提供大数据支撑；推动人工智能、云计算及关联服务、区块链、5G移动通信、个人网络数据信息安全保护等尖端技术的开发利用，构建协作型的数据平台，实现信息的融合与共享等。此后，日本政府相关职能部门又陆续发布了若干与数据开放相关的政府文件，包括2016年5月20日高级信息通信网络社会推进战略本部发布的《开放数据2.0》、2016年12月14日IT综合战略部颁布的《促进公共和私营业部门数据使用的基本法》、2017年5月30日日本政府内阁制定的《世界最先进的IT国家创造宣言》。日本于2017年又首次推出“官民数据活用推进基本计划”，致力推动电子政务、医疗卫生、财政金融、农林水产、基础设施、交通物流、防灾减灾等重点领域的官民数据利用，以振兴区域经济、保障国民生活舒适安全。

4. 第四阶段：数字化社会的形成（2018年至今）

之前日本以创建世界上最先进的“IT国家”为目标，2018年起创建世界上最先进的“数字国家”被设定为新目标。日本为了持续提升国家竞争力，于2019年6月14日发布了《创造世界最先进的数字国家宣言》，并成立了IT综合战略本部，由内阁总理大臣担任本部长，与国土交通省共同推进落实日本社会各领域的数字化、智慧化的进程。2020 年 7 月，日本发布最新的“创建最尖端数字化国家宣言 · 官民数据活用推进基本计划”，提出要通过开放数据促进信息传播和共享，利用信息通信技术应对新冠疫情，打造有弹性的数字社会。

二、日本数字经济发展规模

（一）数字经济起步较早，国内外经济影响力强

日本一直高度重视信息技术产业的发展，最早可以追溯至 1956 年《机械工业振兴临时措施法》制定的一系列振兴数字信息产业政策。在 1967 年，日本总务省和经济产业省又推动设立了非营利性的日本信息处理会社，以支持信息技术产业的发展。

1. 产生较高的经济总量

2019 年，日本 ICT 行业的名义 GDP 是 51.7 万亿日元，占所有产业的 9.4%，是仅次于商业和房地产行业的第三大行业。按照 2015 年价格计算的真实 GDP，日本 ICT 行业实际 GDP 占比为 9.9%（见图 7－11）。从 GDP 增速来看，2018 年到 2019 年 ICT 行业 GDP 产值上升了 0.9%，在日本各行业增速中排名第四，仅次于医疗、健康和福利产业（2.4%），商业服务业（1.4%）和个人服务业（1.1%）。

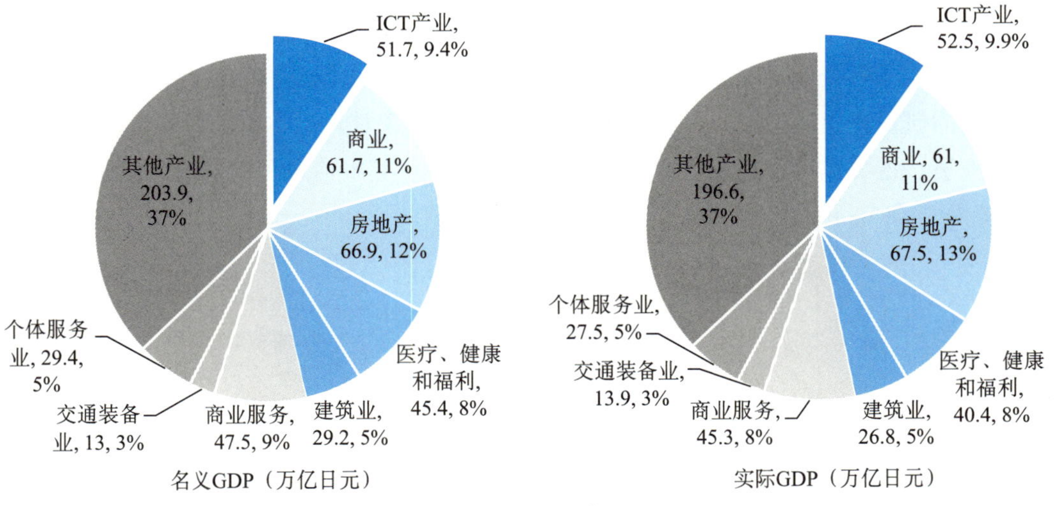

图 7－11　2019 年日本主要产业的国内生产总值构成（基于名义和实际国内生产总值）

数据来源：2021 年日本《信息通信白皮书》。

2. 对其他产业的经济溢出效应大

当不同行业为 ICT 产业的生产活动提供中间投入时，就会引发附加值和就业人数的增加。2019 年，日本 ICT 产业的经济溢出效应被评估为引发了 92.1 万亿日元的附加值和拉动了 851.4 万的就业人数（见图 7－12）。就引发的附加值而言，日本 ICT 行业所引起的经济溢出效应规模是日本所有产业中最大的。就就业人数而言，日本 ICT 行业拉动的就业人数要比交通设备行业（249 万亿人）高。

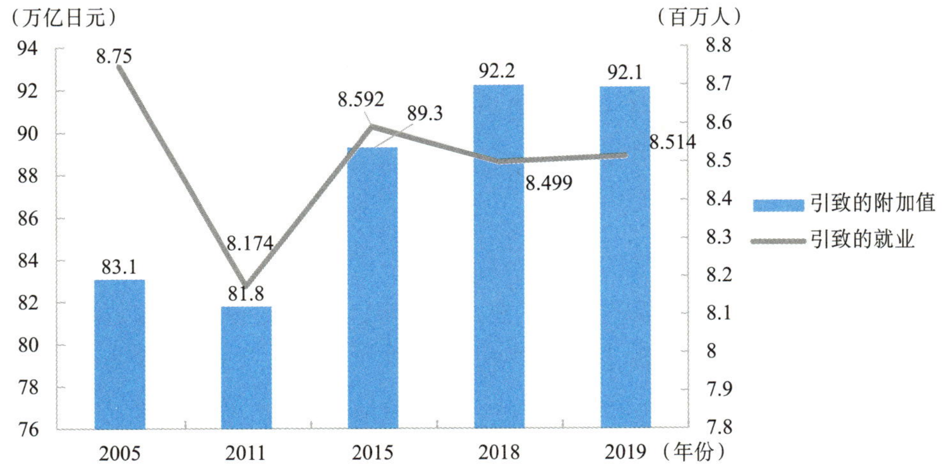

图 7－12　日本 ICT 产业经济溢出效应的变化

数据来源：2021 年日本《信息通信白皮书》。

（二）注重产业科技创新，企业实力强劲

1. 投入高昂的研发经费和研究人员

2019 年，日本企业研发支出 14.2121 万亿日元，在 ICT 行业研发花费了 3.8571 万亿日元，占日本所有企业研发支出的 27.1%，其中电力机械、设备和供应品的制造是 ICT 行业中最大的研发支出部门（见图 7－13）。截至 2020 年 3 月，日本 ICT 行业雇用了 174277 个研究人员，占日本所有企业研究人员总数的 34.3%，其中信息和通信电子设备制造业在 ICT 产业中的研究人员最多。

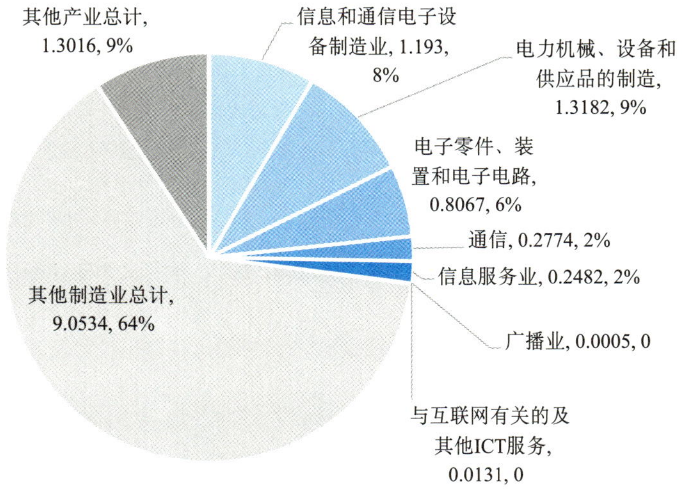

图 7－13　日本 2019 年企业研发支出分解（单位：万亿日元）

数据来源：2021 年日本《信息通信白皮书》。

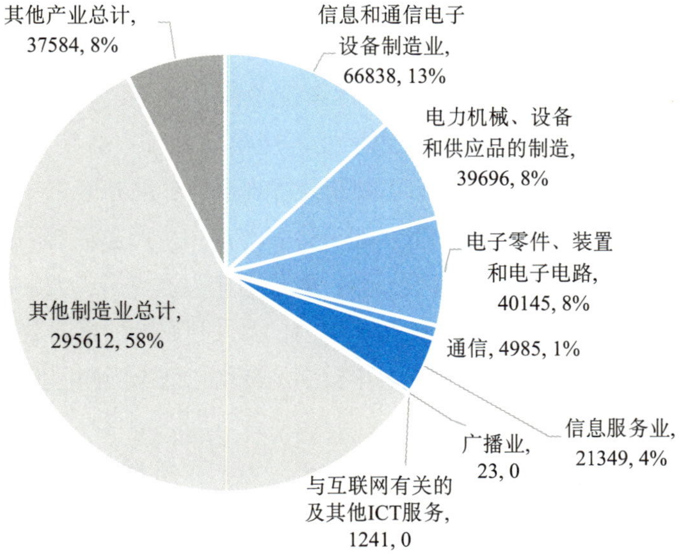

图 7-14 截至 2020 年 3 月按行业划分的企业研究人员（单位：人）

数据来源：2021 年日本《信息通信白皮书》。

2. 数字经济企业实力不容小觑

从 2018 年开始，《福布斯》从每年评出的“全球 2000 大企业”（Global 2000）中，专门把技术、媒体、数字零售、电信择出来，按照营收、利润、资本成长、股价等多个指标，发布了一个新的榜单——全球数字经济 100 强（见图 7-15）。2018 年入选百强榜的日本科技公司仅有 5 家，2019 年增加到 13 家，其中排名进入世界前 20 的是电信运营商软银（排名第 13 位）和日本电报电话公司（排名第 16 位），此外日本还拥有佳能（排名第 32 位）、三菱电子（排名第 41 位）、日本最大的互联网招聘公司 Recruit Holdings（排名第 54 位）、生产关键电子零部件和机器人的村田制作所（排名第 62 位）、京瓷（排名第 78 位）等全球知名科技企业。

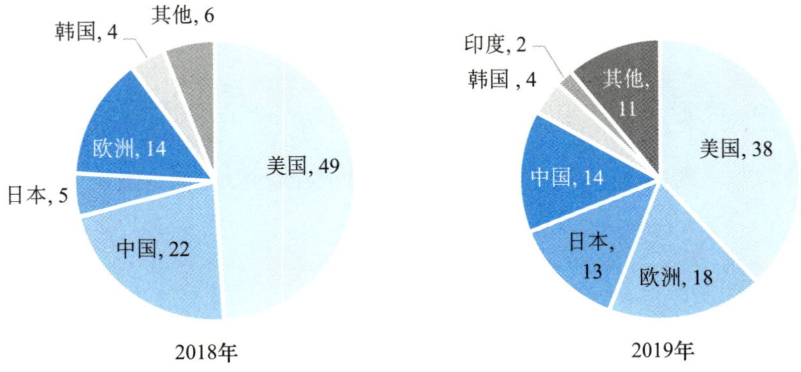

图 7-15 2018 年和 2019 年福布斯全球数字经济 100 强区域分布

数据来源：2018 年和 2019 年《福布斯》榜单。

（三）数字经济发展进程逐渐放缓

1. 作为高收入国家，日本的数字经济进程稍显落后

日本数字经济与美国数字经济发展差距逐渐拉大。2016 年，美国数字经济规模是日本数字经济规模的 4.8 倍，到 2021 年美国数字经济规模就是日本数字经济规模的 5.96 倍。数字经济排名上，在 2016 年和 2017 年日本数字经济规模排名世界第 3，但自 2018 年起被德国反超，同期美国、中国、英国等国家数字经济排名与国内生产总值排名持平，德国、韩国等数字经济排名较国内生产总值排名有所提升，但日本作为世界第三大经济体，数字经济排名较国内生产总值排名低。数字经济增速上，中国、澳大利亚等国家的数字经济增速基本超过同期国内生产总值增速 5 个百分点，而日本数字经济增速低于同期国内生产总值增速。

2. 受老龄化和经济疲软影响较大

2019 年，日本 ICT 行业就业人数总计 405.8 万人，占所有产业总就业人数的 5.6%。由于少子化和老龄化的加重，以及全球人才劳动力市场竞争的加剧，日本 ICT 产业从 2000 年到 2019 年在职员工数量逐步减少，2000 年日本 ICT 产业在职员工数量总计约为 486 万人，到 2019 年减少了约 80 万人（见图 7－16）。分领域来看，电信业、视频/音频/文字信息系统工作业、ICT 制造业、ICT 相关建筑业以及 ICT 研究领域雇用员工都出现不同程度的减少，其中，电信业、ICT 相关建筑业雇用员工数量下降明显。与之相反，广播业、ICT 服务业行业雇用员工数量明显增加，这可能是因为 ICT 领域服务行业兴起。

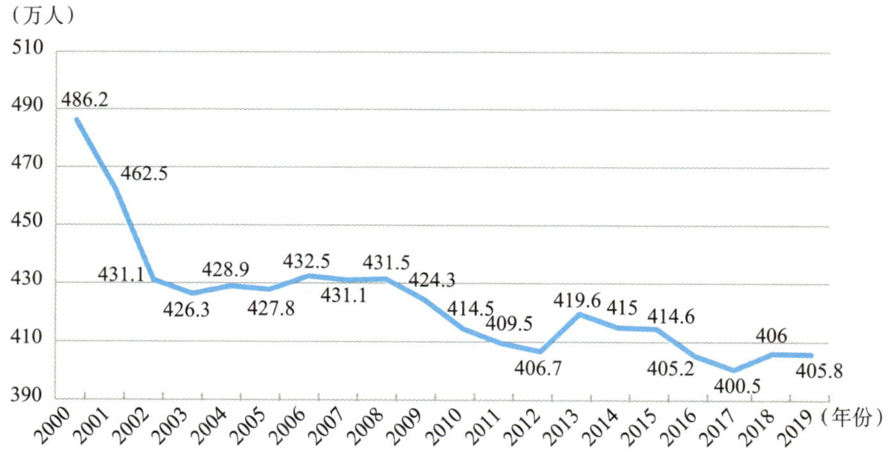

图 7－16　2000—2019 年日本 ICT 产业就业人数的变化

数据来源：2021 年日本《信息通信白皮书》。

三、日本数字经济重点发展方向

（一）技术研发领域着重发展四大技术

2022 年 2 月 18 日，日本信息处理推进机构（IPA）发布《2022 先进数字技术制度政

策动向调查报告》，强调发展物联网、区块链、量子计算机、人工智能四大关键技术。其中，物联网领域重点发展健康医疗、太空、海洋、食品、农林水产业、智能城市。区块链技术关注加密资产制度等，强调推进各个领域区块链应用。量子计算机领域重点发展量子计算机·量子模拟、量子测量和传感、量子通信和密码等。人工智能领域着重发展自动驾驶、人工智能知识产权。日本作为机器人大国，2015 年发布的《日本机器人战略：愿景、战略、行动计划》中也明确提出未来将聚焦于包括人工智能、感知和认知、内在机制、刺激行为和控制等核心技术，以及能量来源、材料、沟通交流、安全、大数据、人与人交互等传统智慧。

（二）财政预算强调推进 ICT 的应用和研发

2019 年 12 月，为加快 AI 和 5G 技术发展，日本政府在 2019 年追加预算计划中追加“数字新政”相关预算至 9550 亿日元。其中，学校 ICT 化（情报通信技术）预算为 2318 亿日元，日本希望 5 年内实现中小学生配套人均 1 台电脑或平板终端，同时推进无线网络 LAN 整备工作。5G 技术基础设施整备预算为 1100 亿日元，计划用于下一代通信技术等的研究开发，侧重半导体和通信系统的开发以及促进汽车和工业机器的先进性。中小企业信息化补贴预算为 3090 亿日元，支持用于创新产品和服务开发的投资和 IT 设备的引入。此外，还包括给年轻科研骨干最多 10 年、平均每年约 700 万日元的研究经费支持的预算为 500 亿元，以及对量子研究机构和超级计算机领域的投资等（见图 7－17）。

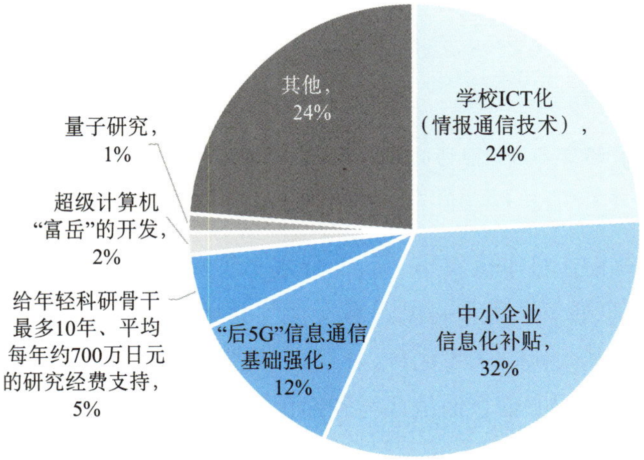

图 7－17　2019 年日本“数字新政”相关预算占比

数据来源：日本通网站。

日本经济产业省 2020 年度的预算总额为 14292 亿日元，比 2019 年度的初始预算总额增加了 15.1%。其中，日本政府不仅对人工智能（AI）和机器人的开发进行支援（增加了派遣 AI 专家帮助中小企业），还将扩充与新产业创造相关的创业支持等。其中，对 AI

开发和通过互联网连接所有家电的物联网的普及，是日本经济产业省“推动数字经济发展”的支柱。因此，这方面的预算要求比 2019 年度的初始预算增加三成，达到 422 亿日元。支持创业等新事业市场的相关创新费用增加了六成，为 120 亿日元。

负责信息通信领域的日本总务省在 2022 年度预算案中，一般预算额为 16.4624 万亿日元。在预算的主要措施中，为“加速民间 DX① 和实现低功耗”计入了 1018.6 亿日元。其中，促进 ICT 技术研发的项目包括研发实现超低功耗的 Beyond 5G 以及研发 AI（多语种同声传译）、量子加密和太空 ICT 等领域，预算占比高达 47.3%；促进 ICT 应用的项目包括 5G 和光纤等信息通信基础设施维护、促进通过本地 5G 解决问题、促进电波的有效利用等，预算占比高达 50.5%（见图 7 – 18）。

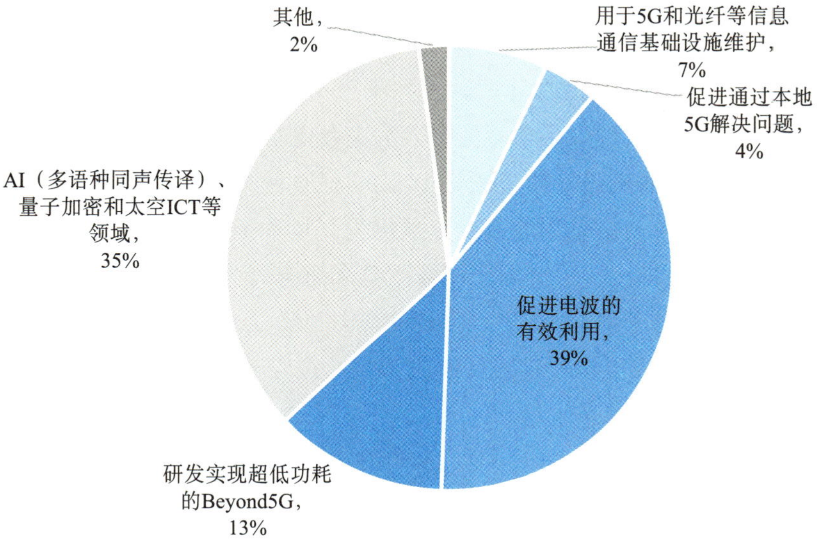

图 7 – 18　日本 2022 年度信息通信关联预算中“加速民间 DX 和实现低功耗”的构成

数据来源：JST 客观日本编辑部翻译编辑的《科学新闻》。

在 2022 年度预算中，日本也发布了其他促进 ICT 技术应用的措施。例如，为“推进便于所有人利用的信息通信环境和确保网络安全”计入 68.2 亿日元，为“应对经济安保和强化战略性经济合作”计入 67.3 亿日元，为“增强国家韧性”计入 31.5 亿日元等。其中，“推进便于所有人利用的信息通信环境和确保网络安全”的预算中，21.1 亿日元用于进一步推进针对老年人的数字化支援（在全国举行讲习会，提供关于如何使用智能手机在线办理行政手续等的建议和咨询等支援）等。“应对经济安保和强化战略性经济合作”方

① DX 是早在 2004 年瑞典乌玫奥大学艾瑞克·苏托尔塔曼教授最初提出的一个概念，叫 Digital Transformation（数字革新）。DX 意指 IT 的渗透会使人们生活的各个方面朝着好的方面改进。日本经济产业省在 2018 年 12 月推出的《DX 推进指南》中对 DX 做了如下的定义：“所谓 DX，就是企业为应对事业环境的急剧变化，应灵活应用数据与数字技术，基于顾客与社会的需求，对产品、服务以及业务模式进行改革，同时，对业务本身以及企业组织、业务流程、企业文化做相应的变革，从而确立竞争上的优势。”

面，25.2 亿日元用于 5G 和海底光缆等 ICT 基础设施系统等的海外拓展，35.9 亿日元用于实施国际广播（NHK 补助金）；“增强国家韧性”方面，9 亿日元用于有线电视的光纤化（补贴部分项目费用），21.8 亿日元用于广播网络的强化（支援解决广播收听难问题）等。

综上，日本数字经济起步早，从初期的重视数字基础设施建设到重视信息通信技术应用，再到促进数据的利用，最后转到当前推动实现数字化社会，日本经济在数字改革方面从侧重数字基础设施领域改革已经逐步完善到现阶段令和时期的全面数字改革战略。在数字改革策略上，日本通过加大数字投资推进经济转型，实现软硬件两手抓。硬件方面，加大物联网、5G 等数字基础设施建设投资，强化数字经济发展的必备基础；软件方面，加大对数字人才培养的投入，强调数字研发，推动打造良性的数字经济发展环境。我国现阶段也在大力发展数字经济，为此我国可借鉴日本经验，不断填补技术空白，重视数字人才培养，加强数字基础设施建设，通过数字应用积极实现产业数字化、数字产业化的良好互动和双向赋能，打开经济增长的更广阔空间。

第四节　英国数字经济发展现状与特征

尽管无论是总体数字经济规模还是领先企业方面，英国均不占优势，但在欧洲地区，其仍为最前沿的国家。2022 年发布的《英国数字战略》指出①，对英国而言，具有活力与弹性、持续增长的数字经济生态应当建立在以下四项支柱之上：（1）稳健的数字基础设施；（2）充分释放数据所蕴含的能量；（3）低干涉且支持创新的规章准则；（4）安全的数字环境。

一、数字经济发展阶段

根据英国 DCMS 部门发布的报告“The UK Digital Economy：A 2019 Evidence Review”，英国数字经济发展经历了以下四个阶段。

第一，发展初期（1997 年前）。英国开始引入并普及互联网、手机等数字技术与产品，为数字经济的发展奠定了基础。

第二，快速增长阶段（1997—2007 年）。这一时期在电子商务和在线业务发展的推动下，数字经济显著增长。英国政府也推出了多项举措来促进数字经济的发展。

第三，整合阶段（2007—2015 年）。在此期间，英国数字经济持续增长，但增速放缓。重点是巩固前期取得的成果，完善数字经济所需的基础设施和技能。

---

① Department for Digital，“Culture，Media & Sport”，UK Digital Strategy，2022，https：//www. gov. uk/government/publications/uks - digital - strategy/uk - digital - strategy.

第四，创新阶段（2015 年至今）。这一时期的特点是更加关注数字经济的创新和增长。在该时期，人工智能、区块链和机器人技术等新数字技术出现，并且数字技能和教育的重要性日益增加。英国推出了英国数字战略，并建立英国第一个国家数据科学和人工智能研究所。

二、英国数字经济规模

中国信通院发布的《全球数字经济白皮书（2022 年）》通过测算得出，英国总体数字经济规模位列美国、中国、德国、日本之后，居于全球第五位。在数字经济占比方面，英国仅次于德国，居于全球第二。

英国数字经济规模增长在 2018 年以前增速较快，2018 年后有所放缓。据 2022 年发布的《英国数字战略报告》，2019 年，英国数字部门为英国经济贡献了近 1510 亿英镑，占全国劳动力总数的 9%。英国数字行业近年来增长迅速，自 2015 年以来，其实际增长几乎是英国整体经济总量的 3 倍（与 2018 年的价格相比）。图 7－19 根据英国数字、文化、媒体与体育部提供的数字经济部门预测报告数据绘制①②，柱状部分为各年数字经济总增加值 GVA（Gross Value Added），折线部分为各年增长率。2009 年的数字经济规模为 936.7 亿英镑，2021 年的数字经济规模为 1383.64 亿英镑，增速相对平稳，部分年份达 6% 左右，年均增长 3.3%。相比于增速为 2% 左右的总体经济增长率，数字经济部门更有活力和增长空间。此外，受新冠疫情影响，2020 年数字经济规模环比下降 5.8%，2021 年有显著回升，增速达 5.4%。

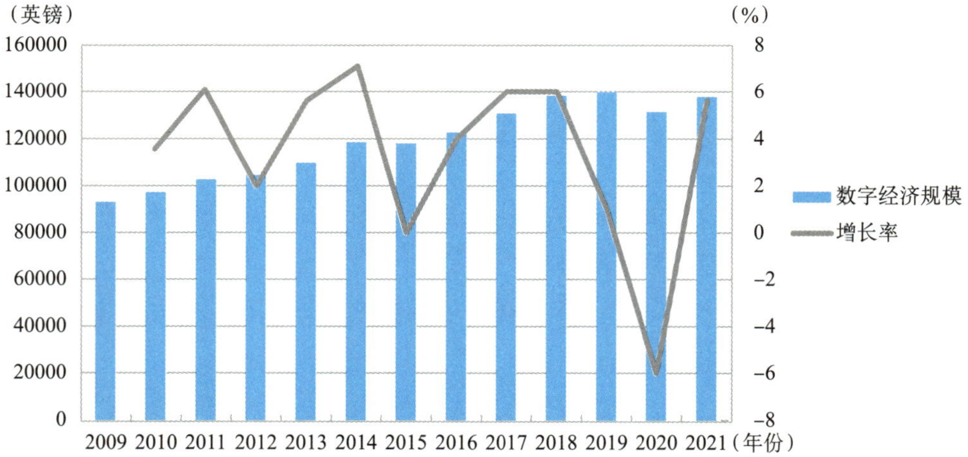

图 7－19　2009—2021 年英国数字经济规模及增长率

① Official Statistics, "Digital Sector Economic Estimates January 2016," 2016, https://www.gov.uk/government/statistics/digital-sector-economic-estimates-january-2016.

② Official Statistics, "DCMS Sectors Economic Estimates: Monthly GVA (to December 2022)," 2023, https://www.gov.uk/government/statistics/dcms-sectors-economic-estimates-monthly-gva-to-december-2022.

根据英国政府国家数据办公室发布的研究报告，预计到2025年将数字经济对英国经济的贡献值从2015年的1180亿英镑提高到2000亿英镑。

在《英国数字经济研究：2019》中，同样根据OECD经合组织构建了数字经济的定义，即以纳入所有依赖数字手段的经济活动，包括依赖或通过使用数字投入而显著影响的所有经济活动，如数字技术、数字基础设施、数字服务和数据等。参与主体为使用这些数字投入的所有生产者和消费者，包括政府①。

通过广义和狭义两类界定方法，分别测算了数字经济的规模。其中，数字经济包含5个维度，狭义定义即为第一个维度——数字产品，广义定义为5个维度的总和。其中，第一个维度“数字产品”包括：

（1）信息和通信技术（ICT）商品，如计算机和外围设备、通信设备、消费电子设备以及各种ICT组件和商品，这部分可以广泛地被认为是“硬件”商品。

（2）数字服务（不包括云计算服务和数字中介服务），其中包括通信技术设备的制造服务、商业和生产力软件及许可服务、通信技术设备的租赁或租赁服务以及其他通信技术服务。

（3）云计算服务定价。根据欧统局服务活动价格和数量计量工作队的报告，其中包括：软件即服务软件出版服务（SAAS），包含在按活动分类的产品中（Classification of Products by Activity，CPA，58.2）；平台服务的计算机编程服务（PAAS），包含在CPA62.01中；数据处理、托管、应用程序服务和其他基础设施配置服务（IAAS）包含在CPA 63.11.1中。

（4）定价数字中介服务（如通过数字平台将两个独立方与交易相匹配以换取明确费用的服务），有时也称为定价数字中介平台。

其他四个维度分别为：受数字化影响的非数字产品（如学生在新冠疫情期间在家上课）、“数字订购”的产品（如通过电子商务网站订购和支付的商品和服务）、“数字交付”的商品（如通过互联网购买和下载的数字相册）、目前在SNA生产边界之外的数字产品（如数据市场）。以上五个维度构成了数字经济的广义内涵。

图7-20为根据以上定义测算的数字经济规模及占英国国民经济总量比重的变化。英国数字经济规模较为稳定，2016年至2019年在狭义及广义的范畴下波动均不明显。以狭义方式测度的数字经济规模保持在4.6%左右，广义方式测度的数字经济规模保持在26.5%左右，该阶段数字经济增长速度与总体经济增速相协调。

《英国数字化战略》表示，英国是欧洲最大的数据市场。在2010—2020年，英国的数字经济增长速度是欧洲其他经济体的两倍，2020年约占英国国内生产总值的4%。就绝对值而言，英国数字经济的总体影响是所有欧盟国家中最大的，2021年接近125亿英镑。

---

① Office for National Statistics，“UK Digital Economy Research：2019，” 2022，https：//www.ons.gov.uk/economy/economicoutputandproductivity/output/methodologies/ukdigitaleconomyresearch2019#results.

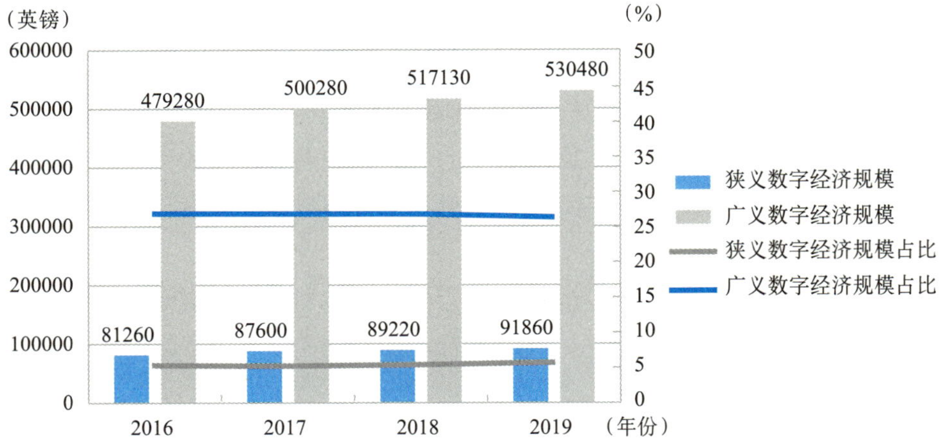

图 7－20　2016—2019 年两类数字经济分类法经济规模及占比

数据来源：Office for National statistics UK Digital Economy Research：2019。

三、英国数字经济分类

OECD 组织为 G20 数字经济工作组编写的报告提出了数字经济的广义定义，纳入了所有依赖数字手段的经济活动。根据 OECD 组织的定义，英国数字、文化、媒体和体育部（DCMS）把数字部门（Digital Sector）分成 9 个子行业和 36 个小类，如表 7－7 所示。SIC07（Standard Industrial Classification 2007）为英国标准产业分类，用于对商业机构和其他统计单位从事的经济活动类型进行分类。

表 7－7　　英国数字、文化、媒体和体育部数字部门分类

序号	英国数字经济子行业	SIC07 代码	子类
1	电子产品和计算机制造	2611	电子元器件制造
		2612	装载电子板制造
		2620	计算机和外围设备制造
		2630	通信设备制造
		2640	消费电子产品制造
		2680	磁性和光学介质制造
2	计算机和电子产品批发	4651	计算机、计算机外围设备、软件磁性和光学介质的制造
		4652	计算机磁光介质批发制造，电子和电信设备及零部件批发
3	出版（不包括笔译和口译）	5811	图书发行
		5812	目录和邮件清单出版
		5813	报纸出版
		5814	出版杂志和期刊
		5819	其他出版活动

续表

序号	英国数字经济子行业	SIC07 代码	子类
4	软件发行	5821	电脑游戏发行
		5829	其他软件发行
5	电影、电视、视频、广播和音乐	5911	电影、录像和电视节目制作活动
		5912	电影、录像和电视节目的后期制作活动
		5913	电影、录像和电视节目发行活动
		5914	电影放映活动
		5920	录音和音乐出版活动
		6010	无线电广播
		6020	电视节目和广播活动
6	电信	6110	有线电信活动
		6120	无线电信活动
		6130	卫星电信活动
		6190	其他电信活动
7	计算机编程、咨询和相关活动	6201	计算机编程活动
		6202	计算机咨询活动
		6203	计算机设施管理活动
		6209	其他信息技术和计算机服务活动
8	信息服务活动	6311	数据处理、托管和相关活动
		6312	网络门户
		6391	新闻机构活动
		6399	其他未分类的信息服务活动
9	计算机和通信设备维修	9511	计算机和外围设备的维修
		9512	通信设备维修

2016 年发布的英国数字部门经济预测中，展示了数字经济各子行业的总增加值和年增长率，如表 7－8、表 7－9 所示。在数字部门中，占比最大的为计算机编程、咨询和相关活动类，在 6 年度的观察期间平均占比 37.62%，超过三分之一，其次为电信行业，超过四分之一，其余部门总增加值均在 10% 以内。

表 7－8　2009—2014 年细分数字部门 GVA

数字部门	总增加价值（英镑）						平均占比（%）
	2009 年	2010 年	2011 年	2012 年	2013 年	2014 年	
电子产品和计算机制造	3903	4409	4221	3797	3878	3636	3.84
计算机和电子产品批发	5401	6285	7011	6687	7596	5395	6.15
出版（不包括笔译和口译）	8897	9500	9178	9380	9753	10013	9.08

续表

数字部门	总增加价值（英镑）						平均占比（%）
	2009 年	2010 年	2011 年	2012 年	2013 年	2014 年	
软件发行	686	767	1004	1083	1228	1388	0.97
电影、电视、视频、广播和音乐	5976	7591	9639	9681	9630	11191	8.50
电信	26984	24916	26256	25659	25788	30231	25.58
计算机编程、咨询和相关活动	34408	35809	37225	39859	42922	45978	37.62
信息服务活动	6541	6726	7278	7336	8440	8743	7.17
计算机和通信设备维修	870	943	1022	1140	1152	1713	1.08
总量	93666	96946	102834	104622	110387	118288	—

从各数字部门的增长情况来看，波动较大。增速最快的部门为软件发行部门，基本保持在10%以上的增速。软件发行部门占数字部门比重比较小，仅为0.97%，由此可见，其为英国相对新兴的数字行业。而增速相对稳定的有计算机编程、咨询和相关活动，前期增长率为4%左右，后期为7%，该行业同时也是数字部门占比最大的子行业，呈现稳健增长的趋势。

表 7－9　　2009—2014 年细分数字部门 GVA 增长率

数字部门	增长率（%）					
	2009 年	2010 年	2011 年	2012 年	2013 年	2014 年
电子产品和计算机制造	—	13.0	－4.3	－10.0	2.1	－6.2
计算机和电子产品批发	—	16.4	11.6	－4.6	13.6	－29.0
出版（不包括笔译和口译）	—	6.8	－3.4	2.2	4.0	2.7
软件发行	—	11.8	30.9	7.9	13.4	13.0
电影、电视、视频、广播和音乐	—	27.0	27.0	0.4	－0.5	16.2
电信	—	－7.7	5.4	－2.3	0.5	17.2
计算机编程、咨询和相关活动	—	4.1	4.0	7.1	7.7	7.1
信息服务活动	—	2.8	8.2	0.8	15.0	3.6
计算机和通信设备维修	—	8.4	8.4	11.5	1.1	48.7
总增长率	—	3.5	6.1	1.7	5.5	7.2

在 Statista 数据库中，展示了 2010—2021 年这一相对较长时间段的各部门增加值变化情况，分别为计算机编程、咨询和相关活动部门、IT、软件和计算机服务业、软件发行业，如图 7－21 至图 7－23 所示。总体而言，各部门增速在从 2018 年开始停止增长并出现下降，在 2020 年新冠疫情暴发期间更为显著。作为英国数字经济中的新兴发展行业，本来增速居于前列的软件发行业受到的冲击更大，在 2020 年仅为 13.36 亿英镑，相对于 2018 年的高峰近乎折半，退回到 2015 年度的水平。

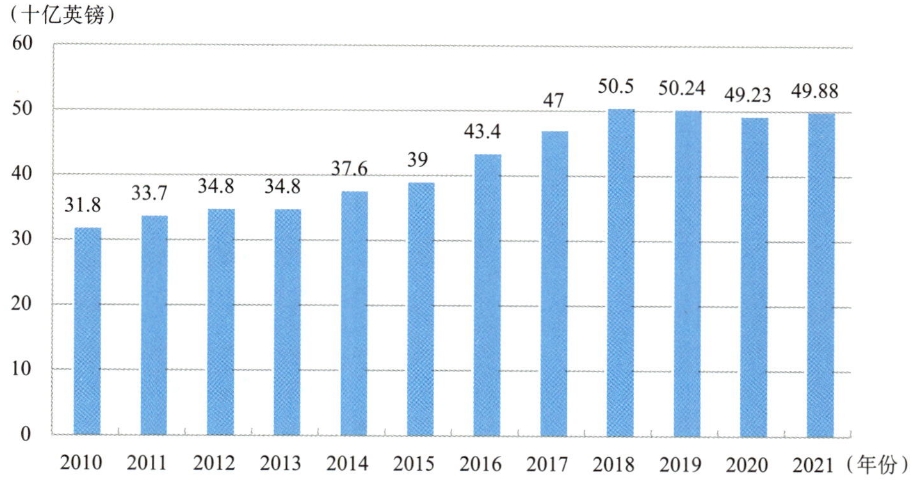

图 7－21　2010—2021 年英国计算机编程、咨询和相关活动部门的总增加值

数据来源：Statista 数据库。

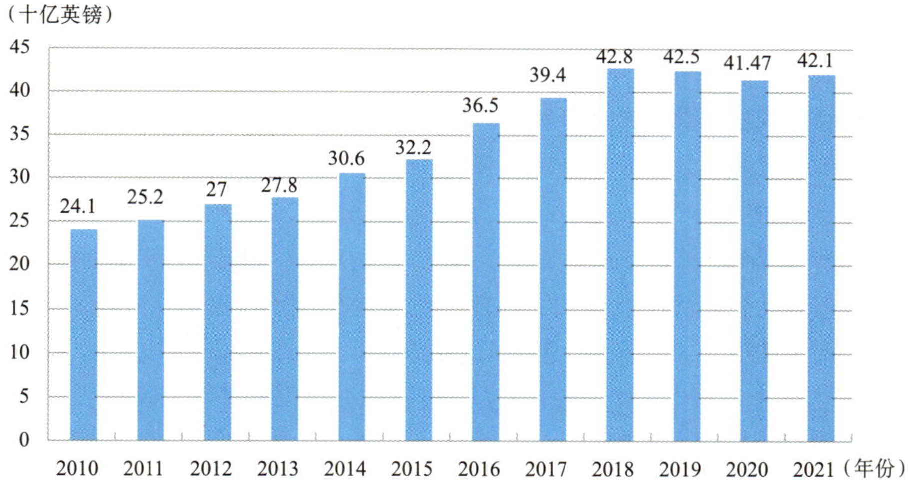

图 7－22　2010—2021 年英国 IT、软件和计算机服务业的总增加值

数据来源：Statista 数据库。

四、英国数字经济战略解构

根据英国每年发布的《英国数字化战略》，具体而言，英国的数字战略可以被解构为七大子战略，每个战略下包含一揽子举措和推进方案。

一是连接战略，致力于打造世界级的数字基础设施，将宽带接入变成一项公民权利，加快推进网络全覆盖和全光纤、5G 建设。这一部分主要为硬环境，即通信基础设施建设。

二是数字技能与包容性战略，大力推进全民数字素养和数字技能培训，为每个人提供所需的数字技能，为数字经济发展培育数字技能人才，探索建立培育数字技能的更好模

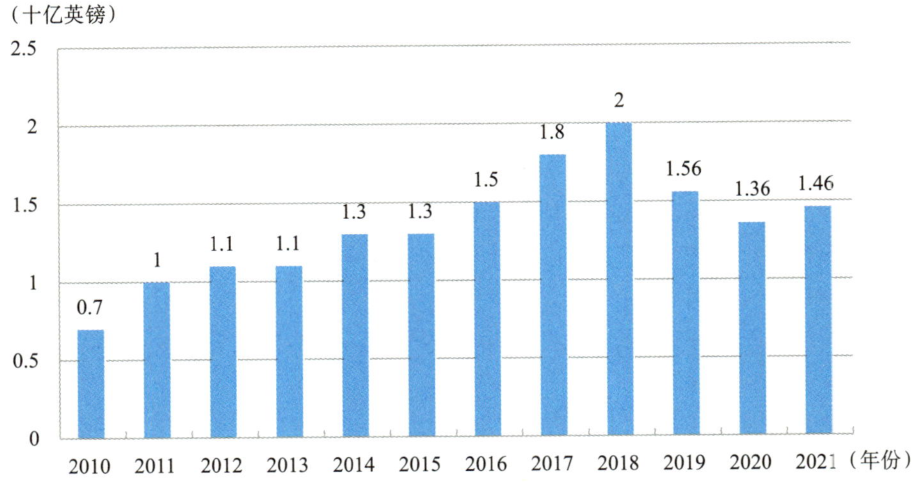

图 7－23　2010—2021 年英国软件发行业总增加值

数据来源：Statista 数据库。

式，意味着将对既有科技教育模式进行大刀阔斧的改革。这是对于数字基础人才的培养，提升数字化的公民基础。

三是数字经济战略，投入资金和政策，支持创新和数字创业，跟随技术发展探索、调整技术友好型的监管制度，促进数字经济增长和创新发展。这是建立在硬环境基础上的软环境，监督与管理制度。

四是数字转型战略，英国政府将通过多种形式帮助、支持每一个英国企业实现数字转型，提高生产效率与企业、产业间的协调能力，通过多重手段助力工业与商业现代化发展。这是从生产主体出发，支持企业进行数字化转型。

五是网络空间战略，增强网络安全能力，投资和鼓励网络安全行业及人才培养输出，关注儿童网络安全。2016 年，英国政府发布新的《国家网络安全战略》，其中提出了英国到 2021 年的网络安全愿景：安全、繁荣、自信，能够抵御网络威胁的数字世界。

六是数字政府战略，深入推进政府数字转型，打造平台型政府，更好地为民众提供公共服务和政务。早在 2012 年，英国政府就发布了《2012 政府数字战略》，着力推进政府服务在线能力建设。英国数字政府能力建设主要有两个核心：一是设计、研发并运行现代化的数字公共服务；二是完成古旧的政府基础设施的转型。

七是数据经济战略，多种举措释放数据在英国经济中的潜力，同时加强数据保护和数据开放共享。从 2015 年到 2020 年，数据给英国经济带来 2410 亿英镑的经济效益。因此，需要确保企业和政府可能以创新性的、高效的方式使用数据。而这需要创建强健的数据基础上设施，具有较高程度的监管合规体系，培养数据型（Data－literate）人才，增加具有高级数据技能的人才数量。

五、支持数字经济发展具体布局

将数字经济与战略上升到国家战略。英国先后推出了《数字经济战略（2015—2018）》《英国数字战略（2017）》《国家数据战略（2020）》《英国数字战略（2022）》等战略计划，对打造世界领先的数字经济和全面推进数字化转型做出全面而周密的部署。

（一）完善数字经济基础设施建设

数字基础设施是数字经济发展的基础，但英国在网络基础设施建设方面相对较弱，尤其是在农村地区，这可能会成为推动数字技术更广泛普及的障碍。英国数字、文化、媒体和体育部门（DCMS）提出了宽带网络建设目标：到2025年实现至少85%的千兆覆盖率，到2030年实现至少99%的千兆覆盖率。在无线网络方面，目前92%的地区被4G信号覆盖。共享农村网络将进一步覆盖苏格兰、北爱尔兰和威尔士的农村地区。在5G通信方面，英国正加大投资对于5G技术的研发的应用，预计在2027年能让多数人口使用5G网络。

（二）布局人工智能等数字产业

英国先后发布了《产业战略：人工智能领域行动》《国家计量战略实施计划》等一系列战略行动计划。截至2020年12月，英国政府已向包括虚拟技术在内的沉浸式新技术研发投入3300万英镑研发经费，向数字安全软件开发和商业示范投入7000万英镑研发经费，向下一代人工智能（AI）服务等投入2000万英镑研发经费。英国布里斯托大学成功建立了城市范围的超安全量子网络。英国萨里大学成立了专注于6G技术研究的创新中心。

（三）加强培养本土人才，吸引全球数字人才，弥合人才供需鸿沟

数字技能人才的缺乏现已成为英国数字经济创新的最大制约因素，增加数字经济领域的技能人才供应，对于提升数字经济整体生产和创新能力不可或缺。设立AI硕士研究项目、设立全球图灵奖学金计划；培养更多的AI及相关学科博士；AI学生可通过EPSRC博士培训中心项目进行分配，政府为此提供1亿英镑的支持；投资4.06亿英镑用于技能发展，重点是数学、数字化和技术教育。在基础教育方面改善学校数字教育，扩大STEM教育的本科生人数，为学生提供高质量的数字课程体系及相关实习机会，加深下一代劳动群体对数字经济的了解。技术教育方面，通过新的基本数字技能资格教育、技能训练营等培训活动，为缺乏或低数字技能的成年人提供学习机会，鼓励企业和第三方机构积极开展员工数字技能提升培训，增加数字经济领域的技能人才供应。此外，还应确保英国数字企业能快速、便捷地获得全球数字技能优秀人才。通过股票期权吸引和留住高层次人才，对全球数字经济人才放宽签证条件。

（四）促进高校技术成果商业化应用，加大对企业研发创新的税收优惠力度，激发学术界和商业界数字经济创新研发活力

持续推动学术界和商界的创新研发对确保英国以技术创新建立经济领先优势至关重要。一方面，要加强学术界与投资界的合作，提升英国大学在技术转让方面的技能和专业知识，并建立大学商业化和创新政策证据部门，使学术界在技术和产品方面的新概念更易于被投资者理解和接受，从而加快高校技术成果商业化进程。另一方面，利用税收优惠措施刺激企业创新，英国政府将继续扩大研发税收减免覆盖范围，涵盖云计算和数据采集等技术领域，同时，政府还准备出台相关举措提高研发支出信贷额度，以带动更多企业聚焦研发投资。

（五）加大对初创公司的投资支持，引导英国本土资本为企业创新发展提供资金，畅通数字经济创新发展的金融渠道

资金是促进数字经济创新启动和发展的关键因素，在数字经济全生命周期中提供充足的资金是支持其创新发展的必要前提。一方面，通过种子企业投资计划、企业投资计划和风险投资信托基金等计划，刺激社会资本对数字经济企业创新活动进行投资支持，聚焦数字经济领域初创企业的长远发展，为初创企业成长为独角兽和最终上市提供充足的资本。另一方面，政府拟通过取消养老金收费上限中的绩效费用、优化监管制度等多元化方式，消除英国本土资本进行长期、非流动性投资的障碍，鼓励数字经济企业通过在伦敦证券交易所进行首次公开募股等方式，吸引本土金融资本对数字经济创新企业进行风险投资。

（六）积极推进数字政府建设

在数字经济发展过程中，英国政府注重发挥顶层战略引领作用，通过打造数字政府，增强对数字经济的支持，综合运用政策引导和有效监管手段，打造开放、有利于创新的市场竞争环境。

英国政府于 2017 年出台《数字发展战略》，旨在推动政府、企业数字化转型，使公共服务能够以简单、便捷、快速的方式惠及公民、企业和其他各类非政府组织，为脱欧后将英国打造为全球数字经济创新中心打下基础。《政府转型战略（2017—2020）》将英国政府官网作为集合中央、地方政府部门和第三方政府服务外包机构的线上政务起始端口，旨在打造统一的线上政务平台，促进政务数字化转型，提升政府治理能力，更好使用政府公共数据，为政务办理提供跨部门共享平台。根据最新的《政府数字服务：2021—2024 年战略》，数字政府着重解决跨政府部门联合服务问题，并建立适用于所有人的单一数字身份，推出在线政务服务的单点登录方案，归口线上政府服务至单一平台，以推动政府数字平台“瘦身”。

在强化服务的同时，英国政府也重视数字市场监管。2018 年，时任英国财政大臣哈蒙

德提出组建“数字竞争专家小组”，该小组主要负责在英国境内企业并购和反垄断法、促进数字市场竞争效率提升和市场进一步开放等领域，向政府决策部门提供专业性对策建议。2021年7月，英国政府提出数字市场监管必须遵循三项原则，支持创新，消除非必要监管和企业负担，首先考虑技术标准等非监管措施；确保监督的前瞻性和连贯性，监管规则和能力水平要与数字技术的快速发展相适应；监管政策制定者应具备全球视野，在决策中始终考虑监管措施的国际动态，包括数字贸易协议和国家监管措施带来的影响。

（七）改革《通用数据保护条例》，探索数据监管创新措施，为数字经济发展提供有利于创新的外部环境

构建与数字经济创新发展相适应的配套制度，是促进数字经济繁荣的先决条件。DCMS在《国家数据战略》报告中阐述了充分利用数据的方法：通过简化《通用数据保护条例》来推动英国数据保护法案的改革，进而在保护数据安全与隐私的前提下进一步释放数据活力。一方面，提出要简化《通用数据保护条例》，帮助企业通过第三方机构获取并使用数据要素实施创新，产生新的生产力带动经济发展。另一方面，构建适宜数字经济创新的监管生态系统，确保监管措施的敏捷性、低干涉性和前瞻性，避免由于过度监管而扼杀创新，从而为数字经济创新提供制度保障。英国政府期望脱离了欧盟之后，能创建一个更加灵活有效的数字监管环境。此外，英国政府通过《数字监管计划》提出了创新愿景。数字技术的跨领域和快速发展的性质意味着，数字监管需致力于对数字技术采取前瞻性和连贯的监管。

（八）国家数据安全和打击虚假信息

数据安全与打击虚假信息是当前重要主题。英国政府致力于进一步地立法应对国家威胁。这项立法将为我们的执法和情报机构提供应对各种外部环境威胁所需的工具。政府已通过《国家安全法案》提出立法，以应对国家威胁，英国正在支持安全技术部门的发展，这是当前英国数字经济中增长最快的领域之一。英国《数字包容性战略》指出，信任是鼓励更多人访问在线服务的关键因素。由DCMS领导的反虚假信息机构汇集了监测和分析能力，以了解虚假信息的范围、规模和范围。它还与社交媒体公司合作，促进在英国负责任地传播信息，并采取措施打击违反其服务条款的有害内容。

六、英国特色与对中国的启示

英国在发展电子政务领域处于领先地位，可在具体措施与国际化接轨方面为中国数字政府改革提供借鉴。据《联合国电子政务调查报告》公布的电子政务发展指数（E-government development index，EGDI），2022年的报告介绍了193个联合国会员国的电子政务排名情况以及这些国家的电子政务发展指数（EDGI）水平。2022年，全球EDGI平均值为

0.6102；中国的 EDGI 值为 0.8119，排名第 43 位；英国的 EDGI 值为 0.9138，排名第 11 位。英国在发展电子政务领域经验丰富，推出了一系列较为成熟的数字政府服务。作为“开放政府合作伙伴”（Open Government Partnership）发起国，英国电子政务始终以公众需求为服务宗旨，致力于便捷的政府信息及服务获取的方式，强调服务的社会包容性。基于此，英国成体系地推动数据公开，并曾在国际组织开展的开放政府数据普查活动中脱颖而出，位列全球首位，这主要源于英国在选举、污染治理、年度财政预算等十多个领域公开透明的信息披露，英国在其政府网站公开的数据集和移动应用也远超其他国家。

人才是推动发展数字经济的第一动力，英国在培养本国数字人才以及吸收国外高端人才方面均重点布局。对于中国而言，在国际化教育吸引人才方面不具有英国的优势，需加大本土数字经济相关人才的培养力度。同时，组织国家、企业间需求对接、技术推广交流，构建以企业为核心，技术研发、资本注入、供需协同并行交织的系统化、网络化创新体系，共同打造以人才为核心的数字经济创新体系。

第八章
中国数字产业化发展

中国《数字经济及其核心产业统计分类（2021）》将数字产品制造业、数字产品服务业、数字技术应用业和数字要素驱动业纳入“数字产业化”部分，组合形成数字经济的核心产业。本章围绕这四类产业进行展开，共分为五小节，一是以工业机器人和半导体为代表分析数字产品制造业；二是深入剖析数字产品服务业的内涵、特征，并进行区域、国际比较；三是以软件开发行业、电信业、信息技术服务业为代表分析数字技术应用业；四是以信息基础设施建设、数字技术研究与试验发展等内容为主分析数字要素驱动业，重点涉及人工智能、大数据、云计算等内容；五是从数字产业化整体分析其驱动模式及问题与对策。

工业机器人作为智能制造中关键智能装备，是衡量国家制造业水平和核心竞争力的重要标志。而半导体是数字经济的基础，也是我国科技自立自强的重要驱动力，蕴含巨大发展潜能。因此，考虑到战略性新兴产业发展基础和未来数字产业重点发展方向，本章以工业机器人和半导体为代表，分析数字产品制造业的发展现状和发展趋势。

第一节　数字产品制造业现状及发展趋势

一、市场供需

（一）工业机器人

首先，从供给角度看，我国工业机器人整体规模大幅度增长。根据国家统计局发布的数据显示，2022 年 12 月我国工业机器人当期产量为 40457 套，相较于 2016 年 12 月的 7891 套，月平均增长率为 2.56%（见图 8－1）。但是，中国工业机器人在产值和盈利水平上的优势并不突出。根据中国海关数据，2021 年我国多功能工业机器人进口平均单价约为 84866 元，出口平均单价仅为进口单价的一半，约为 41552 元，说明国产机器人中低端产品较多，技术含量较低，缺乏高端产品。

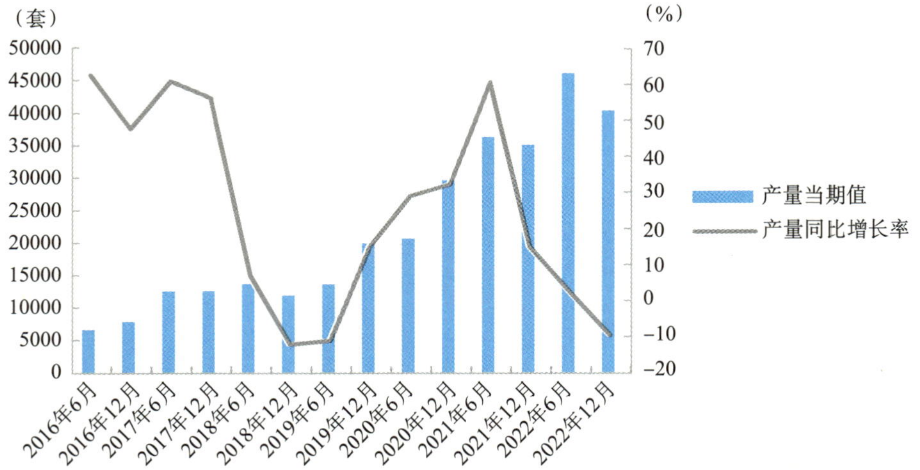

图 8－1　2016—2022 年中国工业机器人产量及增长率

数据来源：国家统计局。

工业机器人领域相关企业持续发展壮大。一是“机器换人”热潮为工业机器人企业发展带来机遇，该领域相关企业不断涌现。天眼查的统计数据显示，2021 年工业机器人新增相关企业数为 4.6 万家，相比于 2013 年的 0.2 万家，年均增长率高达 54.06%（见图 8－2）。二是工业机器人领域投融资加速回温。2022 年，我国工业机器人投融资事件 92 起，投资金额为 190.77 亿元（见图 8－3）。其中，根据睿工业（MIR）统计数据，2022 年我国工业机器人融资事件中亿元级事件 41 起，千万元级事件 34 起，百万元级事件 4 起，说明在我国工业机器人领域亿元级融资事件表现活跃，千万元级融资逐渐成为主流。资本的持续积极涌入大力推动了我国工业机器人行业的快速发展。

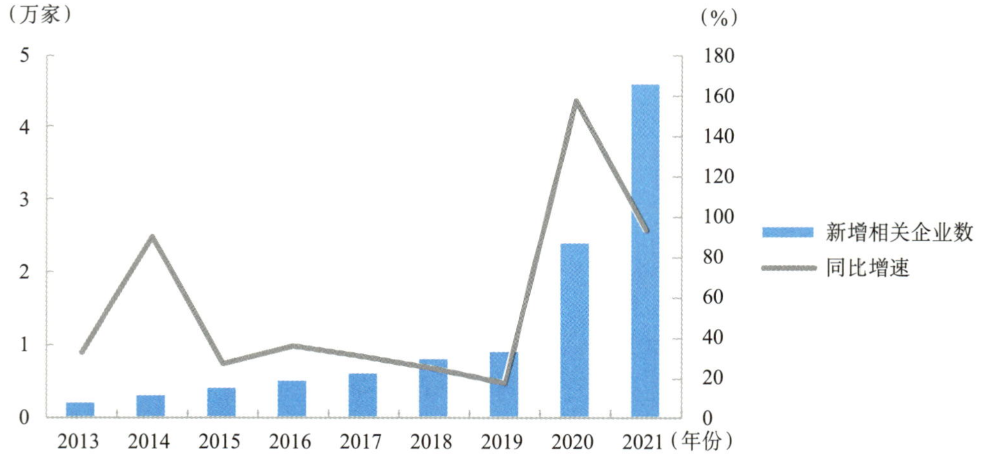

图 8－2　2013—2021 年中国工业机器人新增相关企业数及同比增速

数据来源：天眼查。

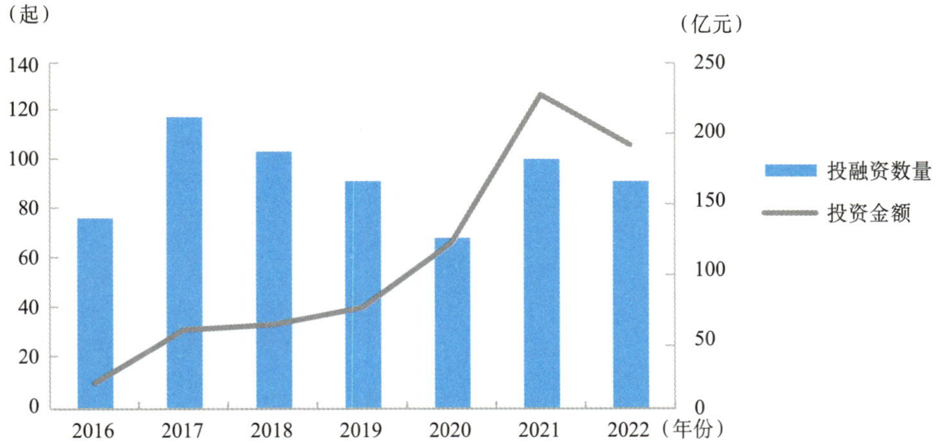

图 8－3　2016—2022 年中国工业机器人行业投融资情况

数据来源：中商产业研究院。

其次，从需求角度看，中国已成为工业机器人全球最大的消费市场。工业机器人销售规模呈现增长态势。2021 年，我国工业机器人销量为 26.13 万台，同比增速为 53.98%（见图 8－4）。同时，我国工业机器人销售额从 2016 年的 271.1 亿元增长到 2021 年的 445.7 亿元，年均增长速度达到 12.88%（见图 8－5）。根据中商产业研究院估计，2023 年国内的工业机器人市场将进一步扩大，预计将突破 500 亿元。

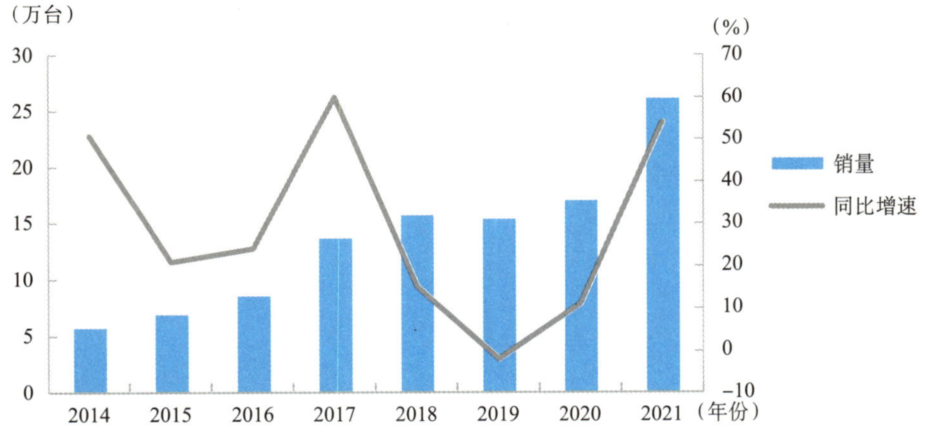

图 8－4　2014—2021 年中国工业机器人销量及同比增速

数据来源：高工机器人产业研究所。

工业机器人出货量和安装量居世界首位。在工业机器人出货量上，如图 8－6 所示，中国工业机器人出货量居世界第一位，2020 年达到 16.8 万台，强劲增长 20%，是日本的 4.3 倍、美国的 5.5 倍。在工业机器人安装量上，2021 年中国工业机器人安装量高达 26.8 万台，占全球市场比重从 2015 年的 27.02% 跃升至 2021 年的 51.84%（见图 8－7），再创历史新高，比重远超日本、韩国、德国和美国。

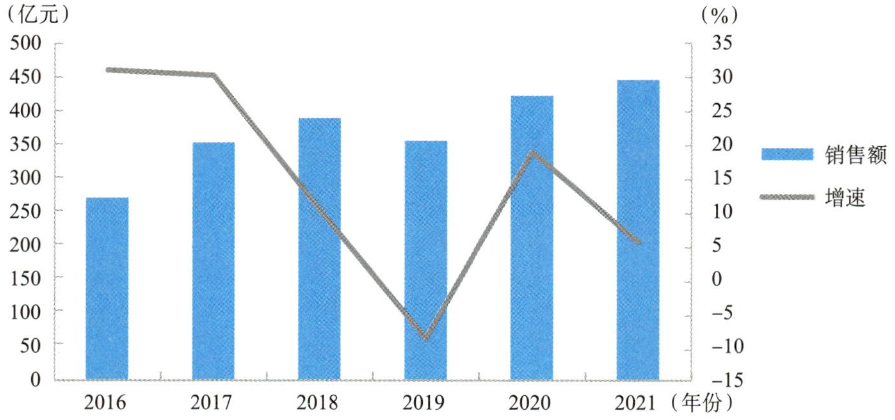

图 8－5　2016—2021 年中国工业机器人销售额及增速

数据来源：IFR、中国电子学会。

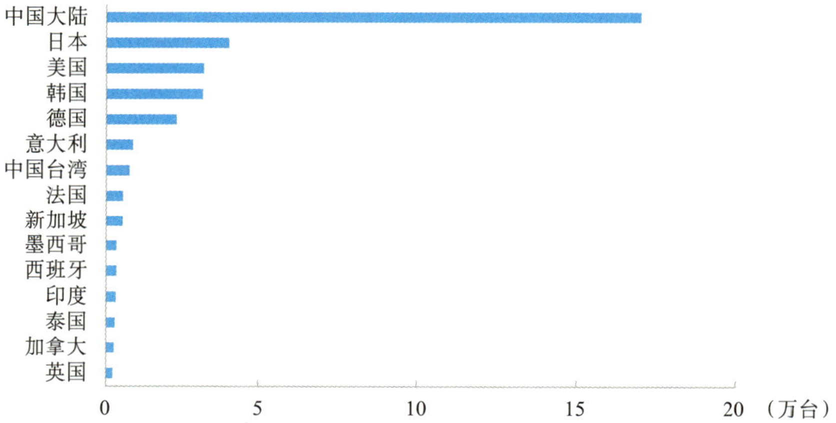

图 8－6　2020 年全球工业机器人出货量 TOP15 的国家和地区

数据来源：IFR。

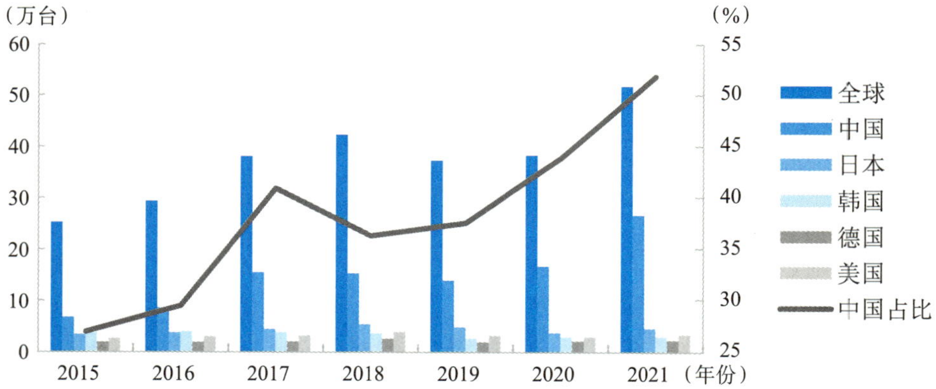

图 8－7　2015—2021 年全球及重要国家的工业机器人安装量及中国占比

数据来源：IFR。

最后，工业机器人密度稳步提升。图 8-8 展示了 IFR 统计的 2011—2020 年全球及重要国家的工业机器人密度，从中可以看出日本、韩国等发达国家在工业机器人领域的先发优势明显。2020 年，韩国和日本工业机器人密度分别达到 932 台/万人和 390 台/万人，分别是世界平均水平的 7.4 倍和 3.1 倍。而我国由于引进工业机器人的时间较晚，与发达经济体仍存在一定差距。2020 年，我国工业机器人密度为 246 台/万人，接近世界平均水平的 2 倍，是世界工业机器人密度前十名中唯一的发展中经济体。

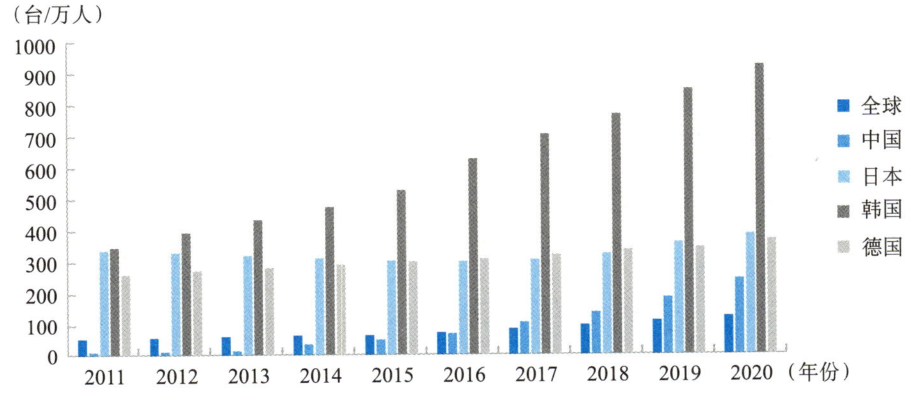

图 8-8　2011—2020 年全球及重要国家的工业机器人密度

数据来源：IFR。

（二）半导体

中国半导体产业依托于丰富的人口红利、庞大的市场需求、稳定的经济增长和产业扶持政策等众多有利条件快速发展，使我国自 2013 年起成为全球最大的半导体市场。2021 年，中国半导体销售额为 1925 亿美元，同比增长 27.1%，占全球销售额 5559 亿美元的 34.6%（见图 8-9）。

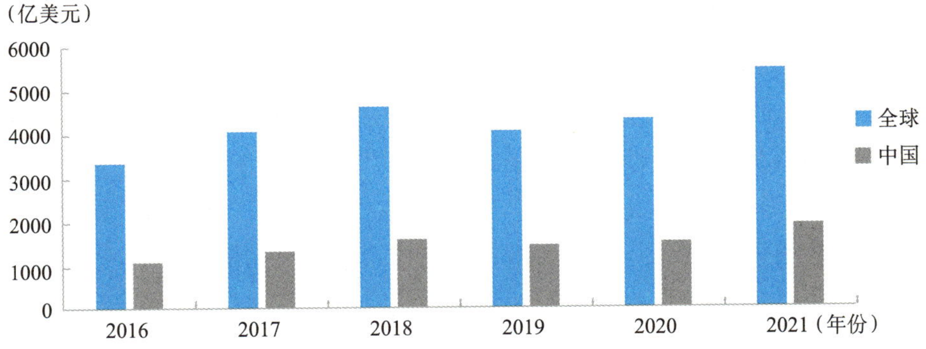

图 8-9　2016—2021 年全球及中国半导体市场销售额

数据来源：《2022 年中国数字经济发展研究报告》、世界半导体贸易统计组织。

从生产能力来看，我国半导体产业保持着较大的体量且基本上维持高速增长态势。国家统计局统计数据显示，2011 年以来中国半导体产量逐年增长，由 680 亿块增长至 2022 年的 3208 亿块，年均增长率高达 15.57%。同时，半导体产量在 2021 年达到峰值 3594 亿块，同比大幅增长 37.59%，是十年来的最高增速（见图 8－10）。2022 年，由于全球经济下行导致需求衰退，我国半导体产业也经历“寒潮”，产量一度下降。根据探迹大数据研究院估计，2023 年我国半导体产业将迎来产量回暖，预计增长 6% 达到 3400 亿块。

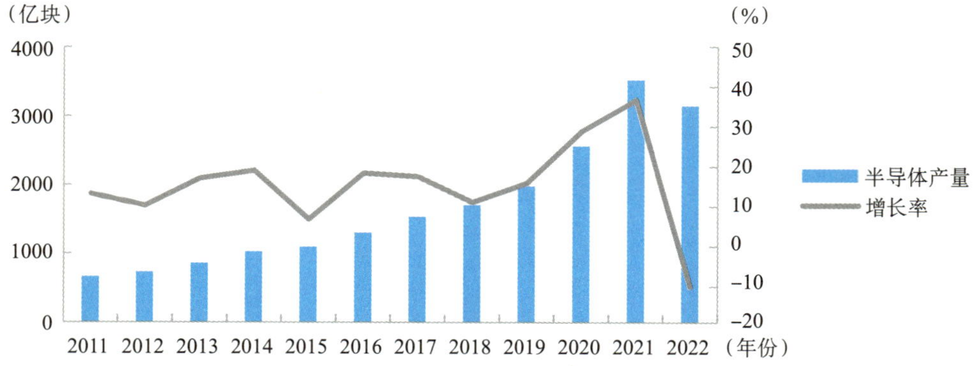

图 8－10　2011—2022 年中国半导体产量及增长率

数据来源：国家统计局。

从企业主体来看，中国半导体企业发展势头迅猛。在企业数量上，我国半导体新注册企业量呈连年增长态势。从图 8－11 可以看出，2021 年是半导体企业注册量增速最快的一年，新注册企业 15650 家，同比增长 40.5%。2022 年受新冠疫情和消费需求疲软的影响，企业注册增速有所放缓，共注册 16769 家。在企业分布结构上，我国半导体整体市场空间充足，成长型企业蓬勃发展。具体地，从企业注册资本看，500 万元资本左右的企业分布基本持平，10 亿元以上规模达到 3.5%。从企业成立时间看，多数企业成立年限在 1—3 年和 5—10 年的范围内，前者占比 29.1%，后者占比 27.1%（见图 8－12）。由此可以看出，我国半导体产业中成长型企业发展动能强劲，市场具有巨大潜力和旺盛活力。同时，也可以推测出未来随着新企业的持续涌入，市场竞争尤其是中小企业间的竞争将会越发激烈。

从投融资结构来看，我国半导体行业投融资活动保持活跃。2022 年，中国半导体行业投融资金额为 1241.46 亿元，融资事件高达 760 起，相较于 2017 年的 223 起，年平均增长率达到 32.14%（见图 8－13）。2022 年我国半导体行业的投融资规模增速虽然相较 2021 年有明显放缓，但整体热度仍在。在投融资轮次上，中国半导体行业逐步向成熟阶段过渡，资本投资有往更成熟的企业投资的倾向。图 8－14 为 2014—2020 年我国半导体行业四类不同轮次的投融资事件占比变化情况。可以看出，半导体行业种子轮和 A 轮融资比重下滑，B 轮及以后的融资比重均呈现大幅增长的态势。

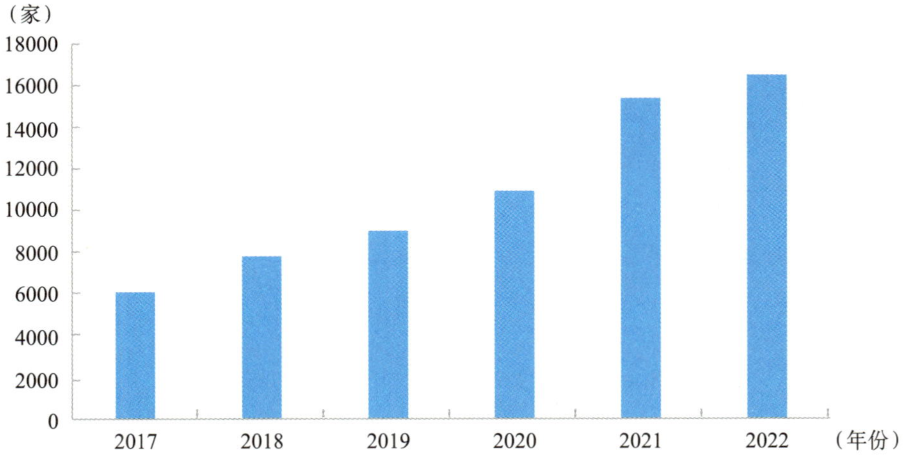

图 8－11　2017—2022 年中国半导体企业注册量

数据来源：企查查。

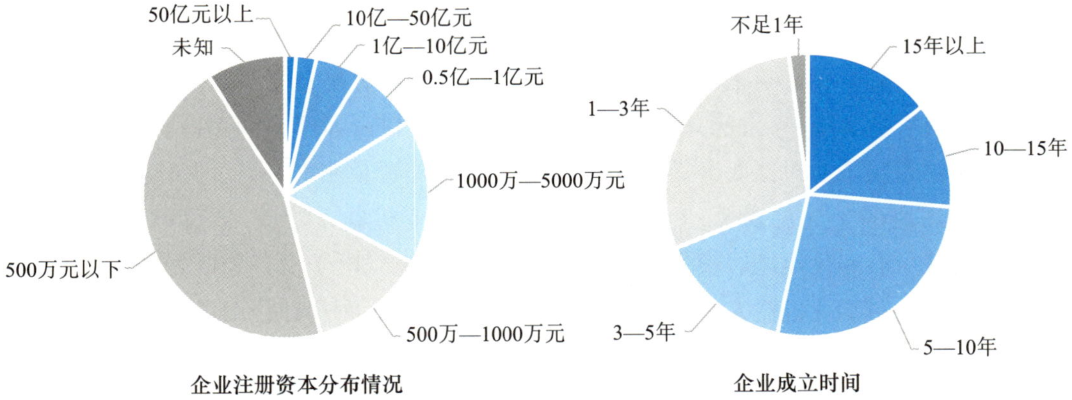

图 8－12　2022 年中国半导体企业注册资本和成立时间分布情况

数据来源：探迹大数据研究院。

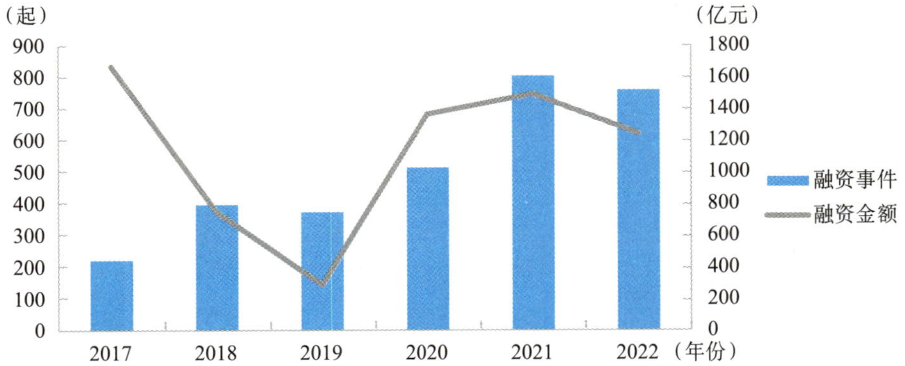

图 8－13　2017—2022 年中国半导体行业投融资情况

数据来源：中商情报网。

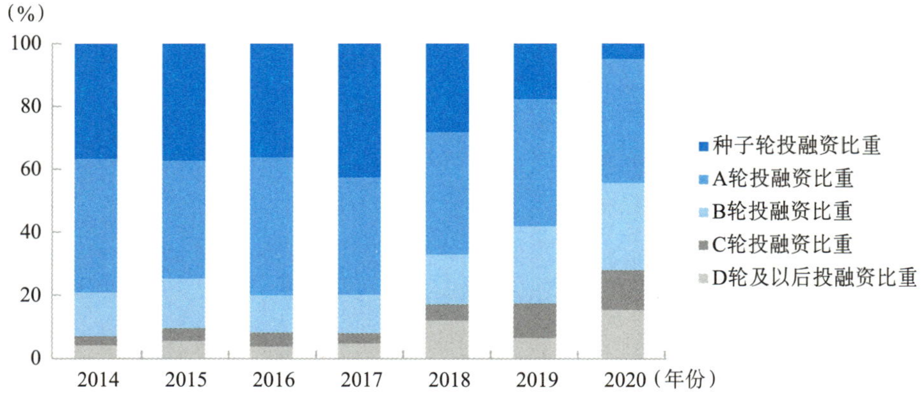

图 8－14　2014—2020 年中国半导体行业不同轮次投融资事件占比变化情况

数据来源：前瞻产业研究院。

二、工业机器人市场竞争格局

首先，国内自主品牌与外资品牌的竞争能力还不相当。中国工业机器人市场目前以外资品牌为主导。近 5 年，本土自主品牌工业机器人市场占有率在 30% 左右浮动，2021 年本土品牌占有率较 2020 年上涨 0.4 个百分点①。同时，根据 MIR DATABANK 数据，2022 年上半年中国市场工业机器人出货量排名前 20 名中，外资企业 12 家、内资企业 8 家，外资厂商占比达到 60%（见表 8－1）。综合来看，在工业机器人领域，受制于技术通关水平，国产替代虽有起色但进展较为缓慢。主要原因在于电气电子设备和器材制造以及汽车制造等高端行业对工业机器人的应用更成熟、需求更庞大，而这部分市场中外资品牌占有率都在 80% 左右，本土自主品牌难破藩篱。为打破僵局、补齐供应链短板，本土自主品牌仍需在优化系统设计、软件算法和技术创新等方面不断提高企业核心竞争力。

表 8－1　　2022 年上半年国内市场工业机器人出货量 TOP20 企业

排名	企业名称	排名	企业名称
1	发那科	11	三菱电机
2	安川电机	12	埃夫特
3	爱普生	13	新时达机器人
4	库卡	14	史陶比尔
5	埃斯顿	15	台达
6	ABB 机器人	16	节卡机器人
7	汇川技术	17	卡诺普
8	雅马哈	18	遨博
9	川崎机器人	19	松下
10	不二越	20	珞石

资料来源：MIR DATABANK、中商产业研究院。

① 数据来源：《2022 年中国工业机器人市场白皮书》。

从产业链、供应链环节看，上游核心零部件是我国机器人产业链的薄弱环节，主要包括减速器、伺服系统和控制器。图 8 - 15 为三类核心零部件的国产化率，2021 年核心零部件平均国产化率为 33.8%。具体来看，机器人使用的减速器主要有 RV 减速器和谐波减速器。其中，RV 减速器国产化难度较高；谐波减速器的国产化已经取得一定进展，但国内产品的生产成本较高。伺服系统长期由国外品牌占据主导地位，我国伺服电机与日本和欧美品牌相比存在一定差距，国内品牌缺乏有竞争力的大功率产品，存在小型化程度不足、信号接插件不稳定、编码器精度不够等问题。控制器相较而言技术难度较低，但是成本相对伺服系统较高，大型企业往往选择自研控制器。国内企业生产的控制器产品集中于中低端应用领域，同样缺乏高端产品。在中游工业机器人本体制造环节，国内企业产品以垂直多关节机器人和 SCARA 机器人为主，在柔性化、人机融合等高端前沿领域的国产机器人还较为薄弱，图 8 - 16 为 2021 年中国四类工业机器人的供应商市场占比。下游系统集成对技术要求较低，主要业务活动是根据不同行业或客户的需求，制定符合生产需求的解决方案。目前，我国拥有大量的机器人集成商，但是整体布局比较分散，大型集成商数量较少。

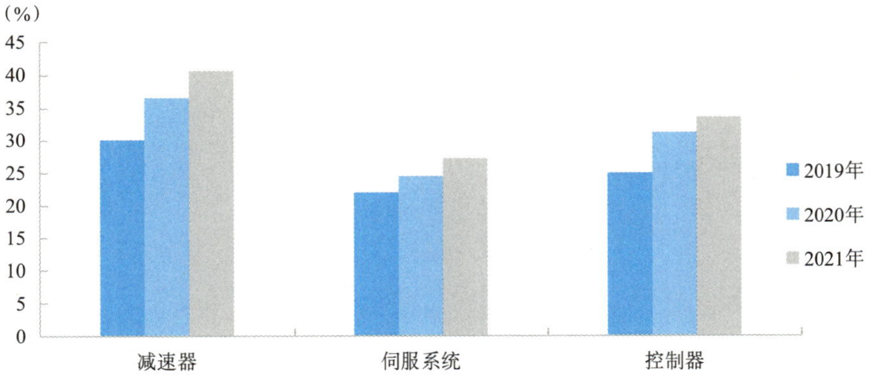

图 8 - 15　2019—2021 年中国工业机器人核心零部件国产化率

数据来源：根据新闻内容整理。

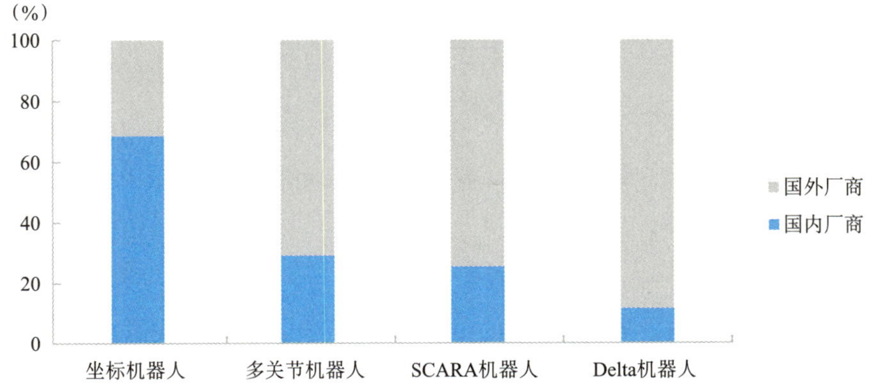

图 8 - 16　2021 年中国工业机器人供应商市场占比

数据来源：中国机器人产业联盟。

其次，不同机械结构间的市场占有率差异大。为满足不同应用场景的需求，工业机器人被设计为不同形态。从机械结构特点来看，工业机器人主要分为垂直多关节机器人、SCARA 机器人、协作机器人、Delta 机器人四种类型（见表 8－2）。根据 MIR 统计，2020 年我国这四种类型工业机器人销量占比分别为 63%、30%、4% 和 3%（见图 8－17）。

表 8－2　按机械结构特点分类的工业机器人

	垂直多关节机器人	SCARA 机器人	协作机器人	Delta 机器人
结构	通常为 4－6 个关节，类似人类的手臂	水平多关节机器人	与垂直多关节机器人类似	以并联方式驱动的闭环机构，具有两个或两个以上的自由度
特点	工作范围广、运动形式多样、具有高灵活性、高定位精度等优点	结构紧凑、速度较快、适用于平面定位、垂直方向进行装配的作业	可以在没有防护栏的情况下与人近距离协同工作	高速、负载小
常见应用	搬运、装配、喷涂、物料加工、焊接等	装配装卸、固定、涂层、黏结等	搬运、装配、喷涂、物料加工、焊接等	分拣、装配等

资料来源：根据新闻资讯以及德邦研究院资料整理。

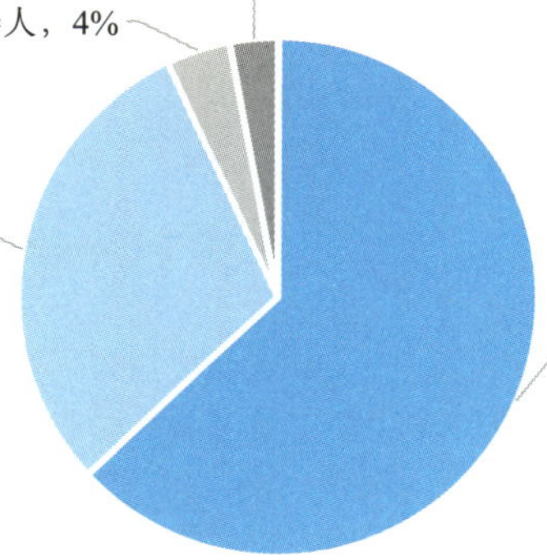

图 8－17　2020 年中国工业机器人市场占比情况

数据来源：MIR DATABANK。

值得注意的是，单从机械结构上看，中国本土自主品牌市场与全国市场的机械结构占比存在较大差异，具体表现为在自主品牌市场，多关节机器人和 SCARA 机器人比重减小，而直角坐标和协作机器人比重增大。究其原因，主要还是由中国本土机器人企业的技术成熟度决定。在不同机械结构的工业机器人中，直角坐标机器人是中国本土品牌的优势机型，因其应用领域对精度的要求相对较低，在该类机型中中国本土品牌的占比较高。而对于多关节机器人和 SCARA 机器人，中国本土品牌的竞争优势不明显，外资品牌设置技术壁垒使其一直处于主导地位。协作机器人的市场格局还在建设中，其“创新为主、场景为王”的特点决定了该类机器人的商业模式较为独特。目前，协作机器人市场本土品牌与外资品牌各具优势。

三、半导体的产业链发展

（一）区域空间格局特点

环渤海地区是国内重要的半导体产业基地，在设计、制造、封测、装备、材料等环节均有较强实力。北京的系统应用和终端资源丰富；天津重点强化半导体设计服务和测试服务的软硬件平台建设；辽宁实现半导体产业从无到有的突破。总体而言，环渤海地区的半导体产业发展特点：一是充分发挥京津冀协同发展优势进而整合优质资源，二是依托产业投资基金积极开展并购，三是利用高校和研究院所的科研优势提供智力资源。

长三角地区半导体产业规模占全国40%左右。上海是我国半导体产业最集中、综合水平最高的产业基地之一；江苏吸引了一大批国际著名大公司落地；浙江形成以杭州、宁波为引领，嘉兴、绍兴和丽水等地协同发展的“两极多点”半导体产业发展格局；安徽加快培育“国际范”集成电路产业聚集区。总体而言，长三角地区的半导体产业发展特点：一是大幅提高产业销售规模，二是不断增强创新能力。

珠三角地区是国内主要的集成电路元器件市场和电子整机生产基地。深圳连续5年成为全国城市电路设计首位；广州拥有丰富的人才资源。总体而言，珠三角地区的半导体产业发展特点：一是政策扶持力度大，二是采取设计带动制造的发展模式，三是全产业生态链完整，四是半导体相关人才培养充足。

中西部地区半导体产业快速发展，已成为国内重要的存储器制造基地。四川重点投资培育电子信息产业；陕西是我国集成电路科研、教育和生产基地；湖北是我国主要的元件和整机生产基地；重庆正力争建成全国最大的功率半导体生产基地。总体而言，中西部地区的半导体产业发展特点：一是以集成电路制造带动产业上下游发展，二是致力于缩短与沿海地区的产业发展差距。

（二）中上游细分领域现状

按照半导体产业链划分，上游是材料与设备，主要包括半导体设备、半导体材料、EDA软件和IP核；中游是研发与制造，主要包括集成电路设计、制造和封测；下游是相应产品与应用。在数字产品制造业范畴内，主要包含半导体产业链的上游和中游，因此本小节重点分析上游产业链中半导体设备、半导体材料和中游产业链中集成电路的发展现状。

首先，对于产业链上游，在行业活跃性上，根据申万指数变化情况，我国半导体设备和半导体材料行业活跃度走势整体上行，前者活跃度高于后者（见图8－18）。在行业规模性上，如图8－19所示，我国半导体设备和半导体材料行业市场规模呈逐年增长态势，其中，半导体设备规模由2013年的33.7亿美元增长到2019年的134.5亿美元；半导体材料规模由2013年的57亿美元增长到2019年的86.9亿美元，年均增速均超过7%。同时，半导体设备和半导体材料的市场规模占全球比重持续增加，2019年分别达到22.5%和16.7%。

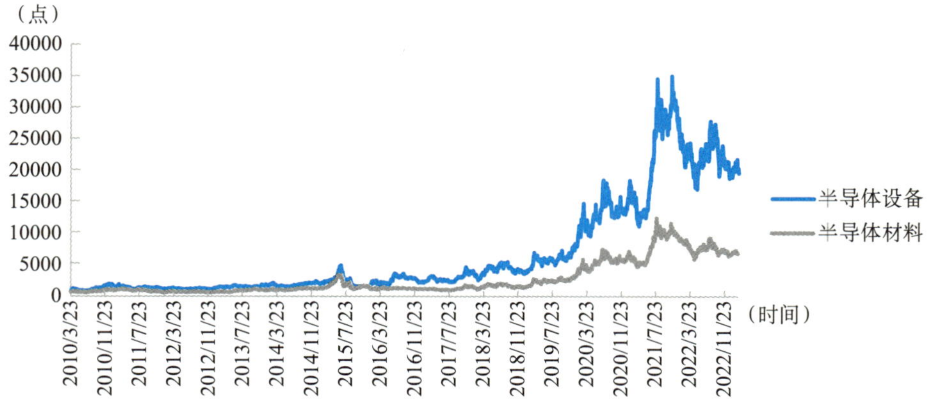

图8－18　2010—2022年中国半导体设备和半导体材料申万指数变化情况

数据来源：Wind。

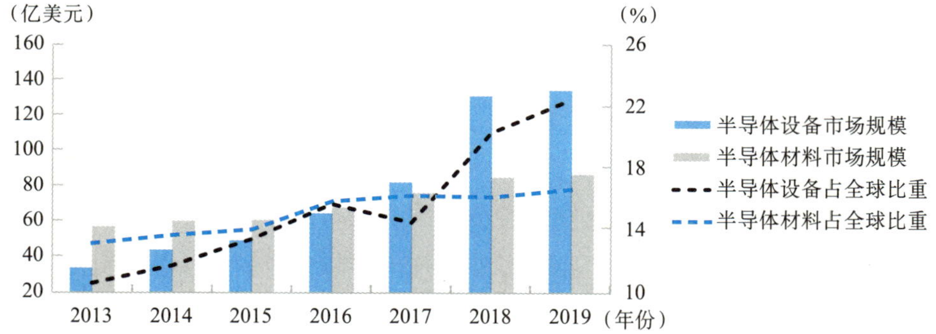

图8－19　2013—2019年中国半导体设备和半导体材料市场规模及全球占比

数据来源：SEMI。

虽然我国半导体产业规模巨大，但整体国产化率还处于较低的水平。从目前半导体设备和材料的国内外企业竞争力和竞争格局来看，不同细分市场下企业所面临的市场环境、竞争对手、下游客户不同，但整体上都呈现出对外依存度较高的特点。根据分析公司VLSIResearch和SEMI的统计数据，全球前十大半导体设备企业和材料企业，中国企业均未能入列。表8－3为我国半导体主要核心设备的国产化率和核心材料的对外依存度。可以看出，除了少数的去胶设备之外，主要的半导体设备需要依赖国外进口，而半导体材料也同样处于类似的状况，因此我国半导体设备和半导体材料的产业链供应链面临着较大的“卡脖子”风险。

表 8－3 半导体主要核心设备和材料的国产化率和对外依存度

设备名称	国产化率	主要国内厂商	材料名称	对外依存度	主要国内厂商
去胶设备	90%以上	屹唐股份	硅片	90%以上	中环股份、沪硅产业、金瑞泓科技、超硅半导体
清洗设备	20%左右	盛美股份、北方华创	靶材	90%以上	有研新材、江丰电子、阿石创、隆华科技
刻蚀设备	20%左右	中微公司、北方华创、屹唐股份	CMP 抛光材料	抛光垫95%以上，抛光液80%以上	安集科技、鼎龙股份
热处理设备	20%左右	北方华创、屹唐股份	光刻胶	75%以上	上海新阳、容大感光、南大光电、飞凯材料、永太科技
PVD 设备	10%左右	北方华创	湿制化学品	8寸以上90%左右，8寸以下20%左右	晶瑞股份、上海新阳、飞凯材料、江化微、光华科技
CMP 设备	10%左右	华清海科	电子特气	75%以上	华特气体、金宏气体、雅克科技、中环装备、西安启源
光刻设备	零的突破	上海微电子	掩膜	—	菲利华

数据来源：Wind、中国半导体行业协会、国元证券、兴业证券。

其次，对于产业链中游，我国集成电路行业保持平稳快速增长态势。根据前瞻产业研究院统计数据，2020 年中国集成电路销售收入总额达到 9220.1 亿元，比 2019 年的 7790.5 亿元增长 18.35%，其中，设计业销售收入为 3632.7 亿元；制造业销售收入为 2867.5 亿元；封测业销售收入为 2719.9 亿元（见图 8－20）。

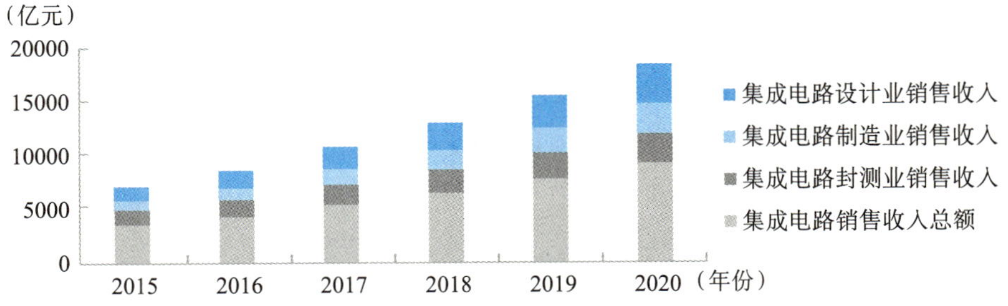

图 8－20 2015—2020 年中国集成电路总体及细分行业销售收入

数据来源：前瞻产业研究院。

从细分领域看，我国集成电路设计业和制造业发展势头强劲，封测业发展优势突出。如图 8－20 所示，2015—2020 年，我国集成电路设计业、制造业和封测业平均销售收入占比分别为 38.38%、27.97% 和 33.65%，年均增速分别为 1.43%、4.47% 和 －5.08%，其中设计业销售收入总额最高，制造业增速最高，说明我国集成电路产业链正逐渐向高附加值环节攀升。如表 8－4 所示，2021 年全球集成电路行业销售额 TOP10 企业中，设计业和制造业中美国和欧洲企业优势明显，而在前十大封测业企业中，中国台湾 6 家、中国大陆

3家、美国1家，可以看出与国外企业相比，我国在集成电路封测业的优势更为突出。

表8－4　2021年集成电路各环节领先企业情况　单位：亿美元

排名	设计企业			制造企业			封测企业		
	厂商	总部所在地	销售额	厂商	总部所在地	销售额	厂商	总部所在地	销售额
1	高通	美国	293.33	三星	韩国	830.85	日月光	中国台湾	21.48
2	英伟达	美国	248.85	英特尔	美国	755.50	安靠	美国	16.81
3	博通	美国	210.26	台积电	中国台湾	566.33	长电科技	中国大陆	12.52
4	联发科	中国台湾	176.19	SK海力士	韩国	372.67	矽品	中国台湾	10.36
5	超威	美国	164.34	镁光	美国	300.87	力成科技	中国台湾	8.02
6	联咏	美国	48.36	德州仪器	美国	169.04	通富微电	中国大陆	6.36
7	美满	美国	42.81	意法半导体	欧洲	125.74	华天科技	中国大陆	5.02
8	瑞昱	美国	37.67	铠侠	日本	121.32	京元电子	中国台湾	3.23
9	赛灵思	美国	36.77	恩智浦	欧洲	107.15	南茂科技	中国台湾	2.57
10	奇景光电	美国	15.47	亚德诺半导体	美国	100.79	欣邦	中国台湾	2.55

注：封测企业销售额是2021年前三季度数据。

数据来源：TrendForce、IC Insight。

四、发展趋势

第一，国产替代进一步加速。凭借着大规模市场优势，中国工业机器人和半导体市场呈现出快速增长的态势，企业核心竞争力不断增强，各类产品技术含量大幅提升。面对先发国家不断加码对我国科技的封锁和围堵，数字产品制造业即将迎来全面国产替代的黄金时期。一是加大基础研究支持力度，重点突破核心技术和关键共性技术，实现底层技术的自主可控，进而逐步提升产品质量，补齐产业短板，有效解决我国在工业机器人和半导体等领域基础薄弱、高端市场占有率低的问题。二是通过产品低价、差异化服务等方式快速切入全球市场，助力我国数字产品制造企业持续攀升全球价值链高端，推动国内相关产业的自我循环。三是进一步改善创新体制机制，扩大社会资本在数字产品制造业的投入力度。

第二，产业链上下游协同持续强化。数字产品制造业作为数字经济的基础和制造业的高端领域，随着核心零部件的国产替代加快，产业链上下游企业对接交流也将进一步加强，有利于形成上下游协同发展的局面。由于数字产品制造业产业链联系紧密，上游优越的设备材料系统带来更高的生产效率和更低的成本，将沿着产业链、供应链传导至下游应用行业，从而有效提升产品质量，打通产业链和供应链的卡点、痛点，推动创新链、产业链深度融合发展。终端消费需求的大幅增长又拉动中上游制造业加速运转，助力数字产品制造业实现高速增长和高质量发展的双重目标。

第三，应用落地场景更加务实。尽管数字产品的低端化、同质化竞争现象仍然存在，但总体而言，数字制造业的应用场景正向更务实的方向改善，如机器人产品整体形象已经从技术和功能展示转变为工作和任务交付。随着我国数字产品制造业的快速发展，数字制造业应用领域将不断细分，以下游应用为牵引，深耕可以解决场景实际问题的产品。围绕区域产业发展特色，推动基础应用规模化发展，加强应用迭代和经验累积，打造不同行业的应用典范和行业标杆，切实提升优秀企业和产品的公信力，促进样板案例的应用推广。

第四，产业监管保障机制渐趋完善。充分发挥行业协会等组织的协调监督作用，有效连接产业链上下游企业和消费者信息，从而为发现产业链、供应链风险，协调各类市场主体参与积极性等提供支持。同时，对企业产品和服务质量、竞争手段进行严格监督，保障企业间公平竞争。鼓励先进制程、先进工艺等先进制造业发展，并对数字产品制造项目进行风险评估，根据风险等级和预期收益给予相应的税收优惠。

第二节　数字产品服务业现状及发展趋势

一、数字产品服务业主要范围、定义与测度界定

根据国家统计局口径，数字产品服务业属于数字经济核心产业中四大类之一，可进一步细分为5中类和10小类（见表8－5）。数字产品服务业主要包括数字产品的批发、零售、租赁与维修等依附于实体数字产品的增值服务活动，可以在一定程度上反映数字产品的供需匹配情况、市场需求和流通效率，主要涵盖国民经济行业中的（F）批发和零售业、（L）租赁和商业服务业、（O）居民服务、修理和其他服务业中计算机、软件及通信设备相关的行业。

总的来看，数字产品服务业整体呈现依附性、流动性与增值性特征。同时，数字产品服务业中的不同行业也有其差异性特征表现。数字产品批发业是连接产品制造与消费的中间环节。主要特征为单笔交易额较大，属于资本密集型，但是服务项目相对较少，既可以组织调动区域间数字产品流通，也可发挥“蓄水池”作用平衡产品供求；数字产品零售业是连接数字产品生产端和最终消费端的关键环节，交易对象是直接消费的最终消费者，单次交易额小但交易频繁，经营重点是周转速度与效率，经营方式多样分散，具有灵活匹配供需及广泛吸纳数字经济社会就业的基础性作用；数字产品租赁业连接数字产品需求方和生产商，具有消化过剩产能与优化数字产品结构的功能，从而平缓经济周期影响，整体上提高数字产品的设备利用率与资金使用效果；数字产品维修业属于数字产品售后，贯穿于数字产品使用的全寿命周期，属于知识与技术密集型行业，市场空间充足，可提升数字产

品的生产效率与经济效益，同时呈现更加社会化、专业化与相对独立化的趋势。

表8-5　数字产品服务业范围与界定

中类	小类	国民经济行业代码	测度界定
数字产品批发	计算机、软件及辅助设备[①]批发	F5176	不包括通过互联网电子商务平台开展的批发活动，即互联网批发（属于数字要素驱动业中互联网批发零售）
	通信设备[②]批发	F5177	
	广播影视设备[③]批发	F5178	
数字产品零售	计算机、软件及辅助设备零售	F5273	不包括通过互联网电子商务平台开展的零售活动，即互联网零售（属于数字要素驱动业中互联网批发零售）
	通信设备[④]零售	F5274	
	音像制品[⑤]、电子和数字出版物[⑥]零售	F5244	
数字产品租赁	计算机及通信设备经营租赁	L7114	包括利用信息化技术开展的相关租赁活动，而不包含在数字化租赁（属于产业数字化中的数字商贸）中
	音像制品出租	L7125	
数字产品维修	计算机和辅助设备修理	O8121	包括利用信息化技术进行的相关维修服务，而不包含在互联网居民生活服务（属于产业数字化中其他数字化效率提升业）中
	通信设备修理	O8122	
其他数字产品服务业	—	—	—

注：数字产品服务业分类以数字经济及其核心产业统计分类（2021）为准，国民经济行业代码参考《国民经济行业分类》（GB/T 4754－2017）。

二、数字产品服务业整体发展现状

从国民经济角度来看，数字产品服务业可以从市场化水平和供求状况角度，在一定程度上反映数字产品周转流通的速度、质量与效益。

从图8－21和图8－22的宏观经济走势中可以看出，目前我国计算机、通信和其他电子设备等数字产品的销售产值与居民可支配收入水平均处于较快上升阶段，这说明数字产品供需两端均存在较大的增长空间，这为我国数字产品服务业的发展提供了良好的中长期宏观环境。

① 计算机软件及辅助设备主要包括电子计算机、网络设备（如网卡、路由器）、办公设备（如打印机，扫描仪）、数码设备（如数码相机、摄像头）和视频设备（如电视设备）。

② 通信设备主要包括移动通信设备、光纤通信设备和网络通信设备。

③ 广播影视设备主要包括广播电视信号发射设施（如天线、地网）、广播电视信号专用传输设施（如电缆线路、光缆线路）和广播电视信号监测设施（如监测接收天线、馈线）。

④ 同通信设备。

⑤ 音像制品包括录音制品（如录音带、激光唱片）与录像制品（如录像带、激光视盘）。

⑥ 数字、电子出版物包括只读光盘、一次写入光盘、可擦写光盘、软磁盘、硬磁盘、集成电路卡等。

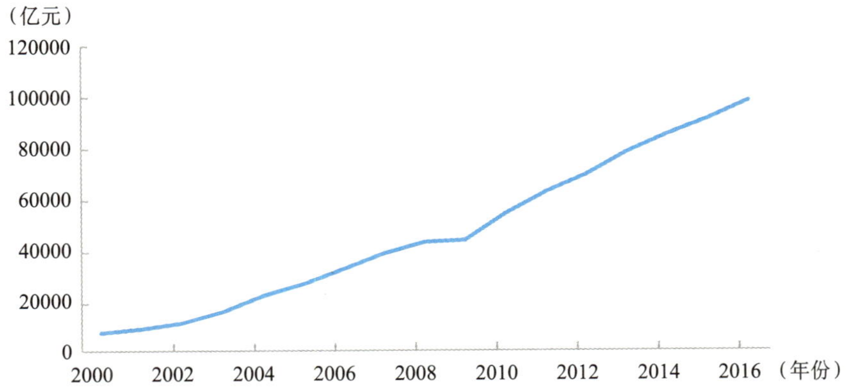

图 8－21　2000—2016 年计算机、通信和其他电子设备销售产值

数据来源：国家统计局。

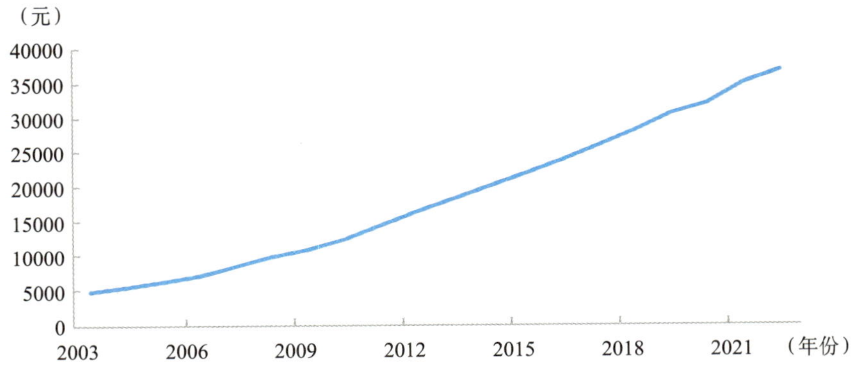

图 8－22　2000—2022 年居民人均可支配收入

数据来源：国家统计局。

从数字经济核心产业角度来看，由图 8－23 的销售收入增速可知，数字产品服务业销售收入增速在四类产业中排名第三。就数字产品服务业的中类行业来看，数字产品零售、数字产品维修销售收入两年平均分别增长 16% 和 16.2%。小类行业中，电子数字出版物零售、计算机软件零售、通信设备修理业销售收入增速较快，两年平均分别增长 19.6%、19.8% 和 19.1%，这说明数字产品服务存在较大的发展空间与潜力。

三、数字产品服务业区域与行业发展现状

整体来看，数字产品服务业主要行业①的亿元以上交易市场数量及占比②呈现下降的

① 限于数据可得性，本报告选取计算机及辅助设备、通信器材和音像制品及电子出版物三个主要的数字产品服务行业指标来分析数字产品服务业整体的行业现状。

② 此处占比＝每年度（计算机及辅助设备交易市场数量＋通信器材交易市场数量＋音像制品及电子出版物交易市场数量）/每年度总交易市场数量×100%。

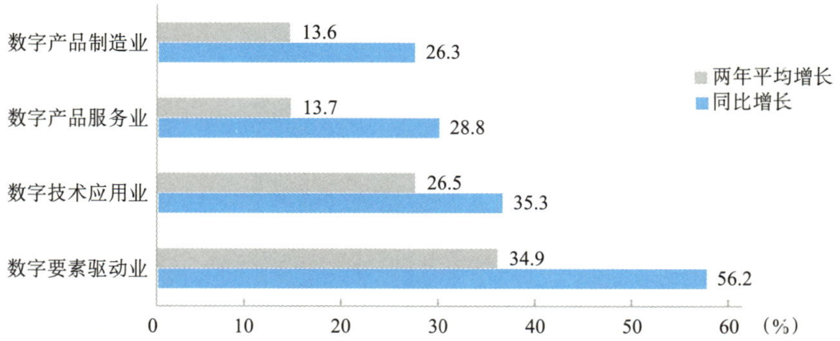

图 8－23　数字经济核心产业 2021 年上半年销售收入同比增长和两年平均增长

数据来源：国家税务总局。

趋势，且降速在逐渐放缓，说明随着平台经济的快速发展，通过互联网平台的数字产品交易可能在一定程度上挤压了实体交易市场的生存空间，同时随着电商加速趋于平缓，数字产品实体交易市场规模也逐渐稳定，如图 8－24 所示。

从 2013 年至今，数字产品服务业亿元以上交易市场数量占比稳定在 2% 的较低水平左右，说明目前数字产品服务业整体市场竞争格局较为分散，头部市场较少，存在较大的集中度及市场占有率提升空间。由于行业特征及统计口径的原因，数字产品服务业包含的四个主要类别的表现存在一定差异性。接下来，具体分析数字产品服务业不同细分行业的发展现状。

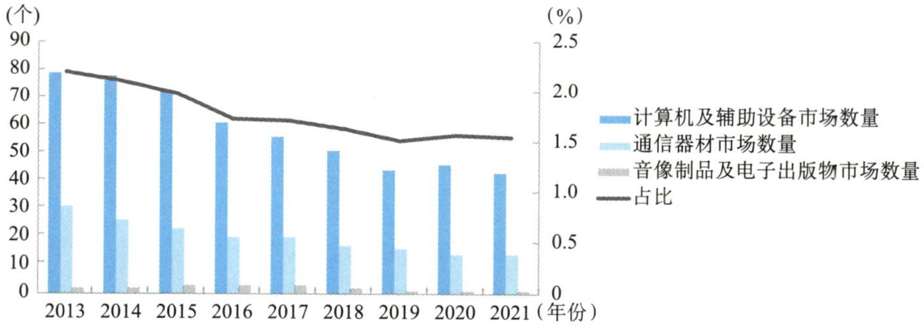

图 8－24　2013—2021 年数字产品服务业主要行业亿元以上交易市场数量及占比

数据来源：国家统计局。

就数字产品批发业的市场规模来看，由图 8－25 可以看出，2013—2021 年数字产品批发市场成交额在整体批发市场成交额中的占比均值仅有 0.12% 左右，说明数字产品流通市场较为碎片化，批发市场活跃度较低。此外，数字产品批发业主要行业的市场成交额①及占比②总体呈波动下降的趋势，其中 2018 年达到局部峰值。市场结构沿着计算机及辅助设

① 由于 F5178 广播影视设备批发行业数据不可得，且在数字产品批发业中占比较小，可近似忽略不计，因此选取计算机及辅助设备批发和通信器材批发作为数字产品批发业主要行业，并作占比计算。

② 此处占比＝每年度（计算机及辅助设备批发市场成交额＋通信器材批发市场成交额）/每年度批发市场总成交额×100%。

备批发行业主导（2013—2014 年）到通信器材批发行业主导（2015—2018 年），再到两者几乎平分市场（2019—2021 年）演变。

随着生产商和零售商向批发环节一体化发展的趋势出现，数字产品批发业作为流通体系中的中间环节，其发展可能陷入困境。此外，互联网平台带来的冲击也是数字产品批发业呈现萎缩态势的可能原因之一，一些线上智慧批发业态群、数字化批发生态圈以其可有效节约批发商的物流、展览与交易费用的优势或许成为传统数字产品批发模式发展的重要阻碍。

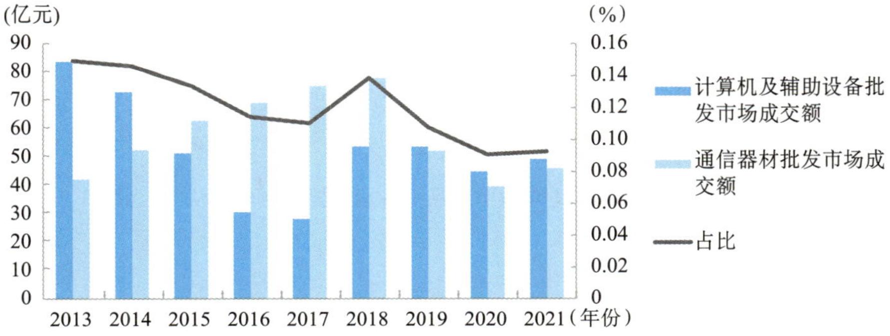

图 8－25　2013—2021 年数字产品批发业主要行业亿元以上市场成交额及占比

数据来源：国家统计局。

数字产品批发业的企业经营与就业情况则与市场规模的表现不同，数字产品批发业主要行业的法人企业数、营业收入和从业人数①整体呈现明显的波动上升趋势。这表明数字产品批发业在面临市场预期与互联网平台的消极影响时，仍具备较大增长与就业吸纳潜力，发力点可能在于寻找实体与线上批发模式的平衡及协调。具体如图 8－26 和图 8－27 所示。

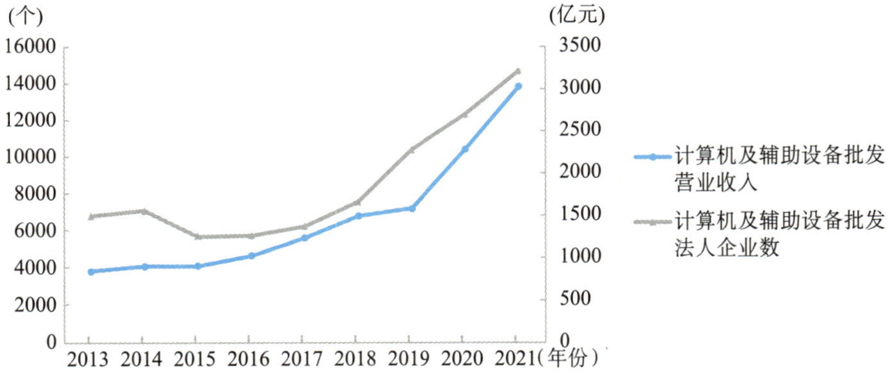

图 8－26　2013—2021 年数字产品批发业主要行业法人企业数及营业收入

数据来源：国家统计局。

① 限于数据可得性，此处选取计算机及辅助设备批发作为数字产品批发业主要行业。

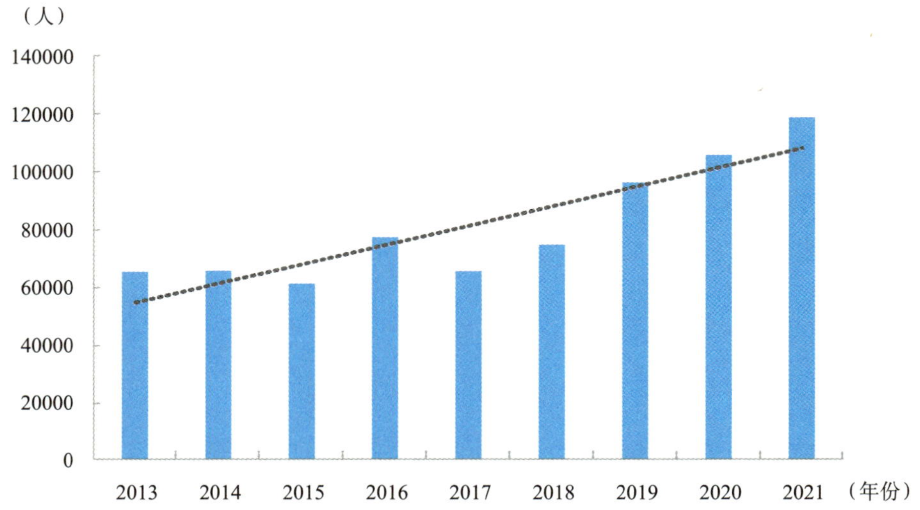

图 8－27　2013—2021 年数字产品批发业主要行业年末从业人数

数据来源：国家统计局。

就数字产品批发业的市场规模来看，由图 8－28 中的折线走势可知，数字产品零售业市场规模整体呈先下降后上升的“U”形曲线，拐点在 2019 年左右。对比图 8－25，发现在零售业天然单笔成交额低于批发业的情况下，数字产品零售市场 2013—2021 年占比均值在 2.84% 左右，成交额及其占比远高于数字产品批发业，说明目前数字产品服务流通市场中零售业占主导地位，同时印证了之前得出的数字产品流通市场较为碎片化的特征事实。数字产品零售业市场结构方面，计算机及辅助设备零售行业占据绝对主导地位，其次是通信器材零售行业，音像制品及电子出版物零售则占比最低。

数字产品零售业市场成交额走低的可能原因是，一方面随着居民生活水平提高和消费观念转变，传统数字产品零售较为同质化的价格、品类失去优势，另一方面受初期以流量与平台为主导的数字零售发展带来的冲击影响。而尽管受到消费预期、平台冲击及新冠疫情的负面影响，数字产品实体零售承压较大，但 2019 年后成交额占比仍然保持逐年上升态势，展现出较强韧性。

就数字产品零售业的企业经营情况来看，2013—2021 年数字产品零售行业的企业数与营业收入稳定波动，无明显上升或下降趋势。结合图 8－28 就具体行业结构进行分析，发现通信设备器材零售行业的企业竞争程度正在不断提高，且行业盈利潜力较大。计算机及辅助设备零售行业无论从成交额占比还是企业数量来看，均在数字产品零售业占据主要地位（见图 8－29）。

就数字产品零售业的就业情况来看，由图 8－30 可知，数字产品零售吸纳就业主要部门由计算机及辅助设备零售逐渐转变为通信设备零售行业。

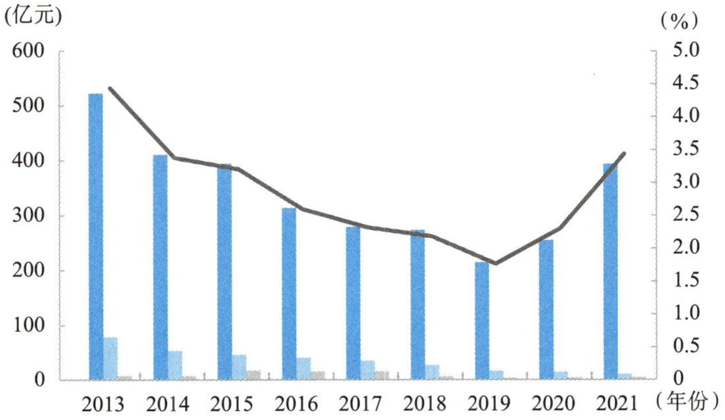

图 8－28　2013—2021 年数字产品零售业行业亿元以上市场成交额及占比

数据来源：国家统计局。

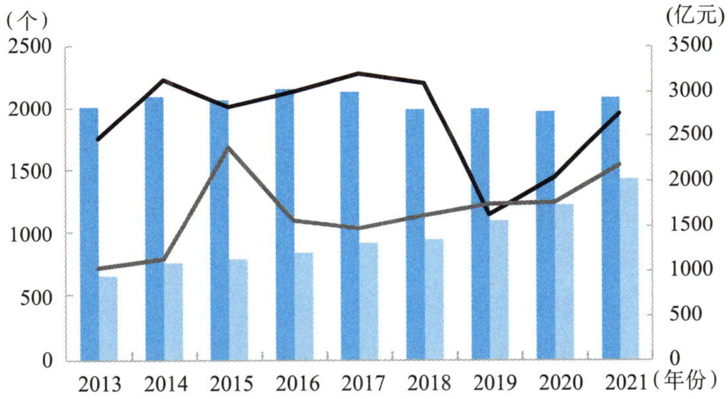

图 8－29　2013—2021 年数字产品零售业主要行业法人企业数及营业收入

数据来源：国家统计局。

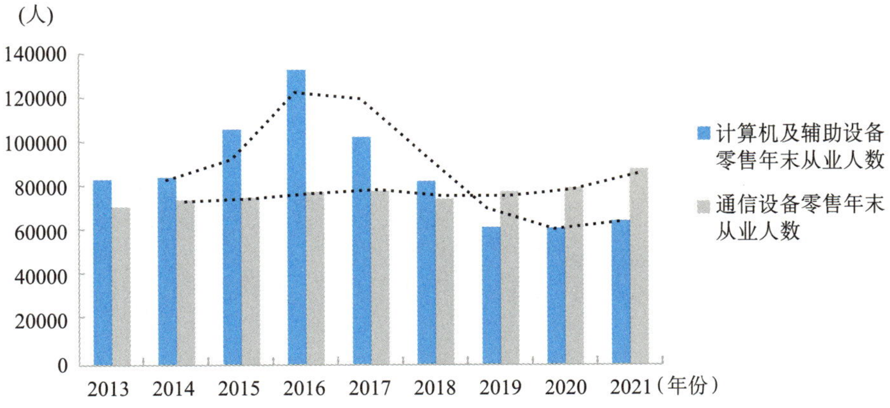

图 8－30　2013—2021 年数字产品零售业主要行业年末从业人数

数据来源：国家统计局。

数字产品租赁方面，国家信息中心的市场预测显示，目前我国计算机租赁市场渗透率不足5%，预计2027年可达35%，目前美国与欧洲这一指标分别为59%和63%，这说明数字产品租赁业的市场空间是巨大的。通过总结几个代表性数字产品租赁平台主要经营类别与特色，可以发现目前数字产品租赁平台同质化现象较为明显，产品类别基本一致，同时服务特色集中在一站式、定制化租赁（见表8－6）。

表8－6　代表性数字产品租赁平台介绍

平台名称	数字产品租赁类别	租赁服务特色
小熊U租[①]	笔记本、台式机、会议大屏与增值服务等	提供面向临时办公、会议会展、电商物流等不同场景下长短期、定制化租赁
艾特租	笔记本、台式机、办公外设、机房建设与增值服务等	主要为企业提供一站式数字化管理服务、免租金租赁与极速响应等服务
智企租	笔记本、台式机、一体机、显示器等	提供大量高性价比的笔记本电脑租赁服务，提供一站式解决方案
微租网	笔记本、台式机、一体机、复印机、打印机、显示器、办公服务等	国内首家办公电脑免押金租赁平台，旨在实现企业的轻资产服务

从数字产品维修的一级市场来看，伴随国内对于数字产品技术领域的大力投入，数字产品维修的发明与实用新型专利申请与授权数量均呈现先不断攀升后波动式下降的趋势。2019年下降拐点的出现与我国开展专利整体监管转型以优化申请结构、提高申请质量的举措有关，此年度我国专利申请量整体出现下降现象。因此，该拐点并不是数字产品维修专利水平下降的表现，而是政策鼓励与支持下加大创新力度的积极信号（见图8－31）。

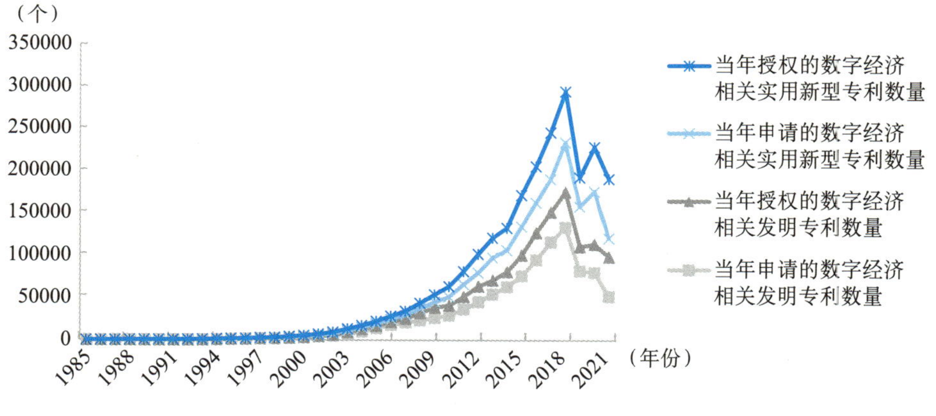

图8－31　1985—2021年数字产品维修专利数量

数据来源：中国研究数据服务平台（CNRDS）。

① 小熊U租是国家中小企业共同服务示范平台。

从二级市场来看，目前也存在不少平台提供专业的数字产品维修服务，总的来看，数字产品维修技术实力的不断提升是未来数字产品维修服务市场发展的重要基础，但数字产品维修平台也存在一定的同质化现象（见表8－7）。

表8－7　代表性数字产品维修平台介绍

平台名称	数字产品维修类别	维修服务特色
e修网	桌面维护、电脑维修、办公设备维护、硬件升级等综合服务	拥有上万名专业认证工程师团队及线下服务站，可提供快速响应服务
南天快修	系统安装、数据恢复、服务器维修、办公设备维修、电脑维修等	国内创先的O2O模式办公设备上门服务平台，提供一站式办公设备维修和回收服务与整体服务解决方案
58同城	电脑维修、网络维护、系统维修、数据维护、外接设备维修、服务器维修等	聚焦本地同城服务，实现消费者与数字产品维修企业之间的信息交互

目前，我国数字经济发展呈现出较强的空间非均衡性，数字产品服务业作为数字经济核心产业之一，整体上存在“东高西低”的空间分布特征。

首先，比较不同区域对数字产品服务业的重视程度差异。根据对31个省份[①]“十四五”发展规划、政府官方网站以及近五年的数字经济发展规划与行动方案的检索统计，根据检索结果中数字产品服务业相关的政策措施出现频率与公布的数字产品服务业发展水平指标，将不同省份按照对于数字产品服务业发展的重视程度分成了“高”“中”和“低”三个等级。

可以发现，省份层面整体上对于数字产品服务业的重视程度较低，重视程度主要取决于当地经济发展水平与重点发展产业，同时存在“东高西低”的分布特征。对数字产品服务业较为重视的省市主要有两类，第一类是现代服务业为当地发展重点或优势产业的省市，如海南省、浙江省，第二类是整体经济发展水平较高的综合性省市，如北京市、上海市等。而以重工业产业为重点发展对象的黑龙江省、吉林省等以及经济欠发达省份如内蒙古自治区、新疆维吾尔自治区等，则普遍对于数字产品服务业不够重视。

其次，比较不同区域数字产品维修专利水平差异。以各省份2021年数字产品维修不同行业的专利数据为例，发现数字维修专利数量整体呈现东部大于中部、大于西部的区域差异，且各区域维修专利的主要行业也不同。东部地区大多省市发明专利以计算机和辅助设备修理行业为主，中部地区省市发明专利则以通信设备修理行业为主，西部地区数字维修专利水平较中、东部有较大差距。

四、数字产品服务业国际比较

美国商务部经济分析局（BEA）2020年的数据显示，批发和零售贡献了增加值的

① 不包括港澳台地区。

19.0%和8.1%，以及23.6%和7.8%的就业岗位。结合图8－32和图8－33可以看到，美国批发零售业整体市场规模发展情况与我国一致，但相较于我国数字产品服务业在数字经济核心产业中发展水平与重视程度均较低的现象，批发与零售行业在美国数字经济及就业增长中占据了十分重要的地位。

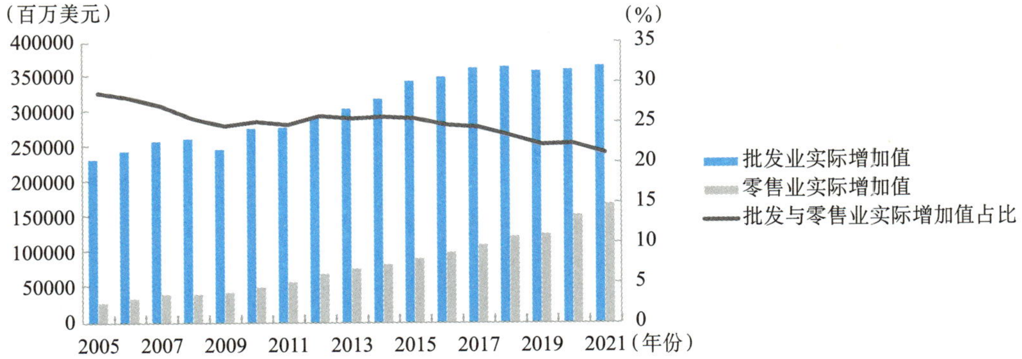

图8－32　2005—2021年美国数字经济批发零售业增加值及占比

数据来源：美国商务部经济分析局（BEA）。

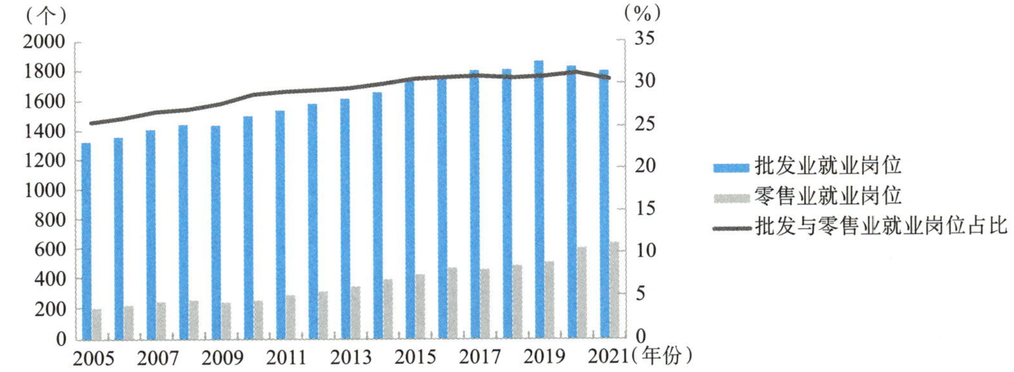

图8－33　2005—2021年美国数字经济批发零售业就业岗位数量及占比

数据来源：美国商务部经济分析局（BEA）。

此外，不同于我国数字产品零售主导的行业结构，无论是市场增加值、就业吸纳能力，还是行业薪酬水平，美国数字经济批发业均占据主导地位（见图8－34）。

英国数字部门中与我国数字产品服务业相关的子行业主要有计算机和电子产品批发、计算机和通信设备维修两类。从图8－35中可以看出，与中国数字产品服务业相对应的三个行业GVA呈稳定波动趋势，值得注意的是，英国数字产品出版行业在增加值规模上占据优势地位。

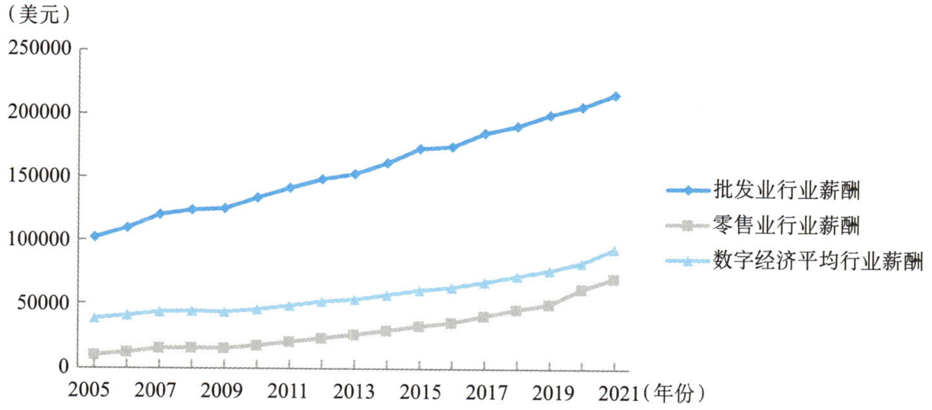

图 8－34 2005—2021 年美国数字经济批发零售业平均行业薪酬

数据来源：美国商务部经济分析局（BEA）。

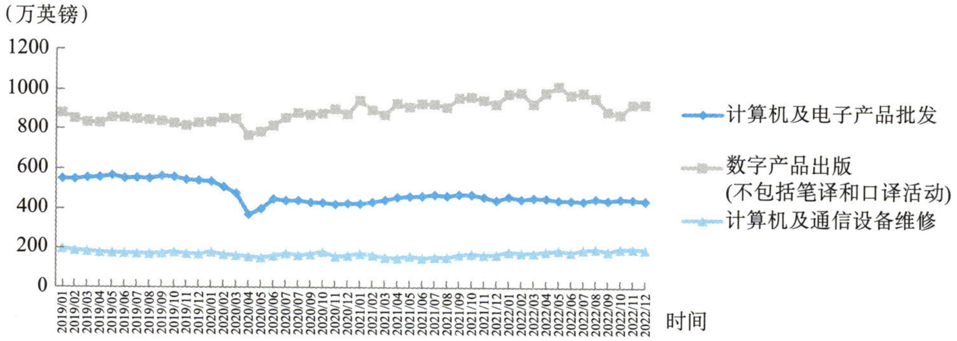

图 8－35 2019—2022 年英国数字产品服务业相关行业 GVA（月度数据）

数据来源：英国数字、文化、媒体与体育部（DCMS）。

与增加值的行业表现相似，英国数字产品出版的企业数量与就业岗位数量在数字产品服务业相关行业中占据主导地位（见图 8－36 和图 8－37）。

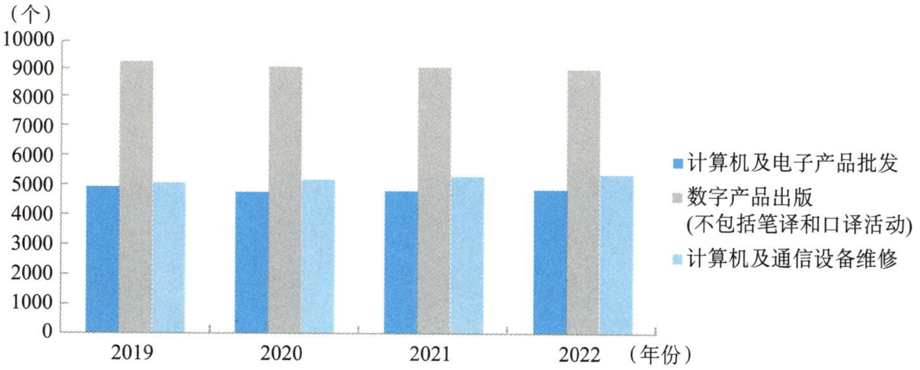

图 8－36 2019—2022 年英国数字产品服务业相关行业企业数量

数据来源：英国数字、文化、媒体与体育部（DCMS）。

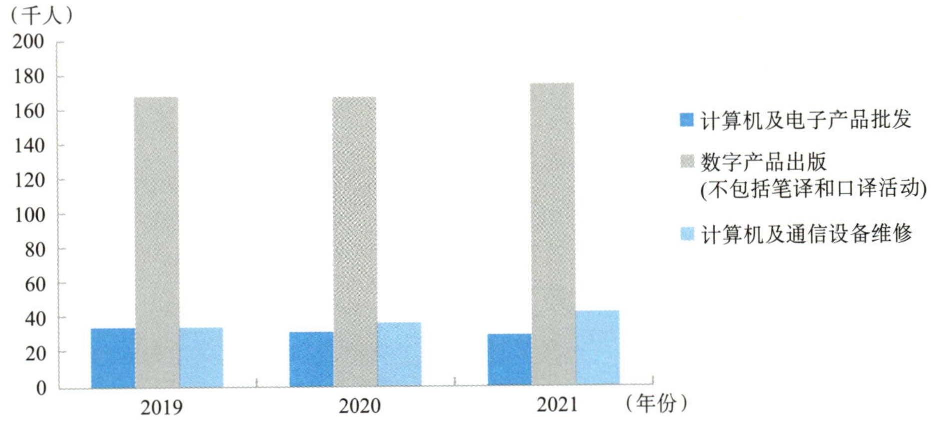

图 8－37　2019—2021 年英国数字产品服务业相关行业就业情况

数据来源：英国数字、文化、媒体与体育部（DCMS）

五、数字产品服务业存在的问题及未来发展方向

相较于数字经济核心产业中的其他类别，从国家层面到省份层面，我国数字产品服务业的关注度与能力建设均略显薄弱，具体体现在以下三个方面。

一是行业集中度较低，尚未形成规模与集群优势。相较于美国，我国数字产品服务业行业集中度处于较低水平，一方面缺乏较大规模的、具有国际水平的大型数字产品批发零售企业，另一方面缺乏具有核心竞争力的专业数字产品租赁与维修企业，使行业竞争水平与内生增长动力较弱。

与此同时，由于发展规模和水平的限制，数字产品服务业在区域层面上也尚未实现通过分工与合作紧密联系，从而推动行业增长，提升区域行业竞争力，缩小区域间数字发展鸿沟的效果。

二是发展环境亟须完善，行业重视程度有待提高。虽然数字产品服务业并非决定国家数字经济发展核心竞争力与战略地位的关键，但数字产品的市场流通与附加服务同样在提高产品附加值与市场活跃度上具有不可忽视的作用。

相较于美国等发达国家，我国无论是整体还是区域层面，对于数字产品服务业的关注度均较低，在数字经济核心产业发展引导方面存在“重技术与应用，轻市场和服务”的现象，缺乏针对数字产品服务业发展的政策法规与战略规划。

三是行业同质化现象明显，缺乏优势支撑。从数据与案例分析可以发现，数字产品服务业在服务类别、特色等方面趋于同质化，这与行业集中度不高、资金积累与相关人才较少等原因有关。而越发严重的同质化竞争带来的低利润水平又会反向阻碍企业的转型升级，从而形成恶性循环。

因此，数字产品服务业企业亟须在服务品类、管理方式、盈利模式等方面挖掘自身竞争性优势，在行业集群规模效应下形成优势互补、高质量发展的区域行业布局。

一是促进数字产品批发零售业积极转型，平台零售赋能线下实体零售。在互联网高速发展与消费观念转变的当下，线上线下结合已成为未来批发零售的必然趋势，面对数字零售带来的冲击，数字产品批发零售业应在这种模式下明确自身定位，并利用数字化工具实现自身的转型升级。

从本质上来说，数字平台提供的更多是一种交易渠道，而实体市场在全面评估新的数字产品、了解销售策略并找到新的供应商和产品线方面，具有不可替代的有效作用。因此，数字产品批发零售企业需要解放思想，积极转型，利用现代信息技术及物流设施更好地为生产商和消费者服务，从而提高数字产品整体流通效率。

二是提高行业地位与发展质量重视程度，纠正传统政策取向。政府层面，应推进完善引导数字产品服务业改革创新发展的相关政策规范，优化发展环境，为数字产品服务业发展营造良好的政策制度环境；区域层面，强化区域内部及区域间的行业协作力度，在国家战略基础上结合实际地区发展禀赋和发展目标，制定具体的数字产品服务业发展措施与计划；社会层面，鼓励成立数字产品服务业专业行业协会，推动数字产品批发零售业流通管理水平与数字产品维修业科技水平的不断提高，促进行业内部合作与协调发展。

三是推进数字产品维修专业市场建设，重视相关专业人才培养与企业培育。数字产品维修作为知识、技术密集型且具有较大增量空间的行业，可作为未来数字产品服务业行业发展重点，其市场增长点为服务、技术与整合能力等。因此，未来应充分利用互联网平台技术提升行业网络化服务水平与竞争力，创建数字产品维修质量安全大数据和互联网监管技术平台，对数字产品维修质量及重要安全性指标实施有效监控，支持数字产品维修产业与关联产业的融合发展，寻找新的数字产品维修产业盈利与发展突破点。

此外，强化人才支撑，推进数字产品维修相关专业人才的培养体系建设，建设以专业能力与业绩为导向的技能等级评价制度，提升相关专业人员职业荣誉感与社会认可度。

第三节 数字技术应用业现状及发展趋势

一、软件开发行业

软件开发是根据用户要求建造出软件系统或者系统中的软件部分的过程，软件开发是一项包括需求捕捉、需求分析、设计、实现和测试的系统工程。软件开发行业可分为基础软件开发、应用软件开发、平台软件开发、信息安全软件开发等（见图 8－38）。

（一）基础软件开发

基础软件是指能够对硬件资源进行调度和管理，为应用软件提供运行支撑的软件开发

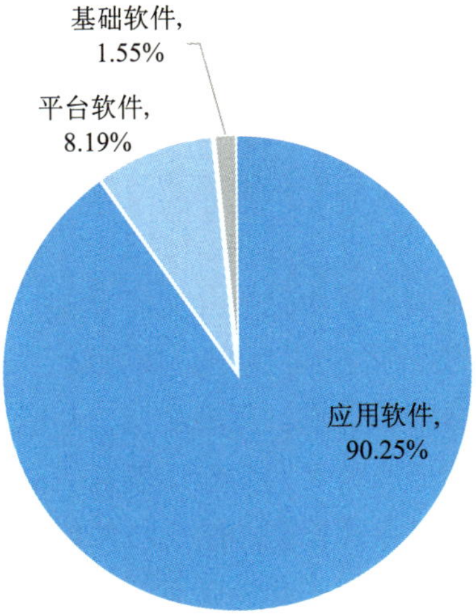

图 8－38　2022 年软件开发市场份额

数据来源：《2022 年中国信创生态市场研究及选型评估报告》。

活动，具体包括操作系统、中间件、数据库和各类固件等。数据显示，2021 年，操作系统市场规模为 326.5 亿元，中间件市场规模 88.7 亿元，数据库市场规模 223.5 亿元（见图 8－39）。

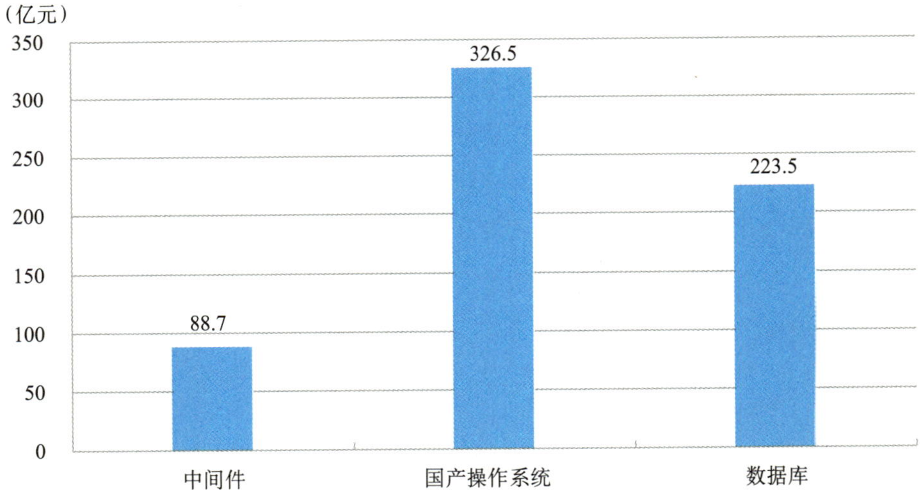

图 8－39　2021 年基础软件市场规模

数据来源：亿欧智库、财联社、赛迪顾问。

基础软件市场中规模最大的是操作系统，操作系统是基础软件的核心，是培育信创生态的基石。

目前，全球操作系统市场被 Android、Windows、iOS、OSX 和 Linux 五大主流操作系统垄断，合计占比达到了 96.57%（见图 8－40）。其中，Android 系统位居第一，占比

40.70%；Windows系统紧随其后，占比达到31.60%。Android系统的兴起主要依靠移动设备的发展，而Windows系统主要服务于电脑。

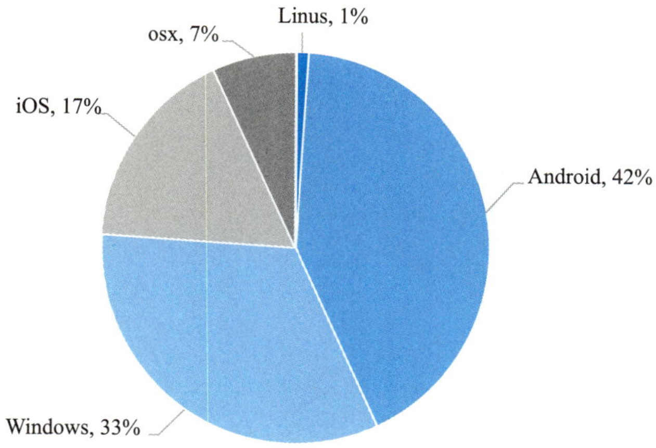

图8-40 2021年操作系统全球市场占比

数据来源：计世资讯、爱分析测算。

国内操作系统厂商面临的主要问题是行业生态系统的碎片化，行业生态系统的构建需要各类应用软件和底层硬件的发展，而我国在许多相关领域存在明显的短板，严重依赖于国外厂商，使国内操作系统厂商的发展和安全构建受到严重的限制。

目前，国内操作系统是以Linux上进行二次开发为主，厂商的市场占有率也比较低。以桌面操作系统为例，我国仍以Windows和MacOS为主导，两者合计的市场占有率达到90%左右。

中国目前已经有一批操作系统的先行厂商，包括世界排名最高的中国操作系统——深度系统（Deepin），Deepin也是基于Linux的二次开发的操作系统，但它并没有模仿Windows等界面，而是使用了自己研发的桌面环境，受到国内党政、金融、运营商等客户的广泛好评。目前，Deepin在全球开源操作系统排行榜中长期保持前20名。此外，还有大规模实践CentOSLinux替换迁移技术积累与创新，被誉为Centos替代首选的龙蜥操作系统；当前最流行的Linux桌面操作系统Ubuntu Kylin；面向广大消费者的统信UOS；兼容Centos的国内主流开源操作系统之一的OpenEuler发行平台，等等。

基础软件市场中规模最小的是中间件。中间件是一种应用于分布式系统的基础软件，位于操作系统、数据库、应用软件之间，主要用于解决分布式环境下数据传输、数据访问、应用调度、系统构建、系统集成和流程管理等问题，是分布式环境下支撑应用开发、运行和集中的平台，因此也被称为"软件中的软件"。

2021年，我国中间件市场依然由国际商业机器公司与甲骨文主导，两者合计占市场份额达到47.8%，优势地位较为明显（见图8-41）。国外大厂利用中间件在操作系统的整合、产品标准化的规模效应等优势，保持着较高的市场份额占比。但相较于仍处于国产替代初期的数据库以及仅实现1.2%替代成效的操作系统，国产中间件厂商已得到用户更广泛的认可。计世资讯研究表明，现阶段行业用户在数字化转型过程中更倾向选择国内较为领先的厂商，东方通、普元信息、宝兰德、中创股份、金蝶天燕等国产厂商迎来发展机遇。

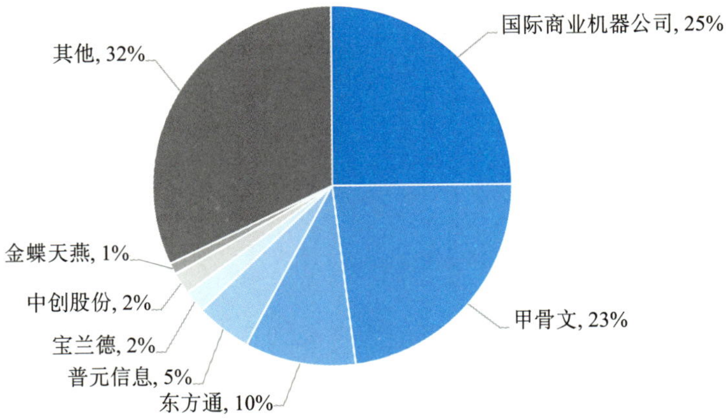

图8-41　2021年中间件市场竞争情况

中间件主要可以分为基础中间件、集成中间件和行业领域应用平台，其中，基础中间件是中间件产业发展的基石，是独立于硬件和操作系统之上、承上启下的关键一环，然而目前随云应用基础设施和大数据基础设施产品的新兴中间件需求快速增加，近期项目中基础中间件产品的采购规模有降低趋势，但现阶段基础中间件依然是应用的主流，2021年市场占有率达55%。

基础中间件又可细分为应用服务器中间件、消息中间件、交易中间件和门户中间件等，分别对应平台整合管理、通信、事务处理和集成界面等功能（见表8-8）。

表8-8　中间件分类及应用场景/作用

分类		应用场景/作用
基础中间件	应用服务器中间件	应用于Web系统，位于客户浏览器和数据库之间，主要作用为把商业逻辑（应用）暴露给客户端，同时为商业逻辑（应用）提供运行平台和系统服务，并管理对数据库的访问
	消息中间件	建立网络通信的通道，实现不同计算机系统之间的应用通信
	交易中间件	高效传递交易（事务）请求，协调事务的各个分支，保证事务的完整性，调度应用程序的运行，保证整个系统运行的高效性
	门户中间件	实现多应用系统的界面集成的平台软件
集成中间件		用于异构系统（如不同的数据库系统、业务应用系统等）之间的资源整合
行业应用平台		在基础中间件、集成中间件的基础上，为满足特定行业、企业需要，便于快捷、方便地构建应用而产生的中间件

资料来源：计世资讯。

从行业结构来看，政府、金融、电信领域占中间件市场的主要份额，截至 2019 年，政府、金融、电信三大领域占中间件市场份额合计达 69%（见图 8－42），其他领域数量规模较小，但随着数字经济的发展，中间件市场逐渐向能源、交通、医疗等领域渗透。

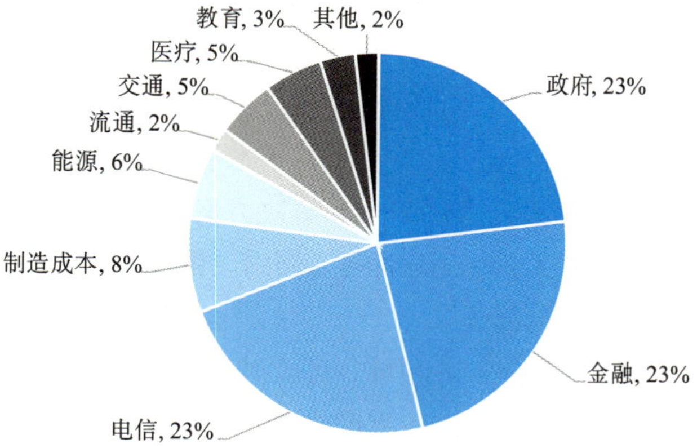

图 8－42　2019 年中间件市场行业结构分布

数据来源：计世资讯。

基础软件市场中国厂商发展最好的是数据库软件。随着数据量的不断提升，数据库市场规模不断增加。2021 年，我国数据库市场规模达到 223.5 亿元，同比增长 27.5%，市场规模的预期前景较好。国内数据库市场竞争激烈，位居榜首的是外商甲骨文，截至 2021 年占比达 22.43%；紧随其后的是华为，占比 13.14%。国内数据库市场整体由外商把控，除了排名第一的甲骨文，还有名列第四、第五、第六的微软、思爱普和国际商业机器公司，合计占比接近 50%（见图 8－43）。但近年来外商整体占比不断下滑，IDC 数据显示，外商市场份额已经从 2019 年的 66.80% 下降到 2021 年的 46%，下降趋势明显，这也反映出了国内厂商的不断崛起。

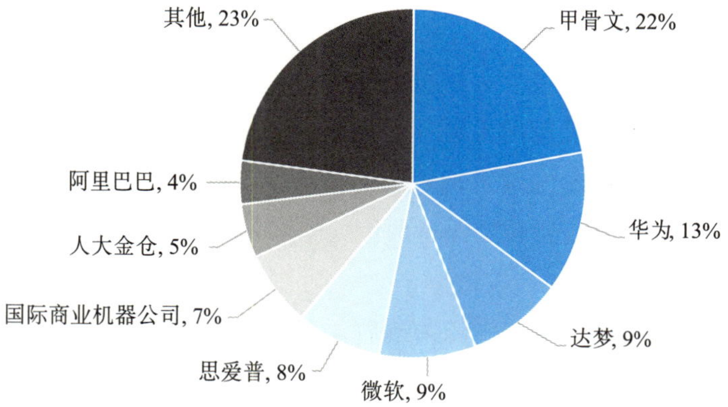

图 8－43　2021 年数据库市场竞争格局

数据来源：IDC。

市场参与者主要可分为老牌数据库厂商、互联网巨头、硬件厂商和新兴初创企业四类。

国内的数据库企业已经通过多轮技术迭代，逐渐掌握了行业内的先进技术，发展前景较好，而操作系统行业则有着较强的技术壁垒，国内操作系统企业尚不足以超过国际主流操作系统。

（二）应用软件开发

应用软件是指独立销售的面向应用需求和解决方案等软件的开发活动，包括通用软件、工业软件、行业软件、嵌入式应用软件等。国内应用软件业受益于早期国产替代的政策推动，属于发展相对较成熟的部分。

工业软件指专用于或主要用于工业领域，可以提高工业企业的研发、制造、生产管理水平和工业装备性能的软件。按照制造业生产周期，可分为研发设计类、生产制造类、运维服务类和经营管理类（见表 8 –9）。

表 8 –9　　工业软件分类

类型	主要软件
研发设计类	计算机辅助设计（CAD）、计算机辅助工程（CAE）、计算机辅助工艺规划（CAPP）、产品数据管理（PDM）、产品生命周期管理（PLM）等
生产制造类	可编辑逻辑控制器（PLC）、分布式数控（DNC）、集数控制系统（DCS）、数据采集与监控控制系统（SCADA）等
运维服务类	资产性能管理（APM）、维护维修运行管理（MRO）、故障预测与健康管理（PHM）等
经营管理类	企业资源计划（ERP）、财务管理（FM）、供应链管理（SCM）、客户关系管理（CRM）、人力资源管理（HRM）等
新型架构类	基于工业互联网的工业 APP

资料来源：《中国工业软件产品白皮书》。

全球工业软件产业市场规模巨大，截至 2020 年，工业软件市场规模已经超过 4000 亿美元，且多年来一直保持中低速的发展（见图 8 –44）。中国工业软件市场规模占全球市场规模较小，但发展速度远超全球平均水平。截至 2020 年，中国工业软件市场规模达到 286 亿美元，同比增长 15%，且长期保持两位数的增长速度，发展前景较好，发展空间巨大（见图 8 –45）。

我国工业软件企业整体技术水平较为落后，在国内市场中，超过一半的市场份额被外商占有。其中，研发设计类工业软件外商占比达 95%，国内企业存在感较低；生产控制类工业软件外商占比也达到了 50%；经营管理类国产率比较高，外商占比 30% 左右。

研发设计类国内企业有中望软件、安世亚太等，与国际主流企业如达索、PTC 等在核心软件技术和工业知识方面差距较大，但在 CAD、EDA 等赛道，部分国产厂商已经取得

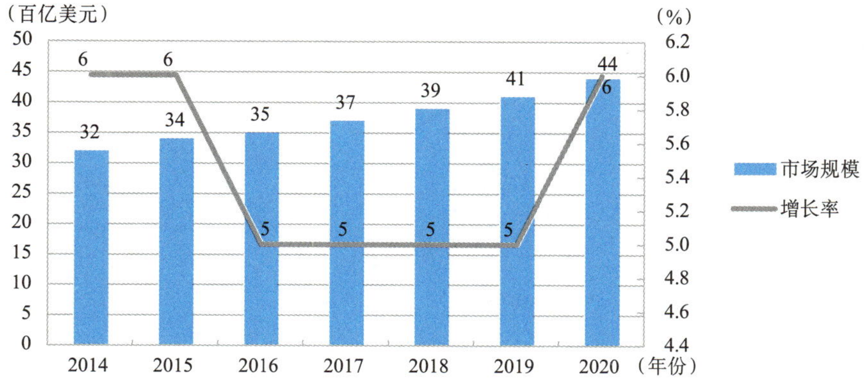

图 8－44 2014—2020 年全球工业软件产业市场规模及增长率

数据来源：智研咨询。

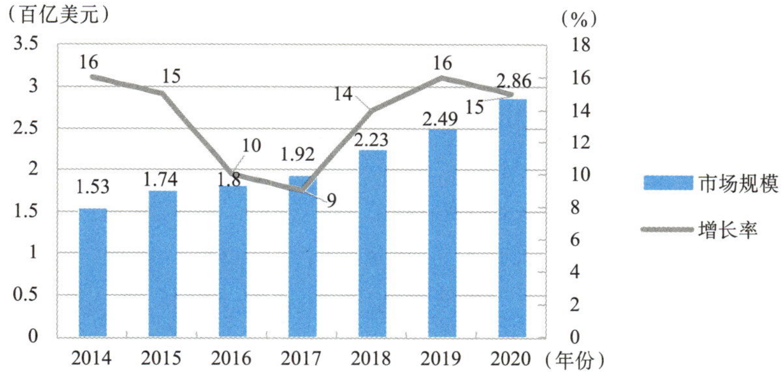

图 8－45 2014—2020 年中国工业软件产业市场规模及增长率

数据来源：工业和信息化部。

了一些突破。国内生产制造类企业规模普遍较小，且主要集中于中低端产品，高端产品占 30% 左右，生产制造类企业在部分领域具有一定优势，如宝信软件、中控技术等企业在中低端市场占有率较高。国内经营管理类企业也同样以中低端产品为主，主要服务于中小型企业，典型企业有用友网络、金蝶、浪潮等。

办公软件是指可以进行文字处理、表格制作、幻灯片制作、图形图像处理、简单数据库处理等方面工作的软件。办公软件可细分为基础办公软件、增值办公软件、协同办公软件等。其中，基础办公软件的国产厂商以金山办公等为主，但相对微软、谷歌等国外厂商仍有不足；增值办公软件的国产厂商除金山外，还有互联网厂商如腾讯、阿里巴巴等。2018—2021 年中国系统办公软件行业市场规模见图 8－46。

ERP 是一种主要面向制造行业进行物质资源、资金资源和信息资源集成一体化管理的企业信息管理系统。ERP 是一个以管理会计为核心，可以提供跨地区、跨部门、甚至跨公司整合实时信息的企业管理软件。针对物资资源管理（物流）、人力资源管理（人流）、财务资源管理（财流）、信息资源管理（信息流）集成一体化的企业管理软件。ERP 产品

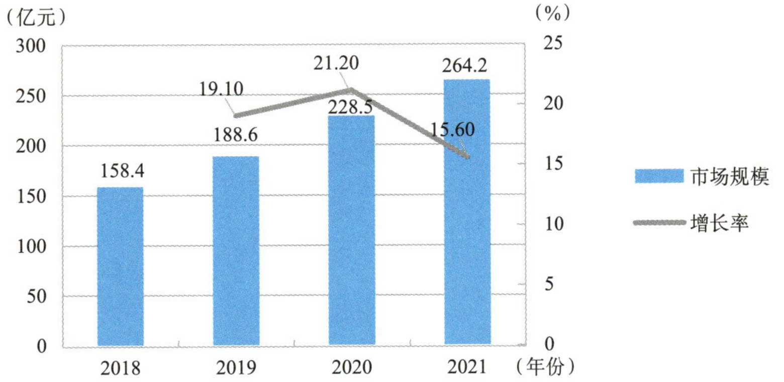

图 8－46　2018—2021 年中国系统办公软件行业市场规模及增长率

数据来源：亿欧智库。

包含了财务、资金、报表、总账、应收应付、库存、采购、销售、生产、成本以及人力资源等管理模块，几乎覆盖各种企业管理层面，下游应用领域则包含工业制造、电力电气、物流等行业，在信创产品中市场占比位于 60% 至 65%。

ERP 软件是提高企业竞争力的重要工具，我国 ERP 市场规模增长迅速，据前瞻经济学人数据，国内 ERP 市场规模已经从 2016 年的 209 亿元，增加到 2021 年的 353 亿元。在整体 ERP 软件市场中，国内企业占据主要份额，用友、浪潮、金蝶三大国产厂商占比达到 68%，且较 2020 年而言，国产厂商市场份额均有较大的提升（见图 8－47）。但从 ERP 细分市场的结构来看，国产厂商大多集中于中低端 ERP 市场，主要客户是中小型企业。而在大企业所需要的高端 ERP 市场，国产 ERP 厂商的技术能力和水平与国外厂商有较大差距，其产品难以满足大企业的业务需求。截至 2021 年，在高端 ERP 市场中，位居榜首的是国外厂商思爱普，市场份额占比达到 33%，紧随其后的是同为国外厂商的甲骨文，市场份额占比 20%，国产厂商仍需提高产品水平（见图 8－48）。

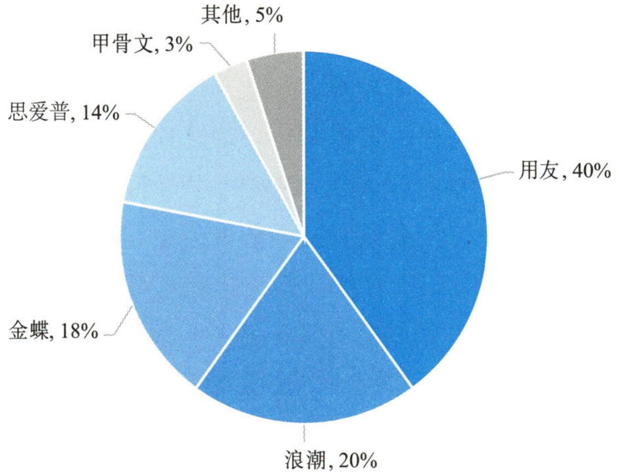

图 8－47　2021 年中国整体 ERP 软件市场份额

数据来源：华经产业研究院。

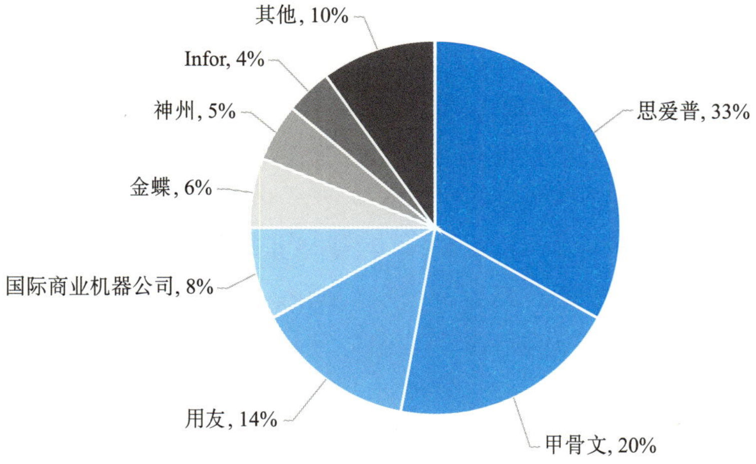

图 8－48 2021 年中国高端 ERP 软件市场份额

数据来源：华经产业研究院。

二、电信业

（一）行业概况

第一，电信业业务收入增长较快。电信指利用有线、无线的电磁系统或者光电系统，传送、发射或者接受语音、文字、数据、图像、视频以及其他任何形式信息的活动。

我国电信业务总量和收入均较快增长（见图 8－49）。2022 年，电信业务收入完成 1.58 万亿元，同比增长 8%，是近五年来较高的增长速度。全年电信业务总量完成 1.75 万亿元（按上年不变单价计算），同比增长 21.3%。

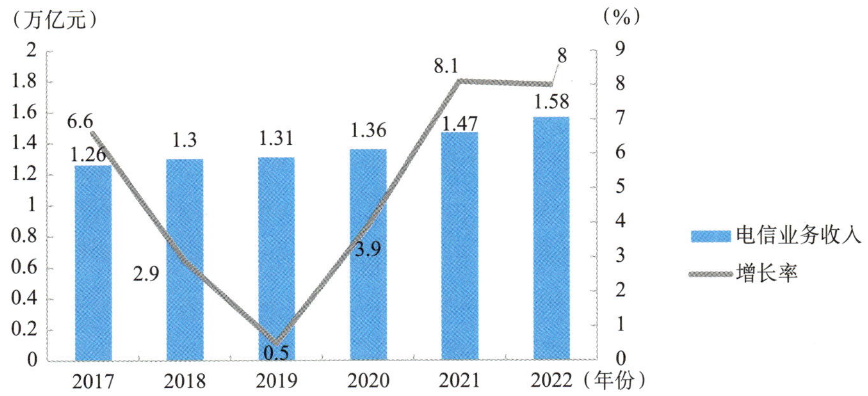

图 8－49 2017—2022 年中国电信业务收入及增长率

数据来源：工业和信息化部。

第二，电信业内部结构不断优化。新兴业务增长对行业收入提高的拉动作用明显。2022 年，新兴业务收入增速达到 32.4%，带动电信业务收入增长 5.1%。传统业务在新技术的冲击下占比有所下降，但仍然为行业的发展提供了重要的支撑。2022 年，以固定互联网宽带接入、移动数据流量、语音（固定 + 移动）、短信为主的传统业务收入同比增长 1.7%，在电信业务收入中占 66.8%，拉动电信业务收入增长 1.2%。

新兴业务收入快速增长，包括云计算、大数据、物联网、数据中心等业务在内的新兴数字化服务高速发展，2022 年共实现新兴业务收入 3072 亿元，同比增长 32.4%（见图 8－50），在电信业务收入中占比 19.4%（同比增长 3.3%），促进电信业务收入增长 5.1%，对电信业务收入增长贡献率达 64.2%。其中，云计算、大数据、物联网、数据中心业务同比增长 118.2%、58.0%、24.7%、11.5%。

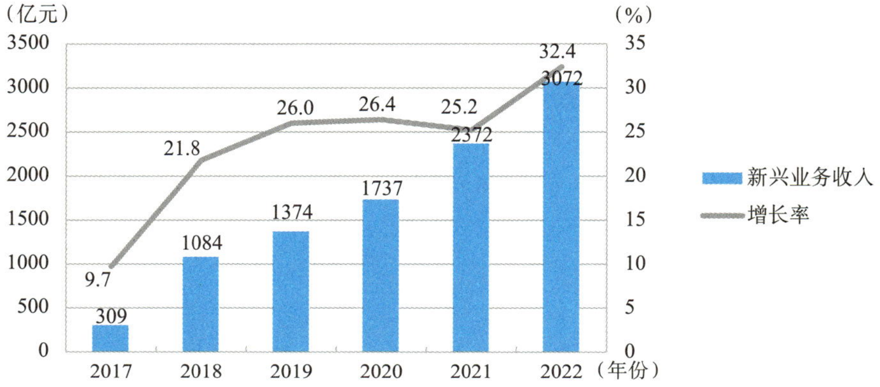

图 8－50　2017—2022 年中国电信新兴业务收入及增长率

数据来源：工业和信息化部。

传统业务继续发挥基石作用（见图 8－51）。固网业务增速平稳，2022 年完成固定互联网宽带接入业务收入 2402 亿元，同比增长 7.1%，在电信业务收入中占比 15.2%，拉动电信业务收入增长 1.1%。移动业务增速缓慢，2022 年完成移动数据流量业务收入 6397 亿元，同比增长 0.3%，在电信业务收入中占比 40.5%，拉动电信业务收入增长 0.1%。语音业务收入占比呈持续下降趋势，2022 年完成语音业务收入 1364 亿元，其中固定语音业务收入 201 亿元，同比下降 9.5%，移动语音业务收入 1163 亿元，同比增长 0.8%，扭转了 2021 年的负增长情况。两项业务合计占电信业务收入的 8.6%，同比下降 0.8%。语音通话属于 2G 和 3G 网络时代传统业务，受社交 APP 冲击，业务收入持续萎缩。

电信行业整体发展态势较好，传统业务较为稳定，而新兴业务发展迅速，对电信业务增长有极大的帮助。

（二）行业企业

行业的主要参与企业是中国移动、中国电信、中国联通三大运营商。

2022 年，中国联通实现营收 3549 亿元，同比增长 8.3%，营收增速创近 9 年新高。2022 年第一季度至第三季度，三大运营商营收合计 13484 亿元，同比增长 10.3%。其中，

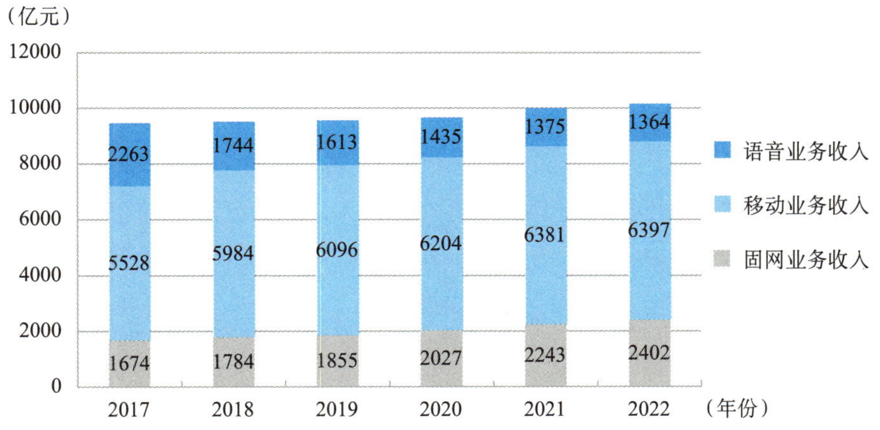

图 8－51　2017—2022 年中国电信传统业务收入

数据来源：工业和信息化部。

中国移动实现营收 7235 亿元，同比增长 11.5%；中国联通实现营收 2640 亿元，同比增长 8.0%；中国电信实现营收 3610 亿元，同比增长 9.6%（见图 8－52 和图 8－53）。

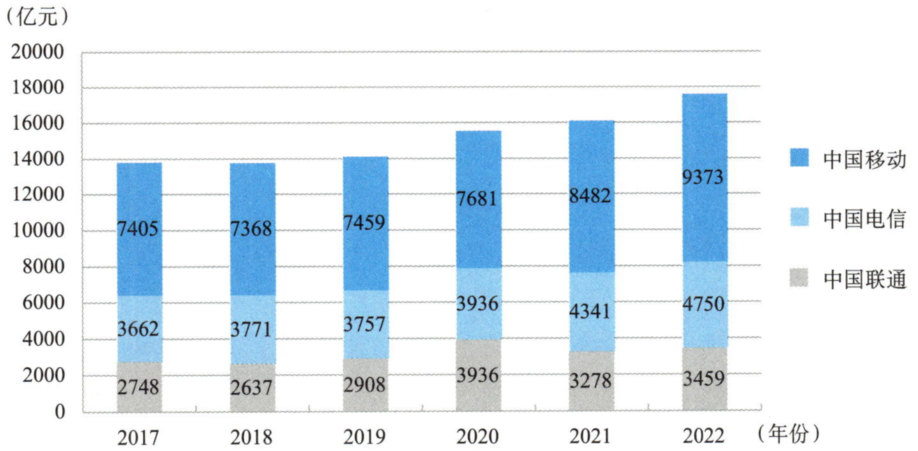

图 8－52　2017—2022 年中国三大运营商营收情况

数据来源：中国联通、中国电信、中国移动。

移动用户市场竞争格局自 2019 年以来逐渐稳定，用户转移成本变高，运营商已形成用户规模壁垒，进入存量博弈时代。2022 年 12 月，三大运营商移动用户数合计 16.86 亿户，同比增长 5.4%。其中，中国移动、中国联通、中国电信分别新增用户 0.34 亿户、0.14 亿户和 0.38 亿户。2022 年 12 月，三大运营商 5G 用户数达 10.95 亿，总体 5G 套餐渗透率为 65.0%。其中，中国移动 6.14 亿户，渗透率 63.0%；中国联通 2.13 亿户，渗透率 66.5%；中国电信 2.68 亿户，渗透率 68.5%。5G 渗透率提升主要来自存量客户转化，中国移动凭借用户基数优势在移动用户市场占据绝对优势，5G 用户渗透率小幅低于其他两家运营商，仍具提升空间。

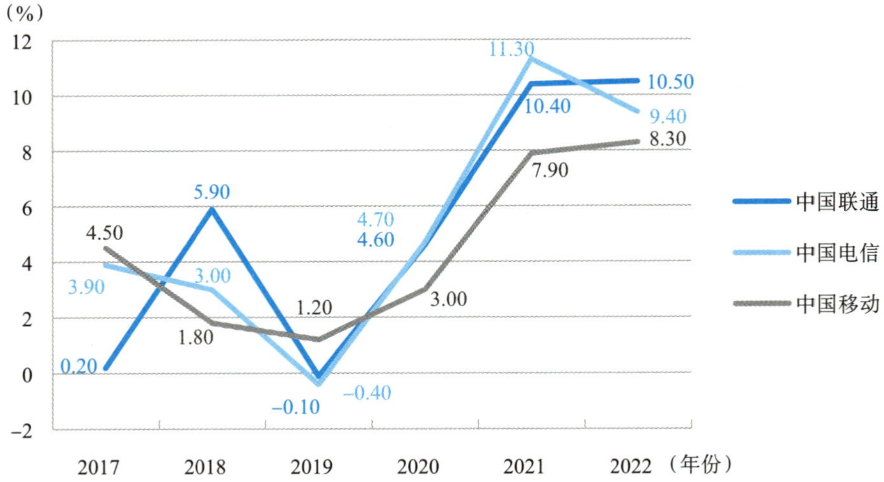

图 8－53　2017—2022 年中国三大运营商营收增速

数据来源：中国联通、中国电信、中国移动。

三大运营商经营稳中向好，随着 5G 网络增量的打开，三大运营商的运营情况得到了新的助力，物联网、云计算等新兴数字经济业务蓬勃发展，产业数字化收入占比持续升高，也为行业企业带来了增长的潜力。

三、信息技术服务

（一）集成电路设计

集成电路设计是指企业开展的集成电路功能研发、设计等服务活动，集成电路设计涉及对电子器件（如晶体管、电阻器、电容器等）、器件间互连线模型的建立。所有的器件和互连线都需安置在一块半导体衬底材料之上，这些组件通过半导体器件制造工艺（如光刻等）安置在单一的硅衬底上，从而形成电路。

集成电路设计是集成电路产业中知识密集度最高、占产业链比重最大的环节。近年来，在国家政策支持及市场驱动的作用下，中国集成电路产业规模迅速增长，截至 2021 年，集成电路产业销售规模已经达到 10458.3 亿元，增长率长期保持在 15% 以上（见图 8－54）。在集成电路产业增长的带动下，集成电路设计业增长业快速增加，据芯谋研究数据，截至 2021 年，集成电路设计产业销售规模已达到 4519 亿元（见图 8－55）。

集成电路产业主要可分为集成电路设计、集成电路制造和集成电路封装测试三个部分。近年来，集成电路行业的产业结构不断优化，附加值较高的集成电路设计业销售额成为集成电路产业链中比重最大的环节，占集成电路行业总销售额不断提升。截至 2021 年，集成电路设计业占比已经达到 43.2%（见图 8－56）。

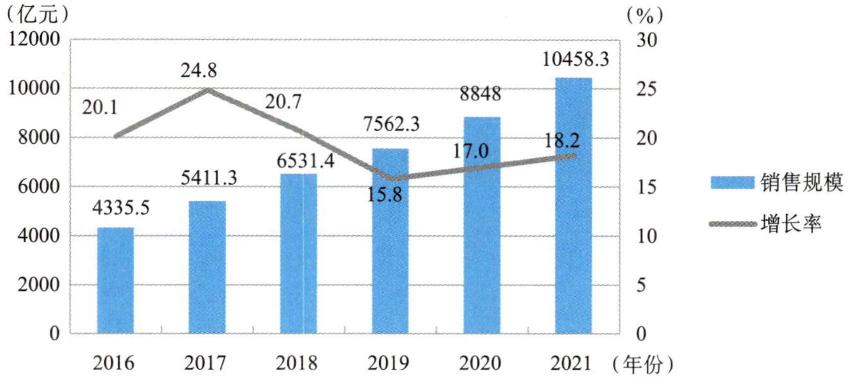

图 8-54 2016—2021 年中国集成电路产业销售规模

数据来源：芯谋研究。

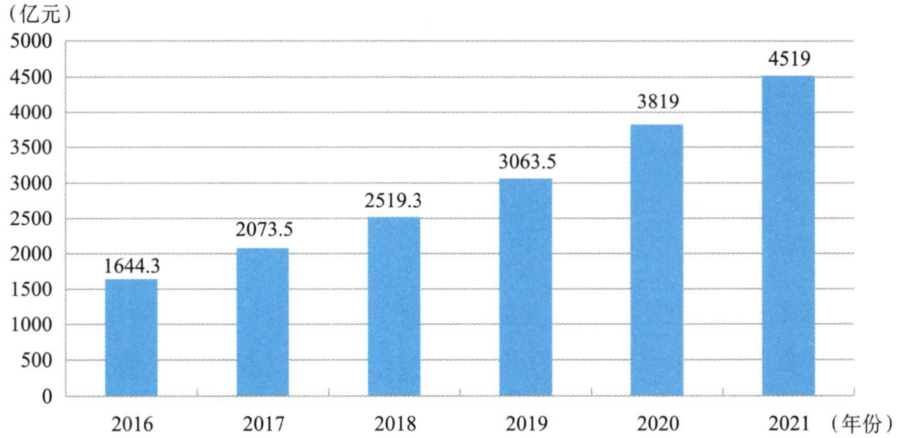

图 8-55 2016—2021 年中国集成电路设计产业销售规模

数据来源：芯谋研究。

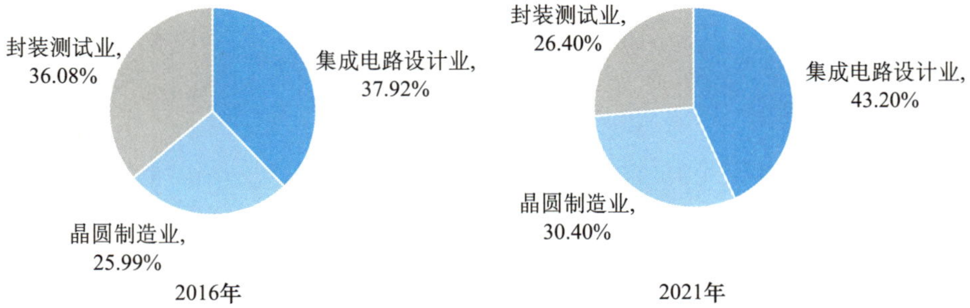

图 8-56 2016 年、2021 年集成电路各环节产业链占比

数据来源：CSIA。

我国的集成电路设计产业起步较晚，虽然受益于巨大的市场需求和有利的政策环境等已经有了巨大的进步，但目前国内的设计产品仍主要集中在中低端。

集成电路设计行业企业规模增加迅速，且行业集中度较高。从设计企业数量来看，2021 年，集成电路设计企业数量规模达到 2810 家，较 2016 年增加了 448 家（见图 8－57）；从设计企业规模来看，2021 年千人规模以上的企业达到 32 家，较 2020 年增加 3 家，500—1000 人的企业达到 51 家，较 2020 年增加 9 家，企业规模迅速壮大。

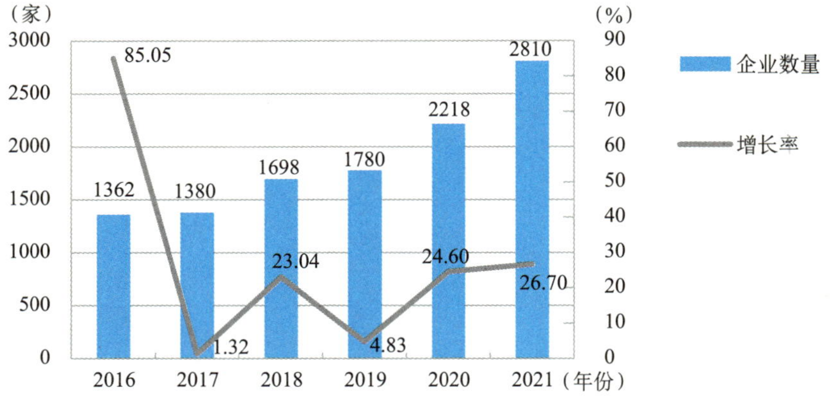

图 8－57　2016—2021 年中国集成电路设计企业数量

数据来源：芯谋研究。

目前，中国集成电路设计企业竞争实力较强的有韦尔股份、安世半导体、紫光展锐、华大半导体等企业，且在集成电路设计市场中，行业的集中度较高（见表 8－10）。据中国半导体协会集成电路设计分会的数据，中国 TOP10 集成电路设计企业的上榜门槛从 2018 年的 20 亿元增加到了 2020 年的 48.5 亿元，且 TOP10 产业规模的占比已达到 50% 左右（见图 8－58）。

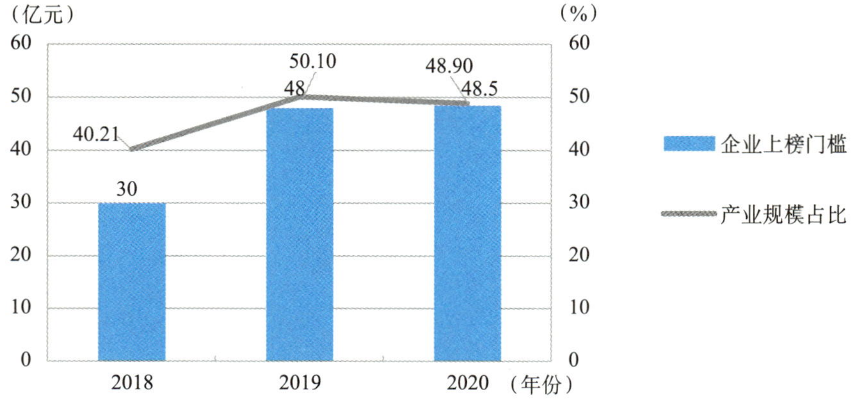

图 8－58　2018—2020 年中国 TOP10 集成电路设计企业上榜门槛及占比情况

数据来源：中国半导体协会集成电路设计分会。

表 8－10　　2021 年部分中国集成电路企业业务收入及产品

企业简称	营业收入（亿元）	产品类型
韦尔股份	241.04	电子元件、结构器件、分立器件等
纳思达	227.92	芯片、耗材、配件、软件及服务等
兆易创新	85.1	存储芯片、微控制器、传感器等
格科微	70.01	CMOS 图像传感器、显示驱动芯片
紫光国微	53.42	智能安全芯片业务、特种集成电路业务、半导体功率器件业务等
北京君正	52.74	微处理器芯片、智能视频芯片、存储芯片
晶晨股份	47.77	多媒体智能终端应用处理器芯片

资料来源：各公司公告。

随着集成电路产业的迅速发展，国内外集成电路行业间的整合兼并程度不断提高。随着中国市场规模的扩大，预计将有更多境外公司通过并购等方式进入国内市场，中国集成电路设计企业未来也会加大整合力度，行业集中度将会进一步提高。

集成电路设计业中非常重要的一环是 EDA 软件。电子设计自动化（EDA）是指利用计算机辅助设计（CAD）软件，来完成超大规模集成电路（VLSI）芯片的功能设计、综合、验证、物理设计（包括布局、布线、版图、设计规则检查等）等流程的设计方式。EDA 产业是集成电路设计产业的最上游，也是整个电子信息产业的基石之一，集成电路的设计离不开 EDA 工具。

目前，我国 IC 企业使用的 EDA 工具主要来自欧美，国内 EDA 厂商在规模和产品完整度上与国外头部企业存在明显的差距，正处于工具发力突破的进程中。EDA 工具的产业规模并不大，但是呈现出非常明显的寡头垄断结构，全球最大的三家 EDA 公司（Synopsys、Cadence 及 Mentor）垄断了全球芯片设计 80% 以上的市场，在国内更是垄断了芯片设计 95% 以上的市场（见图 8－59 和表 8－11）。相较于国外大厂完整的产品线、完善的人才和生态优势，国内 EDA 厂商仍处于艰难求存的阶段，产品水平较差、客户使用意愿不强，市场占有率不足 5%。国内 EDA 产业开始时间并不晚，1986 年组织研发的集成电路辅助设计系统“熊猫系统”启动时间基本与国外大厂同步，但受限于国内集成电路产业整体发展水平和科技创新生态的不足，最终发展水平远远落后于国外大厂。但随着国内集成电路产业的迅速发展和国家政策的支持，国内 EDA 产业将会迎来发展的时机。

（二）物联网技术服务

物联网是一系列用于解决物的信息识别、交换、控制等技术的集合应用形成的网络。物联网技术服务指提供各种物联网技术支持的服务活动，包括物联网信息感知技术服务、物联网信息传感技术服务等。

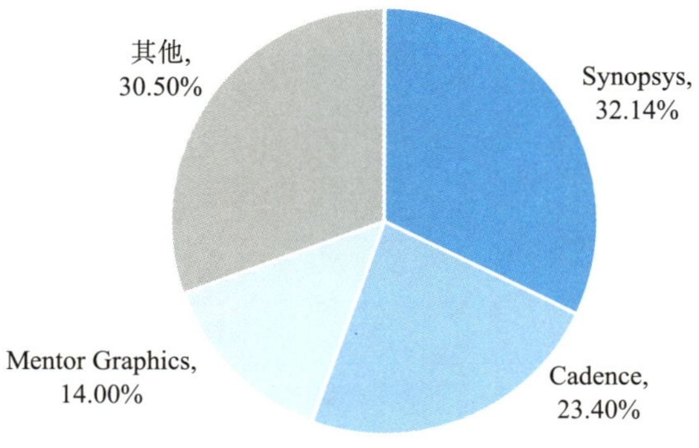

图 8－59　2020 年 EDA 全球市场规模企业占比

数据来源：ESD ALLANCE、中金研究所。

表 8－11　EDA 全球企业情况

序列	企业	企业规模及特点
第一梯队	Synopsys、Cadence、Mentor Graphics	2020 年收入规模达到 10 亿—40 亿美元，业务遍布全球，科研实力雄厚，有全流程 EDA 产品，在部分领域处于领先地位
第二梯队	Empyrean、Aldec、Silvaco、Ansys	2020 年收入规模在 0.5 亿—5 亿美元，拥有特定领域全流程 EDA 产品，在局部领域技术较为领先
第三梯队	概伦电子、Jedat、Downstream、广立微电子	2020 年收入规模低于 0.5 亿美元，在 EDA 上的布局主要以点工具为主，缺少 EDA 特定领域全流程产品

资料来源：ESD ALLANCE、中金研究所。

物联网体系架构可以分为感知层、传输网络层、平台层和应用层四个层级，如表 8－12 所示。

表 8－12　物联网体系架构

物联网体系	功能	组成
感知层	主要负责采集物理世界的数据，一是用 RFID、条形码等方式接受外部指令被动保存信息，二是用智能控制器、传感器、定位模组等方式主动采集信息	芯片、蜂窝模组/终端、感知设备
传输网络层	负责将捕获的信息传输至指定目的地，包含以 NB－IoT 为主的短距离无线通信网络	硬件载体、软件平台、无线通信、卫星物联、量子通信
平台层	负责数据处理及分析服务，便于数据快速应用落地，在物理网架构中起到承上启下的作用	Paas 平台、AI 平台、其他能力平台
应用层	负责对感知层采集的数据进行计算、处理和知识挖掘，给不同行业提供智能服务，从而实现对物理世界的实时控制、精确管理和科学决策	消费驱动应用、产业驱动应用、政策驱动应用

资料来源：头豹研究院、沙利文研究院。

四大层级的相关参与单位构成了物联网的产业链。感知层的主要参与者是传感器厂商、芯片和终端厂商等，例如包括士兰微电子、歌尔股份等公司的传感器厂商、包括远望谷、金溢等公司的 RFID 厂商等。传输网络层的主要参与者是通信服务的提供商，分为有广和通、日海智能科技等公司的蜂窝通信模组厂商和有芯讯通、有方等公司的非蜂窝通信模组。平台层的参与者是各类平台服务提供商，包括以阿里云、百度云、腾讯云等为主的互联网厂商云平台；以中国移动、中国联通、中国电信三大通信厂商为主的通信厂商平台；以华为、小米、浪潮等公司为主的科技企业平台，还包括一些第三方平台。应用层包括智能硬件和应用服务，主要涉及的行业有斑马智行、图森未来等公司的车联网；有海尔、格力、小米等公司的智能家居；有比亚迪、工业富联等公司的工业互联网，另外还有智能医疗、智能穿戴、智能安防等行业。

感知层、传输网络层、平台层、应用层四大层级的产业链市场价值分别为 20%、10%、35% 和 35%（见图 8-60）。

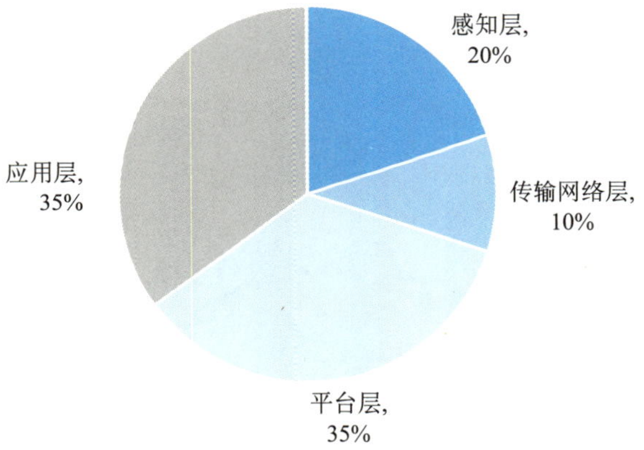

图 8-60　物联网产业链市场价值分布

数据来源：麦肯锡。

国家政策的支持是物联网迅速发展的强大驱动力，表 8-13 为近年来我国发布的物联网产业政策。

表 8-13　物联网产业政策

文件名称	发布年份	发布单位	主要内容
《国务院关于加快培育和发展战略性新兴产业的决定》	2010	国务院	物联网是新一代的信息技术产业，是关乎国家发展的战略性新兴产业
《物联网“十二五”发展规划》	2011	工业和信息化部	推动核心技术研发与产业化，建立完善物联网产业链，形成创新驱动、应用牵引、协同发展、安全可控的物联网发展格局
《国务院关于推进物联网有序健康发展的指导意见》	2013	国务院	加强中央财政支持力度

续表

文件名称	发布年份	发布单位	主要内容
《工业和信息化部办公厅关于全面推进移动物联网（NB－IoT）建设发展的通知》	2017	工业和信息化部办公厅	加强 NB－IoT 标准与技术研究，打造完整的产业链条
《关于深入推进移动物联网全面发展的通知》	2020	工业和信息化部办公厅	提出制定移动物联网与垂直产业融合标准
“十四五”规划	2021	国务院	推动互联网、大数据、人工智能等各产业深度融合

资料来源：国务院、工业和信息化部。

国内物联网市场发展迅速，规模巨大。数据显示，截至 2021 年，中国物联网产业规模已经达到 1.85 万亿元，在 2020 年之前国内物联网产业规模一直保持两位数的增长率。相对应的物联网企业数量也迎来井喷式增长，2020 年国内物联网企业增长率达到 109.6%，截至 2021 年，国内物联网企业数量已经达到 31.24 万家（见图 8－61 和图 8－62）。

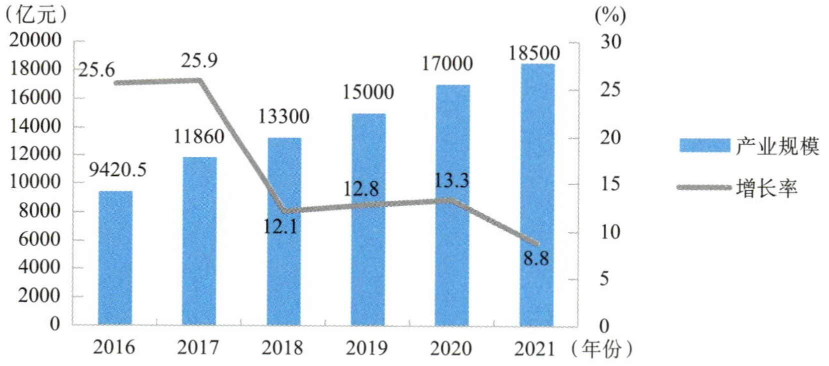

图 8－61　2016—2021 年中国物联网产业规模及增长率

数据来源：中国互联网络信息中心、工业和信息化部运行监测协调局。

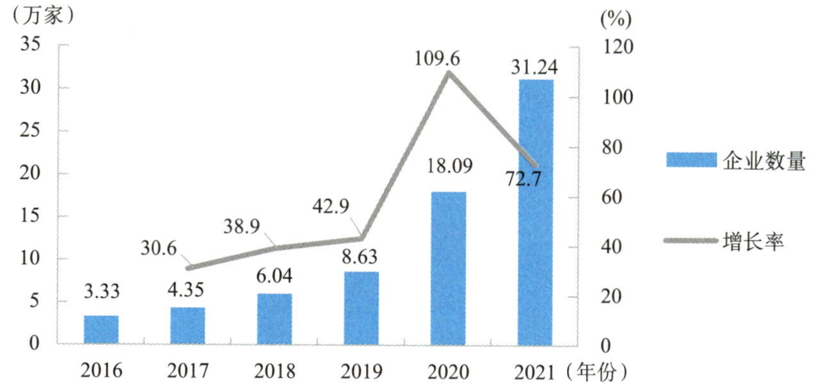

图 8－62　2016—2021 年中国物联网行业企业数量及增长率

数据来源：IT 桔子、企查查。

第四节　数字要素驱动业现状及发展趋势

一、数字要素驱动业整体发展现状

数字要素驱动业为数字经济及其核心产业统计分类中的第四大类，具体分为 7 个中类和 27 个小类。本小节将从宏观政策、中观现状与微观技术层面展开。

从宏观层面来看，对于数字要素驱动业的发展，对《数字中国建设整体布局规划》进行高频词提取与词云绘制，图 8 - 63 中与“数字要素驱动业”相关的高频词有：数据、平台、网络、算力等，这也是数字要素驱动业的重要板块。

图 8 - 63　《数字中国建设整体布局规划》词云图①

数字经济及其核心产业统计分类对数字要素驱动业进行细致的划分，接下来是互联网平台业、互联网批发零售业、数字内容与媒体业、供应链数字化服务的现状。

从互联网平台来看，选取 2022 年 9 月对国内互联网 APP 用户活跃数进行监测，数据中用户只要打开一次就算作活跃数，对 TOP20 的 APP 进行行业分布统计，当前互联网用户最活跃的行业集中在短视频、社交、移动购物等部分（见图 8 - 64）。

在互联网批发零售业，近年来随着中国互联网和移动互联网的迅速发展，互联网批发零售业呈现出快速增长的趋势。2020 年，我国实物商品网上零售额增长 14.8%，占社会消费品零售总额的比重为 24.9%，增速显著高于社会消费品零售总额（见图 8 - 65）。

① 将《数字中国建设整体布局规划》文本用 Python 处理，应用 Jieba 分词库与哈工大停用词库进行预处理。

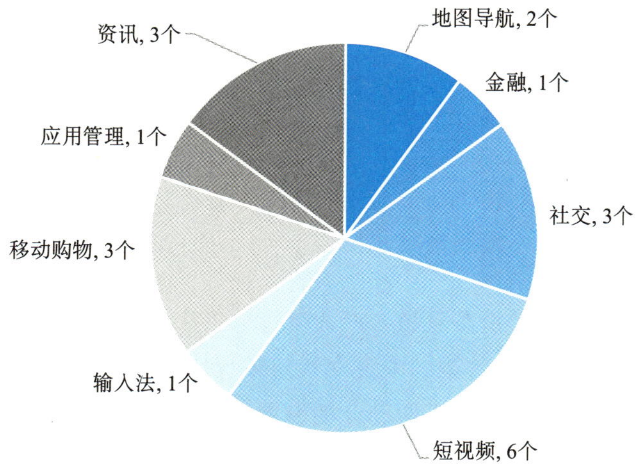

图 8-64　2022 年 9 月 TOP 20 用户活跃数 APP 行业分布

数据来源："易观千帆"网站。

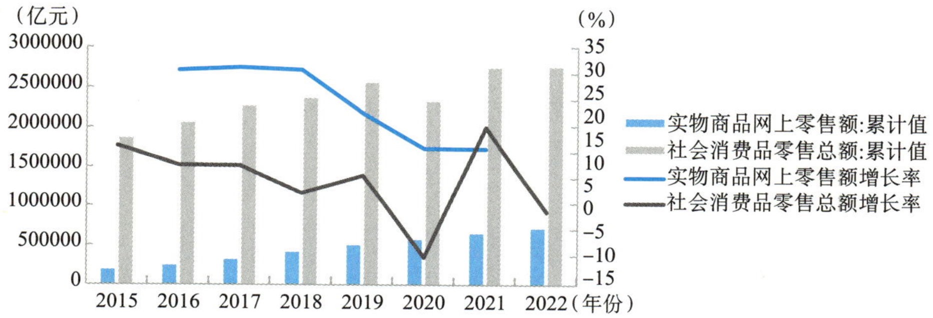

图 8-65　2015—2022 年中国实物商品网上零售额变化

数据来源：国家统计局。

在数字内容与媒体业，定义互联网广告收入和名义 GDP 的比值为"互联网广告深度"，代表互联网广告占整体经济活动的份额，可以看到中国的数字内容与媒体业正在经历快速发展的阶段（见图 8-66）。而从 2022 年开始，广告深度提升趋势显著放缓（见图 8-67）：一方面是由于对教育、互联网金融等行业的监管的加强，另一方面是由于《个保法》对个人信息使用的规范导致供给端广告库存和单位广告的精准度受到影响。

在供应链数字化服务业，我国大量企业仍处于供应链数字化改造的早期阶段，受预算限制，整体规模尚处于初级阶段（见图 8-68）。

二、信息基础设施建设

信息基础设施建设作为数字要素驱动业的重要组成部分，其本身不仅在数字经济中扮演重要的角色，还对整个宏观经济具有深刻的影响。信息基础设施建设打通了信息"大动脉"的数字基础设施，正推动我国经济新阶段的发展。

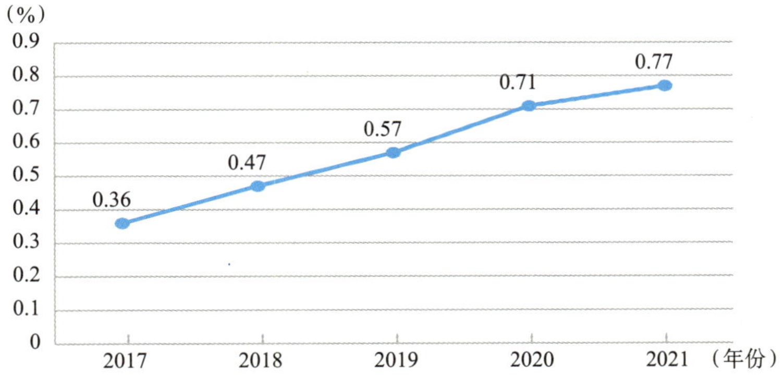

图 8－66　2017—2021 年中国互联网广告深度变化

数据来源：国家统计局。

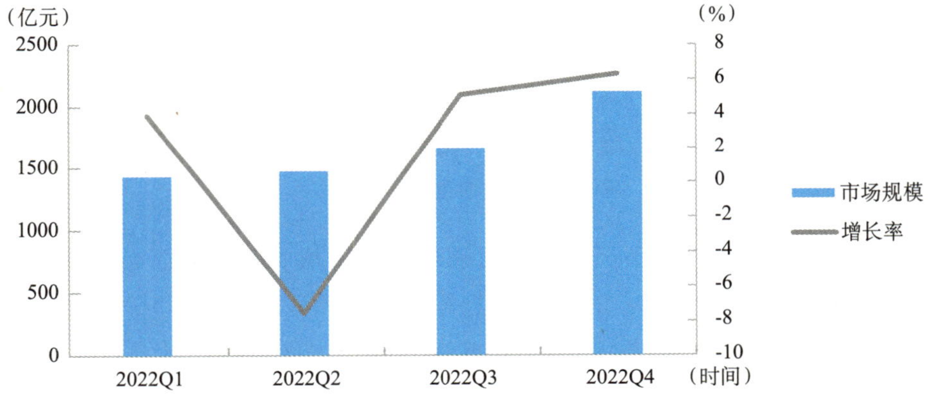

图 8－67　2022 年中国互联网广告市场规模变化

数据来源：Questmobile。

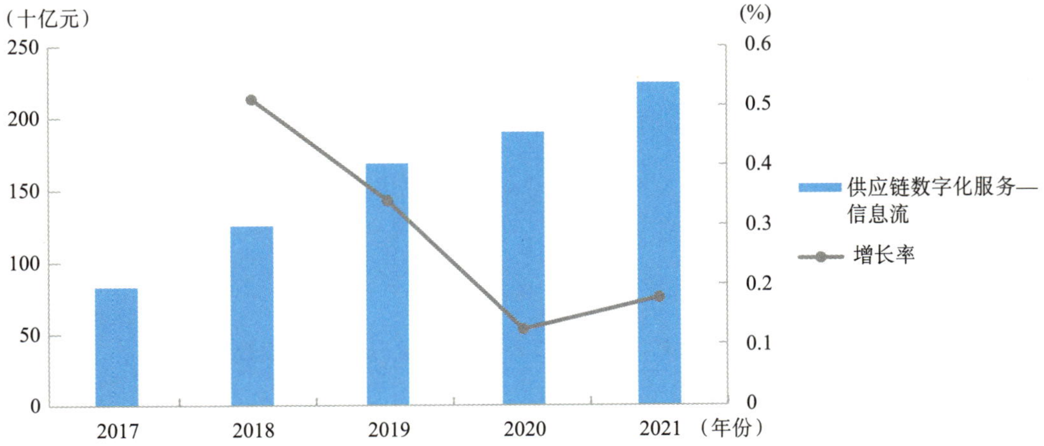

图 8－68　2017—2021 年中国供应链服务业数字化规模趋势

数据来源：艾瑞咨询。

国家出台了许多有关信息基础设施建设的政策文件，选取《关于促进云网融合 加快中小城市信息基础设施建设的通知》进行文本量化处理，从词云图可以发现对于信息基础设施提及较多的有网络、云网、中西部、工业、企业等，说明信息基础设施建设国家层面重点建设在中西部，其服务对象是工业、企业，未来发展方向为云网（见图 8－69）。

图 8－69 《关于促进云网融合 加快中小城市信息基础设施建设的通知》词云图

中国在 5G 基站建设方面已经取得了显著的进展，从 5G 基站建设速度来看，经过多年的发展，早期增速大，到了 2022 年增速放缓，主要是由于我国 5G 基站数量已经达到了规模巨大的地步。总体来说，中国在 5G 基站建设方面已经取得了显著的进展（见图 8－70）。

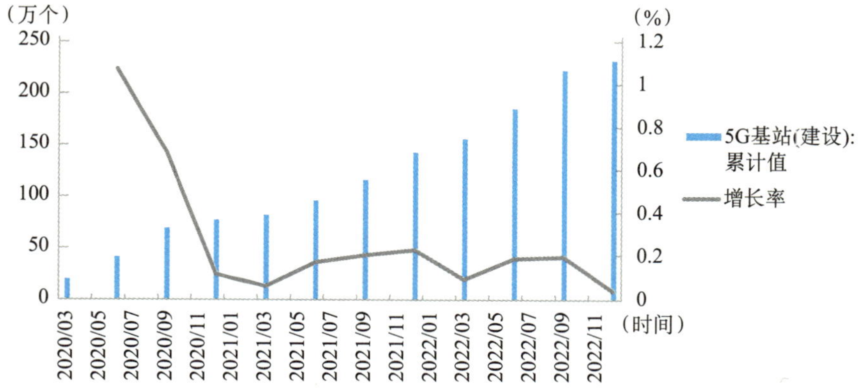

图 8－70 2020 年 3 月—2022 年 11 月全国 5G 基站布设数量

数据来源：工业和信息化部。

中国的数据中心建设正处于快速发展的阶段，建设规模大、技术先进、安全可靠、能源节约，这些都为中国的数字经济发展提供了重要的基础设施（见图 8－71 和图 8－72）。

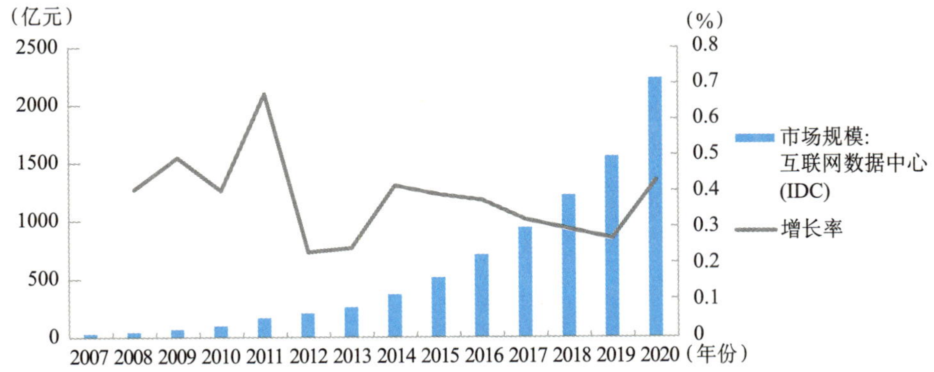

图 8－71 2007—2020 年全国互联网数据中心规模

数据来源：中国 IDC 圈。

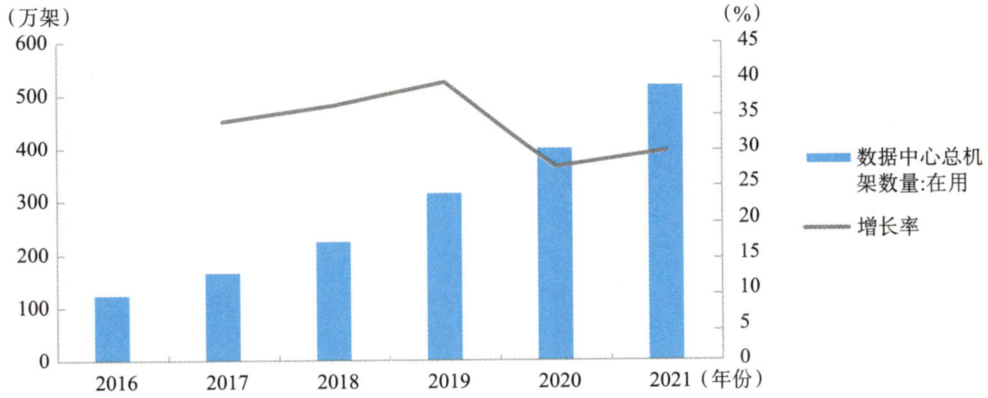

图 8－72 2016—2021 年全国数据中心总机架数量

数据来源：新闻搜索整理。

为数据处理提供支持的微小单元则是 CPU、GPU 等芯片，相较于 CPU 和 FGPA，GPU 无论是规模还是应用范围都更大，GPU 的规模反映了整个国家数字要素驱动业底层的“活力”。

中国 GPU 市场规模正在不断扩大，主要得益于人工智能、云计算、大数据等新技术的发展，以及游戏、虚拟现实等消费领域的快速崛起。市场规模持续增长，根据市场研究机构的数据，2019 年中国 GPU 市场规模达到了 183 亿元，同比增长了 22.7%。未来随着新兴应用的不断涌现和市场的不断拓展，中国 GPU 市场的发展潜力依然巨大（见图 8－73）。

三、数字技术研究与试验发展

数字技术的研究与试验发展是数字要素驱动业中的重要组成部分，本小节将介绍数字技术在中国的研究情况与试验发展场景。表 8－14 筛选出 2021 年底至 2022 年的主要数字化政策，它们是数字技术研究与试验发展的宏观层面的推动力。

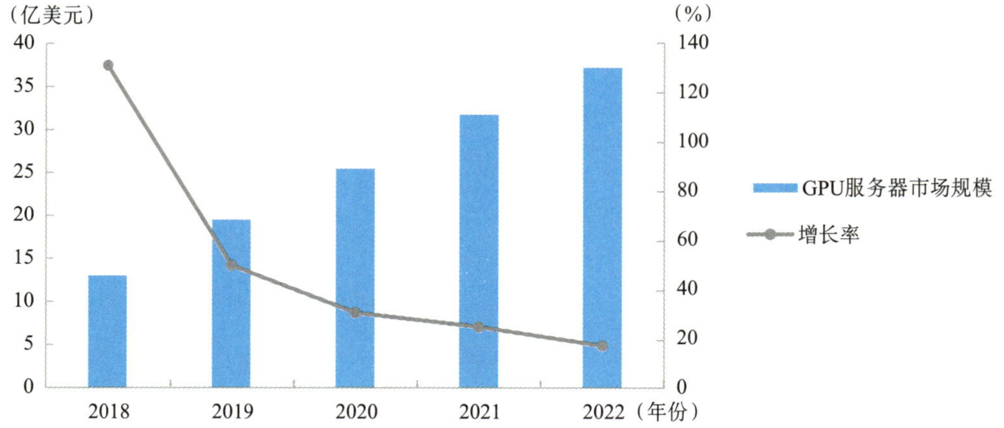

图 8－73　2018—2022 年中国 GPU 市场规模变化

数据来源：IDC。

表 8－14　2021 年底至 2022 年主要数字化政策

发布时间	发布机构	文件名称	涉及的数字技术
2021 年 12 月	国家发展和改革委员会	《“十四五”推进国家政务信息化规划》	平台、数据、在线
2022 年 1 月	国务院	《“十四五”数字经济发展规划》	数据技术、机器视觉、机器学习、6G 网络
2022 年 2 月	国家发展和改革委员会等	“东数西算”系列工程文件	数据处理技术
2022 年 11 月	—	党的二十大报告	人工智能、新一代信息技术
2022 年 12 月	—	《中共中央　国务院关于构建数据基础制度更好发挥数据要素作用的意见》	数据安全、数据处理
2022 年 1 月	工业和信息化部	《制造业质量管理数字化实施指南（试行）》	管理数字化
2022 年 8 月	工业和信息化部办公厅、财政部办公厅	《工业和信息化部办公厅　财政部办公厅关于开展财政支持中小企业数字化转型试点工作的通知》	工业互联网平台
2022 年 2 月	国务院办公厅	《国务院办公厅关于加快推进电子证照扩大应用领域和全国互通互认的意见》	数字认证
2022 年 4 月	中央网信办等五部门	《2022 年数字乡村发展工作要点》	数字基础设施、数字金融
2022 年 2 月	—	其他新法规	互联网、服务算法等

从筛选出的数字化政策可以看出，国家对于数字技术的推动主要提及了数据、互联网、数据要素流通与交易制度、数据产权制度、互联网平台、数字基础设施、网络安全等技术。

（一）从互联网到物联网的演变

中国的互联网起步较晚，但在 21 世纪初期，随着电信市场的开放和技术的不断提升，中国的互联网开始迅速发展。随着移动通信技术的不断发展和移动设备的普及，中国的互联网开始进入移动互联网时代。这一时期的主要特点是以手机应用和移动互联网为主。随着云计算技术的不断发展和应用，中国的互联网开始进入云计算时代。这一时期的主要特点是以云计算、大数据和人工智能为主，如云存储、数据分析等。随着物联网技术的不断成熟和应用，中国的互联网开始向物联网转型。这一时期的主要特点是以智能硬件和物联网为主，如智能家居、智能穿戴、智能交通等。

中国市场桌面操作系统中，Windows 占比仍然最大（见图 8－74）。OS X 从 2012 年的 1.1% 上升到 2022 年 4 月的 5.9%，Linux 从 2012 年的 0.19% 上升到 2022 年 4 月的 0.71%。

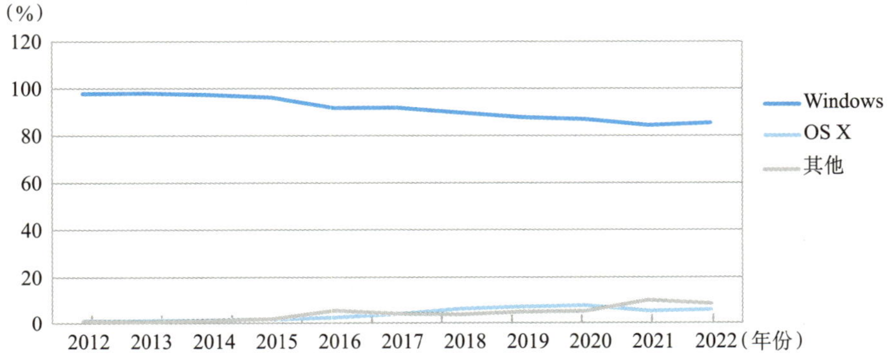

图 8－74　2012—2022 年中国桌面操作系统市场份额分布

数据来源：StatCounter。

相较于 PC 端和移动端时代，物联网时代有了更高的操作系统的要求，需要操作系统能够更好地满足物联网设备的特点和需求。因此，现代操作系统需要不断升级和改进，以适应不断变化的物联网市场（见图 8－75）。

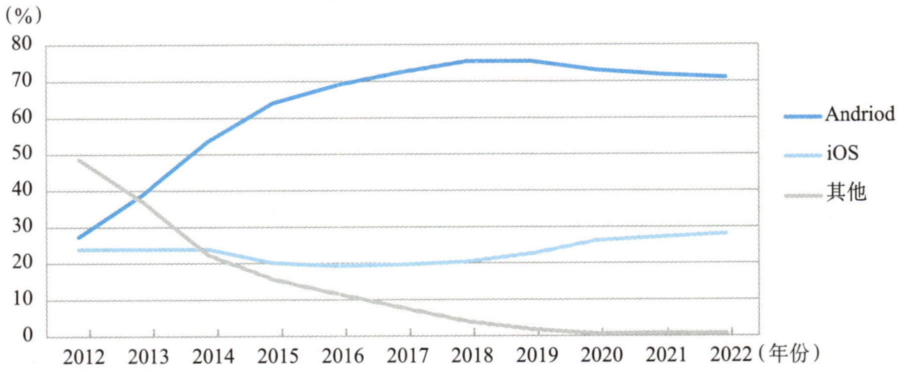

图 8－75　2012—2022 年中国移动操作系统市场份额分布

数据来源：StatCounter。

我国物联网起步相对较晚，从 2015 年开始我国物联网连接设备数开始逐渐上升，物联网设备连接规模持续高增长（见图 8－76）。

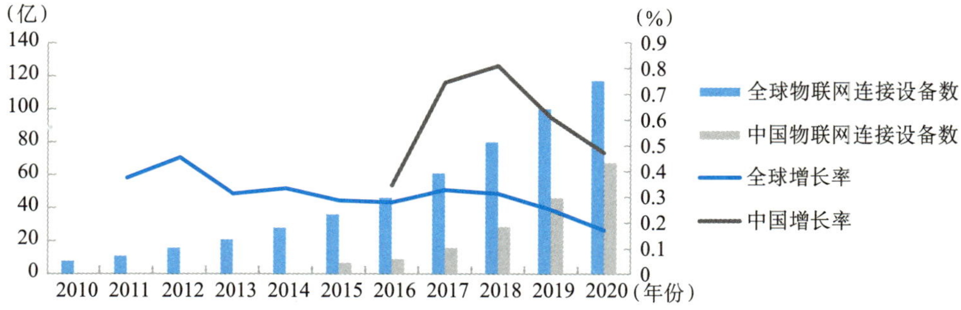

图 8－76　2010—2020 年全球及中国物联网设备连接规模及增长率

数据来源：艾瑞咨询。

我国互联网技术方面，6G 开始加速前进。算力时代下，千兆光网务实前行，“IPv6＋”显现精彩画面。国家推动北斗定位在大众消费领域的应用，全行业加快推进“IPv6＋”创新体系建设。

物联网方面，“方向盘后无人”车试验成功，搭载 C－V2X（蜂窝车联网）陆续生产，车用操作系统、大算力计算芯片等关键技术完成 3500 多千米道路智能化升级改造，装配路侧网联设备 4000 余台，实际测试里程已超过 1500 万千米。

（二）互联网企业在数字技术中的桥梁作用

过去的若干年中，从 PC 端到移动互联网端，中国的互联网企业经过了快速发展，其中也不乏经历了“互联网反垄断”。中国互联网企业的发展为中国经济带来了新的动力，也在数字经济发展过程中扮演重要的角色。2022 年，中国 7 家市值最大的互联网公司少见地有了共同的策略——降本增效。

2020—2022 年，7 家大型互联网企业市值在减少（见图 8－77），但同时，中国政府出台了一系列政策措施，加大对互联网行业的支持力度，促进了行业的发展。

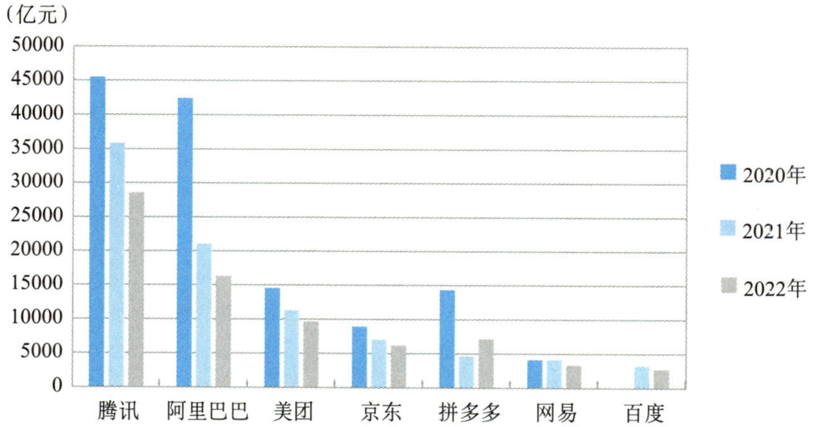

图 8－77　2020—2022 年中国 7 家互联网企业市值变化

数据来源：Wind。

互联网企业在新一代信息技术方面扮演重要角色。随着数据量爆发式增长，对数据处理的需求呈现指数级增长，中国互联网企业成为云计算技术的领军者（见图 8－78），阿里巴巴于2009 年成立阿里云，目前已经形成完整的技术体系。

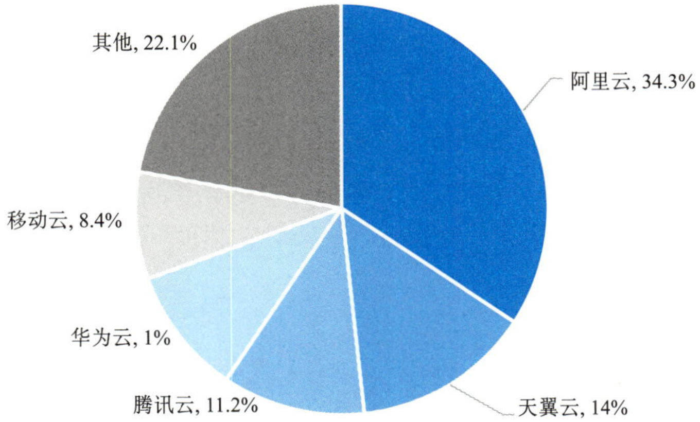

图 8－78 互联网企业是云计算技术的主力军

数据来源：中国信息通信研究院。

互联网企业在工业互联网产业链中扮演着重要的角色（见图 8－79），互联网企业在技术创新方面具有天然的优势，可以通过自身的技术优势，不断推动工业互联网技术的升级和创新。例如，阿里巴巴、华为、腾讯等企业推出了基于云计算、大数据、人工智能等技术的工业互联网平台。

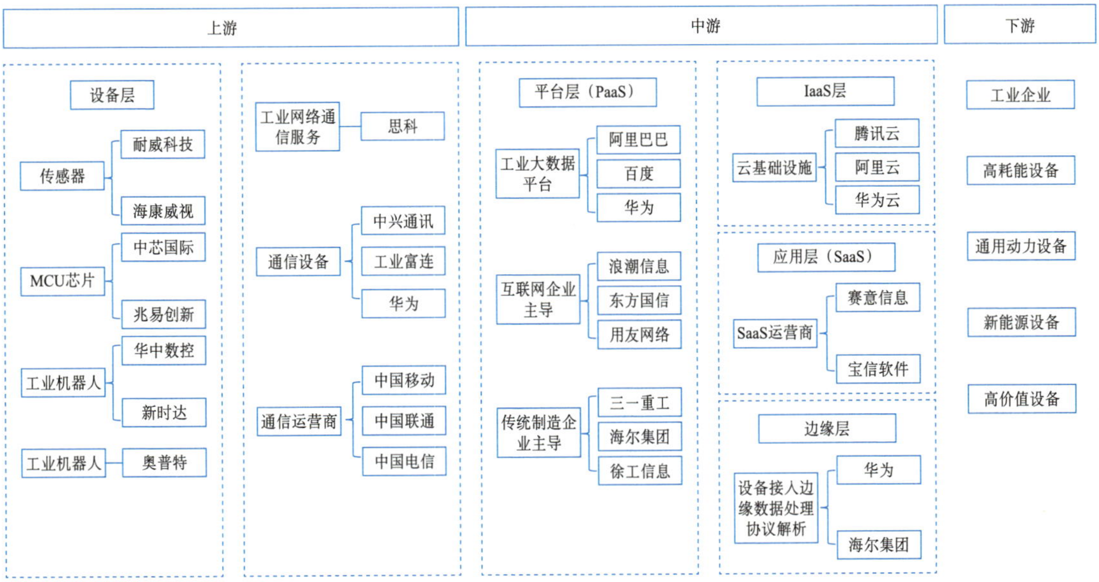

图 8－79 工业互联网产业链中互联网企业的角色

数据来源：《中国工业互联网产业经济发展白皮书（2021 年）》。

（三）我国人工智能的发展

一方面，在人工智能市场上，2022 年年中，由 DALL－E 2 以及其后 Stable Diffusion 和 Midjourney 等“文本—图像”生成模型引起公众对人工智能生成内容的大量关注，年末 ChatGPT 的横空出世刷新了公众对人工智能智能化水平的认知。

AI 领域的竞争焦点主要有两个，一个是参数量巨大、规模超大的 AI 模型，另一个是提供超强算力的 AI 芯片。

如图 8－80 所示，在人工智能领域，芯片是核心技术之一。目前，中国在人工智能芯片领域已经取得了一定的进展。例如，中国的云从科技、寒武纪等企业都在推出自主研发的 AI 芯片。中国政府也在加大对人工智能芯片的研发和推广力度，成立了国家人工智能芯片创新中心等。

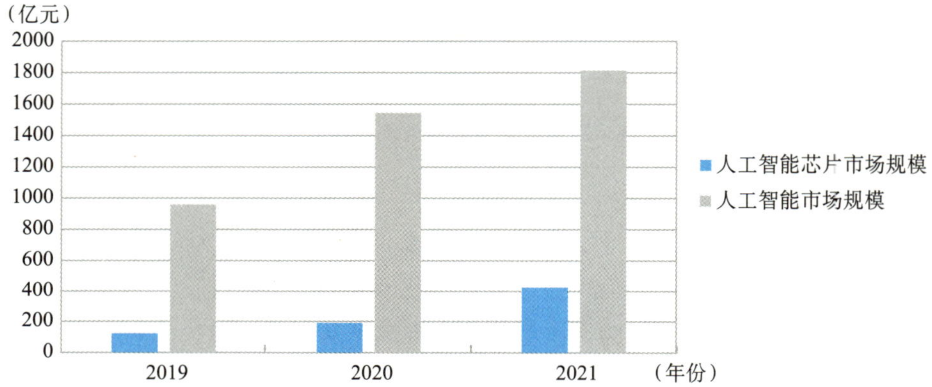

图 8－80　2019—2021 年中国人工智能产业规模与芯片规模

数据来源：亿欧智库、前瞻产业研究。

随着人工智能技术的发展，越来越多的开发者开始使用各种开源深度学习框架进行开发（见图 8－81），国产飞桨社区也逐渐扮演重要角色。

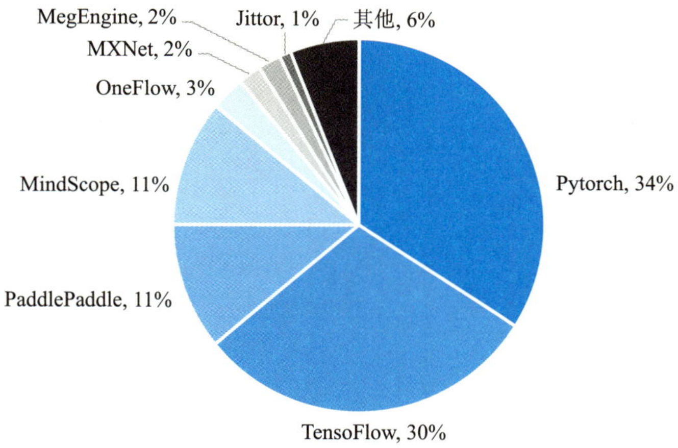

图 8－81　2022 年中国人工智能开发者框架使用率

数据来源：Omedia、Papers with Code。

另一方面，是ChatGPT与我国的关系。ChatGPT是文字AI领域的典型代表，自2022年12月1日开放以来，用户数已突破1亿人。目前，ChatGPT的应用已经覆盖了全球多个国家和地区，成为人工智能技术发展的重要一环。对国内而言，百度发布新一代AI大模型文心一言，模型在文学创作、商业文案创作、数理逻辑推算等五项能力上表现优异，并且性能仍在持续提升中。国内早期也发生了较多的AIGC融资事件（见表8－15）。

表8－15 2020年以来中国AIGC融资事件

时间	公司名称	轮次	金额	投资方	行业分类
2020年1月20日	像素便宜	天使轮	未披露	云启资本（领投）、微光创投	AI创作新视界研发商
2020年5月11日	火山引擎	放收购	未披露	字节跳动	企业级智能技术服务平台
2020年7月9日	灵动音科技	Pre－A轮	未披露	众海投资、腾讯投资	音乐创作服务商
2020年9月16日	科大讯飞	战略投资	未披露	中国移动	智能语音产品开发商
2021年1月6日	Mai小麦	A轮	500万美元	Partech Ventures等	AI驱动女性消费领域效果广告提供商
2021年8月30日	诗云科技	Pre－A轮	数百万美元	IDG资本（领投）等	AI内容生产系统开发商
2021年11月26日	必优科技	天使轮	未披露	金山办公	智能写作SDK服务平台
2022年1月4日	超参数科技	B轮	1亿美元	红杉中国领投	AI技术研发商
2022年1月5日	倚澜科技	天使轮	未披露	智慧基石、达晨财智	虚拟现实技术解决方案提供商
2022年2月10日	澜舟科技	Pre－A轮	1亿元人民币	联想创投等	认知智能产品研发供应商
2022年8月2日	灵图创新	天使轮	未披露	奇绩创坛	影视游戏创作发布平台
2022年11月7日	微软小冰	A＋轮	10亿元人民币	高瓴资本、IDG资本	跨平台人工智能机器人研发商
2022年12月5日	聆心智能	天使＋轮	数千万元人民币	连星资本领投	计算精神心理诊疗服务商
2022年12月15日	特看科技	天使轮	数千万元人民币	峰瑞资本领投	AI＋数据打造视频生产SaaS平台

（四）我国大数据与云计算从PC向集群演进

1. 大数据企业的变化

我国大数据企业的规模在不断扩大。2019年，我国大数据行业规模达到912亿元人民币，同比增长约26%。2020年，受新冠疫情影响，整个经济形势不确定性加大，但大数据企业仍然保持着较快的发展态势。

我国目前大数据领域的企业注册资本超过5000万元的比例约7%，大部分注册资本规模集中在100万—500万元，说明当前大数据企业以中型企业为主（见图8－82）。

据统计，我国大数据企业主要分布在广东、山东、上海、陕西、江苏等经济发达省份的一线城市和二线城市，也有一些分布在三线城市和农村地区，呈现出“一线引领、二三线崛起、城乡共建”的趋势（见图8－83）。

图8－84为大数据企业应用领域的分布。从图中可以看出，金融、通信、零售是大数据企业应用的主要领域。

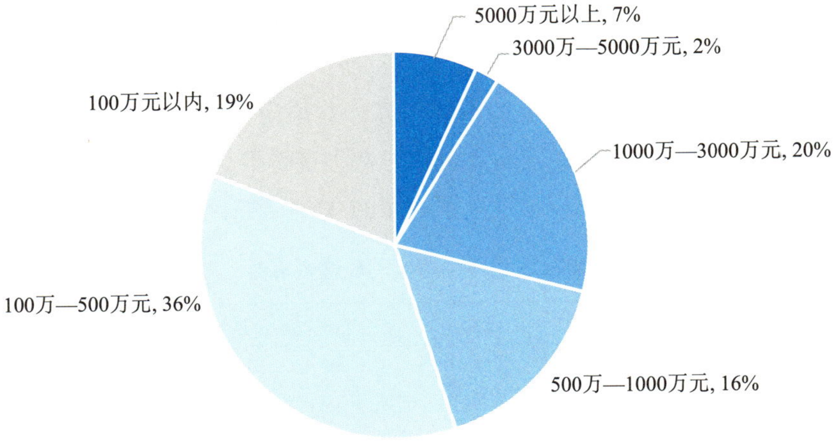

图 8－82　大数据企业规模分布

数据来源：企查查。

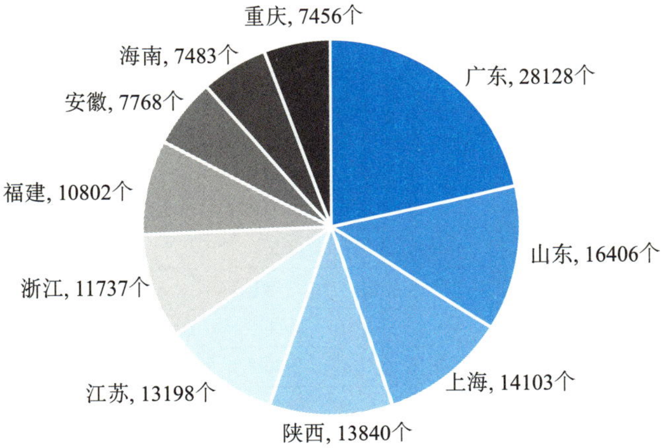

图 8－83　大数据企业地域分布

数据来源：企查查。

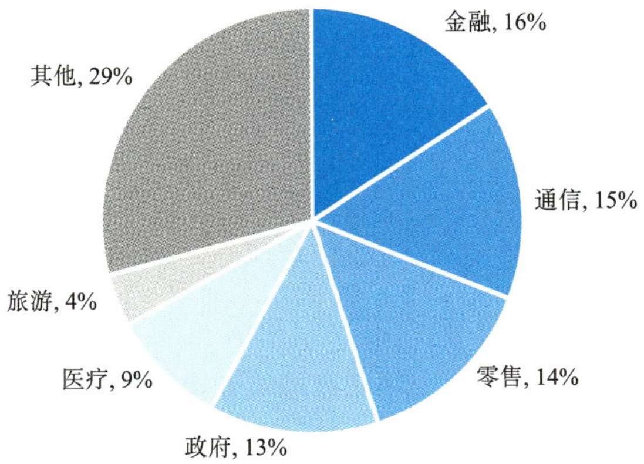

图 8－84　大数据企业应用领域分布

数据来源：华经产业研究院整理的公开资料。

2. 数据计算方面的应用

随着我国大数据应用场景逐渐增多，云计算行业快速发展，开辟第二增长曲线。目前，中国的公有云和私有云市场都在迅速发展壮大，公有云市场主要由阿里云、腾讯云、华为云等几大提供商主导，其中阿里云是市场份额最大的云服务提供商；私有云市场主要由华为、云神通、浪潮等企业提供，其中华为是私有云市场份额最大的企业（见图 8－85）。

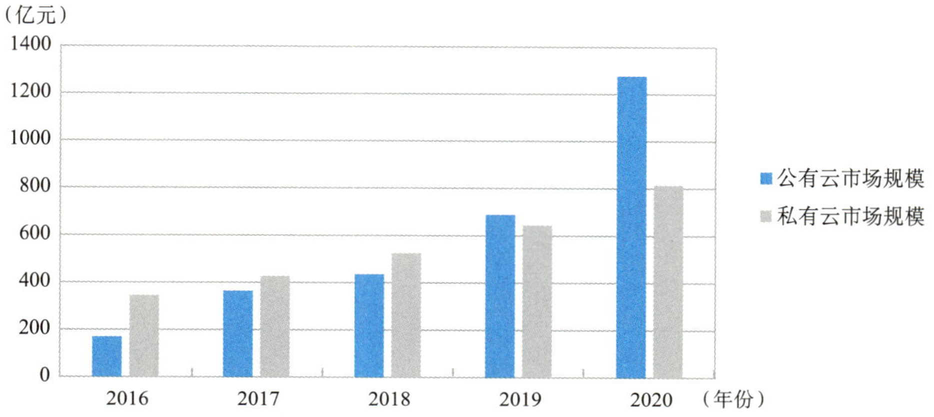

图 8－85　2016—2020 年我国公有云和私有云市场规模

数据来源：中国信息通信研究院。

三大运营商面向 B 端市场的“第二曲线”业务持续保持高速增长，发展势头十分强劲，集体呈现增长快速、占比提升的明显特征（见图 8－86）。

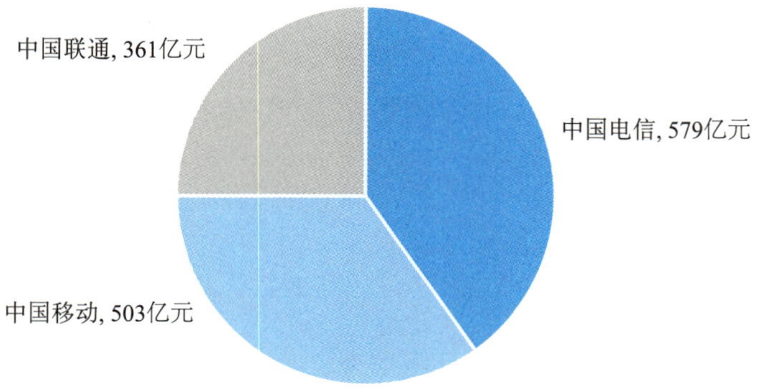

图 8－86　2022 年我国三大运营商云计算业务收入

数据来源：三大运营商官网。

国内现有的云计算服务中，阿里云市场份额占比较大。当前，阿里云对于不同行业的服务都给出了对应的方案（见图 8－87）。

3. 数字资源与产权交易

从顶层设计到实施细则，从“大数据”到“数据要素”，各项政策逐步激活数据要素潜能。

安全与网络	企业服务应用	应用上云	行业类应用
等保合规解决方案	业务中台技术解决方案	云上大数据仓库解决方案	数字农业解决方案
数据安全解决方案	数据传输解决方案	云原生企业级数据湖解决方案	智慧消防解决方案
全球网络互联解决方案	企业级高可用架构解决方案	企业级云灾备解决方案	电商视频直播解决方案
企业上云安全建设解决方案	企业级互联网架构解决方案	SAP上云解决方案	智能媒资管理解决方案
IPv6解决方案	极致弹性的云原生架构解决方案	云上数据集成解决方案	云游戏解决方案

图 8－87　阿里云服务方案

数据来源：阿里云官网。

数据已然成为继土地、劳动力、资本和技术之外的第五大生产要素。北京、上海、广州、深圳等地纷纷建立数据交易平台，标志着数据交易平台建设的第二个阶段到来（见图 8－88）。

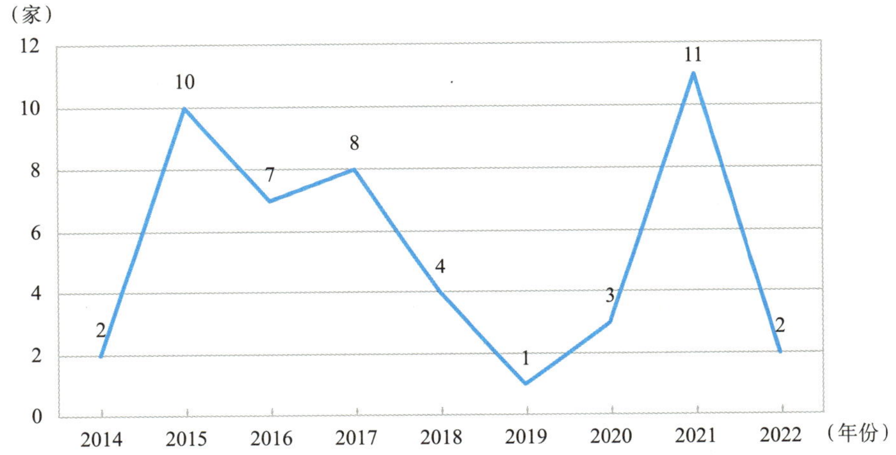

图 8－88　2014—2022 年全国数据交易平台注册时间分布

数据来源：笔者根据公开资料整理。

（五）我国计算机视觉领域的试验与进展

1. 我国计算机视觉市场的演变

计算机视觉与我国现代工业化进程互相推进，取得了高速发展。中国计算机视觉市场正处于快速发展阶段，这主要是由于数字化转型和人工智能技术的迅速发展，以及国家政策的支持和投资的推动。

CV 三大阵营（见图 8－89）：（1）商汤、旷视、依图、云从、创新奇智、云天励飞等独角兽企业；（2）海康威视、大华股份等垂直行业龙头企业；（3）以 BAT、华为为代表的互联网、ICT 领域的巨头。

我国计算机视觉领域市场刚起步，不同企业之间竞争激烈，推动了技术的快速发展和市场的不断扩大。随着技术和市场的不断成熟，竞争格局也会逐渐稳定和优化。

在计算机视觉训练数据产品中，不同产品有一定的差异性（见表 8－16）。

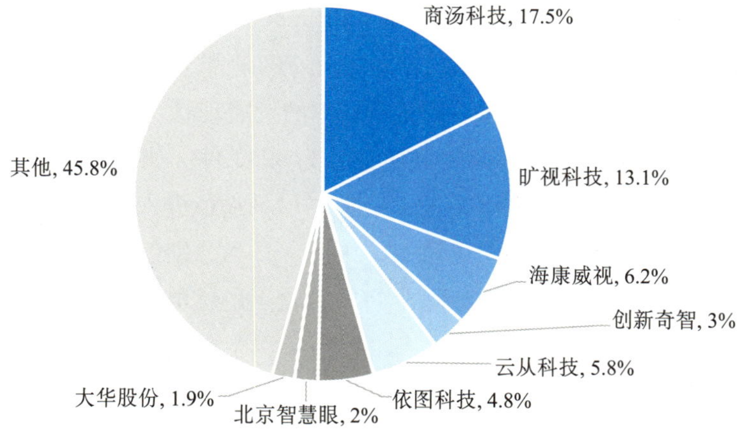

图 8－89　计算机视觉应用市场占比

数据来源：IDC《中国人工智能市场格局演进》，IDC 微信公众号。

表 8－16　计算机视觉产品对比

训练数据结构属性	海天瑞声	Appen	慧昕科技
人像识别检测相关	包含约 3 万个不同人脸数据，覆盖黑、白、黄、棕等不同肤色；覆盖登机口安检库、手机拍照库、人物表情库等应用场景	包含 1 万多张黑人在不同角度和光线下的人脸图片，以及 1000 名中国人身体动作视频等	包含 2 万张人物轮廓图片，覆盖不同年龄段男女老少、各类着装打扮、各类行动姿势（站立、行走、蹲等）
OCR（光学字特识剧）	覆盖 10 余个语种，覆盖策单、路牌、收据、书籍等 17 类场景	包含汉语、泰语等语种，覆盖书籍、报刊、门票、路牌、菜单等 16 个场景	—

2. 计算机视觉的市场应用

微软曾在 iOS 平台上架的一款 APP“微软识花”，可以识别多种花的种类。这款应用是微软亚洲研究院与中国科学院植物研究所合作开发的产品。“微软识花”是计算机视觉技术带来的身边的“植物学家”，而计算机视觉同样可以应用到我国的精准扶贫中。

柞水木耳是吉林农业大学在柞水县对口帮扶的精准扶贫项目。带领这支扶贫专家团队的是一位年过七旬的老教授——李玉，他是我国食用菌领域唯一的院士。李玉院士团队牵头组建“朝阳玖壹珍稀食用菌智慧生产产学研联盟”，开发出了基于物联网、人工智能和图像识别技术的羊肚菌日光温室环境全自动控制系统，首创日光温室“光热分离系统”，将日光温室高效节能与环境自动控制有效结合。

（六）我国当前量子技术领域进程

量子信息技术是我国信息技术方面未来突破的重点发展方向之一。量子信息技术的应用主要包括量子通信、量子计算和量子测量三个领域，量子通信最接近商业化，量子计算和量子测量离商业化较远。

通过对德温特世界专利索引（Derwent WorldPatents Index，DWPI）数据库中各国专利申请量、专利合作条约（Patent Cooperation Treaty，PCT）数量进行检索，对全球量子通信领域的专利数据进行分析，从而展示各国量子技术的发展现状。

截至2021年6月，量子通信领域专利申请量为4232件。如图8－90所示，从专利申请量看，中国公开的专利申请量大幅领先。从通过PCT途径进入各国的量子通信领域专利申请数量看，美国以458件的申请量居第一，中国、日本分别以247件和227件的数量居第二、第三位。美国、中国、日本、韩国在PCT数量上的优势说明上述各国在量子通信方面取得了较大进步与成就。

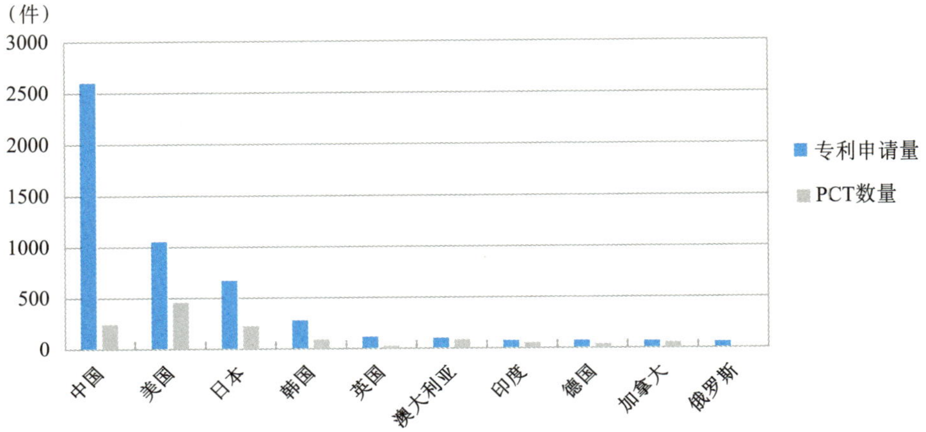

图8－90　不同国家量子通信领域专利申请量及PCT数量的对比

数据来源：DWPI数据库。

在量子技术方面，我国首创量子密钥分发开放式新架构，采用光频梳技术，成功实现615千米光纤量子通信。该架构在确保量子通信安全性的同时，能大幅降低系统建设成本，为我国建设多节点广域量子网络奠定基础；研究成果“超冷多原子分子”入选英国《物理世界》2022年度十大突破；率先通过实时重复的量子纠错过程，延长了量子信息的存储时间，相关结果超过编码逻辑量子比特的物理系统中不纠错情况下的最好值。

四、数字要素驱动业未来的问题与趋势

（一）我国数字要素驱动业存在的问题

一是数字化能力不足。数字化能力包括数字技术研发、人才储备、数字化转型等方面，数字技术的快速发展需要具备相关能力的人才，而这些人才目前仍然供不应求。

二是数据安全问题。随着数据的不断积累和应用，数据泄露和信息安全问题也越来越突出，数字要素驱动业需要加强数据安全管理和技术保障。

三是法律法规不健全。数字要素驱动业需要完善的法律体系和规章制度的支撑，目前

相关法律法规的完善仍有待加强。

（二）数字要素驱动业的未来发展趋势

1. 权责逐渐清晰，政策密集推进

数字要素驱动业仍旧处在政策密集推进的阶段，相关政策会推动治理体系不断完善，其中可能包括：

（1）数据产权：从立法角度推动或者模糊化数据的所有权收益权，解除核心风险顾虑；

（2）数据评估：完善数据资产价值评估体系；

（3）数据入表：数据以资产形式计入资产负债表，并调整相应资本政策；

同时，还可能有的一些其他发展情况，包括数据要素经营交易的标杆案例落地、权责逐渐清晰以及收益不断体现。

2. 行业深度融合，边界减弱

当前，人工智能、大数据技术的出现，使不同数字技术深度融合，如互联网的未来——Web3.0 吸纳了区块链的技术思想。未来，数字要素驱动业的不同种类会逐渐深度融合。

3. 技术迭代升级，数字转型升级

当前，数字要素驱动业的深刻变革以技术为核心，数字技术变革的趋势主要有：

（1）人工智能（AI）：中国正在加大对人工智能的投资和研发力度，积极推动人工智能技术的应用和创新；

（2）大数据：中国正在加强大数据基础设施建设和应用，推动数据共享和交换，提高大数据应用的效益；

（3）云计算：中国正在大力发展云计算技术和云服务，为企业提供全方位的数字化支持和服务；

（4）物联网：中国正在加强物联网技术的研发和应用，推动物联网技术在工业、城市等领域的广泛应用。

综上所述，中国数字要素驱动产业的发展趋势将不断创新和应用这些数字技术，推动各行各业的数字化转型和升级。

第五节　数字产业化发展问题及对策

产业化一般是指产业的诞生、成长和发展的过程。从产业的生命周期来看，我国数字产业化进程已经经历了初创期，正处于向成长期、成熟期转变的关键阶段。数字技术水平变高、应用范围变广且新技术逐步出现，各细分行业龙头企业增多，产业链及配套的产业集群也正在形成。根据目前中国数字产业化发展情况，可总结出三种数字产业化驱动模式，通过不同方式带来不同的驱动效果。然而，当前中国数字产业化发展增速放缓，为实现“十四五”数字经济发展规划目标，需要从多个方面突破发展瓶颈。

一、数字产业化的驱动模式

作为驱动数字经济发展的核心和基础，数字产业化通过提供数字技术、产品、服务、基础设施和解决方案等，为数字经济注入源源不断的发展动力。那么，数字产业化的核心驱动力又来自哪里？从驱动主体角度，将中国数字产业化驱动模式分为新型研发机构驱动模式、龙头企业驱动模式和产业集群驱动模式。

第一，新型研发机构驱动模式。《“十三五”国家科技创新规划》提出要“发展面向市场的新型研发机构”之后，新型研发机构逐渐成为国家战略科技力量的新的重要组成部分。与以往传统的研发机构不同，新型研发机构聚焦于战略性新兴产业领域，采取灵活的市场运行机制、坚持多元化的投资主体以及实行现代化的管理制度和用人制度，能够更加有效地发挥科研与产业间的桥梁纽带作用，如图 8－91 所示。

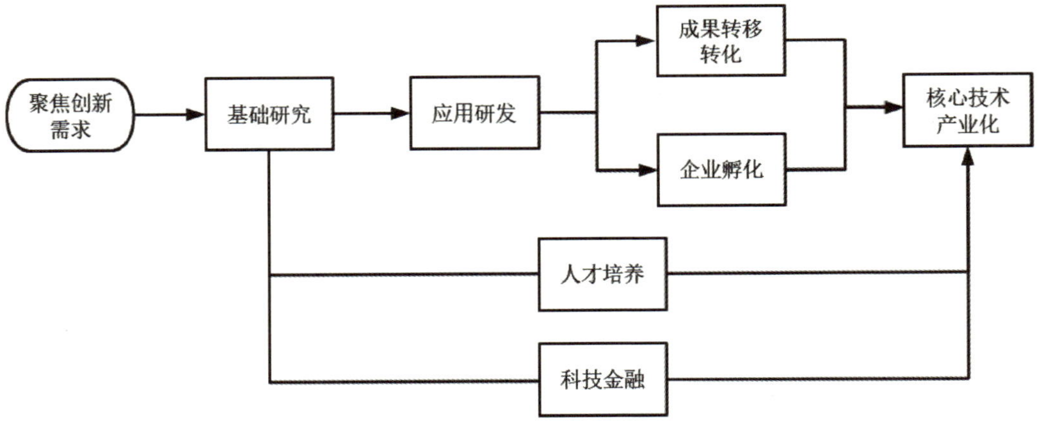

图 8－91　新型研发机构在科研与产业间的连接作用

在数字产业化领域中，新型研发机构便是重要的驱动主体之一。数字产业化的过程需要以强大的基础资源平台建设作为底层支撑，而这很难由企业来完成。一方面，中小型企业因专业人员不足、投入成本受限，难以构建有效且完备的资源体系，另一方面，大型企业即使能够达到平台建设的技术要求，但也受到诸多限制，如组织结构不灵活、核心资源开放性不足等。为避免基础能力建设成为数字产业化发展的空心地带，迫切需要新型研发机构发挥其在数字产业化高质量发展中的关键作用。

近年来，推动新型研发机构健康有序发展的相关政策措施频出，新型研发机构也在逐渐增多，一定程度上适应了数字产业化领域的发展需求。表 8－17 为目前我国在数字产业化领域比较典型的新型研发机构，主要以人工智能领域为代表。我国人工智能正处于从感知智能向认知智能转型的关键阶段，借助新型研发机构能够汇集一流科研人才共同奋战、孵化世界级的科技成果、提升科技成果市场适应能力，由此推动人工智能产业加快迭代升级。

表 8－17　　我国数字产业化领域部分新型研发机构

机构名称	成立时间	主要研究领域
之江实验室	2017 年 9 月	智能计算、人工智能、智能感知、智能网络和智能系统
达摩院	2017 年 10 月	量子计算、机器学习、基础算法、网络安全、视觉计算、自然语言处理、人机自然交互、芯片技术、传感器技术、嵌入式系统
鹏城实验室	2018 年 3 月	宽带通信、新型网络、网络智能、电路与系统、媒体与交互、数理科学与交叉前沿、智能计算
北京智源人工智能研究院	2018 年 11 月	人工智能的数理基础、机器学习、智能信息检索与挖掘、智能体系架构与芯片、自然语言处理、人工智能的认知神经基础、自由探索
上海人工智能研究院	2018 年 12 月	计算机视觉、智能 EDA、操作系统、机器认知计算、自然语言处理

资料来源：笔者根据公开资料整理。

第二，龙头企业驱动模式。在我国数字产业化过程中，龙头企业通过开拓市场、裂变式创业、知识溢出（信息、技术、管理经验溢出）等方式，在产业和地区内发挥了重要的辐射带动作用。数字产业化领域涉及众多引领当代全球技术变革的重要环节，成为国际竞争的重点领域。在市场需求的引导下，龙头企业不断追求卓越品质，主动瞄准国际竞争的焦点，积极投身有关国家核心产业安全的主战场，成为中国数字经济的“筑路者”与“领航员”。我国数字产业化部分细分行业的龙头企业如图 8－92 所示。

以华为为代表的龙头企业，是证明企业能够成为中国科技领域先驱者、对我国未来科技发展具有重大意义的典型案例。由于美国“实体清单”的束缚，华为不断强化上游原材料建设，从核心芯片到各大元器件都在努力实施“去美化”操作，并逐渐摆脱了美国企业的束缚。华为将供应厂商从美国转移至国内，以及华为对零部件的高标准要求和技术扶持，都促进了华为上下游供应链生态中各企业的高速发展，并形成了一批数字产业化融合利益共同体。经由华为认证的国内企业，相当于获得了行业的最高认可，可带来诸多的发展机会。对此，我国正在加大对数字产业化领域龙头企业的政策扶持，助力其在国际上进一步增强竞争力、影响力，成为保障数据安全和关键核心产品有效供给、引领数字产业化的关键力量和重要载体。

第三，产业集群驱动模式。数字产业集群，由从事数字经济四大核心产业的企业主体及其相关机构等组成，对于信息网络的依赖性高于以往任何的产业集群，多数通过互联网平台开展协同制造，通过数字化方式对集群活动进行管理。

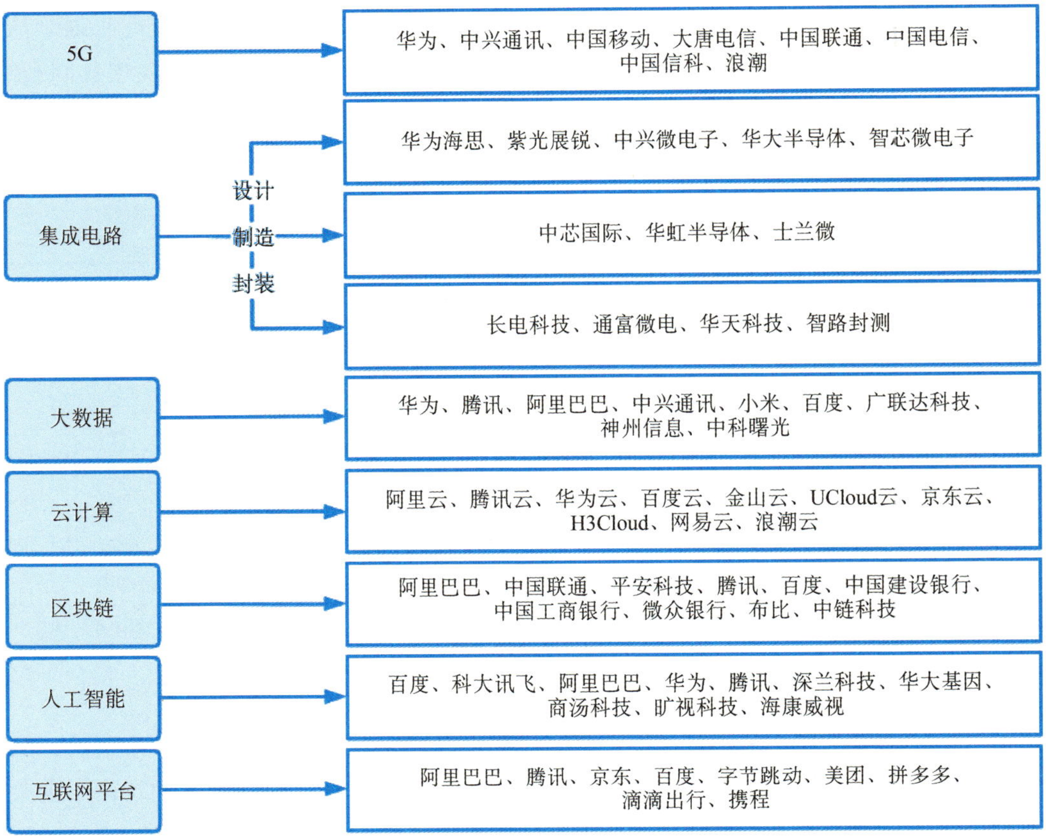

图 8－92　数字产业化部分领域龙头企业

资料来源：笔者根据公开资料整理。

伴随着数字经济快速发展，我国数字产业集群建设的热度持续走高，一些地方开展了不少积极探索，如“中国光谷”“中国声谷”“中国数谷”和“中国视谷”等，具体如表 8－18 所示。此外，2021 年，工业和信息化部遴选出 25 个先进制造业集群作为重点培育对象，其中数字产业集群占有较大比例，如图 8－93 所示。可知，通过集聚相关数字产业化领域的企业，加速推进数字产业集群建设，有利于抢占数字经济制高点。

表 8－18　　光谷、声谷、数谷、视谷基本情况

地方产业集群	简称	简介
武汉光电子信息产业集群	中国光谷	武汉东湖新技术开发区于 1988 年创建成立，集聚了中信科移动、长飞光纤、高德红外等一大批光电子信息领域国际知名的研究机构和头部企业。2020 年，成功创造全球首款 128 层三维闪存存储芯片、国内首个 400G 硅光模块等一系列科研成果[1]，为打破国外垄断、实现相关技术自主可控奠定基础

[1] 资料来源：湖北省人民政府网站（https：//www. hubei. gov. cn/hbfb/rdgz/202011/t20201112_3026962. shtml）。

续表

地方产业集群	简称	简介
合肥智能语音产业集群	中国声谷	2012 年起，合肥依托科大讯飞等企业试图打造全国智能语音领域产业发展新高地，这是由工业和信息化部与安徽省政府共建的部省重点合作项目，也是中国首个定位于人工智能领域的国家级产业基地。2021 年，“中国声谷”实现主营业务收入 1378 亿元、入园企业达 1423 家①
贵阳大数据产业发展集聚区	中国数谷	2015 年 2 月 12 日，经工业和信息化部批准，贵阳、贵安新区共同创建国家级大数据产业发展集聚区。苹果、谷歌、惠普、华为、阿里巴巴、腾讯、京东、富士康等数百家知名企业项目相继落户贵阳，满帮集团、朗玛信息、易鲸捷、白山云等一批本土大数据企业迅速成长
杭州数字安防产业集群	中国视谷	2022 年，“中国视谷”在杭州启动建设，并被纳入工业和信息化部与浙江省的新一轮整体合作协议。依托大华科技和海康威视领军的产业集群，加快推动杭州“数字安防—视觉智能—智能物联”产业跃迁。2021 年，杭州视觉智能核心产业营收 2720.8 亿元，整体规模超 6000 亿元。核心领域视频监控产品在全球市场的占有率接近 50%②

资料来源：笔者根据公开资料整理。

二、数字产业化的发展瓶颈

第一，数字产业化发展增速放缓。《“十四五”数字经济发展规划》指出，“到 2025 年，数字经济迈向全面扩展期，数字经济核心产业增加值占国内生产总值比重达到 10%”。然而，如图 8－94 所示，目前我国数字产业化的发展增速放缓，2021 年占国内生产总值比重为 7.34%，与 2020 年相比有所下降。目前，数字产业化领域正处于转型关键期，需要正确推动发展方向从注重消费市场规模向注重数字技术攻关、数字产业集群发展、数字产业化水平提升转变，把握这一阶段的发展机遇才能进一步推动数字产业化、培育发展新优势。

第二，数字技术创新不足。关键领域创新能力不足，核心数字技术专利质量不高。我国集中于数字产品制造、数字产品销售与服务的发展，占据了市场规模优势，数字经济模式或者业态的变革成为主流，然而却忽视了数字经济核心产业的上游，缺乏对核心数字技术的自主可控力以及数字经济领域的规则制定能力和话语权，迫切需要从“二次创新”向“原始创新”进行超越和追赶。

① 数据来源：安徽省经济和信息化厅官网（http：//jx. ah. gov. cn/zzqs/cyjq/147281841. html）。

② 数据来源：杭州市经济和信息化局官网（http：//jxj. hangzhou. gov. cn/art/2022/11/11/art_1229407639_58939159. html）。

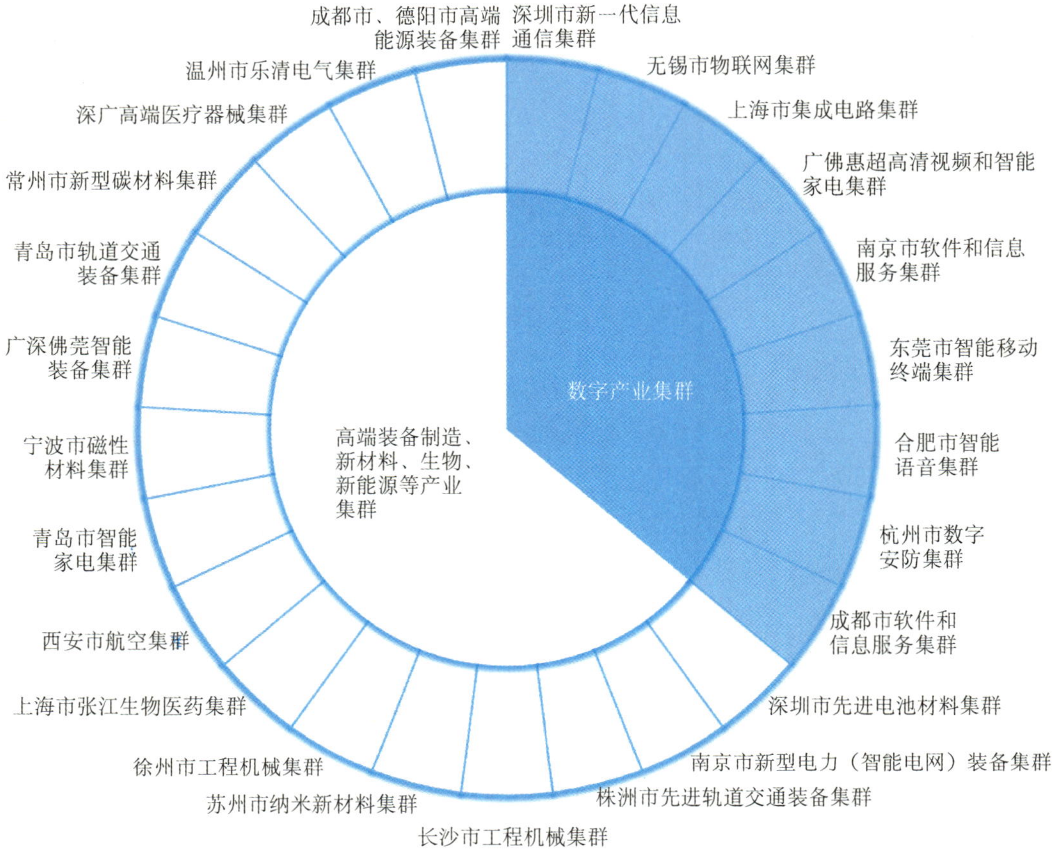

图 8－93　25 个先进制造业集群中数字产业集群占比

数据来源：笔者根据公开资料整理。

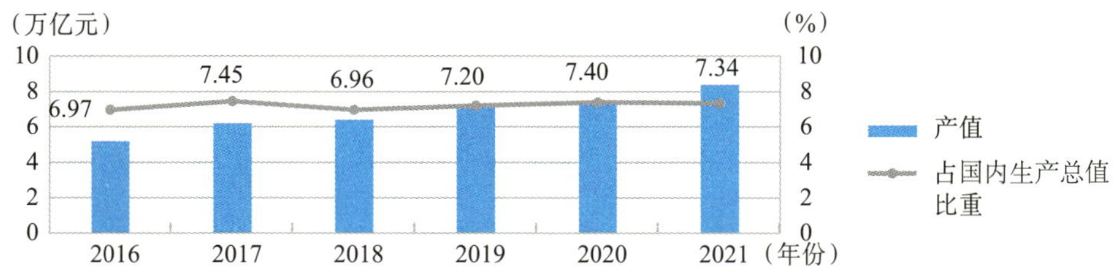

图 8－94　2016—2021 年我国数字产业化规模及占国内生产总值比重

数据来源：中国信息通信研究院。

选取新一代信息技术产业①作为研究领域，对比中国、美国、欧洲、日本和韩国五大知识产权局公布的相关发明专利数进行分析可知，虽然我国发明专利授权量不断突破新高（见图 8－95），但这一现象一定程度上是被增长更为迅速的申请量所抬高而形成的，事实

① 新一代信息技术产业包括下一代信息网络产业，互联网与云计算、大数据服务，电子核心产业，新兴软件和新型信息技术服务，人工智能。

上我国同年受理的授权发明专利与申请发明专利的数量占比依旧很低（见图 8－96）。此外，从专利被引用数量的角度来看，截至 2023 年 3 月，该领域排名前十的专利被日本和美国占据，中国的专利质量还有很大的提升空间。

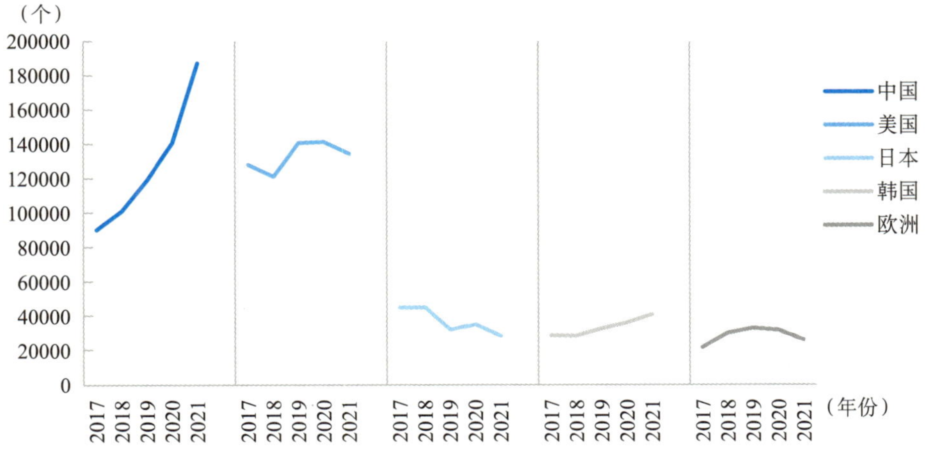

图 8－95 2017—2021 年新一代信息技术产业内授权发明专利数量

数据来源：智慧芽全球专利数据库。

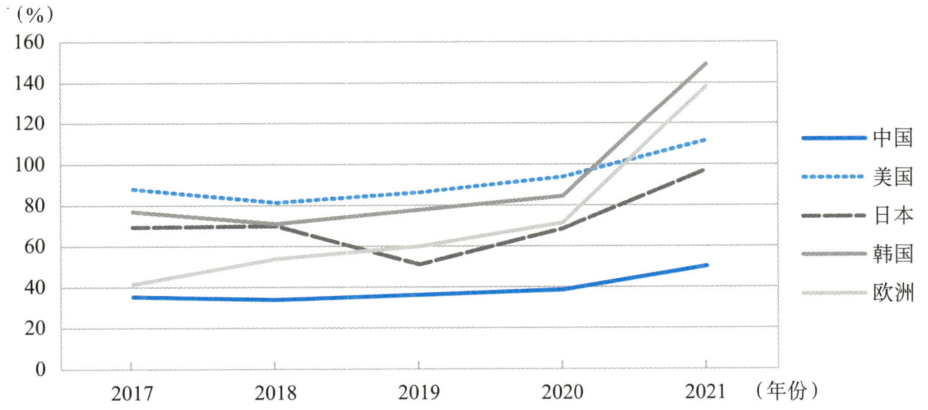

图 8－96 2017—2021 年新一代信息技术产业内同年授权发明专利与申请发明专利数量之比

数据来源：智慧芽全球专利数据库。

第三，科研成果转化率低。创新本身并非属于纯粹的科研活动，而是一种经济活动。科研成果只有最终能够带来经济收益、提升经济效率和服务于经济发展，才能称之为一种技术创新。单纯技术上的理论研究若不与市场相匹配，则只能停留在科学研究层面。因此，即使成功研发出一些科技成果，但创新链与产业链之间的脱节，会严重阻碍科技成果向现实生产力的转化。事实上，数字产业化领域科研成果转化率低、科研系统游离于经济系统之外，主要有以下两方面原因。

首先，知识产权保护不足、不到位，发明创造的技术秘密得不到有效保护。基于此，科研人员不愿将科技成果放到中介机构孵化发展，而是选择放弃或者由自身统筹所有环节而慢慢培育，这大大延长了产业化时间，降低了产业化效率。

其次，数字技术赋能工业发展方面缺乏信任机制，难以倒逼数字技术实现自主创新和产业化。以工业芯片为例，我国工业芯片一直在努力争取实现国产替代，已经拥有了不少工业芯片企业，但仍然比较分散，暂未形成合力，中高端市场长期被欧洲、美国、日本的国际巨头企业占据，电力能源、轨道交通等关键工业领域芯片自主化率仍不足10%。高端工业计算类芯片，如FPGA、高精度数据转换器ADC、多相高效电源管理芯片、通信射频等中高端工业芯片国产化率低于1%①，综合竞争力与国外相比有较大差距。提高自主化率的深层阻力在于，我国工业芯片下游的工业应用领域对国产芯片的信任度不高。一是由于工业产品通常处于极高或低温、高湿、强盐雾和电磁辐射等恶劣环境，因此必须确保工业芯片达到高水准的稳定性、可靠性和安全性，贸然使用国产芯片的风险系数很高。二是由于操作工业设备的人员已经习惯于国外芯片的编程方式，替换成国产芯片不符合日常的使用习惯，并且学习新的编程方式会增加转换成本，因此对国产芯片的信任度进一步降低。然而，工业芯片的功能提升正是需要在不断的实践和使用中才能发现问题，从而不断迭代更新，实现国产替代。因此，目前信任机制的不健全难以给芯片的工艺积累与创新提供机会，阻碍了我国工业芯片企业的产品创新与市场化。

第四，数字产业化人才短缺。我国普遍存在数字产业化人才总量供不应求、结构不优，高层次人才、实用型人才匮乏等问题，由此难以充分支撑数字产业化的进一步高质量发展。以部分地区为例，安徽省于2020年11月发布《安徽省5G产业急需紧缺人才目录》，并指出其5G产业人才供给体系短板明显，5G企业人才总量不足，缺口达20%，其中，急需紧缺人才占18%，比较紧缺人才占46%，紧缺人才占36%②。2022年9月，北京市人力资源和社会保障局发布“紧缺人才”目录，显示5G技术研发与应用、芯片涉及、量子计算技术研发等13个领域人才紧缺度最高。2022年11月，南京市发布《2022年度南京市创新型产业体系紧缺人才需求目录》，指出数字经济产业对中高端技术人才需求较大，大量数字经济业态模式快速崛起，例如，软件信息、芯片设计和智能制造等正在成为中国高新技术产业越来越关注的领域，相关产业对中高端技术人才的需求增长较大，并强调集成电路产业职业要求学历高、工作年限高，同时人才紧缺指数（TSI指数）最高，人才需求最大。2023年2月，杭州市发布的《杭州市重点产业紧缺人才需求目录（2022年）》中强调的五大产业生态圈，居于首位的便是智能物联产业生态圈，具体包括视觉智能、云计算大数据、集成电路、高端软件和人工智能、智能仪表、网络通信。2023年2月，广州市发布《广州市重点产业紧缺人才目录》也在引导人才资源向新一代信息技术、智能网联等新兴支柱产业汇聚。

① 数据来源：恒州博智（QYResearch）发布的《2022—2028全球与中国工业芯片市场现状及未来发展趋势》。
② 数据来源：安徽省人力资源和社会保障厅官方网站。

第五，区域间发展不平衡。根据新华三集团数字中国研究院发布的城市数字化发展指数可知，在数字产业化方面，一线、新一线城市在新经济、新业态方面明显提升，共享经济、平台经济健康发展，三四线城市也在明显加强，但与前者相比差距依旧较大。表 8－19 为 2021 年中国数字产业化指数前 20 名城市的得分，值得注意的是新华三集团数字中国研究院的调研范围内近 67% 的城市并未达到 30 分。尽管在数字产业化领域，中西部地区一定程度上可以超越传统经济实力，实现“弯道超车”，但在构建新型基础设施、打造数字产业集群、提升数字产业化综合实力方面，仍与东部地区有相当大的差距。

表 8－19　2021 年中国城市数字产业化指数前 20 名

名次	城市	数字产业化得分	名次	城市	数字产业化得分
1	上海	100	11	合肥	72
2	深圳	100	12	天津	72
3	北京	93	13	东莞	70
4	杭州	93	14	珠海	68.5
5	郑州	80	15	重庆	67
6	成都	79	16	贵阳	66
7	广州	79	17	长沙	65
8	苏州	79	18	福州	65
9	武汉	79	19	南京	65
10	无锡	73	20	沈阳	65

资料来源：新华三集团数字中国研究院发布的“中国城市数字经济指数”。

三、对策建议

为突破上述我国数字产业化的发展瓶颈，应从以下几个方面着力：一是借助制度创新驱动技术创新、成果转化；二是助力龙头企业、培育专精特新中小企业；三是夯实数字产业化人才队伍建设，提升人才整体素质水平；四是聚焦建设数字产业集群，实现数字产业化在空间分布和全产业链上的均衡。

第一，以制度创新助推关键数字技术攻关、提高科技成果转化比例。一是，充分发挥新型研发机构在关键数字技术突破中的作用。要想在技术上实现创新，就不能仅依靠国家科研体系来独立实现，这与市场需求不相匹配、不符合产业化要求，需要通过制度创新优化创新环境，进一步激发市场主体企业的创新活力与热情。构建突破数字核心技术攻关的体制机制，将科研体系与企业等多方主体联动，尤其应发挥新型研发机构的作用，真正将科研系统与经济系统相联系，实现高效率创新。同时，正确发挥新型研发机构的技术创新功能，尽量避免“为了专利而申请专利”的现象。二是，通过完善知识产权司法保护制度体系、强化知识产权保护的执法效能，从而加强知识产权保护。同时，为进一步破解“无成熟成果可转”的问题，应积极探索“先中试、后孵化”模式，促进更多科研成果产业化。三是，加快建立数字技术赋能工业发展信任机制。首先，倡导数字技术、服务和数字产品制造等企业建立信誉文化。其次，探索建立信任保险制度，对工业企业在推进数字技术和关键产品运用过程中因对方企业原因造成的意外损失给予补偿，并且可以事先对尝试使用国产替代品的工业企业进行适当补贴。再次，将数字技术、服务和数字产品制造的企业作为特殊类型的企业，要求建立信息披露机制，规范披露信息的义务。最后，国家需要构建供需平台，一方面让数字技术、服务、产品制造企业从需求中获取设计和研发灵感，另一方面让下游厂商增加对国产替代品的了解，只有实践的积累才能给予国产替代品迭代创新的机会。

第二，紧紧依托龙头企业的同时，大力培育数字产业化领域的专精特新中小企业。龙头企业突破自身所处产业链具体环节的应用研究，不断向上游和基础研究领域延伸并投身于此。因此，在推进数字产业化领域质量变革的过程中，需要紧紧依托龙头企业，实现从总量扩张向质量提升的方向转变。然而，要想在数字产业化领域实现我国自主可控的目标，需要更多企业参与以及上中下游等各环节联动，打通整条产业链的中高端需求机制。市场需求对技术研发的方向、路线选择以及创新资源配置起着决定性作用，如果产业链各环节集中于低端生产，将难以激发上游环节企业进行高端突破的动力，换句话说，即使产业链上游研究出中高端产品，但因下游市场缺乏此类品质化产品的需求，导致上游中高端产品缺乏实际的市场价值，由此大多数上游企业忽视走专业化、精细化道路，而偏向走量，并会将体量做到最大、成本压到最低，与高精尖领域越离越远。为此，需要培育和推动更多的中小企业走中高端市场定位，激发对品质化产品的直接需求，从而触发上游企业或科研机构、院校对核心技术攻关的主动性。

第三，将汇聚和培育人才作为发展数字产业化的最强支撑。一方面，要引培并重。积极引进高层次数字人才，尤其是国际知名的华人学者等；借助高校、职校、企业等平台以培训班、集训营的形式对内部人才开展职能培训。另一方面，健全人才保障体系。要能引进人才，也要能留住人才，除了提供科研支持外，也需完善相关保障制度。此外，在数字产业化领域实现国产替代的过程中，还需从教育阶段进行介入，完善人才培养、教育机制。先让学生在受教育阶段了解与熟悉国产的编程等相关知识、体系，才能真正为后续数字人才战略布局奠定基础。

第四，构建区域间优势互补机制、形成区域数字产业化的协调发展格局。区域间数字产业化协调发展，并非简单要求中西部地区数字产业化的质量水平向东部地区逼近，而是应更加关注东中西部的联动，通过有效释放不同区域的优势，缩小区域间数字产业化发展差距。为此，需要打造具有地方特色的数字产业集群，用新动能推动区域经济新发展；针对不同区域特点，加快建设各地数字基础设施，为数字产业集群建设提供配套基础支撑；积极与相邻区域进行数字产业化方面的沟通，消除区域间数字鸿沟和要素流动壁垒。

第九章
中国产业数字化发展现状、特征与趋势

产业数字化是指在新一代数字科技支撑和引领下，以数据作为关键生产要素，以价值释放为核心，以数据赋能为主线，对现有产业或产业链上下游的全要素数字化进行转型、升级和提升的过程。产业数字化与数字产业化构成数字经济发展的两个主要方面。从产业层面看，产业数字化包括工业数字化、服务业数字化和农业数字化。本章主要从这一层面分析我国产业数字化的现状、驱动模式和发展趋势。

第一节　产业数字化发展的现状

一、我国产业数字化转型现状

（一）我国产业数字化推进的总体状况

从总体上看，随着数字经济的发展，我国产业数字化进程不断推进和深化，具体表现出以下主要特色。

第一，产业数字化转型深入推进。据中国信息通信研究院发布的《中国数字经济发展报告（2022 年）》，2021 年，我国产业数字化规模达到 37.18 万亿元，同比名义增长 17.2%，占数字经济比重为 81.7%，占国内生产总值比重为 32.5%，产业数字化转型持续向纵深加速发展。据工业和信息化部数据，截至 2022 年底，我国数字经济结构进一步优化，产业数字化规模达到 37.2 万亿元，占数字经济比重为 81.7%。

第二，三次产业数字化转型齐头并进，并各自形成自己的数字化转型特色及模式。国内媒体、零售、交通、医疗、公共事业、教育、政府等服务行业数字化转型进程不断加快，工业、电力能源等行业的数字化转型前景广阔，潜力巨大。制造业数字化、智能化转型已经出现了以服务型制造、工业 4.0、智能制造、机器人、智慧仓储与物流、新零售、工业 APP、工业互联网、预测性维护、云制造、云租赁、大规模网络定制等新业态、新模式、新技术；医疗行业出现了医药分离、医联体、远程医疗、机器人医生、精准医疗、大数据科研等新业态、新模式、新技术；能源行业出现了能源互联网、智能网格、多能互补、微电网、智能计量架构等新业态、新模式和新技术。农业数字化转型也在快速推进，智慧农业、数字农业、农业信息化发展不断加快。与此同时，产业数字化转型的支撑服务体系和平台不断建立和完善，为产业数字化转型提供强有力的支撑。

第三，我国产业数字化转型的部分领域在全球处于领先地位。尽管以美国为代表的发达国家在数字技术及其应用方面依然具有领先优势，但我国作为全球最大的数字化技术应用市场，应用场景丰富，产业体系齐全，在电商、移动支付、5G、移动终端、金融科技管理方式、商业技术等领域已形成了具有中国特色的发展模式并走在世界前列。

第四，工业制造业数字化正在成为我国产业数字化的核心内容和主要方面。随着互联网由消费互联网为主的上半场转向产业互联网为主的下半场，加之我国制造强国建设的大力推进，工业制造业数字化逐渐成为产业数字化的中心内容。

制造业数字化、网络化、智能化更加深入，制造业与生产性服务业融合不断深化，规模化定制、服务型制造、网络化协同等新制造模式和运营模式不断出现。

（二）农业数字化转型现状

农业数字化转型是我国由农业大国迈向农业强国的必由之路。当今世界，发达国家都将发展数字农业、智慧农业作为提升农业现代化发展水平的重要方向，积极推进数字科技与农业的深度融合，提高农业数字化水平。近年来，随着数字经济的发展，我国日益重视数字农业发展，陆续出台多项相关政策措施，大力推进数字技术与农业生产经营管理等各环节的融合。随着《数字农业农村发展规划（2019—2025 年）》的发布，以及 2021 年和 2022 年中央一号文件明确提出开展数字乡村试点、实施数字乡村建设发展工程，我国数字农业也日益从顶层规划走向实践落地。

从我国各产业数字经济渗透率看，数字技术不断在各产业得到应用，数字经济在各产业的渗透率不断提升，其中数字经济在服务业中的渗透率最高，农业数字化渗透率还相对较低，但近年来处于逐年提升的态势（见图 9－1）。

近年来，我国农业数字化转型稳步推进，数字技术给农业农村发展带来了新的机遇，在农业生产经营活动中的渗透率不断提升，促进了农村新产业、新业态、新商业模式的发展以及农村公共服务的创新供给①。目前，互联网、大数据、物联网等新一代信息技术对农业的渗透融合主要集中于交易与销售环节，在生产环节和供应链环节的渗透率有待进一步提升，针对农业全产业链的全面数字化转型升级有待加快。目前，我国农业数字化进程主要呈现出以下特点：第一，推进农业信息化成为释放农业数字化转型潜力的重要途径。

① 殷浩栋、霍鹏、汪三贵：《农业农村数字化转型：现实表征、影响机理与推进策略》，《改革》2020 年第 12 期。

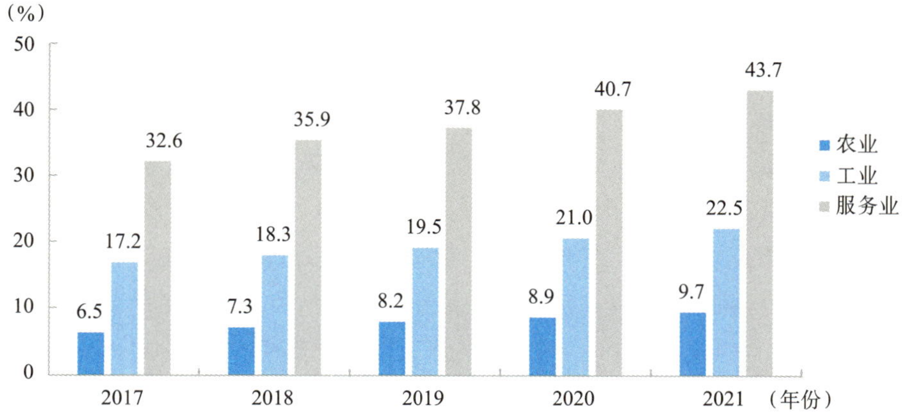

图9-1 2017—2021年中国三大产业数字化渗透率

数据来源：根据中国信息通信研究院公开资料整理。

农业生产信息化水平不断提升，对农业总产值增长发挥了积极促进作用。据农业农村部信息中心测算，2020年全国农业生产信息化水平为22.5%，全国农产品质量安全追溯信息化水平为22.1%。第二，发展农村电商成为助力乡村振兴的有效手段。商务部数据显示，2020年，全国832个国家级贫困县网络零售总额达3014.5亿元，同比增长26%；2021年，全国农村网络零售额达2.05万亿元，较2020年增长11.3%，增速涨幅为2.4个百分点；全国农产品网络销售额达4221亿元，较2020年增长2.8%。农村电商进一步促进了农业标准化、品牌化发展，电商带动区域农业发展成效显著，形成农业数字化转型的新经验、新突破。第三，打造数字农业试点成为深入推进数字乡村建设的发展先锋。截至2022年7月，已在全国部署117个数字乡村试点，建设9个农业物联网示范省和100个数字农业试点项目，分四批认定316个全国农业农村信息化示范基地，并在全国开展了苹果、大豆等6个品种的全产业链大数据建设试点，数字乡村建设由此深入推进①。

相比于传统农业发展，农业数字化创新主要体现在以下两个方面：一方面，农业生产全流程数字化、智能化不断加快。农业生产和供应链环节的数字化，主要是将物联网和大数据技术运用到传统农业中，利用无线传感器和软件对农产品长势和生产环境进行实时监控和数据共享，利用云计算对农产品全生命周期进行智能决策，从而有效提高农业生产的效率，提升农产品品质②。具体来看，物联网技术被逐步应用到农业设备中，促进了农业数字化、智能化发展，并且逐步搭建起农业数字化体系，实现数字遥控灌溉、数字遥控农药喷洒等功能，由此促进了农业生产全流程智能化。除此之外，传统养殖业企业也开始推进数字化、智能化过程，推进互联网与养殖业的融合，实现了精准养殖数据分析，并基于分析结果进行饲料的智能投放，由此节省了人力成本，提高了养殖业效率。

---

① 农业农村部市场与信息化司、农业农村部信息中心：《2021全国县域农业农村信息化发展水平评价报告》，2021年12月。

② 刘洋、董久钰、魏江：《数字创新管理：理论框架与未来研究》，《管理世界》2020年第7期。

另一方面，农产品流通电商化水平不断提升。近年来，我国电商与农业的配套合作体系得到快速发展，推动了农产品流通电商化进程。农产品的电商化不只局限于产品的网络销售与配送，而是通过整个服务体系与链条的数字化，拓展农业服务体系与服务范围。例如，农业发展通过搭建以电商为核心包括仓储、包装、物流、配送、售后服务等在内的运营体系，对传统分散的农产品销售环节实现数字化整合，促进了农产品服务的升级。同时，在农产品电商化过程中，正在推进以地域为核心的农产品品牌化与定制化发展，由此形成农业的新业态、新模式，如“特色农产品服务＋农业生态游”等，大大激发了农业发展的活力。

另外，我国在推进农业数字化发展中还采取了以下措施：加强农村流通基础设施建设，加快推进宽带网络进村入户，畅通城乡双向流通渠道；给农民开设电子商务操作培训和新型职业农民培训，提升农民的数字化业务素质和能力。

农业数字化转型的推进，有效促进了我国农业生产机械化、自动化、智能化水平，为农业发展方式转变和农业现代化发展注入强大动力。

（三）工业数字化转型现状

工业数字化是基于网络信息技术，推动技术进步、效率提升和组织变革的融合应用模式。在工业 4.0、智能制造等战略带动下，物联网、大数据、云计算和人工智能等新一代信息技术正在加速与工业领域的全方位融合，越来越多的工业企业，正在向数字化转型方向迈进。

从发展历史看，我国的工业数字化转型是与两化融合的推进紧密相连的。随着信息技术的快速发展和迭代，两化融合逐步深入，从启动发展到互联网与制造业深度融合，再进一步发展到新一代信息技术与制造业的深度融合发展，可以说工业数字化转型成为两化融合的新阶段。整个“十三五”时期，我国两化融合发展水平保持 2%—3% 的增长率，标志着产业数字化转型在稳步推进。近年来，伴随着数字化技术的广泛应用和政府一系列数字化发展政策的出台①，我国产业数字化水平得到快速提升，具体表现在以下方面。

第一，数字化研发设计工具普及率、关键工序数控化率明显提升。这是两项反映企业数字化水平的重点指标。目前，全国工业企业关键工序数控化率和数字化研发设计工具普及率达到 58.6%、77.0%。此外，作为世界上唯一拥有全部工业门类的国家，近年来工业互联网对我国数字经济的带动作用更加明显，基本形成综合型、特色型、专业型的多层次工业互联网平台体系，重点平台连接设备超过 8100 万台（套），覆盖国民经济 45 个行业

① 例如，《国务院关于深化制造业与互联网融合发展的指导意见》，对制造业数字化转型进行了全面部署；工业和信息化部、财政部等部门相继印发《智能制造发展规划（2016—2020 年）》《工业互联网发展行动计划（2018—2020 年）》等，明确了制造业数字化转型的具体目标和重点任务。这些文件就技术研发、成果应用、重点领域突破等方面提出了具体的支持政策与措施，在引领我国产业转型升级、技术创新和商业模式转变等方面发挥了重要作用。

大类，平台化设计、数字化管理、智能化制造、网络化协同、个性化定制、服务化延伸等新模式、新业态蓬勃发展①。在关键业务环节数字化水平方面，2019 年，我国工业企业在研发设计、生产、采购、销售、财务、人力、办公等环节实现数字化工具全覆盖的企业数占到 46.0%②。数字化研发设计工具普及率、关键工序数控化率明显提升，为进一步推进产业数字化打下良好基础。通过传统产业数字化转型，工业企业利用数字技术破解企业、产业发展中的难题，重新定义、设计产品和服务，在一定程度上实现了业务的转型、创新和增长。

第二，新型数字技术助力工业企业数字化转型成效明显。工业企业积极顺应数字化变革趋势，整体推进数字化转型，利用互联网、大数据、人工智能、云计算等新一代信息通信技术，从解决企业实际问题出发，重视外部协同的同时更应该对内部进行数字化改造，从单一化的数字应用到统筹全流程、全生命周期数字化，持续推动企业智能化、服务化升级。一方面，数字技术成果的应用通过按需付费等形式，帮助企业减少了软硬件投入的资金成本，降低了安排部署、业务协同和组建转型团队的时间成本；另一方面，数字技术通过提供个性化、柔性化定制解决方案，搭建供应链、产融对接等数字化平台，帮助工业企业打通供应链，对接融资资源，实现精益生产、敏捷制造、精细管理和智能决策。2022 年，国务院新闻办公室发布数据显示，中国工业互联网平台已经超过 150 家，服务的工业企业超过 160 万家；"5G + 工业互联网"在建项目全国已经超过 2000 多个；中大型工业企业关键工序数控化率已经达到了 55.3%，数字化研发工具的普及率达到了 74.7%。此外，数字化新业态、新模式也不断创新，开展网络化协同和服务型制造的企业比例分别达到了 38.8% 和 29.6%③。

第三，主要工业行业的数字化转型路径及水平存在一定差异。由于各行业技术水平、结构特征、所处产业链等存在不同，由此选择的数字化转型路径及推进进程也存在一定差别。例如，原材料行业，主要包括石化、建材、冶金等行业，该行业生产装备的数字化、信息化基础较好，生产过程的数控化水平较高，因此数字化推进速度较快。装备行业，主要包括交通设备制造、机械等行业，现实中这些行业较为注重数字化技术在企业研发、管理等环节的推广应用，从而使其数字化转型的总体水平也相对较高，并且装备行业数字化转型更加注重关联管控和协同优化，围绕研发、制造与管理一体化管控过程，系统推进数字化转型。近年来，我国消费品行业的数字化转型也在加快。该行业正逐渐成为我国传统产业数字化转型的代表性行业。该行业主要包括轻工、纺织、食品、医药等多个细分行业，行业集中度较低，企业数量较多，且以中小企业为主。行业的技术水平不高，主要属

① 中国信息通信研究院：《中国"5G + 工业互联网"发展报告》，2021 年 12 月。

② 中国社会科学院工业经济研究所：《中国工业发展报告（2020）》，经济管理出版社，2020，第 80 页。

③ 国家互联网信息办公室：《从"中国制造"走向"中国智造"：我国工业互联网产业规模破万亿元》，2022 年 10 月 27 日。

于劳动密集型行业，资本、技术密集度相对较低，该行业的数字化转型整体水平明显低于原材料行业和装备行业。但由于消费品行业具有更加靠近消费者或用户的特点，可以围绕用户需求甚至以用户为核心进行个性化定制、精准化营销，使用户更深入地参与到产品的设计、生产和销售等环节中，由此使该行业在数字化转型过程中的产业链协同化水平较高，个性化定制、网络化协同等新型制造模式推进较快。目前，该行业已出现以个性化定制模式为代表的数字化转型较为成功的企业，如红领集团等。

第四，制造业数字化转型的新型基础设施不断完善。经过多年推进工业化与信息化融合发展，加上近年来我国大力推进数字经济与实体经济的融合，可以说我国工业制造业已完成从自动化到信息化再到准数字化的跨越。目前，不少制造企业正处于从内部资源协同向产业链要素协同转变的阶段，需要大力发展工业互联网、5G、云平台等新型数字基础设施，为工业数字化转型提供强有力的支撑。以工业互联网为例，工业互联网既是产业数字化转型的新型基础设施，也是产业数字化转型的核心方法论①。工业互联网融合应用已迈入快速成长期，形成了平台化设计、智能化制造、个性化定制、网络化协同、服务化延伸、数字化管理六大典型融合应用模式，应用广度不断拓展。通过实施工业互联网创新发展工程，我国已培育较大型工业互联网平台超过 150 家，平台服务的工业企业超过了 160 万家，已在原材料、消费品、装备等 31 个工业重点门类广泛部署，覆盖至 45 个国民经济大类。应用程度不断加深，从设备管理、生产过程管控等延伸至产品研发设计、制造与工艺优化、产业链供应链管理等复杂环节。我国规模以上工业企业关键工序数控化率达 55.7%，数字化研发工具普及率达 75.1%②。

随着以 5G、工业互联网为代表的新基建加速落地，全球范围内工业无线网络以每年 30% 的速度增长，各大企业对于“5G + 工业互联网”的认知度快速提升。在新冠疫情的冲击下，越来越多的企业认识到数字化转型的重要性，对网络化、智能化的投资意愿逐渐增强。数字化新业态、新模式也不断发展创新，全国开展网络化协同和服务型制造的企业比例分别达到了 39.2% 和 29.9%。当前，我国工厂的数字化水平受限于设备信息化过程中的联网数量、网络传输质量等，工业互联网催生的新业态、新模式也对网络协同能力提出了更高要求，现行工业无线技术尚未完全满足生产需求③。5G“低时延、高可靠、大带宽”的特性，与工业领域“低时延、高可靠、广覆盖”的网络基础要求紧密契合，更加灵活的组网模式、更加高速的传输通道等属性，为我国工业制造业数字化创新发展提供了新的方向。

第五，智能制造作为工业制造业数字化转型的基本内容正在快速推进。智能制造是基

---

① 中国信息通信研究院：《中国数字经济发展报告》，http：//www. caict. ac. cn/kxyj/qwfb/bps/202207/t20220708_405627. htm，访问日期：2023 年 3 月 22 日。

② 中国政府网：《工业互联网 赋能千百行》，2021 年 12 月。

③ 中国信息通信研究院：《中国“5G + 工业互联网”发展报告》，http：//www. caict. ac. cn/kxyj/qwfb/bps/202112/t20211227_394647. htm，访问日期：2023 年 3 月 22 日。

于新一代信息通信技术与先进制造技术，贯穿于研发、设计、生产、供应、服务等制造的各个环节，实现全面智能化的新型生产方式。智能制造是我国实施制造强国战略的重要方向。智能制造产业链涵盖感知层、网络层、执行层和应用层四个层次，其中，感知层主要包括传感器、RFID、机器视觉等领域；网络层主要实现信息传输与处理，主要包括云计算、大数据、智能芯片等技术领域；执行层主要为智能制造终端集成产品，包括机器人、数控机床、3D 打印设备等；应用层主要为智能生产线。

装备制造业是我国推进智能制造的重点行业。智能制造装备是先进而智能的高端装备，是衡量国家工业化水平的重要标志。智能制造装备是先进制造技术、信息技术和智能技术在装备产品上的集成和融合。经过多年的发展，中国装备制造业规模超过 20 万亿元，占全球比重已经超过 1/3。但我国装备制造业仍面临大而不强、创新能力弱，在基础产品、基础工艺、基础材料等方面存在较多短板等问题。作为智能制造装备产业所需的重要零部件，电子元器件行业在过去几年间发展火热。2020 年，中国电子元器件年销售额 18331 亿元，同比增长 6.6%，且根据“十四五”发展规划的要求，预计在 2025 年中国电子元器件销售总额将达到 24628 亿元。总体来看，现阶段我国智能制造装备上游产业的供给比较稳定，智能制造装备行业未来发展前景较为广阔。随着制造强国战略的不断落实，物联网、云计算、人工智能等新一代信息技术的迅速发展和应用，我国装备制造业智能制造乃至整个智能制造将得到进一步快速发展。

（四）服务业数字化转型现状

近年来，我国服务业的经济增长主引擎作用持续发挥，日益成为推动经济高质量发展的中坚力量。2021 年，服务业增加值占国内生产总值比重为 53.3%，对经济增长的贡献率达 54.9%。在数字经济时代背景下，数字化转型正在成为服务业发展的必由之路。为加快服务业数字化发展步伐，增强经济发展动能，各地纷纷出台相关政策和行动方案，国家政策端发力明显。同时，新基建是新一轮科技和产业革命的基础工程，也是服务业数字化转型的底层架构和基础技术。2021 年，我国新型基础设施建设加速推进，已建成大型工业互联网平台超过 150 家，累计建成开通 5G 基站超 142.5 万个，为我国服务业数字化转型提供了有力支撑①。

伴随我国数字经济蓬勃发展，叠加疫情冲击、消费升级等因素，数字技术和人们生产生活交汇融合程度不断加深，用户规模持续扩大，消费观念逐步改变，为我国生活服务业开启全面数字化转型之路提供了坚实的基础。当前，我国服务业数字化已经基本完成了用户积累和习惯养成，在数字化融合和赋能作用下，零售、餐饮、旅游、办公、教育、医疗等各类传统生活性服务业实现了线上线下成功融合，提高了供需匹配效率，改善了企业生

① 李雪松：《中国五年规划发展报告（2021—2022）》，2022 年 7 月。

产经营，有效缓解了传统服务业主要依赖劳动力、物力投入的发展困境，以更丰富、更高品质的服务更好满足人民对美好生活的需要。

从具体行业看，在电子商务领域，网络零售持续快速发展。2021 年，全国网上零售额达 13.1 万亿元，同比增长 14.1%，其中，实物商品网上零售额达 10.8 万亿元，同比增长 12.0%，占社会消费品零售总额的比重为 24.5%，对社会消费品零售总额增长的贡献率达 23.6%①。2022 年，我国网络零售市场总体稳步增长。其中，电商新业态、新模式彰显活力，商务大数据重点监测电商平台累计直播场次超 1.2 亿场，累计观看超 1.1 万亿人次，直播商品超 9500 万个，活跃主播近 110 万人②。

在网络支付领域，支付体系不断完善，有效提升了消费便利程度。2021 年，我国完成移动支付业务 1512.28 亿笔，金额达 526.98 万亿元，分别同比增长 22.73% 和 21.94%。网络支付工具加速互联互通，央行明确提出要加快制定条码支付互联互通标准，统一编码规则，打通支付服务壁垒，推动实现不同 APP 和条码互认互扫。同时，数字人民币推进提速，截至 2021 年底，数字人民币试点场景超过 808.5 万个，累计开立个人钱包 2.6 亿个，交易金额达 875.7 亿元，覆盖生活缴费、餐饮服务、交通出行、消费购物等各个服务领域③。

在社交娱乐领域，基于云计算、大数据等新一代信息通信技术的不断渗透和作用，促进了短视频等新兴社交娱乐行业的快速发展。根据前瞻产业研究院数据，截至 2022 年 12 月，我国网民规模达 10.67 亿人，短视频用户规模达到 10.12 亿人，用户使用率达 94.8%。伴随着用户规模增长的同时，短视频使用时长也在高速增加。2021 年 12 月，短视频行业月人均使用时长增长至 53.2 小时，超越即时通信成为用户使用时长最长的行业，总时长占全网总时长比例达 25.7%。2022 年上半年，短视频用户总时长占中国移动互联网用户使用总时长占比 28.0%，各行业应用也在加强短视频内容板块的构建，直播模式成为各行业基于内容场景进行服务打通的主要方式④。此外，网上外卖、在线办公、在线医疗、网络视频等数字服务领域蓬勃发展，截至 2021 年底，用户规模分别达到 5.44 亿人、4.69 亿人、2.98 亿人和 9.75 亿人⑤。

随着互联网以消费互联网为主的上半场向以产业互联网为主的下半场的推进，我国生产性服务业的数字化进程也在不断加快。围绕服务业数字化转型发展需求，我国正在培育生产性服务业数字化平台，整合现代服务业发展优势资源，促进生产性服务业数字化转型升级。以智慧物流为例，大数据、物联网、区块链、人工智能等新一代信息通信技术在物流运输、仓储、装卸搬运、配送等各个环节正在全链条渗透，逐步实现实时感知、及时处

---

① 中国政府网：《全国网上零售额十年内增长 9 倍》，2022 年 5 月。
② 《商务部：2022 年重点监测电商平台累计直播场次超 1.2 亿场》，2023 年 1 月。
③ 中国支付清算协会：《中国支付产业年报 2022》，2022 年 6 月。
④ 中国互联网络信息中心，《中国互联网络发展状况统计报告》，2023 年 1 月。
⑤ 中国信息通信研究院：《中国数字经济发展报告（2022 年）》。

理和全面分析等功能，有效提升了行业的运输效率。例如，将物联网技术应用于传统仓储中，形成智能仓储管理系统，实时动态掌握仓储情况，有效提升了货品进出透明度和效率，提高了交货的准确率，大幅度提升了仓库利用率和流转效率。将物联网技术应用于传统物流运输中，将货物、车辆情况、司机和天气状况等信息高效整合起来，从而优化了运输资源配置，提高了运输效率。

（五）我国产业数字化存在的问题与制约

首先，农业数字化发展相对滞后且存在诸多制约因素。一是投资成本较高且投资持续性有待加强。由于中国农业数字化起步时间较晚，短时间内所需投入成本较高，而目前投资主要以政府专项资金为主，投入持续性有待加强，市场对农业数字化的投资行为较少，由此制约了农业数字化发展。二是农业信息化程度与覆盖范围有待提升。推进农业数字化，需要大量的应用设备和物联网系统以提高农业信息化水平，不仅包括感知层、传输层、处理层、监管层和应用层，还涉及电子测量、自动化控制、计算机网络、通信、APP和网络基础设施建设等。当前，农业生产基地的4G信号盲点还较多，乡村5G基站、光纤宽带、物联网设施等新基建数量和布局亟待完善。农村数据资源相对分散，公共数据共享开放水平和数据获取能力不高，数据要素价值挖掘利用不够，制约了农业数字化发展。另外，很多农业数字化项目尚未带来较为明显的经济效益。三是农业技术创新能力不足。当前，农业技术创新水平总体偏低，具备自主知识产权的农业专用传感器缺乏，农业机器人、智能农机装备适应性较差，制约了我国农业数字化进程。四是农业数字化复合型人才紧缺。农业数字化作为集合农业技术、信息科学、数字通信、经济发展等众多学科理论与技术于一体的新型产业体系，需要相应的跨领域复合型人才与团队。当前，我国农业缺乏既懂农业技术又熟悉信息化等新技术的复合型人才，农业数字化转型缺乏强有力的人才支撑。

其次，工业数字化转型质量有待提升。一是现有数字化技术能力尚难以全面支撑工业数字化转型。多数企业对于信息技术的应用认知还停留在部署IT系统的阶段，在经过多年传统信息技术应用发展的基础上，数据孤岛、基础数据不准等问题仍困扰着工业企业。与此同时，大数据、AI、物联网、工业互联网等新兴数字技术与传统工业企业的融合存在较多困难。工业发展仍然受制于核心技术缺乏、产业基础薄弱等问题，制约了工业数字化推进。二是企业对数据的重视程度有待提升。企业受投资回报率的牵引，往往将投资的重点放在自动化设备、智能设备等硬件设施的升级上，而对设备联网和数据采集有所忽视，造成工业企业数字化转型中的“重硬轻软”问题。数据作为工业企业数字化、智能化转型的基础性要素，也是工业企业重要的软性资产，如何获取数据、传输数据、管理数据、发挥数据价值仍然是我国工业企业数字化转型亟须攻克的难题。三是工业数字化转型的管理基础和战略支撑有待完善。工业数字化不仅是技术革新，更是与经营理念、战略组织、企业运营等全方位的管理变革，需要从企业发展规划的全局加以谋划。尽管当前多数工业企业推动数字化转型的意愿较为强烈，但普遍缺乏清晰的数字化转型战略目标、发展规划以及确保规划落地的保障措施。加之工业各细分行业存在较大差异，有可能处在各个产业链中不同位置，即使是同一产业链位置上的企业由于实际规模、资金实力、技术水平等方面的差异，数字化转型的突破口也可能存在差异，由此导致企业缺乏可以直接参考的数字化转型模板，工业数字化转型的典型示范效应有待加强。

最后，服务业数字化转型过程中“数字鸿沟”问题较突出。短期看，通过服务业数字化转型，企业可以在管理、销售、服务等环节提高效率，构建起线上线下协同体系，同时借助大数据等数字技术和平台匹配能力，优化资源配置，减少不必要的成本投入和资源浪费。长期来看，服务业数字化能够优化客户的服务消费体验，通过多元化和创新的互动模式催生精准营销等增值服务，拓展企业经营边界，获得价值增量。现阶段我国服务业数字化存在较为明显的“数字鸿沟”。根据中国电子技术标准化研究院提供的数据，79% 的中小企业仍处于数字化转型的初步探索阶段，12% 的企业处于应用践行阶段，而达到深度应用阶段的企业占比仅为 9% 。相对来看，国外一套标准的 SaaS 模板和产品可以复用，而中国服务业企业存在相对规模较小、企业零散、地域性和行业性差别大等特性，导致中国服务业在不同行业、不同区域和不同规模的企业数字化转型过程中的需求差距较大，更需要定制化、个性化的数字化转型方案。此外，部分企业在数字化过程中面临转型成本高、收益确定、缺乏数字化转型规划等问题，也制约了服务业数字化转型进程。另外，目前我国高素质数字化人才逐渐流向上海、杭州、苏州等东部沿海发达地区，中西部欠发达地区则面临较为严重的数字化人才流失问题。尤其在服务业数字化领域，东部呈现出高素质服务业人才持续集聚态势，而中、西、东北部人才持续流出，由此加剧了区域间服务业数字化转型的“数字鸿沟”。

第二节　产业数字化发展的驱动模式及特征

一、农业数字化发展的驱动模式及特征

农业数字化利用数字技术和信息化手段，优化既有农业生产要素的配置，提高资源配置效率，并提高农业生产和管理效率。伴随着数字经济的发展，我国农业数字化已形成相应的驱动模式和特征。

（一）农业数字化发展的驱动模式

我国农业数字化驱动模式主要包括三方面的内容。首先，数字技术的应用成为农业数

字化发展的核心驱动力。数字化转型和数字技术的兴起为农业农村发展带来了巨大变革，数字基础设施和服务不断向农村延伸，如物联网技术、云计算、大数据分析等，为农业数字化转型发展提供了强有力的技术支持。其次，市场需求成为拉动农业数字化发展的巨大力量。数字技术的应用提高了农产品的生产效率和产品品质，有效促进了农产品市场需求，市场需求的扩大进一步催生了农业新型商业模式的发展，如利用电商平台和社交媒体拓展农产品市场，利用大数据技术分析农产品消费趋势和顾客需求，提高农产品营销效果等。最后，政策驱动为农业数字化注入强大动力。近年来，政府发布了多项关于“数字中国”“乡村振兴”“数字乡村”建设等方面的政策，有力驱动了农业数字化的发展。

由此，可将现阶段我国农业数字化的驱动模式概括为以下三种：技术驱动模式、市场驱动模式和政策驱动模式。

第一，技术驱动模式。在技术驱动模式下，涉及数字技术在农业生产、销售、管理等全链条各环节的应用。农业生产数字化过程，通过物联网技术和传感器等设备，实现对农田、农作物、畜牧业等生产过程的监控、管理和优化。同时，应用大数据技术分析历史数据和实时数据，帮助农民制定决策，提高生产效率和产品质量。具体来看，可以将农业生产分解为产前、产中、产后三个环节（见图9－2）。其中，产前环节主要是数字化的育种、育苗，主要是以大数据库为核心，实现了从育种策略的选择、数据采集、基因网络构建、生长发育系统的模拟等形成整个育种流程的数字化闭环。

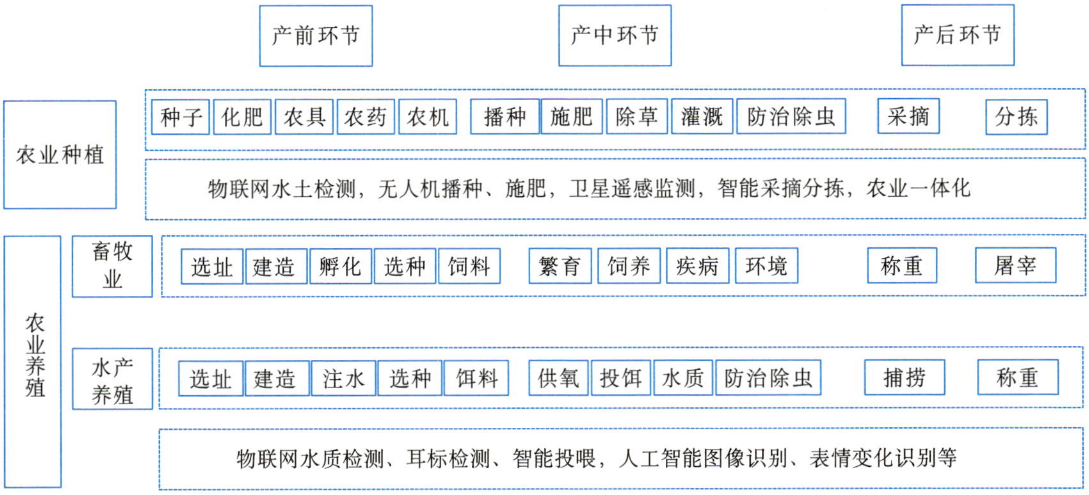

图9－2　农业生产数字化应用图

资料来源：《2021中国农业生产数字化研究报告》。

产中环节作为农业生产的重要阶段，是数字化影响和应用最为广泛的阶段。该阶段的数字化技术应用涉及播种、施肥、灌溉、畜牧养殖、环境监测等环节，运用的数字化技术在较为成熟的5S技术基础上[①]，还包括了物联网、大数据、云计算等新技术。当前，数字化技术在中国农业生产环节中的应用还处在应用期向发展期转变的过程中，遥感技术、地理信息系统和全球定位系统等5S技术在农业中的应用已经比较成熟；大数据和云计算应用较为广泛，处于快速发展期；AI、物联网（IoT）已经进入农业领域，在农业生产中得到越来越多的应用；5G技术整体处于发展应用的初期，在农业中的应用尚处于探索期，但随着5G技术的快速发展，其对农业生产的作用越来越显著。总体来看，数字技术在产中的应用，已经实现了大数据生产监测、无人机植保、精细化养殖、产量预测等多个环节，具体应用情况如表9-1所示。

表9-1　农业生产（产中）环节数字技术的应用

主要环节	5S技术	物联网	人工智能
施肥	传感器无人机	智能施肥设备	
灌溉	传感器无人机	智能灌溉设备	
环境监测	传感器 GPS + GIS	温度、湿度检测分析系统	
生长情况监测	传感器		生物识别
饲养		智能投喂设备	
投饵		智能投饵设备	
水质监测	传感器		

资料来源：《中国智慧农业发展研究报告》《2021中国农业生产数字化研究报告》。

产后环节主要包括采摘、捕捞、屠宰、分类分级、储藏、保鲜、包装等。数字技术在农业产后的应用在种植业领域主要体现在采摘、分拣、包装等环节。以阿里数农和青莲牧场为例，数农构建的“产地仓+销地仓”模式连接农业生产上下游，上游连接各农产品产地产区，下游对接各地消费市场。现阶段已建成5个产地仓和20个销地仓的基础框架，以处理水果类农产品为主。数字化技术的应用主要体现在数字农业集运加工中心（产地仓），其核心功能是对采后农产品进行分拣、筛选、包装等加工处理，并对下一步进入销地仓进行区域调度分发。

青莲牧场主要是对生猪屠宰、运输及储藏流程等进行数字化改造升级。首先利用智能设备及系统建立标准化的屠宰流程，其次基于大数据分析构建科学高效的冷链运输体系，最后运用智能化管理系统对冷库进行仓储管理。屠宰环节的数字化监管则利用大数据对生猪信息进行录入管理，在屠宰时根据大数据平台的信息确定生猪的检疫情况，有效保证猪肉产品的安全性。青莲牧场建立了由屠宰前运猪车、标准化屠宰线、激光打码“检疫章”等组成的标准化屠宰流程，有效保证了猪肉品质和安全。

① 5S技术：遥感、地理信息系统、全球定位系统、数字摄影测量系统、专家系统。

总之，数字化技术在农业生产、销售、管理等全产业链、全生产环节的应用不断推进，成为促进农业数字化的核心驱动力，使产品从育种、培育、收获，再到加工、物流运输、销售、售后服务等整个链条形成自动化、数字化的完整闭环，各环节的生产标准也自下而上协同作用，最终形成农业全产业标准化体系，从而促进了农业一、二、三产业的深度融合，提升了农业生产运营效率。

第二，市场驱动模式。农业数字化市场驱动模式主要是通过市场需求拉动农业数字化发展的模式。以生鲜农产品为例，我国农贸市场 2020 年总交易额约占生鲜零售市场份额的 57%[①]，仍然是居民购买生鲜农产品的主渠道。与此同时，各类生鲜电商、新零售平台等商业模式也在迅猛发展，尤其是在新冠疫情之下，生鲜线上购买需求剧增，大大加速了农产品的线上销售，后疫情时代线上购买农产品的习惯得以保持。根据艾瑞咨询的调研，疫情前，生鲜电商用户在 APP 购买生鲜频次高于每周一次的占比约 57.3%，疫情期间为 69.1%，疫情后为 67.2%[②]。市场需求驱动下的农业数字化转型，较为典型的模式是以农业起家的电商平台拼多多，其对接了市场中生产者与消费者，通过农货智能处理系统实现智能匹配和原产地直发，很大程度上降低了中间商成本，同时也基于大数据、云计算和分布式人工智能等数字技术实现了“农地云耕”模式，将分散的农业产能与农产品的需求在云端拼在一起，形成了一个统一的全国市场。此外，拼多多推出的多多买菜业务，采用“预定 + 自提”模式，扩展了拼多多的农业版图。在主站传统农产品电商的基础上，布局社区团购业务。以多多买菜作为共享商品的供应源头，以拼多多平台作为共享物流的基础设施，构建起了较为完整的农业生态系统。

市场驱动模式下的农业数字科技投融资迅速发展。农业数字科技正成为投资热点。根据华兴证券基于 Statista 对于农业科技各领域的市场空间估计以及历史增长率情况，测算出 2023 年全球农业科技市场规模有望超过 4200 亿元。预计 2023 年中国的智能农机与机器人、无人机植保服务、农业物联网、植物工厂和农业大数据等板块占全球农业科技市场比例分别为 34%、45%、34%、30% 和 30%，市场规模分别为 581 亿元、556 亿元、227 亿元、134 亿元和 62 亿元。将以上市场规模加总，预计 2023 年国内农业科技市场规模达到 1560 亿元[③]。

第三，政策驱动模式。近年来，中国政府发布多项关于“数字中国”“乡村振兴”“数字乡村”建设等方面的政策，很多政策都提到了推进农业数字化。中国政府不仅把农业数字化作为数字中国的重要组成部分，也作为实现农业农村现代化这一乡村振兴战略总目标的重要途径。很多政策都明确了推进农业数字化的具体内容（见表 9－2）。

---

① 数据来源：全国城市农贸中心，国家统计局，中泰证券研究院。
② 数据来源：艾瑞咨询和中泰证券研究院。
③ 华兴证券研究院：《农业科技：掀起第一产业信息化浪潮》。

表 9 – 2　　农业数字化相关政策

时间	文件名称	内容
2019 年 5 月	《数字乡村发展战略纲要》	推进农业数字化转型。加快推广云计算、大数据、物联网、人工智能在农业生产经营管理中的运用，打造科技农业、智慧农业、品牌农业。建设智慧农（牧）场，推广精准化农（牧）业作业
2020 年 1 月	《数字农业农村发展规划（2019—2025 年）》	当前及“十四五”时期是推进农业农村数字化的重要战略机遇期，必须加快数字技术推广应用，大力提升数字化生产力，抢占数字农业农村制高点，推动农业高质量发展和乡村全面振兴，让广大农民共享数字经济发展红利
2021 年 2 月	“中央一号文件”	发展智慧农业，建立农业农村大数据体系，推动新一代信息技术与农业生产经营深度融合。完善农业气象综合监测网络，提升农业气象灾害防范能力
2021 年 2 月	《2021 年乡村产业工作要点》	以信息技术带动业态融合，促进农业与信息产业融合，发展农村电商、数字农业、智慧农业等，让农民跨界增收、跨域获利
2021 年 3 月	《中华人民共和国国民经济和社会发展第十四个五年规划和 2035 年远景目标纲要》	实施“上云用数赋智”行动，推动数据赋能全产业链协同转型。加快发展智慧农业，推进农业生产经营和管理服务数字化改造
2021 年 6 月	《中华人民共和国乡村振兴促进法》	建设现代农业产业技术体系，推动农业农村创新驱动发展。国家鼓励农业信息化建设，加强农业信息监测预警和综合服务，推进农业生产经营信息化
2021 年 7 月	《2021 年重点强农惠农政策》	围绕产品特色化、身份标识化和全程数字化，加强地理标志农产品特色种质保存和特色品质保持，推动全产业链标准化全程质量控制，提升核心保护区生产及加工储运能力

资料来源：农业农村部、中央网络安全和信息化委员会办公室。

政策驱动农业数字化发展模式的内容具体表现在以下方面。首先，政府鼓励农业信息化建设，加强农业信息监测预警和综合服务，推进农业生产经营信息化。通过这些方面政策的实施，有利于提高农业生产经营效率，增强农民的信息素养，推动农业数字化的发展。其次，政府通过政策支持农业数字化转型，加快推广云计算、大数据、物联网、人工智能等数字技术在农业生产经营和管理中的运用，以此发展科技农业、智慧农业、品牌农业。另外，政府还出台了多项财政支持政策，如对数字农业项目的资金支持和税收优惠等，以推动农业数字化发展。

以上驱动农业数字化的三种基本模式并不是独立发挥作用的，三者相互作用、相互促进，协同驱动我国农业数字化发展。

（二）农业数字化发展的特征

根据上述农业数字化发展驱动模式的分析，我国农业数字化发展的特征可以总结为以下三个方面：第一，技术创新驱动。农业数字化发展是由技术创新带动的，技术驱动的模式也是其发展的核心驱动力。尤其是近年来，各种信息技术在农业生产、经营、管理等方面的应用不断深入，如物联网、大数据、云计算、人工智能等，为农业数字化的发展提供了强有力的技术支持，同时数字技术也带来的农业数字化的智能化、多元化，为农业数字化的实现提供了更多的可能性。

第二，数据化。农业数字化的重要特征之一是数据化管理和决策，它将农业生产的各个方面进行数字化记录，包括土地利用情况、气象数据、农作物生长状况等。这些数据可以被应用于各种农业决策，例如，农业生产计划、种植和收获时间的确定、肥料和化学品的使用等。农业数据的收集和分析也可以帮助农业企业和政府机构更好地理解农业生产和市场趋势，提高决策的准确性和效率。

第三，协同生态化。农业数字化的发展是多方主体共同参与的，平台主体和技术提供商通过数字化技术提高农产品的质量和品牌价值，加快农产品上市速度和营销效率，增加农民收入，同时，消费者对健康、安全、环保等方面的要求也促使农业数字化发展，让产品从育种、培育、收获，再到加工、物流运输、销售、售后服务整个链条形成自动化、数字化的完整闭环，各环节的生产标准也自下而上影响推动，最终形成农业全产业标准化体系，构建起完整的农业数字化生态体系。

二、工业数字化发展的驱动模式及特征

（一）工业数字化发展的驱动因素及驱动模式（见图9－3）

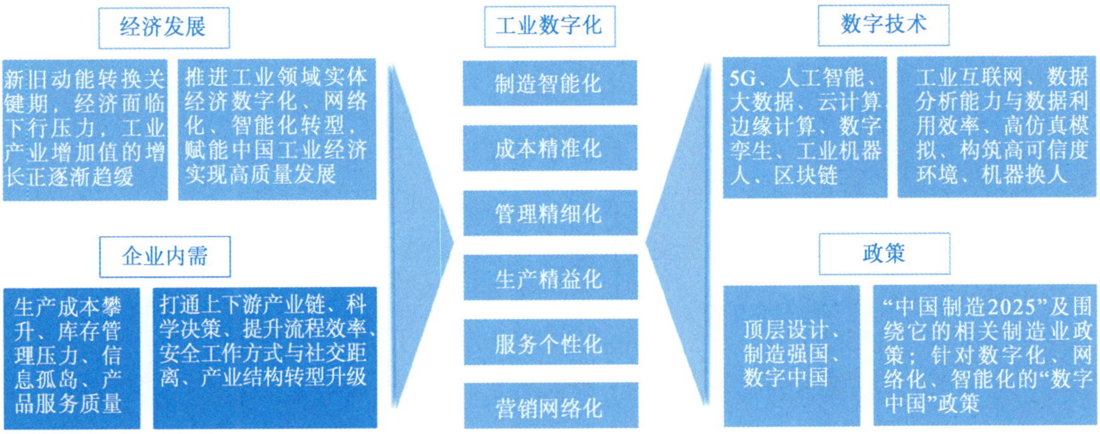

图9－3　工业数字化发展的驱动因素和驱动模式

1. 工业经济发展方式转型的内在动力驱动

我国经济已经由高速增长阶段转向高质量发展阶段，正处在转变发展方式、优化经济结构、转换增长动力的攻关期，社会主要矛盾已经转化为人民日益增长的美好生活需要和不平衡不充分的发展之间的矛盾。为此，加快经济发展方式转变、提高经济发展质量成为我国经济发展的主要方面。工业是我国国民经济的主体，加快工业经济转型升级、提升工业经济效率和质量对实现经济高质量发展具有重要意义。近年来，由于我国工业经济正处于新旧动能转换的关键时期，叠加国际经济政治关系深刻变化和疫情因素的冲击，工业产业增加值的增长逐渐趋缓，下行压力增大。长期压缩式的加速工业化导致我国工业发展面临较为突出的高投入、高能耗、高污染和低效益等问题，严重制约了工业经济的高质量发展①。在此背景下，面临新一轮科技革命与产业变革的历史机遇，加快工业数字化、网络化、智能化转型，赋能工业经济发展，成为中国经济加快转变发展方式、实现高质量发展的内在要求。因此，加快工业经济发展方式转型成为我国工业数字化发展的内在动力，2016—2021 年中国工业增加值情况见图 9 -4。

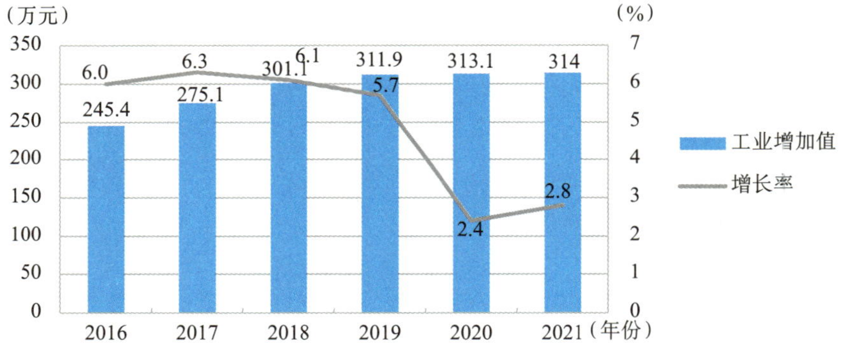

图 9 -4　2016—2021 年中国工业增加值情况

数据来源：国家统计局。

2. 企业进一步提升效率和竞争力的内在要求驱动

如今人口红利消失、原材料成本上升、管理成本和生产成本攀升等，已经成为我国工业企业面临的普遍难题（见图 9 -5），同时消费者对产品与服务质量的要求日益提升也对企业提升效率和竞争力提出新的要求。面对日趋激烈的市场竞争，工业企业要想获得可持续的竞争优势，必须抢抓数字经济发展机遇，大力推进数字化转型。

企业数字化转型有利于实现对企业内部运作流程进行简化和优化，减少内部生产、运营和管理成本。特别是大数据、云计算、人工智能等新一代数字化技术的应用，能够有效改进企业生产工艺，提升企业研发能力和产品质量，提升企业市场竞争力。工业企业借助

① 艾瑞咨询：《2021 年“新基建”背景下中国工业互联网与工业智能研究报告》。

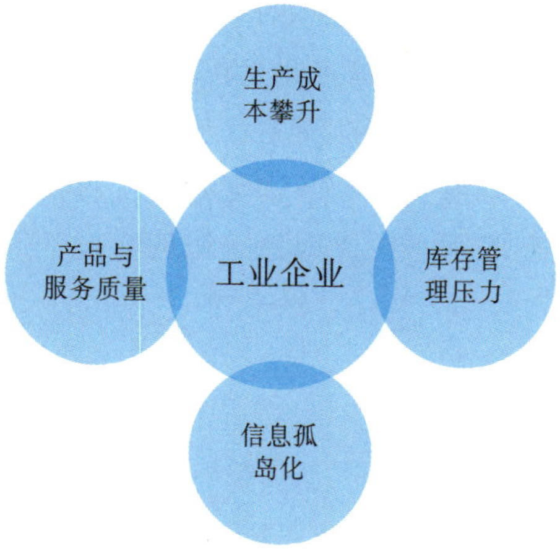

图 9-5　我国工业企业发展面临的挑战

数字化平台构建产业链上下游信息流通渠道，结合产品需求、原料供给和产能配置，敏捷调整生产计划，提高产能利用率，提升客户满意度，从而实现高敏捷性和灵活性的产业协同。近年来，新冠疫情的冲击进一步凸显了企业数字化转型的重要性和必要性，也为加快企业数字化转型提供了内生驱动。总之，企业面临新的经济发展环境和市场竞争条件，要提升运行效率和竞争力，必须加快数字化转型，充分利用新一代信息技术改造提升企业生产方式、管理方式和运行模式。

3. 数字技术的发展应用驱动工业数字化转型

工业数字化所需的基础设施和数字技术主要包括以数据创新为驱动、通信网络为基础、数据算力设施为核心、工业互联网为手段的基础设施体系和 5G、人工智能、大数据、云计算、边缘计算、数字孪生、工业机器人、区块链等新一代信息通信技术。其中，工业互联网不仅涵盖与工业领域相关的所有实体、工具、数据、方法与流程，也涉及了软硬件数据协议、分布式技术、虚拟化技术、数据化技术、数据建模与分析、组件封装及可视化等多种关键技术与工具。工业数字化发展紧紧依靠着工业互联网的加持，通过将工业系统与信息网络高度融合形成互联互通的网络，可有效提高数据分析能力与数据利用效率，搭建高仿真模拟，构筑高可信度环境，实现数字化转型。随着数字经济的发展，数字技术与制造技术不断融合，包括边缘计算、智能控制、数字孪生、智能感知、5G 传输、大数据处理与决策、人工智能等方面的技术，在工业经济发展中得到越来越广泛的应用，从而为工业数字化转型提供强有力的技术支持。

4. 工业互联网与云平台为工业数字化转型提供平台支撑

工业互联网作为数字经济条件下的新型基础设施，对工业数字化转型发挥重要支撑作用。工业互联网具备广阔的应用场景需求，其与新兴数字技术的融合应用，大大加快了数字技术在工业经济中的落地应用，有力支撑和驱动了工业数字化变革演进，进而为整个经济发展提供新动能。从总体发展态势来看，2021 年，我国工业互联网产业增加值规模突破

4万亿元（见图9－6），达到4.10万亿元，占国内生产总值比重达到3.58%，名义增速达到14.53%。从产业发展态势来看，我国工业互联网直接产业增加值规模稳健增长，2021年达到1.17万亿元，名义增速16.07%。而在工业互联网加速推动工业发展方面，2021年工业互联网带动第二产业增加值规模2.05万亿元，名义增速16.29%，赋能作用持续显现，渗透速度较快①。工业互联网正在成为稳定经济增长、驱动工业数字化转型的关键动力。

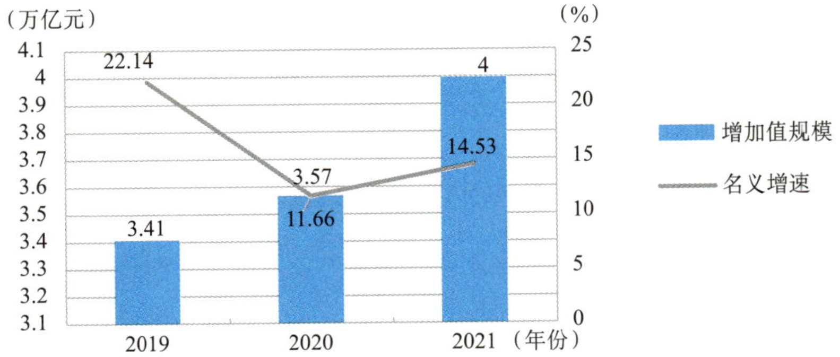

图9－6　2019—2021年我国工业互联网产业增加值规模

数据来源：中国工业互联网研究院。

5. 工业数字化发展的政策驱动

我国对工业数字化转型的关注随着《中国制造2025》政策的出台逐渐增强。《中国制造2025》明确提出要提高制造业创新能力，推进两化融合，主攻智能制造。工业数字化作为我国数字经济发展的重要内容，在“十四五”规划中得到进一步重视。“十四五”规划设专篇部署“以数字化转型整体驱动生产方式、生活方式和治理方式变革”，其中推进数字化转型、发展智能制造是重要内容。近年来，国务院及相关职能部门陆续从顶层设计、制造强国建设、智能制造、数字中国等方面，出台多项支持政策，为工业数字化转型提供强有力的政策驱动（见表9－3）。

表9－3　与工业数字化转型领域相关的政策汇总

文件名	发布机构	发布时间	相关要点
	顶层设计		
《中国制造2025》	国务院	2015年5月	提高制造业创新能力，推动信息化与工业化深度融合，把智能制造作为两化融合的主攻方向
《中华人民共和国国民经济和社会发展第十三个五年规划纲要》	中共中央、国务院	2016年3月	深入实施《中国制造2025》，推进信息技术与制造技术深度融合

① 中国工业互联网研究院：《中国工业互联网产业经济发展白皮书（2022年）》。

续表

文件名	发布机构	发布时间	相关要点
《中华人民共和国国民经济和社会发展第十四个五年规划和2035年远景目标纲要》	中共中央、国务院	2021年3月	以数字化转型整体驱动生产方式、生活方式和治理方式变革
制造强国类			
《产业关键共性技术发展指南（2015）》	工业和信息化部	2015年11月	多项数字化、智能化制造或设计技术
《国务院关于深化制造业与互联网融合发展的指导意见》	国务院	2016年5月	普及骨干企业互联网“双创”平台，探索制造业与互联网融合新模式
《“十三五”国家战略性新兴产业发展规划》	国务院	2016年12月	大力发展智能制造系统，继续推进“互联网+”行动
《“十三五”国家信息化规划》	国务院	2016年12月	推进实施《中国制造2025》，深化制造业与互联网融合发展
《智能制造发展规划（2016—2020）》	工业和信息化部、财政部	2016年12月	普及数字化制造、示范引领智能化制造；在传统行业推广应用数字化技术、智能化制造装备
《“十三五”先进制造技术领域科技创新专项规划》	科技部	2017年4月	构建数字化、智能化、网络化的智能化生产线和数字化工厂
《关于深化“互联网+先进制造业”发展工业互联网的指导意见》	国务院	2017年11月	打造与我国经济发展适应的工业互联网体系
《增强制造业核心竞争力三年行动计划（2018—2020年）》	国家发展和改革委员会	2017年11月	推动互联网、大数据、人工智能和实体经济深度融合
《关于进一步促进服务型制造发展的指导意见》	工业和信息化部、国家发展和改革委员会、教育部、科技部	2020年6月	引导制造业企业稳步提升数字化、网络化水平，加强新一代信息技术应用
《关于加快培育发展制造业优质企业的指导意见》	工业和信息化部、科技部、财政部	2021年6月	实施智能制造工程、制造业数字化转型行动和5G应用创新行动
《制造业质量管理数字化实施指南（试行）》	工业和信息化部	2021年12月	推动制造业企业、专业机构、各级工信主管部门等各方协同推进质量管理数字化
数字中国类			
《关于积极推进“互联网+”行动的指导意见》	国务院	2015年7月	“互联网+”协同制造
《促进大数据发展行动纲要》	国务院	2015年9月	推动大数据在工业研发设计、生产制造、产品全生命周期、产业链全流程各环节的应用

续表

文件名	发布机构	发布时间	相关要点
《新一代人工智能发展规划》	国务院	2017年7月	加快推进产业智能化升级，推动人工智能促进制造强国重大需求
《中小企业数字化赋能专项行动方案》	工业和信息化部	2020年3月	培育推广一批符合中小企业需求的数字化平台、系统解决方案、产品和服务
《关于推进“上云用数赋智”行动 培育新经济发展实施方案》	国家发展和改革委员会、中央网信办	2020年4月	大力培育数字经济新业态，深入推进企业数字化转型，打造数据供应链，以数据流引领产业链上下游和跨行业融合的数字化生态体系
《“十四五”大数据产业发展规划》	工业和信息化部	2021年11月	强化大数据在制造业各环节应用；以制造业数字化转型为引领，培育专业化、场景化大数据解决方案
《“十四五”信息化和工业化深度融合发展规划》	工业和信息化部	2021年11月	制定制造业数字化转型行动计划；制定重点行业领域数字化转型路线图
《“十四五”数字经济发展规划》	国务院	2022年1月	到2025年，数字经济迈向全面扩展期，数字化创新引领发展能力大幅提升，智能化水平明显增强，数字技术与实体经济融合取得显著成效
《中小企业数字化转型指南》	工业和信息化部	2022年11月	助力中小企业科学高效推进数字化转型，提升为中小企业提供数字化产品和服务的能力，为有关负责部门推进中小企业数字化转型提供指引

资料来源：根据公开资料整理。

总体来看，我国与工业数字化转型相关的政策主要沿两条主线布局：一是《中国制造2025》，以及与其紧密相关的“制造强国”政策，如《产业关键共性技术发展指南（2015）》《关于深化制造业与互联网融合发展的指导意见》《智能制造发展规划（2016—2020）》《关于深化“互联网＋先进制造业”发展工业互联网的指导意见》等，其中，数字化转型为制造强国建设的重要路径。工业数字化转型是我国工业化与信息化融合的新阶段，是数字经济条件下推进两化融合的基本形式。政府通过制定实施相关政策推动信息化与工业化深度融合（见图9－7），发展智能制造，提高制造业创新能力，在传统工业行业推广应用数字化技术和智能化制造装备等，从而驱动工业数字化转型。二是着眼于数字化、网络化、智能化发展的“数字中国”政策，包括《关于积极推进“互联网＋”行动的指导意见》《促进大数据发展行动纲要》《新一代人工智能发展规划》《中小企业数字化赋能专项行动方案》《关于推进“上云用数赋智”行动 培育新经济发展实施方案》等。这些政策都强调产业数字化升级，强调大数据在制造业各环节的应用，强调打造数据供应链，以数据流引领产业链上下游和跨行业融合，形成数字化产业生态体系，这些都有力驱动了工业数字化转型。

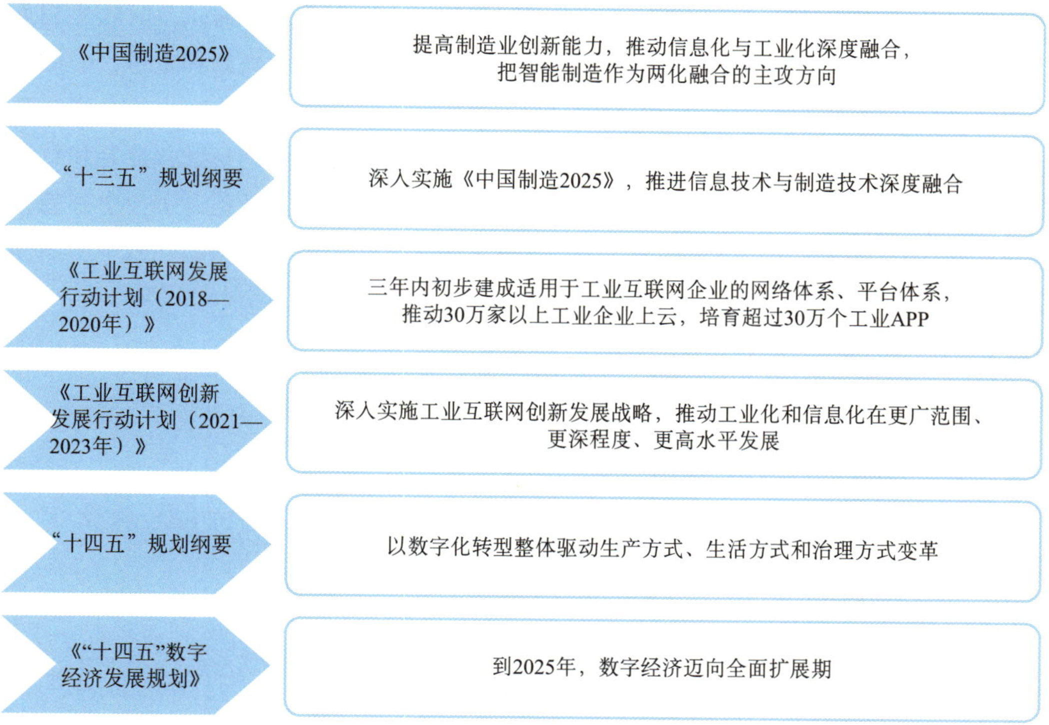

图 9－7　工业数字化转型领域重点政策概述

资料来源：笔者根据公开资料整理。

（二）我国工业数字化发展的特征

我国工业数字化发展主要表现出以下特征：

一是制造智能化。数字化制造采用一致的综合生产设计方法，使产品、流程、工厂和资源信息等在整个变更流程中实现互联互通，并可得到实时查看和处理。工业企业利用智能化技术和设备，将人的智能与机器的智能加以融合，实现从产品设计研发、生产制造、运维服务全生命周期的智能化。在制造过程中应用物联网、云计算、大数据等新一代信息技术，实现企业生产运用过程的智能化。

二是成本精准化。利用数字化制造，可以更快地创建工厂模型，并确保工厂在最佳的布局、物料流程以及生产量条件下运行，从而减少成本损失。同时，数字化制造的仿真功能可以对机械手和自动化程序进行仿真检验，从而有助于企业降低调试成本。信息技术、大数据技术的应用改变了企业与客户之间的关系，企业通过大数据准确把握客户的共性需求，通过数字化、智能化生产体系及时响应客户的个性化需求，从而实现了工业企业商业模式的深刻变革。

三是生产、管理精细化。企业通过数字化转型，可以实时利用产品生命周期数据来完成生产流程。在数字化技术和制造技术融合的背景下，在虚拟现实、计算机网络、快速原型、数据库和多媒体等数字化、智能化技术的支持下，企业根据用户需求及时收集相关信息，并对产品生产、工艺使用和资源配置等进行科学合理的分析、规划和重组，借助于数字孪生技术，实现对产品设计和功能的仿真以及原型制造，进而快速生产出符合用户要求的产品。通过工业互联网平台的赋能，使企业可以实现对生产设备的自动化控制和数据采集，将工业设备连接到互联网上，并对其进行数字化改造，从而显著提升工业生产的自动化水平，提高产品质量。总之，随着工业数字化的推进，企业生产的精细化水平明显提高（见图9－8）。

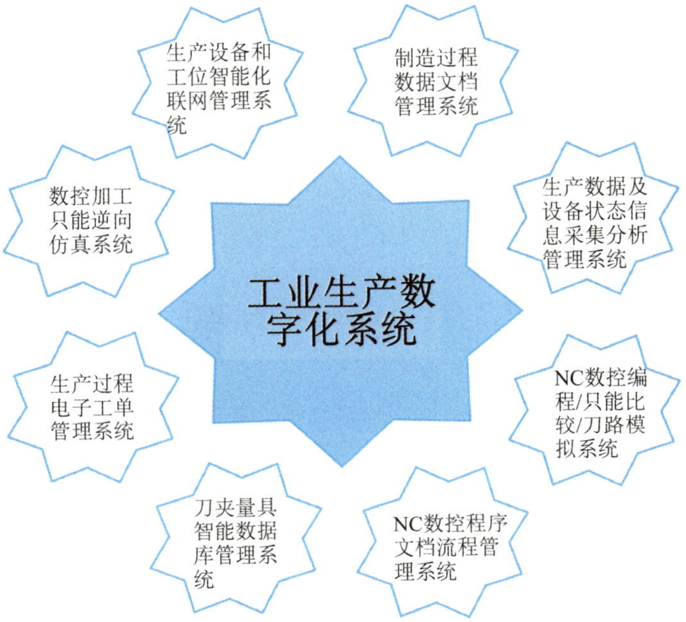

图9－8　工业生产数字化系统具体涉及方面

在管理方面，随着工业数字化的推进，传统的粗放式管理模式已经不能满足企业发展的需要，通过数字化工具，实现生产全过程、全方位、全价值链的数字化和智能化升级，并形成新型经营管理模式和管理理念，从而促进企业管理模式的创新。企业借助于大数据、人工智能等新型信息技术，采取规范化、数据化、系统化、信息化管理模式，从而实现对员工岗位、工作流程、绩效考核等的全面精细化管理。

四是服务个性化。随着工业数字化的推进，为用户提供高质量的个性化定制服务成为企业重要的经营方式。个性化定制服务是指通过大数据分析，根据客户需求，实现“千人千面”的定制化生产模式。数字经济激发了个性化、便捷化和智能化的服务消费需求，用户通过企业互联网平台，按照自己的需求参与企业产品制造过程，并可以选择个性化的加工和服务方式。在个性化定制方面，工业互联网平台为企业提供了两种方式：一种是在企业内部建立大数据中心，以数据分析来确定最优的生产流程；另一种是建立基于人工智能的服务中心，帮助用户快速地从海量信息中找到自己所需的信息。个性化定制服务是工业数字化背景下企业重要的生产模式，已成为企业提升效率和竞争力的重要手段。在我国，以红领集团为代表的企业，在个性化定制服务方面取得显著成效。

五是营销网络化。产业数字化条件下，营销网络化成为企业基本的营销方式。它是指借助网络技术、信息通信技术和数字媒体技术等实现产品的销售和推广。为用户创造更多价值是营销网络化的基本目标追求，基于互联网工具的各种方法是开展网络营销的基本手段。互联网为实现网络营销提供了基本平台支持。网络营销打破了时空限制，使产品可以在全球范围内进行流通共享，从而大大拓展了企业发展的空间。可以说，网络营销已成为当今企业获得竞争优势的重要手段，对于加快传统工业企业转型升级，具有重要意义。

三、服务业数字化发展的驱动模式及特征

（一）服务业数字化发展的驱动模式

我国服务业数字化发展的驱动主要包括以下四点内容。

第一，数字技术发展应用驱动服务业数字化发展。我国生活服务业正迈向一个以数智化为特征的时代，线上网络与线下实体店、消费者的消费活动与生产者的生产活动正加速融合，不断出现的新兴技术将重塑现有的市场格局。在与人们生活最为密切相关的生活服务领域，人工智能（AI）、物联网（IoT）、基于位置服务（LBS）和近场通信（NFC）等技术不断发展，智能柜、智能头盔、智能调度、智慧餐厅、智慧菜场等新型基础设施正在走入人们的生活。“一刻钟便民生活圈”建设的推进，从客观上要求加快生活服务业新型基础设施建设，以科技力量提升现代社区商圈的服务能级，才能真正创造出新的社区生活服务形态。在数字技术应用层面，截至 2022 年 12 月，我国网民规模达 10.67 亿人，较 2021 年 12 月增长 3549 万人，互联网普及率达 75.6%。线上办公用户规模达 5.40 亿人，较 2021 年 12 月增长 7078 万人，占网民整体的 50.6%①。在中国，10 亿多网民的庞大基数构成了全球最大的数字社会发展基础，为我国的服务业数字化，以及实现新的服务活动的发展提供了良好基础。从全球范围来看，中国是移动支付用户渗透率最高的国家，也是全球最大的外卖应用市场、即时配送体系最发达的国家。

第二，居民消费升级驱动服务业数字化发展。中国已经迈入消费升级、服务提质的新时期。2019 年，我国人均国内生产总值首次超过 1 万美元，标志着我国居民生活水平进入新的发展阶段，居民消费结构将进一步升级，服务消费占比进一步提升。中国消费者的行为模式随着生活水平的持续提升而不断改变，居民消费结构进一步升级，文教娱乐等服务消费需求持续增加。京东发布的《2021 年服务消费报告》显示，2021 年，服务消费的整体成交额同比增长超过 85%，人均消费同比增长超 1.5 倍②。麦肯锡认为，中国的科技企

① 中国互联网络信息中心（CNNIC）：第 51 次《中国互联网络发展状况统计报告》。

② 京东：《2021 年服务消费报告》。

业正着力创新商业模式，这尤其体现在多种多样的电子商务、数字支付、食品配送、医疗保健和出行服务等方面。根据 Omnia Network 的预测，2017—2024 年，中国的数据消费或将增长 9 倍①。另据中国社会科学院财经战略研究院预测，到 2025 年，我国服务业增加值占国内生产总值比重、服务业从业人数占全部就业人数比重、服务消费占居民消费支出比重将分别达到 59.05%、54.96%和 50.40%②。“十四五”期间，随着我国居民消费升级的进一步推进和数字经济的快速发展，我国服务业数字化水平将进一步提升。

第三，政府政策引导服务业数字化发展。推进服务业数字化转型，不仅会提升人民生活水平，而且会推动后端行业的数字化转型升级，促进经济高质量发展。由此，促进服务业数字化转型发展，成为政府政策的重要着力点。中央政府及相关职能部门先后发布多项政策，引导和促进服务业数字化发展（见表 9－4）。2022 年《政府工作报告》指出，要加强线上线下消费的融合，促进生活服务消费的恢复，并发展新型的消费业态和模式。在中央及相关职能部门政策指引下，各地也相继出台了多项促进服务业数字化的政策。政策引导成为助推服务业数字化发展的重要力量。

表 9－4　服务业数字化转型相关政策

文件名	发布机构	发布时间	相关要点
《关于推动生活性服务业补短板上水平提高人民生活品质的若干意见》	国家发展和改革委员会	2021 年 10 月	通过加快线上线下融合发展、推动服务数据开放共享等方式，实现服务的数字化赋能，推动服务业的数字化转型
《“十四五”电子商务发展规划》	商务部、中央网信办、国家发展和改革委员会	2021 年 10 月	电子商务将充分发挥联通线上线下、生产消费、城市乡村、国内国际的独特优势，使电子商务业成为促进强大国内市场、推动更高水平对外开放、抢占国际竞争制高点、服务构建新发展格局的关键动力
《北京市生活服务业数字化转型升级工作方案》	北京市商务局	2022 年 3 月	启动 2022 年生活服务业数字化升级行动，以餐饮、便利店、蔬菜零售、家政等业态为重点，围绕数字化运营全链条，提升生活服务行业数字化营销、管理和供应链水平
《四川省“十四五”服务业发展规划》	四川省人民政府	2021 年 12 月	通过推动服务业数字化、智能化、网络化、通过规范发展平台经济、培育发展共享经济，加快发展体验经济等新业态实现服务业的创新驱动
《山东省服务业数字化转型行动方案（2021—2023 年）》	山东省发展和改革委员会	2021 年 9 月	开展医养健康产业、电子商务产业、文化创意产业、精品旅游产业的生活性服务业数字提升行动，加快科技研发产业、智慧物流产业、商务服务产业、金融服务产业的生产性服务业数字赋能升级

资料来源：笔者根据公开资料整理。

① 麦肯锡：《未来十年塑造中国消费增长的五大趋势》。
② 中国连锁经营协会、阿里新服务研究中心：《中国生活服务业数字化发展报告（2022）》。

第四，平台经济模式。数字化平台对我国数字化发展发挥了重要作用。在中国社科院财经战略研究院召开的“中国式服务业数字化”理论和实践研讨会①上，社科院首次提出“中国式服务业数字化”概念和理论体系，并认为中国式服务业数字化主要采用四方协同的价值共创模式，使平台、服务商、商家、消费者之间形成协同与反馈循环机制，实现资源的高效匹配与互补，促进服务业数字化转型和社会整体消费水平的提高。

数字化平台企业在促进服务业转型方面具有明显优势：一方面，平台企业自身具有庞大的资源、技术优势。发展服务业数字化需要普惠型数字工具，平台可以通过技术开放大幅降低商家的转型门槛和成本。另一方面，平台企业连接多方面资源，有能力对接更多数字化转型服务的企业主体，推动更加广泛的合作。平台企业本身是资源的连接型企业，从匹配供需到匹配资源，平台企业都具有明显优势。

在平台驱动服务业数字化发展方面，支付宝平台的运营案例具有代表性。首先，支付宝具有商家服务和用户的连接纽带的特点，发挥着聚合与匹配的作用。与此同时，支付宝也向生态服务商开放底层技术能力，降低服务商打造解决方案的门槛与成本，撮合服务商与商家之间形成交易匹配，形成更稳定的商业模式。商家、服务商在平台上协同发展，推动服务业数字化转型，也为用户提供更好的服务，而用户通过平台对服务作出反馈，可以督促商家进一步优化服务质量与体验。其次，支付宝通过流量与流程数字化协同等，让商家尤其是中小微商家数字化投入收益更可预期，从而解决其对数字化转型的信心不足问题。2022 年，支付宝免费开放了近 200 亿流量激励，支付宝“繁星计划”平均每天为商家小程序带去 100 万用户，单个商家平均一年能节省约 20 万元营销费用。最后，支付宝规模化开放技术，让商家实现低成本数字化转型。缺乏规模的数字化转型往往不具备成本效益优势，投入大、产出少，而平台企业可以通过对接数字化转型需求实现规模化开放。支付宝累计向商家开放 101 个通用产品、1809 个 API 接口，平台上有 8000 多万商家和合作伙伴，无论是数字化转型工具规模还是合作伙伴，都实现了规模化，大幅度降低每一家中小微企业的数字化成本②。

（二）服务业分行业数字化转型发展模式

1. 餐饮业加速数字化、连锁化

2021 年，中国在线外卖市场规模增长 50.2%，超过 1 万亿元，达到 10036 亿元，在线外卖收入占全国餐饮业收入的比重达到 21.4%③。其原因在于，一方面，新冠疫情暴发推动了全社会的数字化；另一方面，无接触配送在疫情期间帮助了各类型商户维持销售。因

① 2023 年 2 月 14 日，中国社会科学院财经战略研究院召开“中国式服务业数字化理论和实践”研讨会，探讨符合中国国情的中小企业数字化转型模式。

② 支付宝：《2022 支付宝助力实体年度报告》。

③ 中国连锁经营协会、阿里新服务研究中心：《中国生活服务业数字化发展报告（2022）》。

此，消费者端和商家端的使用率均获得快速提升。

在疫情冲击下，餐饮业的格局开始重塑，餐饮业在实现自身品牌化、规模化、范围化、标准化的道路上不断向前。疫情期间，连锁化进度持续加快。有关研究显示，中国餐饮行业连锁店数量在2021年达到了4.16万家，较2020年增长了8.9%，表明餐饮业加快了连锁化步伐。同时，餐饮业连锁化率从2018年的12.8%上升至2020年的15%，且一线城市的连锁化率已超过20%，行业资源进一步向头部企业集中，这是餐饮业连锁化加快的结果。在标准化方面，有近70%的企业采用集中配送的中央厨房，并推行精简、高效的中央厨房和标准化生产。数字化、连锁化成为后疫情时代餐饮企业发展的重要模式。

2. 在线医疗、药品快送进入健康产业

自2020年以来，在线医疗和医药电商凭借独特的互联网优势在疫情防控方面扮演了至关重要的角色，被居民关注和采用。截至2022年12月，我国网民规模已达10.67亿人，较2021年12月增长3549万人，互联网普及率达75.6%。同时，互联网医疗用户规模为3.63亿人，较去年同期增长6466万人，占全网民的34.0%。

相关政策的制定实施有利于规范在线医疗行业的发展，保护患者的信息和数据安全。例如，《关于互联网诊疗监管细则（征求意见稿）》等政策为在线医疗行业提供了明确的指导和规范，明确了互联网诊疗的范围、条件、流程、标准等要求，保障了互联网诊疗的质量和安全。在线医疗涉及问诊、复诊、中医、慢病管理、疫苗、体检、挂号等多个领域，在政策和技术的支持下快速发展。在线医疗不仅为患者提供了便捷、高效、低成本的医疗服务，也为医生提供了更多的就业和创业机会，促进了医疗资源的优化配置和社会效益的提升。

医药电商市场范围逐渐扩大，为该产业注入新的发展空间。尤其O2O模式通过线上线下结合，使药店通过互联网平台销售药品，丰富了其经营机会。该模式具有快速送达等优势，满足急需用药并增加线下药店营业额和利益。随着医保支付试点的推广，医保支付、在线问诊、送药上门等一体化服务成为医疗电商未来发展的关键方向之一。这种服务模式不仅方便了患者，也带动了线上线下药店的合作和发展，实现了多方共赢。

3. 零售业注重数字化渠道建设

疫情促进了以生鲜、商超等为代表的即时零售服务的飞速发展。外卖骑手配送的内容越来越丰富，外卖平台也从餐饮配送为主发展为“万物配送到家”。艾瑞咨询调研数据显示，在消费者需求方面，在即时零售电商平台上对各类商品都有即时购买的需求，没有明显的偏好。《2022年中国即时零售发展报告》显示，2022年即时零售用户规模达到3.8亿人，占网上零售用户的64.4%，其中超过一半的用户每周至少使用一次即时零售服务①。在商家供给方面，目前本地生活服务已经涵盖各种商品，如生鲜水果、家居日用、鲜花礼

① 《2022年中国即时零售发展报告》。

品、医药健康、图书文创等，即时零售场景也覆盖超市、便利店、药店、书店等线下场所。

4. 家政行业依托数字化走向标准化

随着我国城镇化步伐不断迈进，重要的社会变迁因素如家庭小型化、人口老龄化等问题是家政服务业所拥有的潜在需求，是该行业未来发展的潜在增长点，家政服务业的市场规模也随之扩大。《2022—2023 年中国家政服务行业发展剖析及行业投资机遇分析报告》显示，中国家政服务市场规模从 2015 年的 2776 亿元上升至 2021 年的 10149 亿元，其吸纳就业能力日渐强大，发展前景可观。家政企业数量正逐年增长①。随着数字化的推进，家政行业正在实现效率和品质的双提升，同时促进行业走向标准化和规范化。数字化让家政服务的流程和标准更加清晰，也让家政服务的过程和结果更加透明，消除了信息不对称的问题。数字化成为传统家政行业转型升级的关键因素②。目前，家政行业已形成上、中、下游的产业链，供应商提供家政服务/工具，家政公司/O2O 平台则提供中介服务，消费者作为下游最终获得服务。该行业细分出员工型和平台型两种商业模式，对于促进第三产业的经济发展和增加就业具有重要作用，因此也成为国家政策支持的重要服务行业之一。

5. 汽车市场服务的数字化升级

随着中国经济的蓬勃发展和人口红利的持续释放，中国汽车保有量在 2020 年底居全球之首，为中国汽车后市场创造了巨大的商机，预计到 2025 年，中国汽车后市场规模将达到 1.6 万亿元。但是中国汽车后市场还存在市场分散、管理混乱、企业规模小等挑战，亟待进行数字化能力升级和创新③。近年来，移动互联网和数字技术的进步，催生了一批新兴的在线服务平台，如天猫养车、途虎养车、京东京车会、瓜子养车等，它们通过标准化、专业化的服务，提升了用户体验和供应链效率，推动了行业的高质量发展④。中国汽车售后服务利用互联网思维和服务模式，优化和重构传统服务，实现线上线下深度结合，迎合移动互联网用户消费风格。

6. 产业数字化促进金融科技创新

“十四五”规划纲要提出，“实施‘上云用数赋智’行动，推动数据赋能全产业链协同转型”，新型数字化技术从数据与技术两方面赋能金融行业。

一是金融行业的数字化将使大量数据涌入，推动金融产品不断创新。随着“十四五”规划纲要中“上云用数赋智”政策的实施，传统行业价值链中的研发与设计环节、生产制造环节、流通环节、售后与售前服务环节均在推进数字化，目前实体经济运行的海量数据逐步被收集，通过大数据技术与金融业务的结合，将海量数据进行挖掘、分析、处理，使

---

① 艾媒咨询：《2022—2023 年中国家政服务行业发展剖析及行业投资机遇分析报告》。

② 《2022—2023 年中国家政服务行业发展剖析及行业投资机遇分析》。

③ 《2018 年中国汽车后市场在线服务白皮书》。

④ 《汽车后市场竞品分析：平安好车主、懂车帝和途虎养车》。

之成为数字化生产要素，数字化生产要素的注入形成各种创新性金融服务。以工业互联网为例，工业和信息化部印发的《工业互联网创新发展行动计划（2021—2023 年）》提出“探索建立基于生产数据的增信系统，提供个性化、精准化的金融产品和服务”就是工业互联网为创新金融产品提供数据要素输入的表现。

二是为现有的金融机构科技体系提供成熟的数字化技术改造。在我国各行业中，行业的数字化转型也是实现数字技术深入应用的过程。在其他行业已有的数字化转型成熟方案的基础上，金融行业对相关成熟的数字化技术进行提炼借鉴，不断丰富自身技术体系。以物联网为例，多家大型银行具有其他行业的资产管理经验，金融行业可以对物联网等数据处理技术进行引用，通过建立感知、数据加密、平台构建等技术体系，实现贵金属管理、资产保护和风险感知等。

（三）服务业数字化发展的特征

近年来，人口红利消失、市场竞争环境加剧促使企业对数字化服务的需求快速增长，而新冠疫情更是让所有企业充分认识到数字化、线上化的必要性。无论是商业模式单一、线上经营能力缺失，还是内部管理、营销模式落后，以及融资渠道受阻，这些在疫情中暴露出的短板都是企业服务数字化的发力点。在互联网信息技术、云计算与大数据等新技术不断涌现的背景下，企业对数字化产品和服务的需求逐渐成为主流。

服务业数字化转型具有以下四个方面的特征。

第一，前端消费互联网带动后端产业互联网发展。这将使生活服务业数字化向全链条扩散覆盖，加速服务业数字化转型，进而推动服务经济质量变革、效率变革和动力变革。

第二，服务业数字化大幅提升服务效率。传统服务业主要依靠劳动力投入和人力资本积累，技术进步缓慢，效率不高。生活服务业数字化，让数据成为核心生产要素加入服务活动中，带动服务业边际效率改善和全要素生产率提升，加快了现代服务业发展进程。

第三，服务业数字化推动服务方式变革。与传统服务方式相比，生活服务业数字化将线下服务线上化，大大拓展了网络用户数量，使服务集聚的海量数据呈几何级增长。集聚的数据资源越多，外部效应就越大。这种外部效应会吸引更多用户参与，进而形成传统服务方式难以形成的规模效应。

第四，服务业数字化拓展生产可能性边界。我国总体上已进入工业化后期，服务业比重提高，但同时由于服务业资本有机构成较低，全要素生产率增长放缓，经济增长呈现结构性减速。数字化带来的服务业革命性变化，可以有效拓展生产可能性边界，突破产业结构服务化带来的结构性减速，为经济发展拓展新空间。

从整体来看，中国服务业企业相对规模小、企业零散、地域性行业性差别大，许多企业在数字化转型中面临着成本高、收益不清晰、信心不足、缺乏理论体系等问题。生活服务业各个行业之间的数字化水平存在显著差异，酒店业的数字化率约为 44.3%，餐饮业的数字化率约为 21.4%，家政业的数字化率仅约为 4.1%，养老服务业的数字化率约为 1.3%①。

第三节　中国产业数字化发展趋势及思路

一、产业数字化发展的主要趋势

从产业数字化发展要求与我国产业数字化实践来看，我国产业数字化发展主要呈现出以下趋势。

第一，数据要素对传统要素的催化聚合效应将得到进一步强化。在产业数字化过程中，数据要素是最基本的生产要素，数据价值开发，一方面包括激活传统要素价值潜能，另一方面包括开发数据要素自身新价值。随着产业数字化的推进，数据要素自身新价值的开发以及其对传统要素价值潜能的激活效应都在强化。据有关机构测算，基于“数据 + 资本”的供应链金融在 2022 年超过 20 万元市场规模；基于“数据 + 技术 + 劳动力”的数字孪生市场 2025 年会形成千亿元市场；基于“数据 + 技术 + 劳动力 + 资本 + 土地”的元宇宙到 2027 年将成为全球超过 40% 的大型企业增加收入的来源②。

第二，以订单为牵引的产业互联网将加速发展。产业互联网是支撑产业数字化发展的平台，创造价值是产业互联网的基本目标导向。不同于国外以技术为导向的产业互联网平台发展导向③，我国以订单为牵引的产业互联网平台发展迅速，着眼于解决企业数字化转型中遇到的实际问题，以问题为导向，以需求为牵引，有效实现系统协同、技术聚合，更有效地促进产业数字化发展。

第三，数据安全问题将得到进一步重视。随着产业数字化的推进，数据已经成为战略性资源，特别是随着政务、军工、能源等领域实时采集传输、计算分析数据场景的大量增加，对数据安全的要求将进一步提高。数据安全治理将进一步趋向全流程、全场景的多点防护，以应对产业数字化过程中数据流动风险，保障全产业链数据处于持续安全状态。为此，需要发展基于实时数据动态采集利用和线上线下协同的柔性治理、动态治理和精准治理。

第四，数字场景对产业数字化转型的作用更加凸显。数字场景以数据作为核心驱动要素，通过数据模型驱动主体、客体、空间协调联动和融合创新，对产业数字化的促进作用越来越明显。由此，数字场景建设将成为数据开发利用的重要方面。数字场景建设成效主

---

① 中国连锁经营协会、阿里新服务研究中心：《中国生活服务业数字化发展报告（2022）》。
② 《数字化转型的十大趋势》，https：//baijiahao. baidu. com/s?id = 1762393291834756948&wfr = spider&for = pc。
③ GE 耗费 6 年、投资数十亿美元、雇用数千名工程师打造的以技术为导向的 Predix 平台，最终也只能黯然收场。

要取决于数据开发利用的广度和深度，拓展数据开发利用的广度需要由单个业务活动拓展到整个产业生态圈，数据开发利用的深度延伸需要由规范应用和共享拓展发展到智能采集共享和生态级信息物理系统建模。为此，将使数字场景的层级由现有的单元级拓展到板块级、企业级、平台级和生态级，其对产业数字化转型的作用更加凸显。

第五，产业数字化对个性化、体系性和集成性系统解决方案的需求进一步加大。从业务层面看，产业数字化转型取决于系统解决方案的质量，需要形成产业数字化与其系统解决方案供给的协同一致。从产业数字化发展实践看，产业数字化转型需求与其系统解决方案供给的结构性失衡问题越来越突出。一方面，产业数字化转型需求越来越趋向个性化、体系性和创新性，另一方面，产业数字化系统解决方案供给仍具有局部性、过度专业化和零碎化的特点。由此，为加快产业数字化发展，大量供给个性化、体系性和创新性的系统解决方案势在必行。为此，需要整合产业、科技、金融等多方面资源，整合研发、生产、服务等相关价值链，整合硬软件、网络、平台等数字技术工具，通过平台化、生态化合作，实现产业数字化系统解决方案的升级，推动产业数字化迈向更高水平。

第六，对支撑产业数字化发展的服务提出更高要求。产业数字化发展需要相应的服务支撑，并且产业数字化所需要的服务内容创新性越来越强、时效性越来越突出，这是由支撑产业数字化发展的新一代数字技术的作用特征所决定的，这些特征主要包括知识更新快、技术迭代快、需求变化快和颠覆式创新显著等。而现实产业数字化转型过程中，传统服务方式所具有的项目设计周期长、标准服务灵活性差、形成共识慢、获得价值低等特点，越来越难以满足产业数字化进一步发展的要求，创新产业数字化服务方式成为产业数字化发展的重要方面。近年来，“数字化转型伴随服务”的概念被提出，并受到业界的关注。这种伴随服务将具有价值导向、按需响应、全面整合、长期伴跑、快速迭代、持续改进等特征，将有力推动产业数字化转型进程。

第七，对数字化人才的需求将进一步加大。随着产业数字化领域的不断拓展和扩大，对各种类型的数字化人才需求将全面增加。在企业运行过程中，需要数字要素的配置管理人才、数字技术的创新应用人才、数字化生产运营的操作人才等。我国产业体系齐全，产业数字化领域广阔，应用场景丰富，所需要的数字化人才类型多、范围广、层次丰富。现有数字化人才储备与培养越来越不适应产业数字化发展的要求，加快培养造就与我国产业数字化进程相匹配的数字化人才大军，是我国产业数字化发展的重要任务。

第八，市场主导与政府职能相结合的驱动模式更加完善。推进产业数字化发展，市场将发挥会主导性作用，通过市场调节，实现数字资源要素和技术等的优化配置，为产业数字化发展提供基础性驱动力。但与此同时，也要重视发挥政府的作用。产业数字化需要高度的数字化基建和关键核心技术支撑，需要优良的市场环境和产业发展环境，也需要科学的政策引导，为此必须有效发挥政府的作用。同时，在产业数字化发展过程中，特别是新基建建设过程中涉及政府、企业、金融机构、高校科研机构等的多方协同共建，需要政府协调多方利益主体的关系，避免可能出现的结构性失调、主体职责不清、资源配置扭曲等问题。同时，需要政府推动建立新型举国体制，加大对产业数字化关键核心技术的创新攻关力度，为产业数字化发展提供强有力的技术支撑。近年来，随着我国产业数字化的发展，已逐步形成市场功能与政府作用相结合的产业数字化驱动模式。随着我国产业数字化进程的不断推进，将形成更加完善的市场主导与政府职能相结合的产业数字化驱动模式。

二、中国产业数字化的发展思路

产业数字化作为数字经济的重要内容，其发展对优化我国产业结构、重构我国产业组织、加快建设现代化产业体系，都具有重要意义。要按照中共中央和国务院关于做强做优做大我国数字经济的基本要求，在强化技术、产业、数据和市场等要素支撑能力的基础上，加快构建产业数字化发展战略体系，塑造数字化创新体系，构建数字化生态体系，并要协同推进数字产业化和产业数字化的发展。

（一）强化产业数字化要素的支撑能力

强化产业数字化的技术支撑能力，重点是加强关键核心技术攻关。随着产业数字化的进一步推进，数字技术创新特别是关键核心技术创新将成为推进其发展的根本力量。对于产业数字化而言，其核心内容是实现物理世界和数字世界的连接、打破数据孤岛以促进数据融合、实现传统数据处理中心云化、解决在海量数据库中挖掘价值数据等，这都需要运用物联网、云计算、大数据、人工智能、工业互联网和5G网络等新一代数字技术来解决①。目前，我国在高端芯片、工业控制软件、核心元器件、基本算法等与数字产业相关的关键技术方面仍然受制于人，许多关键核心技术对外依存度高，许多数字化大企业更多地注重商业模式创新，而忽视数字技术创新，特别是关键核心技术创新，这从根本上制约了我国产业数字化进程的推进。因此，加快我国产业数字化进程，必须加强关键核心技术攻关。通过企业联合研发、协同创新、产学研合作等方式，加快攻克核心电子元器件、高端芯片、基础软件、核心工业软件等关键短板，围绕企业实际应用场景，加快突破先进传感器、新型网络、大数据分析等数字化共性技术及5G、人工智能、区块链、数字孪生等前沿数字技术，加快形成安全可控的数字化转型自主技术体系。

在产业方面，加快补齐产业基础能力短板，提升产业链现代化水平，为产业数字化提供坚实产业支撑。现阶段，我国产业基础总体有待提高，主要表现为：许多核心基础零部件的自主可控水平不高；产业基础设施的服务支撑能力不足，包括新型基础设施支撑能力不高；部分重大技术装备的质量和性能有待提升；国产控制系统的可靠性、稳定性、环境

① 郭克莎、杨椆龙：《以数字技术赋能产业转型升级》，《经济日报》2022年8月9日第10版。

适应性等有待提高①。可以说，没有强大的产业基础能力作为支撑，产业数字化就无法形成产业新动能，不可能构建强大的现代产业体系。为此，我国应该聚焦集成电路、基础软件、重大装备等重点领域，加快补齐产业链短板，特别是加快补齐基础零部件、关键基础材料、先进基础工艺、产业技术基础等短板，着力打造自主可控、安全可靠的现代化产业链、供应链，为产业数字化转型提供有力支撑。

在数据方面，进一步优化数据资源供给，构建高质量数据要素市场。当前我国数据要素市场体系尚不健全，企业在使用数据时面临诸多难题，如数据使用和收益权益不清晰、分级分类标准不统一、大企业垄断以及数据泄露风险等问题，阻碍了数据价值潜力的充分释放②。这些问题和缺陷直接制约着产业数字化推进。

为此，应加快培育和完善数据要素市场，健全数据要素市场规则，培育规范的数据交易平台和市场主体，积极探索场内和场外相结合的数据交易模式，建立科学的数据资本资产定价机制，促进数据要素有效流通。同时，落实《数据安全法》《个人信息保护法》等法律法规，进一步完善数据安全监管与治理，坚决打击数据黑市交易，为产业数字化推进营造良好市场环境。

在市场规范方面，进一步完善数字经济发展的市场基础制度，完善产业数字化发展的制度基础。我国产业数字化发展，对传统产权、流通等市场制度规范提出新的挑战，成为进一步释放数据要素价值的关键。2023 年 1 月，中共中央、国务院印发的《关于构建数据基础制度更好发挥数据要素作用的意见》（简称《意见》），对数据基础制度体系建设作了较为全面的部署③。当务之急是扎实推进《意见》规定的各项任务，重点是加强平台经济、共享经济等新业态领域反垄断和反不正当竞争规制，完善数据安全保护管理和个人信息保护法律制度，进一步推进和完善数据权属界定、开放共享、交易流通等标准和体系建设。

（二）破除产业数字化的结构性失衡问题

我国产业数字化在蓬勃发展的过程中，仍然存在基础层弱、应用层强、生活性服务业强、生产性服务业和制造业弱的结构性失衡问题。首先，从技术分布看，重应用、轻基础的特征明显。以人工智能为例，科技部发布的《中国新一代人工智能发展报告 2020》指出，当前人工智能在技术层呈现中美双寡头竞争格局，中国在图像、语音识别等应用层的专利领先，但在 AI 基础技术及工具的研发方面仍然相对落后，AI 基础技术的核心力量掌握在美国手中。其次，从产业分布看，2020 年，中国服务业、工业、农业的数字经济占行

---

① 徐建伟：《构筑稳固而强大的产业基础能力》，《经济日报》2020 年 10 月 20 日。

② 田川：《数字经济成为稳增长的强大力量》，《社会科学报》2022 年 9 月 15 日第 1 版。

③ 国家发展和改革委员会：《加快构建中国特色数据基础制度体系促进全体人民共享数字经济发展红利》，《求是》2023 年第 1 期。

业增加值比重分别为 40.7%、21.0% 和 8.9%，工业和农业数字经济占比明显低于服务业。中国数字经济巨头的主营业务主要集中于生活服务业，即消费互联网。相比之下，北美 15 大互联网公司中，消费互联网和产业互联网的企业数量基本相当，呈现出齐头并进的发展态势①。

为应对我国产业数字化发展面临的结构性失衡问题，从长期来看，需要政府、企业与研究机构等各方面的集体关注和共同努力才能克服和解决，制造业和服务业、软件和硬件、消费互联网和产业互联网必须齐头并进、协同发展，才能在未来人工智能、物联网的大时代里取得差异化的独有竞争优势。从短期来看，应特别重视消费互联网巨头的作用，长期以来，作为互联网用户流量的头部明星，我国的消费互联网巨头规模增长迅速，他们作为最大的一线用户，深知硬件需求的具体特征和发展趋势，应当也可以作为更具长远需求、更具全局观的需求方参与到硬件制造和基础研发的攻坚创新中来，共同谋求数字技术领域自立自强。

（三）塑造产业数字化转型的创新体系

未来我国产业数字化实现从转型阶段到创新阶段的跨越，需要充分发挥数字科技的赋能作用，利用人工智能、区块链、云计算、大数据、物联网、移动互联网等数字技术与实体经济深度融合，促进自主、协同、开放的创新体系变革，从而催生出新技术、新产品、新产业、新模式、新业态，实现产业数字化创新的发展。为推进产业数字化的发展，我国应该从行业数字化转型角度塑造全面创新格局，发挥数字化引领创新先导作用，利用数字技术赋能推进自主、协同与开放的创新体系变革。同时，在优化创新体制，打造国家科技基础设施和创新资源开放共享平台，以及优化数字经济创新成果保护、转化和分配机制的基础上，激发创新主体活力，构建各类主体广泛参与、线上线下结合的开放创新网络。

（四）形成大中小企业协同发展的数字化产业格局

中小企业是国民经济和社会发展的生力军，是扩大就业、改善民生的重要支撑。加快推进中小企业数字化转型，是激发发展活力、提升市场竞争力的重要途径，是建设现代化经济体系、推动经济实现高质量发展的重要基础。然而，中小企业因规模、资金、技术、人才等因素限制，在推进数字化转型中会遇到多重困难，而大型企业“全面型”“奢侈型”“豪赌型”的数字化转型路径和模式，对于广大中小企业企业来讲，没有条件和能力照抄照搬。与此同时，我国数字平台和企业需求之间存在难以有效对接等问题，比如在数字平台和实体行业之间，数据共享技术规范尚不统一、互联互通受阻等问题，也进一步制约了中小企业依靠自身力量实现数字化转型。

---

① 杨虎涛：《着力破除数字经济的结构性失衡问题》，《光明日报》2022 年 2 月 22 日第 11 版。

为推进产业数字化的发展，我国应营造大型企业与中小企业协同发展的数字化环境，构建更为畅通循环的数字化发展环境，形成具备数字共识的社会。对于中小企业数字化，进一步简化涉及中小企业数字化转型的行政审批事项，降低新业态、新模式企业的设立门槛，消除阻碍数字化的各种行业性、地区性壁垒。同时，培育推广一批符合中小企业需求的数字化平台、系统解决方案、产品和服务，构筑推动中小企业集群数字化。而对于大型企业数字化，应充分发挥大型企业数字平台的作用和功能，推动大数据共享开放，为实体企业提供更多经营和生产决策支持，搭建匹配相应行业的数字共性平台，在流程优化、经营决策、成本管理等方面对接、衔接。加强大型企业在产业链、供应链方面的枢纽作用，通过大企业“建平台”和中小企业“用平台”双向发力，促进上下游企业协同数字化，推动大中小企业形成协作共赢的数字化产业格局①。

（五）构建开放、协同、融合的数字化生态体系

目前，我国基于产业互联网平台的数字化生态建设仍处于初级阶段，存在平台型和链式两种类型的产业生态融合发展困境。一方面，对于平台型产业生态，由互联网企业主导，互联网企业为中小企业和用户提供资源匹配和技术服务，然而中小企业会由于资金投入、转型认识、上云信心或政策激励等不足，难以积极融入数字生态。另一方面，对于链式产业生态，由垂直领域大型企业主导，深度链接产业链上下游企业和用户，然而生态建设主要还是围绕大型企业原有供应链和用户而展开，容易陷入封闭型生态圈，不利于开放、协同、融合的数字化生态建设。为此，应依托产业发展优势，加快建设能源、电信、制造、医疗、旅游等领域产业链数字化生态协同平台，推动产业链、供应链上下游企业间的数据贯通、资源共享和业务协同，提升产业链供应链动态协调水平。同时，促进企业加强跨界合作创新，与产业链合作伙伴形成融合、共生、共赢的合作型商业模式。进一步培育打造供应链金融、网络化协同、个性化定制、服务化延伸等新模式、新业态，构建跨界融合的数字化产业生态体系。

（六）协同推进数字产业化和产业数字化发展

产业数字化与数字产业化作为数字经济发展的两个重要方面，存在相互作用、相互影响的关系。产业数字化的发展离不开数字产业化提供动力源泉；数字产业化需要产业数字化的支撑和带动。数字产业化侧重于数字要素和业态的供给，产业数字化则侧重数据要素与现有产业的融合和协同，二者形成相互促进、协同发展的过程。数字产业化的发展有利于为产业数字化提供数字技术、数字产品、数字服务、数字基础设施以及系统解决方案等，从而引领和推动产业数字化进程推进和水平提升。反过来，产业数字化的推进，又会

① 曹钟雄：《“以大带小”加快企业数字化》，《经济日报》2022 年 4 月 25 日第 5 版。

产生海量产业运营方面的数据，从而为数字产业化提供源源不断的数据资源，由此催生出数字产品制造业、数字产品服务业、数字技术应用业等新型数字产业和业态。

因而，只有实现数字产业化和产业数字化双轮驱动、协同发展，才能有效赋能传统产业，加快促进制造业、服务业和农业的数字化转型升级，同时也才能形成更广泛的以数字经济为创新驱动力和实现工具的新产业、新业态、新模式，实现数字经济高质量发展[①]。为此，要加快形成产业数字化与数字产业化协同发展的有效机制，保障二者并行发展、良性互动、相互促进。从政府政策方面，应提升产业数字化与数字产业化政策的匹配度，遵循二者协同发展的逻辑与要求，明确政策的着力点，引导和促进产业数字化与数字产业化的协同发展、相互支撑。通过精准的政策匹配，不断提升我国产业数字化发展水平。

① 王春晖：《协同推进数字产业化和产业数字化转型》，《人民邮电报》2021年4月8日第7版。

第十章
中国数字经济的协调发展水平评价

第一节　中国数字产业化和产业数字化的协调发展

近年来，随着大数据、云计算、5G、人工智能等现代信息技术的发展，世界迈入数字经济时代。数字经济背景下，数字产业化与产业数字化成为经济的新增长点。本节围绕中国数字产业化与产业数字化的协调发展，首先从理论上分析二者的耦合关系，其次探析二者协调发展存在的问题，然后利用中国数据测算各地区两化的耦合协调水平，最后基于现状提出推动两化协调发展的对策建议。

一、数字产业化和产业数字化的耦合关系

数字经济时代，数字产业化与产业数字化是推动数字经济发展的两大动力。为实现两化的协调发展，需要厘清二者的耦合关系。本部分对其进行探析，首先对数字产业化与产业数字化的相关概念进行梳理，其次对二者的关系展开讨论。

（一）相关概念界定

数字经济背景下，数字产业化与产业数字化是社会各界关注的热点。国内外各机构都对二者的内涵进行了研究与界定。对数字产业化的定义主要从数字技术出发，研究数字要素对数字经济的增能作用；对产业数字化的定义则着重讨论了数字化应用场景和传统产业的数字赋能的过程。

在数字产业化的内涵与界定上，经济合作与发展组织（OECD）、美国商务部经济分析局（BEA）、中国信息通信研究院（CAICT）、中国国家统计局（NSBC）等机构都对其进行释义。中国信息通信研究院、美国商务部经济分析局和OECD从数字产业的范围出发对数字产业化的内涵进行界定。中国信息通信研究院提出了数字经济“四化”框架，将数字

产业定义为包括电子信息制造业、电信业、软件和信息技术服务业、互联网行业在内的信息通信产业①。美国商务部经济分析局则将数字产业的范围扩大化，认为数字产业涵盖数字化赋能基础设施、电子商务和数字媒体三类②。OECD 在美国商务部经济分析局的数字产业的基础上进一步扩大数字产业的范围，将数字中介平台、依赖中介平台的行业等也纳入数字产业的范畴③。但这些机构对数字产业化的探究仅限于数字产业的范围界定，尚未对数字产业化进行系统而全面的定义。中国国家统计局在上述数字产业分类的基础上，对数字产业化进行了明确的定义，其在《数字经济及其核心产业统计分类（2021）》中提出，数字产业化是指为产业数字化发展提供数字技术、产品、服务、基础设施和解决方案，以及完全依赖于数字技术、数据要素的各类经济活动④。中国国家统计局的数字产业涵盖数字产品制造业、数字产品服务业、数字技术应用业、数字要素驱动业四大类，是数字经济发展的基础。

在产业数字化的内涵与界定上，中国信息通信研究院、中国国家统计局等机构和业内专家学者对其进行了研究与分析。主流观点认为，产业数字化是利用数字技术对传统产业赋能，推动数字技术与实体经济深度融合，实现传统产业改造升级。中国工程院院士陈鲸从数字化赋能传统产业视角出发，提出产业数字化是利用信息技术赋能其他产业，是数字技术对农业、工业、服务业的贡献⑤。中国信息通信研究院进一步将产业数字化的内涵深化，认为产业数字化是应用数字技术对传统产业进行改造升级，实现传统产业的产出增加与效率提升。更进一步地，中国信息通信研究院对产业数字化的业态进行阐释，其将工业互联网、智能制造、车联网、平台经济等融合型新产业新模式新业态纳入产业数字化范畴⑥。陈鲸和中国信息通信研究院对产业数字化的定义是从静态视角出发，也有机构和学者从动态视角界定产业数字化，认为数字技术和数据资源是客体，亟待提升效率的传统产业是主体，而将产业数字化定义为主体利用客体对其业务进行全链条升级改造的过程。上述观点从不同视角对产业数字化的内涵进行探究，但尚未形成对产业数字化的系统性认知。中国国家统计局从数字赋能传统产业与数字化应用场景出发，对产业数字化进行了较为完整的定义。中国国家统计局认为产业数字化是指应用数字技术和数据资源为传统产业

---

① 中国信息通信研究院：《中国数字经济发展报告 2022 年》，http：//www. caict. ac. cn/kxyj/qwfb/bps/202207/P020220729609949023295. pdf。

② 中国互联网经济研究院：《美国商务部经济分析局首次界定并测度数字经济》，http：//ccie. cufe. edu. cn/info/1006/1370. htm。

③ 吴翌琳、王天琪：《OECD 数字经济产业分类相关进展》，http：//www. zgxxb. com. cn/pad/content/202109/23/content_8339. html。

④ 国家统计局：《数字经济及其核心产业统计分类（2021）》，http：//www. gov. cn/gongbao/content/2021/content_5625996. htm。

⑤ 陈鲸：《以数字产业化和产业数字化推动数字经济发展》，《科学新闻》2022 年第 6 期。

⑥ 中国信息通信研究院：《中国数字经济发展报告 2022 年》，http：//www. caict. ac. cn/kxyj/qwfb/bps/202207/P020220729609949023295. pdf。

带来的产出增加和效率提升，是数字技术与实体经济的融合，涵盖智慧农业、智能制造、智能交通、智慧物流、数字金融、数字商贸、数字社会、数字政府等数字化应用场景，是数字技术与关乎国民经济的各行业的深度关联与广泛融合①。

综上所述，各机构和学者对数字产业化与产业数字化的内涵界定存在细微差别，但总体上都认同数字产业化与产业数字化是数字经济的两大范畴，认为数字产业化涵盖提供数字技术、产品与服务、基础设施、解决方案以及完全依赖于数字技术、数据要素的各类经济活动，而产业数字化则是数字技术与实体经济的深度融合，涵盖应用数字技术与数据资源实现传统产业产出增加、效率提升的各类经济活动。

（二）数字产业化与产业数字化的关系

数字产业化与产业数字化共同构成数字经济的核心内容，二者既有区别，又有联系，在数字经济的发展过程中相辅相成，彼此促进。

数字产业化与产业数字化相互区别。第一，二者的重心和呈现方式不同。数字产业化的重心在数字技术的产业化应用，其呈现方式是产品和解决方案，以 ICT 产业和信息服务产业为主，向市场供给数字技术、产品与服务等。而产业数字化的重心在行业，其呈现方式是对传统产业的数字化改造，以传统产业数字化赋能为主，是数字技术和数据资源与实体经济的深度融合。第二，二者的地位和作用不同。数字产业化是数字经济的基础部分，其实现数字技术的迭代创新，是数字经济发展的动力源泉。而产业数字化是数字经济的延伸部分，其需求引导数字技术发展，是数字技术促进生产力、提高要素配置效率的表现②。第三，二者的发展机制不同。数字产业化对应为国民经济各产业的数字化发展提供数字技术、产品与服务等的产业类别，需要通过政策扶持和引导来加速其产业化过程。而产业数字化对应于数字融合产业，是数字技术与传统产业深度融合后的产业形态，其发展更需要市场力量和需求来推进。

数字产业化与产业数字化相互作用。一方面，数字产业化与产业数字化相互融合促进。数字产业化为产业数字化提供其发展所需要的技术支持与保障，为其稳定发展打造坚实基础。产业数字化转型的推进会产生关于各行各业生产、经营、销售等环节的海量数据，为数字产业化提供源源不断的数据资源，进而通过充分发挥数据要素的价值推动我国数字产业发展壮大，催生出数字产品制造业、数字产品服务业、数字技术应用业、数字要素驱动业、数字化效率提升业等数据产业。因此，在数字经济的发展过程中，数字产业化与产业数字化相互融合、彼此促进。另一方面，数字产业化与产业数字化同频共振、协同发展。数字产业化的发展推动数字技术的成熟及其市场化运用，为传统产业的数字化转型

① 国家统计局：《数字经济及其核心产业统计分类（2021）》，http：//www. gov. cn/gongbao/content/2021/content_5625996. htm。

② 李腾、孙国强：《加快数字产业化与产业数字化协同发展》，《中国社会科学报》2022 年 1 月 12 日第 3 版。

和升级提供了完备的技术支持和解决方案，促进了产业协同发展与转型升级，加快了产业数字化进程。与此同时，传统产业数字化转型过程中会催生新的产业价值创造模式。新的产业价值创造模式对数字技术提出了更高的要求，进而倒逼数字技术创新、数字产业化升级。因此，在数字经济的发展过程中，数字产业化与产业数字化具有良性互动、协同发展的关系。

二、中国数字产业化与产业数字化协调发展存在的问题

（一）数字产业化与产业数字化间存在供需错配

数字产业化涵盖数字技术供给、数据要素应用等经济活动，为产业数字化供给基础设施、数字技术、产品与服务等，是产业数字化发展的基础。然而，现阶段我国的数字产业化与产业数字化之间存在供需错配现象。

具体而言，我国在数字产业化领域的发展重心在消费侧，倾向于培育数字消费市场。因此，数字技术的研发创新与投入大多集中于消费市场，并由此产生电子商务、平台经济等新模式、新业态的繁荣现象。然而，产业数字化是运用数字技术对传统产业进行改造和升级，其发展重心更偏向工业领域。目前，数字产业化发展形成的消费端数字技术难以匹配工业领域产业数字化的发展需要，现有的数字技术难以赋能传统产业，数字技术的供需间存在缺口。而产业数字化又比较依赖数字技术的进步和扩散，需要海量数据的收集和使用，这种发展需求在当下难以得到满足，进而成为产业数字化深度推进的掣肘。因此，现阶段数字产业化与产业数字化之间缺乏精准匹配和有效协同。

（二）数据要素价值未充分释放制约两化协同

数据作为新型生产要素，是数字经济时代交换信息、洞悉规律、挖掘价值的源头活水。数字产业化与产业数字化的协同发展以海量数据为基石。然而，现阶段我国的数据要素价值尚未充分释放，数据利用效率仍待提高。

我国的数据要素价值尚未充分释放主要体现在以下三个方面。第一，我国的数据规则发展滞后。现阶段，我国尚未制定数据确权、数据定价、数据交易等方面的法律法规及指导性政策文件，数据的市场化运作缺乏规范与引导。第二，我国的数据治理水平有待提升。数据安全关系到经济安全与国家安全，在经济活动中需要被高度重视。然而，现阶段我国的数据掌控部门过于关注数据安全，数据开放度不足，海量数据留存在政府手中而不能进入市场进行交易，数据要素的作用未得到有效发挥。第三，我国的数据市场化交易机制尚未建立。现阶段我国没有建立数据参与收益分配、股权投资的相应制度，激励制度和保障措施的缺失使海量数据未能投入企业运营与产业发展中，造成数据资源的浪费。数字产业化与产业数字化以数据要素交易为基础。数据要素的价值挖掘不足造成数据要素利用率下降，降低了数据要素的资源配置效率，制约数字技术与数字产业化的发展。数字技术

与数字产业化的发展水平不高进而限制了产业数字化的发展水平，导致二者难以实现有效协同。

（三）企业生态协同机制尚未形成

现阶段，我国数字产业化的企业主体以经营数字技术业务的创新型小微企业为主。这类企业大多为自主发起，企业经营规模小、地点布局分散①。然而，产业数字化的企业主体类型却呈相反态势。对传统产业而言，规模越大的企业数字化程度相对越高，资金、技术和人才等资源也更雄厚，数字化转型速度自然也更快。数字产业化与产业数字化的企业间主体生态不同导致企业间生态协同机制难以形成。

第一，产业数字化企业的数字化需求具有非标准化的特征，数字化需求解决方案存在较大差异，难以形成规模化、标准化的市场需求。而可以提供这种服务的企业大多数为创新型中小企业。然而，现阶段产业数字化需求迫切的大企业，多为央国企或行业内知名企业，其未必信任创新型中小企业的技术与实力，进而造成潜在合作机会的流失。第二，现阶段数字产业化下的大企业多在消费领域，侧重消费侧数字技术的供给，难以满足产业数字化现有的非标准化的市场需求。第三，产业数字化作为利用数字技术对传统产业的改造升级，其改造过程中必定涉及部分商业机密，保障信息安全的需要也成为企业间合作的障碍。

（四）数字产业化与产业数字化的发展规划尚待协同

近年来，随着数字经济的繁荣，我国陆续出台了一系列旨在推动数字经济健康发展的政策文件。然而，尽管数字产业化与产业数字化在“十三五”“十四五”规划纲要中都有所提及，但尚未形成两化发展政策间的有效协同②。

数字产业化与产业数字化的发展规划协同性不足主要体现在以下两个方面。第一，在国家层面，尽管党中央在《中共中央关于制定国民经济和社会发展第十四个五年规划和二〇三五年远景目标的建议》中提及了数字产业化与产业数字化，并出台了专门的《“十四五”数字经济发展规划》③，但政策文件的重心在于如何推动数字产业化与产业数字化各自的发展繁荣，并未考虑二者的协同。在地方层面，尽管各地政府都陆续出台了一系列地方性数字经济发展规划，但大多从数字经济视角切入，规划设计较为宏观，缺乏对数字产业化与产业数字化协同发展的考量。第二，数字产业化与产业数字化均涉及不同部门的分工，特别是在产业数字化领域，不同产业的主管部门都有所涉及。然而，现阶段数字产业

① 据企查查数据，截至 2021 年 1 月，企业名称中包括金融科技的企业数量达到 139041 家，其中注册资本在 5000 万元以上的有 15468 家，注册资本在 1000 万—5000 万元的有 30636 家，而注册资本在 1000 万元以下的有 92937 家。

② 陆岷峰：《经济发展新格局下数字产业化与产业数字化协调发展研究》，《金融理论与教学》2021 年第 6 期。

③ 国家发展和改革委员会：《“十四五”数字经济发展规划》，http：//www. gov. cn/zhengce/content/2022 -01/12/content_5667817. htm。

化与产业数字化发展的指导文件并未对权责主管部门进行清晰界定。尽管有些政策文件确定了牵头单位，但并未对具体分工提出明确的制度安排。在实际工作中存在交叉管理、权责不清等现象。此外，在数字产业化与产业数字化的发展中还存在重复投资、空白投资等现象，投资效率低，两化发展的融合度与协调性差。

（五）数字经济生态体系尚未形成

数字化时代，良好的数字经济生态体系为数字产业化与产业数字化的协同发展提供环境与条件支持。然而，现阶段我国“两化”的数字经济生态体系尚未形成。

该问题主要体现在以下五个方面。第一，数字领域法律制度设计有待完善。近年来，随着我国电子商务、互联网平台等数字经济业态的发展，我国开始关注数字领域的立法。然而，目前的法律制度设计侧重于下游消费市场，对上游数字技术研发、数据保护利用的重视程度不够，相关法律法规存在空白。第二，企业协作机制有待发展。我国两化企业间的供需存在不匹配问题，消费端数字技术的供给难以满足生产端数字技术的需求。此外，两化企业间的主体生态也呈现明显差异，在一定程度上影响两化企业间的交流与协作。第三，合作平台尚未搭建。现阶段我国两化间的政企、校企与企企合作平台都不完善，缺乏代表性、典型性的两化合作平台，产学研尚未实现有效对接。第四，人员交流机制有待提升。数字产业化与产业数字化企业间供需不匹配的深层次原因在于数字技术研发人员与产业数字化需求方的沟通交流不足，二者间存在信息差。人员交流机制的不完善影响数字产业化企业的数字技术、产品和服务供给与产业数字化企业的数字化转型需求的有效匹配。第五，人才培养机制有待改善。数字经济时代，传统的人才培养方式培训出的员工技能难以满足数字化发展的技能需要，数字人才供给与市场需求间存在脱节。

三、中国各地区数字产业化与产业数字化的耦合协调度评价

（一）耦合协调水平测度方法

为测算我国各地区数字产业化与产业数字化的耦合协调度，首先，本报告基于国家统计局对数字产业化与产业数字化的定义，结合中国信息通信研究院对数字产业化与产业数字化的内涵释义，并参考该领域内大量文献，选取可衡量数字产业化与产业数字化水平的9项指标；其次，利用熵权法计算数字产业化指数及产业数字化指数；最后，采用修正后的耦合协调模型计算中国各地区数字产业化与产业数字化的耦合度及耦合协调度。以下为具体的耦合协调水平测度方法简介。

1. 数字产业化与产业数字化水平测度

基于国家统计局对数字产业化与产业数字化的定义，结合中国信息通信研究院对数字产业化与产业数字化的内涵释义，并参考该领域内大量文献，选取如表10-1所示的可衡量数字产业化与产业数字化水平的9项指标。

表 10－1　数字产业化与产业数字化指标选取

一级指标	二级指标
数字产业化	数字产业从业人员
	软件业务收入
	电信业务总量
	数字电视用户数
	数字企业个数
产业数字化	电子商务销售额
	企业网站覆盖率
	数字普惠金融指数
	快递业务数量

本报告采用熵权法对数字产业化水平与产业数字化水平进行测度，将数字产业化每年的综合得分记为 U_S，将产业数字化每年的综合得分记为 U_C。

2. 耦合协调度测算

耦合度是对系统间相互作用程度的测度，计算公式如下：

$$M = \frac{2\sqrt{U_S \times U_C}}{U_S + U_C} \qquad \text{（式 10－1）}$$

其中，U_S 为数字产业化每年的综合得分，U_C 为产业数字化每年的综合得分，M 为由二者计算所得的耦合度。

由于二元系统耦合度 M 值在区间［0，1］内非均匀分布，且多集中于 1 端。为提高耦合度的使用效率，本报告采用修正过的耦合度模型。此模型将 M 值尽可能分散分布于［0，1］，加大 M 值的区分度，计算公式如下。

$$M_{sc} = \sqrt{1 - \sqrt{(U_2 - U_1)^2 \times \frac{U_1}{U_2}}} = \sqrt{1 - (U_2 - U_1) \times \frac{U_1}{U_2}} \qquad \text{（式 10－2）}$$

其中，$U_1 = \min\{U_S, U_C\}, U_2 = \max\{U_S, U_C\}$ 。

耦合度仅能反映数字产业化与产业数字化之间的同步程度，无法表明系统间发展水平所处的状态，会出现当两系统同步处于低水平发展阶段而耦合度值却很高的情况。因此，需进一步使用耦合协调度反映系统的耦合协调发展水平，计算公式如下：

$$T = aU_S + bU_C \qquad \text{（式 10－3）}$$

$$D_{SC} = \sqrt{M_{SC} \times T_{SC}} \qquad \text{（式 10－4）}$$

其中，T 为数字产业化与产业数字化的耦合协调水平的综合评价指数，a 为数字产业化的权重，b 为产业数字化的权重。由于数字产业化起基础性、先导性作用，为产业数字化的发展提供支持，数字产业化和产业数字化规模均不断扩大，但相比较而言产业数字化规模的增速略快一点，故在实际计算中，参考陈瑞义和戴静①的做法，将 a 和 b 分别赋值 0.4 和 0.6。D_{SC}为耦合协调度。

通过上述方法计算出数字产业化与产业数字化每年的耦合协调水平，并将结果与表 10－2 中的衡量标准进行对比，以判断中国各地区数字产业化与产业数字化所处的协调阶段。

表 10－2　耦合协调等级

序号	协调度	协调等级
1	(0, 0.3]	低度耦合协调阶段
2	(0.3, 0.5]	中度耦合协调阶段
3	(0.5, 0.8]	高度耦合协调阶段
4	(0.8, 1]	极度耦合协调阶段

（二）中国各地区的耦合协调水平

1. 耦合协调水平的总体状况

基于上述方法，测算中国 31 个省份 2011—2021 年的数字产业化与产业数字化的耦合协调水平，测算结果如表 10－3 所示。

表 10－3　2011—2021 年中国各地区的数字产业化与产业数字化的耦合协调度

省份 \ 年份	2011	2012	2013	2014	2015	2016	2017	2018	2019	2020	2021
广东	0.325	0.317	0.419	0.473	0.474	0.491	0.543	0.704	0.752	0.795	0.847
北京	0.311	0.356	0.410	0.455	0.499	0.535	0.569	0.624	0.665	0.678	0.707
浙江	0.268	0.308	0.355	0.397	0.452	0.482	0.543	0.569	0.663	0.733	0.775
上海	0.282	0.303	0.377	0.399	0.430	0.406	0.435	0.505	0.562	0.635	0.670
江苏	0.321	0.342	0.365	0.361	0.373	0.387	0.423	0.464	0.493	0.541	0.559
山东	0.209	0.247	0.281	0.307	0.338	0.405	0.467	0.504	0.471	0.494	0.544
福建	0.205	0.239	0.267	0.299	0.325	0.342	0.383	0.411	0.438	0.472	0.510
天津	0.179	0.202	0.232	0.252	0.288	0.291	0.329	0.387	0.402	0.441	0.489
湖北	0.173	0.209	0.246	0.270	0.289	0.310	0.355	0.364	0.383	0.391	0.428
安徽	0.173	0.198	0.219	0.248	0.289	0.303	0.339	0.371	0.392	0.418	0.458
四川	0.150	0.187	0.220	0.247	0.269	0.292	0.332	0.347	0.375	0.384	0.416
河北	0.144	0.183	0.219	0.245	0.262	0.300	0.317	0.335	0.354	0.410	0.434
重庆	0.146	0.185	0.223	0.246	0.271	0.265	0.300	0.344	0.358	0.383	0.410

① 陈瑞义、戴静：《数字产业化和产业数字化耦合协调性研究——以江苏省为例》，《经济论坛》2022 年第 2 期。

续表

省份＼年份	2011	2012	2013	2014	2015	2016	2017	2018	2019	2020	2021
河南	0.132	0.155	0.204	0.231	0.276	0.308	0.336	0.354	0.354	0.372	0.405
辽宁	0.144	0.186	0.220	0.247	0.280	0.285	0.308	0.332	0.348	0.365	0.398
湖南	0.153	0.191	0.225	0.250	0.272	0.280	0.302	0.318	0.332	0.358	0.387
江西	0.142	0.183	0.216	0.240	0.275	0.272	0.313	0.324	0.334	0.356	0.386
陕西	0.142	0.178	0.209	0.234	0.251	0.268	0.285	0.304	0.318	0.332	0.358
云南	0.147	0.182	0.211	0.247	0.270	0.250	0.264	0.275	0.290	0.307	0.322
山西	0.110	0.153	0.192	0.211	0.230	0.244	0.259	0.295	0.294	0.310	0.344
内蒙古	0.111	0.154	0.187	0.209	0.248	0.235	0.272	0.279	0.289	0.301	0.319
广西	0.146	0.171	0.196	0.207	0.208	0.223	0.245	0.266	0.283	0.304	0.327
海南	0.152	0.158	0.183	0.203	0.221	0.209	0.271	0.279	0.283	0.291	0.308
贵州	0.111	0.154	0.185	0.209	0.227	0.233	0.261	0.272	0.275	0.283	0.298
吉林	0.112	0.153	0.183	0.210	0.226	0.231	0.250	0.260	0.274	0.290	0.313
黑龙江	0.100	0.145	0.182	0.198	0.227	0.235	0.254	0.262	0.268	0.281	0.302
宁夏	0.130	0.138	0.161	0.175	0.195	0.184	0.242	0.260	0.256	0.270	0.288
新疆	0.107	0.146	0.180	0.193	0.206	0.184	0.204	0.246	0.246	0.253	0.271
甘肃	0.100	0.141	0.175	0.180	0.194	0.174	0.216	0.247	0.252	0.261	0.280
青海	0.097	0.134	0.173	0.181	0.201	0.178	0.236	0.240	0.244	0.252	0.273
西藏	0.042	0.122	0.166	0.179	0.193	0.170	0.182	0.244	0.255	0.253	0.265

由表 10－3 可以看出，总体上，我国各地区的数字产业化与产业数字化的耦合协调水平呈上升趋势。对比表 10－2 的耦合协调等级，可以发现，现阶段我国大部分地区处于中度耦合阶段，少部分地区①迈入高度耦合阶段，仅有广东达到极度耦合阶段。此外，宁夏、新疆、甘肃、青海、西藏等西部地区的数字产业化与产业数字化的耦合协调水平较低，尚处于低度耦合阶段。

2. 耦合协调水平的动态变化

为进一步分析我国各地区数字产业化与产业数字化的耦合协调水平的动态变化，本报告选取 2011 年、2016 年、2021 年三个时间节点，绘制各地区两化的耦合协调水平图像，比较分析各地区②耦合协调水平的变化情况，如图 10－1 所示。

① 指北京、浙江、上海、江苏、山东、福建。

② 东部地区包括北京、天津、河北、辽宁、上海、江苏、浙江、福建、山东、广东、海南；中部地区包括山西、内蒙古、吉林、黑龙江、安徽、江西、河南、湖北、湖南、广西；西部地区包括四川、贵州、云南、西藏、陕西、甘肃、青海、宁夏、新疆。

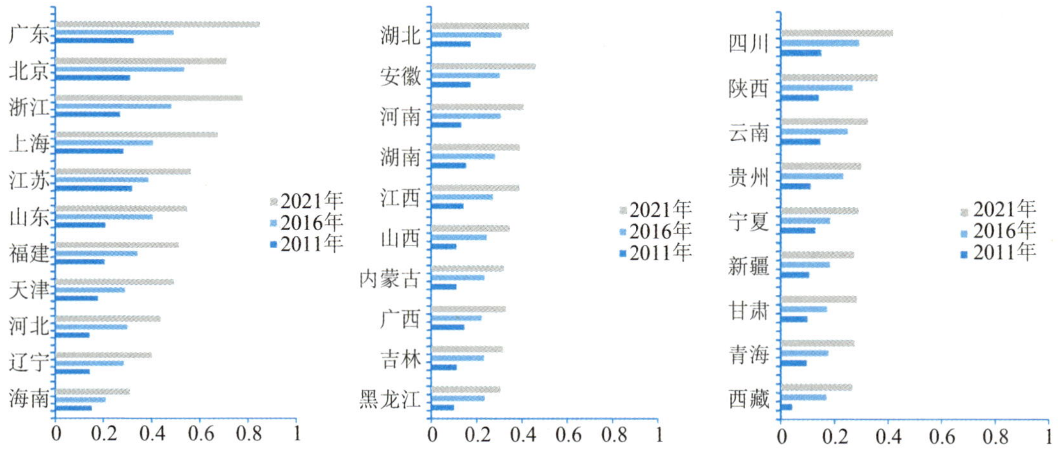

（a）东部区域　（b）中部区域　（c）西部区域

图 10－1　中国各地区两化耦合协调水平的动态变化

由图 10－1 可以看出，我国各地区的两化耦合协调水平呈现显著的地区差异，并且随着时间的推移，这种差异呈扩大趋势。

从空间上看，我国两化的耦合协调水平在东部沿海城市较高，在西部内陆地区较低，总体上呈由东部向西部降低的阶梯状分布。从时间上看，我国各地区的两化耦合协调水平的差异逐渐扩大。例如，2011 年，广东的耦合协调水平最高，西藏的耦合协调水平最低，广东的耦合协调度比西藏的耦合协调度高 0.283。而在 2021 年，这种差异扩大至 0.582。各地区的两化耦合协调水平差异扩大，反映出在数字产业化与产业数字化的耦合协调发展过程中，各地区的数字经济发展不平衡现象，表明我国经济产业结构布局的合理性尚待提升。

3. 耦合协调水平差异的成因

这种数字鸿沟①现象的出现，其背后是多种因素的交织作用。理论而言，这种现象的出现符合梅特卡夫定律。作为描述网络价值与网络技术发展的定律，该定律指出，网络的价值等于该网络内节点数的平方，并且该网络的价值与联网的用户数的平方成正比。东部地区经济发达，网络与数字基础设施较为完善，数字技术也相对成熟，数字产业化与产业数字化在东部地区发展较快。基于数字经济发展的优势条件，东部地区两化的耦合协调水平较高，并随着数字技术的创新迭代、数字人才的不断供给，数据要素的潜力被充分挖掘，两化的耦合协调水平有进一步提高的态势。而西部地区由于数字经济起步较晚，数字基础设施建设尚不完善，数字产业化与产业数字化的发展相对缓慢，二者的耦合协调水平也处于较低水平。尽管近年来西部地区各地方政府出台了有关政策以推动数字产业化与产

① 是指在全球数字化进程中，不同国家、地区、行业、企业、社区之间，由于对信息、网络技术的拥有程度、应用程度以及创新能力的差别而造成的信息落差及贫富进一步两极分化的趋势。

业数字化的协调发展，但其发展速度与东部地区仍有差距，并且这种差距在梅特卡夫定律与马太效应的作用下呈进一步扩大的态势。

现实中，我国各地区的数字产业化与产业数字化的耦合协调发展状况也印证了上述观点。以广东省为例，广东省是现阶段我国数字产业化与产业数字化耦合协调水平最高的省份，全国仅该省达到了极度耦合阶段。该现象的背后是广东省发达的数字经济水平。第一，广东省是我国改革开放的前沿阵地，改革开放的政策红利为其早期发展奠定了物质与人才基础。现阶段，广东省是我国的经济大省，数字经济发展水平走在我国前列。发达的经济水平为广东省的两化发展提供了基础。第二，数字经济领域内许多知名数字企业的总部位于广东省，如华为、腾讯等。这些大型数字企业供给数字技术、数字产品与服务等，为广东省的两化协调发展贡献力量。

四、推进数字产业化与产业数字化协调发展的对策

（一）完善顶层设计，提升两化治理水平

第一，应当统筹数字产业规划。中央政府在制定旨在推动数字产业化与产业数字化协同发展的上位规划时应全国统一标准，为两化的协同发展提供纲领性、方向性的政策指导文件。各级地方政府在贯彻落实中央指示精神下制定数字产业化与产业数字化的下位规划时，也应充分考虑地方内、区域间发展政策的协同性，避免出现政策规划难以衔接甚至相互矛盾的现象。第二，政策支持应分清主次顺序，实现层级递进。政策制定部门应深入研究数字产业化与产业数字化的发展规律与趋势，分析产业政策的着力点。对数字化活跃的产业应当给予科学合理的政策引导，在为其提供良好的产业发展空间以充分发挥其主动性与创造性的同时，加强对该类产业的监管与政府规制以避免出现产业垄断、无序扩张等现象。而对数字化发展相对滞后但又与上下游关联度高的产业，应当给予一定程度的税费优惠与政策补贴以调动其数字化转型的积极性。第三，加强两化权责主管部门间的统筹协调。应当完善数字产业化与产业数字化发展的部际协调机制，健全两化工作推进协调机制，加强跨部门协调沟通，充分调动各部门推进数字产业化与产业数字化的积极性，实现两化权责主管部门间多方共同进行形势研判，协调解决两化发展过程中的重大问题。

（二）精准供需匹配，推进两化协调发展

第一，应当促进数字产业供给与市场需求相匹配。一方面，要以市场为导向，发挥市场的力量引导数字产业的发展，提升我国数字产业的国际竞争力；另一方面，要充分发挥政府在宏观调控中的作用，精准洞察部分现阶段尚未显露但未来具有巨大潜力的市场需求，并利用现有的资源引导数字产业的良性发展。第二，推动技术标准与市场应用相匹配。现阶段我国数字产业化在服务领域发展势头向好，提供的数字技术和产品服务多面向

消费市场。而产业数字化作为利用数字技术推动传统产业优化升级的过程，其发展更侧重于工业领域，所需要的数字技术也更偏向于工业，对数字技术的标准要求更高。应尽快提升数字产业的技术标准，加大对工业领域数字技术的研发创新与资金投入，充分发挥数字产业化对产业数字化的奠基与助推作用，解决现有技术脱节现象，实现数字技术标准与市场应用相匹配。

（三）提升数字技术供给能力，夯实两化技术根基

第一，关注我国产业数字化发展的技术需求痛点，增强数字技术研发创新能力。在企业层面，应深入调研产业数字化发展的需求特征，基于产业数字化转型的现实需要推进数字技术的研发创新与迭代升级。同时，应关注数字经济领域核心技术与前沿技术的研究与开发，提升企业数字技术供给能力。在政府层面，应加大资金投入力度，通过设立项目专项资金、技术研发补贴等方式，积极引导高校、企业等投身数字技术研发，充分调动社会各界的技术研发积极性，为数字产业化开辟新空间、为产业数字化提供新技术。第二，推动产学研相结合，提高数字技术转化应用能力。应以数字技术与各领域的融合应用为导向，通过搭建政企、校企合作平台，鼓励企业、高校、相关部门、科研院所等加强合作交流，推动行业企业、平台企业与数字技术服务企业间的跨界融合创新，完善创新成果快速转化机制，推动创新技术成果加速落地，实现工程化、产业化。深化新一代信息技术集成创新与融合应用，实现数字产业化与产业数字化的协同发展。

（四）培养数字人才，充分挖掘数据价值

第一，应培养数字领域专业人才。在高校层面，应改革现有的专业人才培养方案，关注数字技术技能类人才培养，通过开设数字类专业、校企共建现代产业学院、联合实验室、实习基地等方式，提高数字人才培养效果。在企业层面，应创新多元化人才培养模式，如发展订单制、现代学徒制等，培养数字理论与实操技能兼具的数字人才，满足数字产业化与产业数字化的人才需求。第二，充分挖掘数据要素的价值。在政府层面，应扩大优质数字资源供给，鼓励公共数字资源在更大范围内向社会开放。充分发挥数据要素的价值，为数字产业化与产业数字化的发展提供更为广阔的市场空间。

（五）推动数字经济生态体系建设，促进数字产业协同发展

第一，应完善数字领域的法律制度设计。针对现阶段我国数字领域存在的法律空白，立法部门应提高对上游数字技术研发、数据保护利用的重视程度，深入研究数字时代的经济逻辑与法律问题，从保护数字知识产权等角度完善立法设计，构筑完善的数字经济法律体系。第二，应推动企业协作机制的建立。在企业层面，数字企业应关注产业数字化的需求特征，供给满足产业数字化转型需求的数字技术。产业数字化企业应提升“上云、用

数、赋智”能力，打通企业内各部门、生产内各环节的数据连接，推动数字技术与实体企业业务流程的深入融合，实现传统产业的商业模式与业态创新。在政府层面，应关注数字产业化与产业数字化企业间主体生态的差异，通过政策支持、政府担保等方式提升两化企业间合作的成功率，推动企业间协作机制的建立。第三，应优化人员交流机制。数字产业化与产业数字化企业间应加强人员之间的沟通与联系，通过建立企业内的人员轮岗交流制度和企业间的人员沟通协调渠道，深入了解数字技术、数字产品与服务的供需状况，实现数字产业化与产业数字化的协同推进。

第二节　中国数字经济与高质量发展的耦合协调关系评价

高质量发展是实现中国式现代化的本质要求之一，同时数字经济凭借其与经济社会发展紧密的联系，深刻影响着中国现代化进程。因此本部分在梳理高质量发展内涵的基础上，分析数字经济与高质量发展的耦合机理，并通过构建数字经济综合指标与高质量发展综合评价探讨两者的耦合协调关系，并给出相关发展建议。

一、高质量发展的内涵与重要意义

习近平总书记在党的二十大报告中明确提出，“实现高质量发展是中国式现代化的本质要求之一”“高质量发展是全面建设社会主义现代化国家的首要任务”。中央经济工作会议再次强调，坚持发展是党执政兴国的第一要务，发展必须是高质量发展。关于高质量发展理论内涵的研究，目前学术界主要形成三种观点：一是从量变引起质变的角度，提出高质量发展是经济快速增长到一定阶段引起的质变，是一种更高效、更持续、更稳定的发展模式①；二是基于当前社会的主要矛盾，指出高质量发展是能够更好地满足人民日益增长的多样化需求的发展方式②；三是立足于新时代的发展特点，认为高质量发展是符合“五位一体”总体布局的发展③、是基于新发展理念的发展④、是以构建“双循环”新发展格局为目标的发展⑤。因此，高质量发展是指经济、社会各方面的系统发展质量，就其本质和内涵而言，是一种新的发展理念，是以质量和效益为价值取向的发展。

根据“十四五”规划的要求，高质量发展是能够满足人民日益增长的美好生活需要的发展，是体现新发展理念的发展，是创新成为第一动力、协调成为内生特点、绿色成为普

① 马茹、罗晖、王宏伟等：《中国区域经济高质量发展评价指标体系及测度研究》，《中国软科学》2019 年第 7 期。

② 金碚：《关于“高质量发展”的经济学研究》，《中国工业经济》2018 年第 4 期。

③ 张军扩、侯永志、刘培林等：《高质量发展的目标要求和战略路径》，《管理世界》2019 年第 7 期。

④ 洪银兴：《改革开放以来发展理念和相应的经济发展理论的演进——兼论高质量发展的理论渊源》，《经济学动态》2019 年第 8 期。

⑤ 宋洋、李先军：《新发展格局下经济高质量发展的理论内涵与评价体系》，《贵州社会科学》2021 年第 11 期。

遍形态、开放成为必由之路、共享成为根本目的的发展。因此，科学认识高质量发展的内涵与实现路径是理论界与业界重大的历史命题。

二、数字经济与高质量发展的耦合机理

在新一代信息技术革命的时代背景下，数字经济通过与经济社会各领域广泛融合和不断拓展，推动我国经济实现从追赶型战略向质量效益型战略的转变。在推进中国式现代化进程中，如何客观认识数字经济和高质量发展间的作用关系，实现两者的协调，是现阶段理论界与实务界共同关注的重要问题。因此，本部分主要从高质量发展的五个维度：创新发展、协调发展、绿色发展、开放发展、共享发展来论述数字经济与其耦合协调关系。

（一）数字经济与创新发展的协调关系

创新发展注重的是解决发展动力问题。数字经济可以通过规模效应、信息流动、人力资本和知识产权保护为高质量发展提供创新动能。

第一，数字经济表现出规模效应，带动了区域自主创新。数字经济具有规模报酬递增效应。规模报酬递增可节约企业研发成本，推动技术吸收与再创新速度，促进优势资源集聚，进而提升整个地区的创新能力。第二，数字经济引发的产业数字化转型使开发者、生产者与消费者能更好地相互匹配，进一步激发科研创新主体进行研发活动的积极性以及将知识转化为新产品、新工艺和新服务的热情。与数字经济相关的数字技术投资还可以带动地区人力资本和劳动生产率的提升，在吸引高质量劳动力聚集的同时鼓励了“干中学”等方式的技术创新①。第三，数字经济与数字金融的发展通过缓解企业的融资约束激发出大众创业、万众创新的活力，提高经济社会各参与主体的创业活跃度②，进而对企业及其内部劳动者个体的创新力产生直接效应③。

（二）数字经济与协调发展的协调关系

协调发展注重的是解决发展不平衡问题④。我国的发展不平衡问题是长期已有的历史问题，主要表现在城乡之间的“二元化”经济结构，而城镇化是区域协调发展的本源动力⑤。

数字经济发展对于城镇化的促进作用体现在：第一，数字经济促进中小企业的发展。中小企业是吸纳进城务工农民的主要主体。诸如电子商务的发展为中小企业提供了新的销

---

① 金环、于立宏：《数字经济、城市创新与区域收敛》，《南方经济》2021 年第 12 期。

② 赵涛、张智、梁上坤：《数字经济、创业活跃度与高质量发展——来自中国城市的经验证据》，《管理世界》2020 年第 10 期。

③ 《数字金融与企业技术创新——结构特征、机制识别与金融监管下的效应差异》，《管理世界》2020 年第 5 期。

④ 习近平：《论把握新发展阶段、贯彻新发展理念、构建新发展格局》，中央文献出版社，2021。

⑤ 孙久文、胡俊彦：《迈向现代化的中国区域协调发展战略探索》，《改革》2022 年第 9 期。

售渠道，扩大了产品的生产需求，由此增加了对劳动力的需求，提升了进城务工农村剩余劳动力获得工作岗位的机会。第二，数字经济的发展有助于打破劳动力市场信息壁垒。数字经济的发展使得进城务工农村剩余劳动力能够便捷且低成本地发现适合自己的就业岗位，减少工作搜寻时间，尽快参与就业，从而加快城镇化进程。第三，数字经济增加了农村主体创新创业的意愿。由于数字技术和互联网的延展性、普惠性，金融机构可以通过捕捉居民的消费为居民提供信用积分，缓解农村居民的融资约束，增加创业意愿和活力。

（三）数字经济与绿色发展的协调关系

绿色发展注重的是解决人与自然和谐问题。数字经济凭借其自身的特性为绿色生产方式持续赋能。

第一，数据作为数字经济时代重要的生产要素具有清洁生产的特点。工业经济时代的石油、煤等传统自然资源的生产使用给生态环境带来巨大的破坏，不符合经济高质量发展的“绿色成为普遍形态”的新发展理念要求，而在数字经济下，数据作为一种新的生产要素，其本身是一种虚拟物质，在使用过程中几乎不会给环境带来任何污染。第二，数字经济可以通过数据对传统自然资源赋能，利用大数据、云计算、人工智能等数字信息技术，提高传统资源的利用效率，实现在生产相同产量的情况下有效减少传统资源的投入。第三，数字经济与实体经济融合通过绿色技术创新赋能绿色发展。数字经济催生绿色金融的发展，各地金融机构不断研发符合当地特征的绿色债券、绿色信托、绿色基金等差异化金融产品，为低碳产业、新能源产业实现绿色创新发展提供金融支持①。

（四）数字经济与开放发展的协调关系

开放发展注重的是解决发展内外联动问题。数字经济凭借其虚拟化、网络化、高效稳定的特点，催生了数字贸易、跨境电商等新兴贸易方式的快速发展，助力中国外贸高质量发展。

第一，数字经济通过降本增效促进贸易量和贸易种类的提升。一方面，数字经济的发展使得企业获取信息的能力大幅度提升，提高对国际市场需求的敏锐度，从而更高效快捷地使生产适配市场的需求。另一方面，数字要素通过赋能其他传统要素，进一步激发要素潜在价值。第二，数字经济发展催生了数字贸易的出现。数字贸易是以数据资源作为关键生产要素、以现代化信息网络作为重要载体、以信息通信技术的有效使用促进效率提升和结构优化的一系列对外贸易活动②。中国数字经济蓬勃发展，数字贸易也将继制成品贸易、中间品贸易后成为国际贸易的主体。2011—2021 年，我国可数字化交付的服务进出口额从

---

① 史丹、孙光林：《数字经济和实体经济融合对绿色创新的影响》，《改革》2023 年第 2 期。

② 商务部：《中国数字贸易发展报告 2021》，http：//images. mofcom. gov. cn/fms/202301/20230117111616854. pdf。

1648.4亿美元增至3596.9亿美元，年均增长8.1%①。第三，数字经济时代跨境电商的活力被进一步激发。2021年中国跨境电商出口规模为1.44万亿元，同比增长24.5%②。在跨境贸易往来日益增加以及互联网技术渗透率提升的作用下，中国跨境电商出口规模将持续增长。与此同时，数字经济的发展会加剧市场竞争，优胜劣汰的市场规则迫使企业增加在数字化、科技化方面的投入，因而挤占部分运营常规出口业务的预算，对常规出口产生"挤出"，可能负向影响出口开放度。

（五）数字经济与共享发展的协调关系

共享发展注重的是解决社会公平正义问题。数字技术提供强大共享能力③。

第一，数字经济背景下平台经济、共享经济的形成降低市场进入门槛。这有助于落后地区、低收入和贫困人群共享发展成果，减少要素流动障碍，降低参与经济活动的主要壁垒，同时可以推动贫困地区实现农产品的规模化、产业化和品牌化，创造更多经济机会和收入来源。例如数字平台能营造良好创新创业生态，保障欠发达主体及区域获得更多市场准入机会和公平竞争环境，低收入群体可分享到增长红利④，改善收入不平等问题。第二，数字技术的应用能有效促进区域之间、城乡之间的公共服务资源更加优化配置。数字技术的发展，促进了数字医疗、数字教育的形成，使得医疗和教育资源可以更大范围地服务群众。第三，数字经济提供了强大的链接与匹配能力。数字经济时代下，每个人都可以根据个人能力，匹配到相适应的工作，拓宽收入来源。

同时，信息技术领域普遍存在的"数字鸿沟"现象，也使得在数字经济较为发达的地区和相对落后地区之间，数字经济的促进作用存在较大差异，从而可能导致区域差距的进一步扩大。结合中国的背景，这里重点关注的是"城乡数字鸿沟"，即由于乡村和城市在信息、网络技术的拥有和应用程度上的差异而产生信息落差及发展水平分化的趋势，随之带来不公平的社会问题。

三、指标的构建、计算与模型选择

在进行耦合协调度分析之前，本部分首先对数字经济和高质量发展的综合指标进行测算。

（一）数字经济综合发展指数的构建

关于数字经济综合发展指数的构建，参考潘为华等⑤的做法，从数字经济基础设施、

---

① 数据来源于联合国贸发会议（UNCTAD），https：//www.un.org/zh/aboutun/structure/unctad/。

② 《艾媒咨询丨2022—2023年中国跨境出口电商行业发展现状与典型案例研究报告》，report.iimedia.cn。

③ 数据来源于中国经济网，http：//www.ce.cn/。

④ 张晓晶：《金融发展与共同富裕：一个研究框架》，《经济学动态》2021年第12期。

⑤ 潘为华、贺正楚、潘红玉：《中国数字经济发展的时空演化和分布动态》，《中国软科学》2021年第10期。

数字产业化和产业数字化三个层面，如表 10 – 4 所示，构建数字经济综合发展指数，并采用熵值法进行综合评分。

一是数字经济基础设施指标。数字经济是新兴数字技术广泛应用的一种经济形态，而数字技术应用的前提则是完善的数字经济基础设施。包括互联网普及率、电话普及率、长途光缆线路长度、互联网宽带接入端口、互联网域名数。二是数字产业化指标。数字产业化指以数字技术为特征的信息产业增加值。本文使用数字产业从业人员、电信业务总量、数字电视用户数、数字企业个数来衡量数字产业化指标。三是产业数字化指标。产业数字化也称为数字化融合，指数字技术与其他产业融合应用和产出的结果。使用电子商务销售额、企业网站覆盖率、数字普惠金融指数、快递业务量来衡量。数据来自国家统计局网站。表 10 – 4 是数字经济综合发展指数各级指标的具体描述。

表 10 – 4　数字经济发展水平指标体系

一级指标	二级指标	三级指标	测算方法	指标属性
数字经济综合发展指数	数字基础设施	互联网普及率 x1	每百人互联网用户数	+
		电话普及率 x2	每百人移动电话用户数	+
		长途光缆线路长度 x3	长途光缆线路长度（万公里）	+
		互联网宽带接入端口 x4	互联网宽带接入端口（万个）	+
		互联网域名数 x5	互联网域名数（万个）	+
	数字产业化	数字产业从业人员 x6	计算机服务和软件人员占比	+
		电信业务总量 x7	人均电信业务总量	+
		数字电视用户数 x8	数字电视用户数（万户）	+
		数字企业个数 x9	数字企业法人个数（个）	+
	产业数字化	电子商务销售额 x10	电子商务销售额（亿元）	+
		企业网站覆盖率 x11	每百家企业网站个数（个）	+
		数字普惠金融指数 x12	数字普惠金融指数	+
		快递业务数量 x13	每百人快递业务量	+

注：第五列括号中的“＋”表示该指标为正指标，“－”表示该指标为逆指标。

（二）高质量发展综合评级指数的构建

高质量发展是贯彻新发展理念的根本体现。基于此，本文从创新、协调、绿色、开放、共享五个维度出发，构建涵盖 5 项基础指标的高质量发展评价指标体系（见表 10 – 5）。创新发展，选取专利申请量衡量，并取对数；协调发展，选取城镇化率衡量；绿色发展，使用每单位 GDP 排放的二氧化硫量衡量；开放发展，使用进出口总额衡量，并取对数；共享发展，采用基尼系数衡量。

表 10－5　高质量发展水平指标体系

一级指标	二级指标	三级指标	指标属性
高质量发展综合指数	创新	专利申请量	+
	协调	城镇化率	+
	绿色	二氧化硫排放量/GDP	－
	开放	进出口额	+
	共享	基尼系数	－

注：第四列括号中的“＋”表示该指标为正指标，“－”表示该指标为逆指标。

采用熵值法可分别得出数字经济和高质量发展每年的综合得分 U_s 和 U_c，用来代表数字经济和高质量发展综合评价，并对两个系统进行耦合度和耦合协调度分析。

（三）耦合度及耦合协调度计算

耦合度与耦合协调度的测算与上文方法相同，由于数字经济与高质量发展两个系统一样重要，借鉴王裕瑾和李梦玉①的做法，设定其中的参数 $a=b=0.5$。为了更直观地反映耦合协调发展水平，参考以往学者的研究成果，将耦合协调度划分为 5 个区间，利用测算出的耦合协调度对照表 10－6 进行评估。

表 10－6　数字经济与高质量发展耦合协调类型划分

序号	协调度	协调等级
1	(0，0.2]	严重失调
2	(0.2，0.4]	濒临失调
3	(0.4，0.6]	初级协调
4	(0.6，0.8]	中级协调
5	(0.8，1]	高度协调

四、数字经济与高质量发展综合指标的耦合协调度评价

本小节根据上文方法测算的数字经济与高质量发展耦合协调度从整体、省份、区域以及子维度特征四个层面分析中国数字经济与高质量发展的耦合协调度状况、趋势与问题，并分析产生差异与问题的原因。

（一）整体特征

其中，U_s 和 U_c 分别是数字经济和高质量发展水平，U_{sc}为两系统的耦合度，D_{sc}为两系

① 王裕瑾、李梦玉：《中国数字经济与高质量发展的耦合协调研究》，《经济与管理评论》2023 年第 1 期。

统的耦合协调度。通过表 10－7 可知，中国数字经济与高质量发展具有高度的耦合性，平均耦合值为 0. 897，说明两者之间具有高度的相关性。由于数字经济系统在初期发展水平低，但是发展速度较快，导致数字经济与高质量发展的同步程度呈现逐年下降的趋势。数字经济与高质量发展呈现由初级协调到中度耦合协调的逐渐优化关系，且通过图 10－2 发现耦合协调度在观察期内逐年上升。数字经济系统持续落后于高质量发展系统，但同时可以观察到，数字经济系统与高质量发展系统间的差距正逐渐缩小，这也是数字经济与高质量发展耦合协调性不断提升的主要原因。

表 10－7　数字经济与高质量发展耦合协调关系的整体特征

年份	U_s	U_c	U_{sc}	D_{sc}	耦合协调类型
2011	0. 057	0. 523	0. 950	0. 516	初级协调
2012	0. 073	0. 542	0. 939	0. 529	初级协调
2013	0. 089	0. 563	0. 927	0. 542	初级协调
2014	0. 104	0. 580	0. 918	0. 553	初级协调
2015	0. 124	0. 591	0. 906	0. 560	初级协调
2016	0. 138	0. 608	0. 899	0. 571	初级协调
2017	0. 159	0. 624	0. 888	0. 581	初级协调
2018	0. 196	0. 636	0. 873	0. 594	初级协调
2019	0. 236	0. 640	0. 861	0. 607	中级协调
2020	0. 263	0. 644	0. 855	0. 615	中级协调
2021	0. 297	0. 659	0. 850	0. 631	中级协调

2011—2021 年，我国数字经济与高质量发展水平逐年稳步提升，差距逐年缩小。在“十二五”时期，数字经济发展呈线性增长态势。这一时期，《国务院关于积极推进“互联网＋”行动的指导意见》《促进大数据行动纲要》等文件的颁布为数字经济发展提供了有力的政策支持。“十三五”时期，数字经济发展水平稳步提升。继党的十九大报告明确提出建设数字中国后，国家层面围绕数字中国建设制定了一系列战略规划，并得到了相关部门扎实有力的推进与实施。数字技术革新不断催生出平台经济、共享经济等新业态，持续对传统产业进行全方位、全角度、全链条改造，数字产业化和产业数字化得到较快发展。这一时期，数字经济对经济发展的叠加、放大和倍增作用显著提升。另外，2015 年 10 月，习近平总书记在党的十八届五中全会上提出了创新、协调、绿色、开放、共享的新发展理念，各省市积极贯彻新发展理念，着力推动高质量发展。数字经济与高质量发展携手并进，互相渗透、融合实现了两者的耦合协调逐年攀升，如图 10－2 所示。

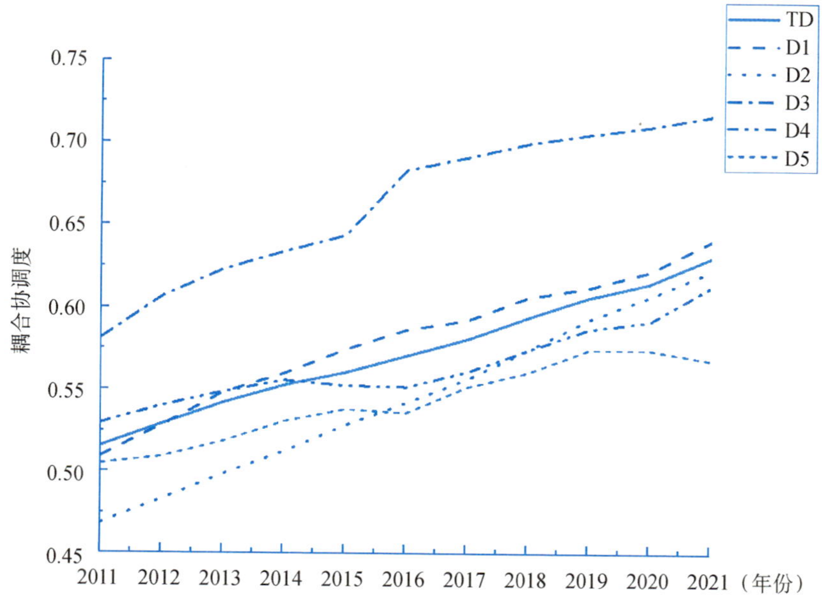

图 10－2　数字经济与高质量发展的耦合协调关系变化趋势

注：其中 TD 代表数字经济与高质量发展综合指标的耦合协调关系，D1、D2、D3、D4、D5 分别为数字经济与创新、协调、绿色、开放和共享发展的耦合协调评价。

数据来源：笔者根据前文方法自测。

（二）省份特征

根据表 10－8，从整体来看，研究期内全国数字经济与高质量发展的耦合协调度呈持续提高态势。截至 2021 年，共 12 个省（市、自治区、直辖市）处于初级耦合协调阶段，18 个省（自治区、直辖市）处于中级耦合协调阶段，广东省的耦合协调度超过 0.8 进入高级耦合阶段，目前我国数字经济与高质量发展的耦合协调性整体处于中级耦合协调阶段。

表 10－8　2011 年、2016 年、2021 年各省（自治区、直辖市）数字经济与高质量发展耦合协调所处阶段

阶段 \ 年份	2011	2016	2021
严重失调			
濒临失调	宁夏、青海、西藏	西藏	
初级协调	山东、辽宁、福建、黑龙江、重庆、四川、湖北、湖南、吉林、陕西、河北、安徽、河南、江西、内蒙古、海南、广西、山西、新疆、云南、甘肃、贵州	湖北、安徽、四川、重庆、陕西、河南、湖南、河北、黑龙江、广西、江西、吉林、内蒙古、山西、新疆、云南、贵州、海南、甘肃、宁夏、青海	内蒙古、云南、吉林、山西、海南、贵州、黑龙江、新疆、宁夏、青海、甘肃、西藏

续表

阶段 \ 年份	2011	2016	2021
中级协调	上海、北京、广东、江苏、浙江、天津	广东、北京、上海、浙江、江苏、山东、天津、福建、辽宁	北京、浙江、上海、江苏、福建、山东、四川、河南、天津、湖北、河北、重庆、安徽、陕西、辽宁、湖南、江西、广西
高级协调			广东

部分经济欠发达省份的耦合协调度增长较慢。尤其是西北地区的各个省份，耦合协调度整体位于全国尾部。原因是囿于自身的地理位置、资源环境以及长期以来形成的产业基础影响其数字经济与高质量发展，而较低的数字经济发展水平与较低的高质量发展水平致使两者难以形成良性互动。

黑龙江与吉林的耦合协调度低于全国平均水平，排名位于全国落后梯队。东北地区以重型老工业和第一产业为主，工业结构较为落后，技术水平相对较低，也同样面临着数字基础设施薄弱、投资不足、人才储备匮乏等发展困境。

西南地区数字经济与高质量发展的耦合协调水平呈现两极分化的状态，重庆和四川发展态势良好，云南、贵州和西藏则较为滞后。四川省是西南地区唯一一个数字经济发展挺进全国领先梯队的省份，2021 年四川省数字经济排名达到第八位。

山东、河南等省份陆续步入中级耦合协调阶段，表现亮眼。原因在于，近年来，山东和河南等省份持续推进数字经济发展和数字化转型的政策不断深化和落地，积极出台数字经济相关政策，提升政策层级，持续加大数字经济布局力度，以区域资源及产业特色为重点，打造某一领域数字经济发展优势。以表现突出的山东省为例，2019 年以来，山东省先后出台《数字山东发展规划（2018—2022）》《数字山东 2019 行动方案》《山东省支持数字经济发展的意见》和《山东省“十四五”数字强省建设规划》，围绕数字经济重点领域编制了一批国家标准、行业标准、地方标准和团体标准，评定了省级数字经济园区与省级工业互联网园区，瞄准优秀产业集群倾斜政策、注入资金，持续优化产业发展环境，激活集聚效应，努力塑造高质量发展新优势。

部分经济发达省份的耦合协调度增长较快。原因在于，在数字经济领域取得先发优势的广东、北京、上海、浙江、江苏、福建等地无不是较早把握发展机遇，并通过数字经济专项资金等多元政策举措，抢占了数字经济发展高地，引领数字经济发展前沿。在发展数字经济的同时，积极贯彻新发展理念，实现创新、协调、绿色、开放、共享的发展模式。尤其是南部沿海地区的广东和福建利用港澳优势和对外开放优势发展数字经济，综合得分较高，而海南省数字经济发展起步较晚。北京则是利用经济中心的特别优势，加快建设数字经济标杆城市，打造数字经济产业集群，效果显著。天津和河北也借助北京发展的优势带动作用，发展数字经济，但收效甚微。在数字经济发展过程中，北京对天津、河北的“大城市虹吸”影响大于大城市周边带动影响，导致两地发展速度受到了抑制。东部沿海地区作为构建智慧数字城市的“试验田”，充分利用经济发达地区所带来的人才、技术、基础设施等资源，大力开展数字化建设。例如，江苏省着力打造数字经济创新发展新高地，把数字经济作为推动高质量发展的关键增量，坚持在高质量发展主线中大力激发数字经济潜力、拓展数字经济业务、提升数字经济规模。

（三）区域特征

将中国划分为七大区域①，并计算七大区域2011—2021年数字经济与高质量发展耦合协调度的平均值得到表10－9。在此基础上进一步分析两者的耦合协调度在区域层面的差异。

表10－9　　中国七大区域数字经济与高质量发展耦合协调度

年份＼区域	东北地区	华北地区	华中地区	华东地区	华南地区	西北地区	西南地区
2011	0.543	0.549	0.518	0.579	0.535	0.429	0.451
2012	0.545	0.557	0.535	0.588	0.548	0.457	0.467
2013	0.554	0.568	0.540	0.601	0.560	0.473	0.487
2014	0.565	0.573	0.552	0.608	0.574	0.485	0.502
2015	0.569	0.577	0.569	0.618	0.585	0.495	0.505
2016	0.573	0.590	0.574	0.627	0.591	0.512	0.514
2017	0.576	0.602	0.589	0.640	0.602	0.515	0.529
2018	0.585	0.617	0.600	0.647	0.626	0.531	0.545
2019	0.598	0.628	0.614	0.659	0.644	0.541	0.558
2020	0.595	0.636	0.626	0.670	0.655	0.546	0.569
2021	0.595	0.650	0.638	0.688	0.679	0.559	0.595
平均值	0.573	0.595	0.578	0.630	0.600	0.504	0.520
样本量	33	55	33	77	33	55	55

表10－9展示了中国七大区域2011—2021年数字经济与高质量发展耦合协调的基本特征。其排序由高到低依次为：华东、华南、华北、华中、东北、西南和西北。

进一步分析区域间数字经济与高质量发展耦合协调失衡的原因，表10－10汇报了观察期内七大区域数字经济与高质量发展综合得分的描述性统计。由表10－10可知，数字

---

① 东北区域包括黑龙江、辽宁和吉林；华北区域包括北京、天津、河北、山西和内蒙古；华中区域包括河南、湖北和湖南；华东区域包括上海、江苏、浙江、安徽、福建、江西和山东；华南区域包括广东、海南和广西；西北区域包括陕西、甘肃、青海、宁夏和新疆；西南区域包括重庆、四川、贵州、云南和西藏。

经济的地区差异显著高于高质量发展。数字经济平均综合得分最高值为 0.222，最低值为 0.094，最高值是最低值的 2.362 倍；高质量发展平均综合得分最高值为 0.716，最低值为 0.463，最高值是最低值的 1.546 倍。由此可知，区域间数字经济水平的较大差异是造成数字经济与高质量发展耦合协调失衡的主要原因，西北地区数字经济和高质量发展综合得分均最低，导致其数字经济与高质量发展耦合协调度最低。

表 10－10　七大区域数字经济与高质量发展综合得分的描述性统计

区域	数字经济均值	最大值	最小值	区域	高质量发展均值	最大值	最小值
东北地区	0.116	0.233	0.038	东北地区	0.610	0.716	0.498
华北地区	0.172	0.607	0.037	华北地区	0.652	0.929	0.437
华中地区	0.150	0.307	0.036	华中地区	0.606	0.733	0.489
华东地区	0.222	0.594	0.025	华东地区	0.716	0.931	0.473
华南地区	0.208	0.741	0.028	华南地区	0.634	0.847	0.439
西北地区	0.094	0.250	0.022	西北地区	0.463	0.684	0.245
西南地区	0.118	0.330	0.014	西南地区	0.496	0.730	0.195

（四）数字经济与高质量发展子维度的耦合协调发展水平分析

从图 10－2 可以看出我国数字经济与高质量发展子维度的耦合协调度整体呈现上升的趋势，但不同系统之间存在差异。

第一，数字经济与创新发展呈现出由初级协调到中度耦合协调的逐渐优化关系，且耦合协调度在观察期内逐年上升。从工业制造到工业“智造”，数字经济和实体经济的深度融合正推动传统产业加快转型升级，催生新产业、新业态、新模式，积极建设现代化产业体系，为创新发展提供了新动能。同时，数字技术的不断创新是数字经济进一步发展的源头活水，是不断提升数字经济与实体经济融合深度的催化剂。

第二，数字经济与协调发展呈现由初级协调到中度耦合协调的逐渐优化关系，且耦合协调度在观察期内逐年上升，说明我国数字经济与协调发展两个系统相互支撑的作用逐渐增强。数字经济拉动了创业活跃度，促进了农民工就业，提升了城镇化率，同时城镇化率为数字经济发展提供了广阔的市场。

第三，数字经济与绿色发展呈现由初级协调到中度耦合协调的跨越式发展。我国数字经济与绿色发展呈现出较高的耦合协调度，这与我国近年来更加注重经济效益与环境效益的统一有关。

第四，数字经济与开放发展的耦合协调度长期处于初级协调阶段，仅在 2021 年，两者的耦合协调度才进入中级协调阶段。数字经济的发展扩大了进出口，同时我国的贸易质量和贸易结构在进一步提高和优化。

第五，数字经济与共享发展的耦合协调度在样本期内始终处于初级协调阶段，且在

2019 年，两者的耦合协调度有下降的趋势。由于“数字鸿沟”效应的存在，不同地区和不同群体在信息、网络技术的拥有和应用程度的差异而产生信息落差及发展水平分化的趋势，进而影响共享发展。但是，整体趋势上看，我国数字经济与共享发展的耦合协调度仍然呈现向上的线性趋势。

通过计算，区域间数字经济水平的较大差异是造成数字经济与高质量发展耦合协调失衡的主要原因。同时也应关注到区域间对外开放程度和城镇化率差异也是耦合协调失衡的重要原因。

五、小结

本节在分析数字经济与高质量发展耦合关系的基础上，利用熵值法测算了数字经济与高质量发展综合评级指标，并利用耦合协调度测算模型，测算了数字经济与高质量发展的耦合协调关系。结果发现：（1）数字经济与高质量发展的耦合协调度在逐年上升，但数字经济系统滞后于高质量发展系统；（2）数字经济发展差异是造成区域间数字经济与高质量发展耦合协调度差异大的主要原因；（3）数字经济发展在区域间、城乡间、群体间存在数字发展鸿沟，继而会影响区域发展差异、城乡发展不协调、社会公平等问题。基于以上分析，提出以下建议。

第一，全面推进数字经济发展，持续为中国经济发展注入新动能。首先，政府要加大对数字基础设施的投资与支持力度，制定人才引进、税收补贴优惠等相关扶持政策，拓展信息技术研发平台，不断加快数字产业化与产业数字化的进程，提升整体的数字经济发展水平。其次，重视大数据等信息基础设施的建设与完善，有针对性、前瞻性地布局新基建，以技术驱动制造业转型升级和提升核心竞争力，充分发挥数据作为新的生产要素对创新的引领作用。最后，利用数字赋能为数字经济驱动中国开放发展培育新动能，稳步提升数字贸易水平，助推经济高质量发展。引导中部、西部地区抢抓数字经济发展的时代机遇，因地制宜实施差异化、动态化的数字贸易发展战略。

第二，实施区域差异化、动态化的数字经济发展战略，推动数字经济区域合作与互补。由于我国各地区之间的资源禀赋予经济发展水平存在差异，区域间数字化发展差距仍然比较突出，因而需要因地制宜制定数字经济发展战略，以充分发挥自身比较优势，更好地发挥数字经济的规模效应。同时，应加强不同区域的数字经济合作与优势互补。例如发达地区加大对数字经济欠发达地区的数字技术转移和支持，西部地区可以承接东部地区所需的算力服务。

第三，平衡城乡基础设施建设投资，缩小城乡数字发展鸿沟。数字经济时代，为谨防城乡发展差距进一步被拉大，政府应加大对农村、乡镇地区的基础设施投资。与此同时，加大对农村金融发展的支持力度，形成金融机构尤其是国有金融机构涉农贷款的硬性监管要求；适度放松农村金融市场的准入限制，鼓励多种类型的农村金融机构创新；应用金融科技等技术手段，不断提高农村金融机构的服务效率、降低农村金融服务门槛，促进农村居民持续提升数字化技术投资水平，提升农村居民依托数字化技术的创新创业能力。

第四，不断调节收入差距，优化收入分配结构，使数字经济的发展福利惠及更多人。数字经济发展对共享发展的一大挑战即数字鸿沟问题，应构建兼顾效率与公平的数字经济政策体系，正确发挥数字经济的共享效应，消除其在收入分配差距中的负面影响。发挥二次分配在数字经济中的调节作用，探索建立具有公平性、规范性和科学性的税收体系，利用数字技术创新收入分配调节及转移支付方式。密切关注数字经济模式下劳动关系产生的新变化，进一步完善我国现有社会保障制度，覆盖相关新型就业群体。

第五，拓展绿色数字技术的多场景应用，助力国家节能减排与“双碳”目标实现。首先，充分利用数字经济背景下知识和技术的强扩散效应，推动企业绿色技术创新，尤其是培育生产端的节能环保技术；其次，充分利用云计算、大数据带来的信息红利，发挥数字经济的降低能耗效应和技术进步效应，加快对企业能源互联网的建设，对企业能源排放实施动态监测，追踪碳排放足迹，加快绿色生产方式的转型；最后，进一步推进智能光伏应用，积极引导居民绿色能源消费，发挥共享经济的节能减排作用。

第三节　中国地区间数字经济发展的协调性评价

一、中国数字经济的区域分布及差距分析

在新一轮科技革命的背景下，数字经济上升到国家战略层面的新高度，为各区域实现跨越式发展带来了新机遇。近年来，我国各区域数字经济发展水平都取得了重要突破，整体呈现向好发展的趋势，但由于区域间本身的要素禀赋、产业结构、经济基础、政策导向存在差异，因此我国各区域的数字经济发展水平呈现出动态性差异。明确各区域的数字经济发展特征及其差异性，有助于对区域内与区域间经济发展战略进行整体性统筹布局，形成优势互补、协调共进的发展格局。

数字基础设施、数字产业化、产业数字化这三个过程是依次递进、逐步深化的关系，各区域这三者的发展深度与协调程度，代表了其数字经济的综合竞争实力。因此，本节从数字经济指数、数字基础设施指数、数字产业化指数、产业数字化指数四方面着手，分析我国数字经济的区域分布特征及其差距。

（一）我国各省（自治区、直辖市）数字经济整体性差距分析

从各省（自治区、直辖市）的数字经济指数年平均值排名情况来看（见表 10 - 11），2011—2021 年，广东、北京、浙江的数字经济指数排名位居前三，分别是 0.42、0.37 和

0.31。有6个省（自治区、直辖市）的数字经济指数小于0.1，分别是新疆、海南、青海、甘肃、宁夏和西藏。各地数字经济指数呈现出与经济发展水平相吻合的态势，全国间呈现出东中西部数字经济发展水平依次减弱、南方区域的数字经济发展水平高于北方的规律。从各省（自治区、直辖市）的数字基础设施指数年平均值排名来看，广东、北京、福建排名前三，分别是0.54、0.39和0.37；从各省（自治区、直辖市）的数字产业化指数年平均值排名来看，北京、广东、江苏排名前三，分别是0.40、0.37和0.31；从各省（自治区、直辖市）的产业数字化指数年平均值排名来看，广东、上海、北京排名前三，分别是0.38、0.34和0.33。由测算结果可知，数字经济指数排名前五位的省（自治区、直辖市）的数字产业化和产业数字化发展水平较高，说明这些省（自治区、直辖市）的数字经济发展已处于较高水平阶段，数字技术产业链趋于完备，各产业与数字产业的协同联动作用较强。而其他省（自治区、直辖市）基本呈现出数字基础设施指数、数字产业化指数、产业数字化指数依次降低的规律，说明数字基础设施建设仍是这些省（自治区、直辖市）重点推进的环节，而数字经济的下游应用还存在较大提升空间。总体来说，大部分省（自治区、直辖市）的三个数字经济二级指数排名呈现出一致规律，只有个别省（自治区、直辖市）呈现出“某个二级指数排名居于前列，而其他二级指数排名相对靠后”的规律，如天津和安徽，这两个省（自治区、直辖市）更侧重于产业数字化的发展。

表10-11 我国各省（自治区、直辖市）数字经济各级指数年平均值及其排名

省（自治区、直辖市）	数字经济指数	排名	数字基础设施指数	排名	数字产业化指数	排名	产业数字化指数	排名
广东	0.422	1	0.536	1	0.374	2	0.384	1
北京	0.372	2	0.392	2	0.401	1	0.325	3
浙江	0.313	3	0.324	4	0.299	4	0.318	4
江苏	0.272	4	0.308	5	0.311	3	0.201	5
上海	0.270	5	0.239	8	0.223	6	0.344	2
山东	0.236	6	0.307	6	0.242	5	0.173	6
福建	0.217	7	0.372	3	0.172	9	0.140	7
四川	0.177	8	0.276	7	0.175	8	0.099	12
湖北	0.160	9	0.188	11	0.186	7	0.110	10
河南	0.155	10	0.233	9	0.148	12	0.100	11
河北	0.147	11	0.210	10	0.146	13	0.097	13
辽宁	0.142	12	0.186	13	0.159	11	0.091	15
湖南	0.136	13	0.186	12	0.145	14	0.087	16
安徽	0.136	14	0.168	14	0.135	17	0.111	9
陕西	0.132	15	0.161	17	0.161	10	0.077	18
天津	0.126	16	0.111	26	0.138	15	0.125	8

续表

省（自治区、直辖市）	数字经济指数	排名	数字基础设施指数	排名	数字产业化指数	排名	产业数字化指数	排名
重庆	0.116	17	0.124	25	0.129	19	0.097	14
云南	0.113	18	0.140	20	0.134	18	0.069	19
广西	0.111	19	0.158	18	0.124	20	0.061	23
内蒙古	0.111	20	0.167	15	0.113	22	0.064	22
贵州	0.109	21	0.138	21	0.135	16	0.058	24
江西	0.109	22	0.133	23	0.113	23	0.085	17
黑龙江	0.106	23	0.162	16	0.113	24	0.056	26
山西	0.106	24	0.148	19	0.112	25	0.065	21
吉林	0.100	25	0.128	24	0.119	21	0.057	25
新疆	0.093	26	0.138	22	0.101	28	0.048	29
海南	0.089	27	0.092	29	0.108	27	0.066	20
青海	0.087	28	0.107	28	0.110	26	0.047	30
甘肃	0.080	29	0.109	27	0.085	31	0.050	28
宁夏	0.079	30	0.081	31	0.100	29	0.055	27
西藏	0.073	31	0.085	30	0.088	30	0.046	31

（二）我国各省（自治区、直辖市）数字经济动态性差异

为了分析我国各省（自治区、直辖市）数字经济发展水平的时间趋势，本小节选择了各省（自治区、直辖市）2011 年、2016 年、2021 年的数字经济各级指数作为分析基础，以和“十二五”规划、“十三五”规划相对应。

从我国各省（自治区、直辖市）数字经济发展水平的时间趋势来看，数字经济指数、数字基础设施指数、数字产业化指数与产业数字化指数均呈现逐年上升趋势。

2011 年，我国 31 个省（自治区、直辖市）的数字经济指数分布在 0.01—0.17，数字基础设施指数分布在 0.04—0.26，数字产业化指数分布在 0.01—0.21，产业数字化指数分布在 0.001—0.1（见图 10 - 3）。可以看出，该阶段数字基础设施建设水平较高，而数字产业化和产业数字化的发展水平相对落后。该阶段，各省（自治区、直辖市）数字经济发展的侧重点存在差异，如北京、广东、江苏、浙江、上海、山东等更侧重于数字基础设施、数字产业化与产业数字化的均衡发展，而湖北、湖南、陕西、吉林、广西等更侧重于发展数字产业化，福建、云南、重庆、安徽、天津、海南等则更侧重于产业数字化发展。部分省（自治区、直辖市）存在较严重的数字经济二级指数发展不平衡问题，如安徽、天津、海南、河南的产业数字化指数排名分别为第 10、第 8、第 12、第 11，但由于这些省（自治区、直辖市）的数字产业化指数过低，导致数字经济指数排名的落后。

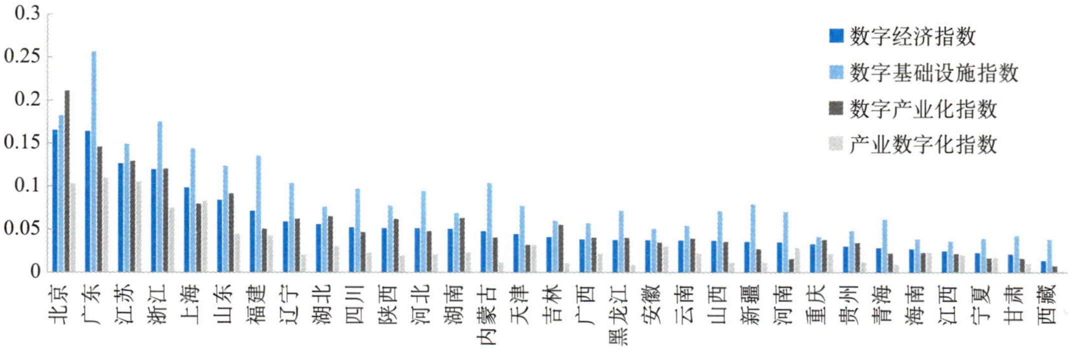

图 10-3　2011 年我国各省（自治区、直辖市）数字经济各级发展指数

2016 年，我国 31 个省（自治区、直辖市）的数字经济指数分布在 0.05—0.38，数字基础设施指数分布在 0.08—0.63，数字产业化指数分布在 0.03—0.28，产业数字化指数分布在 0.05—0.38（见图 10-4）。相对于 2011 年，各省（自治区、直辖市）数字基础设施指数与产业数字化指数上升较明显，数字产业化指数上升幅度相对较小。

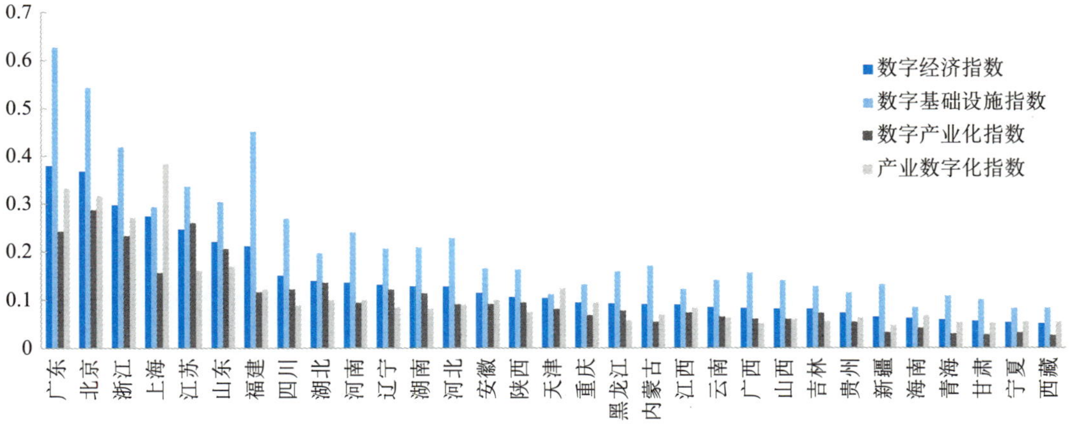

图 10-4　2016 年我国各省（自治区、直辖市）数字经济各级发展指数

2021 年，我国 31 个省（自治区、直辖市）的数字经济指数分布在 0.17—0.74，数字基础设施指数分布在 0.11—0.66，数字产业化指数分布在 0.22—0.74，产业数字化指数分布在 0.07—0.81（见图 10-5）。相较 2016 年，东三省的数字经济指数排名下降幅度较为明显，主要是由于其数字产业化与产业数字化发展进程显著落后于其他地区。近年来，东三省的产业结构转型进程一直趋于缓慢，其传统重工业的发展主要由大量国企主导，民营企业相对较少，市场化程度较低，产业结构转型困难，且人才与劳动力均在逐渐流失，数字经济产业布局难以有效推进。

（三）我国区域间数字经济发展差距变化趋势分析

从各省（自治区、直辖市）数字经济各级指数的变动值来看，2011—2016 年，我国

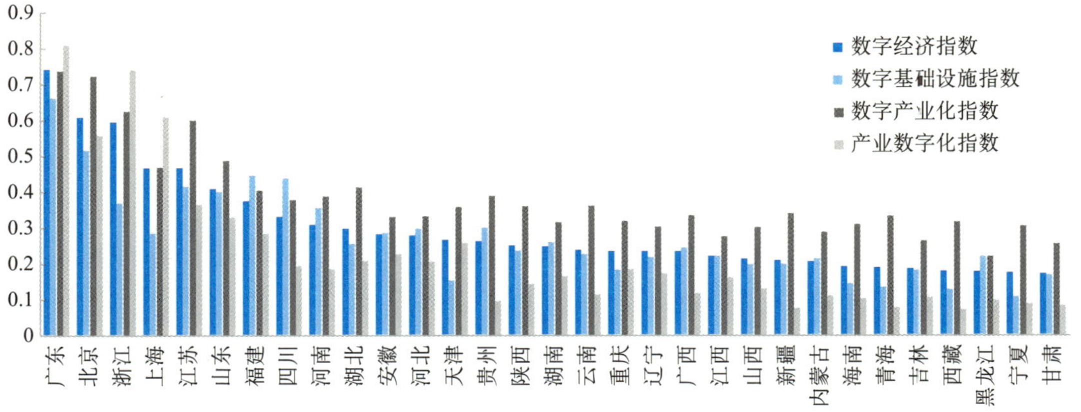

图 10－5　2021 年我国各省（自治区、直辖市）数字经济各级发展指数

各省（自治区、直辖市）的数字经济指数均有所提升，但大部分经济发展水平居中等的地区，其数字经济指数增长率更高，而像广东、北京、江苏、浙江等经济发达地区的数字经济指数增长率相对较低，说明我国区域间的数字经济发展水平差距在该期间缩小。这主要归因于数字基础设施与数字产业化发展差距的缩小，但产业数字化发展水平差距依然较大。2016—2021 年，我国省（自治区、直辖市）间的数字基础设施发展差距相对前期大幅度缩小，大部分省（自治区、直辖市）的数字产业化指数增长率明显提升，且省（自治区、直辖市）间的增长率差距缩小，说明数字产业化滞后于数字基础设施的发展，且该期间省（自治区、直辖市）间的数字产业化发展水平差距继续缩小，但产业数字化水平发展差距未见明显缩小。该期间，我国大部分省（自治区、直辖市）的数字经济指数增长率相对于 2011—2016 年有所下降，而像宁夏、甘肃、青海、内蒙古、海南、新疆等经济欠发达的省（自治区、直辖市）数字经济指数增长率却相对前期明显上升，说明这些省（自治区、直辖市）的数字经济发展进程滞后于其他省（自治区、直辖市）。具体如表 10－12 所示。

表 10－12　我国各省（自治区、直辖市）数字经济各级指数变化　单位：%

变化 省（自治区、直辖市）	数字经济指数变化		数字基础设施指数变化		数字产业化指数变化		产业数字化指数变化	
	2011—2016 年变动值	2016—2021 年变动值	2011—2016 年变动值	2016—2021 年变动值	2011—2016 年变动值	2016—2021 年变动值	2011—2016 年变动值	2016—2021 年变动值
广东	132	95	144	6	66	205	203	143
北京	123	65	198	－5	36	152	206	76
浙江	148	99	139	－12	93	169	260	174
江苏	95	89	126	23	101	131	52	127
上海	178	70	104	－3	97	199	363	58
山东	162	85	146	31	124	137	277	94
福建	195	76	231	－1	130	247	185	132
四川	188	118	176	62	162	209	286	119

续表

省（自治区、直辖市）\变化	数字经济指数变化		数字基础设施指数变化		数字产业化指数变化		产业数字化指数变化	
	2011—2016年变动值	2016—2021年变动值	2011—2016年变动值	2016—2021年变动值	2011—2016年变动值	2016—2021年变动值	2011—2016年变动值	2016—2021年变动值
湖北	149	111	157	28	108	204	228	108
河南	284	124	239	47	498	311	247	85
河北	150	116	140	30	89	266	331	128
辽宁	123	76	99	5	95	149	313	104
湖南	153	91	202	23	80	177	251	102
安徽	204	144	224	71	161	261	229	127
陕西	106	134	110	43	53	280	276	93
天津	134	153	45	35	153	342	283	108
重庆	184	145	216	36	80	368	329	96
云南	127	177	159	58	64	458	183	81
广西	116	178	172	54	48	454	132	131
内蒙古	91	122	65	23	33	433	481	60
贵州	140	254	136	159	56	622	413	54
江西	258	142	237	78	238	276	311	93
黑龙江	144	89	122	37	92	183	538	72
山西	120	158	97	39	67	404	400	119
吉林	98	125	113	39	31	263	397	92
新疆	80	218	67	48	18	953	307	63
海南	126	205	117	67	79	652	185	52
青海	106	216	75	22	29	1046	458	47
甘肃	159	201	133	64	67	831	404	60
宁夏	129	223	108	28	88	867	208	63
西藏	261	245	115	51	232	1132	3463	34

（四）总结

以上分析表明我国省（自治区、直辖市）的数字经济发展水平体现出明显差异性，总结如下：(1) 各省（自治区、直辖市）数字经济发展水平呈现出与经济发展水平相吻合的特征，全国间呈现出东部、中部、西部数字经济发展水平依次减弱、南方区域的数字经济发展水平高于北方的规律。(2) 各省（自治区、直辖市）数字经济发展的侧重点存在差异，部分省（自治区、直辖市）数字基础设施、数字产业化、产业数字化三者均衡发展，如数字经济指数排名前五位的省（自治区、直辖市），三个二级指数均较高；其他部分省（自治区、直辖市）表现出着重发展其中某两个二级指数，且随着时间推移，发展侧重点也在改变；仅有少量省（自治区、直辖市）的三个数字经济二级指数呈现出较为明显的非均衡发展特征。(3) 我国经济发达省（自治区、直辖市）与次发达省（自治区、直辖市）的数字经济发展水平差距逐渐缩小，各省（自治区、直辖市）的数字基础设施建设差距缩小最明显，数字产业化发展水平差距也在缩小，但产业数字化发展水平差距还未见明显缩小趋势。（4）我国经济欠发达地区的数字经济发展水平存在滞后性，其数字经济指数在2016—2021年才开始明显增长，数字基础设施的布局、数字产业化发展、产业数字化发展相对于其他地区的滞后性依次增强。

二、中国区域间数字经济协调发展评价

“十四五”时期，我国开启全面建设社会主义现代化国家新征程，向第二个百年奋斗目标进军，实施区域协调发展战略是全面建设社会主义现代化国家的战略安排，而区域间数字经济的协调发展是区域协调发展战略中的重要一环，其对于我国经济发展取得新成效具有深远意义。区域间数字经济协调发展，并非要求各区域数字经济发展水平与发展质量均等化，而是要求各区域结合自身要素禀赋、产业结构、战略定位，有的放矢地布局数字经济，发挥比较优势，形成各区域间有效联动、优势互补的发展格局[①]，逐步缩小区域间数字经济发展水平差距，同时强调这种协调关系的阶段性与长期性特征。

为了反映我国区域间数字经济发展的协调程度，本小节通过构建泰尔指数和基尼系数来测度我国2011—2021年数字经济发展水平的区域差距及其动态变化，以此来衡量区域间数字经济协调发展程度。

（一）数字经济泰尔指数

泰尔指数可以用来衡量地区间的差异程度，其值越大，代表差异性越强。泰尔指数的优点在于可以分解为区域内差异与区域间差异，据此判断总体差异性的来源。本小节将我国各省（自治区、直辖市）分为七大区域（见表10－13），并计算出其数字经济泰尔指数。

表10－13　　我国各省（自治区、直辖市）所属区域划分

区域	包含省（自治区、直辖市）
东北区域	黑龙江、辽宁、吉林
华北区域	北京、天津、河北、山西、内蒙古
华中区域	河南、湖北、湖南
华东区域	上海、江苏、浙江、安徽、福建、江西、山东
华南区域	广东、海南、广西
西北区域	陕西、甘肃、青海、宁夏、新疆
西南区域	重庆、四川、贵州、云南、西藏

① 陈晓东、刘冰冰：《区域数字经济协调发展的实现路径》，《开放导报》2021年第6期。

根据测算结果分析，我国数字经济泰尔指数基本呈现逐年下降的趋势，说明我国数字经济总体差距在缩小，协调水平在逐步提升。但区域内差异大于区域间差异，说明邻近省（自治区、直辖市）之间的数字经济联系紧密程度与融合发展程度依然较低，如何协调好各区域内数字经济发展关系，成为提升数字经济总体协调发展水平的关键因素。与国内生产总值泰尔指数（见图10－6）相比，数字经济泰尔指数（见图10－7）的变化趋势基本与其一致，但数字经济泰尔指数值明显大于国内生产总值泰尔指数值，且区域内差异对总体差异的贡献率更高，说明我国目前的数字经济区域差距明显高于经济水平区域差距，数字经济的发展还未达到成熟阶段。

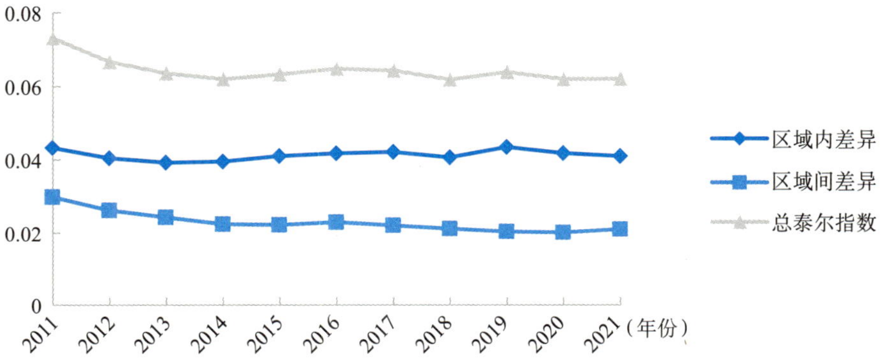

图10－6　国内生产总值泰尔指数

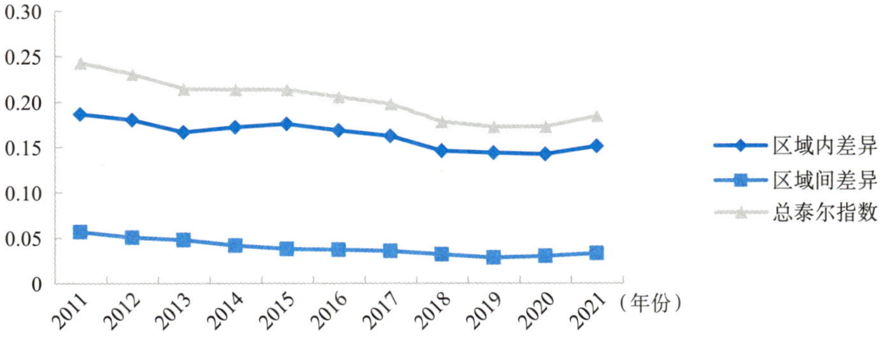

图10－7　数字经济泰尔指数

从数字经济区域内差异来看，总体上七大区域内部的地区差异呈下降趋势，华北区域相对于其他区域的区内差距较大，主要是由于华北区域内部的北京、天津、河北数字经济发展水平较高，但山西、内蒙古的数字经济发展水平却远远落后于前三者。2015—2020年，华北区域内差距迅速缩小，是由于山西与内蒙古的数字产业化指数增长率高于其他省（自治区、直辖市）。值得注意的是，东北的区域内差距虽接近于零，但三个省份的数字经济发展水平均处于落后阶段；近年来，西北与西南的区域内差异不降反升，因此东北、西北与西南的数字经济发展水平如何协调化地提升值得关注。具体如图10－8所示。

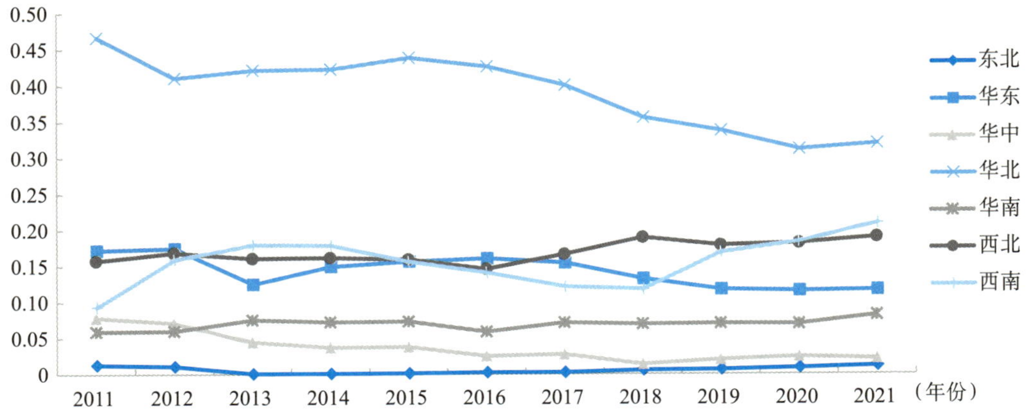

图 10－8　数字经济泰尔指数——区域内差异

从数字经济各级指数的泰尔指数来看，三者的差异均主要来自于区域内差异，而各指数的区域间差异变化范围与变化趋势均相似。从三个数字经济二级指数的泰尔指数对比情况来看，数字基础设施的泰尔指数相对较低，说明数字基础设施的区域发展差距最小，协调度最高，这是由于我国各地均对数字基础设施进行了一定布局，现阶段数字基础设施已发展得较成熟。而数字产业化和产业数字化大多还依托于区域自身的经济实力基础，区域内各省（自治区、直辖市）间还处于资源竞争、独立发展的阶段，区域集聚与溢出效应的发挥受限，因此导致数字产业化和产业数字化的区域协调程度较低。

全国数字基础设施的泰尔指数整体呈下降趋势（见图 10－9），且这种趋势主要来源于区域内差异（见图 10－10）。从七大区域数字基础设施的区域内差异来看，华北与华东区域的区内差异呈先上升后下降的态势，由该报告的第一部分分析可知，华北地区的山西、内蒙古与华东地区的安徽等省（自治区、直辖市），其数字基础设施建设存在滞后效应，这些省（自治区、直辖市）前期趋向于资源依赖型发展方式，产业结构向数字化方向转型存在较高难度，协调过程较长，因此导致 2017 年后区域内差异才开始逐渐缩小。

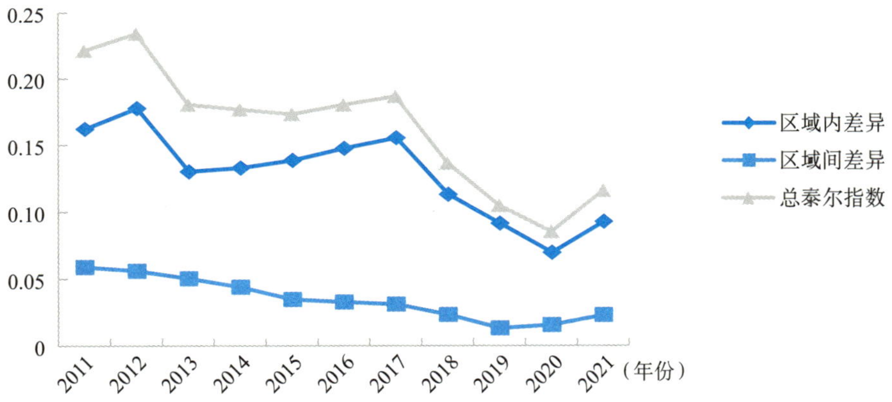

图 10－9　数字基础设施泰尔指数

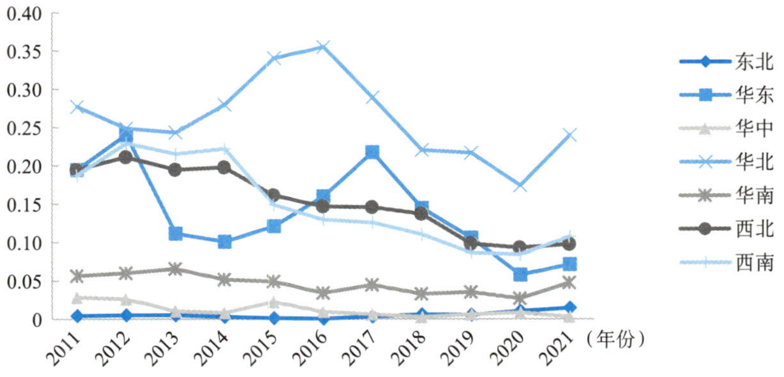

图 10－10 数字基础设施泰尔指数——区域内差异

全国数字产业化的泰尔指数在 2017 年之前与数字经济整体的泰尔指数变化趋势相同，但 2017 年后又呈现出逐渐上升的态势（见图 10－11），主要是由于 2017 年后我国西北、西南、华南三大区域的数字产业化区内差异扩大（见图 10－12）。其中，西北地区的陕西数字产业化指数增长明显，而其他省（自治区、直辖市）的该指数却无明显变化；西南地区的贵州、重庆、云南、四川的数字产业化指数增长明显，但西藏的该指数却无明显变化；华南地区的广东数字产业化指数增长明显高于其他两个省（自治区、直辖市）。

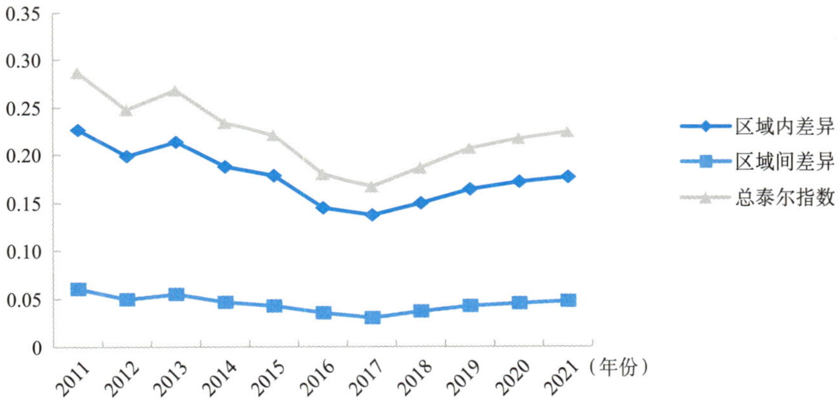

图 10－11 数字产业化泰尔指数

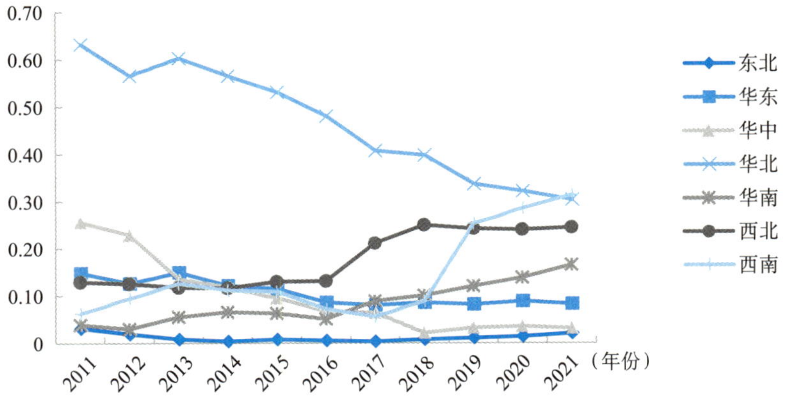

图 10－12 数字产业化泰尔指数——区域内差异

全国产业数字化的泰尔指数在2016年之前呈小幅上升趋势（见图10－13），主要是由于华东和西南的区域内差距扩大，之后逐年小幅下降（见图10－14），各区域的区域内差距均呈下降趋势，说明该时期区域内的产业数字化协调度有所提升。

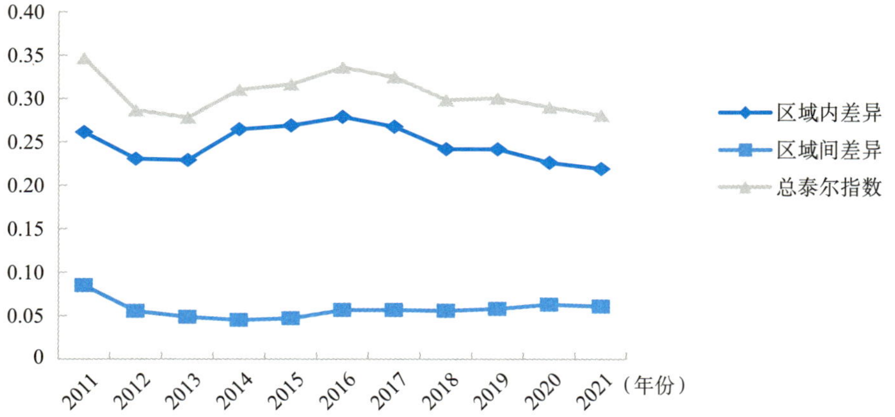

图10－13　产业数字化泰尔指数

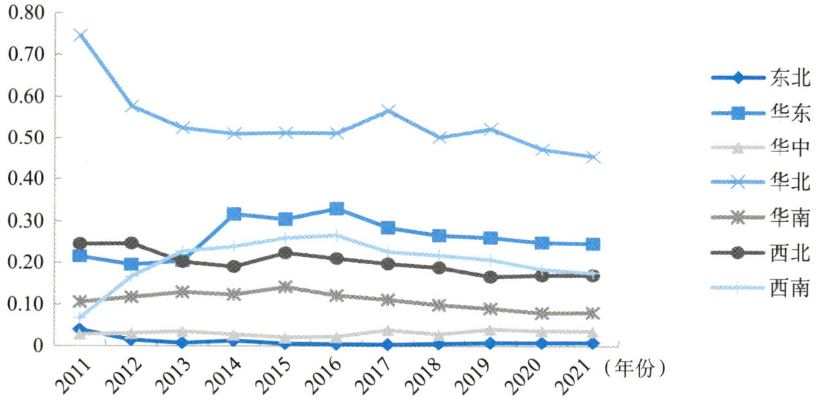

图10－14　产业数字化泰尔指数——区域内差异

（二）数字经济基尼系数

基尼系数主要用来衡量地区间的收入差异，其值越大时，表示地区间收入差距越大。本报告计算出数字经济各级指数的基尼系数，用来衡量我国数字经济的区域协调程度，并与人均国内生产总值基尼系数进行对比分析。我国人均国内生产总值基尼系数从0.24逐步下降到0.21（见图10－15），说明我国区域间的经济发展水平差距在缩小。而数字经济指数的基尼系数在2011—2017年呈U形变化趋势（见图10－16），其值始终高于0.3，说明该时期我国数字经济的区域差距较大，区域间协调度较低。2017年之后该值才开始逐年缩小，区域间的数字经济不平衡性降低。

具体分析数字经济各级指数的基尼系数可得，数字经济指数基尼系数的整体变化趋势与数字基础设施的基尼系数（见图10－17）基本一致，而与数字产业化的基尼系数（见

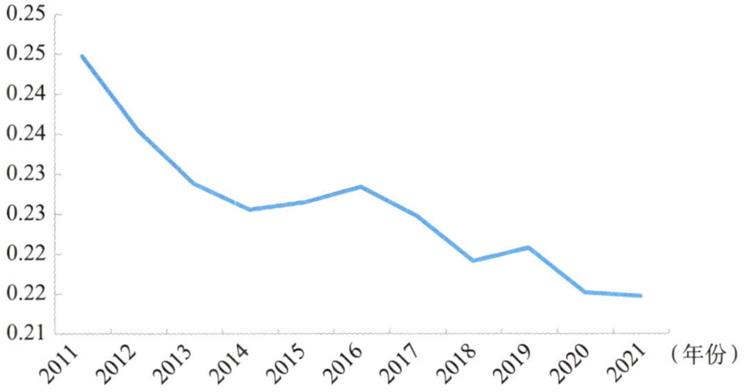

图 10-15 人均国内生产总值基尼系数

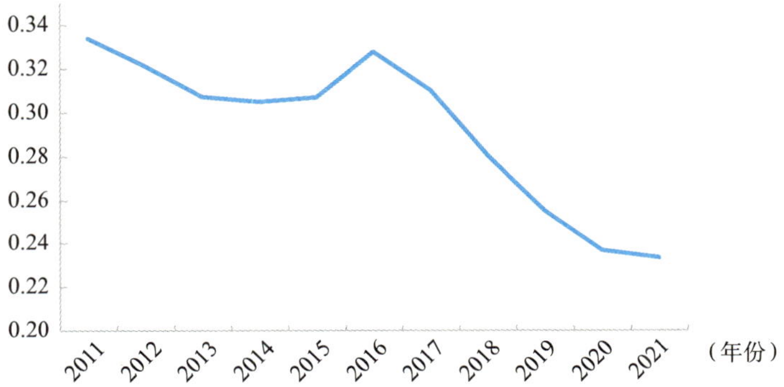

图 10-16 数字经济基尼系数

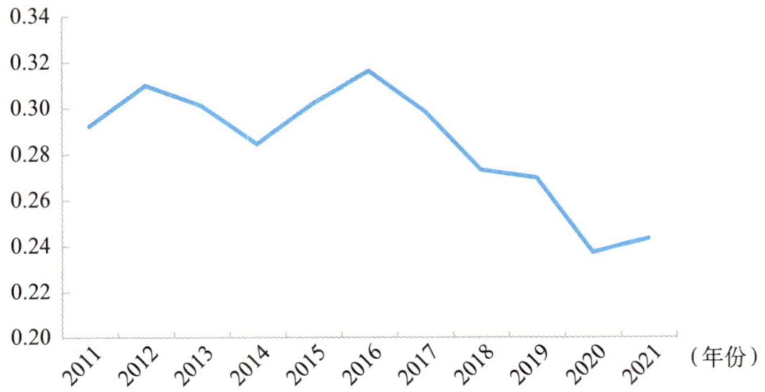

图 10-17 数字基础设施基尼系数

图 10-18）和产业数字化基尼（见图 10-19）的系数变化趋势存在较大差距。2011—2016 年，数字基础设施的基尼系数在 0.3 左右波动，而数字产业化基尼系数从 0.38 先下降到 2015 年的 0.34，后又上升到 0.36，产业数字化基尼系数从 0.44 先下降到 2015 年的 0.32，后又上升到 0.36。可看出，我国的数字基础设施区域差距最小，而数字产业化与产业数字化的区域差距相对较大。在 2016 年之后，数字基础设施与数字产业化的基尼系数均呈现明显下降趋势，到 2021 年下降到与人均国内生产总值基尼系数相近的水平，说明在该期间各省（自治区、直辖市）的基础设施与数字产业链条布局不断完善，区域间的差

距缩小。产业数字化基尼系数在该时期逐步上升到0.4，说明区域间的产业数字化不均衡性问题日益突出，这是由于部分经济发达的省（自治区、直辖市）开始利用数字化技术对传统产业进行转型升级，产业数字化指数迅速提高，但其他地区依然处在重点发展数字基础设施和数字产业化的阶段，因此区域间的发展差距进一步扩大，协调程度下降。

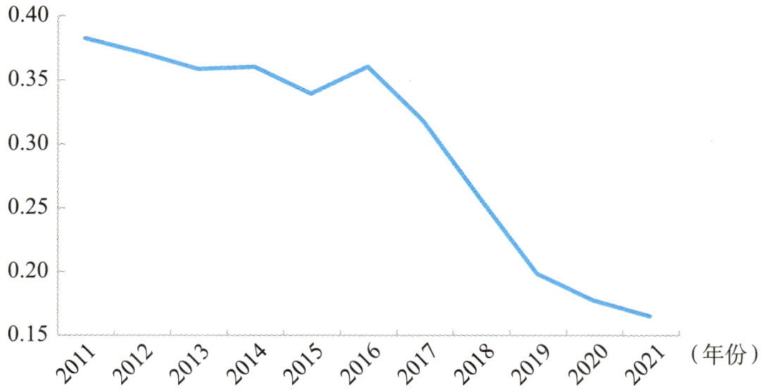

图 10－18　数字产业化基尼系数

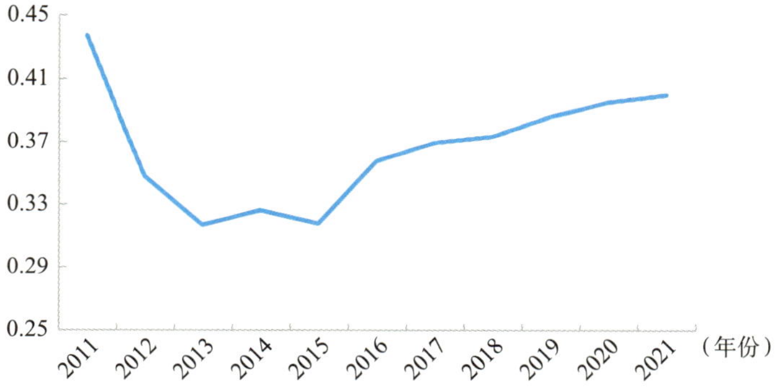

图 10－19　产业数字化基尼系数

（三）总结

（1）根据数字经济泰尔指数与基尼系数值的变化趋势，可以发现我国区域间的数字经济发展水平差距与国民经济发展水平差距均在缩小，其变化趋势基本吻合，协调程度在不断提升。（2）数字经济的区域发展差距主要在于区域内差距，而区域间差距较小，说明我国的数字经济布局在全国整体范围内较合理，但邻近省份间的相互协调合作机制存在欠缺。（3）我国东北地区的数字经济发展问题值得关注，尽管该地区的区域内差异一直接近于零，但东北三省的数字经济发展存在停滞甚至不断退步的现象。华北的区域内差距最大，但这种差距在不断缩小，应重点关注于山西、内蒙古与其他三个省（自治区、直辖市）的有效协调发展问题。西南与西北地区在前期的数字产业化区域内差距不明显，后期才开始上升，说明这些省（自治区、直辖市）的数字产业化步伐缓慢，且只有个别省（自治区、直辖市）步入数字产业化发展阶段，两地区的产业数字化进程处于起步阶段，协调程度未有所改善。（4）我国区域间的数字基础设施和数字产业化的协调程度有所增加，而产业数字化的区域间差距甚至有扩大的趋势，少部分省（自治区、直辖市）处于产业数字化发展的高潮阶段，但大部分省份的产业数字化进程依然缓慢。

（四）我国数字经济典型城市群案例分析

1. 长三角数字经济城市群

从长三角区域内各省的数字经济战略定位来看，上海着力于固定网络和移动网络的建设，率先完成建设“双千兆宽带城市”的目标。浙江构建了一批以“电子元器件及材料、应用电子以及软件与信息服务业”为主的优势产业。杭州成为继北京、上海之后我国第三批新一代人工智能发展创新试验区。无锡成为全国首个物联网规模超千万的特色工业数字经济城市、全国首个窄带物联网全域覆盖的地级市、首个高标准全光网城市。温州着力发展工业互联网，打造数字化车间与无人工厂，推动制造业与数字经济的融合。南京凭借其软件与信息服务、电子信息制造等数字经济核心产业成为全国首个“中国软件名城”。合肥已成为全国人工智能产业开放性创新平台集聚度最高的地区之一。芜湖实施“企业登云”专项行动，积极促进制造业与互联网融合发展①。

长三角区域内也表现出高效协同的发展模式。例如，上海的工业互联网和浙江电子商务产业发展表现为共建“合作链、共富链”的飞地经济发展模式；合肥和苏州的数字经济关系表现为板块协同发展模式；长三角地区大数据交易中心和城市数字化治理呈现出区域极核发展模式。长三角内各省（自治区、直辖市）根据区位、资源、人才、技术等优势，构建的互补互利的跨区域深度融合发展模式，树立了在数字经济领域协同发展的标杆，值得其他区域借鉴②。

2. 粤港澳数字经济大湾区

粤港澳大湾区以数字创新为主导，以数字技术为支撑，正加快布局多行业、多元化的数字生态圈，在人工智能、大数据、云计算、工业互联网等数字产业领域不断取得突破，加上香港和澳门在基础研发、人工智能、数字生物等领域的多重技术实力，数字经济成为该区域参与国内与国际产业竞争的重要力量支撑。

粤港澳大湾区“双核、一廊、两区”的数字产业集群优势突出。“双核”是指深圳和广州，它们作为广东数字经济规模突破万亿元大关的仅有的两个城市，领跑整个大湾区的数字经济建设进程。东莞、惠州、佛山、珠海等拥有扎实的数字经济产业基础，在深圳、广州的辐射带动作用下，数字经济规模均超千亿元，是粤港澳大湾区数字经济发展强大的

---

① 刘传辉、杨志鹏：《城市群数字经济指数测度及时空差异特征分析——以六大城市群为例》，《现代管理科学》2021 年第 4 期。

② 徐梦周、朱永竹、杨大鹏：《数字经济发展的空间关联与协同治理：以长三角城市群为例》，《治理研究》2022 年第 5 期。

生力军和第二梯队。值得关注的是，深莞惠经济圈作为全国高端新型电子产业领域的领导者，也是全球智能设备终端的重要生产基地，其数字经济规模占国内生产总值的比重已超过65%，突出了数字经济与实体经济高度融合的发展特征。综合来看，粤港澳大湾区数字产业集群，以深圳、广州为双核心，沿着“广州—深圳—香港—澳门”的科技创新走廊，覆盖珠江三角洲国家大数据综合试验区①，充分发挥了数字产业集群的优势，以及其在技术创新、商业模式创新、市场推广等方面的积极作用。

3. 川渝“数字双城经济圈”

川渝两地在地理上相互连接，在产业上彼此相近，近年来，两地共同推动川渝数字经济协同发展，开拓了一个互为支撑、互补互融、共赢发展的数字经济产业发展新格局。从比较优势方面来看，四川的电子信息产业基础雄厚，已经形成了从材料、芯片、整机到服务比较齐全的产业体系；而重庆则以补链、建链和强链为重点，助力构造川渝数字产业网络，两地资源要素、产业结构、发展定位互相取长补短，实现了“1+1>2”的联动效应。截至2021年，双方已经签署了78项关于大数据智能化方面的协议，实现了144个部门单位的5460类政务数据互挂共享，已推动210项公共服务。2022年，川渝共同推进实施共建川渝地区双城经济圈重大项目160个，年度投资完成率达127%。四川以建设“天府数据中心”为目标，打造数字经济新高地；重庆以“国家数字经济、国家人工智能、国家创新发展”为战略目标，加快推进全国数字经济创新发展示范区的建设，两地正积极抓住这一机遇，对川渝双城经济圈建设进行深度赋能。

三、促进中国区域间数字经济协同发展的路径

我国各地区在自然环境条件、产业结构、资本与技术积累等方面存在诸多差异，因而导致区域间的数字经济发展质量与水平差异性显著。推动区域间数字经济的协调发展，前提是缩小区域间与区域内数字经济的发展差距。我国需秉承系统性、全局性观念，探索东中西部地区、南北地区数字经济的高效联动机制，把发达地区在技术、市场以及产业方面的经验与优势和欠发达地区在土地、劳动力要素方面的优势结合起来，从国内数字经济整体均衡协调发展的顶层设计出发，统筹推进数字经济与国内大循环相一致的建设步伐。各地也需立足自身产业、区位、资源和政策优势，因地制宜、精准发力，合理利用人力与资本要素，探索区域间合理分工、互助共享且各具特色的发展之路。

（一）合理规划区域间数字经济协调发展顶层设计

数字经济的区域间协调发展依托于全国的顶层设计规划纲要，我国各级政府需要从全

① 《广州市国民经济和社会发展第十四个五年规划和2035年远景目标纲要》，https://gz.gov.cn/zt/jjsswgh/ghgy/content/post_7339249.html。

局视角出发，以全国一盘棋的统一指导思想，做好我国数字经济区域协调发展的顶层设计和体制机制建设工作，发挥重大规划的导向作用。第一，要加强区域间经济发展的协调程度，缩小区域间经济基础差距。要以城市群和都市圈为核心，带动周边区域一体化发展，在当前已形成的“四大板块战略、区域重大战略、主体功能区战略”基础上，进一步明确区域间及区域内各省（自治区、直辖市）的功能定位和发展导向，通过要素再配置、结构转型、布局重塑和体制完善，畅通区域间经济大循环。第二，要认清我国各区域的数字经济发展现状与问题，补齐西部地区的数字基础设施短板，破除东西部数字鸿沟效应；扭转东北地区数字经济逐渐衰落的局面，探索东北地区传统产业与现代产业有效连接的路径，帮助其扫清产业转型之路上的障碍；巩固和发展我国中东部地区的数字经济成果，重点探索其优化升级、区域内高效协同的路径。第三，因地制宜、突出亮点式地制定各地区数字经济发展规划。尽管各地政府竞相提出数字经济发展目标与战略举措，但总体上缺乏区域间的分工与协作，存在基础设施建设布局重复、发展路径同质化的问题。因此，要结合各地区的发展阶段、自然地理条件、经济基础、周边要素协同等特点，推进地区间一体化的数字战略布局。

（二）推进东西部地区数字经济协调发展进程

我国西北与西南地区的数字经济发展步伐明显落后于其他地区，政府需要为西部地区着力营造数字经济发展的有利环境。第一，要完善西部地区的数字基础设施建设，合理部署信息化基础产业，积极承接发达地区的产业转移，结合西部的整体网络发展规划，在税收、融资、人才与企业引进等方面加大支持力度，从发展根基上打通西部地区与其他地区的阻隔点，助力数据要素在国内的循环畅通。第二，坚定不移地推进“东数西算”这项战略性工程，在西部建立国家级算力中心，引导大型与超大型数据中心向枢纽内集聚，在此基础上形成数据中心集群，推动东西部间的数据流通与价值传递。算力中心所涉及的产业链条长、投资规模大、带动效应强，一方面通过算力枢纽和数据中心集群建设，将有力带动西部地区相关数字产业上下游投资，为西部地区的发展注入活力，另一方面也能与西部光伏、风能等绿色能源产业产生联动效应，降低东部地区的数据处理成本，使西部的大规模土地与自然资源优势发挥更大价值。第三，把西部地区企业数字化、智能化转型提上日程，筛选数字化转型潜力大、数字融合性强的企业进行重点培育，以此形成示范效应与带动效应，逐步推进上下游企业共同转型升级，推动西部地区的产业数字化进程迈上新的台阶。

（三）促进区域间数字技术与人才转移渗透

数字技术与人才是数字经济长久持续发展的核心竞争力，尽管我国的数字经济发展进程在不断推进，但区域间数字技术的产出失衡，人才缺口、人才聚集失衡问题越来越严重。要促进区域间数字经济协调发展，就需要打破这种局面。第一，要促进数字技术与人才从发达地区向欠发达地区转移渗透。鉴于东西部在数字经济领域存在着较大的差异，应鼓励东部地区主动挑起解决数字技术难题的科研重担，集中人力、物力，加强政府、高等院校、科研机构、企业等多个领域的技术交流与合作，并主动与落后地区共享科技成果，实现技术有效溢出。第二，要提升欠发达地区技术承接能力。数字经济这种新技术、新业态，需要一个成熟高效的市场来消化，而欠发达地区大多分布着中小企业，其客观基础薄弱，行动能力与经验匮乏，市场融通能力低下，因此需要各级政府引领带动其数字化转型，通过对中小企业进行数字经济技能培训、建设数字经济示范区等手段，促进其对发达地区的成功经验与模式的吸收转化。第三，要加强欠发达地区的政策扶持力度。尽管部分欠发达地区数字经济发展滞后，还未进入产业数字化阶段，但若遵循其自然发展进程的规律，可能会导致更严重的区域经济失衡问题。因此应帮助欠发达地区积极引入发达地区的数字技术发展成果，首先在城市生活、交通出行、医疗和金融领域建立起数字平台，促进数字产业在民生领域的融通，调动当地经济活力，进而反哺数字基础设施的建设进程，最终形成区域间、产业间的协调发展。

（四）推动区域间数字经济企业主体有效协作

数据要素不同于人力、土地等生产要素，其更容易跨越地理空间的限制，实现远距离互动共享。数字化企业主体间，若能够结合企业的要素禀赋，实现东中西部企业间协调合作，则有助于发挥大型企业的溢出效应。第一，要营造有利于跨区域企业间有效交流合作的市场环境。目前，我国数据要素的所有权、使用权、控制权、收益权还未得到有效划分，因此要推动我国区域间的数字交易体系的有效搭建，破除市场交易的阻隔点，促进要素资产能够在大范围内循环流通。第二，为欠发达地区数字经济企业建立有效的融资平台。由于我国东部地区具有庞大的数字经济交易市场，社会资金更愿意投向发达地区大型企业主体，以获得更多收益，而欠发达地区的数字经济中小企业一直存在融资周期长、融资规模小的问题。因此需要政府引导社会资本涌入欠发达地区的企业，建立高效、安全的市场化融资交易平台，联合金融市场开发出更多有效的中小企业融资工具，同时建立政府保障信用机制，为欠发达地区建立资金循环体系。第三，对发达与欠发达区域间“数字经济企企联合”项目给予政策支持与优惠。由于大型企业间更愿意建立长效合作机制，而欠发达地区的企业往往只能承担零散的中小项目，且难以找到规模化的长期合作伙伴。因此需要政府充分挖掘欠发达地区具备实力的数字经济中小企业，为其与发达地区企业进行牵线搭桥，给予资源和资金支持、税收优惠等，帮助企业间建立稳定的协作关系，促进企业网络关系的有效建立。

第十一章
数字资产的发展与国际监管

2008 年全球金融危机后比特币诞生，之后数字货币的发展如火如荼。2021 年中国数字人民币诞生更是将数字货币推向一个新的发展阶段。与此同时，随着经济社会进入数字经济时代，各类数字资产也应运而生，尤其是以区块链为底层技术的数字资产更是不断突破人类对资产的传统认知。国际上已经出现无数个数字资产交易平台，数据资产的重要性也越来越引起国际社会的关注；与此同时，各国政府和国际社会对数字资产的监管体系也正在建立和完善。2023 年 2 月国际货币基金组织发布报告提出对数字资产进行监管的 9 条政策，呼吁国际社会加强合作，防止数字资产的发展危害国际货币经济体系的稳定。

在数字资产突飞猛进发展之时，一些亟待解决的问题摆在各国政府面前：在现有法律体系中如何定义数字资产？数字资产与传统资产有何差异？如何对于数字资产进行确权与保护？数字资产会带来哪些挑战和风险？如何监管数字资产？上述问题都是数字经济体系中的核心和关键问题。本文从国际视角分析数字资产的内涵与外延、数字资产的特性以及数字资产的国际监管问题。

第一节　什么是数字资产

虽然数字资产已经成为一个热门词汇，很多国家政府和国际经济机构也从不同角度对数字资产进行定义，但是迄今为止，数字资产的内涵和外延仍然存在很多争议，尚未形成统一认识。定义数字资产，是我们研究数字资产的第一步。

一、数字资产的定义

各类国际机构关于数字资产的相关研究集中在加密资产领域。一部分机构更重视数字资产的货币职能，FATF 认为虚拟资产是价值的数字表示，可出于支付或投资目的进行数字交易及转移①。FSB 在 2018 年的报告中认为加密资产可作为去中心化的数字交换手段，具有其他数字代币功能②。BIS 则认为加密货币无法安全行使货币职能，银行在收购时应做好风险管理框架并配套尽职调查、披露并告知监管机构，审慎处理加密货币资产③。也有机构从权利角度定义数字资产，国际证券委员会组织 IOSCO 认为加密资产可以代表资产或资产相关的权利，并且价值依赖于加密技术、分布式账本技术等相应技术④。CFTC 认为数字资产是“任何能够以电子方式存储和传输的信息，并具有相关的所有权或使用权”⑤，都强调了数字资产包含一系列权利。

国内关于数字资产的研究处于起步阶段，对数字资产的定义不尽相同，或过于宽泛或过于狭窄，或关注资产形态，或关注底层技术，也没有达成共识。我们认为，数字资产作为一种资产的基本属性，如价值属性、权利属性、排他属性等，都与传统资产具有一致性；数字资产与传统资产的本质差异在于数字资产的形态、形成方式、交易方式、存储方式及其背后的底层技术。根据数字资产的范围，我们可以将数字资产分为广义数字资产和狭义数字资产。

（一）广义数字资产及其性质

广义的数字资产包括所有具有数字形态的资产，满足资产定义、具有数字格式的资源均可被称为数字资产。广义的数字资产是电子信息技术颠覆了传统资产的形态，也颠覆了资产形成、交易、存储和管理的过程。广义数字货币的定义比较宽泛，只要求资产以电子形态创造、存储、管理或流转，不限制应用的数字技术。广义数字资产对底层价值不做限定，该类型的数字资产不仅包括数字证券、电子存款等对应相应现实权利的资产，还包括完全依托于数字形式存在的虚拟资产，如网络游戏、网络社区的装备、账户等仅限平台内使用的虚拟资产，以及各种数字化的文档、图片、音视频产品。

经过加工处理、用于改进生产消费过程的数据属于广义数字资产，是我国大力发展的数字资产之一。数字资产跨行业应用为产业转型升级提供渠道，提高产品与服务的质量、多样性及适配性，提供动态化管理生产销售方法减少资源浪费，上下游信息互惠互通增强行业间的关联性，为客户提供一体化服务。数字资产从生产、分配、交换和消费环节共同

---

① Financial Action Task Force on Money Laundering, “Updated Guidance for a Risk-Based Approach to Virtual Assets and Virtual Asset Service Providers,” 2021, https://www.fatf-gafi.org/en/publications/Fatfrecommendations/Guidance-rba-virtual-assets-2021.html.

② Financial Stability Board, “Crypto-asset markets Potential channels for future financial stability implications,” 2018, https://www.fsb.org/wp-content/uploads/P101018.pdf.

③ Bank for International Settlements, “Statement on crypto-assets,” 2019, https://www.bis.org/publ/bcbs_nl21.htm.

④ International Organisation of Securities Commissions, “Investor Education on Crypto-Assets Final Report,” 2020, https://www.iosco.org/library/pubdocs/pdf/IOSCOPD668.pdf.

⑤ Commodity Futures Trading Commission, “Digital Assets Primer,” 2020, https://www.cftc.gov/digitalassets/index.htm.

推动经济循环与资源配置效率。在生产环节，数字资产帮助企业提高生产决策能力与管理水平，实现更为环保的生产方式；在分配环节，数字资产优化投入节约资源，提高劳动力生产效率产出更多可分配产品；在交换环节，数字资产覆盖更全面的场景与产品，提高交易链条的协调性及关联程度；在消费环节，数字资产创造消费新模式，实现供需精准匹配①。数字资产实现生产到消费全过程的降本增效，赋予生产全流程更高的效率与自由度。

广义数字资产实现资产的便捷化流动，为狭义数字资产的发展提供基础。广义数字资产存储于电子空间没有实物形态，在资产的存储、携带、传播与使用方面具有成本优势，并且交易撮合时间短、信息处理速度快，是一种便捷的资产形态，通常来说具有更高的资产利用率和换手率。此外，数字资产在分析方面具有优势，通过相关软件与程序对输入的资产信息加工处理，一方面降低了人工整理的计量误差，另一方面节约了处理时间，有助于资产持有者统筹管理资产。狭义数字资产是广义数字资产和相关技术手段积累到一定程度后产生的，在属性上有一个量变到质变的飞跃。

（二）狭义数字资产及其性质

狭义数字资产是一种新型数字资产，是区块链技术在数字资产形成、交易、存储和管理中渗透和应用的成果。新型数字资产不仅要求资产形态的数字化表达，同时要求在资产流通、存储、管理过程中采用加密分布式账本技术，如区块链等类似技术。新型数字资产包括传统资产的数字化表达与数字内容的资产化，是如今较为主流的数字资产定义方式，也是本文所研究的数字资产。基于区块链的纯数字形态资产只要符合资产定义就可以被称为数字资产，同样，传统资产的数字形式映射只要在存储交易等方面采用分布式账本技术，就会形成狭义的数字资产。由于分布式记账技术在目前具有较高的应用成本，技术上还存在一定的限制，资产数字化类型的狭义数字资产份额相对较小。

底层技术架构中对区块链、分布式账本技术、密码学等技术的应用是狭义数字资产最重要的特征，也是其有别于传统可线上交易资产的核心所在。分布式账本是能够实现网络成员间共治共享的资产数据库②，区块链在此基础上还应用了点对点传输机制、共识机制及加密算法等计算机技术，使用非对称加密算法的公钥与私钥实现节点信任机制③。私钥是狭义数字资产中最重要的部分，能够证明数字资产所有权和控制权，只有拥有私钥才能使用对应公钥的数字资产。由于加密资产没有中心化的发行机构，私钥是证明数字资产所有权的唯一工具，一旦私钥丢失就失去相关数字资产的控制权。狭义的数字资产在生产、存储、流通等过程中应用区块链技术，例如比特币从挖矿生产到交易流通都依靠区块链技

---

① 郭王玥蕊：《企业数字资产的形成与构建逻辑研究——基于马克思主义政治经济学的视角》，《经济学家》2021 年第 8 期。

② 张亮、刘百祥、张如意等：《区块链技术综述》，《计算机工程》2019 年第 5 期。

③ 中国区块链技术和产业发展论坛：《中国区块链技术和应用发展白皮书 2016》，北京，2016。

术记录。这一底层技术的优势使数字资产具有较高兼容性，可运用开源、可编码的智能合约对数字资产进行操作，也可在不同区块链平台之间相互流通。

数字资产的底层逻辑颠覆了传统信用体系，可能形成真正的私有化和可信系统。人类发展史小到分厘交易大到国家往来均建立在信用与合同基础上，不同群体在博弈中出于利益最大化的违约欺诈选择是造成风险和危机的主要来源，例如国家打破币值稳定承诺超发货币、机构投资决策失误无法兑付存款、个人出于止损需要切断房贷还款等。由于合约合同的约束非强制，参与者随时都有违背风险，且爆发时风险已经积累到较高程度，历史上的庞氏骗局和巴林银行破产在风险爆发后均导致严重的社会后果。数字资产通过区块链技术保证财产的私有控制权，权利占有无须经第三方机构认可，从而避免了极端情况下财产被征收或灭失的风险；分布式多节点记账确保账户公开透明不可操纵，一方面保证资金流动的真实性，另一方面相关方可监督相关账户运行，及时介入遏制风险；智能合约在签订后按照预先限定的前定程序运行，有效避免参与者违约风险及程序运行的操纵风险。由于数字资产的上述特征，去中心化合约之间的风险关联性较小，重塑社会信用体系加强合约执行力，有望解决信用风险大范围传播造成的危机。

（三）加密资产及其性质

加密资产是一种特殊的新型数字资产。加密资产是不具有正式发行人的数据单元，完全依赖开放、公平、去中心化的分布式账本存在，发行与转让依靠激励设计维持运行。加密资产属于狭义范围的数字资产，没有底层价值担保、不对应实物权利，也不存在类似于中心化数字资产的机构背书，资产价格缺乏稳定锚，具有高市场风险。加密资产包括比特币、以太坊等数字货币和虚拟资产的 NFT 通证等，与现有法律框架的适配性较差①。

先进技术的应用使加密资产具有高拓展性与高流动性，能够跨越时空约束实现全球一体化，也因而带来更高的系统性风险。从时间上看，加密资产通过数字金融打破时间维度融资约束，程序化处理在保证安全的同时替代交易流程中的人工审核，资产转手与资金融通更具效率。从空间上看，加密资产的数字化形式打破空间维度限制，不同国家、区域均可平等参与交易，提高各国在世界经济政治管理中的参与度与融合度。资源高度集中提高资源及信息的可得性与普惠性，充分发挥比较优势、释放世界潜在产能。加密资产的一体化特征是双刃剑，在加强世界资产关联度的同时，缺乏内在价值核心的特点导致加密资产价格易受投机冲击，高波动性跨市场快速传导可能导致严重的系统性金融风险。2022 年以来，加密资产先是经历了大规模的资产下跌，系统性风险导致 LUNA 代币和稳定币 TerraUSD 爆雷、交易平台 FTX 破产。投资者大幅撤资和机构折价出售资产再次负面冲击加密货币市场，2023 年加密银行巨头 Silvergate Bank 宣布清盘，市场并不乐观。

---

① Allen J. G., Rauchs M., Blandin A., et al., "Legal and Regulatory Considerations for Digital Assets," *Social Science Electronic Publishing* (2020).

加密资产投资者可以选择自托管或第三方托管，面临安全性与便利性的权衡。若投资者采用自托管方式能够获得更高的灵活性，但交易操作相对复杂，保管不当可能导致加密资产被盗或丢失，储存成本随着资产规模大幅提高。若投资者选择采用第三方托管，能够获得高效便捷的交易相关服务，如专业化的资产管理清算、安全验证、金融服务等，但需要支付较高的管理费用，且第三方托管机构可能会挪用资产。在选择托管方式时，加密资产所有者应采取更为谨慎的态度，一是因为加密资产是新兴产业，处在不稳定的发展初期，第三方机构的资产管理程序和风险管理机制可能存在漏洞；二是因为加密资产交易完成后无法撤销，交易失误的成本大大增加，对安全性的考量可以适当提高。

二、数字资产的分类

（一）常见的数字资产划分方式

数字资产的划分方式包括风险水平、同质化程度及是否可兑换等多种标准。巴塞尔委员会根据资产风险、稳定机制将其数字资产分为两类，第一类加密资产要符合赎回风险测试、基准风险测试等一系列分类条件，该类数字资产包括代币化的传统资产和具有有效稳定机制的加密资产；第二类加密资产不满足分类条件，包括不具有担保的加密资产，应当按保守资本进行处理。被分类为第一组加密资产有四个条件，一是加密资产是使用密码学、分布式记账技术的代币化传统资产，对应证券、商品与现金的一系列权利。二是加密资产具有完全的稳定机制，从发行至赎回的所有安排都有明确界定与记录，可通过法律强制执行保证完全赎回性。三是加密资产的功能及网络不会导致资产流动方面的重大风险，且运营结构、访问程度等网络的关键元素清晰可追溯。四是加密资产的相关服务实体必须遵守相应风险管理与监管披露要求①。巴塞尔委员会的分类注重数字资产价值稳定性，在持有、流转、赎回过程中是否能够维持一定价值。FATF 认为加密货币是基于密码学原理的去中心化可转换虚拟货币，根据数字货币是否可兑换，将虚拟货币可分为可兑换的和不可兑换的虚拟货币，不可兑换的虚拟货币只能是集中式即中心化的，可兑换的虚拟货币可以是集中式或去中心化的②。

从是否标准化的角度看，数字资产可以分为同质化通证 FT 及非同质化通证 NFT。通证是以加密措施保障流通性的数字权益证明，作为数字资产存在与流通的基础，所有资产、权益均可通过通证化转变为数字资产。同质化通证之间具有可替代性，从底层设计到顶层性质完全相同，该形式的数字资产解决了账本的信用问题，绕开中介机构发行，数字

① Basel Committeeon Banking Supervision，"Prudential treatment of cryptoasset exposures，" 2022，https：//www. bis. org/bcbs/publ/d545. pdf.

② Financial Action Task Force on Money Laundering，"Virtual Currencies Key Definitions and Potential AML/CFT Risks，" 2014，https：//www. fatf－gafi. org/content/fatf－gafi/en/publications/Methodsandtrends/Virtual－currency－definitions－aml－cft－risk. html.

货币就是同质化通证中重要的一类。非同质化通证是数字资产在差异化方向上的升级，同种 NFT 之间的微小不同可能导致价值的天壤之别，具有不可替代性、唯一性、独立性及稀缺性，无法像同质化通证一般进行分割。通过区块链等技术限制不可复制性，NTF 给予创造者可靠产权保障，为作品派发唯一可验证的身份证明提高转让效率，排除中介保证流通性。NFT 增大了数字资产交易范围，激发网络创新活力，有助于现实资产与数字资产挂钩，赋予传统资产交易新形式。

根据区块链数字资产的价值特征，可以分为“容器”与“空容器”两类（见表 11－1）。“容器”类数字资产拥有底层价值背书，对应传统资产权利，包括央行数字货币、稳定币等，具有公认价值。“容器”型数字资产相比传统资产最大的好处是交易流通方式的升级，区块链技术降低信息不对称问题和中介成本，提高资产市场曝光度与消费者市场参与度，提升市场资产定价的准确性。“空容器”类数字资产是数字的资产化，这部分数字资产是完全依托于网络技术存在的数字内容，资产价值依赖于底层技术、消费者效用预期及资产稀缺性，包括比特币、莱特币等数字货币、NFT 类数字藏品、软件产品及数据资产。“空容器”型数字资产在交易方面一般具有匿名、高效、低成本特征，满足相应的加密技术就是本文定义的加密资产①。

表 11－1　“容器”与“空容器”型数字资产分类

分类	“容器”型数字资产	“空容器”型数字资产
同质化通证	央行数字货币、稳定币	比特币、以太坊等数字货币
非同质化通证	产权、土地、仓单等现实资产的 NFT 形式	数字货币衍生品、数字藏品、数字 IP、软件、数据资产

（二）本书对数字资产的划分方式

本书主要根据用途对数字资产进行划分，国际证监会组织与国际货币基金组织均采用这种分类方式。IOSCO 根据加密资产的用途将分类总结为证券型代币（Security Tokens）、效用型代币（Utility Tokens）和支付/兑换/货币型代币（Ether Payment/Exchange/Currency Tokens），其中证券型代币以所有权或股息权等形式提供权利，类似于股票可用于发行融资；效用型代币只能在限定的平台上使用，换取相应的产品服务，例如在以太坊区块链中各项活动依赖以太币进行交易；支付/兑换/货币型代币是作为去中心化的流通交易手段的加密货币。IMF 将数字资产分类为无担保代币、稳定币以及其他加密资产，其他加密资产

① 列支敦士登曾在 2019 年颁布法案“Token and Trustworthy Technology Service Providers Act”，其中对数字通证进行了分类，详见 https：//www. naegele. law/files/Downloads/bua_054_2019_tvtg. pdf，第 58－61 页，相关分析见 https：//www. oulu. fi/blogs/node/192427。

又包含证券型代币和效用型代币两类，均满足私人发行、基于分布式账本技术、匿名性三个特征①。

这里借鉴以上两种分类方式，将数字资产分类为证券型代币、效用型代币、有担保货币代币及无担保货币代币（见表11－2）。证券型代币符合Howey测试的定义②，可被视为一种证券资产，提供标的资产或项目相关的权益，可与真实世界的资产相挂钩；效用型代币只能兑换指定平台中的产品与服务，通常与使用价值相挂钩，例如投资者在购买首次公开发行代币的同时获得相应产品服务的使用权或项目股权。有担保货币代币包括稳定币、央行数字货币等具有底层价值的加密货币，价格水平相对比较稳定，可以发挥货币职能。无担保货币代币通过去中心化方式发行，具有强流动性与匿名性，可作为购买数字资产的交易手段，价格水平波动幅度大，主要包括比特币、以太币等不具有现实价值背书的加密货币。

表11－2　本书的数字资产分类

分类	证券型代币	效用型代币	有担保货币代币	无担保货币代币
特点	符合证券定义，代表相关资产权益	用于换取产品与服务，只能在特定平台使用	具有底层价值的加密货币	不具有底层价值的加密货币
举例	代币化股票	平台化代币	稳定币、央行数字货币	比特币、莱特币

数字资产既是未来发展趋势也是经济增长需要，但其高波动性、高匿名性、高不确定性与高流动性在应用中对各方安全提出重大挑战，如何有效监管数字资产成为国际重要议题之一。

第二节　数字资产的发展

随着智能合约与交易需求的发展，数字资产的应用场景不断拓宽，从加密货币到首次代币发行，从中心化金融到去中心化金融，从同质化代币到非同质化代币，数字资产相关的产品与服务更加多样化、差异化。在数字资产类别扩张的同时，资产之间的连通性也在不断提升，不同区块链之间的数据交互共享机制逐步完善，数字资产与传统资产之间的交易和形式转换越发紧密。数字资产的发展表现出以下五个特征。

---

① International Monetary Fund, “Elements of Effective Policies for Crypto Assets,” 2023, https://www.imf.org/en/Publications/Policy－Papers/Issues/2023/02/23/Elements－of－Effective－Policies－for－Crypto－Assets－530092.

② Howey test是美国证券交易委员会判断一项资产是否属于证券的测试，可参见：https://www.sec.gov/litigation/investreport/34－81207.pdf。

一、应用向包容化发展

数字资产应用由点到面不断提升，为非标准化需求提供平台。数字资产在发展过程中自身可拓展性不断增强，与现实资产及其他领域的融合性提高、应用面拓宽，成为支持生产与生活的重要资源。加密货币从专注于自身支付系统的比特币、莱特币，到可编程、可搭建的以太坊开发平台，数字资产发展为加密货币注入货币实质。区块链在建立之初主要集中应用于开发非信任的数字货币支付系统，数字货币的挖掘流通均来源于小众市场上的投机需求及投资需求，直到以太坊在区块链基础上建立开源的智能合约平台、区块链桥链接不同区块链之间的交互，才赋予了数字货币新的意义。在加入智能合约后，数字资产的可利用性与协议扩展性大幅提高，成为签订去中心化交易可信协议的支付手段，开发出创业融资、数字资产交易、数字金融等各种业务。数字资产交易赋予数字货币价值尺度职能及流通手段职能，跨期交易、数字金融实现数字货币支付手段职能，跨国境跨区域交易实现数字货币世界货币职能。数字货币市场繁荣促进了非同质化通证的发展，NFT 为数字产品创造者提供可信的数字权益凭证，数字资产供给方推出多样化 NFT 项目拓宽数字资产交易范围。在数据资产方面，从各企业建立生产经营信息的数字孤岛，到政府牵头建立连通生产与生活的数据一体化系统，政府智能化数据服务提供公共基础设施，降低信息使用者重复收集成本，保障数据生产要素的普惠与共享。

二、支付向安全化发展

作为数字资产重要组成部分的数字货币，其价值内核逐步稳固，数字货币向新的客群与产品边界不断探索。在发展早期数字货币面临较为严重的安全问题，交易所数字货币被盗、智能合约漏洞导致高额损失。随着技术进步，数字货币在底层安全技术上不断更新升级，主流的数字货币保管方式，包括离线安全的冷钱包和在线便捷的热钱包，一般都会加入多重签名和多方计算提高资产的安全性，需要多个钱包和多台计算机共同参与才能完成交易。此外，市场优胜劣汰也在筛选更为安全的数字货币。各种数字货币安全概念的产生与验证反映在市场上形成跌宕起伏的价格波动，底层技术不完备、概念不合理、使用度不高的数字货币均会被市场淘汰，留下的数字货币也必须在行业整体高速发展趋势下保持动态更新提高安全性。为缓解数字货币价格波动性、提升数字货币可信度，数字货币市场推出了具有价格锚定的稳定币，通过与现实资产如美元绑定、用特定算法根据市场需求调节稳定币供给或在底层资产中组合其他数字资产稳定价格，为数字资产与现实世界的交易提供可靠交易媒介，降低数字货币的投机性。除私人发行的数字货币外，各国央行也在研究推行基于区块链基础的央行数字货币，如中国人民银行推出的数字人民币。央行数字货币与现实货币价值等价且具有国家层面的信用保证，解决了私人数字货币的信用缺陷，能够充分替代现金交易，极大提高交易效率和交易安全性。

三、生态向金融化发展

数字资产的发展推动数字金融服务的快速发展，颠覆传统的金融服务业态，不断突破传统金融服务体系中的成本约束、效率约束和安全约束。数字资产的发展为去中心化金融提供了基本框架：可修改但不可操纵的智能合约提供个性化、大众化及低成本的金融服务；由于不需要传统金融中介，去中心化金融在降低交易成本的同时也降低操作风险，并有利于打破金融服务时空限制。区块链技术也为数字资产自身的金融化提供了便利。数字资产自身可作为抵押物进行融资，数字资产衍生产品的发展为规避数字资产价格波动风险提供了有效手段。底层技术应用提高了数字资产的风险管理水平：智能合约对抵押物的锁定严格按照合同约定，大数据有助于发现交易方风险偏好及偿债能力，云计算风控为数字资产提供全流程监管、提前预判风险。从服务质量来看，传统金融优质服务供不应求，金融机构为提高经营效率采用会员制营销，对核心重要客户提供优质产品与服务且承诺高投资收益，不同客户群体之间存在明显信息壁垒与差异化金融产品，资本增值速度高过劳动收益增速放大贫富差距。数字金融去中心化特点为所有金融消费者提供一视同仁的金融服务，降低不同客群间的信息不对称程度，提高金融普惠程度，缓解贫富分化问题。

四、属性向多元化发展

从纯粹的信息载体到成为体验感载体，数字资产的文化娱乐等用途促进消费范式转化。数字资产越发重视消费者需求，在发展中提供多样化产品拓宽受众范围，让消费者为数字资产的体验感买单。在实体经济方面，数字文创与实体经济的融合重视文化创新与营销价值，提高权益附加产品的趣味性、可玩性及数字内涵，通过绑定 NFT 提高现实商品销量。在数字市场方面，数字藏品的唯一性限制了具有价值的数字资产供应量，活跃的知识产权衍生品、元宇宙数字资产刺激消费者文化认同需要成为市场追逐的对象，将虚拟藏品的文化、娱乐属性发挥到最大。数字资产的发展还做出环保方面的尝试，例如推出可再生金融（Refi）扭转数字资产资源浪费的传统印象，将自然资产绑定至区块链中，通过绿色的提名权益证明机制推动可持续发展①。各类数字资产组合而成的元宇宙加深了数字资产之间的联系，形成统一的可交互、可组合整体，实物产品乃至服务与数字产品相结合的模式正在改变传统消费范式。

五、系统向规范化发展

政府监管部门、行业协会多方协作强化监管，降低数字资产的系统性风险。数字资产

① 提名权益证明机制（NPos）是数字资产波卡的共识机制，摒弃了质押量和工作量证明机制解决加剧分化、资源浪费的问题，通过设定提名者和验证者同时保证安全性与公平性，验证者节点平均分配激励提名者选择质押少的验证者，不必通过电力资源的“军备竞赛”获得奖励。

的发展在推动数字金融发展的同时，也在不断衍生出新的金融风险。数字资产没有实物形态更易逃脱监管，匿名性、不可逆性与去中心化特质容易放大风险，也容易成为洗钱和恐怖主义交易工具，监管缺失导致的野蛮生长也带来不可忽视的市场风险。国际社会和各国政府在深入研究数字资产风险特质的基础上不断完善数字资产监管政策，加快布局数字资产监管框架，力求保证个人资产安全、国家安全。数字资产监管要求包括建立国家级数字资产交易所确保流通的安全稳定，颁布数据财产政策保证数字资产权利不容侵犯，绑定个人数字 ID 严防数字犯罪及逃税，规范金融机构数字资产持有降低金融风险，要求数字资产服务提供商履行监管职责防范风险，保护个人数据隐私与网络安全打击违法行为等，推动数字资产健康发展。

第三节　数字资产的监管

数字资产作为一种新技术产品在安全性与稳定性方面弱于传统资产，同时缺少抵押物等底层价值支撑，具有更高的系统性风险。一方面，数字资产依托于网络与程序存在，具有高匿名性与波动性，同时又缺失中心化管理机构及完备监管框架，可能导致市场操纵风险、安全风险、网络风险、非法交易风险与管理风险等，与金融市场、产品市场的交叉融合又提升了金融系统的不稳定性。数字资产市场在发展初期具有高度脆弱性，即便是市场中的大型机构也难以做到全面完备的风险管理，曾为全球第二大数字资产衍生品交易所的 FTX 公司就因管理不当宣布破产，高市值高使用率的数字货币 UST 与 LUNA 崩盘也给数字资产市场带来极大震荡。

另一方面，与机构的强关联性是数字资产风险的一大来源。一是市场需求受发布机构的影响较大，数字资产价值目前主要取决于效用价值而非使用价值和劳动价值，市场需求中投机需求占主要部分，发布机构的管理风险会反映至其发布的数字资产上，不完备市场产生新的风险。二是中心化机构与数字资产去中心化本质背道而驰。去中心化金融（Defi）产品的创始团队通常拥有大量治理代币可以左右市场交易，中央交易所与稳定币的集中化设计导致中心化协议相关风险，加密市场去中心化程度不完全。资本逐利性要求产品规模、集中度与杠杆增加，但又无法完全对冲相应的信用风险及市场风险，产生的系统性风险需要投资者承担。例如数字交易所和加密数字贷款商等中心化金融（Cefi）机构爆雷对市场产生巨大冲击，为应对风险抛售数字资产的行为又导致价格下跌，将风险传导至市场的方方面面。

数字资产不仅在资产形态与资产活动中具有更高风险，其传播范围与速度的高效也易产生破坏力更强的潜在系统性风险，各大机构对数字资产的监管重点围绕加密资产展开。数字资产特征与现有分部门、分辖区的监管框架不匹配，在各国与各机构间尚未建立一个完备通用的监管机制，在监管机构之间执行力度也深浅不一，立法与执法中面临如何平衡数字资产合规与发展的问题。下文我们将分析重要国际机构与国家对数字资产的监管态度与政策。

一、二十国集团金融稳定委员会对数字资产的态度与监管

二十国集团（G20）于2016年开始关注数字经济发展，在中国杭州峰会上首次提出数字经济发展的合作倡议，从信息流动、基础设施建设与在线交易三方面共同合作建设，为后续的数字资产监管建立基础框架。作为权威且涵盖面广的国际组织，G20对数字经济的标准与监管是其他国际组织行动的引领，决定数字资产发展的大方向。G20具体文件多由金融稳定委员会发布，对数字资产的研究丰富且全面，重点集中在金融稳定与系统性风险领域，相关的监管文件多具有整体性、建议性，较少公布具体的监管政策，为各国在政策制定上提供充分自主性。G20努力建设自由公平、开放透明的市场，促进数据要素自由安全流动，推动数字化新技术在社会各方面的应用，缩减弱势群体数字鸿沟①。在支持数字资产发展的基调上，G20致力于制定整体、完善的评估标准系统，建立监督监管框架解决数字资产金融系统漏洞，形成统筹化、一体化视角监管。20国集团对数字资产的监管主要有以下三个方面。

（一）对不同类型的数字资产及相应风险的研讨

金融稳定委员会（FSB）对不同类型数字资产的研究包括加密资产、稳定币、去中心化金融（Defi）等，重点在于这些新型数字资产的潜在风险及市场影响。

2018年FSB注意到迅速变化的加密资产市场，研究了加密资产对金融稳定性的影响渠道，第一重风险是加密资产自身的市场风险、流动性风险与运营风险，对数字资产的投资及使用是另一重风险的来源，可能导致信心与声誉风险、风险敞口风险、结算风险与财富效应风险，提出注册许可制度、范围限制、监督试点、自律监管、投资者警告等监督方式②。随着稳定币增长潜力与应用规模增加，FSB注意到稳定币储备资产与赎回设计中与金融体系的关联可能产生系统性风险，认为对其监管需要涵盖稳定币各组成部分③。

除稳定币外，FSB对加密资产的关注还涉及加密货币、Defi与加密资产交易平台，其中无担保的加密货币价格波动性可能通过金融机构参与、财富效应、信心效应与支付应用对金融市场有溢出风险；Defi的分散治理、匿名参与可能影响被用于违法行为，集中的交

---

① Group of 20, "G20 Osaka Leaders' Declaration," 2019, http://www.mof.gov.cn/en/Cooperation/mulid/202011/P020201104579673307486.pdf.

② Financial Stability Board, "Crypto-asset markets: Potential channels for future financial stability implications," *Basel: Financial Stability Board* (2018).

③ Financial Stability Board, "Regulatory issues of stablecoins," 2019, https://www.fsb.org/wp-content/uploads/P181019.pdf.

易平台具有较高技术与营运方面的集中风险，极端情况下会影响到金融稳定性①。Defi 数据分散且缺乏透明度与一致性是监管问题的一大挑战，难以建立全面有效指标，衡量 Defi 的规模演变、财务脆弱性及与实体经济的联系②。

（二）开发应对数字资产风险的监管框架

FSB 制定数字资产监管的国际标准，统筹国际组织监管安排。FSB 建立加密资产的金融稳定监测框架，评估市场风险对金融稳定的传输渠道与指标，其他机构对加密资产在公开发行、分布式账本技术、银行风险敞口等方面进行监管③。2022 年，FSB 发布关于加密资产的国际监管声明，强调在国内与国际两层面采用“相同活动、相同风险、相同监管”的原则对加密资产施加相应监管，根据新技术可能带来的新风险调整监管框架缩小现有监管应用差距，要求加密资产服务提供商遵守当地监管要求，共同解决加密资产潜在的金融稳定重大风险④。

2020 年 G20 对全球稳定币提出 10 条高级别建议，并在后期不断修订跟进，这些建议可以总结为以下三方面。在管理当局方面，应当具备必要的资源与权力，在监管中持续跟踪各类风险并制定相应政策，获取充分信息缩小政策差距，在权力范围内对全球稳定货币（GSC）进行全面有效监管。各监管机构合作治理建立全面系统的监管网络，兼顾各部门管辖与利益做好跨境协调与信息共享。在稳定币总体方面，GSC 应符合辖区内所有监管要求并获得相应资质，做好尽职调查、风险评估、流动性管理、应急准备、披露等工作。信息公开披露应符合规范披露模板，保证投资者在投资决策中能够获取透明、及时、足够的信息。建立稳健数据存储访问机制保护数据隐私与完整，保证当局对相关数据监管及时且全面。此外，赎回权是稳定币创新的核心，GSC 应做好稳定机制、储备资产流动性管理并明确赎回权，确保稳定币不存在流动性风险，避免挤兑风险破坏金融市场稳定性。制定 GSC 恢复和处置的相应规定，有序解决进入退出中的风险。在 GSC 服务提供商方面，托管钱包提供商与交易平台潜在运营漏洞，监管当局应在职能基础上对加密货币发行至流转中的各服务机构制定全流程法规与标准。GSC 营运结构复杂分散，监管标准应明确、全面有法可依，落实到具体的参与者，必要时在去中心化营运中实施人为干预⑤。

2022 年，FSB 提出加密资产的九条建议，当局应利用足够资源开展加密资产全面监

---

① Financial Stability Board, “Assessment of risks to financial stability from crypto - assets,” 2021.

② Financial Stability Board, “The Financial Stability Risks of Decentralised Finance,” 2023, https://www.fsb.org/wp - content/uploads/P160223.pdf.

③ Financial Stability Board, “Crypto - assets: report to the G20 on the work of the FSB and standardsetting bodies,” *Basel, Switzerland: Financial Stability Board* (2018).

④ Financial Stability Board, “FSB issues statement on the international regulation and supervision of crypto - asset activities,” 2022, https://www.fsb.org/wp - content/uploads/R110722.pdf.

⑤ Financial Stability Board, “Review of the FSB High - level Recommendations of the Regulation, Supervision and Oversight of “Global Stablecoin” Arrangements, consultative report,” 2022.

管，可采取一定措施要求发行人、服务提供商满足管辖区的所有监管要求，制定完备的全面治理框架、风险管理框架与数据收集报告框架，充分披露相关信息和风险。监管秉承合作监管、全面监管理念，充分解决金融关联生态产生的稳定性风险①。

（三）呼吁全球监管的一致性和全面性

依托于 G20 的国际影响力与领导力，FSB 在国际市场上统筹各国际组织对数字资产的监管，加强外联和问责制防止监管套利。G20 从安全诚信市场建设到金融系统关联各有侧重，但加密资产市场的高速发展可能产生监管漏洞，各当局监管体系的不同也会导致政策差异与监管套利②。G20 对数字资产方面的研究与监管在各国际组织基础之上，包括巴塞尔银行监管委员会在银行对数字资产风险敞口和营运风险方面的监管，反洗钱金融行动特别工作组（FATF）对数字资产洗钱与恐怖主义非法应用的监管，国际证券委员会组织在稳定币与交易平台对证券市场方面的监管。稳定币可能受多个分散化的监管机构管辖，各当局应当在建立全面监管框架的同时做好跨部门、跨国境合作与信息共享，协调管辖形成全面监管③。

二、FATF 对数字资产的态度与监管

基于 The San Jose Principles 指导原则，反洗钱金融行动特别工作组 FATF 注重反洗钱（AML）和反恐怖融资领域（CFT）的数字资产监管，鼓励降低风险的数字资产创新，并为各国实行相应政策提供帮助。圣何塞原则的两个重点为创新与反洗钱和恐怖融资，鼓励公共部门与私营部门共同参与积极创新，形成一视同仁、与时俱进的监管体系，达到打击恐怖主义及洗钱的目标。FATF 的建议不具有强制执行力，仅通过研究为监管当局提供借鉴。

（一）帮助有关机构履行监管义务

FATF 重视数字资产监管机构与虚拟资产服务提供商的监管能力，为相关机构警示数字资产应用中的潜在风险，并提供预防措施和指导帮助。早在 2014 年，FATF 就发布虚拟货币报告界定不同虚拟货币的类型、相关概念，认为虚拟货币具有匿名性、分散性并在全球广泛分布，更易被用于洗钱与恐怖主义加大监管难度与成本④。

---

① Financial Stability Board，"Regulation，Supervision and Oversight of Crypto – Asset Activities and Markets" 2022，https：//www.fsb.org/wp – content/uploads/R110722.pdf.

② Financial Stability Board，"Crypto – assets：work underway，regulatory approaches and potential gaps，" *Financial Stability Board Report*（2019）.

③ Financial Stability Board，"Addressing the Regulatory，Supervisory and Oversight Challenges Raised by 'Global Stablecoin' Arrangements，" *Consultative Document*（2020）.

④ Financial Action Task Force on Money Laundering， "Virtual currencies：key definitions and potential AML/CFT，" *Risks：FATF Report*（2014）.

FATF 认为虚拟货币兑换商、交易所等服务提供商属于监管范围，监管当局可采用基于风险的方法（RBA）进行风险识别、评估与应对潜在的洗钱与非法融资风险，积极创新监管技术，与其他监管机构合作协调、互助监管。获得监管许可或注册的虚拟货币服务提供商应评估风险投资活动风险，做好客户尽职调查、交易监控、可疑活动记录报告，充分监管虚拟货币与法定货币之间的兑换①。FATF 定义虚拟资产服务提供商为提供虚拟资产兑换、转让、保管托管及金融服务的任何自然人与法人，要求这类机构积极采取预防措施减轻恐怖融资及洗钱风险，采用基于风险的方法仔细审查交易活动，验证和更新客户身份信息、完成全面尽职调查。特别注意涉及增值税服务且来源国家有资助恐怖组织、犯罪情况严重、受国际组织制裁等高风险情况的交易，必要时应建立黑名单钱包地址并及时报告可疑交易。当服务机构帮助客户进行虚拟资产交易时应当遵守旅行规则，即收集、存储与提交发起人收益人信息，冻结可疑交易及禁止与指定对手方交易等相关要求②。

在风险警示方面，FATF 还通过研究 100 多个案例浓缩出数字交易中的具体危险信号指标，六类指标包括交易规模频率异常，用户不寻常交易模式，匿名性地刻意利用或提高，交易双方在创建账户、客户尽职调查过程中的异常行为，资金来源异常或不明以及交易与高风险管辖区有联系。FATF 给出每类指标对应的多项详细情况，如果在交易中检测到多个危险信号指标且无法进行合理解释，那么该交易潜在犯罪活动的可能性较高，相关机构应当进行进一步跟踪调查与监测③。

（二）数据隐私保护

在反洗钱与反恐怖融资的过程中重视个人数据隐私和保护法律，建立安全高效的信息共享系统。违法分子选择转移违法所得的方式分散，有效利用私营部门数据要素将便利执法过程、提高执法效率，如何建立私营部门数据共享机制是 FATF 研究的重点之一。2021 年 FATF 高级别会议讨论了如何进一步建立数据共享机制，实现信息交互但不外露的隐私增强技术，建立标准化、高质量的数据共享框架。FATF 认为数据共享不仅可由政府实施，在政府指定数据合作规范的条件下行业也可以建立数据合作，共享的数据包括尽职调查、交易信息、客户风险、危险指标信息与客户在代理银行的最新信息。调查显示发展存在部分限制尚未解决，在数据获取方面，隐私保护与保密规则限制信息获取，数据质量不高；在数据分析方面，人工智能分析存在偏差和可理解性低，机构可能过度依赖防御性报告导致机构增加合规成本，或利用相关数据定性客户导致歧视；在数据保存方面，存在数据丢失的安全风险；在数据市场方面，数据共享成本高难度大，市场缺乏明确监管要求，激烈

---

① Financial Action Task Force, "Guidance for a risk – based approach to virtual currencies," 2015.

② Financial Action Task Force, "Updated Guidance for a Risk – Based Approach to Virtual Assets and Virtual Asset Service Providers," 2021, https: //www. fatf – gafi. org/publications/fatfrecommendations/documents/guidance – rba – virtual – assets – 2021. html.

③ Financial Action Task Force, "Virtual assets red flag indicators of money laundering and terrorist financing," 2020.

的竞争可能导致机构选择性共享信息。此外，调查还发现建立数据共享机制有赖于技术发展、与当局监管部门的咨询合作、明确的监管框架及立法，高成本监管沙盒也会起到较好的测试作用①。FATF 认为数据隐私保护与共享在不同地区是不一而足的，应当根据地区法律与监管特点本土化，建议监管当局通过更新法律、与私营部门合作建立信息共享平台、实施监管沙盒试点等发挥积极作用，并保证与反洗钱、恐怖融资等监管机构之间定期交流；建议私营部门内部在底层设计中考虑数据保护，积极使用隐私增强技术并确定数据保护程度衡量指标与数据标准化形式，外部与数据保护机构持续合作②。

（三）促进监管创新

数字资产新兴技术在创新监管方面的应用是 FATF 研究的重点之一，提高反洗钱和反恐怖融资效率。可靠的身份识别系统依赖于开源、共识驱动的技术框架，将有效降低洗钱与恐怖融资风险，FATF 发布数字身份（ID）指南帮助金融机构验证与识别用户信息，建议政府当局建立框架与技术标准助力监管实体开发基于风险的管理方法，并通过指导或法规建立数字身份证系统；建议受监管实体在充分了解数字 ID 的基础上，利用数字 ID 对客户进行风险适配的尽职调查，配合监管机构获取数据和报告可疑交易；建议数字 ID 提供商充分了解相关法律法规要求，为监管机构提供数字 ID 相关信息，并获得政府或相关机构认证以提高系统的保证水平③。

技术创新在带来监管新内容的同时为监管提供高效响应的技术手段，监管科技（Regtech）与监管创新（Suptech）共同发展将助力反洗钱、反恐怖融资完备监管。监管科技 Regtech 是金融科技中更高效的监管技术，在风险识别、数据收集分析、动态监管、流程优化与身份验证方面均存在显著优势，降低人工审核处理的低效性，如人工智能、数据池、机器学习等新技术在监管方面的发展，为监管提供更多手段与工具。监管创新 Suptech 为监管机构在监管领域使用创新技术，监管部门使用 Regtech 有利于扩大监督范围、发现关联风险、实现实时监控、提高沟通效率④。

FATF 建议当局为新技术创造发展环境以促进 AML 及 CFT 效率，例如为负责任创新提供良好环境、数据隐私保护、提高金融包容性、技术中立且基于结果与风险的监管、知情

---

① Financial Action Task Force, “Stocktake on Data Pooling, Collaborative Analytics and Data Protection,” 2021, https: //www. fatf - gafi. org/en/publications/digitaltransformation/documents/data - pooling - collaborative - analytics - data - protection. html.

② Financial Action Task Force, “Partnering in the Fight Against Financial Crime: Data Protection, Technology and Private Sector Information Sharing,” 2022, https: //www. fatf - gafi. org/content/fatf - gafi/en/publications/Digitaltransformation/Partnering - in - the - fight - against - financial - crime. html.

③ Financial Action Task Force, “Guidance on Digital ID,” 2020, https: //www. fatf - gafi. org/en/publications/Financialinclusionandnpoissues/Digital - identity - guidance. html.

④ Financial Action Task Force, “Opportunities and Challenges of New Technologies for AML/CFT,” 2021, https: //www. fatf - gafi. org/en/publications/Digitaltransformation/Opportunities - challenges - new - technologies - for - aml - cft. html.

监督、监管机构协调合作。FATF 出具两阶段报告，分别为运营机构数字化转型与监管机构数字化战略提供 AML 与 CTF 建议。对运营机构而言，重点是金融情报的分析力与可疑活动的发现力，数字化转型将提升数据处理的体量、速度与类型，在进行数字化转型前应当考虑转型目标、差距及入手点，建立支持数字化技术的环境，在数字化转型中应根据反馈及时调整转型计划，向相关者学习经验并在团队内部互相配合①。对监管机构而言，在实施数字化举措之前需要在总体层面、法律伦理层面、监管技术层面、风险评估层面与信息交换层面考虑战略问题②。

三、七国集团对数字资产的态度与监管

七国集团（G7）汇集的发达工业国家在各大国际组织中具有强势话语权，G7 在经济、平权、环保等领域的探讨一定程度上是世界政治的风向标。七国集团力求积极推进数字技术增长发展，致力于通过成员国合作与基础设施建设，构建一个可靠的价值驱动型数字生态系统，充分获取数字资产发展带来的经济增长与好处，具体监管政策可以被归纳为以下三类。

（一）稳定币系统性风险与监管框架的适应性问题

七国集团对数字资产的关注最早源于 2019 年，数字货币向稳定币的演化为去中心化货币体系巩固底层价值，一方面促进稳定币发挥交易媒介、支付手段及价值储存职能，另一方面为脱离监管的资金提供流动性与匿名性，可能导致金融不稳定、货币传导机制改变等问题，放大系统性风险引起监管注意。G7 认为必须对稳定币采用高要求监管标准并制定健全法律基础，形成整体监管框架系统性管理稳定币生态，防止监管套利问题。一是稳定币互不相同的技术与合同为监管带来额外复杂性，监管政策必须兼顾不同稳定币的监管安排、明确监管实体法律地位并提供确定性监管框架，明确跨境监管合作及监管要求如何施加至去中心化系统。二是要求网络、市场与支付系统的稳健性，监管在保持技术中立的基础上保证支付系统安全高效并减轻网络和其他营运风险，确保市场定价公平透明，在发行人方面管理好阻断储备资产与操纵市场发布不实信息的道德风险。三是要求运营商做好数据隐私保护及消费者保护，为投资者提供充分风险信息，稳定币发行商以高标准解决各类风险。四是限制稳定币在逃税、洗钱、恐怖主义等非法行为方面的应用③。

① Financial Action Task Force, "Digital Transformation of AML/CFT for Operational Agencies," 2021, https: //www.fatf - gafi. org/content/fatf - gafi/en/publications/Digitaltransformation/Digital - transformation - aml - cft. html.

② Financial Action Task Force, "AML/CFT Digital Strategy for Law Enforcement Authorities," 2022, https: //www.fatf - gafi. org/content/fatf - gafi/en/publications/Digitaltransformation/Digital - transformation - law - enforcement. html.

③ The Group of Seven, "Ministerial Declaration G7 Digital and Technology Ministers' meeting," 2019, https: //www.banque - france. fr/en/economics/international - relations/international - groups - g20g7/focus - g7 - work - stablecoins.

（二）民主合作完善数字生态系统

多方发力共建可持续发展市场条件，共享数字发展成果。2021 年 G7 会议在法国召开，商定开放、包容、自由与值得信赖的数字贸易原则，七国集团讨论如何在保证各方权利的前提下合作竞争，从基础设施建设与效率角度合作共建数字生态。在基础设施方面，要建立合适的技术标准支持全球通信技术的基础设施，完善数字经济供应链，做好数据与知识产权的保护及国际合作共享，兼顾互联网安全和各方利益保护。在效率方面，G7 强调市场环境应支持竞争创新，推动企业采用电子可转让记录合作框架降本增效。G7 对数字经济的措施将增加成员国在数字经济中的获利，合作有利于获取数字经济市场中的重要资源，共同建设数字技术标准具有公共产品性质及溢出效应，基础设施领域的建设将提高上游行业供应链地位，建立电子可转让记录框架有利于监控国际贸易与融资[①]。

（三）促进数据共享的流动与监管

七国集团重视数据要素市场建设，在 G20 研究的基础上，于 2021 年与 2022 年会议中不断重申数据流动的重要性，可见数据要素是经济与金融、生产与消费领域中不可替代的重要资源，在企业内提高全要素生产率，在市场内助力供需平衡与匹配。2021 年，七国集团根据数据本地化、监管合作、政府访问数据标准、优先领域数据共享四个方向制定进一步计划[②]；2022 年重点从数字经济发展到数字化转型，工作重点进一步落实到数据要素市场的建设与监管，建立 G20 中提出的“可信的数据自由流动”，在监管与标准合同条款等方面共同发力[③]。

四、BIS 对数字资产的态度与监管

国际清算银行（BIS）为监管当局提供防范加密货币风险的不同路径，根据控制强度分为三个类别。为实现权益保护与金融稳定目标，监管当局可以采取禁止、遏制和监管三种行动，在监管中根据实际情况进行选择，也可针对不同加密货币选择不同行动，组合使用降低加密资产风险。一是禁止行动，即禁止特定的加密活动，对加密活动的限制程度最高。这项措施的优点是在实施有效的情况下完全隔绝了加密活动的潜在风险，缺点是容易错过加密市场的创新机遇，且在实施不佳的情况下投资者可能通过资金转移等其他手段规避政策监管。二是遏制行动，限制加密资产范围，不得涉及传统金融领域，隔离实体经

---

① The Group of Seven, “Ministerial Declaration G7 Digital and Technology Ministers'meeting,” 2021, https://www.gov.uk/government/publications/g7-digital-and-technology-ministerial-declaration.

② The Group of Seven, “G7 Trade Ministers' Digital Trade Principles,” 2021, https://www.gov.uk/government/news/g7-trade-ministers-digital-trade-principles.

③ The Group of Seven, “G7 Action Plan for Promoting Data Free Flow with Trust,” 2022, https://bmdv.bund.de/SharedDocs/DE/Anlage/K/g7-praesidentschaft-final-declaration-annex-1.pdf?__blob=publicationFile.

济。该行动主要通过限制资金进出、杜绝加密资产提供传统金融服务等措施，保证加密市场风险不会跨市场传播，造成严重的系统性金融风险。遏制行动可能无法切断所有加密活动渠道，即使切断了风险传播路径，加密市场的规模增长仍会带来投资者权益保护与市场规范化的各类问题。三是监管行动，对加密资产采用类似于传统金融监管的原则与方式。采用监管行动有利于一致性监管与加密资产创新，但要求监管当局建立系统的法律框架、具备确定监管实体的执法能力，找到合适的监管工具，对监管当局管理能力与市场基础水平提出更高要求。此外，监管当局还可以引入零售快速支付系统、发行央行数字货币，建设安全、包容、高效的货币体系[①]。

巴塞尔委员会是 BIS 下设的监督机构之一，对数字资产的监管集中于银行风险资本控制。巴塞尔委员会根据数字资产的风险特征进行分类，第一组是满足分类条件的代币化传统资产和具有稳定机制的加密资产，对标准更高的 1a 组数字资产按现有巴塞尔框架确定信用风险加权资产（RWA），对 1b 组加密资产要求银行根据相关要求单独确定信用风险加权资产。对于不满足分类条件的第二组高风险数字资产实行更保守的资本监管要求，根据套期保值程度分为有限程度套期保值的 2a 组加密资产和无套期保值的 2b 组加密资产，要求 2a 组加密资产采用 100% 的净头寸资本要求，2b 组加密资产根据总多头/空头头寸中较大者采用 1250% 的风险权重。具体来看，该组加密资产的风险敞口占银行一级资本的比例应当低于 1%，超出 1% 且低于 2% 的部分采用 2b 组加密资产资本要求，若超过 2% 则对所有第二组资产实施 2b 组加密资产资本要求[①]。

五、国际货币基金组织对数字资产的态度与监管

国际货币基金组织发布加密资产有效政策框架，指导各国建立一致、全面、协调的监管框架，以应对加密资产发展带来的风险。该政策框架共包含九个因素，从宏观金融风险、与全球合作治理三个方面进行监管。

第一个维度与宏观金融风险相关，对国家而言是稳定的基础监管方向。要素一是维护国家货币主权与地位，通过建立完善可信的货币政策框架、使用稳健的宏观经济政策，保证货币价值维持在稳定水平，同时限制数字货币成为官方认可的货币，减少货币替代的激励。要素二与资本流动相关，政府应当防止国内资本通过数字资产过度外流，可以通过红旗指标、监测系统等手段弥补数据不足的监管风险[②]。要素三要求政府当局做好政府收入方面的风险管理，监测和识别加密资产产生的风险，制定加密资产税收规范，管理财政风险敞口、提高财政透明度。这三大要素集中在监管当局对宏观金融变量的控制权上，降低

① Matteo Aquilina, Jon Frost, Andreas Schrimpf, "Addressing the risks in crypto: laying out the options," 2023, https://www.bis.org/publ/bisbull66.pdf.

② He, Dong, et al., "Capital Flow Management Measures in the Digital Age: Challenges of Crypto Assets.," *FinTech Notes* (2022).

加密资产对国内经济调控框架的影响。

第二个维度集中研究了数字资产的监督框架的法律基础，包括一致性的全面法规与异质性的特别规定。要素四是通过确立法律降低加密资产的法律风险，包括改动私法、金融法、税法框架。要素五是对所有加密资产参与者制定全面监管框架，包括加密资产服务提供商的资质管理、风险隔离、披露要求、范围限制等规定，金融机构的加密资产风险敞口与审慎要求，监管当局对第三方运营故障、网络风险的管理与应对等等。要素六是建立联合监测框架，不同机构从不同角度理解与管辖加密资产，联合监管有助于数据共享、互补分析，提高数字资产的监测能力。这三个要素从加密资产、市场参与者和监管机构三方面集中阐述了数字资产监管的法律框架。

第三个维度阐述了如何对加密资产进行全球合作治理，通过协作促进跨境支付效率提高。要素七号召各国加强国际协作，对加密资产协调一致监管防止监管套利，并为辖区内虚拟资产服务提供商的管辖、不同辖区监管机构的协作制定相应法律依据。要素八是维护国际货币体系的稳定性，持续监测加密资产对货币体系的影响。要素九是促进国际合作，共建高效的数字基础设施，解决跨境支付、跨境金融低效率的问题。这三个要素研究如何通过国际合作提高资本跨境流动效率，在底层基础设施方面建立加密资产监管体系、维持稳定的货币体系，并通过创新合作提高跨境支付与跨境金融效率[①]。

六、美国对数字资产的态度与监管

美国在数字资产的监管中重视投资者保护与风险防范的底线，力求规范化引领数字资产发展。数字资产发展将带来新一波技术革命与产业发展，以资本主义为核心的美国经济体重视系统效率和安全性，因此在数字资产创新与风险防范的权衡中，采取积极而非谨慎的应对态度，对数字资产发展风险的研究全面且具体，力争在可接受风险水平下保住数字霸权地位，维持美国在科技方面的主导权。由于数字资产生命周期与运用场景复杂，美国原有监管框架在应用中必须采用多主体联合监管方式，分散多级的管理机构具有较高的协调成本和较低的监管效率，虽然监管机构数量众多，但仍可能出现监管漏洞。

（一）国家整体层面的监管

美国在整体监管层面通过立法确定数字资产监管框架，以保护投资者、防范风险、确保美国领导地位为主要任务，并部署各部门工作安排、促进合作监管。2021 年总统金融市场工作组对国会提出建议，要求稳定币发行人为有保险的存款机构并接受适当监督监管，限制其与商业实体进行从属关系活动，并对稳定币托管钱包提供商做出相应监管。

2022 年 3 月，白宫颁布《关于确保数字资产负责任发展的行政命令》，确定总体目标为风险管控、领导创新及普惠发展。为实现保护消费者、预防系统性风险、减轻非法金融风险及国家安全风险管控目标，各监管机构要做好跨部门协调，采取措施保护消费者、投资者和企业，积极行动解决数字资产发展可能带来的金融风险，阻断数字资产被用于非法融资的风险；为实现数字资产领域领导创新地位、促进数字资产技术进步的目标，美国规范发展环境支持数字资产创新，积极参与、领导国际论坛进行跨境合作与协调监管，重视其他央行数字货币对美元中心国际金融体系的替代作用研究；为充分发挥数字资产普惠性、提供负担得起的金融服务，美国政府大力推动央行数字货币研发与研究，积极参与国际央行数字货币对话及试点，并要求各监管机构支持 CBDC 系统的引入，提供更高效便捷的支付服务①。

在国会行政令的基础上，美国白宫发布的数字资产负责任开发综合框架做出进一步安排，鼓励各机构解决数字资产市场可能产生的风险，打击数字资产相关的非法及欺诈行为，推广 FedNow 等即时支付系统；财政部加强信息收集分析能力，提高对新风险的识别与分析，为科技创新型公司提供指导帮助；科技政策办公室推动数字资产底层技术类的基础研究；国务院等机构加强与各国际组织及国家的合作，为发展中国家提供技术援助；总统可能建议国会修改银行保密法等法律，为数字资产服务提供商明确监管法律法规②。

（二）分部门层面的监管

美国大部分数字资产受美国证券交易委员会（SEC）管控，属于证券类型的数字资产必须遵守联邦证券框架。Howey test 是确定数字资产是否属于证券的重要测试，其定义的投资合同包含四个特征，一是标的为普通企业，二是金钱的投资，三是预期会产生合理利润，四是该利润来源于他人的努力。SEC 在 2017 年确定去中心化通证（DAO Token）为证券就使用了该测试框架③，并于 2019 年发布指导文件帮助数字资产发行者依据 Howey test 在细节上确定数字资产是否属于证券④。SEC 监管对证券类数字资产相关机构的监管涉及发行至流通全过程，对发行销售来说，要求数字资产发行人遵守《联邦证券法》与《证券交易法》，做好注册与风险披露工作；对投资来说，要求投资数字资产的投资公司遵守《投资公司法》，并在推销数字资产相关产品的过程中遵守《投资顾问法》；对于交易流通来说，符合交易所定义的实体必须注册为国家证券交易所或按规定作为替代交易系统

---

① The White House, "Executive Order on Ensuring Responsible Development of Digital Assets," 2022, https://www.whitehouse.gov/briefing-room/presidential-actions/2022/03/09/executive-order-on-ensuring-responsible-development-of-digital-assets/.

② The White House, "Fact Sheet: White House Releases First-Ever Comprehensive Framework for Responsible Development of Digital Assets," 2022, https://www.whitehouse.gov/briefing-room/statements-releases/2022/09/16/fact-sheet-white-house-releases-first-ever-comprehensive-framework-for-responsible-development-of-digital-assets/.

③ U. S. Securities and Exchange Commission, "Report of Investigation Pursuant to Section 21 (a) of the Securities Exchange Act of 1934: The DAO," 2017, https://www.sec.gov/litigation/investreport/34-81207.pdf.

④ U. S. Securities and Exchange Commission, "Framework for "Investment Contract" Analysis of Digital Assets," 2019, https://www.sec.gov/corpfin/framework-investment-contract-analysis-digital-assets.

运营，数字资产经销商也应当在委员会注册并遵守相应监管要求[①]。

商品期货交易委员会CFTC的监管权来源于《商品交易法》，监管重点在于确保合同结算价格可靠。该机构的监管重点是打击市场操纵、不公平与欺骗销售等欺诈行为，在投资者保护教育方面，CFTC为投资者提供了较为丰富的数字资产相关材料，包括虚拟货币、比特币、数字资产等的入门介绍、危险信号、风险欺诈等[②]。在监管范围方面，CFTC将其分为本地治理机制、社区标准与实践、法律协议与政府监管四部分，其中CFTC主要监管衍生品类的、可被定义为商品的数字资产，由于"商品"的定义可以包括所有的产品、服务、权利及利益，故CFTC可以监管大部分数字资产衍生品，虚拟货币衍生品在发行前必须通过自我认证获得委员会审批或认证。在监管措施方面，要求虚拟货币衍生品的交易平台与交易所应当与规范的现货市场合作并签订信息共享，强化包括现货市场价格波动在内的市场监控，降低大型交易汇报门槛为5个及以下比特币，并对CFTC工作人员提供交易数据与审查便利[③]。工作人员还会对已上市的数字资产衍生品进行审查，包括现金结算与实物结算的数字衍生品的交易质量与降低欺诈风险措施[④]。

根据《银行保密法》，美国金融犯罪执法局FinCEN将虚拟货币视为货币进行监管，重点在反洗钱和反恐怖融资领域的监管。FinCEN可对虚拟货币交易汇款人在内的各类汇款人进行监管，银行保密法定义汇款人为从事提供汇款服务业务或资金转移业务的任何人，并在管辖范围内排除了受SEC与CFTC管辖的监管实体，避免重复监管导致的资源浪费[⑤]。2019年金融犯罪执法网络（FinCEN）发布解释性指南指导受监管的机构与个人是否适用相关规定，若虚拟货币交易业务归属于FinCEN管辖则需要在FinCEN注册，实施包含合理设计、具有日常稳定监管人员的反洗钱计划，按要求保存与报告数据，转账指令超过3000美元则可能需要根据《资金差旅费规则》对汇款人提出某些要求[⑥]。

除了对数字资产类型的相应监管外，美国国家税务局还将数字资产视为财产进行纳税管理，并由美国国务院网络空间与数字政策局CDP维护互联网安全自由，促进数字技术和政策发展。各州政府在政府总体监管的前提下，各自采取不同政策进行双重监管、差异

---

① U. S. Securities and Exchange Commission, "Statement on Digital Asset Securities Issuance and Trading," 2018, https://www.sec.gov/news/public－statement/digital－asset－securites－issuuance－and－trading.

② 详见CFTC官网数字资产部分，https://www.cftc.gov/digitalassets/index.htm。

③ Commodity Futures Trading Commission, "The CFTC's Role in Monitoring Virtual Currencies," 2020, https://www.cftc.gov/media/4636/VirtualCurrencyMonitoringReportFY2020/download.

④ Commodity Futures Trading Commission, "Advisory with respect to Virtual Currency Derivative Product Listings," 2018, https://www.cftc.gov/sites/default/files/idc/groups/public/%40lrlettergeneral/documents/letter/2018－05/18－14_0.pdf.

⑤ Commodity Futures Trading Commission, FinCEN, SEC, "Leaders of CFTC, FinCEN, and SEC Issue Joint Statement on Activities Involving Digital Assets," 2019, https://www.cftc.gov/PressRoom/SpeechesTestimony/cftcfincensecjointstatement101119#_ftn14.

⑥ Financial crimes enforcement network, "Application of FinCEN's Regulations to Certain Business Models Involving Convertible Virtual Currencies," 2019, https://www.fincen.gov/sites/default/files/2019－05/FinCEN%20Guidance%20CVC%20FINAL%20508.pdf.

化监管，相应政策对当地情况的适配性更高，多样化监管有助于数字资产发展。

七、中国对数字资产的政策

中国以寻求长治久安的儒家思想为指导，对数字资产的监管以稳中求进为基调，对私人数字货币严防死守，杜绝投机风险带来金融不稳定、社会不安定的可能；对央行数字货币大力推行，力求在货币数字化领域领先国际获得更高货币国际地位；对数字资产交易平台稳步推行，从根源上建立规范化、集中化的国家管控数字生态。相比美国以数字资产为引擎带动经济增长的方针，我国发力侧重点在于利用数字资产优势助推实体经济发展，重点是完善数字资产的流通交易，建立完备的数据要素市场为企业数字化转型提供帮助。

（一）防范数字资产相关交易风险

我国在数字资产交易方面采取较为保守的策略，对数字资产发行、持有与交易中的相关风险严加防范。我国早在 2013 年即注意到数字货币炒作带来的风险与危机，出台一系列政策提示投资者注意数字资产首次公开发行（ICO）与交易中潜在的巨大风险，要求金融与支付机构不得投资比特币等高风险数字资产。监管机构严厉打击数字资产 ICO 的行为具有一贯性，政策随着数字资产发展不断更新，从比特币到其他数字代币再到 NFT 均有所涉及。私人数字货币由于价格波动性高，可能被用于洗钱、逃税、恐怖融资等违法领域，一直是我国防范的重点，其发行融资在我国被认为是非法融资手段，禁止任何人或机构参与①。虽然允许 NFT 持有与交易，但仍不得以虚拟货币计价交易，并且不得包含金融化证券化性质②。我国禁止虚拟货币交易一方面降低了数字资产市场与金融市场、产品市场的风险联动性，但另一方面政府监管难以禁止所有相关交易，在纳税方面规定的缺失可能导致数字资产监管套利问题。

（二）培育完备的数据要素与数字资产市场

培育数据要素市场与改善数字资产环境是数字资产参与实体经济的重要基础设施。一方面是加强数据要素市场建设，实现“国家大数据战略”。我国“十三五”规划纲要与“十四五”规划纲要均强调数据资源的重要性，建立完备数据要素市场是“数据强国”创新驱动的必要因素。疫情加快我国企业数字化转型的步伐，2020 年我国陆续发布多项政策支持信息技术、数据共享、数字化平台等数据要素相关基础设施发展，帮助企业数字化转型。在企业层面，为中小企业数字化提供良好的发展环境，支持企业通过数字化方式提升

① 参见《关于防范代币发行融资风险的公告》《关于防范比特币风险的通知》《关于防范虚拟货币交易炒作风险的公告》《关于完善反洗钱、反恐怖融资、反逃税监管体制机制的意见》等。

② 参见《关于防范 NFT 相关金融风险的倡议》。

智能制造水平[①]，并推动国有企业数字化转型基础建设及创新，加快技术发展发挥榜样作用[②]。在国家层面，通过政策指导、区域试点、财政资金支持等为数据要素市场的发展建立总体发展框架，减少政府对要素的直接配置，加强政府监管及交易规范制定[③]。

另一方面是为数字资产的二级流通提供渠道，建立产业合规交易标准，促进数字资产可持续发展。通过建立国家级数字资产交易平台，规范我国数字资产交易流通，保证数字资产权属清晰、具备流动性，良好的底层基础设施促进国民参与数字资产相关研究交易，提高我国在数字资产领域的先进性。国家级数字平台下设合规监管委员会，解决私人二级市场不稳定、不规范脱离监管的问题；数字资产创新委员会在科技创新领域发力，保证我国数字资产的创新水平与国际接轨；元宇宙产业场景委员开发数字资产在其他产业领域的应用潜能，实现数字与实体在各方面的深入融合，提高全产业数字化研究应用。

（三）大力推行央行数字人民币

央行数字货币与多边数字货币桥是我国在数字资产领域的重大项目，目前正处于稳步推行阶段。我国在央行数字货币方面的研究从时间与进程两方面均位于世界前列，早在2014年央行就成立团队全面研究央行数字货币发行的可能性，推动法定数字货币标准研制，目前已在国内大规模试点。数字人民币是我国法定货币的一种形式，采用原有货币的双层运营系统通过商业银行等机构1:1地兑换发行至公众手中，保证原有货币发行机制稳定运行。央行数字货币具有多重好处，在支付上支持离线与点对点支付，大幅提高交易的便利性；在监管上精度提升范围拓宽，有助于央行高效把握货币供给与监管交易行为；在安全上数字货币的追溯性及挂失功能保障持有人权益，要求不同操作等级不同信息强度；在受众上降低金融服务门槛，为没有中国银行账户的群众带来便利。数字人民币不仅在国内应用前景广阔，在跨境市场上也有极大发展潜力。目前我国正在香港进行数字人民币的跨境支付测试，为内地与香港人民提供便捷支付手段，提高双方在彼此地域交易的支付效率与便利性。我国基于数字人民币参与的多边数字货币桥项目将加强人民币与其他货币的连通性与流动性，有助于解决跨境货币支付成本高、便利性低的世界难题，不同管辖区之间点对点交易不仅能够摆脱对SWIFT机构的依赖，还将提升跨境支付效率降低合规监管成本，有利于中国与其他国家在货币互换领域合作提升人民币国际地位。

---

① 参见《中小企业数字化赋能专项行动方案》。
② 参见《关于加快推进国有企业数字化转型工作的通知》。
③ 参见《数字中国建设整体布局规划》。

第四篇　数字治理

第十二章
中国数字经济发展与监管策应

数字经济规范健康持续发展离不开科学规范、公正有效的监管，在监管模式上，我国经历了由“宽松监管”到“包容审慎”监管再到强化专项监管，随后步入常态化监管的过程。在2019年8月国务院办公厅发布《关于促进平台经济规范健康发展的指导意见》前，我国对数字经济特别是数字平台经济的监管总基调是宽松监管，随后《关于促进平台经济规范健康发展的指导意见》对“包容审慎”监管提出了较为系统的阐释。

然而，随着国内外对数字经济监管态势的调整，中共中央在2020年底明确提出“强化反垄断与防止资本无序扩张”专项工作，并于2021年取得了阶段性整改成果，与此同时也引发了平台经济领域监管“失准、失度、失衡”的风险，于是在2022年4月29日中央政治局会议上，明确提出“要促进平台经济健康发展，完成平台经济专项整改，实施常态化监管，出台支持平台经济规范健康发展的具体措施”，标志着我国对数字经济运行的监管态度由强化专项监管开始转入常态化监管。特别是在2023年全国两会政府工作报告中首次提出“大力发展数字经济，提升常态化监管水平，支持平台经济发展”，届时，我国数字经济发展正式步入常态化监管阶段。

第一节　数字经济高速增长与包容审慎监管

习近平总书记在党的十九大报告中指出，要“推动互联网、大数据、人工智能和实体经济的深度融合”①，引起了社会各界的广泛关注。数字经济已经从初期的基于数据运算和互联网技术开展的经济活动，逐渐扩展为数字时代的商业模式，进而演化成为一种生产生活方式，快速有效且深刻透彻地嵌入当下每一个社会个体或团体的思维和行动之中，逐渐形塑为数字时代人类社会的交互范式。

---

① 习近平：《决胜全面建成小康社会　夺取新时代中国特色社会主义伟大胜利——在中国共产党第十九次全国代表大会上的报告》，人民出版社，2017，第31页。

自2015年“互联网+”行动计划实施以来，随着移动互联网、大数据、云计算等技术的深化应用，数字经济发展迅猛，数字经济的深度和广度已触及民众生活的方方面面，其在提升经济社会发展动能和能效的同时，也引发了诸多基于新技术、新模式、新业态、新产业发展而不断涌现的经济规制与社会治理问题，为现有的基于传统工业时代的法治体系与实践系统带来了诸多挑战，也引发了一系列对数字经济安全运营与合规竞争的思考。

其间，我国对数字经济特别是对其中平台经济的监管从起初的“宽松”监管甚或“放任”不管，及时发现数字经济高速增长中引发的风险和危害，调整监管态度和模式，建立包容审慎监管，一方面为数字经济的创新发展预留了充足的空间，另一方面为数字经济的发展框定了法治红线，避免有关主体假借创新发展的名义，破坏自由公平竞争、扰乱市场秩序、危害经济安全。

一、“包容审慎”监管内涵

我国在2015—2019年这一阶段对数字经济的监管历经了由“宽松”监管到“包容审慎”监管的转向，特别是在《关于促进平台经济规范健康发展的指导意见》中对“包容审慎”监管提出了较为系统全面阐释。确切讲，在2019年明确提出“包容审慎”监管前，我国对数字经济特别是数字平台经济的监管总基调是宽松监管，为服务数字经济牵引和支撑下的双创经济提供了宽松的发展环境，同时也为数字经济野蛮生长引发的各类风险和危害暗埋了隐患。

宽松监管下数字经济高速增长引发了一些问题和风险，譬如，数据隐私安全、金融交易安全、市场垄断风险等。为此，在《关于促进平台经济规范健康发展的指导意见》中明确指出“对看得准、已经形成较好发展势头的，分类量身定制适当的监管模式，避免用老办法管理新业态；对一时看不准的，设置一定的‘观察期’，防止一上来就管死；对潜在风险大、可能造成严重不良后果的，严格监管；对非法经营的，坚决依法予以取缔”，标志着在国家顶层设计层面，对数字经济的态度从宽松监管步入包容审慎监管。

《关于促进平台经济规范健康发展的指导意见》对“包容审慎”监管内涵的阐释主要包括四个方面：

第一个方面是对于新业态监管方面。《关于促进平台经济规范健康发展的指导意见》指出，本着鼓励创新的原则，分领域制定监管规则和标准，在严守安全底线的前提下为新业态发展留足空间。

第二个方面是平台责任界定方面。《关于促进平台经济规范健康发展的指导意见》要求科学合理界定平台责任。明确平台在经营者信息核验、产品和服务质量、平台（含APP）索权、消费者权益保护、网络安全、数据安全、劳动者权益保护等方面的相应责任，强化政府部门监督执法职责，不得将本该由政府承担的监管责任转嫁给平台。尊重消费者选择权，确保跨平台互联互通和互操作。允许平台在合规经营前提下探索不同经营模式，明确平台与平台内经营者的责任，加快研究出台平台尽职免责的具体办法。鼓励平台通过购买保险产品分散风险，更好地保障各方权益。

第三个方面是公平竞争市场秩序方面。《关于促进平台经济规范健康发展的指导意见》要求，制定出台网络交易监督管理有关规定，依法查处互联网领域滥用市场支配地位限制交易、不正当竞争等违法行为，严禁平台单边签订排他性服务提供合同，保障平台经济相关市场主体公平参与市场竞争。维护市场价格秩序，针对互联网领域价格违法行为的特点制定监管措施，规范平台和平台内经营者价格标示、价格促销等行为，引导企业合法合规经营。

第四个方面是加强监管技术方面。《关于促进平台经济规范健康发展的指导意见》要求，一是要建立健全协同监管机制。考虑到新业态具有跨行业、跨市场经营的特点，应当加强监管主体在“中央与地方”“部门与部门”“区域与区域”之间的协作；二是要以科学技术为监管赋能，积极推进“互联网＋监管”。

平台经济是数字经济的重要组成部分，故总体来看，对于数字经济的“包容审慎”监管是指：为鼓励数字经济领域各类市场主体创新，为各类企业，特别是初创型中小企业提供更加宽容的营商环境与法治环境。需要注意的是，“包容”不等于“放任”，“审慎”是为了更好地“管住”。在触及法治底线和监管红线的问题上必须严格依法监管。

具体而言，“包容审慎”监管强调对数字经济催生的新业态、新产业与新模式进行科学监管和精确监管，达到效率与安全的动态平衡①。监管部门对于经营规范、模式健康的领域，应避免采用不合时宜的监管办法，而是应及时转换监管理念，指引数字经济创新驱动发展；若对该领域的经营模式缺乏了解，对其发展前景难以做出定论，则需预留出一定发展的空间，避免不当干预扼杀相关主体创新发展的积极性；而对于存在违规经营的领域，应当及时制止，避免对国家利益、公共利益、个人利益造成进一步的侵犯。

二、“包容审慎”监管特点

从初期数字经济发展的趋态判断，其进一步增长的动力和潜力，一方面源于与传统经济的深入融合，科学合法地加强大数据信息技术对传统经济活动的改造与升级；另一方面在于对市场自由公平竞争秩序的维护，包括对现有优质数字经济经营者竞争行为的合规指引和对互联网市场领域公平竞争的合规审查。因此，政府部门监管应当兼顾“包容”与“审慎”，在做好合法监管的同时，简政放权，为数字经济创新发展提供充足的空间。

（一）“包容审慎”监管需要监管部门简政放权

中国市场经济发展进程的一个历史特点就是如果离开了中央政府的宏观调控和中观指

① 刘权：《数字经济视域下包容审慎监管的法治逻辑》，《法学研究》2022 年第 4 期。

导特别是关键时刻在核心领域的具体决定性行为，中国不可能在短时间内取得举世瞩目的经济发展成就①。同时，也应清醒客观地认识到市场在经济改革进程中的关键作用。数字经济的建设与发展作为深化经济体制改革，“使市场在资源配置中起决定性作用和更好发挥政府作用”的一种尝试、一种选择、一种路径，其实质是要突破现有市场资源配置和竞争机制的藩篱，建立符合市场经济规律的多元化、多层级相结合的现代市场经济服务体系。

客观地讲，数字经济的出现既是对现行市场经济体制运行中面临的诸多困境之回应和克服，如市场资源配给不合理、市场交易信息不对称、市场有效服务不足、市场交易成本高等，亦是对现行经济运行体制下长期形成的利益分配机制和固有利益团体的冲击，这种冲击势必会衍射到对现有市场规制模式的改革。在数字经济发展的初期，只有深化简政放权来活化市场要素的配给，吸引并促进各类生产要素积极合法进入数字经济运行之中，才能切实提升数字经济领域的开放度、透明度以及竞争度，培育面向国际市场的优质竞争资源，增强在国际市场上的竞争能力。

（二）“包容审慎”监管应优先关注数字经济的市场第一性

数字经济市场性主要表现为将互联网的强大数据信息功能与传统实体经济的资源和需求有机结合起来，实现资源供需的有效配给，以满足双边或多边经营者或（和）消费者的需求。数字经济扩展了传统经济活动的时空范围，优化了要素配置，降低了交易成本，增加了交易机会，活跃了市场功能，释放了市场动力，实现了以平台为中心的跨界融合。在创造经济增量奇迹的同时，也正在或已经触及了现行市场规制的红线。如何应对这类新经济活动对现行规制体制带来的挑战和风险，是亟待回应的实践难题。

自党的十八届三中全会以来，中央及各级政府一直在大力推进规制改革，肯定和支持市场在资源配置中的决定性作用，对各类新经济活动抱持了开放激励的态度，自贸区的设立，负面清单模式的施行和推广，强调事中事后监管等，都积极为各类新经济活动的开展提供了合法依据和制度支持。由是观之，对数字经济的运行，监管主体要秉持“依法方可规制”的“负面清单”模式，只要是与数字经济运行市场性有关的监管都应于法有据，否则皆不可为。只有真正做到对数字经济经营者“法无禁止皆可为”，才能充分释放自由公平竞争的市场秩序动能，依法依规做到“活市场”，引导数字经济创新驱动发展。

具体而言，监管部门对数字经济领域经营者创新性的具体经营活动要放松管制，适当降低市场准入标准，允许市场充分竞争，减少政府审批环节，加快审批流程等。为此，可以考虑尊重数字经济运行的特点，使用大数据技术与负面清单模式相结合的规制方法，设计出数字经济健康发展的标准化指数，划定数字经济运行中风险控制的“红、黄、绿”阈

① 吴敬琏、江平：《市场经济和法治经济——经济学家与法学家的对话》，《中国政法大学学报》2010 年第 6 期。

值，将指数波动对应到相应的风险控制阈值，以此为据科学合理地调整对数字经济市场规制的强弱与频次。

（三）“包容审慎”监管需加强对违反公平竞争行为的有效监管

实践中由于数字经济具有显著的网络效应、规模效应、冒尖效应等，容易导致“赢者通吃”的局面，经营者特别是头部经营者在市场逐利性的驱使下，在实现其正当盈利需求的过程中，极易出现对竞争对手的排他性和限制性打击、对交易相对方附加不公平交易条件等不公平、不正当竞争行为及不公正交易行为。故此，相关监管部门除对经营者的经营行为加以合规引导外，还需对其在市场竞争中排除、限制竞争的行为应科学有效规制，尤其是经营者为了吸引用户数量、在市场上恶性甚至是毁灭性竞争，从而对商品或服务的生产者或提供者、经销商以及消费者实施不公平甚至是压迫性的交易行为，以强化其市场地位，对该类行为必须加以严格规制，采取零容忍的态度。

在新发展格局下，虽然在数字经济高速增长过程中某些创新举措可能会带来一系列的问题，但是监管部门不能再以“限购、限产、限流动”的紧缩性调控政策来进行简单的“一刀切”式的强监管，需积极转变“全能政府”的观念，转变政府职能和工作方法，运用法治思维和法治方法，正确处理市场与政府的关系，使“市场在资源配置中起决定性作用”和“更好发挥政府作用”。在法治框架下，划定政府权力边界，以权力清单明确政府能做什么，“法无授权不可为”；以责任清单明确政府该怎么履行市场监管的职能，“法定职责必须为”；以投资项目负面清单明确对企业和投资者的约束，“法无禁止即可为”；建立财政专项资金管理清单，深化政务公开，打造服务企业的全天候、多层次、立体式高效网络平台。

综上，对于数字经济的发展，监管部门放宽的是与其市场性有关的经济管制，对其涉及专业性、安全性、伦理性及合法性等具有公共性和社会性的领域必须加强管制，真正做到“有进亦有禁”，确保数字经济行驶在健康有序的轨道上。

三、数字经济发展对“包容审慎”监管的挑战

得益于对数字经济的“包容审慎”监管，中国数字经济在2019年与2020年延续蓬勃发展的态势：2019年，我国数字经济规模达到35.8万亿元，占GDP比重达到36.2%，同比提升1.4个百分点，该年我国数字经济名义增长15.6%，高于同期GDP名义增速约7.85个百分点[①]；2020年，数字经济规模由2005年的2.6万亿元扩张到39.2万亿元，同时数字经济保持9.7%的高位增长，远高于同期GDP名义增速约6.7个百分点，占GDP比

① 中国信息通信研究院：《中国数字经济发展白皮书（2020年）》，http：//www.caict.ac.cn/kxyj/qwfb/bps/202007/t20200702_285535.htm，访问日期：2023年4月17日。

重由 14.2% 提升至 38.6%，2020 年占比同比提升 2.4 个百分点[①]。

我国数字经济是在“互联网 +”行动和全面深化改革的共同推动下得以快速发展的，政府主导或者引导下的市场化改革构成了数字经济快速发展的主要动因之一。在我国，数字经济发展领域主要的平台企业已经具有市场优势地位，甚或是垄断支配地位，如何确保其在正常市场化发展进程中，不滥用其支配地位，做到合规竞争、有轨发展是摆在我们面前的现实任务。正如前述，我国数字经济的发展并非单纯的市场化之事，也承载了很强的社会性和公共性职能。其中具有优势地位的经营者不仅具有强大的经济实力，也逐渐拥有了较高的社会公信力，所涉及的领域越来越广，已经延伸至国计民生产业和领域，譬如，食品、教育、医疗、公共交通等。可以预见，数字经济的进一步扩展必将会对立基于工业经济特征的分行业、分领域的模块化、结构化、科学化的监管模式带来重大挑战。

（一）数据要素治理失效

数据要素是数字经济发展的核心引擎，数据已经成为与劳动、资本、土地、知识等并驾齐驱的重要生产要素之一。实现数据互联互通，对数据垄断和不正当竞争行为进行监管，维护公平竞争的市场秩序，能够充分发挥数据要素在经济活动中的价值与活力。但是数据蕴含的内容可能涉及人身财产安全与国家安全，在数据流通交易中，一旦重要、敏感的数据泄露，将会造成不可挽回的损害，因此数据要素的治理需要兼顾数据利用与保护。

基于此，我国有关部门对数据治理愈加重视，不断加强对数据要素的治理。譬如，自 2021 年 7 月以来，工业和信息化部鉴于互联网产业发展需要以及相关法律法规，开展互联网行业专项整治行动，督促互联网平台企业从“屏蔽封锁”走向“互联互通”；同年 11 月，国家网信办发布《网络数据安全管理条例（征求意见稿）》，保护个人信息，维护数据安全。虽然数据治理配套制度在不断完善中，但在实践中仍存在治理失效的困境。

1. 困境一：数据安全面临挑战

当前数字经济领域面临的数据安全挑战主要体现在两个方面：

其一，数据泄露威胁用户人身财产安全。借助于大数据、云计算、人工智能、物联网、互联网等技术，人类实现了生产生活、消费社交、购物出行、医疗教育、工作娱乐等社会关系的数据化，使得人们的一切皆可被记录，网上浏览的内容、时间、地点、购物记录、收藏信息、浏览偏好、运动量、健康状况甚至有关情绪、精神压力起伏的信息都可以被转换成数据存储下来，再经由数据的传输、处理、交换、共享使得广大用户逐渐成为数据化的存在，从数据的生产消费者，俨然成为数据本身，人类社会正在高速迈进数据时代。实现数据采集、使用、流动的扩围和速率增进，客观上有利于挖掘和释放数据的动态价值，但同时也增加了数据开发利用的风险。在实践中用户数据被泄露和滥用的事件时有

---

① 中国信息通信研究院：《中国数字经济发展白皮书（2021 年）》，http：//www.caict.ac.cn/kxyj/qwfb/bps/202104/t20210423_374626.htm，访问日期：2023 年 4 月 17 日。

发生，侵扰了用户的日常生活，甚至侵害其人身财产安全，用户可能因担忧信息安全而降低数据共享的意愿，最终影响数字经济的持续发展。

其二，数据跨境流动威胁国家安全。数据要素是最具流动性的基础性资源，数据流动性越高，流动范围越广，数据可资挖掘的价值越大。经济全球化背景下，数据跨境流动成为数字经济时代最重要的特征，也是全球经济增长的新引擎。相关研究显示，2009—2018年十年间，全球数据跨境流动对全球经济增长的贡献度高达10.1%。数据流动往往伴随着数据企业的业务扩张与海外市场的合规监管，以抖音旗下TikTok海外扩张为例，自2020年始，其已频繁遭到海外国家和地区相关机构就数据安全主题提出的挑战或管制①。

当前，数据量级及掌控能力成为一国或地区国际竞争力的重要组成部分，国际竞争的焦点也从对劳动力、资本、土地、知识、技术、管理等生产要素资源的争夺转向对包含数据要素在内的全要素资源的争夺。无论是企业还是国家对数据的收集、存储、分析、共享能力远超以往，一国或地区可能会通过掌握其他国家或企业数据的方式，实现对竞争对手国家或地区的经济甚至是政治影响。因此，数据跨境流动不仅关系到各国或地区的经济利益，而且可能关系到其主权安全。确保数据控制权与跨境流动安全，不仅关乎个人数据安全、产业经济安全，更关系到国家总体安全②。

2. 困境二：数据垄断与不正当竞争行为频发

在数据垄断方面。数据不仅是推动数字经济发展和产业转型升级的重要动力，同时也可能为垄断提供新的介质和方法。企业通过海量的多样化数据分析，特别是将大数据技术与人工智能算法相结合能够有效把握市场的动态运行规律，更精准有效地施行各项竞争行为。可将“数据垄断”看作基于数据实施的垄断行为，在数据流动中出现积极或消极的限制、排除竞争的违法行为。依照我国现行《反垄断法》框架可将数据垄断大致分为基于与数据相关的垄断协议、滥用市场支配地位和经营者集中三种主要行为。

相较于传统的垄断协议表现形式，借助数据达成的垄断协议具有其独特性。一是行为更具隐蔽性。垄断协议的核心要件之一是经营者之间存在明示或暗示的意思联络，而数据、算法、平台规则等的运用可以帮助经营者在无须联络的情况下迅速、高频地交换价格等竞争性敏感信息，并共同做出使彼此都能获益的经营决策，联合消除竞争。同时，借助数据的反馈机制，经营者可以及时监督共谋者履约情况，联合限制、排除偏离协议的其他经营者，从而增加了执法机构发现及调查取证的难度。二是经营者更易于达成轴辐协议。在数字经济场景下，平台经营者更易于借助数据、算法等技术，承担市场组织者的角色，组织双边或多边群体进行交互和匹配，对价格机制、交易机制、竞争规则等进行设置和干预，达成以平台经营者为轴心、平台内经营者为辐条的轴辐协议③。

---

① 陈兵：《保障数据安全，筑牢数字经济发展底线》，《第一财经日报》2021年4月14日第A11版。

② 陈兵、胡珍：《数字经济下统筹数据安全与发展的法治路径》，《长白学刊》2021年第5期。

③ 陈兵：《破除数据型垄断 推进平台互联互通》，《反垄断与反不正当竞争》2021年第12期。

滥用市场支配地位也可借由数据实现。为巩固、维持或扩大现有市场地位，实现效益最大化，排除、限制现实或潜在的竞争对手，已取得相关市场支配地位的企业会利用数据实施各种滥用行为，其中既包括剥削性滥用，譬如基于消费数据分析的价格歧视，通过不公正协议条件获取用户隐私，为减少成本支出而降低产品和服务的质量，也包括排斥性滥用，譬如“二选一”、封锁屏蔽行为等，扭曲甚或破坏正常的市场竞争秩序，损害消费者、用户的合法权益，抑制中小企业公平参与创新的能力，最终减损社会创新发展的整体福利。

现行经营者集中审查基准通常以经营者在相关市场上的市场份额或营业额为主要指标，作为一种事前审查机制，经营者集中审查主要是为了预防通过集中的方式扩大和增强经营者在相关市场上的力量，以达到防止不当抑制竞争效果出现的目的。故，可被观察的市场结构和力量的改变成为经营者集中审查机制主要考察的现象①。大型互联网企业为了获得市场竞争优势，通过大型并购活动集中数据资源，消除竞争对手，不断强化技术优势与市场地位，甚至会发起“扼杀式并购”，导致行业垄断的出现②，经营者集中审查制度在数字经济及领域面临困境，亟须回应。

在数据不正当竞争行为方面。数据爬取能够通过网络爬虫等相关技术手段，以较低成本、较快速度从其他网页、网站等空间大规模复制目标对象数据，为企业收集和处理数据提供了巨大便利。然而，这种方式在满足企业对数据质量、数量和流通速度的要求，客观上实现数据流通与共享的同时，也引发了一系列的法律问题，其中既涉及民法领域的隐私保护、财产保护，也关涉竞争法领域的不正当竞争纠纷，还涉及刑事法领域的非法获取计算机系统数据行为等，涉及侵犯多个法益，易引发法律适用的竞合，是一类十分复杂且形态灵活隐蔽的数据行为，在新浪诉脉脉不正当竞争案、大众点评诉百度不正当竞争案、“车来了”APP 网络爬虫技术刑事案等中均有体现。如何规范数据爬取行为，在促进数据竞争发展的同时，兼顾数据的安全保护，已成为理论界和实务界讨论的热点与难点③。

近年来，平台强制“二选一”和“封禁”等行为之所以引起热议，除引发经营者之间的商业竞争外，还在于广大互联网用户会遭受切身的不便体验。更有评论指出互联网巨头为了最大限度地维护自己的商业利益，不顾互联网世界互联互通的基本原则，构建自己的围墙，只顾自己利益而选择性地阻断和屏蔽正常的信息流通和网络链接，将海量的用户、流量和内容当作自己的私有财产，封闭起来，禁锢起来，排斥竞争，拒绝服务，放弃开放，走向自我封闭。这些损害的不但是广大用户和消费者正常的基本权益，而且极大破坏了互联网的便利性和使用价值，扰乱正常的市场秩序，恶化良性的竞争环境，将会危及

① 陈兵：《如何看待“数据垄断”》，《第一财经日报》2020 年 7 月 28 日第 A11 版。

② 陶银球、张恺依：《数字经济背景下经营者集中审查制度的困境及完善》，《产业经济评论》2023 年第 1 期。

③ 陈兵：《保护与竞争：治理数据爬取行为的竞争法功能实现》，《政法论坛》2021 年第 6 期。

整个互联网生态的健康发展。

值得注意的是，上述平台领域引发广泛关注的“封禁”行为本质上可以解读为拒绝为第三方经营者导流，但是，是否能够以违背互联互通为理由，将“封禁”行为定义为本身违法、杜绝平台领域的闭环经营模式，是值得商榷的[①]。“封禁”行为在实践中不可简单地依据其行为外观，就认定其构成反垄断法上的拒绝交易或差别对待，或者是反不正当竞争法上的恶意不兼容，还需要结合具体场景，通过对法律文本适用的规范分析进行个案评价。

（二）算法要素治理失位

算法是实现设计程序或完成任务的路径方法，随着大数据与人工智能时代的到来，算法的力量极度膨胀，在提升推送、分析精准度，提高决策效率和自动化程度，推动信息通信技术与计算科学技术融合创新和广泛应用的同时，也对现行的经济社会治理模式和方法提出了新的挑战。

1. 挑战一：算法治理存在盲区

算法以数据为基础，经由机器深度自主学习，对数据进行深度挖掘，精准绘制用户画像，提高算法的精准度和可操作性，其从供给和需求两个层面促进市场竞争的同时，亦可能产生抑制竞争、损害消费者利益的风险和危害。譬如，从供给侧来看，算法可以提高市场透明度，优化产业结构，激励经营者创新发展，为消费者提供更优的服务，达到社会资源配置的效能化与智慧化，实现市场要素和要素市场的完美结合。从需求侧来看，算法可以强化用户力量，帮助消费者理性选择，降低交易成本。

然而，由于算法具有不透明性，在数据的输入和输出间形成一片“灰色地带”，算法以深度学习的形式呈现给我们的是无比精确的结果，最终带来的是经营者和消费者间的信息不对称，其被称为“算法黑箱”。算法透明不等于算法可知，在它们之间至少存在着四道障碍：披露对象的技术能力、算法的复杂化、机器学习和干扰性披露[②]。无论是算法共谋还是算法歧视，在深度学习中都难以辨识，结果是算法通过不断优化学习对人类越来越熟悉，而人类本身对它却毫不了解，导致人类对自身利益在何时何地被侵犯也毫不知情，完全处在被算法所支配的状态，时刻处在一种被算法所计算的风险和危害之中[③]。

2. 挑战二：算法合谋影响巨大

算法的引入，方便了经营者达成合谋与维持合谋。算力的大幅提升和运算数据的海量供给，提升了经营者之间的交互频次，使得经营者能便捷地监控竞争对手的价格，通过自动化决策及时更新自身的价格水平，甚至经营者间无须做出任何表示行为即可达成合谋。

---

① 陈兵、赵青：《反垄断法下互联网平台“封禁”行为适法性分析》，《兰州学刊》2021 年第 8 期。

② 沈伟伟：《算法透明原则的迷思——算法规制理论的批判》，《环球法律评论》2019 年第 6 期。

③ 陈兵：《法治经济下规制算法运行面临的挑战与响应》，《学术论坛》2020 年第 1 期。

算法也能够监测与合谋协议之间的偏差，识别偏离合谋的经营者行为，并加以打击报复以维持合谋稳定，这在很大程度上影响了用户的合法权益和公平的竞争秩序。

一方面是平台借由数据和算法的“合谋”提高对用户合法权益侵害的风险，抑制用户做出合理选择的能力，使用户对于平台企业越来越依赖，越来越弱势；另一方面是平台经由对大量用户的锁定，不断强化对其所在市场和领域的控制力量，放大“赢者通吃”效应，使在位平台企业的网络效应、规模经济、锁定效应、掌握和处理相关数据的能力等不断强化，其算法训练和自学习能力不断提升，对数据获取和挖掘的效率越来越高，促使平台力量越来越强大，且此类力量的增进不局限于市场领域，已在不知不觉中渗透至社会生产生活的方方面面。

一面是用户力量越来越弱，一面是平台力量越来越强，在这样一种数字经济生态环境下，任何忽视甚或无视均衡协调发展数字经济的思维和方式，都是不可持续甚至是危险的。当用户端的力量不断萎缩，直至从主体演化为客体，失去主动性、自觉性、创造性之时，平台抑或商家亦失去了持续创新的动力和压力，整个消费与生产系统也就失去了升级创新的能力，最终导致整个产业链条的萎缩与滞胀①。

（三）新业态治理失序

数字经济的发展创造了大量新型行业、岗位，创造出许多新型社会关系与法律关系，在为经济发展注入活力的同时，也对经济的监管带来了巨大挑战。数字经济领域中的新业态往往处于监管盲区，传统监管手段发挥作用程度有限，以互联网医疗、互联网金融、灵活用工以及电子商务等典型行业为例。

1. 互联网医疗行业

互联网医疗是互联网作为载体和技术手段在医疗行业的新应用，是线上线下互动的医疗服务，呈现为互联网技术和信息技术与传统医疗健康服务深度融合的新型业态。作为数字经济发展的热门领域之一，互联网医疗在近几年取得了飞速发展，成为推动医疗服务体系创新的新兴力量。

然而，在现阶段医患关系紧张的背景下，线上诊疗更可能触发各种潜在风险。而且，互联网运营早期的巨大投资，以及“赢者通吃”的行业竞争规律，都会导致互联网医疗平台企业的高风险和由此可能带来的行业欺诈行为，市场上鱼龙混杂，极易出现“劣币驱逐良币”的现象。

在线下医疗中，《执业医师法》《医师外出会诊管理暂行规定》等法律法规以及系列政策补充性文件，保证了医疗活动中主客体清楚以及权责基本清晰，而随着互联网这一介质的进驻，主客体关系和权责关系均发生转变，执业地点的界定、“亲自诊疗”行为的判

---

① 陈兵：《警惕数据与算法的“合谋”，支持平台经济健康发展》，《第一财经日报》2021 年 5 月 19 日第 A11 版。

定、远程医生的责任承担、电子处方的合法要素等问题浮出水面。互联网跨越了线上与线下的界限，把实体医疗与网络服务相连接，其“融”在于人们对于有限资源的无限需求和网络放大资源的能量相一致；而其“合”则在目标一致的基础上，将线上与线下具体操作层面无数衍生出的诸如概念定位、主体责任、法规监管、医疗风险、数据安全等方面真正做到“合”[①]。

2. 互联网金融行业

资本于互联网数字经济早期发展起到了积极的推动作用，但是，随着资本不断集中于头部平台企业，涉及民生、金融、新闻等关键领域的相关市场不断封闭且强化，资本的逐利性致使低水平竞争蔓延开来，严重抑制了数字经济早期发展中显现的创新精神和本应具有的创新能力。不利于数字经济规范持续健康发展，更不利于我国优势的互联网平台企业出海竞争，打造世界一流企业。

需要清醒地认识到，我国互联网平台企业的发展与资本行为之间有着密不可分的历史关联和现实观照，平台企业尤其是那些已经具有核心竞争优势的平台企业，为了不断巩固其市场优势地位，追求更大的市场盈利空间和经济效果，会凭借资本大量收购中小企业，使互联网经济发展背离其普惠化、去中心化、弱结构化建设的初衷，相关市场陷入趋中心化和强结构化的状态，新进入者生存空间不断被压缩。

长此以往，市场有效竞争渐渐丧失，市场机制不能正常发挥作用，市场资源配置缺乏效率，市场失灵现象频发，且短时间难以自我修复，数字经济的发展终将陷于停滞状态。

3. 灵活用工行业

目前，灵活用工行业存在的问题主要体现在两个方面。一方面，灵活用工服务平台在现行法律体系中的定位不清。随着数字经济和平台经济的快速发展，传统的用工方式发生了新的变革，因应部分企业与劳动者为灵活就业而产生的税务代征、社保代缴需求，灵活用工服务平台应运而生，在提高劳动力配置效率、帮助企业与个人享受税收优惠方面确有助益，但与此同时也引发了不容忽视的风险和问题。问题症结并非在于平台与平台内经营者的身份认定，及其关系的识别，而主要在于用工服务平台能够为平台内经营者及劳动保障部门提供社保税费的便捷化服务。换言之，用工服务平台通过代征代缴税费具备了一定程度上的公共管理职能，同新个体经营者间达成并非完全自愿平等、风险自担的市场化“合作关系”；同社保和税收征管部门间又呈现出有限许可的非市场化“合作关系”。故对于该类平台所提供的网络综合性服务，直接套用平台监管一般规定较为不妥，需要国家有关部门在审慎考量后出台针对性政策法规进行明确。

另一方面，灵活用工对劳动责任“二分法”认定模式造成冲击。我国现行劳动法对用工责任的划分通常基于劳动者和雇主间是否具有“劳动关系”的二分模式：具有劳动关系

① 陈兵：《法治维度下看互联网医疗》，《群言》2017 年第 11 期。

的全日制用工和劳务关系的非全日制用工两种形态。然而，灵活用工的出现对唯“劳动关系”判断标准产生了极大挑战，其灵活性在工作时长、工资标准、合同解除等主要用工责任认定因素上体现明显。

在“二分法”下，一旦发生用工纠纷，平台、实际用工企业与劳务提供者之间的责任划分将异常困难：其一，劳务提供者可能为注册成个体工商户，是风险自担的市场主体而非劳动法适格主体；其二，劳务提供者与实际用工企业之间可能并未签订用工协议，而是与平台签订协议且对格式化的协议约定内容缺乏了解；其三，即便各方签署的用工协议为“合作协议”，但劳务提供者的人身行为受到了平台大数据算法监控，变相受制于用工方的劳动算法管理，实质上丧失了劳动自主权与选择权①。

4. 电子商务行业

近年来，电商平台领域强制“二选一”行为频现。依据行为人的市场地位、实施目的、实施方式与手段等方面的不同，平台“二选一”行为可能同时或分别对平台内经营者、竞争性平台乃至市场竞争秩序造成不利影响，损害公平竞争的市场秩序，其他经营者和消费者合法权益，涉嫌违反《反不正当竞争法》和《反垄断法》。

根据《反不正当竞争法》第十二条第二款第二项的规定，经营者不得通过技术手段，诱导、强迫用户修改、关闭、卸载其他经营者合法提供的互联网产品或者服务。某县市场监督管理局曾依据该条款，认定某知名外卖平台当地代理商以维持市场占有率为目的，采取调整商家配送范围等不当技术手段，强迫该平台内商家关闭或终止在其他竞争性平台经营的行为，违反《反不正当竞争法》第十二条第二款第二项的规定，属于不正当竞争行为②。

平台“二选一”行为还可能构成滥用市场支配地位行为。《平台反垄断指南》第十五条已将平台经济领域经营者凭借垄断地位要求平台内经营者在竞争性平台间进行“二选一”，明确列举为涉嫌滥用市场支配地位限定交易的行为。此外，《平台反垄断指南》还关注到平台实施“二选一”行为的具体方式不同，会带来不同的市场竞争效果，因此，有必要对具体案件进行具体分析，采取不同的规制方式。

强制“二选一”也可能涉嫌滥用相对优势地位。在电商平台经营者未达到市场支配地位的情况下，在特定的市场环境中其仍可能比相对方具有优势地位，从而可以违背交易相对方的经营自主，强制设定交易条件。以外卖平台为例，若消费者存在使用某一平台的消费倾向，那么餐饮经营者为了能够接触到尽可能多的消费者，就会对平台产生依赖性，如果此时平台强制经营者“二选一”，损害其公平交易权，那么就可能存在滥用相对优势地位、妨碍自主经营的可能性③。

---

① 陈兵：《共享经济灵活用工服务平台如何规范定位与责任》，《第一财经日报》2021 年 5 月 27 日第 A11 版。

② 曹继斌：《浙江海盐办结首例利用网络技术手段妨碍竞争案》，http：//www. cmrnn. com. cn/flfg/content/2018－09/27/content_111196. html，访问日期：2023 年 4 月 2 日。

③ 陈兵、云薇笑：《平台“二选一”行为的竞争法规制再探》，《学习与实践》2022 年第 4 期。

第二节　规范与发展数字经济：从包容审慎监管转向强化专项监管

2020 年 12 月召开的中央经济工作会议指出，2021 年要迈好构建新发展格局的第一步，经济工作重心要围绕构建新发展格局来展开，同时确定 2021 年要抓好的八项重点任务之一就是“强化反垄断和防止资本的无序扩张”。随后，2021 年 3 月召开的中央财经委员会第九次会议强调，“坚持发展和规范并重，把握平台经济发展规律，建立健全平台经济治理体系，明确规则，划清底线，加强监管，规范秩序，更好地统筹发展和安全、国内和国际，促进公平竞争，反对垄断，防止资本无序扩张”。

2020—2021 年，强化数字经济领域的各类专项监管成为实现国家治理现代化和经济高质量发展的重要内容和监管基调。完善数字经济领域立法，优化对新业态的监管治理已成为新发展阶段国家治理能力建设和治理水平提升的重要指导和行动方向。我国监管部门以问题为导向，一方面进一步强化构建了以反垄断法规体系作为倡导公平自由竞争的核心法律制度，减少了数字经济领域出现的强制“二选一”“大数据杀熟”“封禁”等行为；另一方面因应发展，加强数字经济等新兴领域立法，强化对数据、算法等要素的治理与监管，适应新发展阶段的要求，贯彻新发展理念，为完善社会主义市场经济法治体系、推动经济高质量发展，保障新发展格局的顺利建成与有效运行担负起时代使命。

一、加强数字经济专项监管是形势所需

首先，数字经济的发展存在数据安全、数据垄断的法律风险。数据是数字经济时代最重要的生产要素，是维持数字经济健康持续发展的底层原料。然而在获取数据的过程中，网络平台企业、社会服务机构等对数据信息的保护意识不强或能力不足，甚至存在非法提供用户数据的情况，这不仅侵犯了用户隐私，也严重威胁到数据安全甚至国家安全。同时，由于互联网行业发展不平衡、不充分，个别大型互联网企业扩张速度快、资本力量强、用户规模大，极易获得市场优势地位，垄断现象频现。特别是在民生领域，利用资本优势排挤竞争对手等垄断行为、不正当竞争及不公正交易行为也时有发生。

其次，数字经济新模式、新业态治理模式具有新特点。受新冠疫情影响，数字技术与各行业深度融合，以在线办公、在线教育、互联网医疗为代表的新业态新模式持续迭代、加速成熟，“无接触”“宅生活”“云消费”成为数字经济领域新常态，正适应、引领、创造我国经济转型发展新需求，为新时期市场经济体系建设持续赋能。从监管角度看，数字经济产业内容的多元性以及所依托平台集数据、技术、电商服务、广告等于一体的复杂性等对当前“条块式”监管模式造成了一定冲击。

最后，数字经济领域头部平台企业垄断现象频现。数字经济平台企业相较于入驻商

家、消费者具有天然优势，不但对入驻商家具有较大话语权，强制要求其对平台“二选一”等，而且通过收集和分析交易记录有针对性地为消费者提供定制化信息，使得消费者陷入信息不对称的弱势地位，进而获取更大利润，如“大数据杀熟”等。具有竞争关系的各数字平台之间、平台内经营者之间通过达成协议，排除、限制公平市场竞争，会损害相关主体利益。区别于传统实体企业，数字平台以数据、算法等为依托进行线上交易，具有网络效应、规模经济、锁定效应等特征，使得数字平台在适用传统反垄断分析工具时面临严峻挑战。

二、强化数字经济专项监管的内涵

（一）平台监管以规范为基线

在数字经济规范发展中，规范是监管基线，发展是监管目标，需全面、科学、准确统筹好“安全”和“发展”两个方面任务，夯实监管基调，守牢监管主线。从安全维度看，首先，数字经济发展需在规范安全的法治环境下展开，遵守包括《网络安全法》《数据安全法》《个人信息保护法》《电子商务法》等在内的数字经济相关法律法规；其次，更需在法治基础上构建多元协同、跨域合作、专业互补的联合执法框架，共同助力数字经济规范发展。譬如，平台经营者、网络商品和服务的提供者、相关行业组织、协会，以及中央和地方各级网信主管部门和其他有关部门都应依法维护数字经济的秩序规范。

从发展维度看，数字经济规范发展要绷紧守法底线，告别无序竞争。在坚持依法促进数字经济健康发展总基调不动摇的前提下，加快平台分类分级治理政策规范的出台，为精准施策提供更为有力的规范依据，促进数字经济市场领域有效竞争，划清法治规范的基线。沿着基线明确平台企业行为违法性的判断基准，提高法律适用的可预测性与可操作性，助力数字经济的规范健康发展。

（二）数据监管以安全为底线

首先，大数据技术、算法推荐的广泛应用提高了个人隐私信息泄露的风险。数字经济时代，尤其是新冠疫情发生以来，人们在现实生活中使用日常的消费、出行、医疗等服务时，往往都会产生大量的个人隐私数据。虽然，《个人信息保护法》对个人信息提供了系统保护框架和基本原则、主要规则，要求作为个人信息处理者的相关重要平台在进行数据获取时需要获得充分授权，但是，在实践中用户仍面临着要么直接签署授权协议，要么不使用该项服务的两难处境，相关法律法规的可行性与可及性还需落实落地。此外，目前各类应用（APP）、小程序、网站层出不穷，其个人信息保护和去标签化的措施和流程是否完善，用户难以全面知晓，也无从取证。广大用户在防范隐私泄露方面仍然处被动地位，为此，需加强应用、小程序开发、使用者及分发平台的监管主体责任，并以此为抓手开展常态化的行业自查、企业互查以及外部监察，搭建全方位、多层次、多主体参与的治理新格局。

其次，多数数字经济头部企业在积累海量数据时，往往自觉或不自觉地形成数据垄断，对整个数据要素市场的公平有序竞争产生负面影响，终而危及整个市场的安全运行。在数字经济时代，人人可提供数据，人人可从消费者变成生产者，兼具多重身份。数字经济场景下的广大经营者和消费者，特别是那些中小创新创业者，如果不给予充分合理有效的支持，且及时对那些妨碍公平竞争的违法违规行为予以有力有度有序的规制，势必会影响整个数字经济规范健康持续发展。鉴于此，依法给予支持和规范，成为数字经济发展中必不可少的关键支撑。故应立足当下，着眼长远，坚持运用法治思维和法治方式，围绕数字经济发展中数据安全与发展设置科学合理的制度规范，以安全发展为底线，支持与规范并举，为统筹数字经济安全发展营造良好的法治环境①。

（三）算法监管以科学为明线

支撑数字经济高质量发展的关键基础技术是基于大数据支持的人工智能算法，通过算法训练可使其高效采集、计算、使用、处理海量数据，对数据进行有限、抽象、有效、复合加工与运用。随着人工智能技术的不断发展与广泛使用，算法已经渗透进经济社会生活的方方面面，衣食住行、生老病死、就业失业、信息传播等，无不受到算法推荐的影响。算法不仅为传统产业升级进行全新赋能，且为社会发展带来更多可能，一个算法社会正在到来。

然而，算法在带动经济增长、提高经济效率、丰富和便利生活的同时，其在市场竞争、信息传播、个人隐私、弱势群体利益等方面的负面影响和风险也逐渐暴露，算法歧视、算法黑箱、算法共谋等问题尤为受到关注。算法监管是数字经济时代的核心议题，需高度重视，因此，需以算法的科学治理为明线，通过科学合理的机制设计，因应动态的算法创新与相对静态、稳定的法律制度之间的矛盾张力，科学合理、有序有效地实现算法监管的目标。

三、强化数字经济专项监管主要方面

（一）平台监管法治化

在数据和算法双轮驱动下，平台经济已发展成为一种强大的数字经济形态。广大平台企业特别是超大型平台企业，通过其在数据与算法上的优势地位，不断扩张，逐渐实现了平台产业一体化、生态化及智能化，在提高数字经济效能、增强平台企业竞争力的同时，也出现了涉嫌限制、排除竞争、不正当竞争及不公平交易等行为，严重损害了市场竞争秩序和消费者福利。故此，数字经济的持续健康发展呼唤法治的变革。

为此，要遵循数字经济市场发展的规律，顺势而为，支持和促进数字经济持续健康发

① 陈兵：《促进数字经济健康发展，科学搭建多维治理体系》，《第一财经日报》2022 年 10 月 31 日第 A11 版。

展，一要鼓励和支持数字经济新业态、新产业、新模式的创新；二要优化市场化、法治化、国际化的数字时代市场环境；三要做好市场监管与行业监管的统合，将重点监管与常态监管相统一，创新监管方式，提升监管科技，探索适应新业态特征与发展规律的有利于市场公平竞争和行业创新发展的协同性和系统性监管，推进多元多维多层次监管，以“监管”促“发展”，引入多元工具和分析框架，推进平台效益与平台正义的统合。

（二）数据监管法治化

数据对于构建“双循环”新发展格局，对于推进新基建有着重要的作用。如何在确保数据安全的同时，促进数据的分享，实现数据保护与数据共享的平衡是亟待解决的问题。2020年4月9日，中共中央、国务院发布了《关于构建更加完善的要素市场化配置体制机制的意见》，将数据与土地、劳动力、资本、技术并称为五种要素，提出“加快培育数据要素市场”。同年5月11日，《关于新时代加快完善社会主义市场经济体制的意见》颁布实施，进一步提出“完善数据权属界定、开放共享、交易流通等标准和措施，发挥社会数据资源价值”。同时，还要注意如何结合《民法典》《反垄断法》《反不正当竞争法》等法律，对数据权益保护与开放、跨境数据流动与安全、大数据杀熟等重点难点问题予以监管。

（三）算法监管法治化

如果说数据是数字经济时代最具有创新价值和关键意义的生产资料，那么算法就是数字经济时代最具有活力和最重要的生产工具和资源分配规则。如果说数据是新时代经济发展的核心原料，那么算法就是数据原料的生产、加工及创新工具，平台就是支撑和实践这一动态过程的组织体和空间站，“数据、算法、平台”三位（维）一体共同构成了数字经济时代经济社会发展的推动器和治理域。在这一构造下，算法不仅可以为平台企业筛选有价值的数据，也可以为平台企业生成有价值的数据，同时优化平台企业各部分的协作效率。

数据与算法在数字经济中并非孤立，而是相辅相成：平台企业通过海量的数据“喂养”算法，不断提升算法的准确程度；算法通过准确分析抓取数据，提升企业生产服务的效率。但算法的运用也滋生了算法合谋、算法歧视等问题，对消费者权益和竞争秩序产生了严重的损害。故此，需结合现行涉及网络安全、数据安全、个人信息保护、消费者保护、劳动保护、市场竞争、税收征管等多领域多维度的相关法律法规进行协同监管和系统规制，坚持政府监管和行业自律相结合，划定用户、企业权益及政府权力运行边界，为“数据、算法、平台”三位（维）一体的数字经济时代经济社会发展筑牢科技法治的根基[①]。

---

① 陈兵：《数字经济健康发展，怎样搭建立法架构》，《第一财经日报》2021年10月21日第A11版。

四、强化数字经济专项监管阶段面临的挑战

（一）强化数字经济专项监管应避免陷入“硬监管”的困局

其一，避免“一刀切”。在规制数字经济领域新型竞争行为时，需警惕“一刀切”的做法。在复杂多变的互联网平台市场竞争中，相似甚至相同的竞争行为在不同场景、不同行业、不同时间以及不同主体上都可能产生不同的竞争效果，需要注重个案分析。经营者具有市场支配地位本身并不违法，其违法性认定需要对具体行为是否具有限制、排除竞争效果进行分析。监管机构在实践中需充分意识到，我国反垄断法并不反对垄断地位，而是反对具有违法排除、限制竞争效果的垄断行为，应避免陷入“大即是坏”的惯性思维——垄断企业的行为皆是基于垄断地位而实施的滥用市场支配地位的行为，从而陷入“先入为主”“一刀切”的监管困境。

其二，避免过度监管。数字经济反垄断监管过程中，应避免过度监管的极端。“包容审慎”是我国对新业态、新产业、新模式进行监管应恪守的基本原则，早期发展中正是因为坚持了这一原则，才有了我国互联网经济的高速发展。如今在坚守“包容审慎”的前提下，需要克服和改变由此而生的“不监管、弱监管”的心态与做法。虽然，在实践中因“过度包容”而出现对数字经济监管缺位的情况，出现“借包容之名，行逃避之实”的监管惰性，但是，也不能因此在监管过程中放弃“包容审慎”的基本原则，否则可能会对数字经济市场造成过度干预的危害。

从当前中央顶层及相关监管机构的明确态度和有关举措可见，对数字经济领域的监管目的并不在于限制个别平台企业的发展，而是为了防止资本借由平台垄断及其跨界传导实现无序扩张，避免公平自由的市场竞争秩序受到威胁，为数字经济健康发展提供市场化、法治化及国际化的营商环境，且为消费者合法权益提供有力保障。这也意味着对数字经济领域不仅要强调监管，同时也要注重发展，由此特别需要清晰地意识到，在强化监管的过程中，应避免出现使监管变“硬监管”的情况，从而真正落实支持和监管并举的数字经济发展思路。

（二）强化数字经济专项监管应实现“强监管”与“促发展”并重

党中央以及监管机构已多次谈及监管与发展的问题，这不仅符合构建新发展格局的需要，同时也是促进国内经济发展的必然要求。需意识到，监管并不是要针对个别企业，而是为了优化营商环境，督促企业合规经营，为健康的市场竞争秩序提供有效保障。加强监管与促进数字经济发展并不矛盾，因为有效且合理的监管能够为企业发展和创新提供有力保障。要真正实现“强监管”与“促发展”并重，避免出现“硬监管”，可从以下四个方面着手：

首先，尽快完善和细化数字经济法律制度和框架。目前法律法规针对数字经济领域作

出的规定仍比较笼统，在不少方面的可操作性不强，相关配套规章及规范性文件的“立改废释”工作尚未完全跟上。因此，需加快相关法律的修订进程，为监管提供充分且可行的法律依据。当在监管过程中遇到适用法律困难或者缺少法律依据的情况时，应注重数字经济市场发展状况、发展规律与自身特点，而非停留于行为或者形式等表面；需要遵循个案分析原则，根据具体场域、具体企业、具体行为进行分析。

其次，加强监管部门和人员的建设。数字经济涉及范围较广，且具有很强的技术性和专业性，对监管部门及其人员提出了非常高的要求，而当前我国数字经济领域监管机构的设置和监管工作人员的数量仍然存在问题。在这种情况下，不仅不利于进一步强化监管，更难以避免在监管过程中的误判。因此，需优化监管机构的设置，增加专业工作人员，同时合理配置监管部门内的执法权，采取切实措施提升监管能力。

再次，科学有效实现“强监管”。“包容审慎”监管与“强监管”并不矛盾，两者相辅相成可促成支持和监管的并进。虽然包容审慎有助于避免过度干预影响数字经济市场的健康发展，但是仍需要监管机构加大对数字经济市场现实危害和潜在风险的关注，使其能够更早、更快、更准识别和规制对市场竞争秩序和消费者权益构成威胁的反竞争行为，提高监管效能，避免因“包容”而出现的监管缺位。在此过程中，不仅需要监管机构对数字经济市场中的竞争行为保持积极态度，也需要不断更新监管理念、监管思路及监管方法，积极开展市场调研活动，主动了解数字经济市场中新行为、新应用、新模式对市场竞争秩序产生的现实作用和潜在影响，避免被动地等待损害效果实际发生时才进行事后规制。

最后，引导企业合规经营，促进构建多元共治格局。对数字经济发展的监管不能仅仅靠政府，还需要多主体的参与和配合，重视消费者和经营者在反垄断监管过程中发挥的重要作用。宣传与普及将有利于民众增强法律意识，提高民众对企业违法行为的敏感度，有利于强化社会对企业的监督。合规文化的培育有利于企业自律，以促使数字经济企业贯彻以人民为中心的发展思想，主动承担更大的社会责任，在增创经济发展新动能，促进科技创新，维护公共利益，保障和改善民生等方面体现更多作为、更多担当①。

第三节　大力发展数字经济：由强化专项监管步入常态化监管

2022 年 10 月，党的二十大胜利召开，在党的二十大报告中指出要“加快发展数字经济，促进数字经济和实体经济深度融合，打造具有国际竞争力的数字产业集群”。在同年年底的中央经济工作会议上再次明确提出，要加快建设现代化产业体系，大力发展数字经济，提升常态化监管水平，支持平台企业在引领发展、创造就业、国际竞争中大显身手。

① 陈兵：《互联网平台经济应实现“强监管”与“促发展”并重》，《国家治理》2021 年第 11 期。

2023年2月，中共中央、国务院印发《数字中国建设整体布局规划》，明确提出要支持数字企业发展壮大，健全大中小企业融通创新工作机制，发挥“绿灯”投资案例引导作用，推动平台企业规范健康发展。在2023年3月召开的全国两会政府工作报告中提出“大力发展数字经济，提升常态化监管水平，支持平台经济发展”。随后，在2023年全国两会期间，市场监管总局罗文局长，在“部门通道”接受采访时，强调要持续优化营商环境，使监管规则更加明确，执法程序更加清晰，要提升常态化监管水平，特别是在数字经济、民生保障等重点领域，强化预防性监管，帮助提高企业合规管理水平，为企业发展提供帮助。

基于此，在下一步支持数字经济发展的工作中须着力提升常态化监管水平，明晰监管目的与主线，支持数字经济发展，以此促进数字经济高质量发展。为此，应坚持分类分级监管，以数据、算法、技术、平台规则等要素为抓手，统筹好安全与发展的关系，充分发挥数字经济在推动经济发展、助力技术进步、稳定社会就业中的作用。

一、常态化监管基本内涵

常态化监管，是指在法治的框架下依据明确的法律法规，统筹考虑安全与发展的基本理念，依托多元主体协同治理、多元工具系统运用，开展敏捷监管、精准监管、透明监管与规范监管。

随着数字经济专项整改工作的阶段性结束，前期治理取得了显著成效，数字经济中不规范、不健康的经营行为得到了及时有效规制。在此基础上，应及时调整监管策略，由专项监管转变为常态化监管，通过实施科学精准、透明规范的监管政策，稳定市场主体预期，提振市场主体信心，为数字经济相关主体的经营行为划定“安全红线”，提供“绿灯指引”，实现数字经济规范持续健康发展。常态化监管应以推进平台间的互联互通，建设数据要素统一市场与实现“以用户为中心”的友好型算法治理模式为路径。

（一）平台互联互通

平台互联互通代表着数字经济发展的长远方向，有利于更好地释放和利用数据价值，激励超大型平台企业更好地从事技术创新和模式创新，带动中小型企业，特别是初创型企业的发展。推动平台间的互联互通，有助于加速数字经济与实体经济的深度融合，推动实现共同富裕。2022年1月，国家发展改革委等部门联合印发《关于推动平台经济规范健康持续发展的若干意见》，在“建立有序开放的平台生态”一节中明确提出，要“推动平台企业间合作，构建兼容开放的生态圈”，且“推动制定云平台间系统迁移和互联互通标准，加快业务和数据互联互通”。早在2021年10月发布的《互联网平台落实主体责任指南》（征求意见稿）中，其第三条明确，超大型平台经营者负有开放生态的义务。超大型平台经营者应当在符合安全以及相关主体权益保障的前提下，推动其提供的服务与其他平台经营者提供的服务的互操作。超大型平台经营者没有正当合理的理由，应当为符合条件的其他经营者和用户获取其提供的服务提供便利。

综上，大致可将平台互联互通归纳为数据互联互通、业务互联互通以及平台生态开放。其中，数据互联互通是指平台间的数据可进行无障碍地相互传输与共享；业务互联互通是指不同平台的商品或服务之间可以进行交互操作，提升商品或服务的体验感和便捷度；平台生态开放是指主导性平台向其他平台开放其生态系统的接入权限，允许其他平台参与其生态系统的循环，共同营造更为开放的生态系统①。

平台互联互通行为的外在表现可对应到《反垄断法》的相关规定。从平台拒绝互联互通行为的外观来看，超大型平台在具有市场支配地位的前提下，该行为可对应为反垄断框架下的拒绝交易、限定交易等滥用市场支配地位行为；从超大型平台需承担互联互通的义务来看，也可能涉及必需设施规则的适用，即当平台所拥有的数据、算法等构成进入某相关市场的必要条件时，则有义务以公平、合理、非歧视的条件向其他经营者开放数据、算法等资源。

（二）数据要素统一市场建设

党的二十大报告提出“构建全国统一大市场，深化要素市场化改革，建设高标准市场体系”，引起了社会各界的关注，构建全国统一大市场现已成为市场经济发展的重要目标之一。当前，数据要素市场正处于“加快培育”阶段，《中共中央　国务院关于加快建设全国统一大市场的意见》指出“数据安全、权利保护、跨境传输管理、交易流通、开放共享、安全认证”等基础制度和标准规范仍有不足，可见基于数据或与数据紧密相关的技术成果在交易环节所受的制约必然更为复杂。因此，需寻找关键抓手为数据要素市场的加速发展助力。简言之，从“数据要素市场”的本质来看，可以将其聚焦于“市场”和“数据要素”两个方面。

在市场层面，公平竞争具有重要的意义。目前我国的数据要素市场呈现倒三角的资源配置结构，头部互联网企业占据着绝大部分的数据资源，加快建设数据要素市场机制有利于数据要素市场化交易与流通，对数据要素市场的健康发展具有积极意义。当然，在市场机制建设过程中，也面临诸多难点与堵点，其中尤为重要的是技术标准和商业利益之争所导致的数据不互联、不互通、不共享。

在数据要素方面，其破题之处在于创新。一方面，数据成为生产要素本身就是技术创新的结果，反过来数据又成为数字经济下核心技术的支柱资源，譬如大数据、云计算、人工智能，数据资源一时间成为“新宝藏”“新石油”，只有在数据要素市场中不断创新才能充分挖掘其价值；另一方面，建立数据资源的市场，需要大量的技术创新、方法创新，

① 陈兵、林思宇：《数字经济领域数据要素优化配置的法治进路——以推进平台互联互通为抓手》，《上海财经大学学报》2022 年第 3 期。

数据资源市场基于其高技术性、无体性、高流通性，需要创新技术与方法才能充分建立数据交易市场，维护健康的竞争秩序。

数据要素市场作为全国统一大市场的重要组成部分，只有其实现公平竞争和创新发展，才能最终完成全国统一大市场的建设。数据要素市场是传统要素市场之外的新兴要素市场，推动其公平竞争与创新发展对于建成全国统一大市场的重要意义有如下两点：

第一，数字经济的大背景之下，数据要素市场的公平竞争与创新发展能够为其他要素市场注入新的活力，破解全国统一大市场建设之中“地方保护”“垄断封锁”的痼疾，从而加快建成全国统一大市场的步伐。

第二，数据要素市场的公平竞争与创新发展是不断攻克数据要素市场公平竞争与创新发展难关的过程，也是建成全国统一大市场不断学习、完善、积累经验、创新方法的过程，具有时代意义①。

（三）“以用户为中心”的友好型算法治理模式

当前，数字经济下经营者间的跨界竞争和流量争夺成为常态，表面上的异质化竞争通常会走向同质化的以争夺用户注意力为目标的流量数据竞争。具体来讲，受数字经济去中心化和去结构化发展的深刻影响，市场竞争模式和行为呈现为“多行多市、跨行跨市”下的融合竞争，主要表现在流量数据的争夺与变现，最终呈现出异质化竞争走向同质化争夺的结果。根据对各平台商业经营模式的分析，可以发现其经营现状依然以“商业资本 + 流量争夺 + 短期变现”为主，经营模式与理念有待提升。

以长短视频诉讼为例，无论是长视频平台还是短视频平台，均将算法技术的开发与运用作为获取用户注意力、提升流量竞争优势的重要方式和途径。譬如，平台利用算法技术对平台内消费者的相关数据进行建模分析，划分消费者类型，形成较为准确的“用户画像”，再通过推荐算法为消费者个性化地推送符合其心理预期的相关视频内容和形式，使消费者在“信息茧房”中形成心理依赖、路径依赖，从而实现锁定效应，提升平台的用户黏性，进一步巩固平台在竞争中的优势地位。这一过程悄然且自然地发生，使广大消费者用户在不经意间成为数据和算法技术作用的对象，既是算法的消费者，也被算法所消费。

为了避免上述问题的发生，应推动实现以消费者用户为中心的算法治理。市场公平竞争的要义是为了给消费者用户提供更加优质的服务，要在保障消费者安全的基础上，优化消费者体验，以消费者需求为导向推动数字经济均衡发展，牢牢树立以人民为中心的数字经济发展理念，防止利用科技成瘾的方式来侵害消费者利益，推动科技向善。具体到算法推荐技术的开发、使用及消费上，务必做好开发者、使用者的主体责任设置，提升其使用管理责任，不能以简单的技术中立、避风港原则为由减免其应尽的义务，强调红旗原则在

---

① 陈兵：《加快建成全国统一大市场，数据要素市场创新发展是关键抓手》，《第一财经日报》2022 年 12 月 8 日第 A11 版。

信息网络传播中的适用①。

二、常态化监管实践特征

（一）监管措施精准化

基于数字经济领域生产、经营、流通、消费等各环节、各要素、各主体间存在多元价值与多元利益共存的现实状态，要避免采取“一刀切”式监管，例如对安全程度较低的要素采取较为严格的监管措施，必然会限制数字经济的发展。因此，应科学界定平台类别、合理划分平台等级，针对不同平台的特点，开展敏捷监管与精准监管。

（二）监管主体多元化

数字经济领域监管主体呈现多元态势，除政府部门外，平台企业、行业协会等组织在该领域均具有不同层次、不同类型的管理职责，且更加了解数字经济领域的底层逻辑、经营模式。因而，常态化监管意味着多元主体共同参与到监管过程中，助力实现科学监管。

（三）监管规则明确化

在早期监管中，对于数字经济这一新兴领域，传统部门法难以提供有效的规制方案。随着《个人信息保护法》《数据安全法》《平台经济领域的反垄断指南》等法律法规的出台，以及2022年《反垄断法》的修订，监管依据更加充分，相关规则更加细化。在常态化监管中，应当寻求更为明确的条款作为规制进路，避免对“兜底条款”“原则性条款”的过度依赖。

（四）监管行为规范化

数字经济具有强网络效应、超规模效应，一旦发生不当经营行为，风险很容易传导至各行业、各领域。因此，应当保持监管行为的日常化、全面化、持续化，从事前、事中、事后对数字经济展开全周期监管，对于数字经济领域的风险随时发现，随时处理，随时解决。

（五）监管过程透明化

在执法过程中，应当及时公布处罚情况与企业违法行为，并将执法依据等信息公开；在司法过程中，应当及时公开司法裁判文书，为数字经济相关主体规范经营行为确立明确的预期。

---

① 陈兵：《长短视频诉讼作何解，以用户为中心是方向》，《第一财经日报》2022年11月10日第A11版。

三、常态化监管的实施与落实

（一）推动数字经济常态化监管的基本原则

落实数字经济常态化监管，应进一步明确促进健康发展是目的，促进创新是主线，筑牢安全是底线；同时，坚持依法监管，聚焦要素监管，着力协同监管，以实现敏捷、精准、持续、规范的常态化监管。在具体措施上，要进一步细化优化相关法律法规及其他规范性文件，落实落地分类分级监管原则和规则，在夯实竞争政策基础地位的前提下，做好政策、制度及工具之间的系统协同工作，着实提升监管能力与水平。

首先，应以促进创新发展为常态化监管主线。常态化监管首要目的是促进平台企业创新发展。数据、算法、资本、平台规则等要素是数字经济的重要组成部分，也是实施常态化监管、释放创新动能的重要抓手。

一是促进数据要素流动。常态化监管应以促进数据要素的流动为重点，打破数据垄断，扩大数据要素的应用场景，赋能中小企业实现创新驱动发展，促进数字经济和实体经济深度融合。建议围绕和落实《数据二十条》的相关精神，加强数据交易规则建设，构建规范高效的数据交易场所，设立数据要素登记平台等，加快数据要素统一市场的形成，及时回应数据资源持有、数据加工使用、数据产品经营中出现的监管需求。

二是促进算法要素创新。常态化监管要保留一定的宽容度与精准度，为算法治理和算法发展预留足够的创新空间，以突破产业发展过于依赖开放源代码的藩篱。

三是规范资本要素发展。常态化监管要为数字经济领域投资行为设好“红绿灯”，引导资本向专精特新企业加速流动，使资本要素更好赋能数字经济创新发展。

四是健全平台规则管理。《落实主体责任指南》中明确规定，超大型平台负有促进创新方面的义务，要充分利用自身优势，加大创新投入，促进技术进步，释放数字经济领域的创新动能。这一义务规定得较为原则化，尚需具体化以提升其可操作性。

总体言之，常态化监管应当为数字经济的创新发展预留充足的空间，对于出现的新业态、新产业与新模式应保持包容审慎的态度，同时应注重发挥监管的示范效用，形成有为政府与有效市场的更好结合。

其次，应以筑牢安全发展为常态化监管底线。应对数据业务、算法开发、重点民生行业领域的新兴业态予以关注，从个人、企业与国家等层面出发，推动数字经济安全发展。为保障数据安全，一方面，平台企业应避免不正当收集、使用公民个人信息等行为；另一方面，要求平台企业强化对数据要素的保护，避免因数据交易、数据共享、数据传输带来的数据泄露造成企业经营权益受损；同时，应重视平台企业国际合作中数据跨境传输的管理，对重要数据、核心数据实行更加严格的保护措施。

对于算法要素，应强化“以用户为中心”的友好型算法治理思维，引导算法向善，避免算法歧视、算法缺陷、算法合谋、算法霸凌等行为，侵害消费者隐私，损害劳动者、老年人、未成年人等弱势群体权益。

对于资本要素，应树牢资本安全底线，规范和引导资本健康发展。明确以维护国家金融市场系统性安全为底线的资本要素常态化监管思路，强化金融安全保障体制机制和规则体系建设。新一轮国务院机构改革所形成的金融监管体制“内双峰监管”模式——在银保监会的基础上组建国家金融监督管理总局作为国务院直属机构，证监会也调整为国务院直属机构，这体现了国家加强对资本市场及资本行为科学监管、系统监管、协同监管的态度和决心，反映了加强资本要素的常态化监管是重中之重。

对于平台规则要素，在个人层面应重视劳动者权益保障，避免用人单位设置不公平的平台规则；在企业层面应避免超大型平台滥用既是“运动员”又是“裁判员”的优势，实施不利于平台内其他经营者的行为；在国家层面，应积极履行其在风险评估方面的义务，识别平台是否存在传播非法内容等行为。

（二）推动数字经济常态化监管的具体进路

1. 搭建基于分类分级标准的平台互联互通体系

根据数字经济的构造特征和运行规律，结合当前适用《反垄断法》推动平台互联互通所遇到的主要问题，可以考虑细化和优化平台分类分级的标准，设计更具有针对性和可操作性的平台互联互通体系，切实有效地以新《反垄断法》施行为契机推动平台互联互通。为此，可考虑结合《反垄断法》框架和平台互联互通的具体需求，科学合理地划分平台类型和级别，并制定相应的规则体系，明确不同平台在互联互通过程中需遵守的行为规范和需承担的法律义务，并强化分类与分级标准的内在关联，通过两者的交点有效定位该平台的基础核心业务归属，确定相应的监管主体、规则、工具及监管力度。

2021 年 10 月，国家市场监管总局发布了《互联网平台分类分级指南（征求意见稿）》（以下简称“《平台分类分级指南》”）和《互联网平台落实主体责任指南（征求意见稿）》（以下简称“《平台落实主体责任指南》”），其中依据平台的连接对象和主要功能将平台分为六大类，在一定程度上为推进平台互联互通的科学化和精细化提供一定指引，然而，这些类型划分对具有“多主体、多行业、多市场”特性的平台而言仍较为粗略，需要进一步结合互联互通工作的实际需要进行细化。

一方面，需要明确平台分类。平台分类的意义在于为不同属性的平台“量身定制”更加科学且更具针对性的行为规范标准。然而，平台参与主体的多元化以及构成要素的复杂化，使得有关平台的分类研究易出现交叉、重叠等问题。为尽量避免上述问题对推动平台互联互通的进程产生不利影响，同时使得平台分类方法更有效地服务于平台竞争优势的判断，建议采用以商业模式为分类基础的多层级分类方法。

具体来讲，首先，可基于对不同平台价格结构、网络效应、盈利模式等方面的异同进行比较，将平台按照不同的商业模式划分为三大类：第一类是为双边市场用户群体提供交易中介的商品交易型平台；第二类是通过提供免费服务吸引大量用户，从增值业务和广告服务等获取收益的非交易型平台；第三类是兼采用上述多种商业模式形成的混合型平台。其次，在上述基础上细分，这种细分并非要穷尽所有的商业模式，而是通过进一步的细分实现对不同商业模式中具体要素价值的权重区分与设定。以非交易型平台为例，可细分为视听平台、社交平台、搜索引擎平台等，这些平台虽然都需要丰富的数据要素以维持对用户的吸引力，但是不同平台对数据类型和数量的需求存在一定差异，差异化的数据类型也会影响平台算法技术的制定、生成和运行。

另一方面，需要进一步细化平台分级。平台分级的意义在于，通过划分风险级别对平台互联互通进行更加科学规范的管理，增强监管的针对性与有效性，并基于级别确定相应的监管规则、工具及监管力度。目前，《平台分类分级指南》所采用的分级方法，是综合考虑用户规模、业务种类以及限制能力将平台划分为超大型平台、大型平台和中小平台，并通过《平台落实主体责任指南》对超大型平台施加公平竞争、平等治理、开放生态的义务。

不过，这种分级方法仍待进一步优化，因其划分的级别并没有根据平台类型设置不同的标准。实际上，不同类型的平台，决定其获取竞争优势的要素不同，而且在不同的市场中，平台形成市场支配力所需的具体条件也存在差别。虽然，用户规模、业务种类以及限制能力等要素通常是影响企业市场力量的关键，但是，若要进一步提升监管的科学性和针对性，仍需结合数字平台实际运作模式和规律，为不同类型平台设置相应的标准。

为此，需要搭设平台分类与分级之间的桥梁，构建基于分类分级标准的平台互联互通规范体系。具体讲，需基于平台分类中所明确的获取市场力量的关键要素，以及相关市场的实际情况，为不同类型平台设置相应的风险等级划分标准，即在以商业模式为标准的平台分类基础上进行平台分级。

譬如，非交易型平台中的视听类平台，其获取市场力量的关键要素在于独家视听数据资源、资本规模等，此时可以通过市场调查得知关键要素在市场中的分布情况，按照一定比例设置高、中、低三级风险级别，并基于级别，确定相应的监管主体、规则、工具及监管力度。其中，风险级别的划定主要基于平台对市场的支配力大小，以及持有关键要素的情况进行综合判定，高风险级平台需要较强的监管力度并设置更严格的行为规范，中风险级则以预防为主，低风险级则以促进发展为主。

基于分类分级的平台互联互通体系还需与新《反垄断法》的有关规定结合，通过平台类型和风险等级划分，为适用反垄断法框架下对滥用市场支配地位行为的认定，以及必需设施原理的适用提供了前提和基础。

总体来讲，分类分级规范体系与新《反垄断法》结合，能提升数字经济反垄断监管效能。通过平台分类分级，为监管机构判定平台是否具有市场支配地位以及是否存在滥用行为提供了较为清晰的依据，能够提升监管的精准性与科学性，避免出现漏判或误判的情况，影响平台互联互通的推进效果①。

2. 依据《数据二十条》构建数据要素基础制度

（1）在数据确权层面。《数据二十条》创造性地提出根据数据的来源和生成特征，分别界定数据生产、流通、使用过程中各参与方享有的合法权利，建立数据资源持有权、数据加工使用权和数据产品经营权“三权分置”的数据产权制度框架。“三权分置”的制度设计直面了数据要素使用与流通中的瓶颈问题，是构建具有中国特色数据产权制度体系的有益探索。

根据数据来源和数据生成特征，数据可以被分为公共数据、企业数据与个人信息数据。

公共数据是指，各级党政机关、企事业单位依法履职或提供公共服务过程中产生的数据。对公共数据，要加强汇聚共享和开放开发，强化统筹授权使用和管理，推进互联互通。对不承载个人信息和不影响公共安全的公共数据，要推动按用途扩大供给使用范围；对用于公共治理、公益事业的公共数据，要推动有条件无偿使用；对用于产业发展、行业发展的公共数据，要推动有条件有偿使用。

企业数据是指，各类市场主体在生产经营活动中采集加工的不涉及个人信息和公共利益的数据。对企业数据，要保障市场主体投入的劳动和其他要素贡献获得合理回报，市场主体享有依法依规持有、使用、获取收益的权益。在企业数据的授权使用方面，要引导行业龙头企业、互联网平台企业发挥带动作用，促进与中小微企业双向公平授权，共同合理使用数据，赋能中小微企业数字化转型。由此可以看出，企业数据的授权使用抑或互联互通并不是无条件的、强制性的，在面向中小微企业的交易关系中才涉及促进双向公平授权问题。

个人信息数据是指，承载个人信息的数据。对个人信息数据，要促进合理利用。推动数据处理者按照个人授权范围依法依规采集、持有、托管和使用数据，规范对个人信息的处理活动，不得采取“一揽子授权”、强制同意等方式过度收集个人信息。作为保护个人信息的举措，《数据二十条》特别提出要探索由受托者代表个人利益，监督市场主体对个人信息数据进行采集、加工、使用的机制。

（2）在数据流通交易层面。针对数据流通和交易存在定价难、信任难、兼容难等现实困境，《数据二十条》从完善数据流通合规与监管规则、统筹规范高效的数据交易场所、培育数据要素流通服务生态、构建数据合规跨境流通机制四个方面，系统规划了服务保障机制。

在解决定价难方面，《数据二十条》提出支持探索多样化、符合数据要素特性的定价模式和价格形成机制。用于数字化发展的公共数据按政府指导价有偿使用，企业与个人信

① 陈兵：《分类分级是推动平台互联互通的关键一步》，《第一财经日报》2022 年 8 月 16 日第 A11 版。

息数据则由市场自主定价。

在解决信任难方面，《数据二十条》提出要建立数据流通准入标准规则，强化市场主体数据全流程合规治理，确保流通数据来源合法、隐私保护到位、流通和交易规范。鼓励探索数据流通安全保障技术、标准、方案。建立实施数据安全管理认证制度，引导企业通过认证提升数据安全管理水平。

在解决兼容难方面，《数据二十条》提出要结合数据流通范围、影响程度、潜在风险，区分使用场景和用途用量，建立数据分类分级授权使用规范，探索开展数据质量标准化体系建设，加快推进数据采集和接口标准化，促进数据互联互通和互操作。

（3）在数据收益分配层面。对数据要素的收益分配，《数据二十条》区分初次分配和再分配，做出了具有不同侧重点的制度安排，体现了效率与公平的并重。

在初次分配阶段，以“谁投入、谁贡献、谁受益”为原则，着重保护数据要素各参与方的投入产出收益，推动数据要素收益向数据价值和使用价值的创造者合理倾斜，确保在开发挖掘数据价值各环节的投入有相应回报，强化基于数据价值创造和价值实现的激励导向。

在二次分配、三次分配阶段，重点关注公共利益和相对弱势群体。推动大型数据企业积极承担社会责任，强化对弱势群体的保障帮扶。不断健全数据要素市场体系和制度规则，防止和依法依规规制资本在数据领域无序扩张形成市场垄断等问题。统筹使用多渠道资金资源，开展数据知识普及和教育培训，着力消除不同区域间、人群间的数字鸿沟。

（4）在数据治理层面。《数据二十条》明确提出要把安全贯穿数据治理全过程，构建政府、企业、社会多方协同的治理模式，创新政府治理方式，明确各方主体责任和义务，完善行业自律机制，规范市场发展秩序，形成有效市场和有为政府相结合的数据要素治理格局。

政府要创新数据治理机制，实现事前事中事后的全链条监管。在数据安全与数据流通的平衡方面，要以安全为底线，把安全贯彻监管始终，同时强化反垄断与反不正当竞争，为数据流通与交易营造公平的市场环境。

企业要加强自律，增强社会责任。首先要做到守法，既要落实诸如个人信息保护法、网络安全法等法律上规定的各项积极作为义务，又不能实施反垄断法、反不正当竞争法等相关法律法规上禁止的违法行为。在守法的基础上，增强社会责任，推行面向数据商及第三方专业服务机构的数据流通交易声明和承诺制度等，积极参与数据市场建设。

行业协会等社会力量可发挥各自优势，参与数据要素市场建设，开展数据安全、流通相关的技术研发与服务。此外，遭受数据安全、数据交易损失的主体利用投诉、争议仲裁渠道来合法维权，也有助于维护数据要素市场的良好秩序①。

① 陈兵：《〈数据二十条〉构建数据基础制度，释放数据要素价值》，《第一财经日报》2022 年 12 月 26 日第 A11 版。

3. 构建“以用户为中心”的友好型算法治理模式

首先，不能放任“技术中立”成为平台运行算法中规避责任的理由。随着算法技术的发展，算法已经逐渐脱离纯粹的数学工具属性，具备了一定的自主学习能力，但是这并非无限的自主，其决策过程中仍然隐含承载着平台的价值观和主观决策意图，这种主观决策意图偏见可能来自编程者无意识的编入，也可能来自输入数据自身反映的社会偏见，可见算法的使用及运行过程及结果并非完全脱离了开发者或使用者的主观意图，即所谓的中立性也非绝对中立。譬如，在对基于用户大数据的协同过滤算法的开发和使用目的的价值设定中，是立足于用户中心主义，还是企业中心主义，其算法运行的结果是有区别的。

很多情况下算法的开发者、使用者甚至消费者在参与算法的过程中，并非没有控制、干预算法自主学习及运行的意愿及实现能力。若放任“技术中立”成为平台运行算法中规避责任的理由，势必会导致算法技术被误用甚或滥用。譬如，如果平台已经发现或者有合理理由可预见到算法推荐技术的使用及实际运行已涉及对相关信息网络传播的侵害，且有充分的能力及时做出侵权阻却，防止侵害结果进一步扩大，却放任甚或希望结果发生并从中获利，则其以算法“技术中立”来进行抗辩则完全没有正当性。

基于此，可以参照《个人信息保护法》第五十八条的规定，尽快为特定平台设定“守门人”职责，防止以主张算法推荐的“技术中立”特征来辩护其失当、不当甚或违法目的。如放任下去势必会诱发大量损害算法向善的侵害现象，也会造成对公平竞争的反向激励，致使搭便车行为的大量出现，最终损害广大消费者可期待的长期利益实现。

在有关规范性文件的征求与施行方面也注意到对算法治理的必要性，强调以用户为中心来构建和实施算法治理规则体系。2021 年 11 月 14 日，国家网信办发布的《网络数据安全管理条例（征求意见稿）》第四十九条强调，互联网平台运营者利用个性化推送算法向用户提供信息的，应当对推送信息的真实性、准确性以及来源合法性负责。

2022 年 3 月 1 日正式施行的《互联网信息服务算法推荐管理规定》明确了消费者用户在算法推荐使用场景中的保护力度，针对数字经济领域广泛存在的“大数据杀熟”现象，提出了相应的保护措施。其第十八条明确，算法推荐服务提供者不得向未成年人推送不安全行为、违反社会公德的行为以及有损未成年人身心健康的信息，不得诱导未成年人沉迷网络；第十九条明确，算法推荐服务提供者应依法开展涉电信网络诈骗信息的监测、识别和处置，便利老年人安全使用算法推荐服务。其重点保护了某些弱势群体，避免因算法推荐而沉迷于网络世界，形成“信息茧房”。

其次，应当明确算法开发者和使用者的责任。当前，我国强调建设网络强国、数字中国，以用户为中心的算法治理体系及实施目标是题中应有之义。为此，在算法开发者、使用者的主体责任设置上，需明确其开发、使用及管理的责任。具体来讲主要包括以下方面：

明确算法开发者在设计过程中是否存在主观过错，在技术设计上是否存在引发侵权行为发生的因素。譬如，如果算法开发者在设计中引导消费者沉迷于视频内容，损害消费者身心健康，此时开发者则需要成为责任承担的主体。

查明算法使用者在使用算法技术的过程中是否存在过错。该类主体可以支配算法的控制、使用、运行，且属于算法获益的直接主体。若是使用者明知算法在设计上存在问题，依然坚持使用，毫无疑问使用者也应成为责任承担的主体。责任的分配由开发者与使用者根据过错程度的比例进行分配。

值得注意的是，在视频内容平台服务场景下，算法使用者与消费者的身份可能发生混同。同一主体既有可能作为消费者，根据算法寻找易于引起流量关注的热点，也有可能作为使用者，上传视频，根据算法推荐服务获取流量关注。此时，该类算法消费者也有可能成为责任承担的主体①。

① 陈兵：《长短视频诉讼作何解，以用户为中心是方向》，《第一财经日报》2022 年 11 月 10 日第 A11 版。

第十三章 全球与区域数字贸易治理

第一节 多边贸易框架下的数字贸易治理

一、引言

以新兴数字技术为依托的数字贸易作为一种新型贸易方式正在经历蓬勃迅猛的发展，并深刻影响着当今世界经济形势。为对应数字贸易带来的机遇和挑战，各国积极寻求制定契合自身利益诉求的数字贸易规则，从而形成了多边、区域、诸边与双边框架交织与共存的全球数字贸易治理体系。WTO 自 1995 年创立以来为全球贸易自由化与便利化作出了突出贡献，WTO 也是引领与制订多边贸易规则的最重要的国际组织。分析多边贸易下数字贸易治理现状，梳理成员间达成的共识和存在的主要分歧有利于为推进相关议题谈判提供思路，也有利于包括中国在内的发展中成员在充分认识自身发展利益与战略需求的基础上，积极参与到全球数字贸易规则的制订中来，实现数字贸易的包容性增长。

目前关于多边贸易体制下数字贸易治理的文献主要有以下四种不同的观点。第一种观点认为，多边框架对于数字贸易规则的构建作用有限。这一方面是因为 WTO 各成员方核心利益诉求差异巨大，无法在短期内就数字贸易争议较大的核心条款达成共识；另一方面是因为 WTO 框架下多边协议的订立早于互联网的爆炸式发展，难以与时俱进。鉴于多边层面在应对数字贸易带来的一系列机遇和挑战并没有取得实质性进展，Wunsch - Vincent and Hold[①] 和戴艺晗[②]认为目前只能依赖区域自由贸易协定（FTAs）开展国际监管合作。

① Wunsch - Vincent S.，Hold A.，“Towards Coherent Rules for Digital Trade：Building on Efforts in Multilateral versus Preferential Trade Negotiations，” in Mira Burri（eds.）；*Trade Governance in the Digital Age*：*World Trade Forum*（Cambridge：Cambridge University Press，2012），pp. 2 - 11.

② 戴艺晗：《WTO 数字贸易政策与区域主义多边化进程》，《国际贸易》2021 年第 11 期。

第二种观点认为，多边框架下的协议可以适用于规制数字贸易的一部分问题。例如，Burri①、Weber②、CRS③ 等分析了 WTO 框架下既有协议与规则如何监管数字贸易，并进一步研究了 WTO 规则在应对数字贸易时面临的挑战以及未来可能的发展方向。第三种观点认为，多边框架下的电子商务诸边谈判涉及了部分数字贸易规则，为未来达成并实施多边规则奠定了基础。Yasmin④ 以及国内学者石静霞⑤、李墨丝⑥、徐程锦⑦等研究了 WTO 电子商务谈判现状和最新进展，并深入分析了核心议题和成员间的主要分歧；联合国贸发会（UNCTAD）⑧ 审查了电子商务谈判下发展中国家面临的突出问题，并着重讨论了发展中国家的应对政策与措施；周念利等⑨、岳云嵩等⑩分议题对 WTO 成员方提交的电子商务谈判提案中涉及的数字贸易规则进行了讨论。第四种观点认为，WTO 框架下的协议具有内在的灵活性和弹性，可以适应新兴数字贸易带来的变化。例如，Burri 认为多边谈判在数字贸易规则的制定上虽然没有取得实质性进展，但是 WTO 对此仍富有潜力，因为 WTO 对交付方式不作区分，技术中立原则可以涵盖将来以任何新的方式提供的数字服务，并且相比制定新的监管法案，WTO 的非歧视原则（国民待遇和最惠国待遇）能更好地解决技术发展的问题。

本节旨在分析多边贸易体制下数字治理的现状以及 WTO 电子商务谈判的最新进展，特别是主要成员方达成的主要共识和存在的分歧。相比于已有的文献研究，本节可能的贡献与创新主要体现在以下三个方面：第一，全面分析了 WTO 框架下现有协议对数字贸易问题的适应性与局限性；第二，按议题分类讨论了 WTO 电子商务谈判下诸多提案中涵盖的数字规则，从而全方位地分析 WTO 关于数字贸易治理的发展趋向，并针对谈判中的关键议题，基于各成员方提案背后所蕴含的利益诉求，解析了存在的共识与分歧；第三，结合中国的国情与战略考量，为参与和应对全球数字规则的构建提出了政策建议。

二、WTO 现有协定对数字贸易规则的应用与挑战

目前，WTO 框架下的三大传统协定——GATT、GATS、TRIPS 以及乌拉圭回合之后签

---

① Burri M, "The International Economic Law Framework for Digital Trade," *Zeitschrift für Schweizerisches Recht* (2015), pp. 15 – 52.

② Weber R. H. , "Digital Trade in WTO – Law—Taking Stock and Looking Ahead," *Asian Journal of WTO and International Health Law and Policy* (2010), pp. 3 – 13.

③ CRS, "Digital Trade and US Trade Policy" (Washington DC: CRS, 2017, 31 – 34).

④ Yasmin I, "E – Commerce in the World Trade Organization: History and Latest Developments in the Negotiations under the Joint Statement" (Geneva: IISD and CUTS International, 2021).

⑤ 石静霞：《数字经济背景下的 WTO 电子商务诸边谈判：最新发展及焦点问题》，《东方法学》2020 年第 2 期。

⑥ 李墨丝：《WTO 电子商务规则谈判：进展、分歧与进路》，《武大国际法评论》2020 年第 6 期。

⑦ 徐程锦：《WTO 电子商务规则谈判与中国的应对方案》，《国际经济评论》2020 年第 3 期。

⑧ UNCTAD, "What is at Stake for Developing Countries in Trade Negotiations on E – commerce?" (The Case of the Joint Statement Initiative, Geneva: UNCTAD, 2021).

⑨ 周念利、李玉昊、刘东：《多边数字贸易规制的发展趋向探究——基于 WTO 主要成员的最新提案》，《亚太经济》2018 年第 2 期。

⑩ 岳云嵩、霍鹏：《WTO 电子商务谈判与数字贸易规则博弈》，《国际商务研究》2021 年第 1 期。

署并生效的 TFA 与 ITA 等协定均可在现有基础上或通过延展规则对数字贸易进行监管，同时也面临着如何适应新型数字化产品与服务跨境贸易的挑战。从短期来看，虽然 WTO 尚无法就数字贸易规则的构建做出迅速响应和取得富有成效的结果，但可在对数字贸易、数字产品等概念做出更为清晰的界定与具体分类的基础上，确保 GATT、GATS、TRIPS 等现有协议的规则和义务明确适用于数字产品与服务贸易，从而为创建一个专门适用于数字贸易问题的协定创造有利条件。

（一）货物贸易协定对数字贸易规则的应用与挑战

1. 关税及贸易总协定（GATT，1947 年生效，1994 年更新）

数字贸易产品有相当一部分是货物形态，它们可通过在线购买并以实物形式进行跨境交付，从而适用于 GATT 规则。在 WTO 中美出版物和视听产品争端案件中，专家组将视听产品一分为二，其中电影胶片和母带属于货物，适用于 GATT，而电影放映是服务，适用于 GATS，GATT 和 GATS 的义务并不互相排斥[①]。虽然 GATT 可以适用于一部分数字贸易中的货物产品，但涉及视听、游戏等特殊产品时，到底归类于货物还是服务，目前在国际上还是存在比较大的争议。在 WTO 成员中，美国主张数字产品适用于 GATT，更有利于贸易自由化，而欧盟主张包括视听产品在内的数字产品适用于 GATS[②]。

2. 技术性贸易壁垒协定（TBT，1994 年生效）

标准化对于数字贸易的发展有着举足轻重的影响，TBT 协定可通过提高互操作性对数字贸易的诸多领域产生促进作用，包括宽带网络标准、隐私、加密和数据存储等。例如，提高全球范围内工厂设备的互操作性将有效推动智能制造的发展，统一的技术标准也有利于在金融、健康、教育等领域实现不同成员标准的互操作性和推动全球数据流动。从 TBT 协议的内容上来看，第 2. 1 条（最惠国待遇和国民待遇义务）、第 2. 2 条（技术法规不得影响国际贸易的正常运行）、第 2. 4 条（承诺将国内技术法规建立在现有国际标准的基础上）最为重要。[③] 目前，CPTPP 和 USMCA 基于 TBT 协议都做出了确保国内标准以国际标准为基础以及定期审查国内标准的承诺。[④] 不过，虽然 TBT 协议规定了使用相关国际标准作为标准基础的义务，但该协议并未考虑特定标准是否受知识产权保护，尤其是在 ICT 领域可能会引发争议，如中美关于“无线局域网鉴别和保密基础结构”（WAPI）标准之争[⑤]。另外 WTO 部分成员方在提案中提到，主要市场参与者和垄断企业的技术快速变革对

① WTO，“China – Measures Affecting Trading Rights and Distribution Services for Certain Publications and Audiovisual Entertainment Products，” https：//www. jstor. org/stable/20617040.

② 详见美国提案：WTO. General Council，WT/GC/16，12 February 1999；欧盟提案：WTO. General Council，WT/GC/W/435，16 May 1998.

③ TBT 协议文本，网址：http：//tbt. testrust. com/library/detail/15291. html。

④ 详见 CPTPP 第九章和 USMCA 第 11 章条款。

⑤ Gibson C. S，“Globalization and the Technology Standards Game：Balancing Concerns of Protectionism and Intellectual Property in International Standards，” *Berkeley Technology Law Journal* 22（2007）：1403 – 1484.

发展中成员的国内信息基础设施建设可能不利，同时对政府监管和强制性标准的过度依赖反而会抑制技术的发展[①]。

3. 贸易便利化协定（TFA，2017 年生效）

由于数字贸易仍然涉及货物的跨境交易，数以万计的大型公司和中小公司都参与到了在线平台的销售与线下交付之中。TFA 协议的签署是一项具有历史意义的海关程序改革，也是乌拉圭回合之后达成的最重要的 WTO 协定。协定第 1 条（信息的公布与可获性）、第 3 条（预裁定条款）以及第 8 条（快运货物）[②] 等对货物类型的数字贸易影响重大，它将减少边境行政和通关成本，促进通关程序更加透明和高效，对于低价值和小批量货物的数字贸易产品尤为重要。但 TFA 协议并没有设定免税的微量货值或应纳税额，这不利于数字时代涌现的众多中小企业的小额跨境贸易。对此，美国、澳大利亚等成员[③]以及国际商会（ICC）均呼吁建立全球关税和税收的最低限度豁免制度，其中 ICC 提议全球免税基准的最低值为 200 美元（ICC，2015）[④]。

4. 信息技术产品协定（ITA，1997，2016 年生效）

ITA 协定是 WTO 框架下第一个部门贸易自由化协定，具有开创性的重大商业价值与谈判模式示范效应。它旨在消除 WTO 成员间信息与通信技术（ICT）产品的关税，第一个协定（ITA Ⅰ）于 1997 年生效，经过 2015 年扩大产品范围谈判，第二个协定（ITA Ⅱ）于 2016 年生效。ITA Ⅱ覆盖了 53 个 WTO 成员方以及占全球贸易额 90% 以上的 ICT 产品[⑤]，极大地推动了全球数字产品贸易自由化与发展。但 ITA 协议在数字贸易治理问题还存在以下缺陷：第一，ITA 协议的内容只涉及关税减让，并没有对非关税壁垒进行约束；第二，基于海关协调编码（HS）六分位或八分位的 ICT 产品的分类陈旧而刻板，无法适应数字技术的迅速发展变革，不能覆盖集成性、多功能或全新的数字产品；第三，由于印度、越南等 ITA Ⅰ的初始缔约国并未加入扩围后的 ITA Ⅱ，而协定的最惠国待遇会惠及所有 WTO 成员，包括那些并未签署新协议的成员，这可能会引起 WTO 内“搭便车”现象的出现；第四，目前还有一些重要的新兴市场成员，如俄罗斯、巴西、阿根廷、墨西哥、智利、南非等没有加入到 ITA Ⅱ。关于 ITA 协定所涵盖的产品清单，欧洲国际政治经济中心（ECIPE）建议提出了两个拓展步骤：第一步是采用更广泛的产品定义，具体承诺将按

---

① WTO，“Interim Review of Progress in the Implementation of the Work Programme on Electronic Commerce，” WT/GC/24，12 April 1999.

② TFA 协议文本，网址：http：//sms. mofcom. gov. cn/article/wtofile/201510/20151001138374. shtml。

③ 参见美国提案：WTO. Joint Statement on Electronic Commerce，INF/ECOM/5，25 March 2019；澳大利亚提案：WTO. Joint Statement on Electronic Commerce，INF/ECOM/15，25 March 2019。

④ International Chamber of Commerce（ICC），“Global Baseline De Minimis Value Thresholds，” 2015，https：//cdn. iccwbo. org/content/uploads/sites/3/2015/02/ICC – Policy – Statement – on – Global – Baseline – De – Minimis – Value – Thresholds – 2015. pdf.

⑤ 包括信息通信技术产品、半导体及其生产设备、视听产品、医疗器械及仪器仪表等，产品清单详见：ht-tps：//max. book118. com/html/2017/0316/95718220. shtm。

更高的 HS 四分位级别（而不是六位或八位级别）列出；第二步是采用负面清单方法，取代目前使用的正面清单①。

（二）服务贸易协定对数字贸易规则的应用与挑战

无论是狭义的还是广义的数字贸易定义都包含了大部分服务贸易在内，因此作为管理服务贸易的 GATS 协定（包括电信与金融服务附件）可以规制相关的数字贸易问题，关键条款与规则如表 13 - 1 所示。

表 13 - 1　　GATS 及附件适用的数字贸易规则问题

GATS 条款	协议内容	适用的数字贸易问题
第 1 条（范围和定义）	规制目标为成员方采取的各项影响服务贸易的具体措施	数字贸易准入
第 2 条（最惠国待遇）	应无条件给予第三国同样的待遇	
第 3 条（透明度）	若成员方采取了影响服务贸易的措施或者签署了影响服务贸易的国际协定，应及时公布	
第 6 条（国内法规）	成员方应保证国内法规不影响服务贸易具体承诺的实行	
第 14 条（一般例外、全例外）	成员方可采取保护个人数据、隐私以及账户安全的相关措施；成员方可采取保护其安全利益的措施	数据本地化
电信服务附件：公共电信传输网络和服务的进入和使用	进入和使用无歧视性条件；允许跨境提供；允许跨境传送信息；保护信息的安全和机密；进入和使用无附加条件	公共电信网络的准入；跨境数据传输；数字保护措施
关于金融服务承诺的谅解	不得阻止以电子方式传送的数据、金融信息或设备的转移；保护个人数据、隐私和账户的安全	数据自由流动；个人信息保护

资料来源：WTO GATS 文本及附件。

在执行层面尤其是争端解决机制中，在判定 WTO 某一成员方某项对数字贸易的限制措施是否违反 GATS 项下的义务时，专家组或上述机构一般按照以下程序进行实施：首先需要对该措施涉及的服务类型进行归类，GATS 协议定义了服务贸易提供的四种具体方式：跨境交付、境外消费、商业存在以及自然人流动，WTO 成员方在不同方式下作出了具体减让与承诺；其次，需要对该措施涉及的服务部门进行归类，WTO 常用的部门划分依据是《联合国核心产品分类》（The United Nations Core Product Classification，CPC）；最后，需要对照 GATS 文本的具体条款审查被诉措施。表 13 - 2 列举了数字服务贸易领域内两个典型的 WTO 争端案例。在“安提瓜诉美国赌博及博彩跨境提供案”的裁决中，专家组首次通过了“技术中立”原则，即具体承诺适用于所有交付方式，既包括在现有技术水平下提供的服务，也包括将来以任何新的方式（包括电子方式）提供的服务。

① Dreyer I，Hindley B.，“Trade in Information Technology Goods：Adapting the ITA to 21st Century Technological Change”（ECIPE Working Paper 6，2008）.

表 13－2　　数字贸易规则适用于 GATS 的典型案例

争端解决案件	第一步：服务贸易提供方式认定	第二步：服务贸易部门认定	第三步：审查是否违反了 GATS 条款
安提瓜诉美国赌博及博彩跨境提供案	安提瓜提供的在线博彩服务属于“跨境交付”	体育和其他娱乐服务（CPC964）	美国禁止跨境提供博彩服务的措施违反 GATS 第 16 条（市场准入）
美国诉中国影响电子支付服务若干措施案	中国提供的“电子支付服务”属于“跨境交付”和“商业存在”	所有支付和汇划服务（CPC81339）	中国“要求在香港、澳门的所有人民币交易均使用中国发行的银行卡”违反第 16 条（市场准入）；中国的“发卡机构要求”“终端设备要求”和“收单机构要求”违反 GATS 第 17 条（国民待遇）

资料来源：WTO，United States－Measures Affecting the Cross－Border Supply of Gambling and Betting Services（WT/DS285/R）；China－ Certain Measures Affecting Electronic Payment Services（WT/DS413/R）.

目前 GATS 适用于数字贸易的主要问题是 CPC 目录可能不是技术中性的，也就是说，它可以详尽地描述交付手段，而不提及电子手段；此外，在没有适当的 CPC 分类的情况下，可能不清楚目录是否涵盖了特定的服务。自 1994 年 GATS 谈判结束以来涌现出许多可以跨境交付的新型数字服务产品，而 WTO 成员方作出的 GATS 承诺却无法涵盖这些新服务。与数字服务贸易相关的部门包括电信、视听、计算机和相关服务、基于数据的服务以及金融服务等，虽然 GATS 也包含对作为电子商务基础的电信和金融服务的相关承诺，但并未涵盖以上数字服务部门的具体承诺。随着数字技术的迅猛发展，“计算机及其相关服务”（CPC84）变得日益多元化、丰富化与复杂化，其分类下的子部门交织融合难以区分，甚至与电信服务（CPC75）也有重叠部分①。因此，欧盟、澳大利亚等 WTO 部分成员方提出以“计算机及其相关服务”涵盖所有现有的数字服务和未来可能出现的新数字服务②。

（三）与贸易有关的知识产权协定对数字贸易规则的应用与挑战

知识产权保护是数字贸易的一个重要问题。虽然 WTO TRIPS 协议并未具体涵盖数字环境中的知识产权保护和执法，但仍适用于数字贸易问题，表 13－3 列举和分析了协定应用于数字贸易的主要条款，如保护版权、商标、专利、商业秘密等在内的知识产权和关键源代码等。在此基础上，由美国等国家推动的谈判与协议中的知识产权条款也借鉴了 TRIPS 条款，形成了更高标准的 TRIPS－Plus 条款，如延长保护期限、扩大保护范围、加

① Tuthill L, Roy M.,“Classification of Services in the Digital Economy,” in Mira Burri（eds.）, *Trade Governance in the Digital Age*：*World Trade Forum*（Cambridge：Cambridge University Press, 2012）, pp. 96－113.

② 提案参见 WTO. Communication from Australia et al., TN/S/W/38, 25 February 2005；WTO. Communication from the European Communities and Their Member States, TN/S/W/6, S/CSC/W/35, 24 October 2002.

强保护措施、增强执法手段等①。数字环境中对知识产权保护的挑战来自与数字贸易有关的知识产权的特异性，如高速便捷的互联网将冲淡知识产权的地域性、网络虚拟性将模糊“侵权发生地”的界定、数字流动性导致无法确定其财产权等。WTO 成员方可考虑制定更清晰的规则以适用数字贸易环境中的知识产权保护，包括：及时更新 TRIPS 的适用范围、明确“数字产品”的概念和分类、加强对源代码和专有算法的保护、引入对互联网中介知识产权侵权的责任界定条款等②。

表 13－3　　TRIPS 适用的数字贸易规则问题

TRIPS 条款		具体内容	适用的数字贸易问题
第一部分（总则和基本原则）	第三条（国民待遇）	给予第三国同等的国民待遇	数字贸易中知识产权保护的国民待遇
	第四条（最惠国待遇）	应无条件给予第三方同样的待遇	数字贸易中知识产权保护的最惠国待遇
第二部分（关于知识产权效力、范围和使用的标准）	第一节至第七节	版权和相关权利、商标、地理标识、工业设计、专利、集成电路布图设计、对未披露信息的保护	数字贸易中的知识产权保护
	第十条（计算机程序和数据汇编）	保护源代码和目标代码在内的计算机程序；保护数据汇编或其他资料，但不包括数据或资料本身，不得损害相关版权	保护关键源代码

资料来源：WTO TRIPS 协议。

三、WTO 电子商务谈判下数字贸易规则的分歧与共识

除了既有协议之外，WTO 在成立后一直谋求在电子商务领域取得新进展。1998 年 5 月，在瑞士日内瓦召开的第二届 WTO 部长级会议上通过了《全球电子商务宣言》，该宣言敦促制定一项全面的电子商务“工作计划”，审查由电子商务引发的所有与贸易相关的问题，并倡议“成员方暂停对电子传输产品征收关税”。2001 年在卡塔尔多哈举行的 WTO 第四次部长级会议通过了《多哈发展议程》，决定启动新一轮多边贸易谈判，电子商务作为新议题成为谈判内容之一，据此 WTO 专门工作组将继续开展关于电子商务的磋商与谈判。但随着多哈回合谈判进程陷入僵局，电子商务谈判也进展缓慢。

① 如由美国、欧盟、日本等牵头的《反假冒贸易协定》（ACTA）、USMCA 协议以及 CPTPP 协议。

② USMCA、美国－日本数字贸易协定（UJDTA）等中已包含“交互式计算机服务”条款，该条款从美国 1996 年颁布的《通信规范法案》中第 230 节“网络中介责任豁免”演化而来，禁止政府要求网络平台提供者对网络侵权行为承担法律责任。

（一）电子商务谈判最新进展

2017年12月，在阿根廷布宜诺斯艾利斯举办的第十一届WTO部长会议上，71个成员方达成了第一份《WTO电子商务联合申明》，提出重振电子商务谈判（发起探索性工作）的重要性①。2019年1月，在瑞士达沃斯电子商务非正式部长级会议期间，美国、欧盟、中国、日本、澳大利亚等76个成员方发表了第二份《WTO电子商务联合申明》，同意"在现有WTO协议和框架的基础上，在尽可能多的WTO成员的参与下，寻求实现高标准的结果"，正式启动WTO电子商务诸边谈判②。截至2020年12月，共有86个WTO成员方加入了电子商务谈判，其贸易额占全球贸易总额的比重超过90%。原定召开的第十二届WTO部长级会议于2020年6月（哈萨克斯坦努尔苏丹）和2021年11月（瑞士日内瓦）因新冠疫情两度推迟，但是电子商务谈判并没有就此停止。澳大利亚、日本和新加坡贸易部长作为联合召集人于2021年12月14日发表一份联合声明表示，在电子签名和认证、在线消费者保护、未经请求的电子商业信息、开放政府数据、电子合同、透明度、无纸化交易以及互联网开放等八项条款的谈判小组中取得了实质性进展，同时在电子传输免关税、跨境数据流动、数据本地化、源代码、电子交易框架、网络安全、电子发票以及关于市场准入的高层次讨论方面提出合并提案，并将在这些领域加强谈判③。

（二）电子商务谈判相关议题与主要成员方立场解析

WTO电子商务谈判以各成员方提交的提案为基础，目前已形成了一个综合性的协定文本④。从2019年1月至2022年3月，WTO成员方共提交了83项提案，其中公开的有48项，未公开的有35项，排除8项礼节性文案，共有40项有实质性内容的提案⑤。成员提交的提案问题在六个主题下通过全体会议、焦点小组会议和小组会议进行讨论，包括促进电子商务、开放和电子商务、信任和数字贸易、交叉问题、电信和市场准入。本节将这些提案分为关税类、数据类、隐私和安全类、促进与便利类规则四个大类共20个具体议题（见表13-4），并梳理了主要WTO成员方关于数字贸易规则提案的主题分类（见表13-5）。

---

① WTO, "Joint Statement on Ecommerce," https://www.wto.org/english/thewto_e/minist_e/mc11_e/documents_e.htm.

② WTO, "Joint Statement on Ecommerce," http://trade.ec.europa.eu/doclib/docs/2019/january/tradoc_157643.pdf.

③ WTO, "Joint Statement Initiative on E-commerce Statement by Ministers of Australia, Japan and Singapore," https://www.wto.org/english/news_e/news21_e/ji_ecom_minister_statement_e.pdf.

④ WTO, "WTO Electronic Commerce Negotiations - Updated Consolidated Negotiating Text - September 2021 - Revision, INF/ECOM/62/Rev.2" (8 September 2021).

⑤ 提案详情参见 https://docs.wto.org/dol2fe/Pages/FE_Browse/FE_B_009.aspx?TopLevel=10785。

表 13－4　　WTO 成员方关于数字贸易规则提案的主题分类

分类	具体议题	主要内容
关税类规则	电子传输免关税	削减或取消数字环境中数字产品的关税壁垒，提升数字贸易产品的非歧视性待遇
	数字产品免关税	
	ITA 扩围	
	数字产品非歧视待遇	
数据类规则	跨境数据流动	扩展尚未覆盖在 WTO 框架下的数字贸易前沿和新兴议题，涉及数据跨境自由流动和数据开放等核心数字贸易规则
	数据本地化	
	数据开放	
	互联网开放	
隐私和安全类规则	保护源代码与专有算法	保护数字贸易中企业的知识产权以及消费者权益，构建安全有效的电子商务与数字市场环境和健全完整的监管架构
	加密	
	保护版权	
	在线消费者保护	
	个人信息保护	
	网络安全	
	未经请求的电子商业信息	
促进与便利类规则	无纸化贸易	提供必要的政策支持，完善配套制度，简化海关程序，降低交易成本，建立良好的电子商务/数字贸易交易环境
	电子认证和电子签名	
	电子发票	
	改善数字基础设施	
	提高政策透明度	

资料来源：根据 WTO 电子商务谈判提案整理。

表 13－5　　WTO 主要成员方所提出的数字贸易规则具体议题

	美国	日本	欧盟	加拿大	新西兰	新加坡	韩国	中国	俄罗斯
电子传输免关税	√	√	√	√	√	√		√	√
数字产品免税	√			√					
ITA 扩围			√	√					
数字产品非歧视待遇	√	√							
跨境数据流动	√	√	√	√		√	√		√
数据本地化	√	√		√		√			
数据开放	√	√							
互联网开放	√	√	√						
保护源代码与专有算法	√	√	√	√		√	√		
加密	√	√							
保护版权									

续表

	美国	日本	欧盟	加拿大	新西兰	新加坡	韩国	中国	俄罗斯
在线消费者保护	√	√	√	√	√	√	√	√	√
个人信息保护		√	√	√	√	√	√	√	√
网络安全	√	√				√		√	
未经请求的电子商业信息		√	√	√	√	√		√	√
无纸化贸易		√	√		√	√	√	√	√
电子认证和电子签名	√	√	√	√		√		√	√
电子发票					√	√			
改善数字基础设施		√	√	√		√	√		
提高政策透明度		√		√		√	√	√	

资料来源：根据 WTO 电子商务谈判提案整理。

通过分析，根据各成员方在数字贸易规则上不同的利益诉求和雄心水平差异，将它们分为以下四类：

1. 开放型成员

开放型成员主要以美国和日本为代表，它们鼓吹实现全面的数据开放与数字贸易自由化，包括免除贸易壁垒、非歧视性待遇、跨境数据自由流动、禁止数据本地化、禁止泄露源代码等。美国基于其在数字贸易领域有力的竞争力对全球数字贸易规则构建抱有强烈的雄心水平，旨在破除其他成员的各种数字关税与非关税壁垒，推动全球数据与信息高度自由流动，实现美国数字企业、产品与服务的全球扩张[①][②]。日本数字开放程度与立场与美国相似，同时又兼顾自身的战略考虑，旨在通过数字技术创新和数字化人才培养推动数字贸易的发展[③]，同时主张对发展中成员尤其是最不发达成员的技术援助[④]。

2. 弱开放型成员

弱开放型成员主要包括欧盟、加拿大、新加坡等发达国成员，这些成员赞同免征关税和禁止数据本地化与公开源代码，允许数据流动，但同时强调保留合理的隐私保护与安全例外。由于欧盟缺乏大型互联网公司，在数字技术竞争中落后于美国等数字贸易强国，其在全球数字贸易规则构建中坚持"个人信息和隐私保护"以及"视听例外"这两项不能

① USITC，"Global Digital Trade 1：Market Opportunities and Key Foreign Trade Restrictions"（Washington DC：USITC，2017，33）.

② USTR，"Foreign Trade Barriers"（Washington DC：USTR，2017），https：//ustr. gov/sites/default/files/files/reports/2017/NTE/2017%20NTE. pdf.

③ 日本于2001年出台"e－Japan 战略"，2009年出台"i－Japan 战略"，自2013年起每年发布"科学技术创新战略"，2016年发布第5份"科学技术基础计划"。

④ 关于技术援助参见 WTO，Joint Statement on Electronic Commerce，INF/ECOM/7，March 25，2019.

触及的底线，同时主张扩大数字服务贸易市场准入①；加拿大、新加坡等发达成员主张既覆盖传统电子商务规则和新兴数字贸易规则，又为国内保留一定数字监管政策空间。

3. 审慎型成员

审慎型成员主要包括中国和俄罗斯。支持暂停征收关税和促进数字贸易营商环境的无纸化贸易便利化规则，但出于宽泛意义的网络安全考虑对跨境数据流动持谨慎态度。中国是新兴的数字贸易大国，其比较优势集中于依托互联网以及电商平台的跨境货物贸易，在数字贸易规则上偏向于重视跨境电子商务，另外两国都非常重视对于“国家安全”和“数据主权”的掌握。

4. 抵制型成员

抵制型成员主要包括印度、印度尼西亚和南非等国家。它们认为数字贸易自由化将对本国经济会产生冲击，出于对自身产业与安全的保护，反对开放数据流动、要求数据存储本地化甚至不支持永久暂停对电子传输征税，印度和南非缺席了两份 WTO 电子商务联合声明的发表。

（三）关键议题的共识与分歧

除在促进与便利类规则上共识较大外，WTO 主要成员在其他三类数字贸易规则上都存在一定分歧。关于贸易促进和便利类议题，主要有五个方面，分别是无纸化贸易、电子认证和电子签名、电子发票、改善数字基础设施、提高政策透明度（见表 13－5）。在无纸化贸易议题方面，包括新加坡、日本、俄罗斯、中国等在内的国家均多次提案中建议推行无纸化贸易以加快贸易相关数据和文件的交换以及货物清关速度，优化贸易便利化程序，降低财务成本和交易时间；在电子认证和电子签名方面，加拿大、欧盟、乌克兰和新西兰等多个国家在提案中一致认识到电子签名和电子认证对于确保在线交易的真实性、完整性和隐私性以及促进国内和跨境电子商务的重要性。另外新西兰的提案指出，某些发展中国家和最不发达国家的国内立法要求亲笔签名，那么电子签名将成为这类国家参与数字贸易面临的最大问题之一；在电子发票议题方面，新加坡和新西兰认识到电子发票系统的重要性，因为电子发票不仅可以减少人工处理的错误，还可以保证真实性和完整性，这有助于提高数字贸易交易的速度和可靠性；在改善数字基础设施议题方面，发展中国家和最不发达国家在数字贸易处于竞争劣势的主要原因在于 ICT 服务行业发展滞后，因此成员国采取适当措施来弥补数字基础设施的不足相当有必要。其中新加坡在提案中提到，服务和产品市场的准入和监管方面的贸易政策可以发挥一定作用；在提高政策透明度议题方面，中小微企业无法将业务扩展到国外市场的主要原因之一在于国外市场在法律规范、正当程序和官方信息方面的透明度不足，因此 WTO 成员方倡导应提高数字贸易政策透明度。

---

① WTO，Joint Statement on Electronic Commerce，INF/ECOM/22，26 April 2019；WTO，Communication from the European Communities and Their Member States，TN/S/W/6，S/CSC/W/35，24 October 2002.

1. 关税类数字贸易规则议题

（1）关于对电子传输产品免征关税：根据 UNCTAD 的估计，2017 年超过一半的数字产品是以电子传输形式交付的，对电子传输产品免征关税有利于世界范围内数字贸易的发展。自从 1998 年第二届 WTO 部长级会议提出暂停对电子传输产品征收关税以来，这一提议便得到了大部分 WTO 成员方的持续关注与支持，虽然目前没有完全达成一致认同，但越来越多的成员加入了暂停或永久征收关税的行列。目前，WTO 成员方对数字产品征收关税主要持有三种不同的态度：美国、日本、欧盟、加拿大、澳大利亚、新西兰、新加坡等成员赞同永久不征税；中国支持暂不征税的做法；而印度、印度尼西亚和南非则反对永久暂停征收关税，正如成员方对“电子传输”概念理解的不同，印度尼西亚等国认为“电子传输”仅指电子商务的传输媒介，提议“暂停”仅适用于电子传输本身，不适用于电子传输的商品和服务，成员方可以对电子传输涵盖的内容征收关税①。另外，巴西在提案中还建议，成员方有权对在其境内产生的收入和利润向跨境电子传输和在线平台供应商征税，即使这些供应商并没有商业实体存在②。对征收关税议题持有谨慎保守态度的主要原因之一是担心可能导致国家税收的减少。根据 UNCTAD③ 的研究，暂停征税对 WTO 发展中成员的损失最大（损失金额约为 100 亿美元）。但 Andrenelli 和 Lopez – Gonzalez④ 的研究认为暂停征税相对于政府整体收入而言的潜在损失较低，且数字产品贸易会带来不断增长的消费者福利和出口竞争力。此外，印度等成员认为暂停征税意味着数字技术与产业先进的成员可以自由进入其国内市场，这对于发展中成员的相关产业的增长、就业与可持续发展将是灾难性的打击。

（2）关于数字产品的归类和分类：WTO 成员方对此的分歧主要体现在两个方面：一是以数字方式交易的产品应该归类于货物并受 GATT 管辖，还是应该归类于服务而受 GATS 管辖；二是云计算在 GATS 下应该归类于计算机服务还是电信服务。对于第一个问题，美国认为数字产品属于货物，应该适用于 GATT⑤，因为适用 GATT 比适用 GATS 更能促进电子商务的贸易自由化⑥；而欧盟则坚持主张视听和文化服务不受约束，应排除在谈判之外，且数字产品应该适用于 GATS。对于第二个问题，WTO 尚未对云计算服务做出明

---

① 印度和南非指出，澳大利亚和新西兰已对数字产品和服务的进口征收国内税，表明对电子传输征收关税在技术上可行，具体参见 WTO，Work Programme on Electronic Commerce the E – commerce Moratorium：Scope and Impact，Communication from India and South Africa，WTO General Council，11 March 2020.

② WTO，“Joint Statement on Electronic Commerce，INF/ECOM/17”（25 March 2019）.

③ UNCTAD，“Growing Trade in Electronic Transmissions：Implications for the South”（Geneva：UNCTAD，2019）.

④ Andrenelli A，Lopez – Gonzalez J，“Electronic Transmissions and International Trade – Shedding New Light on the Moratorium Debate”（OECD Trade Policy Papers，No. 233，OECD Publishing，Paris，2019）.

⑤ 详见议案：WTO. Work Programme on Electronic Commerce，Submission from the U. S.，WT/GC/16，12 February 1999.

⑥ GATT 与 GATS 在核心规则（如国民待遇和最惠国待遇）的实施上有着明显的不同，对电子商务贸易自由化的促进作用也不同。

确分类，美国根据计算机和电信服务的属性认为云计算应该属于计算机服务（CPC84）①，而中国则建议将云计算归类于电信服务。

（3）关于ITA协议的扩围：欧盟和加拿大呼吁更多的WTO成员方应加入ITA Ⅰ及其扩展ITA Ⅱ。目前有54个WTO成员方加入了扩围谈判ITA Ⅱ，占ITA Ⅰ成员方数量的69%，但仍有一些ICT产品的主要贸易国，如印度、巴西、墨西哥和韩国等，并没有加入ITA Ⅱ。

（4）关于数字产品的非歧视待遇：该待遇条款最早出现在2004年美国与智利的双边FTA之中②，WTO电子商务谈判中也逐渐呈现关于数字产品非歧视待遇的提议，比如美国和日本的提案③。欧盟既没有在电子商务谈判中提交与数字产品非歧视性待遇条款相关的提案，也没有在任何欧式FTAs中纳入相关条款，原因在于欧盟一直以来将数字产品归类于服务贸易，并防范本国的文化和视听产业受到别国的侵蚀，这也反映出欧美之间存在的分歧。中国没有提交相关提案。

2. 数据类数字贸易规则议题

（1）关于跨境数据流动：这是WTO成员方存在分歧最大的一项议题，存在以下三种不同的立场与观点。首先，美国和日本主张数据自由流动。美国最早在2007年美韩FTA中引入跨境数据流动条款，之后美国在WTO电子商务谈判中一直积极推动数据跨境自由流动，主张政府应确保跨境数据的转移不受任何歧视性限制，这与它强调交易对象仅限于服务贸易、数据和信息并通过“数字交付”实现的窄口径数字贸易定义有密切的关系，因为这些交易都是以数据充分流动为前提的。其次，欧盟、加拿大、韩国、新加坡、巴西、智利、墨西哥等成员认为在现有WTO义务的基础上，应承诺确保数据能够跨境流动，但须遵守适当的公共政策例外④。最后，中国和俄罗斯则强调数据的安全有序流动。中国既认识到数据流动的重要性，也认为数据自由流动带来的风险需加管控，特别是国家政治安全是数据安全的“红线”，因此，数据流动应以安全为前提，必须遵守各成员的国内法律法规，这一原则在中国国内的《数据安全法》（2021年6月10日通过）中也得以体现。俄罗斯的立场与中国接近，认为数据流动的前提是具备开发数据保护机制和数据流动安全条件。

（2）关于数据本地化：美国鼓吹禁止数据本地化，在提案中建议政府不应强制要求企业在其服务的司法管辖区内建立或使用数字基础设施。日本、加拿大、新加坡等成员则认为数据本地化要求对外国企业进入市场构成了严重障碍，政府不应对服务器的位置施加强制性要求，但也允许有例外情形，即实现合法的公共政策目标应除外。出于对个

---

① WTO，Communication from the United States，Work Program on Electronic Commerce：Ensuring that Trade Rules Support Innovative Advances in Computer Applications and Platforms，Such as Mobile Applications and the Provision of Cloud Computing Services，S/C/W/339，20 September 2011.

② 美国与智利双边FTA第15.4条规定，任何缔约方给予另一缔约方数字产品的待遇，均不得低于其给予其他同类数字产品的待遇。

③ WTO，Joint Statement on Electronic Commerce，INF/ECOM/5，INF/ECOM/7，25 March 2019.

④ 巴西提案中的例外情形具体包括：保护公共道德、维护公共秩序；防止欺骗、欺诈以及违约；保护公民、消费者和医疗患者的隐私；确保安全；网络安全；打击和预防恐怖主义；打击和预防违反刑法的行为。

人隐私、网络安全等的保护，中国并没有提交关于数据本地化的相关议题，并且中国国内的相关法律法规明确规定了有关数据本地化的要求，如《网络安全法》《数据安全法》等。

（3）关于数据和互联网开放：美国、日本和乌克兰等成员鼓励公众对公开数据进行使用，这类数据包括：政府收集的统计信息、公共交通数据和防灾数据等①。此外，美国、欧盟、日本和巴西等成员认为政府不应对访问任何特定网站或服务施加以不合理的限制。但目前并非所有 WTO 成员都认同将互联网接入视为一种公共电信服务。

3. 隐私和安全类数字贸易规则议题

（1）关于保护源代码与专有算法：美国、日本、韩国、巴西、墨西哥、智利、乌克兰等成员认为，披露源代码和专有算法②不应成为在成员领土内进口、分销、销售或使用相关产品（包括数字编码产品）的先决条件。源代码和专有算法是现代数字企业与互联网公司竞争力的源泉，美日认为强制要求公开源代码和算法实际上是一种贸易壁垒，在 WTO 电子商务谈判中主张保护源代码和专有算法是对其领先的数字技术的利益维护，以防止企业核心数字技术外流。欧盟、加拿大、新加坡等成员方则认为，禁止公开源代码或专有算法可存在例外情形。例如，欧盟认为“例外”可包括一般例外、安全例外以及 GATS 金融服务附件第 2 段中的例外③，禁止转让或访问源代码不适用于自然人或法人在商业基础上的自愿情形，且不影响法院与反垄断管理机构对违反竞争法行为的纠正；加拿大主张该规则并不妨碍缔约方的监管机构或司法当局对另一缔约方保存的软件源代码或算法进行特定调查或检查；新加坡认为受此类规则约束的软件仅限于大众市场软件，不包括用于关键基础设施的软件。包括中国在内的发展中成员认为，禁止披露源代码和专有算法阻碍了知识和技术的转移，目前中国在谈判中并没有提交与源代码相关的提案，同样，大多数发展中成员在该议题上也存在空白提案。

（2）关于加密技术：这是 WTO 成员方自 2019 年以来开展讨论的新议题，目前只有美国、日本和巴西三个成员方在提案中涉及加密技术的建议。它们认为，加密技术是保证数字领域隐私和安全的重要工具，也是企业进行知识产权保护的重要手段，因此主张不得限制或强制要求特定加密标准，否则会阻碍新技术和商机的发展。

（四）对 WTO 电子商务诸边谈判的未来展望

近年来，WTO 为全球贸易治理贡献了独一无二的重要作用，但在数字贸易治理方面举步不前。WTO 治理数字贸易问题作用有限，一是因为目前 WTO 电子商务工作计划唯一

---

① WTO，Joint Statement on Electronic Commerce，INF/ECOM/4，25 March 2019.

② WTO 对算法的定义是指，为解决问题或获得结果而采取的确定的步骤序列，参见：WTO. Joint Statement on Electronic Commerce，INF/ECOM/34，11 June 2019.

③ GATS 金融服务附件第 2 段中的例外包括：为保护投资人、存款人、保单持有人或金融服务提供者对其负有信托责任的人而采取的措施，或为保证金融体系完整和稳定而采取的措施。

有成效的领域是暂停对电子传输征收关税，但是否永久暂停对电子传输免征关税还有颇多争议，悬而未决。WTO 有关电子商务和数字贸易的谈判和规则的制定都严重滞后于数字贸易的实际发展状况。二是因为各国在电子商务谈判中的分歧较大，电子商务谈判推进缓慢。

但不可否认的是，在未来 WTO 治理数字贸易问题具有一定潜力，一是因为 WTO 在过去 20 年里发展成为全球最具影响力的国际组织之一，在全球贸易治理方面的优势得天独厚，WTO 可以凭借广泛的国际影响力联合其他国际组织引领数字贸易规则的制定。二是因为虽然区域贸易协定在数字贸易规则制定方面贡献颇多，但全球范围内多个 FTA 的叠加会加剧世界财富分配的不均衡和数字贸易规则的碎片化，并且不利于全球范围内数据的自由跨境流动。截至 2020 年 12 月，已经有 86 个 WTO 成员方加入了电子商务谈判，未来还会吸纳更多的成员加入，覆盖面更广，更加适合全球领域数字贸易规则的谈判。三是因为 WTO 框架下诸多协议具有内在的灵活性和前瞻性，可以适应新兴的数字贸易的发展。如：作为 WTO 所有协议基础的国民待遇与最惠国待遇，可能比制定新的监管法案能更好地解决技术发展问题；WTO 确立的技术中立原则，不仅适用于现在的技术水平，也适用于未来更新的技术水平；另外 WTO 的争端解决系统具有无与伦比的优势。

展望多边贸易体制下数字贸易规则的未来，当前最重要的是尽早结束电子商务联合声明倡议诸边谈判，仿效已经结束的诸边谈判达成早期收获[①]。在可以预见的将来，Burri 认为下一步应争取在 WTO 框架内创建一个专门适用于数字贸易问题的数字经济贸易协定（Digital Economy and Trade Agreement，DETA）。这项诸边协定能够解决所有与数字贸易相关的规制问题，既包括 WTO 电子商务工作计划的遗留问题，也包括透明度、技术标准、数字知识产权保护、数据跨境流动、数据本地化要求等“深度融合”问题，同时，还有必要将对发展中成员和最不发达成员的能力建设与技术援助纳入谈判，以弥补基础设施发展方面的“数字鸿沟”问题。

第二节　区域与双边视角的数字贸易治理

一、引言

根据联合国贸发会议（UNCTAD）的统计数据，全球数字贸易出口额已从 2005 年的 1.21 万亿美元增长到 2020 年的 3.17 万亿美元，年均增长率达到了 6.7%，远超货物贸易

---

① WTO 框架下目前已结束的诸边谈判是服务国内规制，其他尚在进行的谈判包括电子商务、投资便利化、中小微企业、贸易和环境可持续性、塑料污染和环境可持续塑料贸易等。

（3.52%）和服务贸易（4.21%）的年均增长率，可以看出数字贸易已经成为引领全球贸易增长的新引擎①。数字贸易迅猛增长的同时呼吁数字规则与治理。当前，全球数字贸易规则的构建主要在两个体系下进行：一是以 WTO 主导的多边贸易框架，二是以 FTAs/RTAs 为主要形式的全球区域双边框架②。多边贸易框架下的数字贸易规则构建进展相对缓慢，一方面是因为 WTO 既有协议对数字贸易的管理作用有限，另一方面是因为 WTO 电子商务诸边协定框架的谈判中各成员国核心利益诉求差异较大，在短期内难以达成一致③。相比之下，区域与双边 FTAs/RTAs 框架下的数字贸易规则构建却取得了较快进展与成效④，它们不仅涵盖传统的电子商务规则，更涵盖新兴的高标准数字贸易规则⑤，已经成为构建全球数字贸易规则的前沿阵地。

目前，关于区域与双边视角下数字贸易规则研究包括文本研究与量化研究两大领域。文本研究主要集中在以下三个方面：第一，讨论了代表性国家及地区数字贸易规则构建的现状，主要包括：美国⑥⑦⑧、欧盟⑨、中国⑩以及亚太区域⑪⑫；第二，以关键议题为切入点剖析数字贸易规则的构建，主要包括：个人隐私保护⑬⑭、跨境数据流动⑮⑯、数据本地

---

① 数据来源于联合国贸发会数据库：https：//unctadstat. unctad. org/wds/ReportFolders/reportFolders. aspx。

② Meltzer J. P. ，"Governing Digital Trade，" *World Trade Review* 18，No. 1（2019）：15－21.

③ 盛斌、陈丽雪：《多边贸易框架下的数字规则：进展、共识与分歧》，《国外社会科学》2022 年第 4 期。

④ Azmeh S，Foster C，Echavarri J，"The International Trade Regime and the Quest for Free Digital Trade，" *International Studies Review*，No. 3（2020）：671－692.

⑤ Janow M. E. Mavroidis P C. ，"Digital trade，E－Commerce，the WTO and Regional Frameworks，" *World Trade Review* 1（2019）：1－7.

⑥ Fefer R. F. ，Akhtar S I，Morrison W M. ，"Digital Trade and U. S. Trade Policy，" *Current Politics and Economics of the United States，Canada and Mexico*，No. 1（2017）：1－52.

⑦ Gao H，"Regulation of Digital Trade in US Free Trade Agreements：From Trade Regulation to Digital Regulation，" *Legal Issues of Economic Integration*，No. 1（2018）：47－70.

⑧ 周念利、陈寰琦：《基于〈美墨加协定〉分析数字贸易规则"美式模板"的深化及扩展》，《国际贸易问题》2019 年第 9 期。

⑨ Borchert I. ，Morita－Jaeger M. ，"Taking stock of the UK－EU trade and cooperation agreement：Trade in services and digital trade"（UKTPO Briefing Paper，2021）.

⑩ Gao H，"Digital or Trade? The Contrasting Approaches of China and US to Digital Trade，" *Journal of International Economic Law*，No. 2（2018）：297—321.

⑪ Weber R. H. ，"Digital trade and E－commerce：challenges and opportunities of the Asia－Pacific regionalism，" *Asian Journal of WTO & International Health Law and Policy*，No. 10（2015）：321—330.

⑫ Deborah E. ，"Digital trade in the Asia－Pacific：Issues for 2021 and beyond"（Singapore：Hinrich Foundation，2020）.

⑬ Weber R. H. ，"The Digital Future－A Challenge for Privacy？" *Computer Law and Security Review*，No. 31（2015）：234－242.

⑭ Janow M. E. ，Mavroidis P. C. ，"Digital trade，E－Commerce，the WTO and Regional Frameworks，" *World Trade Review*，No. 1（2019）：1—7.

⑮ Burri M. ，"The Governance of Data and Data Flows in Trade Agreements：The Pitfalls of Legal Adaptation，" *Social Science Research Network*，No. 1（2017）：3—10.

⑯ Ariel A. S. ，"Data is different，and that's why the world needs a new approach to governing cross－border data flows，" *Digital Policy，Regulation and Governance*，No. 5（2019）：1—20.

化要求[①][②]、源代码[③]等；第三，对 FTAs/RTAs 中“电子商务”或“数字贸易”章节文本进行全面梳理以分析数字贸易规则在时间和空间上的演变[④][⑤]。在量化研究方面，José - Antonio 和 Teh[⑥] 逐项审查了 1957—2017 年生效的 275 个 FTAs/RTAs 中涉及的 19 项电子商务条款，并运用杰卡德指数和网络图形法分析了条款的异质性；Manfred 和 Klotz[⑦] 从范围、深度、灵活性、消费者保护、非歧视性、监管合作六个维度量化了 FTAs/RTAs 中与电子商务和数据流动相关的条款；Burri 和 Polanco[⑧] 创立了首个 FTAs/RTAs 数字贸易条款量化的专门数据库（Trade Agreements Provisions on Electronic - Commerce and Data, TAPED）；国内学者韩剑等[⑨]借鉴 Manfred 和 Klotz 的方法构建了数字贸易协定条款异质性指标，周念利和陈寰琦[⑩]根据协定条款表述的约束性强弱对七项代表性“美式模板”数字贸易规则进行了赋值打分。

本节的研究目的在于盘点当前区域与双边视角下数字贸易规则构建的现状，分析与比较美国、欧盟、中国、南太平洋四大数字规则“模板”的核心理念与内容，并剖析其背后的动因与利益因素。研究区域与双边视角下的数字贸易规则有助于梳理清晰全球数字贸易规则的构建路径与内容和把握数字贸易治理演进的特征与趋势，有利于准确解析中国在全球数字贸易规则谈判中的核心利益与攻防策略，并为中国未来参与全球数字治理提出政策建议。相比现有文献，本节有以下三点创新：第一，在对现有 FTAs/RTAs 数字贸易条款文本进行深入解析的基础上，根据理念目标与利益诉求的差异对全球数字贸易规则的四种模板——“美式模板”“欧式模板”“中式模板”和“南太平洋模板”进行了比较分析；第二，围绕数字贸易规则的重点议题与领域，从国际政治经济学视角分析了四种模式背后

① Azmeh S., Foster C., “The TPP and the digital trade agenda: Digital industrial policy and Silicon Valley's influence on new trade agreements” (International Development Working Paper, 2016).

② Burri M., “The Regulation of Data Flows Through Trade Agreements,” *Georgetown Journal of International Law*, No. 48 (2017): 407—448.

③ Neeraj R. S., “Trade Rules on Source Code - Deepening the Digital Inequities by Locking up the Software Fortress” (Centre for WTO Studies Indian Institute of Foreign Trade Working Paper, 2017).

④ Wu M, “Digital Trade - Related Provisions in Regional Trade Agreements: Existing Models and Lessons for the Multilateral Trade System” (International Centre for Trade and Sustainable Development and the Inter - American Development Bank, Geneva, Switzerland, 2017).

⑤ Froese M. D., “Digital Trade and Dispute Settlement in RTAs: An Evolving Standard?” *Journal of World Trade* 53, No. 5 (2019): 783—809.

⑥ José - Antonio M., Teh R., “Provisions on Electronic Commerce in Regional Trade Agreements” (WTO Working Paper ERSD, November, 2017).

⑦ Manfred E., Klotz S., *Data Flow - Related Provisions in Preferential Trade Agreements* in BURRI M (Ed.), *Big Data and Global Trade Law* (Cambridge University Press, 2021), pp. 42—62.

⑧ Burri M., Polanco R., “Digital trade provisions in preferential trade agreements: introducing a new dataset,” *Journal of International Economic Law* 23, No. 1 (2020): 187—220.

⑨ 韩剑、蔡继伟、许亚云：《数字贸易谈判与规则竞争——基于区域贸易协定文本量化的研究》，《中国工业经济》2019 年第 11 期。

⑩ 周念利、陈寰琦：《RTAs 框架下美式数字贸易规则的数字贸易效应研究》，《世界经济》2020 年第 10 期。

各国的动机以及主要分歧；第三，结合数字贸易规则构建的“中式模板”的特点与存在问题，分析并提出了中国的战略定位以及相应对策措施。

二、区域与双边视角下的数字贸易协定网络

（一）全球数字贸易协定网络

根据 TAPED 数据库和 WTO 的 RTAs 数据库，目前全球已经签订的 FTAs/RTAs 数量为 354 个，其中涵盖电子商务或数字贸易专章的有 83 个，涉及 90 个国家或地区。第一个将电子商务问题纳入贸易协定的是2000 年签订的美国 - 约旦 FTA。此后，越来越多的 FTAs/RTAs 涵盖了专门的电子商务或数字贸易章节，并形成了全球复杂交错的贸易协定网络。图 13 -1 描绘了这种数字贸易规则的“意大利面碗”效应，其特点主要体现在四个方面：第一，形成了包含两个及以上大国在内的巨型 FTAs/RTAs，如 CPTPP、RCEP、USMCA 等；第二，数字 FTAs/RTAs 网络形成了洲际跨越，而不仅局限于有限的区域性地理范围；第三，美国、日本等大国成为数字 FTAs/RTAs 网络的中心，其签订的协定中的数字贸易章节具有重要的示范效应和外溢作用；第四，新加坡、新西兰等小国在数字贸易相关协定方面表现非常活跃。

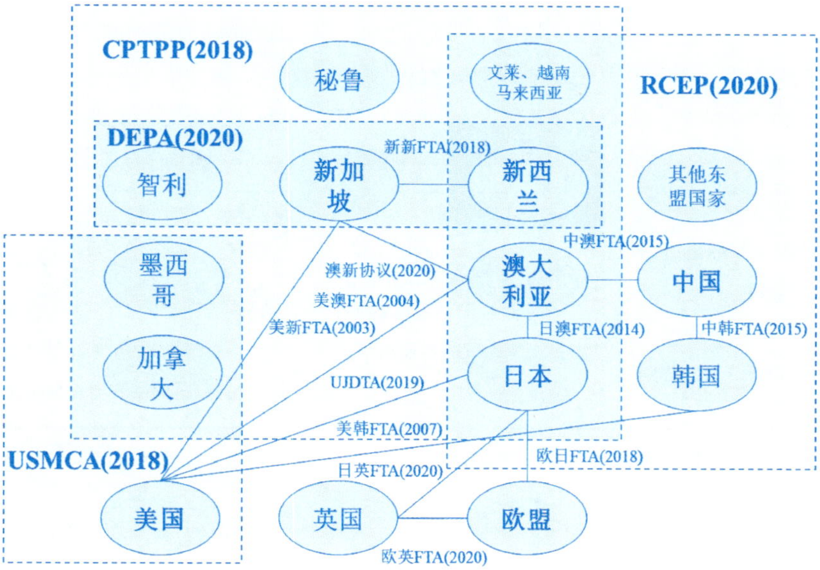

图 13 -1　全球数字 FTAs/RTAs 网络

注：（1）虚线方框代表多边协议，其中 CPTPP 为全面和进步的跨太平洋伙伴关系（Comprehensive and Progressive Trans - Pacific Partnership），RCEP 为区域全面经济伙伴关系（Regional Comprehensive Economic Partnership），DEPA 为数字经济伙伴关系协议（Digital Economic Partnership Agreement），USMCA 为美国 - 墨西哥 - 加拿大协定（US - Mexico - Canada Agreement）。（2）直线相连代表双边协议，其中 UJDTA 为美日数字贸易协定（US - Japan Digital Trade Agreement）。

（二）两代数字贸易规则划分

在 FTAs/RTAs 所包含的数字贸易条款的演进中，各参与方逐步构建与形成了两代数字贸易规则（见表 13－6）。其划分依据一是看规制基于狭义的“电子商务”概念，即以数字订购的货物贸易为主，还是基于广义的“数字贸易”概念，包括服务贸易，尤其是数字交付的服务贸易为主①；二是看规制是在既有贸易规则的基础上仅对数字贸易的拓展性应用，包括 WTO＋“边境措施”与 WTO－“边境后措施”②，如非歧视待遇、数字市场准入、贸易便利化、知识产权保护等，还是完全新型的数字贸易措施，即 WTO－E 措施③，如跨境数据流动、数据本地化、消费者保护等。

表 13－6　　两代数字贸易规则的主要内容与措施

	依据的主要协定	第一代数字贸易规则	第二代数字贸易规则
WTO＋	WTO 已有协定，包括：GATT，TFA，TBT，ITA，GATS，TRIPs	GATT 和 GATS 非歧视待遇的适用性；数字传输关税减让；服务贸易模式的再分类；信息技术产品市场准入；电信服务开放；技术性贸易壁垒；数字贸易便利化	
WTO－X	高标准 FTAs/RTAs	与电子商务有关的知识产权保护；竞争政策；人员临时入境；环境；劳工；国内监管与合作等	数字知识产权（源代码、专有算法、加密技术）；数字竞争政策（互联网与数字平台反垄断）；中小企业
WTO－E	WTO 电子商务诸边协定（谈判中）；高标准 FTAs/RTAs；数字（贸易）区域协定	无纸化贸易；电子签名和电子认证；电子交易框架；电子合同；电子发票；未经许可的商业电子信息	互联网开放、数据跨境流动；跨境税收；技术中性；个人信息保护；线上消费者保护；中介平台服务商责任；数据本地化（计算设施的使用和位置）；网络安全；数字包容性等

注：GATT 为关税与货物贸易总协定，TFA 为贸易便利化协定，TBT 为技术性贸易壁垒协定，ITA 为信息技术产品协定，GATS 为服务贸易总协定，TRIPs 为与贸易有关的知识产权协定。

资料来源：笔者整理。

具体来看，“第一代”数字贸易规则产生于以数字订购为主要交易方式、以货物贸易和部分传统服务贸易为主要交易对象的电子商务盛行时代，一般涵盖 WTO 现行管理框架

---

① OECD，WTO，IMF，“Handbook on Measuring Digital Trade，Version 1”（Paris：OECD，2020）.

② Horn H.，Mavroidis P C，Sapir A.，“Beyond the WTO? An Anatomy of EU and US Preferential Trade Agreements” *The World Economy* 33，No. 11（2010）：1565－1588.

③ 盛斌、高疆：《数字贸易：一个分析框架》，《国际贸易问题》2021 年第 8 期。

下的边界规制措施以及部分 WTO 框架之外的国内规制措施，其中包括已经得到了大多数 WTO 成员方认同的与货物贸易有关的传统电子商务规则，如电子传输免关税、信息技术产品与电信服务开放、数字贸易促进与便利化、在线知识产权保护、国内监管与合作等。而“第二代”数字贸易规则产生于以数字订购和数字交付为主要交易方式、以新型数字服务贸易和数据信息流动为主要交易对象的数字贸易盛行时代，涵盖了部分 WTO - “边境后措施”以及新兴的 WTO - E 措施，包括：数字基础设施接入（互联网开放、开放政府数据）；专有信息保护（源代码和算法、技术中性）；跨境数据和信息流动（数据本地化、网络安全、个人隐私保护）等。

表 13 -7 梳理了全球主要代表性国家在其签订的 FTAs/RTAs 中包含的数字贸易条款情况。可以看出，大部分国家在第一代数字贸易规则（特别是电子商务促进与便利类）中达成了较为普遍的共识，分歧主要集中在数字贸易的非歧视性待遇与关税问题；而它们在第二代数字贸易规则中分歧较大，主要集中于跨境数据流动类、知识产权保护类与隐私安全类议题，发达国家对此有较强的攻势利益，多数发展中国家对第二代数字贸易规则条款覆盖较少。

表 13 -7　　　　主要国家签订的 FTAs/RTAs 中的数字贸易条款

	数字贸易条款	美国	日本	加拿大	澳大利亚	新西兰	智利	欧盟	中国	巴西
第一代规则	电子传输免关税	●	●	●	●	●	●	●	○	●
	数字产品非歧视性待遇	●	●	●	●	●	●	×	×	×
	电子交易框架	●	●	●	●	●	●	×	×	×
	电子认证和电子签名	●	●	●	●	●	●	●	●	●
	无纸化贸易	●	●	●	●	●	●	×	●	●
	在线消费者保护	●	●	●	●	●	●	●	●	●
	非应邀商业电子信息	●	●	●	●	●	●	●	●	●
第二代规则	互联网开放	●	×	●	●	●	●	×	×	×
	开放政府数据	●	●	●	●	●	●	○	×	×
	个人信息保护	●	●	●	●	●	●	●	●	×
	网络安全	●	●	●	●	●	●	×	●	×
	跨境数据流动	●	●	●	●	●	●	○	○	×
	计算设施位置	●	●	●	●	●	×	×	○	×
	金融计算设施的位置	●	●	×	●	×	×	×	×	×
	源代码	●	●	●	●	●	×	●	×	×
	使用密码学的 ICT 产品	●	●	×	●	●	●	×	×	×
	交互式互联网服务	●	●	●	×	×	×	×	×	×

注：●表示攻势利益，○表示守势利益，×表示不包括此项条款。

资料来源：根据 WTO FTAs/RTAs 数据库整理。

三、区域与双边视角下的数字贸易规则模板

FTAs/RTAs 是当前各国争夺数字贸易规则制定主动权的主战场。根据协定相关的数字贸易条款内容，本节将区域与双边视角下的数字贸易规则归纳为“美式模板”“欧式模板”“中式模板”和“南太平洋模板”四种，并就其核心理念、主要特征与内容进行了比较分析。

（一）以美国、日本为代表“美式模板”

美国是数字服务贸易大国和强国，2021 年美国服务贸易总额中有 75% 来自可数字化服务贸易额[①]，在全球可数字化服务贸易中占比为 16%[②]。可见数字贸易对于美国服务贸易的重要作用以及美国在全球数字贸易中的领导地位。因此，美国在 FTAs 中高度重视与充分体现了数字贸易条款，并试图在全球数字贸易治理中占据领导地位。如表 13－8 所示，签订于 2000 年的美国－约旦 FTA 是第一个设立“电子商务”章节和“电子传输免关税”规则的 FTA；2003 年达成的美国－新加坡 FTA 首次设立带有强制约束力的“电子传输免关税”条款，并提出“数字产品非歧视性待遇”；2007 年签订的美国－韩国 FTA 又迎来了关于“跨境数据流动”的突破性数字贸易规则。这一系列行动揭示出美国对于数字贸易规则制订的捕捉力、前瞻性与雄心水平。2016 年由美国主导谈判的 TPP 不仅进一步丰富了跨境数据流动条款，还首次在电子商务章节中加入了计算设施的位置、源代码等有强制约束力的硬性条款以及个人信息保护、互联网接入、非应邀商业电子信息、网络安全等软性条款。虽然美国特朗普政府后来退出了 TPP 协定，但是它为全球数字贸易治理带来了非常深远的影响，并成为许多其他 FTAs/RTAs 的模板。美国在 2018 年与加拿大、墨西哥经过重新谈判后达成的美墨加贸易协定（USMCA）是第一个设立“数字贸易”专章的 FTA。2019 年，作为世界上数字化程度最高的两个国家，美国与日本签订了美国－日本数字贸易协定（UJDTA），这是当前数字贸易自由化与便利化标准最高的贸易协定。USMCA 和 UJDTA 在条款的硬性约束力上进一步升级，增加了公开政府数据、交互式计算机服务、金融服务计算设施的位置、使用密码学的 ICT 产品等新规则。

表 13－8 梳理了数字贸易规则的“美式模板”，“美式模板”数字贸易规则是美国数字贸易的比较优势集中于数字服务贸易、数据和信息产业竞争力、数字技术创新与大型数字平台的商业利益体现。从“美式模板”的主要内容与演进路径分析来看，其主要具有以下特征：第一，所涉及涵盖电子商务或数字贸易专章的 FTAs 开启时间最早（2000 年），数量也最多（16 个）；第二，所包含的数字贸易规则最全面，不仅涵盖电子商务时期的第

---

① 联合国贸发会议（UNCTAD）工作组 2018 年对“可数字化服务贸易”（Digitally－deliverable Services）的定义为可通过 ICT 技术网络远程交付的服务贸易。

② 数据来源于 UNCTAD 数据库。

一代规则，还引领着数字新时代第二代规则的制定；第三，在规则上极力倡导削减数字贸易壁垒、促进全球跨境数据自由流动和保护数字企业的核心知识产权；第四，强调保持美国数字经济的全球领导力，致力于联合盟友主导跨大西洋、印太地区以及美洲的数字贸易治理，鼓吹将以美墨加贸易协定（USMCA）的数字贸易专章为基准作为模板，为全球数字规则制订新标准。此外，日本在数字贸易规则的构建中紧跟美国的步伐，倡导在数据和信息流动领域追求开放和自由。

表 13－8　　　　数字贸易规则的“美式模板”

FTA	1	2	3	4	5	6	7	8	9	10	11	12	13	14	15	16
美国－约旦（2000）	S	×	×	×	×	×	×	×	×	×	×	×	×	×	×	×
美国－新加坡（2003） 美国－智利（2003） 美国－摩洛哥（2004） 美国－CAFTA（2004） 美国－巴林（2005） 美国－阿曼（2006） 美国－巴拿马（2007）	H	H	×	×	×	×	×	×	×	×	×	×	×	×	×	×
美国－澳大利亚（2004） 美国－秘鲁（2006） 美国－哥伦比亚（2006）	H	H	H	S	S	×	×	×	×	×	×	×	×	×	×	×
美国－韩国（2007）	H	H	H	S	S	S	×	×	×	×	×	×	×	×	×	×
TPP（2016，后退出） CPTPP（2018）	H	H	H	S	S	S	H	H	×	S	S	S	S	×	×	×
USMCA（2018）	H	H	H	S	S	H	H	H	H	S	S	S	S	S	×	×
UJDTA（2019）	H	H	H	S	×	H	H	H	H	S	×	S	S	S	H	H

注：表中的数字代表依次为：1 电子传输免关税，2 数字产品非歧视性待遇，3 电子认证和电子签名，4 在线消费者保护，5 无纸化贸易，6 跨境数据流动，7 计算设施的位置，8 源代码，9 交互式计算机服务，10 个人信息保护，11 接入互联网，12 非应邀商业电子信息，13 网络安全，14 公开政府数据，15 金融服务计算设施的位置，16 使用密码学的信息和通信技术产品；S 表示软性条款，H 表示硬性条款，×表示不涉及。下同。

资料来源：根据 TAPED 和 WTO FTAs/RTAs 数据库整理。

（二）以欧盟为代表的“欧式模板”

表 13－9 梳理了数字贸易规则的“欧式模板”。欧盟国家也是数字服务贸易的强国，2021 年欧盟可数字化服务贸易总额为 20261 亿美元，占当年服务贸易总额 64%，在全球可数字化服务贸易的占比高达 53.16%[①]。如表 13－9 所示，欧盟签订的第一个含有电子

① 数据来源于 UNCTAD 数据库。

商务专章的 FTA 是欧盟－韩国 FTA（2010），但关于数字贸易规则的实质性条款仅有一条，即“不对电子传输征收关税”。2016 年签订的欧盟－加拿大 FTA 将“电子传输免关税”规则升级成了有强制性约束的条款。2018 年签订的欧盟－日本和欧盟－墨西哥 FTA 在数字贸易规则构建方面的雄心上升了一个高度，在规则数量和内容上都有所升级，包括“电子传输免关税”“电子认证和电子签名”“在线消费者保护”“跨境数据流动”“源代码”“非应邀商业电子信息”。2020 年签订的欧盟－英国 FTA 是继 USMCA 之后全球第二个采用“数字贸易”专章的 FTA，它在欧盟－日本 FTA（2018）的基础上增加了个人信息保护、公开政府数据等新规则。在跨境数据流动议题上，欧盟与其他国家达成的数字贸易协定（如欧盟－日本 FTA、欧盟－英国 FTA）对此并没有进行强制约束，同时明确规定跨境数据传输相关措施不得妨碍个人数据和隐私保护，体现出欧盟对基于公民权利的数据安全的高度重视。

表 13－9　　数字贸易规则的“欧式模板”

FTA	1	2	3	4	5	6	7	8	9	10	11	12	13	14	15	16
欧盟－韩国（2010） 欧盟－中美洲（2012） 欧盟－格鲁吉亚（2014） 欧盟－摩尔多瓦（2014） 欧盟－乌克兰（2014）	S	×	×	×	×	×	×	×	×	S	×	×	×	×	×	×
欧盟－加拿大（2016） 欧盟－新加坡（2018） 欧盟－越南（2019）	H	×	×	×	×	×	×	×	×	×	×	×	×	×	×	×
欧盟－日本（2018） 欧盟－墨西哥（2018）	H	×	H	S	×	S	×	H	×	×	×	S	×	×	×	×
欧盟－英国（2020）	S	×	H	S	×	S	×	H	×	S	×	S	×	S	×	×

资料来源：根据 TAPED 和 WTO FTAs/RTAs 数据库整理。

欧盟虽然在数字产业上有较强的竞争力，但相比美国则明显落后，特别是欧盟缺乏在全球有影响力的大型数据平台公司和数字高科技企业。因此，欧盟坚持将数字化的视听、文化产品作为市场准入的例外。另外，基于历史与文化传统，欧盟在数字政策上非常注重个人信息与隐私保护，制定了一系列覆盖欧盟成员的区域性法案来实现维护公共利益的数据保护，例如在个人数据保护方面欧盟出台了《通用数据保护条例》，在数字市场方面欧盟制订了《数字市场法案》和《数字服务法案》，在网络安全方面公布了《网络安全法案》和《网络安全战略》。这使欧盟目前在全球数字贸易治理中更多扮演着“监管者”的角色。在这种理念与背景下，“欧式模板”的数字贸易规则呈现出以下特征：第一，开启时间较晚（2010 年），涉及涵盖电子商务或数字贸易专章的 FTAs 的数量相对较少（11

个）；第二，涵盖的数字贸易规则比较零散，没有形成完整的体系，缺少数字贸易市场准入相关规则，以及在数据流动和存储方面存在一定限制；第三，强调基于个人隐私保护的跨境数据流动监管、视听产品例外和消费者保护模式；第四，规则以软性条款为主，缺少争端解决机制。

（三）以中国为代表的“中式模板”

表 13－10 梳理了数字贸易规则的“中式模板”。中国是全球数字贸易大国，优势主要体现在以货物贸易为主的跨境电子商务。近年来，中国在数字服务贸易上增长迅速，2021 年中国的可数字化服务贸易总额为 1948 亿美元，占服务贸易总额的比重达到 55%，在全球可数字化服务贸易额的占比为 5.1%，仅次于欧盟、美国、英国、爱尔兰和德国，排名世界第六[①]。如表 13－10 所示，中国签订的 FTAs 中包括数字贸易规则的数量较少，且仅以“电子商务”为章节标题。2015 年签订的中国－韩国 FTA 和中国－澳大利亚 FTA 涵盖的数字贸易规则集中于电子传输免关税、电子认证和电子签名、无纸化贸易、个人信息保护和在线消费者保护等领域。2020 年中国签订的 RCEP 在中国－新加坡升级版的 FTA（2018）的基础上增加了跨境数据流动、计算设施的位置、非应邀商业电子信息和网络安全等新规则，对中国对标更高标准的数字贸易规则具有重要意义。RECP 也是目前中国在数字贸易领域签订的最高水平的 FTA，它在跨境数据流动、计算设施的位置等规则上形成了有强制约束力的条款。

表 13－10　数字贸易规则的“中式模板”

FTA	1	2	3	4	5	6	7	8	9	10	11	12	13	14	15	16
中韩 FTA（2015）	S	×	H	×	S	×	×	×	×	S	×	×	×	×	×	×
中澳 FTA（2015）	S	×	S	S	S	×	×	×	×	S	×	×	×	×	×	×
中新 FTA 升级（2018）	S	×	H	S	S	×	×	×	×	S	×	×	×	×	×	×
RCEP（2020）	S	×	H	S	S	H	H	×	×	S	×	S	S	×	×	×

资料来源：根据 TAPED 和 WTO FTAs/RTAs 数据库整理。

中国已经迈入了数字贸易大国的行列，但从整体上来看，中国的数字贸易整体竞争力还不足够强，其主要优势在于数字订购的跨境货物贸易，在新型数字服务产品、数据和信息产业、软件等领域仍有较大的发展空间。出于数字经贸的现实基础以及政治、文化、社会制度等国情的综合考虑，中国在数字贸易规则构建中一方面注重促进跨境电子商务的便利化与数字营商环境的改善，另一方面强调维护国家安全、网络安全和数据主权目标下的跨境数据有序流动。由此，数字贸易规则“中式模板”具有以下特征：第一，数字贸易规则开启时间晚（2015 年），涉及所涵盖的电子商务专章 FTAs 数量少（4 个）；第二，包含

① 数据来源于 UNCTAD 数据库。

的数字贸易规则比较单一，主要集中在跨境电子商务便利化领域，缺乏数字贸易市场准入以及跨境数据流动和存储的相关条款；第三，强调对安全例外的规定，在计算设施的位置、跨境数据流动规则下均设置了安全例外条款，以实现本国的数据安全目标以及保护国内的云存储等相关数字产业。

（四）以澳大利亚、新西兰为代表的“南太平洋模板”

表 13－11 梳理了数字贸易规则的“南太平洋模板”。澳大利亚、新西兰、智利和秘鲁等南太平洋国家可数字化服务贸易额占本国服务贸易总额的比例不到 40%，占世界服务贸易的比例在 1% 左右①，其数字经济竞争力较弱，总体而言在全球数字经济话语权方面处于劣势地位。从表 13－11 可以看出，在 2018 年之前，以澳大利亚、新西兰为代表的南太平洋国家涉及的数字贸易规则集中在电子传输免关税、电子认证和电子签名、在线消费者保护和无纸化贸易等传统电子商务便利化领域。2018 年签订的新西兰－新加坡 FTA 和澳大利亚－秘鲁 FTA 在数字贸易规则上的雄心水平与 TPP 相似，但前者并没有将数字产品非歧视性待遇写入文本。南太平洋国家签订的数字贸易协定中最具代表性的是智利－新西兰－新加坡数字经济伙伴协议（DEPA）和澳大利亚－新加坡数字经济协议（ASDEA），这两个 FTAs 将南太平洋地区的数字贸易规则提升到了新的高度。除了传统和新兴的数字贸易规则外，DEPA 几乎承袭了 CPTPP 电子商务章节中除源代码和交互式计算机服务之外的全部内容，其中关于数字产品非歧视待遇、跨境传输信息、计算设施的位置、加密 ICT 产品等条款更是直接引用 CPTPP 的既有表述。在此基础上，DEPA 增加了跨境物流、电子发票、金融科技合作、人工智能、数据创新等非强制性义务条款内容，以促进商业和贸易便利化以及新兴技术和数字经济的发展。此外，DEPA 还是世界上首个采用模块式协议的新型数字贸易协议，为各谈判方提供了参与部分或全部议题的灵活选择性，避免了一揽子贸易协定拉锯战式的谈判方式，提高了谈判效率。ASDEA 借用了 DEPA 的模块化方法，但是在约束力和条款数量上超越了 DEPA，此外，ASDEA 还增加了金融服务计算设施的位置和源代码两项重要条款。

表 13－11　　数字贸易规则的“南太平洋模板”

FTA	1	2	3	4	5	6	7	8	9	10	11	12	13	14	15	16
澳大利亚－泰国（2004）	S	×	S	S	S	×	×	×	×	S	×	×	×	×	×	×
智利－澳大利亚（2008） 秘鲁－加拿大（2008）	H	×	S	S	S	×	×	×	×	S	×	×	×	×	×	×
新西兰－新加坡（2018）	H	×	H	S	S	S	H	H	×	S	S	S	S	×	×	×
澳大利亚－秘鲁（2018）	H	H	H	S	S	S	H	H	×	S	S	S	S	×	×	×

① 数据来源于 UNCTAD 数据库。

续表

FTA	1	2	3	4	5	6	7	8	9	10	11	12	13	14	15	16
智利－新西兰－新加坡（DEPA，2020）	H	H	S	S	S	S	H	×	×	S	S	S	S	S	×	H
澳新协议（2020）	H	H	H	S	S	H	H	H	×	S	S	S	S	S	H	H

资料来源：根据 TAPED 和 WTO FTAs/RTAs 数据库整理。

虽然南太平洋国家的数字竞争力整体较弱，但它们积极探索数字经济与贸易规则的脚步却从未停止过，甚至在许多议题的前瞻性与引领性方面走在世界的前列。2002 年，智利、新西兰和新加坡三国发起了“亚太自由贸易区”谈判，2005 年文莱加入，并形成了“太平洋四国”协定（P4），这也是后来的 TPP 的雏形。2020 年三国又签署了数字经济伙伴协议（DEPA），成为构建全球数字贸易规则的“第四方力量”。这些国家在努力抢占数字经济规则的赛道过程中展现出了小经济体“协作抱团”的力量。数字贸易规则的“南太平洋模板”的特征如下：第一，开启时间早（2004 年），涉及涵盖电子商务或数字贸易专章的 FTAs/RTAs 的数量居中（7 个）；第二，协定覆盖的数字贸易规则比较全面和系统；第三，其倡导的规则与“美式模板”十分相近，如 DEPA 承袭了 TPP 文本的多项条款。

（五）四种模式的比较分析

表 13－12 比较了前述区域性数字贸易规则的四大模板。“美式模板”是美国最先布局和谋划全球数字贸易规则构建的产物，并对“南太平洋模板”产生了很大的外溢影响，两者的核心理念和攻势议题也大同小异。“欧式模板”在跨境数据流动和存储方面与“美式模板”存在较大的差异，强调“有条件的监管”，在个人数据与敏感信息保护领域对全球数字治理产生了重要的影响。“中式模板”的议题集中于跨境电子商务的便利化，其核心利益在于促进大型数字平台的跨境电子商务以及重视对国家安全的保护。

表 13－12　　数字贸易规则四大模板的比较

	美式模板	欧式模板	中式模板	南太平洋模板
代表国家	美国、日本、加拿大	欧盟	中国、俄罗斯	澳大利亚、新西兰、智利
开启时间	2000 年	2010 年	2015 年	2004 年
代表性 FTAs	CPTPP（2018） USMCA（2018） UJDTA（2019）	欧盟－日本 FTA（2018） 欧盟－英国 FTA（2020）	中国－韩国 FTA（2015） RCEP（2020）	DEPA（2020） 澳新协议（2020）
核心理念	倡导跨境数据流动，反对数据本地化，保护数字知识产权	强调对个人隐私和消费者的保护，视听产品例外	强调数字主权和国家安全	鼓励跨境数据流动，推动数字贸易便利化

续表

	美式模板	欧式模板	中式模板	南太平洋模板
核心内容	数字服务与数据	数据与电信	跨境电子商务	数据与信息
攻势议题	电子传输免关税 数字产品非歧视性待遇 跨境数据流动 计算设施的位置 源代码 交互式计算机服务 金融服务计算设施位置 使用密码学的 ICT 产品	电子传输免关税 电子认证 电子签名 在线消费者保护 源代码 个人信息保护 非应邀商业电子信息	无纸化贸易 电子认证 电子签名 在线消费者保护 个人信息保护 非应邀商业电子信息 网络安全	电子传输免关税 数字产品非歧视性待遇 电子认证 电子签名 跨境数据流动 计算设施的位置 源代码 使用密码学的 ICT 产品

资料来源：笔者整理。

四、数字贸易规则的关键议题分析

本小节将数字贸易规则的关键议题分为数字产品类、数据流动类、知识产权保护类和隐私安全类四大类，结合数字贸易规则的“美式模板”“欧式模板”“中式模板”和“南太平洋模板”，针对具体关键议题分析主要国家的攻守势利益与其背后的策略考量。

（一）数字产品类规则

1. 数字产品电子传输免关税

“电子传输免关税”议题最早出现在 1998 年 WTO 电子商务宣言中，但至今 WTO 成员方未就“电子传输免关税”达成一致。在区域与双边框架内，“电子传输免关税”规则最早出现在 2000 年美国 – 约旦 FTA 中，虽然该条款在协定中并没有强制约束力，但对后来达成的其他 FTAs/RTAs 产生了广泛的影响，成为电子商务或数字贸易专章中的“标配”内容，并被越来越多的 FTAs/RTAs 赋予强制执行力。因此，“电子传输免关税”已经成为“美式模板”和“南太平洋模板”的经典性条款，反映了美国、日本等数字贸易强国的攻势利益以及南太平洋小国的激进改革立场。美国因为在信息内容产品的生产和出口方面拥有比较优势，数字贸易的发展为信息内容产品带来了数字化赋能，为破除数字产品市场准入壁垒并促进数字贸易自由化，美国极力倡导“电子传输永久免关税”；虽然南太平洋国家在数字贸易竞争力上弱于美国、日本等大国，但是为促进数字产品出口一如既往地坚持“电子传输免关税”。而一些发展中国家并未将“电子传输免关税”纳入 FTAs/RTAs，主要出于电子传输永久免关税可能会导致国家税收减少的担忧。根据 UNCTAD（2019）的研究，暂停对电子传输征收关税将为发展中国家带来约 100 亿美元的损失。同样，电子传输永久免关税可能造成中国关税流失和挤压国内新兴数字产业的生存空间，在“中式模板”

中，“电子传输免关税”以软约束的方式出现，体现了一定的灵活性与政策空间保留。

2. 数字产品非歧视性待遇

数字产品非歧视待遇包括国民待遇和最惠国待遇两个方面。在 WTO 电子商务谈判中，美国和日本两国多次提交关于“数字产品非歧视待遇”的提案，而欧盟和中国没有提交过相关提案。类似地，数字产品非歧视待遇成为“美式模板”和“南太平洋模板”中的重要攻势利益体现。该规则最早出现在 2003 年达成的美国 – 新加坡 FTA 中，之后“美式模板”下的 FTAs 几乎都涵盖了该条款。在美国的压力下，2018 年签订的 USMCA 中还删除了“广播例外”，这体现了美国将数字产品的非歧视待遇延伸到文化部门和知识产权领域的野心以及美国在数字贸易自由化中的雄心壮志。美国、日本、澳大利亚和新西兰等国积极推行数字产品的非歧视性待遇的目的在于进一步消除数字产业的限制性措施，促进本国数字企业、数字文化产品的输出与全球扩张，以及降低数字产业链所面临的国际市场壁垒。相比之下，欧盟为了保护文化产业免受侵蚀，坚持将视听和文化部门排除在承诺谈判之外，这也是“美式模板”和“欧式模板”的利益冲突点所在。中国的数字服务产业特别是数字文化产品并没有形成强有力的国际竞争力，目前中国对此也没有实行非歧视性待遇。

（二）数据流动类规则

1. 跨境数据流动

“跨境数据流动”规则最早出现在 2007 年美国 – 韩国 FTA 中，随后通过 CPTPP 和 USMCA 协定得到了升级，并作为必有的议题广泛出现在“美式模板”“欧式模板”“中式模板”和“南太平洋模板”之中。但相比在“美式模板”和“南太平洋模板”中具有的硬约束规则相比，“欧式模板”并没有对如何实施跨境数据流动采用强有力的约束语言，中国参加的 RCEP 也只对该问题做了对计算设施的位置的规定。“跨境数据流动”是“美式模板”和“南太平洋模板”的攻势利益，是“欧式模板”和“中式模板”的守势利益。伴随着数字技术的飞速发展和数字平台的大量涌现，数据和信息已经成为数字贸易的核心内容，从包括制造业、农业、食品行业在内的传统行业到服务行业，数字技术对收集和整合全球生产、销售和消费各个环节的数据和信息进行了数字化赋能，全球价值链通过跨境数据流动也变得更加高效[①②]。2009—2018 年数据跨境流动对全球经济增长的贡献率达到 10% 左右，预计到 2025 年跨境数据流动将产生 11 万亿美元的全球经济增长[③]。美国在跨

---

① López – González J. , Jouanjean M. , “Digital Trade: Developing a Framework for Analysis” (Paris: OECD publishing, OECD Trade Policy Papers, 2017).

② Jouanjean M. A. , “Digital Opportunities for Trade in the Agriculture and Food Sectors” (OECD Food, Agriculture and Fisheries Papers, 2019).

③ Meltzer J. P. , Lovelock P. , “Regulating for a Digital Economy: Understanding the Importance of Cross – border Data Flows in Asia” (Global Economy and Development Working Paper, 2018).

境数据自由流动方面拥有巨大的商业利益和文化利益，旨在破除各国对跨境数据自由流动设置的各类贸易壁垒，确保跨境数据自由流动对于美国的数字产业极为重要，因此美国积极在区域与双边框架下推行跨境数据流动；南太平洋国家也认识到数据对于创造社会福利和推动企业创新的作用，为保障数字企业自由地跨境传输数据和信息，其制定的“跨境数据流动”规则几乎完全承袭了“美式模板”中的规定。“欧式模板”对“跨境数据流动”这一条款则持有更加审慎的态度，一方面欧盟出于历史、社会与文化因素捍卫公民权利与基本价值观，尤其是个人隐私保护，另一方面欧盟缺乏足以与美国、日本等数字贸易强国相对抗的数字产业和数字企业，在对待“数据跨境流动”规则上始终坚持保护个人数据和隐私的底线。中国虽然在全球数字贸易保持较为强劲的国际竞争力，并且意识到跨境数据自由流动对于促进跨境服务贸易的重要作用，但是中国重视对国家安全和数据主权的掌握，出台了多部国内法律来监管数据流动问题，如2016年《网络安全法》、2021年《数据安全法》，以保障数据的依法、有序和自由流动，在区域与双边框架下也仅有RCEP涵盖“跨境数据流动”规则，平衡数据的自由流动、国家安全以及数字贸易的自由化发展之间的关系对于我国是一项极大的挑战。

2. 计算设施的位置

不得强制要求计算设施的位置这一规则最早出现在2016年TPP协定中，是“美式模板”和“南太平洋模板”的攻势利益所在，是“中式模板”和“欧式模板”的守势利益。强制要求“计算设施的位置”涉及数字产业的市场准入问题，虽然在一定程度上可以保护一国的个人数据和隐私安全及维护数字产业的发展，但并不能为数据安全提供百分之百的保护，实际上强制要求“计算设施的位置”不仅会阻碍数据的跨境自由流动，也会影响数字产业的健康发展。美国拥有完整的数字产业体系，包括谷歌和苹果在内的大型科技企业均能够提供优质的云计算和存储服务，强制要求美国企业使用境外国家的计算设施或者在境外国家修建新的数据存储中心，实际上会形成准入壁垒，提升企业的经营成本，侵蚀盈利空间，因此它们反对通过限定计算设施的位置强制要求数据本地化。“南太平洋模板”复刻了CPTPP对“计算设施的位置”的规定，以破除计算设施本地化的限制，降低在境外开展数字经济活动的成本。欧盟出于对个人数据和信息的保护，并没有在FTA框架内设置“计算设施的位置”相关条款；中国出于国家安全和对个人隐私的保护，在“计算设施的位置”问题上同样持相对保守的态度，虽然RCEP涵盖了“计算设施的位置”规则，但RCEP在例外中允许各成员国可以基于公共政策目标和安全利益实施数据存储本地化要求，为各成员国留下了充分的国内监管空间。

（三）知识产权保护类规则

1. 源代码

在数字时代，源代码及相关的算法、加密技术是数字企业的核心知识产权，具有极其重要的商业价值。“源代码”是“美式模板”“欧式模板”“南太平洋模板”的攻势利益，是“中式模板”的守势利益。美国拥有谷歌、脸书、亚马逊等互联网与数字科创巨头公司，为了维护其数字技术的绝对垄断地位，将源代码视作数字知识产权的关键组成部分，主张不得强制要求公开源代码及其核心算法。为更有效和全方位地保护源代码不受窃取，美国在 USMCA 和 UJDTA 中还剔除了“关键基础设施软件”的例外。“欧式模板”的立场与“美式模板”类似，禁止要求强制公开或转让源代码，但保护在线用户的公共安全和知识产权等情形可例外。中国目前未在缔结的 FTAs 中涉及源代码条款，也未在 WTO 电子商务谈判中提交过相关提案，但从中国国内出台的一系列法律法规中可以解读出中国对于“源代码”规则的态度：出于对网络安全、关键信息基础设施和重要信息技术的保护，允许政府相关部门对源代码进行安全审查①。显而易见，中国国内订立的源代码的政策与美国 USMCA 和 UJDTA 的条文规定形成了鲜明的冲突。

2. 交互式计算机服务

“交互式计算机服务”是“美式模板”独有的数字贸易规则，只存在 USMCA 和 UJDTA 中，代表着美国、日本等国对其他国家输出数字企业和数字产品的雄心。该规则源于美国《通信规范法》中的“网络中介责任豁免”条款，禁止政府要求互联网平台对第三方负责，从而能够在更大范围保证网络中介服务商的利益并有效地促进数字贸易。美国的数字在线平台实力强大，大量的中小企业通过数字平台在全球范围内进行扩张，除了得益于领先的数字技术外，美国提供的“网络中介责任豁免”条款发挥了很重要的作用。因此，美国在 FTAs 中以“交互式计算机服务”为题引入该规则，并成为“美式模板”的核心条款之一。欧盟和中国在 FTAs/RTAs 中虽然没有包含该条款，但其国内法规涉及类似的内容。例如，欧盟曾在 2000 年颁布的《电子商务指令》中设置了“免除平台版权责任”的条款，但 2019 年欧盟在《数字单一市场版权指令》中废除了这一条款。2000 年中国在《关于审理涉及计算机网络著作权纠纷案件适用法律问题的解释》中指出，互联网中介服务商不负有严格审查内容的义务，其承担的责任只是“合理注意”，2013 年修正后实施的《信息网络传播权保护条例》对于特定网络服务提供者适用“通知删除”②。这为未来在新的谈判或协定修订中加入该规则创造了国内制度基础。说明“交互式计算机服务”能够更大范围地保证网络中介服务商的利益以有效地促进数字贸易，可以预见“交互式计算机服务”会受到更多国家的欢迎，会有更多的 FTA 将涵盖这一条款。

（四）隐私安全类规则

1. 个人信息保护

---

① 中国国内关于源代码的法律法规包括《中华人民共和国网络安全法》（2017 年）、《中华人民共和国密码法》（2019 年）、《网络安全审查办法》（2020 年）等。

② 根据《信息网络传播权保护条例》第十四条，通知删除的释义为：若权利人认为自己的信息网络传播权被侵犯，可以向该网络服务提供者提交书面通知，要求网络服务提供者删除或断开链接。

个人信息保护是与跨境数据流动有关的议题中最敏感与争议最大的一个问题。欧盟于2018年出台了史上最严格的个人数据保护条例——《通用数据保护条例》（GDPR），它强调FTAs/RTAs协议中的任何内容均不得阻止一方采取或维持个人信息保护的措施，尤其针对与金融、保险、财务、卫生健康、电信相关的数据，也就是说，跨境数据自由流动应让位于个人信息保护。“美式模板”和“南太平洋模板”相当重视个人信息保护，建议各缔约方参考APEC隐私体系搭建法律框架，以在保护个人信息的同时促进跨境数据流动，但在总体目标次序上倾向于跨境数据自由流动优先于个人信息保护。中国出于树立电子商务消费者信心和打造安全可靠的电子商务环境的考虑，也倡导保护电子商务用户个人信息。如何平衡跨境数据自由流动以及个人隐私保护的平衡是欧盟谈判的重中之重，也是“欧式模板”和“美式模板”最大的分歧所在。

2. 网络安全

网络安全是数字经济的基础，有助于创造可靠安全的数字贸易环境。随着数字技术的深入发展，网络安全问题频发，威胁着互联网用户对数字贸易的信任，网络安全威胁已经成为数字贸易中的非关税壁垒之一（CRS，2017）。美国一方面将网络安全上升至国家战略高度，另一方面致力于破除贸易伙伴国在网络安全方面形成的数字贸易壁垒。“南太平洋模板”也认识到网络安全的重要性，其条款承袭了“美式模板”内容，但不如“美式模板”细致。“欧式模板”目前没有关于网络安全的具体条款，但欧盟于2019年出台的《网络安全法案》要求对产品、服务、流程以及关键基础设施进行网络安全标准认证。“中式模板”也十分重视网络安全以及开展国际合作的重要性，中国2016年颁布的《网络安全法》对于网络安全有一定的数据本地化要求。

第三节　中国在全球与区域数字贸易治理中的角色与政策建议

一、多边贸易框架下数字治理的政策建议

随着数字技术与数字经济的迅速发展，围绕着全球数字治理领导权的争夺也日益激烈。WTO作为世界上最重要的多边贸易体制，理应为全球数字贸易规则的构建发挥无可替代的作用。目前在WTO框架下，成员方一方面须通过GATT、GATS、TFA、TBT、ITA等现有协定对数字贸易的应用加以澄清与拓展，另一方面通过2019年正式开启的电子商务诸边谈判试图对数字贸易便利化、数字产品市场准入、数据开放与跨境流动、信任与安全、跨领域合作等问题达成全新的协定与规则。当前，WTO主要成员方在数字贸易促进与便利类规则上共识较多，在关税类规则方面分歧较少，但在数据类、隐私和安全类规则方面尚存一定的分歧，主要聚焦于跨境数据流动、数据本地化、源代码和加密保护等关键

议题。本节对 WTO 成员方关于数字贸易立场与提案的解析反映出未来全球数字贸易规则的达成将建立在四个平衡原则的基础上，即：实现数字自由、市场可竞争性与公共利益之间的平衡；国家、公司（尤其是数字平台）与公民数字权利之间的平衡；不同成员境内数字监管模式（开放型、有条件开放型、限制型）之间竞合的平衡；数字商业强劲增长与实现数字普惠包容、消除“数字鸿沟”之间的平衡。这为中国参与全球数字贸易规则的构建并贡献中国力量提供了重要的参考与启示。中国是 WTO 的重要成员方，自 2001 年入世以来，中国遵守 WTO 规则，履行 WTO 承诺，坚定维护多边贸易体制，为世界经济与全球贸易作出了重大贡献。自 2019 年 1 月 WTO 正式启动电子商务谈判以来，中国积极参与并提交了四份相关议案，主要涉及中国对于电子商务谈判的立场以及在建立良好和安全可靠的电子商务交易环境和推动合作方面的建议，为多边贸易框架下数字贸易规则构建贡献了中国力量①。为应对全球数字治理带来的新机遇与挑战，本节提出以下政策建议。

（一）积极参与多边贸易框架下的电子商务谈判

虽然 WTO 贸易体系下的既有协议可以规制一部分数字贸易问题，但是既有协议难以与时俱进，无法解决新兴的数字贸易问题。目前仅在电子传输免关税这一项议题上达成暂时的共识。另外，WTO 贸易体系下的电子商务谈判有望在跨境数据流动、源代码、无纸化贸易、消费者保护等数字贸易问题上形成有效规制方案。WTO 框架下的电子商务谈判汇集了来自发达成员与发展中成员等多方力量，对于推动多边贸易框架下的数字贸易规则构建具有举足轻重的作用。中国应积极参与谈判，以包容性的提案融合多方声音与利益，推动电子商务谈判最终达成实质性成果。一方面，中国应积极参与传统数字贸易规则议题的讨论和谈判，汇聚发展中成员的利益共识，形成代表大多数发展中成员利益诉求的联合提案；另一方面，在更高标准的数字核心规则谈判中，可通过倡导数字包容理念、添加例外条款、设置灵活模块与过渡期、强调技术援助与能力建设等方式积极探寻与发达成员合作共赢的路径。

（二）在界定数字贸易范畴与核算的基础上深入研究数字贸易规则

全球数字贸易规则在多边、区域、诸边与双边框架下已形成了错综复杂的治理体系，中国必须深入研究全球数字贸易规则的动态进展，剖析自身的数字贸易利益需求以及在数字贸易规则制定中所处的角色定位，为下一步在 WTO 电子商务谈判中的立场与诉求及早作出筹划。数字贸易的定义、分类和测算对于中国下一步数字贸易治理工作的开展有着基础性的作用。具体来看，数字贸易规则建设、数字贸易治理方案等政策性研究需要以厘清

① 这四份提案分别是：WTO. Joint Statement on Electronic Commerce，INF/ECOM/19，24 April 2019；Joint Statement on Electronic Commerce，INF/ECOM/32，9 May 2019；Joint Statement on Electronic Commerce，INF/ECOM/40，23 September 2019；Joint Statement on Electronic Commerce，INF/ECOM/60，28 October 2020.

数字贸易定义、口径、分类以及统计测算等基础性研究作为先导，目前国际上缺乏统一性的定义、分类和测算阻碍了数字贸易相关工作的开展。另外，中国在数字贸易统计框架与指标体系上应尽快与国际前沿标准与方法接轨，在借鉴国际权威方法和体系的基础上，利用中国国内的相关数据来计算数字贸易的实际规模非常有必要，不仅能进一步推动数字贸易相关实证研究工作的开展，还能为中国参与全球数字贸易治理提供详细的数据资料。

（三）创建多边数字贸易规则谈判的中国模式

多边框架下的数字贸易规则谈判是不同数字经济发展理念与利益的竞争与融合。美国凭借其在数字传输与交付型数字贸易上的强大竞争优势，通过签订一系列具有数字雄心水平的 FTAs 为先导，在 WTO 谈判中输出其全面自由化的数字贸易“美式模板”。欧盟也已形成坚持视听与文化例外、强调保护公民个人隐私和消费者保护的数字贸易“欧式模板”。中国应坚持发展视角，强调多维安全、包容普惠、可持续发展等理念，基于自身利益并联合意愿相投的 WTO 成员，构建“中国模式”，提升在多边框架下数字贸易规则谈判中话语权，寻求数字贸易谈判的包容性解决方案，为 WTO 数字贸易治理贡献“中国力量”。

二、区域与双边视角下数字贸易治理的政策建议

一方面，中国是数字贸易大国，无论是贸易规模还是国际竞争力都处在世界前列。中国在跨境货物贸易和跨境电商平台上优势明显，并在全球数字贸易规则体系的构建中逐步形成了“中式模板”。它的主要特点在于：第一，签订了包括电子认证和电子签名、无纸化贸易、在线消费者保护等在内的一系列促进数字贸易便利化与提升数字环境的措施，代表了广大发展中国家的集体利益诉求；第二，强调跨境数据安全与有序流动，注重对数字主权的把握；第三，出于对国家安全以及国内数字产业保护的考虑，设置了较为严格的网络安全以及数据本地化等措施。总体而言，“中式模板”代表与反映了发展中经济体在全球数字贸易规则构建中的利益与诉求，兼顾了实现数字自由、效率、竞争与国家安全、公民权利（如隐私）和公共利益之间的平衡。另一方面，中国在参与全球数字贸易规则构建中仍需努力向前，目前存在的主要问题包括：首先，国内数字经济的法律法规和监管体系需得到进一步夯实，从而为参与全球与地区数字贸易规则和治理打下基础；其次，数字服务贸易（特别是新型数据或信息产业）有待进一步发展；再次，在数字贸易开放上与发达国家的立场差距较大，对于跨境数据流动、数据本地化、源代码等高标准数字贸易规则议题上在短期内仍会保留较大的审查与限制措施；最后，中国参与亚太地区的数字贸易治理受到来自美国“印太战略”的挑战。基于以上背景与研究，本节提出以下建议。

（一）加快对标国际高标准数字贸易规则

即使中国在数字贸易规则构建上遭到了美国“重返亚太”和“印太战略”的封锁，

但并不意味着中国无法突破桎梏，中国应该寻求与国际高水平数字贸易协定的对接。2021年9月和11月中国已经正式申请加入CPTPP和DEPA，这是中国对接高标准国际贸易与投资规则、推动制度型开放的重大姿态与举措。加入CPTPP和DEPA虽然可能对我国的国家安全、网络安全、数据主权等方面带来极大的挑战和风险，但在总体上有助于中国实现高水平对外开放水平，包括推进数字经济高质量发展与数字经贸开放。但加入CPTPP和DEPA并不能一蹴而就，需要中国在以下方面做出努力：一方面，中国应积极发挥自贸试验区和海南自由贸易港对CPTPP和DEPA规则与条款的测试和示范作用，积累经验与最佳实践做法，并逐步向全国复制推广；另一方面，中国可以通过设置“国家安全”和“数据主权”的底线以及具有弹性的例外条款以缓冲与国际高水平协定的差距。

（二）建立安全有序、分类指导的跨境数据流动监管体制

目前中国对于个人数据、敏感信息以及涉及国家安全和关键领域的数据实行较为严格的跨境流动限制与数据本土化要求。但数据流动是数字贸易的前提与基础，随着数字贸易的迅猛发展，中国首先应在坚持数据国家安全与个人隐私保护的前提下逐步剔除数字流动的限制，促进互联网与数字市场开放；其次有必要设置专门的数据主管机构，以便于与国际接轨；再次应努力争取加入已有的数据跨境流动的国际认证机制，如APEC的跨境隐私规则；最后对跨境数据流动采取分类监管的措施，如对涉及国家安全的数据应严格限制流动，对涉及个人隐私的数据应建立完善的个人数据保护机制，对商业和贸易的数据应在安全有序的条件下允许自由流动。

（三）建立完善的数字知识产权保护体系

中国关于源代码和网络中介服务商责任问题在国内立法上处于探索阶段。目前中国在源代码问题上对除金融之外的非敏感领域采取不强制要求公开源代码的措施，对网络中介服务商责任问题尚缺乏完善的法律规定。完善的知识产权保护体系对于数字技术、数字产品以及数字企业的良性发展起着至关重要的作用。中国应大力推进数字时代知识产权保护的立法与执法，完善对源代码及其算法保护，并对互联网平台的责任进行清晰的界定。

（四）强化中国在亚太地区的数字贸易规则影响力

虽然中国数字贸易发展迅猛，但是中国仍是发展中国家的一员。目前中国在全球数字贸易构建体系中仍然处于相对弱势，在“跨境数据流动”“源代码”和“计算设施的位置”等较高标准数字贸易规则的制订上无法与美国、日本、欧盟、澳大利亚等国家或地区分庭抗礼；加之美国拜登政府借助DEPA企图“重返亚太”以夺取亚太地区的数字贸易领导权，以及拜登政府拟推进“印太数字贸易协定”进一步挤占和遏制中国在数字贸易中的话语权和影响力。在亚太地区的数字治理舞台上，美国、日本、澳大利亚、新加坡等国十

分活跃。在这种背景下，中国应立足发展中国家视角与立场，团结具有相同利益诉求的国家，强化在亚太地区的数字贸易规则影响力。首先，中国应坚持以 RCEP 作为亚太地区数字贸易规则构建的基础，并积极推动 RCEP 电子商务章相关条款在国内的落地实施；其次，中国应加强与“一带一路”沿线国家和地区的数字贸易合作，推动中国数字标准与设施在这些国家的使用；再次，中国应寻求与东盟、韩日等周边国家和地区在数字贸易领域深化合作，探索东亚地区数字贸易规则自主性构建的路径；从次，中国可以采取选择性精准推进的战略，积极推进与签订 FTAs 的国家新增电子商务或数字贸易专章，或升级相关条款；最后，中国在亚太区域数字治理中应紧紧抓住“数字包容性”的发展主题推动经济与技术合作。

第十四章
APEC 数字经济合作与治理的进展和趋势

亚太经济合作组织（APEC）于1989年成立，并在1993年设立了领导人年度会晤机制。作为亚太地区规模和影响力最大、级别最高的区域合作机制，APEC从20世纪90年代末开始启动数字经济领域的合作，相关议题沿着新经济、电子商务、互联网经济的脉络发展，其内涵不断丰富，所涵盖的领域不断拓宽。过去30年来，亚太地区始终是世界范围内经济增长最具活力的地区，并成为全球价值链分布最为密集的地区，从而为现代信息技术的创新发展提供了强劲的驱动力，也为APEC各成员开展数字经济合作创造了内在需求和良好的外部条件。同时，鉴于APEC成员的经济总量和贸易总量都接近超过了世界的50%，APEC框架下的数字经济合作将对完善全球数字经济治理体系发挥重要的作用。

本章聚焦APEC数字经济合作与治理的发展进程和未来趋势，共包括三节：第一节回顾了APEC数字经济合作与治理的议题演进、实施机制、项目进展和主要成员的立场；第二节围绕APEC数字经济合作与治理的重点领域——数字贸易、弥合数字鸿沟和跨境数据流动管理，分别梳理了其进展情况；第三节分析了APEC新愿景框架下有关数字经济合作的内容，探讨了“后2020”时代推进数字经济与包容和可持续增长合作、完善亚太数字经济规则治理体系所面临的机遇和挑战。

第一节　APEC 数字经济合作与治理的进程回顾

一、APEC 数字经济合作与治理议题的发展

（一）电子商务和新经济

1997年，APEC在温哥华会议上提出了电子商务（Electronic Commerce）倡议。随后，APEC高官会成立了电子商务专家小组，并在1998年吉隆坡会议上制定了《APEC电子商

务行动蓝图》①。该蓝图从企业、政府、市场三个层面提出了 APEC 电子商务合作的框架原则，强调商业部门应发挥主要作用，政府应打造良好的外部环境，市场应保持技术中立和充分竞争。该蓝图还提出了一些具体目标和措施，如在亚太地区实现无纸化贸易等。虽然当时 APEC 对互联网和数字经济的认识还不全面，但该蓝图为 APEC 成员在发展“新经济”领域达成共识和加强合作起到了积极的促进作用。2000 年，APEC 文莱会议首次正式提出“新经济”概念，并将包含电子商务在内的互联网和数字经济纳入“新经济”范畴。

1.《新经济行动议程》——将互联网和数字经济纳入新经济合作框架

2000 年，APEC 文莱会议确立了 APEC 各成员的城乡居民应在 2010 年之前通过互联网获取信息及服务的“文莱目标”。会议还通过了《新经济行动议程》②，强调通过“机制建设”和“能力建设”建设数字化社会，并提出了具体行动计划。

2.《数字 APEC 战略》——APEC 互联网和数字经济领域合作的纲领性文件

2001 年 10 月，APEC 上海会议在文莱会议基础上制定了《数字 APEC 战略》③。作为一项具有前瞻性和务实性的行动计划，《数字 APEC 战略》倡导 APEC 各成员建立网络基础设施，广泛应用信息及通信技术，增加就业、改善公共服务，以实现在 APEC 地区创建数字化社会的目标。

3.“探路者方式”——APEC 框架下数字经济合作的制度创新

鉴于 APEC 各成员在经济发展水平、基础设施现状、国民教育文化水平等方面的巨大差异，2001 年的 APEC 上海会议提出了“探路者方式”（Pathfinder Approach），鼓励部分成员率先采取行动，待条件成熟后，再逐步扩大到全体成员。2002 年，APEC 墨西哥会议明确了以“探路者方式”开展 APEC 数字经济合作，同时强调数字经济与贸易的相互促进作用，将数字经济合作进一步延伸到 APEC 双边和多边贸易合作的具体领域。

（二）互联网经济

2010 年，APEC 横滨会议通过了《亚太经合组织领导人增长战略》，明确了互联网和数字经济在增长战略中的重要性，提出促进创新增长的主要措施，包括：第一，通过广泛应用信息和通信技术（ICT），实现智能型社会经济活动，为迎接经济、技术和系统等领域的挑战提供解决方案。第二，促进数字繁荣，具体措施包括：鼓励各成员采取支持性政策措施推动创新；鼓励 ICT 产品和服务的贸易及投资；在 ICT 领域制定全球统一标准；增加高速宽带基础设施投资；创造有益于“云计算”等新兴技术和创新型服务涌现的竞争性环境；在有效保护隐私的同时，破除不必要的信息流动壁垒，保障信息和通信流等。第三，开发熟练的、适应性强的、专业的劳动力资源，具体措施包括：加强职业教育和培训，培

① 参见：http：//www. apec. org/Meeting－Papers/Leaders－Declarations/1998/1998_aelm. aspx。

② 参见：http：//www. apec. org/Meeting－Papers/Leaders－Declarations/2000/2000_aelm/annex1_action_agenda. aspx。

③ 参见：http：//www. apec. org/Meeting－Papers/Leaders－Declarations/2001/2001_aelm/appendix2_eAPEC_strategy. aspx。

养技能型人才，使劳动者掌握信息和通信技术方面的必备技能。横滨会议将互联网经济纳入 APEC 增长战略的创新增长框架，细化了在创新增长合作背景下 ICT 的推广和互联网经济合作的具体措施，涵盖“新经济”发展的众多领域，合作内涵不断深化，目标更加明确，措施更加具体。

（三）数字经济

2014 年，APEC 北京会议将互联网经济确定为“新经济”支柱下的 APEC 重点合作领域，并批准了《APEC 促进互联网经济合作倡议》①。该倡议在 APEC 已有的互联网和数字经济发展指导原则基础上提出了具体的计划措施，包括：第一，建立完善的互联网经济合作和对话机制。第二，继续推动亚太地区互联网基础设施建设，2015 年实现亚太地区广泛的互联网接入；2020 年在亚太地区普及下一代超高速宽带；促进 IPv4 向 IPv6 转换。第三，组织互联网创业及技能培训。对照 2009 年《APEC 数字繁荣清单》组织互联网经济创业、技能培训，鼓励企业家精神及创新。第四，通过互联网经济推动包容性增长。第五，促进互联网金融健康发展。第六，开展“物联网”（IOT）、移动终端及技术相关议题的讨论。第七，重申保障信息安全的重要性，鼓励安全的跨境信息流动，创造可信赖的电子环境。

2015 年，APEC 马尼拉会议特别强调互联网和数字经济在促进创新、可持续、包容性和安全增长方面的重要作用，并鼓励利用互联网和数字经济为中小微企业通过新的商业模式参与全球价值链创造机遇，以更好地融入全球服务和资本市场。

2016 年，APEC 利马会议指出创新是高质量增长的源泉，APEC 成员应努力寻找新的增长引擎，抓住互联网和数字经济带来的机遇。在此次会议上，APEC 在推进数字贸易和互联网经济合作方面取得了新进展。

2017 年，APEC 岘港会议呼吁各成员应合力挖掘数字经济的潜力，大力支持发展易接入的、开放的、可交互操作的、可靠而安全的信息通信技术使用环境，以此作为经济增长和繁荣的必要基础。此次会议通过了《APEC 互联网和数字经济路线图》，作为指导未来 APEC 互联网和数字经济合作的重要规划。

2018 年，APEC 莫尔兹比港会议的主题是“抓住包容机遇，拥抱数字未来”，会议发布了《AEPC 数字经济行动议程》，为推动落实《APEC 互联网和数字经济路线图》制定了更为具体的计划。

2020 年 11 月，APEC 吉隆坡会议通过了《2040 年亚太经合组织布特拉加亚愿景》。新愿景倡导通过加强亚太地区数字基础设施建设、数字转型、个人信息保护以及促进数据流动，实现 2040 年亚太地区的共同繁荣。以这一目标为导向，APEC 将“利用数字经济和技

① 参见：The APEC Initiative of Cooperation to Promote the Internet Economy，http：//www. mofa. go. jp/mofaj/files/000059614. pdf。

术促进经济包容性”设置为优先议题，确定了三个具体的合作领域：利用数字经济和技术赋能女性、青年群体；支持数字时代初创企业和中小企业的发展；推动信息通信技术应用和数字化转型。APEC 下一步计划开展的重点工作包括：建立 APEC 数字经济虚拟研究所；制定《拉塞雷纳女性与包容性发展路线图（2019—2030）》的具体实施方案；修订并完善 2017 年通过的《APEC 数字时代人力资源开发框架》；为《APEC 互联网和数字经济路线图》制定具体的工作规划。

2022 年 11 月，APEC 曼谷会议强调数字经济的迅速崛起带来了巨大的经济机遇，呼吁加快落实《APEC 互联网与数字经济路线图》，并优先实施促进包容性经济增长的行动，包括便利电子商务和推进数字贸易合作，并进一步鼓励 APEC 各成员在数字经济领域酝酿更前沿、更全面的合作倡议。

1998—2022 年 APEC 在数字经济合作领域采取的主要行动如表 14－1 所示。

表 14－1　1998—2022 年 APEC 在数字经济合作领域采取的主要行动

年份	数字经济合作相关行动
1998	《APEC 电子商务行动蓝图》
1999	成立“电子商务指导小组（ECSG）”
2000	《新经济行动议程》设立“文莱目标”，要求发达成员在 2005 年前、发展中成员在 2010 年前实现无纸化贸易
2001	《数字 APEC 战略》
2002	《关于实施 APEC 贸易和数字经济政策的声明》以“探路者方式”开展数字经济合作
2004	《APEC 隐私框架》
2007	“数据隐私探路者计划”
2008	《APEC 数字繁荣清单》发布“曼谷宣言”，承诺 2015 年将在亚太地区实现普遍宽带接入
2010	“APEC 跨境隐私执行安排”发布“冲绳宣言”，设立了 2020 年实现下一代高速宽带普遍接入的目标
2011	“跨境隐私规则体系（CBPR）”
2014	《APEC 促进互联网经济合作倡议》《APEC 跨境电子商务创新与发展倡议》
2015	成立“互联网经济临时指导小组（AHSGIE）”
2017	《APEC 互联网与数字经济路线图》《APEC 跨境电子商务便利化框架》《APEC 数字时代人力资源开发框架》
2018	《APEC 数字经济行动计划》成立“数字经济指导小组（DESG）”成立“数字创新工作组（DIWG）”
2019	将数字经济作为即将召开的 APEC 会议重点议题
2020	落实《APEC 互联网与数字经济路线图》，深入挖掘数字经济模式在拓展商机、增加社会参与度方面的潜力
2022	加强数字基础设施建设，弥合经济体之间和经济体内部的数字鸿沟，建设数字时代劳动力能力，提高中小微企业在数字经济和电子商务中的参与度

资料来源：根据 APEC The Meeting Document Database 整理。

数字经济合作在 APEC 中的受重视程度之所以不断提升，首先是因其在创新增长模式、提高劳动生产率、培育新市场和产业新增长点方面所发挥的作用不断增强，成为推动新一轮产业革命和经济增长的重要驱动力。其次，数字经济合作在演进过程中表现出越来越显著的跨领域特征，与 APEC 其他主要议题可以较好地融合并相互促进。另外，数字经济的发展也给一些传统产业部门和部分就业人群带来了冲击，如果不能有效应对，将有可能进一步加大数字鸿沟，加剧成员内部和各成员之间经济发展的不平衡。同时，作为一种新的经济形态，数字经济的发展对监管和治理也提出了全新的要求。上述因素从多个层面强化了 APEC 拓展和深化数字经济合作的必要性和紧迫性。

二、APEC 数字经济合作的机制和项目实施进展

（一）合作机制

APEC 通过领导人非正式会议、部长级会议、高官会、委员会、工作组和秘书处等多层次的交流平台，确定数字经济合作的重点议题并推进相关项目的实施。具体而言，APEC 数字经济合作的组织架构包含以下三个层面。

第一，APEC 领导人非正式会议和部长级会议确定数字经济合作的重要议题和政策发展方向。每年一度的 APEC 领导人非正式会议将审议 APEC 部长级会议、APEC 高官会及各委员会提出的与数字经济合作相关的建议，并在领导人会议宣言和部长级会议声明中对如何推进落实合作议程作出指示和具体部署。此外，APEC 工商咨询理事会（ABAC）每年也会向领导人们提交报告或信函，从企业视角提出改善亚太地区商业和投资环境的建议，促进数字经济发展通常是其中的重要内容。

第二，APEC 高官会及下设各委员会负责数字经济合作议程的推进实施。其中，APEC 高官会负责提供总体指导和监督，并由贸易和投资委员会（CTI）、经济和技术合作委员会（SCE）、经济委员会（EC）和预算及管理委员会（BMC）根据职能分工各自执行。

第三，APEC 各委员会下设的相关工作组负责具体组织实施数字经济合作项目，并进行必要的相互协调。目前，APEC 推动数字经济合作项目议程和实施行动计划的工作组主要包括数字经济指导小组（DESG）、科技和创新政策合作工作组（PPSTI）、人力资源开发工作组（HRDWG）、中小企业工作组（SMEWG）和电信工作组（TELWG）等。

（二）项目实施

2006—2022 年，APEC 的 21 个成员共发起数字经济合作项目 409 项，涵盖了信息通信技术应用和数字化转型（总计 147 项，占比 35.9%）、规制合作（总计 55 项，占比 13.4%）、电子商务和数字贸易（总计 50 项，占比 12.2%）、数字时代下的中小微企业发展（总计 56 项，占比 13.7%）、数字素养和数字人力资源培育（总计 45 项，占比 11%）、数字基础设施建设（总计 25 项，占比 6.1%）、数据跨境流动和数据隐私（总计 20 项，占比 4.9%）、网络安全（总计 11 项，占比 2.7%）共八个领域（见表 14－2）。

表 14 - 2　　2006—2022 年 APEC 成员实施的数字经济合作项目

	APEC 成员	项目数	领域及数量
发达成员	美国	51	数字化转型（10），规制合作（13），电子商务（3），中小微企业发展（6），数字人力资源培育（6），数字基础设施建设（2），数据隐私（7），网络安全（4）
	韩国	36	数字化转型（15），规制合作（4），电子商务（6），中小微企业发展（2），数字人力资源培育（4），数字基础设施建设（2），数据隐私（2），网络安全（1）
	澳大利亚	23	数字化转型（8），规制合作（3），中小微企业发展（2），数字人力资源培育（2），数字基础设施建设（3），数据隐私（3），网络安全（2）
	日本	19	数字化转型（8），规制合作（3），电子商务（3），数字人力资源培育（3），数字基础设施建设（2）
	新加坡	10	数字化转型（3），规制合作（2），数字基础设施建设（4），数据隐私（1）
	新西兰	8	数字化转型（1），规制合作（5），电子商务（1），数据隐私（1）
	加拿大	4	数字化转型（1），电子商务（1），数字人力资源培育（1），数据隐私（1）
发展中成员	中国	68	数字化转型（30），规制合作（5），电子商务（17），中小微企业发展（11），数字人力资源培育（1），数字基础设施建设（4）
	越南	30	数字化转型（5），规制合作（2），电子商务（5），中小微企业发展（11），数字人力资源培育（4），数字基础设施建设（1），数据隐私（2）
	俄罗斯	26	数字化转型（14），规制合作（4），电子商务（6），数字人力资源培育（2）
	秘鲁	27	数字化转型（9），规制合作（5），电子商务（6），中小微企业发展（5），数字基础设施建设（1），数据隐私（1）
	智利	16	数字化转型（6），规制合作（3），中小微企业发展（2），数字人力资源培育（4），数字基础设施建设（1）
	马来西亚	11	数字化转型（4），中小微企业发展（1），数字人力资源培育（3），数字基础设施建设（2），网络安全（1）
	泰国	18	数字化转型（9），规制合作（1），电子商务（1），中小微企业发展（3），数字人力资源培育（2），数字基础设施建设（1），数据隐私（1）
	中国台北	26	数字化转型（10），规制合作（1），中小微企业发展（6），数字人力资源培育（8），数据隐私（1）
	巴布亚新几内亚	9	数字化转型（4），规制合作（1），电子商务（1），数字人力资源培育（1），网络安全（2）
	墨西哥	8	数字化转型（3），规制合作（3），中小微企业发展（2）
	菲律宾	10	数字化转型（4），中小微企业发展（4），数字人力资源培育（1），数字基础设施建设（1）
	印度尼西亚	7	数字化转型（2），中小微企业发展（1），数字人力资源培育（3），网络安全（1）
	中国香港	2	数字化转型（1），数字基础设施建设（1）
	文莱	0	—

资料来源：根据 APEC Project Database 整理所得。

三、APEC 各成员对数字经济合作的立场

（一）APEC 主要发达成员对数字经济合作的立场

1. 美国

从数字经济合作领域来看，美国主要聚焦于网络安全和新兴技术的研发应用。近年来，美国颁布了一系列法令以改善国家的网络安全。2021 年 5 月，美国总统签署了《改善国家网络安全行政命令》（E0 14028），旨在消除政府和私营部门之间威胁信息共享的障碍，实施更强大的网路安全标准[①]。2021 年 4 月，美日首脑会谈之后，白宫表示将和日本合作开发关于安全网络和先进信息的核心技术，包括 5G 甚至今后的“6G”。另外，美国倡议在“五眼联盟”范围内，科技公司应在其加密产品和服务的设计中纳入机制，使政府能在适当的法律授权下访问可读和可用格式的数据[②]。同时，美国加强了人工智能等高科技领域的研发和合作，以保持其在新兴技术领域的领先地位。2019 年 12 月，美国总统签署了 13589 号行政命令，启动了美国人工智能倡议[③]。2021 年 1 月，美国通过了《2020 年国家人工智能倡议法案》，提出了一项促进人工智能研究和开发的国家战略，旨在使美国成为人工智能领域的全球领导者[④]。2021 年 6 月，美国和欧盟宣布成立“欧盟—美国贸易和技术理事会”，以推动贸易、投资和创新，同时保护新兴技术，巩固欧美在技术和工业方面的领先地位[⑤]。

从合作对象来看，美国积极与其他 APEC 发达成员以及与之有联盟关系的发展中成员开展数字经济合作。一方面，2020 年，通过美国国际开发署下设的“数字亚洲加速器”、美国—东盟商会举办的“数字政策磋商论坛”等渠道[⑥]，加强了与马来西亚、泰国等成员的中小企业关于数字经济的沟通与合作。2021 年，美国商务部国家电信和信息管理局（NTIA）拨款近 10 亿美元，用于扩大对墨西哥等伙伴的宽带设施的投资。另一方面，美国将中国、俄罗斯列为数字经济领域的竞争对手，不断出台限制性政策。2021 年，美国通过了 13873 号行政命令，赋予商务部部长广泛的裁量权，限制中国和俄罗斯在美国的信息基础设施建设的投资项目，并加强对中俄的 5G 基础

---

① 参见：https：//www. whitehouse. gov/briefing – room/presidential – actions/2021/05/12/executive – order – on – improving – the – nations – cybersecurity/。

② 参见：International Statement：End – To – End Encryption and Public Safety，https：//www. justice. gov/opa/pr/international – statement – end – end – encryption – and – public – safety#_ftnref1。

③ 参见：https：//www. federalregister. gov/documents/2019/02/14/2019 – 02544/maintaining – american – leadership – in – artificial – intelligence。

④ 参见：https：//www. congress. gov/bill/116th – congress/house – bill/6216。

⑤ 参见：https：//ec. europa. eu/commission/presscorner/detail/en/ip_21_2847。

⑥ 参见：DIGITAL ASIA ACCELERATOR （2019 – 2022）. https：//www. usaid. gov/sites/default/files/documents/Digital_Asia_Accelerator_Fact_Sheet. pdf。

设施供应管制①。

2. 日本

从数字经济合作的领域来看，日本重点关注个人信息保护、垄断等数字治理议题。2021 年 3 月，日本内阁发布命令，强制执行修改后的《个人信息保护法》，该法案明确了在数据泄露通知、数据假名、向第三方提供数据、跨境数据传输和公开披露等方面的要求②。2021 年 6 月，日本个人信息保护委员会（PPC）公布了以《个人信息保护法》（APPI）修订案为基础的“拒绝提供资料指南”。此外，针对平台垄断问题，日本公平交易委员会于 2019 年 12 月公布了《关于数字平台运营商在与提供个人信息的消费者交易中滥用优势谈判地位的指导方针》，认为数字平台处于优势谈判地位，可能会滥用个人数据信息③。2021 年 2 月，日本公平交易委员会发表了《关于数字广告的最终报告》，再次认为某些平台运营商的行为可能构成滥用优势谈判地位，而这是反垄断法所禁止的④。

从合作对象来看，日本主要与美国、英国、欧盟等发达经济体展开数字经济合作，与发展中经济体的合作较少。近年来，日本逐步推进“数字新政”，同其他发达经济体开展“后 5G”和“6G”的研究。此外，日本与英国签订了《英日全面经济伙伴关系协定》，协定主要包括数字和数据贸易条款、确保数据自由流动、保障高标准的个人信息安全等内容。日本还与欧盟签订了《欧盟—日本贸易协定》，允许个人数据在经济体之间的自由流动，并降低数字产品的贸易壁垒。

3. 加拿大

加拿大在数字经济合作方面主要关注数据治理、数字税等领域。2020 年 11 月，加拿大发布《2020 年秋季经济声明》，宣布对数字服务征税，以确保数字经济的公平税收体系。该声明建议将商品和服务税应用于跨境数字产品和服务、数字平台通过执行仓库提供的货物以及通过数字平台提供的短期住宿⑤。2021 年 6 月，加拿大标准委员会发布了《加拿大数据治理标准化路线图》，对加拿大在高质量数据、数据流动法规、人工智能机器学习等 35 个领域的数据治理标准化的前景⑥进行了展望。

从合作对象来看，加拿大主要通过“七国集团”“二十国集团”等经济合作组织与发达经济体展开合作。2021 年，加拿大同“七国集团”其他成员达成一项关于数字经济税收的规制合作，力争减少数字产品的贸易壁垒。此外，近年来加拿大也加强了与印度在数字经济领域的合作。2018 年，加拿大与印度政府推动加拿大区块链研究所（BRI）和印度

① 参见：Securing the Information and Communications Technology and Services Supply Chain. https：//www. govinfo. gov/content/pkg/FR－2021－01－19/pdf/2021－01234. pdf。

② 参见：https：//www. ppc. go. jp/personalinfo/legal/kaiseihogohou/。

③ 参见：https：//www. jftc. go. jp/en/pressreleases/yearly－2019/December/191217_DP. html。

④ 参见：https：//www. jftc. go. jp/en/pressreleases/yearly－2021/February/210217. html。

⑤ 参见：https：//www. budget. gc. ca/fes－eea/2020/report－rapport/toc－tdm－en. html。

⑥ 参见：https：//www. scc. ca/en/about－scc/publications/general/canadian－data－governance－standardization－roadmap。

国家软件和服务公司协会（NASSCOM）合作，致力于实现电子健康记录、土地记录和数字证书置于区块链的目标。

（二）APEC 主要发展中成员对数字经济合作的立场

与 APEC 发达成员相比，APEC 发展中成员对数字经济合作的利益诉求略有不同，主要表现在以下几点：第一，信息基础设施建设、电子商务等传统数字经济领域仍是绝大多数 APEC 发展中成员关注的合作重点；第二，普遍希望在更广泛的领域开展数字经济合作，从而为自身的经济发展注入新的驱动力；第三，合作对象多为其他发展中经济体。

1. 中国

中国近年来的数字经济发展迅猛，相关管理法规不断完善，对数字经济领域的国际合作也持积极参与的立场。2021 年 1 月，中国商务部发布《外商投资安全审查办法》，更新了外商投资“国家安全审查”框架，将关键信息技术和互联网产品和服务纳入投资审查控制范围内①。2021 年 5 月，有关收集个人资料的新隐私规则《常见类型移动互联网应用程序必要个人信息范围规定》正式生效，明确移动互联网应用程序（APP）运营者不得因用户不同意收集非必要个人信息，而拒绝用户使用 APP 基本功能服务②。2021 年 6 月，中国发布了《数据安全法》，将数据安全和个人权利保护作为企业处理数据时的重点③。此外，中国凭借自身抗疫经验和互联网技术的比较优势，将数字经济合作开展到数字抗疫、智慧城市等新领域，并将人工智能等新兴技术领域作为合作的重要主题。2020 年，中国政府鼓励中国企业与其他经济体共同搭建电子商务平台，以及时向各经济体运输防疫物资。除此之外，中国将互联网智能技术运用到新加坡、迪拜的交通系统中，推动这些经济体的智能城市建设④。2017 年，中国发布《新一代人工智能发展规划》，指出未来将以更加开放的姿态在人工智能法律法规、国际规则等方面加强与各经济体的合作，并鼓励采取项目合作、技术咨询等方式引进人工智能人才⑤。

从合作对象来看，中国关注与各经济体在数字基础设施建设方面的合作，并与东盟、“一带一路”沿线经济体开展密切合作。2020 年，中国发表《中国—东盟关于建立数字经济合作伙伴关系的倡议》，表示将强化中国与东盟在通信、互联网、卫星导航等领域的合作，共同致力于推进 4G 网络普及，促进 5G 网络应用，探索以可负担价格扩大高速互联网的接入和连接⑥。同时，中国与老挝等 16 个经济体签署了“数字丝绸之路”建设合作

---

① 参见：http：//wzs. mofcom. gov. cn/article/n/202012/20201203024662. shtml。
② 参见：http：//www. cac. gov. cn/2021 –03/22/c_1617990997054277. htm。
③ 参见：https：//npcobserver. com/wp – content/uploads/2020/07/data – security – law – draft. pdf。
④ 参见：http：//ciss. tsinghua. edu. cn/info/china_wzft/2955。
⑤ 参见：http：//www. gov. cn/zhengce/content/2017 –07/20/content_5211996. htm。
⑥ 参见：http：//www. cnii. com. cn/gxyw/202011/t20201116_231318. html。

谅解备忘录，并与有关经济体共建了30多条跨境陆缆和10余条国际海缆[①]。

2. 东盟成员

从合作领域来看，跨境电子商务是东盟在数字经济合作中长期关注的重点议题。2018年，东盟签署了指导东盟电子商务发展的第一份协定《东盟电子商务协定》，倡议成员推进无纸化贸易，实施电子认证和接受电子签名，向使用电子商务的消费者提供与线下交易相似水平的保护，并在遵守相关国法律法规的基础上，保障商业用途的信息跨境流动的重要性。此外，东盟还鼓励成员在网络安全、信息跨境流动等方面开展能力建设，交流最佳实践。

从合作对象来看，除了东盟内部国家的合作之外，东盟还与中国开展了积极合作。2020年，在第7届中国—东盟技术转移与创新合作大会上，东盟签署了《共建中国—东盟互联网应用联合创新中心》的合作协议，进一步促进与中国在互联网技术领域的合作。

第二节　APEC数字经济合作与治理的重点领域

一、数字贸易

（一）数字贸易的界定

截至目前，国际上对于数字贸易尚无权威和统一的定义。数字贸易起源于电子商务，WTO将电子商务定义为通过电子平台和网络渠道进行产品或服务销售与交付的商务活动。2018年4月，美国在向WTO提交的关于电子商务谈判的探索性文件中指出，目前电子商务的定义过于狭窄，已经不适合当今数字贸易的交易范围和发展趋势，因此美国决定采用“数字贸易”这一术语。

美国国际贸易委员会（USITC）在2013年的《美国和全球经济的数字贸易》报告中明确了数字贸易四个方面的内涵：一是以数字形式交付的产品和服务，如电影、电视剧、游戏、音乐、电子书籍等；二是社交网络、用户点评等社交媒体；三是万用搜索引擎、垂直搜索引擎等搜索引擎服务；四是软件服务、通信服务、在云端交付的计算服务和数据服务等其他数字化产品和服务。

USITC对数字贸易的定义较为全面，WTO所定义的电子商务的全部内涵均包含在“数字贸易”这一术语中，除此之外，还提及了数字贸易的辅助手段和其中包含的数据流和信息流。基于此，本部分在后续分析中采用该定义。

---

① 参见：http：//www. cac. gov. cn/2019 -03/14/c_1124235401. htm。

（二）APEC 数字贸易的发展现状

1. 数字商品贸易①

就 APEC 总体的情况而言，2021 年数字商品贸易存在顺差，数字商品贸易出口额约 10100 亿美元，进口额约 8560 亿美元。占比方面，数字商品出口占 APEC 各成员总出口的 8.19%，数字商品进口占各成员总进口的 6.88%，数字商品贸易成为 APEC 的重要出口组成之一。

APEC 各成员的具体情况则有所差别，2021 年中国数字商品出口和进口贸易额分别达到 4830 亿美元和 1540 亿美元，为 APEC 数字商品第一大出口经济体；同年，美国数字商品出口和进口贸易额则分别为 984 亿美元和 2500 亿美元，是数字商品第一大进口经济体。其余经济体数字商品贸易额相对较小（见图 14－1 和图 14－2）。

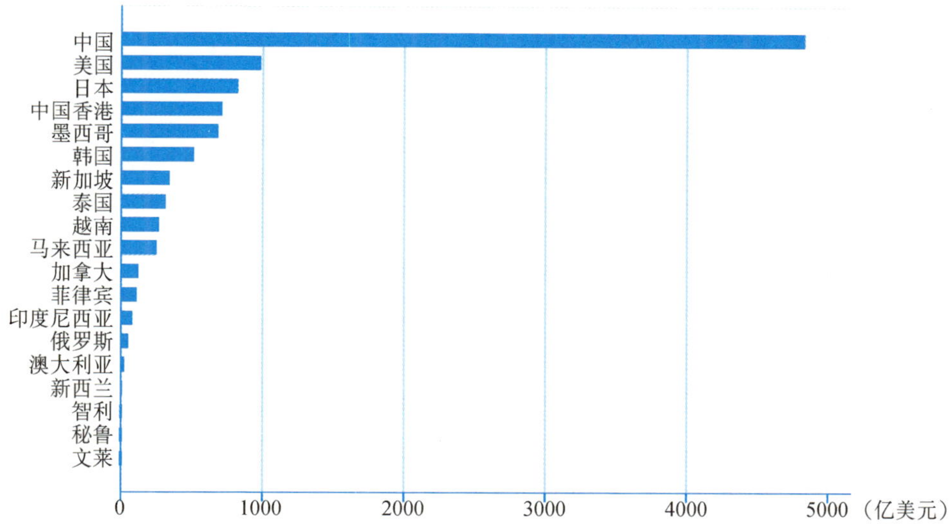

图 14－1　2021 年 APEC 各经济体数字商品贸易出口额

数据来源：UN Comtrade 数据库，中国台北和巴布亚新几亚的数据缺失。

2. 数字服务贸易

总体来看，APEC 成员数字服务贸易规模稳步增长，在服务贸易中的主导地位逐渐显现，始终保持较高的服务进出口贡献率，在全球服务贸易市场上表现强劲。2020 年，APEC 整体数字服务贸易总额为 21891.46 亿美元，相比 2005 年增长 1.9 倍②。

2020 年，APEC 数字服务出口规模达到 11963.49 亿美元，占服务出口总额的 64.1%，比重较 2019 年提高 13.9%；占全球数字服务出口总额的 37.8%，较上年度增长约 1 个百

① 参见：https：//comtrade. un. org/data/。

② 参见：https：//unctadstat. unctad. org/EN/。部分经济体进口数据缺失，贸易总额采用剔除了数据缺失经济体的样本计算。

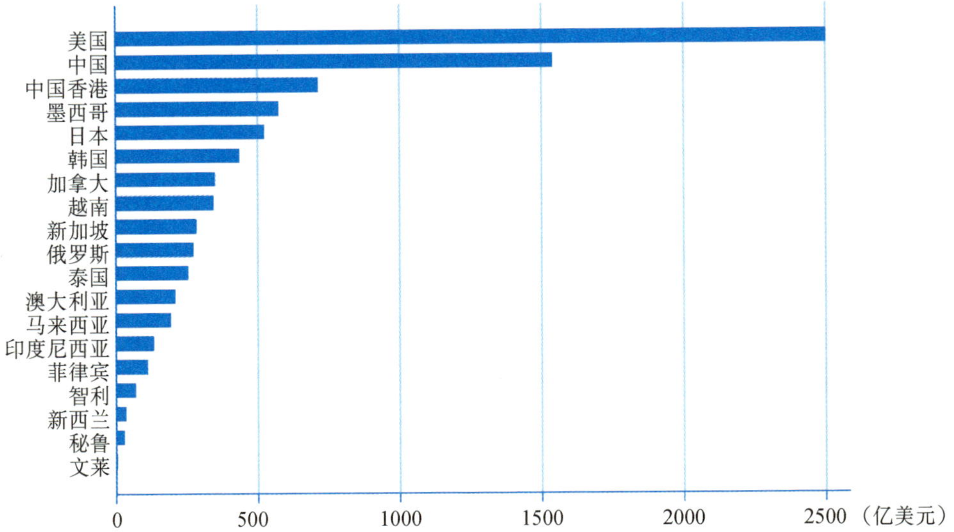

图 14-2　2021 年 APEC 各经济体数字商品贸易进口额

数据来源：UN Comtrade 数据库，中国台北和巴布亚新几亚的数据缺失。

分点。在 2020 年全球数字服务出口以及各成员服务贸易大幅下滑的背景下，APEC 整体数字服务贸易仍然维持了正向增长。2015—2020 年，APEC 数字服务出口额占其服务出口总额的平均比重为 51.5%，占全球数字服务出口总额平均比重为 37.1%。

进口方面，2020 年 APEC 数字服务进口规模为 9953.84 亿美元，占服务进口总额的 55.8%，比重较 2019 年提高 13.4%。2015—2020 年，数字服务进口额占服务进口总额的平均比重为 43.8%。APEC 数字服务贸易整体表现为贸易盈余，且盈余规模呈逐年上升趋势。

APEC 成员数字服务贸易水平差距明显，少数成员贸易规模较大，居于优势地位。2020 年，美国、中国、日本的数字服务贸易总额在 APEC 成员中居前三位。

2006—2020 年，APEC 整体数字服务贸易占服务贸易比重及贡献率如表 14-3 所示。

表 14-3　APEC 整体数字服务贸易占服务贸易比重及贡献率　　单位:%

年份	数字服务出口		数字服务进口	
	占 APEC 服务出口比重	对 APEC 服务出口贡献率	占 APEC 服务进口比重	对 APEC 服务进口贡献率
2006	42.6	54.0	38.3	56.2
2007	43.8	49.4	39.2	45.7
2008	43.1	38.4	40.2	47.4
2009	45.9	14.9	43.2	9.8
2010	44.2	33.3	41.9	32.8
2011	45.4	55.8	42.0	43.0
2012	45.2	39.8	41.0	27.9

续表

年份	数字服务出口		数字服务进口	
	占 APEC 服务出口比重	对 APEC 服务出口贡献率	占 APEC 服务进口比重	对 APEC 服务进口贡献率
2013	45.8	59.1	41.5	51.8
2014	47.4	75.8	40.5	28.6
2015	47.8	18.6	40.2	47.3
2016	48.7	98.4	41.4	147.7
2017	49.2	56.6	41.7	46.2
2018	49.1	47.7	40.9	29.3
2019	50.3	98.4	42.5	219.4
2020	64.1	-1.6	55.8	-1.0

注：服务出口贡献率为数字服务出口增加额与服务出口增加额之比；进口贡献率为数字服务进口增加额与服务进口增加额之比。

数据来源：根据联合国贸易和发展会议数据库 https://unctadstat.unctad.org/EN/计算得到。

（三）APEC 主要成员数字贸易发展趋势及政策前瞻

1. 美国

美国高度重视数字贸易发展，已将其提升到国家发展战略层面，并认为这是保持其国际竞争力和统领地位的关键要素。美国围绕“服务先行战略”的出口促进导向，通过外交和贸易协定等途径消除他国非关税贸易壁垒以扩大美国的数字服务出口，通过国内法律法规和贸易协定负面清单等途径设置贸易壁垒保护美国薄弱产业或特定产业，并通过强有力的贸易救济体系保护美国国内产业和知识产权。美国数字产业体系完善，加之其发达的网络基础设施和较强的科技创新能力，推动其成为世界数字贸易大国。2010—2020 年，美国可通过数字形式交付的服务出口规模从 3379.24 亿美元增长至 5330.93 亿美元，占世界总额的近五分之一，年均增速 4.66%①，低于全球年均增速。美国可数字化交付的服务出口占服务贸易出口比重持续保持在 50% 以上，2020 年占美国服务贸易出口的比重首次超过七成，达 75.55%，体现了数字贸易在美国服务贸易中的主导地位。

未来数字贸易依然将会是美国贸易和对外政策的重点，美国会持续发力，在数字贸易领域保持优势，扩大话语权。美国近年来对数字贸易不断进行顶层设计，并通过多双边谈判将其数字贸易主张推向全球，近年已通过其主导的《跨太平洋伙伴关系协定》（TPP）、《美国—墨西哥—加拿大协定》（USMCA）等贸易协定建立了数字贸易规则体系，形成了数字贸易的美式模板，尽管特朗普政府退出了 TPP，但拜登政府希望在数字贸易治理领域遏制中国。因此，数字贸易已成为中美博弈的重要领域，联合盟友对抗中国是拜登政府制定对华政策的逻辑起点。

① 数据来源：UNCTAD 数据。

2. 日本

日本在多边和双边贸易协定谈判中，高度重视与数字贸易相关的规则谈判和制定。2009 年至今，在日本签署的双边、多边经济伙伴关系协定（EPA）和自由贸易协定中，明显带有数字贸易规则内容的共有 9 项，包含 5 项双边经贸协定和 4 项多边经贸协定，其中有 7 项协定已经生效和运行。在这些协定中，《日美数字贸易协定》不仅是日本和美国首次签订的数字贸易双边协定，也是全球首个数字贸易方面的独立协定。在拜登政府在战略上发出重新激活美国全球领导力的明确信号下，作为美国的传统盟友，日本在包括数字贸易在内的各个领域势必会加强与美国的合作。

2010—2020 年，日本可通过数字形式交付的服务出口规模从 2010 年的 651.06 亿美元增长至 2020 年的 1147.41 亿美元，年均增速为 5.83%，超过全球年均增速。日本可数字化交付的服务出口额占服务贸易的比重也有大幅提升，从 2010 年的 48.44% 上升至 2020 年的 71.58%。

日本电子商务销售额占其 GDP 的比重不断攀升，从 2015 年的 60% 升至 2018 年的近 66%①，这个比重远远高于美国和中国。总体来看，日本数字贸易近年发展迅速，潜力巨大，未来可能会参与和融入更多的数字贸易协定，进一步拓宽数字贸易渠道。

3. 中国

中国数字服务贸易规模总体呈上升趋势，由 2011 年的 1648.4 亿美元增长至 2020 年的 2939.9 亿美元，年均复合增长率达到 6.6%。据商务部预测，到 2025 年，中国可数字化的服务贸易进出口总额将超过 4000 亿美元，占服务贸易总额的比重达到 50% 左右②。另外根据本文研究，在 APEC 经济体中，中国的数字贸易国际市场占有率（MS）排名第一，高达 14.81%，排名第 2—4 位的美国、日本和墨西哥数字贸易国际市场占有率分别为 4.38%、4.07% 和 3.02%。随着中国进一步对外开放和经济转型，数字经济、数字贸易将会在中国经济中占据越来越重要的地位，除了在量上保持优势，提升效率和质量也是中国数字贸易发展的重要拓展方向。

中国近年来一直在积极融入包括数字经济在内的区域及多边贸易协定。2021 年 9 月 16 日，中国正式提交加入 CPTPP 的书面申请，这是中国进一步扩大开放、推动国内的深层次改革，实现经济发展与社会进步的机会。2021 年 11 月，中国正式提出申请加入《数字经济伙伴关系协定》（DEPA），展现了中国积极参与数字经济国际合作及相关规则制定的建设性姿态，也反映出中方致力于扩大开放、对接国际高水平规则标准的坚定决心。与此同时，不容忽视的一点是目前数字贸易的规则主要是美欧主导的模式，发达国家通过签订自贸协定和向 WTO 提案的方式，对外输出其数字贸易规则主张。在积极融入现行数字贸易国际规则的同时，中国也会通过积极参与国际谈判，提出有利于自己的规则主张，摆

① 数据来源：UNCTAD 数据。

② 数据来源：《2022 年中国及全球数字贸易发展趋势研究报告》。

脱发展中国家被规则支配的命运。另外，当前数字贸易领域的多边合作推进较为缓慢，更多是区域性的贸易协定，全球化和多边合作一直是中国的国际政策主张，推进数字贸易领域的多边贸易合作也势必是中国的倡导方向。

4. 俄罗斯

较之发达经济体，俄罗斯的数字经济和数字贸易发展水平不高，2019 年俄罗斯数字贸易的国际市场占有率仅有 0.20%，在 APEC 经济体中排名第 15。数字贸易政策上，俄罗斯是数据监管程度最高的国家之一。俄罗斯设立了严格的数据管理要求，要求电信和互联网供应商至少保留数据 12 个小时，以便为俄罗斯联邦安全局提供数据资料。此外，俄罗斯存在数据本地化规定，要求俄罗斯公民数据的记录、系统化、积累、储存、修改和检索均要使用位于境内的数据库。数据自由流动是数字贸易发展的基础，俄罗斯严格的数据限制政策是基于特定的政治原因，短时间内难以改变，所以俄罗斯数字贸易的总体状况近年内不会发生较大改善。

5. 其他成员

从数字贸易竞争力方面来看，一些 APEC 成员虽然在贸易体量上不占优势，但是仍然具备一定的比较优势，例如泰国、韩国、马来西亚的数字贸易竞争优势指数（TC）比较高；菲律宾和墨西哥两个经济体数字贸易显示性比较优势指数（RCA）高于 1.25，在 APEC 经济体中处于最前列，泰国、中国香港和马来西亚的 RCA 也处于较高水平；菲律宾的净出口显示性比较优势指数（NRCA）较高。上述经济体在数字贸易领域未来拓展的潜力巨大，且数字贸易上占据极大优势的经济体很少，所以对于具备相对优势但数字贸易尚未起步的经济体来说，未来发展数字贸易的机会也相对较多。

从数字贸易政策方面来看，一些 APEC 成员也有诸多推动数字贸易进程的政策举动。新西兰、智利和新加坡签署了 DEPA，作为全球首个数字经济领域的专门协定，DEPA 在数字贸易时代国际贸易政策谈判和规则塑造方面具有里程碑意义。另外，新加坡和澳大利亚在 2020 年 8 月 6 日签署了《新加坡—澳大利亚数字经济协定》（SADEA），该协定是在 CPTPP 及新澳自由贸易协定的现有基础上发展而来的，包含一系列数字经济贸易的规则。但是，上述协定主要是基于小范围区域，数字贸易领域的多边贸易协定仍然进展缓慢，也是未来需要拓展的重要方向。

（四）APEC 数字贸易合作面临的挑战与机遇

随着网络合作和数字贸易在亚太地区的战略意义与日俱增，政府和消费者对数据和个人信息安全问题已经产生一系列的担忧，导致了 APEC 各成员纷纷提出传统和新型数字产品贸易壁垒，而且在数量、规模、形式和使用领域方面日益增多和多样化。各经济体政府对数字贸易保护意识的不断加强，将在很大程度上给消费者和经营者带来不必要的营业、消费、创业和进入其他国家的风险和市场障碍。欧洲国际政治经济研究中心（European Centre for International Political Economy，ECIPE）发布的《数字贸易限制指数》（DTRI）

显示，APEC 成员的数字贸易限制指数均值高于世界均值，表明 APEC 地区的数字贸易壁垒总体较高，其中发展中成员的 DTRI 均值高于发达成员。

在数字服务贸易方面，OECD 开发的数字服务贸易限制指数（Digital Services Trade Restrictiveness Index，DSTRI）显示，APEC 发达成员的壁垒程度也普遍低于发展中成员。2020 年，加拿大、日本、美国、澳大利亚的 DSTRI 分别为 0、0.082、0.061 和 0.061，均小于 0.1。2014—2020 年，美国、新西兰、澳大利亚、马来西亚、文莱、智利、秘鲁、泰国的 DSTRI 未发生变化；日本、韩国、中国、中国香港、墨西哥、印度尼西亚、俄罗斯的 DSTRI 产生了不同程度的提高；加拿大呈下降趋势。可以看出，DSTRI 的时间变化趋势并不明显，大部分 APEC 成员有关数字服务贸易的限制壁垒近年来并未削减。

尽管面临诸多挑战，未来 APEC 数字贸易合作前景仍然非常广阔。新一轮技术和产业革命随着人工智能、云计算和大数据的突破，迎来了数字化发展的新时期，带来全球产业链、供应链、价值链深度整合，服务业和制造业深度融合。3D 打印、大数据、云计算等新技术不断涌现，数字经济、共享经济、平台经济等新产业、新模式加快发展，不断创造出新兴数字贸易业态。APEC 高度重视新一轮科技与产业革命为数字贸易模式带来的转变，并且积极开展数字贸易合作项目。2010 年，《亚太经合组织领导人增长战略》为 APEC 数字贸易合作提供了宏观的方向性框架。此后，APEC 持续推进数字贸易合作，分别制定了《APEC 促进互联网经济合作倡议》《APEC 跨境电子商务便利化框架》《APEC 互联网和数字经济路线图》以及《APEC 数字经济行动议程》等。根据布特拉加亚愿景，APEC 将努力创造自由、开放、公平、非歧视、透明及可预测的贸易和投资环境，这是未来亚太区域经济增长的重要驱动力之一。可以预见，未来 APEC 成员间会开展更多数字贸易合作项目，助力各成员数字贸易发展。

二、弥合数字鸿沟

（一）亚太地区“数字鸿沟”及其现状

1. “数字鸿沟”的产生与界定

数字鸿沟是指在拥有信息技术工具和未拥有者之间存在的差距，包括接入互联网的机会和利用信息技术进行各种活动的差距。不同的组织和机构对数字鸿沟的定义有所不同，但都强调了数字鸿沟与社会经济水平、教育、地区和代际之间的不平等有关。数字鸿沟通常可以分为三个层次：基础设施和服务的差异导致的互联网接入与否的差距、信息通信技术使用上的差异以及由于信息技术使用差异而产生的一系列不平等后果。弥合数字鸿沟的根本途径是以互联网为代表的信息技术的快速发展①。

---

① 谢娟娟，肖姝帆：《推动弥合亚太地区“数字鸿沟”问题研究》，载《亚太区域经济合作发展报告 2021》，南开大学出版社，2023，第 195－214 页。

2. 亚太地区“数字鸿沟”的现状

2020 年麦肯锡消费者与企业调查显示，新冠疫情加速了全球的消费者和企业更快地采用数字服务和技术。亚太地区也努力借助数字应用、数字服务、生成的数据、数字基础设施等应对新冠疫情冲击，尽快实现疫后经济恢复。例如，疫情期间，韩国和新加坡政府有效利用数字技术来遏制病毒传播。但 APEC 成员中既包含处于全球数字经济和社会发展顶端的发达经济体，也包含数字基础设施极度贫乏的发展中经济体，不同经济体对信息和通信技术的使用存在很大差异，加剧了各经济体之间以及经济体内部明显的数字不平等现象。

（1）亚太地区的全球数字竞争力地位及其内部差距：根据瑞士国际管理发展学院（International Institute for Management Development，IMD）发布的“2022 年全球数字竞争力排名”（World Digital Competitiveness Ranking 2022）报告，全球 63 个国家 2020 年的数字竞争力排名中包含了 18 个 APEC 成员[①]（见表 14－4）。从具体排名可以看出，APEC 成员之间的数字鸿沟不容小觑。

表 14－4　APEC 成员 2016～2022 年全球数字竞争力排名

APEC 成员	2016 年	2017 年	2018 年	2019 年	2020 年	2021 年	2022 年
美国	2	3	1	1	1	1	1
新加坡	1	1	2	2	2	5	4
韩国	17	19	14	10	8	12	8
中国香港	11	7	11	8	5	2	9
加拿大	5	9	8	11	12	13	10
中国台北	16	12	16	13	11	8	11
澳大利亚	14	15	13	14	15	20	14
中国	35	31	30	22	16	15	17
新西兰	10	14	19	18	22	23	27
日本	23	27	22	23	27	28	29
马来西亚	24	24	27	26	26	27	31
泰国	39	41	39	40	39	38	40
智利	37	40	37	42	41	39	41
俄罗斯	40	42	40	38	43	—	—
印度尼西亚	60	59	62	56	56	53	51
墨西哥	52	49	51	49	54	56	55
菲律宾	46	46	56	55	57	58	56
秘鲁	58	62	60	61	55	57	57

数据来源：根据瑞士国际管理发展学院发布的“2022 年全球数字竞争力排名”报告整理所得。“—”表示数据缺失。

① 全球数字竞争力排名中没有统计文莱、巴布亚新几内亚、越南这三个 APEC 成员国。此外，2021 年和 2022 年没有统计俄罗斯。

2018—2022年，美国在全球数字竞争力排名中稳居第一，2022年韩国、中国香港的数字竞争力排名分别位列第八和第九。而墨西哥、秘鲁、印度尼西亚、菲律宾等APEC成员的数字竞争力排名比较靠后。受资金短缺的限制，数字竞争力排名靠后的经济体对数字基础设施投入不足，导致信息化程度较低，宽带服务网络使用成本居高不下，跨境电子商务平台及完备的物流供应链基础严重短缺，与数字经济发展势头较为迅猛的美国、新加坡等发达经济体形成了鲜明的对比。

（2）固定和移动宽带市场的技术鸿沟：根据国际电信联盟（International Telecommunication Union，ITU）的统计数据，2021年APEC成员中的韩国、加拿大、中国香港、澳大利亚、美国、日本、中国的每百名居民固定宽带用户签约数已超过30位（见图14－3）。从移动宽带订购用户数目来看，日本、新加坡、美国、文莱、中国香港已超过每百名居民130个签约用户的数量。虽然亚太地区具备发展固定宽带和移动宽带的巨大潜力，但各经济体的发展程度差距较大，发达成员远远领先于数字技术发展较为滞后的许多发展中成员，存在着宽带数字鸿沟。

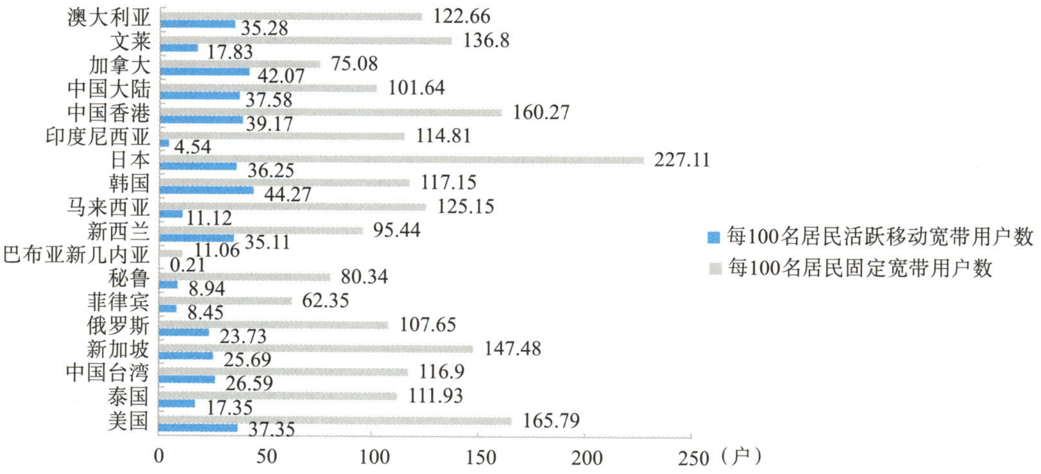

图14－3　APEC成员2021年固定和移动宽带用户数

数据来源：ITU World Telecommunication/ICT Indicators database.

（3）固定电话和移动电话使用的差距：按照ITU的统计数据，2021年，中国香港、中国台北、日本、韩国每百名居民的固定电话签约用户超过40位（见图14－4），而泰国、菲律宾、印度尼西亚每百名居民的固定电话签约用户较少。从移动蜂窝电话签约用户来看，中国香港、泰国、俄罗斯均超过每百名居民150个签约用户，中国香港远远多于APEC其他成员。泰国、菲律宾等的用户大都选用了移动蜂窝电话而非固定电话，中国香港、日本、韩国等的用户在固定电话和蜂窝移动电话上的签约数量都较高。电话签约与移动蜂窝电话签约用户数量一定程度上反映出其对数字经济发展的重视程度。APEC成员之间固定和移动电话签约数量差别较大，也反映出成员之间电话数字鸿沟的存在。

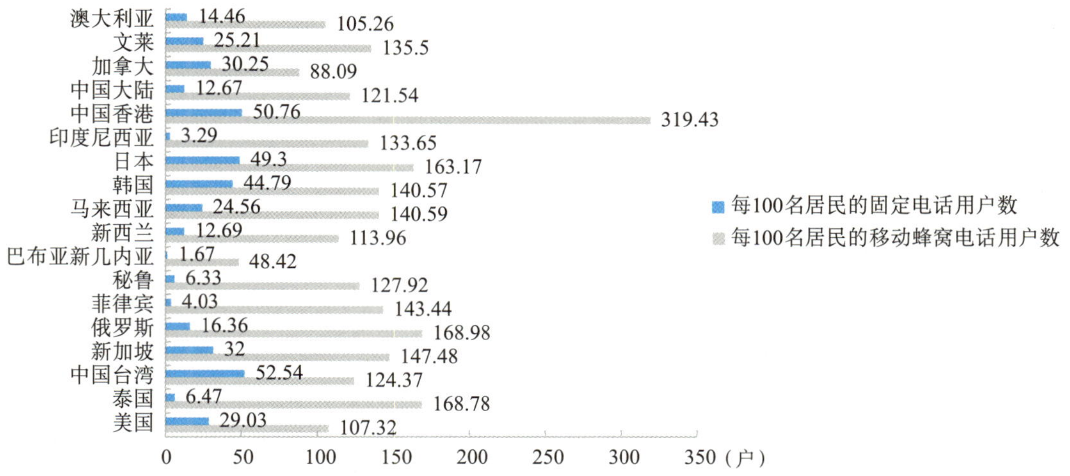

图 14-4　APEC 成员 2021 年固定电话和移动电话用户数

数据来源：ITU World Telecommunication/ICT Indicators database.

（二）APEC 推动弥合“数字鸿沟”所采取的措施

随着数字环境的不断改变以及云计算、大数据、移动互联等信息和通信技术的迅速发展，弥合数字鸿沟不仅要解决互联网的接入问题，还要考虑到用户使用信息和通信技术的能力、信息传输等方面的问题。APEC 针对亚太地区存在的数字鸿沟现状，从多个方面采取了弥合措施。

1. 创新信息通信技术

APEC 一向重视信息通信技术领域的合作，数字基础设施建设是推动互联网和数字经济发展的必要条件。亚太地区的信息通信技术合作主要集中在两个领域。一是在互联网接入的基础上，继续加强数字基础设施建设，降低接入成本、提高接入质量和速度，鼓励亚太地区 5G 网络生态系统的创新和多元化；二是推动建立安全、可信任的信息通信技术发展环境。

2. 成立 APEC 数字经济指导小组

在亚太地区互联网经济蓬勃发展的背景下，APEC 先后成立了电子商务指导小组（ECSG）和互联网经济临时指导小组（AHSGIE）。2018 年 APEC 对 ECSG 和 AHSGIE 的功能进行整合，成立了 APEC 数字经济指导小组（DESG）和数字创新工作组（DIWG），并以《APEC 数字经济行动计划》为指导，为 APEC 数字经济相关政策制定提供数据和进行分析，同时推动各成员就数据隐私等前沿议题展开对话与合作。

3. 开发数字人力资源

人工智能、大数据、机器人、区块链和云计算等技术创新的广泛应用，造成了部分就业岗位流失，也导致了就业市场一定程度上的供需错配。2006—2020 年，APEC 人力资源开发工作组以《APEC 数字时代人力资源开发框架》为指导，在数字素养、资格认定、劳动力流动、全球竞争力、青年就业、女性参与、发展在线教育等领域开展了 184 项合作项目①。

4. 促进中小微企业发展

中小微企业是亚太地区经济增长和创新的重要驱动力，占亚太企业总数的 97%，雇用了 50% 以上的劳动力，对 APEC 成员 GDP 的贡献度达到 20%—50%②。数字及相关技术创新为亚太地区中小微企业融入全球供应链和价值链、开拓新市场、促进可持续增长提供了机遇。2006—2020 年，中小企业工作组共开展项目 188 项，推动各成员在中小微企业数字化转型、妇女能力建设、创新政策激励、融入全球 IT 和电子产业链等多个领域展开对话和合作③。2019 年，第 25 届 APEC 中小企业部长级会议以“经济全球化背景下的中小企业融资和数字变革”为主题；以“互联网和数字经济中零售型中小企业面临的机遇与挑战”为主题召开 APEC 中小企业数字经济论坛。

5. 以“探路者行动”展开合作

截至 2020 年 12 月，APEC 共实施探路者行动 16 项，其中涉及信息通信技术及相关技术创新、标准一致化、数字贸易和数字经济等数字经济议题的行动共计 9 项。

三、跨境数据流动管理

（一）跨境数据流动的界定

跨境数据流动（Trans - border Data Flows）又称为“数据跨境传输”或“数据的国际流动”等，最早由 OECD 在 1980 年《关于保护隐私和个人数据跨境流动的指南》中正式提出。1981 年，欧洲理事会通过的《有关个人数据自动化处理的个人保护公约》，将“个人数据跨境流动”界定为“不论使用任何媒介，基于自动化处理或为自动化处理的目的所收集的个人数据跨越国境的传输”④。1982 年，联合国跨国公司中心（UNCTC）给出的定义是“跨越国界对存储在计算机中的机器可读数据进行处理、存储和检索”。

从国家层面来看，1979 年，美国国会的报告中将跨境数据流动界定为“计算机文件中处理和储存的数据通过电子手段跨越政治边界进行传输的活动”⑤。1988 年，澳大利亚法律改革委员会对“跨境数据流动”解读为：即使个人信息在澳大利亚境内存储，但是被在澳大利亚境外其他主体访问，也可以认定为信息跨境流动⑥。中国根据国家互联网信息

① 根据 APEC 项目数据库（APEC Project Database）相关资料整理。

② 资料来源：APEC 中小企业工作组网站。

③ 根据 APEC 项目数据库（APEC Project Database）相关资料整理。

④ 资料来源：欧洲理事会，108 号公约。

⑤ 资料来源：国会研究处，数据流、在线隐私和贸易政策，https：//crsreports. congress. gov/product/pdf/R/R45584。

⑥ 资料来源：澳大利亚法律改革委员会，Review of Australian Privacy Law，2007，http：//www. austlii. edu. au/au/other/lawreform/ALRCDP/2007/72. html。

办公室（网信办）2019 年颁布的《个人信息出境安全评估办法（征求意见稿）》将跨境数据流动定义为“网络运营者将在中华人民共和国境内运营中收集和产生的个人信息和重要数据，提供给位于境外的机构、组织、个人”。

综合以上对跨境数据流动的理解，一方面是指数据的出境和入境。另一方面分为内涵与外延两类：一类是数据跨越国界的对外传输或转移行为；另一类是尽管数据尚未跨越国界，但能够被境外的其他主体进行访问，即跨境数据流动是指数据在不同法域之间的流动。

数据是数字经济时代新的生产要素，是一种基本的、战略性的资源，也是一种重要的生产力。数字化使数据收集、聚合或分析、存储、使用或盈利的物理分离成为可能，不仅推动了各国内部的数据流动，也推动了跨境数据流动。跨境数据流动在促进经济增长、加速创新、促进国际贸易等方面发挥了积极作用，特别是对于中小企业而言，跨境数据流动降低了企业贸易和交易的成本，为它们参与国际贸易提供了机会。

（二）APEC 框架下的跨境数据流动管理合作

2005 年，APEC 成员共同签署了《隐私框架》，为 APEC 各成员建立个人数据保护的国内法规体系提供了指南和一套基本原则。该框架针对数据保护提出了九大原则，包括：防止伤害、通知、收集限制、个人信息使用、选择性原则、个人信息的完整性、安全保障措施、访问及更正、问责制，目的是为各成员国提供最低的隐私保护标准，促进亚太地区数据的跨境自由流动，同时保护消费者的隐私。在数据跨境流动的实施条件上，该框架以数据主体的同意和授权作为衡量是否可以将个人数据跨境转移到第三方的基本标准。

需要强调的是，《隐私框架》并不具有强制力，需要各成员自愿遵守规则。因此，为了提高各成员自觉性和积极性，落实《隐私框架》中的原则，APEC 在 2011 年建立了跨境隐私规则体系（CBPR），也标志着跨境数据流动的规制达到自律监管阶段。该体系通过数据隐私小组（Data Privacy Subgroup）的联合监督小组（Joint Oversight Panel – JOP）进行统一管理，建立了经济体、责任代理和申请组织三级认证制度，并通过经济体间隐私执法机关的合作提供强制效力保障。

1. CBPR 体系的适用范围

在 CBPR 体系框架下，跨境传输的个人数据包括消费者数据、员工数据和健康数据等，可以由参与成员自行选择。CBPR 体系对企业的范围规定比较宽泛，只要涉及个人数据跨境传输业务的企业都属于其规范的对象。该体系规范公共和私营部门的企业和组织以及控制“收集、持有、处理、使用、转移或披露个人数据”的个人，还包括指示其他企业对其所有的个人数据进行加工的企业，不适用于为个人、家庭或家族目的而收集、持有、处理或使用个人数据的个人（如地址簿、电话名单或家庭通信）。此外，CBPR 体系“有限适用”于公开可获得的数据，定义为个人“有意向公众提供或允许向公众提供的数据”，以及“从公众可获得的政府记录、新闻报道，或者法律要求公众可以获得的数据”[①]。

2. CBPR 体系的机制设计

CBPR 体系建立了一套由政府背书的、自愿、可执行和“基于问责”的隐私保护认证机制，并建立了隐私执法机构跨境合作、问责代理机构认可和商业机构认证机制。APEC 成员中的数据控制者可以在满足认证要求后加入该认证体系，以向境外交易方证明自身的数据保护水平。如果寻求参与 CBPR 体系的组织获得认证，其隐私实践和政策将由问责代理机构或隐私执法机构执行。CBPR 体系的实施机制主要包括 APEC 层面和各成员层面的工作（见图 14－5）。

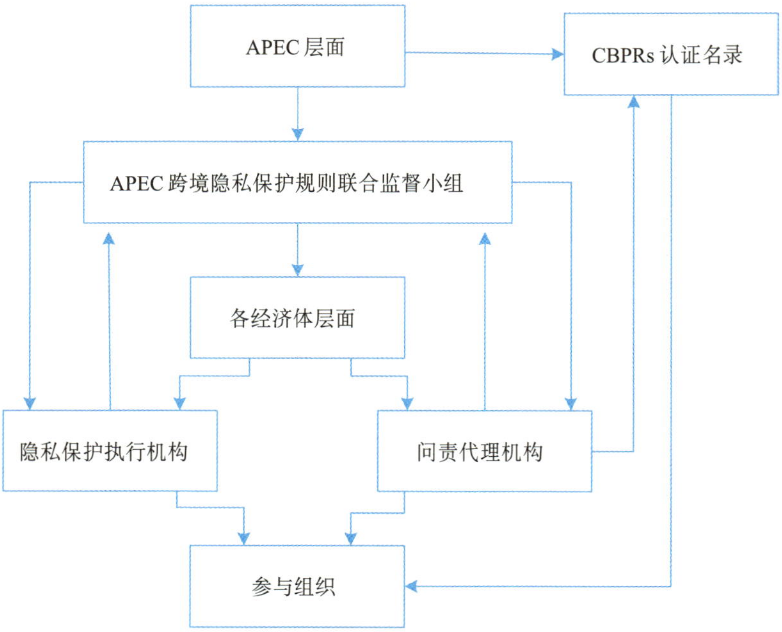

图 14－5　APEC CBPR 体系的实施框架

（1）《跨境隐私执法安排》

由于《隐私框架》并没有建立任何中央执法机构，而是鼓励亚太地区内的隐私执法机构合作，因此，APEC 建立了《跨境隐私执法安排》（CPEA）作为一个多边安排，以促进这种互动。CPEA 是亚太地区第一个促进隐私执法机构之间合作援助的机制，并通过以下措施促进自愿信息共享和执法[②]：

- 促进 APEC 各经济体系内隐私执法部门之间的信息共享；

① 资料来源：APEC 隐私框架（2015）：https：//www. apec. org/docs/default – source/publications/2017/8/apec – privacy – framework –（2015）/217_ecsg_2015 – apec – privacy – framework. pdf？sfvrsn = 1fe93b6b_1。

② 资料来源：亚太经合组织跨境隐私执法安排（CPEA），2021，https：//www. apec. org/About – Us/ About – APEC/Fact – Sheets/APEC – Cross – border – Privacy – Enforcement – Arrangement。

• 通过提交执法事项和并行或联合执法行动，支持隐私执法机构之间的有效跨境合作；

• 鼓励与非 APEC 成员经济体执法部门开展合作和信息共享。

参与 CPEA 是 APEC 成员参与 CBPR 体系的先决条件。因此，每一个参与的 APEC 成员必须确定一个适当的监管机构，作为 CBPR 系统中的隐私执法机构。如果认证机构或相关的问责代理机构无法解决 CBPR 投诉，隐私执法机构必须准备好审查和调查该投诉，并采取任何必要和适当的执法行动。

（2）数据处理者隐私识别体系

由于 CBPR 体系只适用于数据控制者，APEC 成员和数据控制者鼓励建立一种机制，以帮助确定合格和负责任的数据处理者，这促成了 2015 年 APEC“数据处理者隐私识别体系”（PRP）的产生。PRP 认证由经批准的 PRP 责任代理人进行，旨在确保处理过程至少符合 CBPR 体系要求数据控制者遵守的数据处理要求。CBPR 联合监督小组根据 APEC《跨境隐私规则宪章》《跨境隐私规则和加工者系统隐私识别联合监督小组章程》和《跨境隐私规则和加工者系统隐私识别联合监督小组议定书》管理 PRP 体系①。APEC 成员问责代理机构的认证规则与 CBPR 体系密切相关，要求联合监督小组参与根据 CBPR 体系所做的类似的评估过程。

（3）加入 CBPR 体系的认证机制

各成员通过获得认证加入 APEC 的 CBPR 体系，是 CBPR 体系中的基础性认证，也是该成员的私营组织获得认证的前提。申请加入的 APEC 成员应满足的条件包括：

• 至少有一个隐私执法机构加入《APEC 跨境隐私执法安排》（CEPA）；

• 必须向 APEC 的 ECSG 主席、数据隐私小组主席和 CBPR 的 JOP 主席提交参与意向书，并做出如下说明：一是该成员有隐私执法机构加入 CPEA；二是该成员计划使用或指定至少一个经 CBPR 认可的问责代理机构；三是该成员隐私法律、法规和行政措施的详细情况及其执法情况；四是详细说明该成员具有符合 CBPR 要求的及如何执行的隐私保护法律法规。

CBPR 的 JOP 发布一份调查报告，说明该成员是否满足成为 APEC CBPR 体系参与者的要求，申请成员自收到调查结果报告之日起成为参与者。

（4）问责代理机构认可机制

CBPR 体系使用第三方问责代理机构来组织认证，而问责代理机构可以是公共或私人实体，也可以是隐私执法机构。对责任代理机构的认证是 CBPR 体系的支撑性、衔接性认证，联系了经济体和申请组织两个层面。审批程序从拟代理机构向有关当局提交申请和证明文件开始；当局将对该组织进行初步审查，并将申请提交委员会主席、委员会的数据隐

① 资料来源：APEC 数据处理者隐私识别体系——政策、规则和指引，http：//cbprs. org/ wp - content/uploads/ 2020/08/PRP - Policies - Rules - and - Guidelines - Revised - For - Posting - 3 - 16 - 1. pdf。

私小组及联合监督小组；联合监督小组审查标准有以下四个方面：

- 受该成员域内隐私执法机关的管辖，该机关已加入 CBPR 体系；
- 满足责任代理的认证标准；
- 同意使用 CBPR 问卷来对组织本身进行评估，或以其他方式证明满足了 CBPR 体系的最低要求；
- 完成相关签名和联系信息表格填写，然后以投票决定是否承认该组织为问责代理机构①。

问责代理机构负责对希望参与 CBPR 体系的组织进行初步认证，并负责监督 CBPR 体系标准的持续遵守情况。为此，CBPR 认证的组织必须每年向指定的问责代理机构提交合规证明，以确保及时纠正任何不合规行为，并在必要时向相关执法机构报告。问责代理机构制度充分体现了 CBPR 体系下“行业自律”的特色，由其提供独立的第三方认证，确保相关组织或企业的隐私保护规则符合《隐私框架》，在 CBPR 体系中发挥着不可或缺的作用。

（5）商业机构隐私保护认证机制。

拟加入 CBPR 的商业机构或向问责代理机构申请隐私保护认证，需要负责设计符合 CBPR 体系的隐私政策和实践，并由问责代理机构按照 CBPR 要求对其进行评估，通过评估的商业机构获得隐私保护印章、信任标识。

截至 2022 年底，APEC 有九个成员加入了 CBPR，包括美国、墨西哥、日本、加拿大、新加坡、韩国、澳大利亚、中国台北和菲律宾；日本、韩国、新加坡和美国四个成员指定了问责代理机构；41 个商业机构获得了 CBPR 认证，其中 35 个在美国，2 个在日本，4 个在新加坡②。

（三）APEC 主要成员关于跨境数据流动规则的立场与实践

1. 美国：经济利益导向的跨境数据自由流动规则

美国对数据跨境流动的态度主要受经济利益和隐私保护的驱动，并试图主导全球跨境数据流动规则的构建。美国通过双边或多边谈判构建以其为主导的跨境数据流动规则体系，并逐渐推广执行，扩大影响。其主要做法包括：在电子商务谈判中主张加入“数据跨境自由流动”条款，与欧盟签订双边“隐私盾”协议，以及积极促成 APEC《隐私框架》的通过，并进一步推动 CBPR 体系的建立，力图制定具有执行力与约束力的区域规则体系。美国国内法律体系采取了分散立法的模式，但针对重点领域明确了限制条件。针对隐私保护，美国开始针对隐私保护展开统一的专门立法，出台了《加州消费者隐私法案》（CCPA）。CCPA 对个人数据处理的问题上，还规定了选择退出权。

---

① 资料来源：CBPRs，新建代理流程，http：//cbprs. org/accountability - agents/new - agent - process/。

② 资料来源：《跨境隐私规则体系》名录，http：//cbprs. org/compliance - directory/cbpr - system/。

总之，美国是以维护产业竞争优势为主旨，最大限度地保证跨境数据自由流动，同时通过双边或多边协议主导和强化其在全球的数据跨境的规制体系。

2. 俄罗斯：主权原则下的本地化存储规则

俄罗斯的数据主权保护和监管始于 20 世纪 90 年代，随着信息化浪潮的兴起，俄罗斯逐步构建了网络安全法律体系，并建立了网络安全规范和数据信息流动制度的监管体系。俄罗斯还实施了《主权互联网法》，允许俄罗斯创建自主互联网，确保互联网在受到境外威胁时仍能稳定运行。该法案规定了一系列措施，包括建立可接收域名信息的全国系统、规范互联网流量管理，以及由监管局负责维持互联网的稳定性。此外，俄罗斯还提出了大规模的网络基础设施建设需求，以确保跨境数据流动的安全保障。

因此，俄罗斯所实施的数据本地化存储规则通过严格控制数据的跨境流动，对企业施以严格的义务，从而达到政府对数据的访问、传输、处理等环节的全面控制，并试图将侵犯数据主体、个人隐私和威胁国家安全的风险扼杀在摇篮里，从而使本国政府掌握对跨境数据流动主动权。

3. 中国："主权保护"为导向的数据本地化原则

在全球经济协同发展的背景下，数据作为第五大生产要素在企业跨境合作中逐渐凸显出重要地位。中国通过颁布《网络安全法》《数据安全法》《个人信息保护法》等法律法规及多个法规征求意见稿，对数据跨境流动进行规制，分层分类管理，分别规定个人信息、重要数据、其他数据的合规管控，对重要数据的跨境活动进行规制。同时，建立数据出境安全评估制度，实施时间和要求已经明确，标志着数据跨境流动制度的核心尘埃落定，我国数据出境管理制度又向着全面落实迈出了坚实的一步。

中国的跨境数据流动规则主要体现在两个层面，一是本地化限制，按照目前中国相关法律法规，本地化要求更多适用于关键信息基础设施运营者，要求其在境内运营过程中收集和产生的个人信息和重要数据都应当在境内进行存储；同时部分行业敏感数据也存在分散的本地化要求，包括但不限于征信业、银行业、汽车制造业等接触敏感数据、重要数据较为频繁的领域。二是对于数据跨境活动主要采取限制性规范，要求数据控制主体在数据跨境活动前需符合法律规定条件或按照规定完成安全评估、保护认证等条件。

第三节 APEC 新愿景框架下数字经济合作与治理的未来趋势

一、APEC 新愿景关于数字经济合作的内容

（一）《2040 年亚太经合组织布特拉加亚愿景》的提出

APEC 于 1994 年在印度尼西亚茂物举行的第二次 APEC 领导人会议上达成了重要共

识，即 APEC 发达成员和发展中成员力争分别于 2010 年和 2020 年实现贸易投资自由化，这就是在 APEC 进程中具有里程碑意义的“茂物目标”。在“茂物目标”引领下，APEC 在贸易投资自由化和便利化、经济技术合作等支柱领域取得了引人注目的进展和成果，在亚太区域经济合作整体格局中的主渠道地位日益凸显，在全球经济治理体系中的地位也不断提升。

以 2020 年为节点，APEC 合作进程进入“后茂物”时代。在新的历史时期，APEC 如何针对亚太区域合作形势和特点的变化规划制定新的合作蓝图，为自身发展注入新的驱动力，不仅是所有 APEC 成员面对的重大现实问题，也备受国际社会瞩目。因此，从 2018 年初开始，APEC 就把讨论制定“后 2020”新愿景列为核心议题之一。

经过为期三年的努力，2020 年 11 月由马来西亚主办的第二十七次 APEC 领导人会议正式通过了《2040 年 APEC 布特拉加亚愿景》。该愿景设立了到 2040 年建成一个开放、活力、强韧、和平的亚太共同体的目标，并把贸易投资合作、数字经济和创新增长、包容和可持续增长列为推进实施新愿景的三大支柱领域。这标志着 APEC 对新时期的合作框架和优先领域进行了与时俱进的调整，为自身发展注入了新的活力和驱动力。

（二）《2040 年亚太经合组织布特拉加亚愿景》框架下的数字经济合作

与“茂物目标”相比，在《2040 年亚太经合组织布特拉加亚愿景》中，APEC 将在以下几个方面进一步推动数字经济合作：

（1）推动数字经济新业态新模式发展，推动亚太人民和工商界更好参与和引领数字时代的全球经济发展。

当前世界正经历着新一轮经济和产业革命，数字经济是未来的发展方向，因此《2040 年亚太经合组织布特拉加亚愿景》明确了数字经济和创新合作的支柱地位。事实上，数字经济在消除贫困，助力均衡包容可持续发展等方面也正在发挥越来越重要的作用。习近平主席在 2021 年 7 月出席 APEC 领导人非正式会议的讲话中指出：“数字经济是世界经济发展的重要方向。全球数字经济是开放和紧密相连的整体，合作共赢是唯一正道，封闭排他、对立分裂只会走进死胡同。”从未来趋势来看，APEC 各成员将更加重视发展数字经济，鼓励技术创新，培育新业态。

（2）分享利用数字技术助力复工复产、发展共享经济、推动数字经济国际合作等实践经验。

世界经济论坛执行委员会委员德雷克·奥哈勒兰指出：“疫情已经将世界彻底改变了，但也在一定程度上加速了数字化发展的进程，通过在数字包容、可持续性数字转型、数字贸易三个领域的努力，可以让全球人民都分享到数字技术带来的红利。”另外，全球价值链使各经济体在国际产业分工和贸易投资领域的相互依存度越来越高，使国际贸易呈现出新的格局，也深刻影响着各经济体之间的生产联系和利益分配方式，“利益共享、风险共担”

的特征也加剧了国际贸易与经济的波动。APEC 地区云集了除欧盟之外最主要的制造业和贸易大国，是全球价值链分布最密集的地区。从这个意义上说，在"后 2020"时代全面系统地推动数字经济国际合作，既是 APEC 推进数字经济合作的必然选择，也是深化亚太区域经济一体化的有效路径，有利于维护亚太地区的开放格局，实现各成员之间的利益共享和合作共赢，这在当前逆全球化思潮兴起和贸易保护主义抬头的背景下显得尤为重要。

（3）促进数字包容性、创新、信任、安全和治理，建立开放、透明、非歧视性的数字贸易规则体系。

《2040 年亚太经合组织布特拉加亚愿景》明确提出，为帮助亚太人民和工商界更好参与联动的全球经济并从中发展壮大，APEC 将培育由市场等因素驱动、由数字经济和创新支持的有利环境。同时，APEC 将进一步推动结构改革和良好的经济政策，促进创新，提高生产力和活力，加强数字基础设施建设和数字化转型，消弭数字鸿沟，促进数据流动，加强数字交易中消费者和商业信任。

（4）"后 2020"时代 APEC 数字经济合作的总体趋势。

从未来趋势来看，后"2020"时代的 APEC 数字经济与创新增长合作将沿着三条主线发展。一是政策协调和规制合作层面，核心议题是推进数字经济领域的结构改革，主要涉及数字治理规则和相关国际标准的制定、跨境数据流动的监管、知识产权保护、网络安全等。二是市场建设层面，主要议题涉及改善数字商业环境、促进数字贸易和投资、加强数字交易中的商业信任和消费者保护、孵化和培育创新型高技术企业等。三是软硬件提升层面，主要议题涉及促进数字基础设施建设、加强数字经济人力资源开发和能力建设、推进数字创新技术的开发、转移和市场推广应用等。

二、APEC 数字经济合作与包容和可持续增长

（一）APEC 框架下经济增长议题的推进过程

2010 年，APEC"茂物目标"的第一个时间表到期。此时亚太地区刚刚经历由美国"次贷"危机所引发的金融危机，很多 APEC 成员受到了严重的冲击。金融危机充分暴露了一些成员原有增长模式的脆弱性，凸显出经济结构的深层次问题及改革调整的必要性，也促使 APEC 认识到在"后危机"时代推进一种全新的经济增长模式的必要性。具体而言，APEC 认为如果亚太地区各成员期待找到一条可持续、平衡和强劲的增长路径，就必须进一步拓宽亚太区域经济合作的维度，在加强市场透明度和效率、维护生态环境、促进利益共享和加强人类安全等领域开展更加多元化的合作。

基于这一背景，APEC 在 2010 年正式发表了《APEC 领导人增长战略》，目标是在亚太地区实现经济的平衡、包容、可持续、创新和安全增长。以该文件为指导，APEC 制定了较为详细的行动计划，明确了增长战略的完整框架和合作导向（见表 14－5）。

表 14－5　《APEC 领导人增长战略》框架

战略内容	战略目标	核心措施
平衡增长	• 促进经济体之间平衡增长 • 促进经济体内部平衡增长 • 通过基础设施建设促进增长	• 解决经常账户失衡问题 • 推行结构改革 • 提供技术支持和咨询服务
包容性增长	• 确保民众有机会参与、促进经济增长，并从经济增长中受益	• 人力资源开发 • 推动中小企业、微型企业发展 • 为妇女、老人等弱势群体创造新的经济机会 • 加强社会保障
可持续增长	• 实现经济增长与保护环境的协调发展，向绿色经济转型	• 加强能源安全，提高能源效率，推行低碳政策 • 发展低碳能源产业 • 发展环境产品与服务产业 • 推动私营企业通过市场融资等方式投资绿色产业
创新增长	• 创造有利于创新和新兴部门发展的经济环境	• 应用信息通信技术（ICT） • 促进数字繁荣 • 加强知识产权保护 • 加强标准一致化建设 • 创新政策的信息共享与对话
安全增长	• 保护本地区民众的生命财产安全 • 为经济活动提供必要的安全环境	• 反对恐怖主义，确保贸易安全 • 增强防灾减灾能力 • 粮食与食品安全 • 反腐败与透明度

资料来源：APEC，“The APEC Leaders’ Growth Strategy”（Yokohama Japan，14 November，2010）.

APEC 制定经济增长新战略凸显出其适应经济环境变化与区域合作新形势的多重目的与需要。一方面，该战略明晰了增长目标和实现路径之间的关键要素和联动关系，为如何使亚太经济的增长成为“有源之水”提供了解决之道；另一方面，该战略体现出 APEC 自我完善和自我革新的决心和能力，增强了各成员同舟共济、共享繁荣的信心。在该战略的推动和引导之下，APEC 近年来聚焦增长合作的议题不断衍生，从而进一步拓展了亚太区域经济合作的广度和深度。

为取得切实成果，APEC 特别提出了增长战略的工作要点，即经济结构改革、人力资源和企业家精神开发、绿色增长、知识型经济与人类安全。同时从三个方面提出了多年期后续行动和落实计划的设想。

2014 年，APEC 批准了《亚太经合组织经济创新发展、改革与增长共识》，该共识包含了增长战略五大目标下的政策行动，在经济改革、新经济、创新增长、包容性支持和城镇化五个方面加强合作。

2015年，APEC对增长战略进行了评估，结果显示该地区的经济增长依旧不强劲、不平衡。在马尼拉领导人非正式会议上，通过了期限至2020年的《亚太经合组织加强高质量增长战略》。该战略以2010年的增长战略为基础，旨在加强并维系高质量增长。此后，APEC不断重申实现平衡、包容、可持续、创新和安全增长的愿景，并制定了相关行动议程，为经济增长合作注入新动力。

（二）数字经济合作对包容和可持续增长的促进作用

在《2040年亚太经合组织布特拉加亚愿景》框架下，数字经济与创新增长、包容和可持续增长都成为支柱合作领域，充分体现了APEC各成员对于经济增长议题的高度重视。事实上，区域合作无论以何种路径和方式开展，其根本目标都是促进本地区经济的增长和民众福利水平的提高。在"后2020"时代，APEC成员的多样性和经济发展水平的显著差异性还将长期存在。因此，未来APEC将充分发掘和利用数字经济在促进包容和可持续发展方面的溢出效应，鼓励各成员加强政策沟通，在利益诉求上寻找共性和互补性，努力实现资源共享和互利发展，从而改善各成员之间经济发展的不平衡。

根据《2040年亚太经合组织布特拉加亚愿景》的具体内容来分析，APEC将在以下几个方面进一步推动数字经济合作与包容和可持续增长合作的协调和联动：第一，充分利用现代信息和通信技术发展所带来的新的经济业态和商业模式，如互联网经济、平台经济、共享经济等，促进亚太地区的技术创新和经济增长模式创新，实现地区经济的高质量增长；第二，APEC将加强数字技术在教育、医疗、社会保障等领域的普及和利用，提高人民福祉和生活质量；第三，APEC将不断强化数字时代的人才赋能，利用数字技术提升中小企业、妇女、残疾人和贫困人口等弱势群体在社会经济活动中的参与度，更好地分享区域经济合作的成果；第四，APEC将支持各成员发展数字基础设施，并推动数字技术在环境保护、气候变化应对等领域的创新应用，实现可持续发展目标。

（三）APEC推进数字经济与包容可持续增长合作的前景展望

1. 加强数字产业化和产业数字化合作

互联网+、人工智能、云计算、移动互联网等是技术创新节奏最快、对经济发展影响最广泛的数字经济创新领域，有助于对其他产业的渗透，提升各产业的创新水平。APEC应推动各成员加强产学研合作和知识产权保护，改善中小微企业的创新环境，提升企业创新能力，并促进传统产业的数字化改造，加快数字产业和其他产业的融合发展，不断强化数字经济在促进创新增长方面的效用。同时，以数字产业化和产业数字化为主要内容的数字经济发展具有一些与工业经济发展完全不同的特征，APEC成员数字经济发展的程度和侧重点也有较大的差异。因此，APEC应继续推进落实《亚太经合组织互联网和数字经济路线图》，在制定数字经济政策框架、促进互联网和数字经济监管规制的一致性等方面加强各成员之间的协调。

2. 数字经济合作助力互联网、蓝色经济和绿色经济发展

互联网经济、蓝色经济和绿色经济是APEC推进创新经济增长模式的三个主要领域。在新愿景目标引领下，APEC将不断推进亚太地区的数字基础设施建设，提升各成员的数字技术水平，同时加强各成员在平台经济、分享经济等互联网新模式、新业态领域的交流互鉴，促进互联网经济发展。APEC还将加强各成员对移动互联网、大数据、云计算、人工智能等数字技术发展与现代制造业结合的合作研究，促进各成员工业互联网和互联网金融发展，并力争尽快将物联网、人工智能、大数据等数字经济的新领域纳入APEC合作议题。同时，APEC还将深化各成员在海洋环境保护、海洋运输、海洋防灾、海洋渔业经济等方面的数字合作，推动蓝色经济发展。APEC经济委员会和数字经济特别指导小组将加快研究数字经济对绿色经济的支撑作用，鼓励和支持各成员加快产业数字化转型，提高生产效率，降低排放和污染，实现绿色发展。

3. 加强数字经济包容性发展

发展数字经济有助于增强经济增长的包容性和普惠性。以云计算为代表的数字经济形态使得个人及中小微企业可以用很低成本获得所需要的计算、存储和网络服务，而不再需要购买昂贵的软硬件产品和网络设备。互联网金融可以利用大数据分析社会经济个体的信用水平，从而让更多的个人和中小微企业获得适合其各自风险特质的金融信贷服务。妇女和残障人士通过电子商务可以获得更多参与经济活动的机会。

APEC将进一步加强政府间合作，对中小微企业参与数字经济创新活动给予积极支持，包括改善中小企业创新的融资环境，降低创新型中小企业融资的不确定性和风险，鼓励中小企业增加研发投入，为中小企业的技术创新提供技术、人才、信息、财务和法律等方面的服务等。同时，将继续推进落实《APEC促进互联网经济合作倡议》，积极组织数字经济创业、数字技能培训和提升，鼓励青年和女性企业家创业和创新。此外，APEC还应发挥互联网经济的普惠性特征，扩大妇女、青年、残疾人士和贫困人群宽带接入水平，为他们创造参与数字经济活动的便利条件和友善环境。

4. 探索智慧城市建设助力城镇化新模式

2013年，APEC将城镇化列为促进亚太地区经济增长的新领域，2014年北京峰会确定为APEC创新增长合作的五大支柱之一。APEC发达成员主要面临的是城市建设转型的问题，发展中成员则更加关注如何进一步提高城镇化水平。但是，APEC发达成员和发展中成员都存在城市建设缺少规划、基础设施老旧、环境污染严重等问题。APEC应加强在城镇化方面的合作，落实《亚太经合组织城镇化伙伴关系合作倡议》，鼓励数字经济发展程度高的成员建立以数字公共服务、数字城市治理为特征的绿色、低碳、高效、包容性强的智慧城市，并总结经验进行合作研究，探讨智慧城市建设路径。同时，APEC应鼓励各成员利用数字技术优化城镇现有基础设施使用效率，发展电子政务，提升公共部门服务效

率，并进一步探讨如何充分利用数字技术在城镇化建设中进行合理规划和设计，形成成套方案，并向各成员推广。

三、完善亚太数字经济规则治理体系

近年来，在APEC框架下的数字经济合作不断深化和拓展的同时，亚太地区的数字经济与数字贸易协定也大量出现。在这些数字经济贸易协定中，有些是作为传统的自由贸易协定的一部分，有些是单独成篇。它们一方面为相关经济体间的数字经济与数字贸易的发展创造了有利条件，为传统的贸易投资协定做了补充，但另一方面又对地区经济一体化带来很多新的问题，特别是对传统贸易投资协定的替代与内容冲突，可能导致地区数字经济规则碎片化。协定的背后是规则，规则的背后是发展。亚太地区数字经济与数字贸易协定的大量签订，不仅反映相关国家对数字经济与数字贸易发展规则制定权的争夺，同时也体现了相关国家的地缘政治、地缘经济战略意图，是对未来发展空间的全方位布局。因此，在“后2020”时代中国积极参与和引领亚太数字规则治理体系的构建具有重要意义。

（一）亚太地区数字经济贸易协定的发展

近年来，亚太地区出现了六个数字经济贸易协定或包含数字经济贸易内容的自由贸易协定（见表14－6），即《区域全面经济伙伴关系协定》（Regional Comprehensive Economic Partnership，RCEP）、《新加坡—澳大利亚数字经济协定》（Singapore－Australia Digital Economy Agreement，SADEA）、《新加坡—新西兰—智利数字经济伙伴关系协定》（Singapore－New Zealand－Chile Digital Economy Partnership Agreement，DEPA）、《美日数字贸易协定》（U. S. －Japan Digital Trade Agreement，USJDTA）、《美国－墨西哥－加拿大贸易协定》（United States－Mexico－Canada Agreement，USMCA）和《全面与进步跨太平洋伙伴关系协定》（Comprehensive and Progressive Agreement for Transpacific Partnership，CPTPP）。

表14－6　亚太地区主要数字经济贸易协定的内容比较

协定名称	签署/生效日期	跨境数据流动限制	数据本地化要求	源代码和算法	个人信息保护
全面与进步跨太平洋伙伴关系协定（CPTPP）	2018年12月30日生效	禁止，只有极少数例外	禁止，但有少数例外（财务数据除外；越南有5年宽限期）	禁止强制转移源代码	需要保护个人信息的法律框架
区域全面经济伙伴关系协定（RCEP）	2020年11月15日签署，2022年1月1日生效	原则禁止，但有广泛例外	原则禁止，但有广泛例外	不禁止强制转移源代码和算法，承诺加强对话	需要保护个人信息的法律框架，但有广泛的例外

续表

协定名称	签署/生效日期	跨境数据流动限制	数据本地化要求	源代码和算法	个人信息保护
新加坡—澳大利亚数字经济协定（SADEA）	2020年8月6日签署，2020年12月8日生效	禁止，只有极少数例外	禁止，只有极少数例外（财务数据也不例外）	禁止强制传输源代码和加密方式	需要保护个人信息的法律框架，采用APEC的CBPR和OECD的指导原则
新加坡—新西兰—智利数字经济伙伴关系协定（DEPA）	2020年6月12日签署，2021年1月7日生效	禁止，只有极少数例外	禁止，只有极少数例外（财务数据也不例外）	禁止强制传输源代码、算法和加密方式	需要保护个人信息的法律框架
美国—日本数字贸易协定（USJDTA）	2020年1月1日生效	禁止，只有极少数例外	禁止，无例外	禁止强制传输源代码、算法和加密方式	跨境数据处理方法包括个人信息，需要保护个人信息的法律框架
美国—墨西哥—加拿大协定（USMCA）	2020年7月1日生效	禁止，只有极少数例外	禁止，无例外	禁止强制传输源代码和算法	允许包含非歧视性数据传输限制的隐私法律，承认APEC的CBPR系统

资料来源：笔者根据各协定文本内容整理所得。

从内容来看，这六个数字经济贸易协定中比较有代表性的包括CPTPP、RCEP和DEPA。CPTPP在数据流动方面仍然沿用其前身——跨太平洋伙伴关系协定（TPP）的规定，致力于拓展市场化的边界，在保护本国数据隐私和更大范围开放中倾向于选择后者。而RCEP基于成员国数字化程度同步性差的背景，对于跨境数据流动则采取收缩和保留态度，即在确保数据不流失的基础上倾向于低程度的数据跨境流动，为本国监管机构实施监管留出较大空间，确保跨境数据流动的可管制性，从数据通道上进行了主动截断。因此，RCEP对跨境数据流动的自由度设置障碍较多①。

作为最有代表性和最有前瞻性的数字经济贸易协定，DEPA由十六个主题模块构成，包括商业和贸易便利化、处理数字产品及相关问题、数据问题、更广阔的信任环境、商业和消费者信任、数字身份、新兴趋势和技术、创新和数字经济、中小企业合作、数字包容性、透明度和争端解决等②。这些内容涵盖在数字时代支持数字经济和贸易方方面面的内容。比如，支持工商界的无纸贸易，加强网络安全，保护数字身份，加强金融科技领域的合作。DEPA也有章节应对市民和社会关注的问题，比如个人信息的隐私、消费者保护、

① 全毅、高军行：《CPTPP与RCEP的竞争及中国推进亚太区域合作策略》，《太平洋经济合作研究》（2021年合刊）。

② 参见：https：//www. mfat. govt. nz/en/trade/free – trade – agreements/free – trade – agreements – in – force/digital – economy – partnership – agreement – depa/。

数据管理、透明和开放等问题①。DEPA 的条款有些是三个签署国早前的协定中已有的内容，有些是新的内容。比如数字包容性，比传统的贸易协定中的电子商务章节，或者 WTO 当前的电子商务谈判中的内容更有雄心。该协定也是一个“活”的文件，可以随着贸易政策和电子商务模式的发展而修改。DEPA 与 TPP/CPTPP 协定中的“电子商务”一章相比，内容更全面、规定更细致，是 TPP/CPTPP 协定中数字经济条款的升级换代，反映了在数字经济快速发展的当下，国际数字经济贸易规则的与时俱进。

（二）推进完善亚太数字经济规则治理体系面临的挑战

1. 数字经济规则制定过程中出现了美国国内法国际化的潜在风险

《美国—墨西哥—加拿大协定》（USMCA）是当前电子商务议题下覆盖度最广的贸易协定，也是当前电子商务规则的“最高标准”。在 USMCA 协定中，美国引入的“交互式计算机服务”条款源于美国《通信规范法》（Communications Decency Act，CDA）第 230 节的“网络中介责任豁免”条款，该条款禁止政府要求互联网平台对第三方内容负责，从而保护了互联网平台以促进数字平台开放和信息自由流动。协定通过引入“交互式计算机服务”条款，成功实现了美国国内法的国际化，豁免了美国互联网中介平台企业在非知识产权侵权中所承担的连带责任。

2. 不同经济体在例外条款的设置上分歧较大

一方面，《美国—日本数字贸易协定》通过设置例外条款大大降低了协定的覆盖范围和执行效力。例如，在数字产品的非歧视性待遇条款中，《美国—日本数字贸易协定》增加了对知识产权保护和对广播服务的例外条款。此外，《美国—日本数字贸易协定》专门新增“一般例外规定”条款、“安全例外规定”条款、“审慎例外规定和货币及汇率政策的例外规定”条款。另一方面，《美国—墨西哥—加拿大协定》通过剔除大量 CPTPP 协定中的例外条款，成为目前美国所签订的数字贸易和电子商务规则的“最高标准”。例如，USMCA 协定删除了各方在信息跨境转移中各自监管需求的例外规定，剔除了各方在计算设施的位置条款中的“缔约方监管例外”条款和“合法公共政策目标例外”条款，剔除了源代码条款中关键的基础设施例外条款。

（三）“后 2020”时代中国推进亚太数字经济规则治理体系的对策建议

1. 积极参与多边贸易框架下的电子商务谈判

中国应积极参与 WTO 框架下的电子商务谈判，这是推动全球数字规则构建的重要途径，也将为完善亚太数字经济规则治理体系起到积极的促进作用。电子商务谈判集聚了来自发达国家和发展中国家等多方力量，因此中国应采取包容性的提案，融合各方的声音和

① 杨泽瑞：《DEPA 对亚太合作意味着什么》，《世界知识》2020 年第 23 期。

利益。在数字规则谈判中，中国可以通过多种方式积极参与，包括倡导数字包容理念、添加例外条款、设置灵活模块和过渡期、强调技术援助和能力建设等方式。另外，在传统数字规则议题的讨论和谈判中，中国应凝聚利益共识，形成代表大多数成员利益诉求的提案，以推动数字规则的发展和建立互利共赢的合作关系①。

2. 强化中国在亚太地区的数字规则影响力

中国作为亚太地区最大的发展中国家和数字大国，具备发挥数字经济优势、推动数字经济合作并参与其中的能力和责任。中国将协助亚太地区发展中国家建设数字基础设施，通过提供资金、技术援助和人员培训等方式，促进互联网和数字技术的合作共享，加快普及互联网技术，以此来巩固与有着相同利益诉求的国家的团结，增强在亚太地区数字规则制定方面的影响力，实现互利共赢。具体而言，中国可以坚持以 RCEP 为基础促进亚太地区数字规则的构建，加强与“一带一路”沿线国家和地区的数字贸易合作，并与周边国家和地区，如东盟、韩国、日本等进一步合作，推动数字贸易领域的发展。最后，中国可以通过推进数字包容性的发展主题，推动亚太地区数字经济和技术合作的发展。

3. 以更加积极的姿态参与亚太数字经济规制合作

考虑到目前我国信创产业的规模、市场竞争力和发展潜力，未来我国在数字贸易国际规则制定中将谋求越来越多的进攻利益而非防守利益。我国已于 2021 年 11 月正式申请加入《数字经济伙伴关系协定》（DEPA），该协定是国际上首个针对数字经济的单独协定，不仅包括数字贸易便利化方面的条款，也涵盖数据转移自由化、个人信息安全化等内容，将为我国参与亚太数字经济合作提供一个高水平的制度框架。该协定的模块化和开放性特征也为今后吸引更多 APEC 成员加入，形成一个具有包容性的亚太数字贸易共同体奠定了良好基础。因此，我国应力争尽快完成 DEPA 谈判，并以其为参照，积极推进与有意向加入该协定的 APEC 成员在跨境电商全口径统计、数字税收、数字贸易便利化、电子签名等方面的政策协调，为我国深度参与数字经济国际规制合作开创新局面。

4. 推动 APEC 数字经济与互联互通合作的对接，有效缩小亚太数码鸿沟

近年来，亚太地区的数码鸿沟逐渐从基础设施和技术应用的范畴向产业链重构的层面延伸，呈现出进一步扩大的趋势，广大 APEC 发展中成员希望借助多维度的亚太区域合作缩小数码鸿沟的呼声不断加大，这一诉求为 APEC 全方位互联互通合作注入了新内涵。因此，我国应结合《APEC 互联互通蓝图 2015—2025》的实施和后续更新，推动 APEC 通过升级通信和网络基础设施弥合“数字接入鸿沟”，通过优化数字资源的配置和推广数字化服务弥合“数字技术应用鸿沟”，通过加强成员之间的宏观经济政策协调和全球价值链的数字赋能合作弥合“数字经济发展机遇鸿沟”。

---

① 盛斌、陈丽雪：《多边贸易框架下的数字规则：进展、共识与分歧》，《国外社会科学》2022 年第 4 期。